Christoph Luchs

INDESIGN CS5

Das Profihandbuch

 ADDISON-WESLEY

Bibliografische Information der Deutschen Nationalbibliothek
Die Deutsche Nationalbibliothek verzeichnet diese Publikation in der
Deutschen Nationalbibliografie; detaillierte bibliografische Daten
sind im Internet über http://dnb.d-nb.de abrufbar.

Die Informationen in diesem Produkt werden ohne Rücksicht auf einen eventuellen Patentschutz
veröffentlicht. Warennamen werden ohne Gewährleistung der freien Verwendbarkeit benutzt. Bei der
Zusammenstellung von Texten und Abbildungen wurde mit größter Sorgfalt vorgegangen. Trotzdem können Fehler nicht vollständig ausgeschlossen werden. Verlag, Herausgeber und Autoren können für fehlerhafte Angaben und deren Folgen weder eine juristische Verantwortung noch irgendeine Haftung überneh-
hmen. Für Verbesserungsvorschläge und Hinweise auf Fehler sind Verlag und Herausgeber dankbar.

Fast alle Hardware- und Softwarebezeichnungen und weitere Stichworte und sonstige Angaben, die in
diesem Buch verwendet werden, sind als eingetragene Marken geschützt. Da es nicht möglich ist, in
allen Fällen zeitnah zu ermitteln, ob ein Markenschutz besteht, wird das ®-Symbol in diesem Buch nicht
verwendet.

10 9 8 7 6 5 4 3 2 1

13 12 11

ISBN 978-3-8273-2964-6

© 2011 Addison-Wesley Verlag,
ein Imprint der PEARSON EDUCATION DEUTSCHLAND GmbH,
Martin-Kollar-Str. 10-12, 81829 München/Germany
Alle Rechte vorbehalten
Lektorat: Kristine Kamm, kkamm@pearson.de; Dorothea Krist, dkrist@pearson.de
Korrektorat: Petra Kienle, Fürstenfeldbruck
Fachlektorat: Wolf Eigner, München
Herstellung: Claudia Bäurle, cbaeurle@pearson.de
Satz: Ulrich Borstelmann, Dortmund (www.borstelmann.de)
Einbandgestaltung: Marco Lindenbeck, webwo GmbH, mlindenbeck@webwo.de
Druck und Verarbeitung: Firmengruppe APPL, aprinta-druck, Wemding
Printed in Germany

Inhaltsverzeichnis

2   Vorlagen gestalten   97

3   Bilder platzieren   159

4 Texte platzieren und bearbeiten 197

5 Profitypografie 251

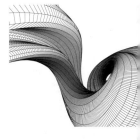

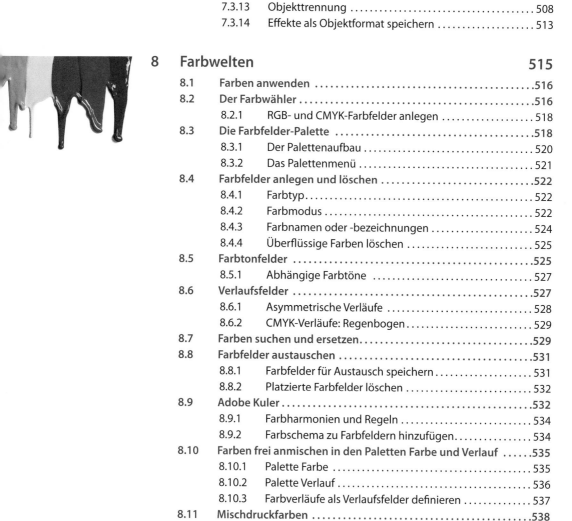

10　Buchprojekte　587

13 Automatisierung   689

14 Preflight und Druckvorstufe   783

15 Drucken   825

16 PDF-Ausgabe aus InDesign   851

Vorwort

InDesign CS5 – das Werkzeug für das klassische und medienübergreifende Publizieren

„Animationen und Interaktivität im Layout – was hat sich Adobe dabei nur gedacht?" – werden Sie sich denken, wenn Sie sich InDesign CS5 genauer angeschaut haben. Die Antwort ist ganz einfach: Adobe stellt mit den neuen Werkzeugen für Interaktivität und multimediale Animationen das Programm in den Mittelpunkt der kreativen Gestaltung mit der Creative Suite 5.

Workflows für Profis

Sie sind Profi, kennen sich grundlegend mit InDesign aus und haben bereits Ihre ersten Erfahrungen mit Druckjobs gemacht? Prima, dann sind Sie hier richtig. Dieses Buch beginnt dort, wo Sie eine tägliche Hilfestellung benötigen: Bei der Bewältigung komplexer Gestaltungsaufgaben wie Layout und Satz von umfangreichen Periodika, langen technischen Dokumentationen, bilderreichen Magazinen oder automatisierten Katalogen mit der neuen Version InDesign CS5. Darüber hinaus beleuchten wir die Zusammenarbeit eines Designteams an einem InDesign-Layout und geben einen Einblick in Redaktionsprozesse. Im Fokus steht dabei immer die Wahl der richtigen Werkzeuge, damit Sie zielgerichtet und effizient Ihre Layoutaufgaben bewältigen – denn damit bleibt Ihnen mehr Zeit, wieder über die Gestaltung nachzudenken.

InDesign CS5 ist das zentrale Werkzeug in der Creative Suite 5

Ob Sie nun ein umfangreiches Druckwerk mit mehreren Kapiteln, automatischen Nummerierungen, mitlaufenden Grafiken, Indizes etc. erstellen wollen oder das nächste Flash-Banner für eine Internetseite – InDesign bietet tatsächlich für alle Fälle intuitive Werkzeuge an. Das beginnt bereits beim Anlegen einer neuen Datei: Sie werden gefragt, für *welche Ausgabe* Sie das Layout erstellen wollen – **Druck** oder **Web**? Somit entscheiden Sie gleich mit einem Klick zu Beginn, ob Sie mit der Einheit **Millimeter** oder **Pixel** arbeiten, ob Sie auf **DIN-** oder **Monitorformate** zugreifen und welcher **Transparenz-Farbraum** für die Verarbeitung von transparenten Vektorgrafiken und Bildern in InDesign verantwortlich ist.

Dieses Spiel wiederholt sich bei der Ausgabe: InDesign bietet Ihnen das **Adobe PDF (Druck)** sowie das **Adobe PDF (Interaktiv)**. Der Druck-Export erfolgt in bewährter Manier. Der Export für Interaktivität jedoch ist deutlich vereinfacht und nimmt viele Einstellungen vorweg, die es in bisherigen InDesign-Versionen eher umständlich gemacht haben, eine PDF-Datei erfolgreich für das Internet zu exportieren. Hinzu kommt der seit CS4 bekannte **SWF-Export**: Hier können besonders die Animationen optimal ausgegeben werden, indem die richtige *Frame-Rate* gewählt wird. Sie kennen sich mit Videobezeichnungen nicht aus? Keine Panik, wir erklären Ihnen kurz die wichtigsten Begriffe und zeigen Ihnen, welche Einstellungen sinnvoll sind.

Routineaufgaben schneller bearbeiten

Für wiederkehrende Aufgaben stellt InDesign eine Vielzahl von Werkzeugen zur Verfügung, die Ihnen die Erstellung intelligenter Vorlagen ermöglichen, um möglichst schnell Texte und Bilder für eine neue Ausgabe eines Magazins auszutauschen, ohne das Layout langweilig wirken zu lassen. Dabei ist die altbekannte **Mustervorlage** genauso effizient wie **Bibliotheken** oder **Snippets** – lassen Sie sich überraschen!

InDesign ohne Programmierung automatisieren

Textlastige Layouts verlangen nach schnellen Lösungen, um Formatierungen möglichst automatisch zuzuweisen. Dies ermöglichen die InDesign-Techniken der **Verschachtelten Formate**, der **Variablen**, aber auch der **GREP**-Mustersuche. Darüber hinaus können Sie mit InDesign Inhalte in identisch aufgebauten Layouts mit der **Datenzusammenführung** austauschen oder aus XML-Datenquellen erzeugen – im Idealfall erzeugen Sie sogar ganze Kataloge *auf Knopfdruck*! Um dieses Ziel in wenigen Sekunden zu erreichen, braucht es jedoch einige Vorbereitungen. Wir geben Ihnen den Durchblick in Sachen Datenquellen, Zusammenführung und anschließenden **Text-Bedingungen**.

Teamwork leicht gemacht

In der Zusammenarbeit im Team kommt es darauf an, dass alle Beteiligten dieselben Voreinstellungen für **Color Management**, **Farbfelder**, **Objektformate**, **Absatzformate** und die Bedienoberfläche nutzen. Wir zeigen Ihnen, wie Sie diese Vorgaben einrichten und dann an die Arbeitsplätze Ihrer Kollegen verteilen!

Die Kooperation in einer Redaktion setzt voraus, dass Text und Layout parallel entstehen. Doch nicht jeder Redakteur kann auch mit InDesign umgehen. Gut, dass Adobe daran gedacht hat und mit **InCopy** ein Werkzeug für alle Werbetexter, Übersetzerinnen und Redakteure geschaffen hat. Auch InCopy gibt es in der neuen Fassung CS5 und wir zeigen Ihnen, wie Sie Layouts für InCopy vorbereiten, um Layout- und Textaufgaben *gleichzeitig* durchführen zu können.

Wenn Ihre Arbeitskolleginnen und -kollegen nicht wie gewohnt im Büro neben Ihnen sitzen, sondern vielmehr vernetzt mit Ihnen skypen und die Textkorrekturen durchsprechen, dann bietet InDesign CS5 mit den neuen Online-Diensten wie **CS Review** eine Möglichkeit, sich über das Internet auszutauschen und mit der Online-Anwendung Buzzword Texte zu bearbeiten und diese mit InDesign-Dateien zu verknüpfen.

Crossmedia: veränderte Gestaltungs- und Lesegewohnheiten

Während der letzten Jahrzehnte dürfte für die grafische Industrie eines klar geworden sein: Nichts ist beständiger als die Veränderung! Arbeitsfelder, Technologien und Medien haben sich derart rasant weiterentwickelt, dass viele sich mittlerweile alle zwei Jahre neu orientieren müssen. Welche Technik ist morgen federführend? XML? Flash? PDF/X-4? HTML 5? Verändern iPad, Kindle & Co. die Lesegewohnheiten derart, dass nun Literatur, Fachbücher, Tageszeitungen oder Magazine zukünftig nur noch als EPUB erscheinen?

Klare Antworten kann Ihnen Adobe mit InDesign da nicht bieten – jedoch Wege, diese Medien mit InDesign zu gestalten und professionell auszugeben. Wir stellen Ihnen die enormen Möglichkeiten vor, aus InDesign druckreife PDFs und professionelle EPUBs auszugeben, damit Sie auch für die Zukunft gut gerüstet sind!

Ein Jahrzehnt InDesign

Die erste InDesign-Version wurde im Frühjahr **1999** vorgestellt und brachte die bis dahin konkurrenzlose QuarkXPress-Landschaft durcheinander. Nach über zwei Jahren Entwicklungszeit wurde aus dem Projekt mit dem Codenamen *K2* das Produkt InDesign 1.0. Bis Adobe die Anwender wirklich überzeugen konnte, dauerte es jedoch bis zur Version 3.0 im Frühjahr **2004**, besser bekannt als »InDesign CS«. Produktionswerkzeuge wie die Ausgabe- und Reduzierungsvorschauen wurden integriert, ISO-Formate wie PDF/X-3 und /X-1a fanden den Weg in das Programm und grafische „Spielzeuge" wie die Transparenzen können nun auch wirklich ausgegeben werden.

Spätestens seit InDesign CS2 ist zu beobachten, dass sich die grafische Industrie weltweit von QuarkXPress abgewendet und sich mit InDesign neu ausgerichtet hat. Mit den Versionen CS3 und CS4 folgten konsequente Weiterentwicklungen der Erfolgsgeschichte von Adobe. Daran konnte auch Quark mit neuen Konzepten für die Transparenz von Farben nichts ändern, da wesentliche Techniken wie z.B. das Farbmanagement nicht zeitgemäß umgesetzt wurden.

Heute dominiert Adobe mit InDesign und einem **Anteil von über 80%**. Kritische Köpfe hoffen, dass Adobe nicht dieselben Fehler wie Quark vor zehn Jahren macht, eine arrogante Preispolitik betreibt und gleichzeitig mit dem Programm technisch stehen bleibt. Die neue Version CS5 wischt angesichts der Ausrichtung auf das elektronische Publishing und die zahlreichen Verbesserungen diese Zweifel jedoch souverän beiseite, so dass wir uns auf vereinfachte und effiziente Arbeitsmethoden freuen dürfen, die sogar Spaß machen!

Tägliche Probleme bleiben

InDesign ist nicht perfekt und wird angesichts der Komplexität des Programms auch niemals die Bedürfnisse aller Gestalter und Setzer abdecken können. Dennoch gibt es einige Dinge, die Sie vielleicht gelegentlich an den Rand der Verzweiflung bringen. So beleuchten wir auch eher undurchsichtige Techniken wie den **Adobe Absatzsetzer** oder die sehr nützliche, aber sperrige **Layoutanpassung**. Das leidige Thema der Kompatibilität mit früheren InDesign-Versionen ignoriert Adobe weitestgehend. Mit dem Dateiformat **IDML** (InDesign Markup Language), das mit der CS4-Version eingeführt wurde, keimt jedoch Hoffnung auf. Wir zeigen Ihnen, was möglich ist und was (noch) nicht.

Anfänger, Prosumer, Semi-Profis, High Potentials oder doch einfach Profis?

Was trauen Sie sich selbst mit dem Programm zu? Welche Kurse in welchen Unterrichtsprofilen haben Sie zu InDesign bereits besucht? Wer oder was entscheidet, ab wann Sie ein Profi in InDesign sind? Die Antwort auf die Frage ist ganz einfach: Profis sind wir alle – denn wir verdienen unser Geld mit dem, was wir tun.

Ausblick

Neben den etablierten Medien sind nun die *Digitalen Magazine* für das Apple iPad oder andere Tablet-PCs in den Fokus von Verlagen geraten. Diese Magazine werden in Form von *Apps* auf die Geräte geladen und dort per Fingerzeig umgeblättert. Die ersten Umsetzungen großer Magazine wie das *Time Magazine* oder *Wired* zeigen, wohin die Reise geht: Artikel werden in neuer Form präsentiert und mit hinterlegten Videos multimedial aufbereitet. Neben diesen Medien muss der Gestalter auch die Bedienung vorhersehen und die Interaktion konzipieren – ein bislang eher unbekanntes Feld für Sie als Layouter oder Schriftsetzer. Das Layout entsteht weiterhin auch für diese Anzeigegeräte in InDesign! Allerdings wird InDesign durch Plug-ins, Datenbanken und komplexe Administrationswerkzeuge ergänzt, um eine *App* mit InDesign zu gestalten. Spannende Lösungen der Software-Hersteller werden schon bald auf diese ersten Umsetzungen folgen.

Danke!

Was wäre ein Buch, wenn wir nicht auch ein paar Worte an die Menschen, die im Hintergrund geholfen haben, richten würden? Ein Dankeschön an meine Mitarbeiterinnen und Mitarbeiter der Agentur Cogneus®, insbesondere an **Matthias Kievernagel** für seinen Einsatz beim Anfertigen von Beispielen und Screenshots u.a. für das hochinteressante Thema *GREP*. Ebenso danke ich meinem Kollegen und Schulungspartner **Christian Piskulla** von *Cleverprinting*, der mir die Augen für das Thema Color Management in der Creative Suite weit geöffnet hat. Mein lieber Kollege **Wolf Eigner**, Vorsitzender der Münchner InDesign-User Group, trug mit seinem enormen Wissen und seinem bayrischen Humor dazu bei, dass in diesem Buch fast jeder typografische Wunsch mit InDesign in unterhaltsamen Worten erklärt wird. Ein besonderer Dank gilt unserer Lektorin **Kristine Kamm** für die geduldige und kritische Beurteilung.

Sollten wir in diesem Buch Fehler begangen haben, die trotz mehrfacher Korrekturen vor unseren „betriebsblinden" Augen verborgen geblieben sind, so bitten wir Sie, uns davon zu berichten. Bei Unklarheiten stehen wir Ihnen ebenfalls gern für Auskünfte zur Verfügung.

Wir hoffen, dass Ihnen das Buch einen umfassenden Eindruck von InDesign für professionelle Aufgaben verschafft und Ihnen Appetit auf eigene umfangreiche Projekte macht.

Braunschweig, Christoph Luchs

Anm.: Trotz der offiziellen Umbenennung spricht der Autor nach wie vor von „Palette" statt „Bedienfeld".

1 Vorbereitung

Erfahren Sie in diesen Kapiteln, welche neuen Funktionen Ihnen als Neuling oder als erfahrener Anwender mit InDesign CS5 Vorteile bringen. Nach einem umfassenden Einstieg in die Programmoberfläche und das Einrichten persönlicher Arbeitsumgebungen weihen wir Sie in die Geheimnisse des medienneutralen Farbmanagements ein – dem Grundbaustein des modernen Desktop Publishings!

1.1   InDesign CS5 – ein Update, das beeindruckt!

Was fehlt eigentlich noch an InDesign? Adobe nimmt den wachsenden Bedarf an elektronischen Publikationen über das Internet, auf eBooks und mobilen Geräten zum Anlass, InDesign mit Animations- und Interaktivitätswerkzeugen auszustatten sowie einen ordentlichen Flash- und EPUB-Export zu integrieren. Darüber hinaus wurden viele komplexe Layoutaufgaben neu durchdacht und in verblüffend einfachen Lösungen umgesetzt. Herausgekommen ist ein Update, das angesichts vieler sinnvoller und zeitsparender Verbesserungen die Anwenderinnen und Anwender begeistern wird!

Abbildung 1.1: *Mit InDesign CS5 finden sich alle Anwenderinnen und Anwender von CS4 zurecht; die Bedienung von Rahmen wurde deutlich vereinfacht, neue Werkzeuge für animierte und interaktive Dokumente sind hinzugekommen. Mit der Mini Bridge lassen sich Bilder wie aus der Adobe Bridge direkt in das Layout ziehen.*

1.1.1   Das Lückenwerkzeug

InDesign CS5 besitzt viele Neuerungen – darunter auch neue Werkzeuge: Gleich unterhalb der Auswahlwerkzeuge und des ebenfalls neuen Seitenwerkzeuges wählen Sie das **Lückenwerkzeug** mit dem Tastenbefehl [U]. Damit bearbeiten Sie nicht die Layoutrahmen, sondern deren Abstände zueinander und zur Seitenkante. Klicken Sie zwischen zwei Rahmen und halten Sie die Maustaste gedrückt: Sofort verschieben Sie die *feststehende Lücke* in die Richtung der Mausbewegung. Benachbarte Rahmen werden nur in ihrer Höhe oder Breite verändert, behalten jedoch ihren Platz bei. Mit einigen zusätzlichen Tastenbefehlen, die wir Ihnen im Kapitel „Vektorgrafiken und Transparenzen" erläutern wollen, können Sie u.a. die Lückengröße modifizieren.

> **Das Lückenwerkzeug und die automatische Anpassung**
> Das Spiel mit der Lücke macht dann so richtig Spaß, wenn Sie in benachbarten Bilderrahmen die „Automatische Anpassung" aktivieren, mit der InDesign die platzierten Bilder jederzeit passend zur neuen Rahmengröße skaliert. Diese Funktion ist ebenfalls neu und wird besonders Layouterinnen und Designer erfreuen, die viele Bilder platzieren wollen.

Abbildung 1.2: *Das neue Lückenwerkzeug sitzt prominent gleich unterhalb der Auswahl- und Seitenwerkzeuge.*

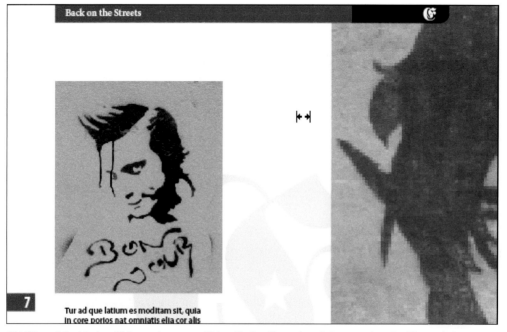

Abbildung 1.3: *Mit dem Lückenwerkzeug verschieben Sie den Abstand von Rahmen zueinander. Die verschobene Lücke wird dabei mit einer hellgrauen Überlagerung hervorgehoben.*

Welche Funktionen für wen interessant sein könnten		Attraktivität
Werbung/Design	Mehrfach Rahmen erstellen und platzieren, einfaches Transformieren, schnelle Farbwahl über die Steuerungspalette, Lückenwerkzeug, Seitenformate, Eckeneffekte, CS-Review	+ + +
Multimedia	Interaktionen, Animationen, Video-Unterstützung, PDF- und SWF-Export	+ + +
Verlag	Mehrspaltige Absätze, Seitenformate, Textrahmenoptionen, PDF-Hintergrund-Export, Kompatibilität, EPUB-Export	+ +
Druckvorstufe	Preflight, Dokumentenfonts, Seitenformate, Color-Management-Voreinstellungen	+
Update von CS3	Bedienoberfläche, Eckeneffekte, Preflight, Interaktionen, SWF-Export, Online-Dienste (Kuler, CS Review)	+ + +
Update von CS4	Animationen, Eckeneffekte, Transformationen, Seitenformate, MiniBridge, CS-Review	+ +

1.1.2   Animationen, interaktive Dokumente und Flash-Präsentationen

InDesign CS5 verfügte schon immer über Schaltflächen-Werkzeuge und internettaugliche Ausgaben (XHTML, XML, PDF, …), denen jedoch erst mittels Programmierung und Skripting Leben eingehaucht werden konnte. Mit InDesign CS5 können Sie nun eigene Online-Präsentationen, vektorbasierte Flash-Animationen inklusive aller relevanten Interaktivität umsetzen.

Animationpalette mit Bewegungsvorgaben

Klicken Sie einen Rahmen an und rufen Sie die Animationpalette auf. Nun können Sie aus einer umfangreichen Liste vorgegebener Bewegungsfolgen *(Hereinfliegen, Fallen, Zoomen, …)* die Art auswählen und die Dauer bestimmen. Bewegungen, die horizontal oder vertikal über das Layout erfolgen, lassen sich zudem per Vektor-Animationspfad genau steuern. Einfacher geht es nicht! Die Animationen sind später natürlich nur dann sichtbar, wenn Sie Ihr Layout als SWF-Datei exportieren.

Abbildung 1.4: *Die Animationsvorgaben für InDesign sind identisch mit denen in Flash CS5.*

Alles eine Frage des Timings: Zeitpunkte

Animation? Ja schön und gut, aber wenn sich alle Objekte ordentlich nacheinander bewegen, sieht das nicht nur brav aus, sondern ist auch langweilig. (Das kennen wir schon aus Powerpoint-Präsentationen.) Daher können Sie mit der Palette **Zeitpunkt** das *Timing* Ihrer Animationen beeinflussen und somit mehrere Rahmen gleichzeitig oder bewusst nacheinander animieren. Die Palette kommt ganz ohne „*Timeline*" aus und listet die animierten Objekte nach der Abfolge ihres Erscheinens auf.

Abbildung 1.5: *Das Timing ist entscheidend für schöne Animationen.*

Abbildung 1.6: *Ausgewählte animierte Rahmen können gleichzeitig bewegt werden.*

Schaltflächen-Events

Damit nicht alle Animationen nur automatisch ablaufen, können Sie für einzelne Animationsobjekte einen „Auslöser" bestimmen: Per Klick auf eine Schaltfläche wird eine Animation quasi angeschubst.

Unterstützt Ihr Vorstellungsvermögen: die interaktive Vorschau

Damit Sie auch sehen können, wie Animationen und Interaktionen wirken, zeigt Ihnen InDesign mit der Vorschaupalette Ihre aktuelle Seite oder Ihr gesamtes Dokument an. Die Vorschaupalette lässt sich dazu beliebig vergrößern, so dass Sie einen realistischen Eindruck der späteren SWF-Präsentation erhalten. Sogar die Interaktivität *(Mouseover, Klick, Querverweise, …)* können Sie darin testen!

Abbildung 1.7: *Die interaktive Vorschau zeigt Ihnen Animationen und Interaktivität im gesamten Layout.*

Der Interaktionsknaller: Objektstatus

Ein Rahmen erhält in InDesign nicht nur einen einzigen **Zustand**, sondern Sie können beispielsweise gleich mehrere Bilder zu einem Grafikobjekt mit verschiedenen Zuständen machen. Wozu das gut ist? Der Objektstatus verwaltet mehrere Kopien eines Rahmens. Durch Schaltflächen kann der **nächste Zustand** oder der **vorherige Zustand** aufgerufen werden. Heraus kommt eine interaktive Bildergalerie – sogar mit Animationen, wenn Sie wollen.

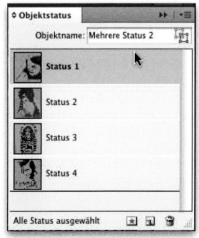

Abbildung 1.8: *Der Objektstatus kann aus übereinanderliegenden Rahmen gebildet werden.*

Medienpalette für Videoinhalte

Auch das ist zunächst nichts Neues: Sie platzieren eine Videodatei im Format *Quicktime* oder *Flash-Video* in das Layout. Dieses Video kann später in eine PDF- oder SWF-Datei eingebettet werden. Doch wie erscheint das Video im Layout und welche *Bedienelemente* stehen zur Verfügung? Mit der neuen Medienpalette hat Adobe den Zugriff auf diese Funktionen erheblich bequemer gemacht: Suchen Sie sich direkt ein Standbild für das Layout aus und entscheiden Sie sich, wie das Video in der späteren Präsentation gestartet wird.

1.1.3   Endlich: neue Eckeneffekte

„Ich hätte gern einen Bildrahmen, bei dem die oberen Ecken abgerundet sind, die unteren aber nicht ...“ Bisher war für dieses Ergebnis die Zuhilfenahme eines Skriptes oder sogar Bastelarbeit erforderlich, denn InDesign konnte Eckeneffekte nur gleichzeitig auf alle Ecken anwenden. InDesign CS5 bietet nun die Möglichkeit, Effekte auf einzelne Ecken anzuwenden.

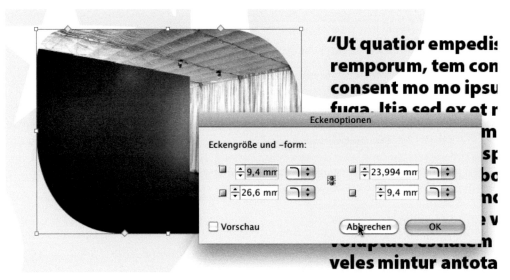

Abbildung 1.9: *Die neuen Eckeneffekte werden jeden Grafiker begeistern, der sich in früheren InDesign-Versionen vielleicht mit mehreren Rahmen und dem Pathfinder abgemüht hatte.*

Dazu erscheint an jedem neuen Rahmen oben rechts ein kleines gelbes Quadrat. Mit einem Klick darauf gelangen Sie in die Eckenbearbeitung. Mit den gedrückten ⎡Alt⎤- und ⎡⇧⎤-Tasten lassen sich die einzelnen Eckeneffekte austauschen sowie vergrößern/verkleinern. Wer es lieber exakt mag, der wählt aus dem Menü Objekt die Eckeneffekte aus und erhält einen neuen intuitiven Dialog. Die angelegten Eckeneffekte lassen sich wie gewohnt als „Objektformate“ speichern.

> Angewendete Eckeneffekte auf Textrahmen verändern nicht die vertikale Ausrichtung des Textes. Dieser lässt sich auch in Rahmen mit Eckeneffekten und in nicht rechteckigen Rahmen wie gewünscht oben, unten, zentriert oder per Vertikalem Keil ausrichten. Auch diese Einstellung wird in Objektformaten gesichert.

1.1.4 Mehrfach Rahmen erstellen und transformieren

Dank deutlicher Verbesserungen in der Bedienung von Layoutrahmen können Texte und Grafiken schneller gedreht, skaliert oder verzerrt werden. Im Mittelpunkt eines platzierten Bilderrahmens erscheint ein kreisförmiges Symbol (von Adobe inoffiziell auch „Donut" genannt). Mit einem Klick darauf verschieben Sie das Bild innerhalb des Rahmens, ein Wechsel auf das Direktauswahl-Werkzeug ist nun nicht mehr nötig!

Wenn Sie mit dem Mauszeiger an die Anfasserpunkte eines Rahmens gelangen, so wechselt Ihr Werkzeug kurzzeitig auf Skalieren oder Rotieren, wie Sie es vielleicht schon von Photoshop oder Illustrator kennen. Somit wird die Rahmenbearbeitung zum Kinderspiel.

1.1.5 Automatisches Skalieren platzierter Bilder

Sie kennen das Ärgernis aus der Praxis: Sie platzieren ein Bild im Layout und ändern später die Rahmenbreite. Natürlich bleibt das Bild an seinem Platz und Sie müssen in einem zweiten Arbeitsschritt die Größe des Bildes an den Rahmen wieder anpassen. Damit ist nun Schluss: Durch automatisches Anpassen an seinen Rahmen skaliert sich das Bild bei jeder Größenänderung des Rahmens automatisch mit!

Abbildung 1.10: *Bilder behalten den Bezug zum Rahmen, wenn diese Option aktiviert ist.*

1.1.6 Mehrfache Rahmen erstellen

Als besonders hilfreich werden Sie in InDesign CS5 die neue Möglichkeit erleben, in einem Schritt mehrfach Rahmen neben- und übereinander zu erstellen. Wenn Sie mit dem Rahmen-Werkzeug ein Rechteck aufziehen, können Sie gleichzeitig mit der → die Anzahl der nebeneinander liegenden Rahmen erhöhen. Mit der ↑ erzeugen Sie bei gedrückter Maustaste eine zusätzliche Zeile von Rahmen. Die Pfeiltasten ← und ↓ entfernen jeweils eine Spalte oder eine Zeile von Rahmen.

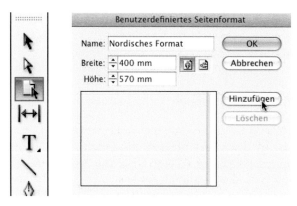

Abbildung 1.11: *Mit dem neuen Seitenwerkzeug werden Seiten gewählt und in den Maßen verändert.*

Abbildung 1.12: *Benutzerdefinierte Seitenformate*

1.1.7 Verschiedene Seitenformate in einem Dokument

In InDesign findet sich nun – endlich – die Möglichkeit, Seiten unterschiedlicher Formate und Größen in einem Dokument anzulegen. Darauf haben sicher sehr viele Designer und Gestalter aus den Bereichen Reinzeichnung und Druckvorstufe gewartet. Wer regelmäßig Broschüren-Umschläge (z. B. mit Einklappern) anlegt, musste bisher auf das Plug-in „Page Control" zurückgreifen oder umständlich mehrere Dateien für ein und dasselbe Druckerzeugnis anlegen. Allein diese Funktion ist daher für viele wohl schon ein Update wert.

Mit dem neuen Seiten-Werkzeug klicken Sie die aktuelle Seite an und verändern in der Steuerungspalette Höhe und Breite des Seitenformates. Dabei sind auch benutzerdefinierte Vorgaben (z.B. DIN-Formate) möglich, die im Dokument gespeichert werden können.

1.1.8 Genial: die automatische Fontinstallation

Jeder kennt wohl die Funktion **Verpacken**. Dabei wird (auf Wunsch) ein Ordner mit den im Dokument verwendeten Schriften angelegt. Neu ist: Wird nun der Ordner mit den „gesammelten" Fonts auf einem anderen System geöffnet, installiert InDesign diese Fonts temporär, sie stehen dann nur diesem InDesign-Dokument zur Verfügung. Nach dem Schließen des Dokumentes werden die Fonts wieder deaktiviert. Das spart ungemein viel Zeit und hilft außerdem, Fehler durch falsch aktivierte Schriften zu vermeiden.

Abbildung 1.13: *Die Mini Bridge erscheint wie die große Schwester als geöffnetes Fenster, aus dem Bilder in das Layout platziert werden können.*

1.1.9 Die Adobe Bridge kriegt Nachwuchs: herzlich willkommen, Mini Bridge!

Die Bridge – das Arbeitstier für Bilder und alle anderen grafischen Dokumente – erhält eine „kleine Schwester": Die Mini Bridge erscheint als neue Palette in der InDesign-Oberfläche und bietet alle wesentlichen Grundfunktionen der Bridge. Somit können Sie bereits in InDesign Bilder sichten, sortieren und platzieren, ohne das Programm verlassen zu müssen, und die Bridge verdeckt nicht die Sicht auf andere geöffnete Paletten. Der Aufbau der Oberfläche und die abgelegten Favoriten der Mini-Bridge entsprechen der Bridge.

1.1.10   Alles in einem Rahmen: Lösungen für komplexe Typografieaufgaben

Für die Umsetzung schwieriger Layoutaufgaben gibt es ein paar sehr hilfreiche Verbesserungen. Die Anzahl der Spalten lässt sich jetzt für jeden Absatz separat einstellen. Das ist besonders praktisch, wenn Überschriften über mehrere Spalten laufen sollen, aber auch, um bei Aufzählungen mit kurzen Begriffen Platz zu sparen. Solche Layouts waren in früheren Versionen oft nur möglich, indem mehrere Textrahmen miteinander verkettet und/oder gruppiert wurden, was Korrekturen sehr unkomfortabel und fehleranfällig machte. Layouter, die Magazine gestalten wollen, werden diese neue Freiheit lieben.

Richtig clever und zeitsparend ist zudem der automatische Ausgleich von Spaltenlängen in einem mehrspaltigen Textrahmen. So verteilt InDesign die Textmenge in allen Spalten nach Möglichkeit auf dieselbe Zeilenanzahl. Dies ist besonders dann sinnvoll, wenn Textrahmen in wiederkehrenden Publikationen mit unterschiedlich langen – oder gar mit mehrsprachigen – Texten gefüllt werden.

1.1.11   Neue Ebenenpalette mit Objektstruktur

Illustrator lässt grüßen: Die Ebenenpalette wurde komplett überarbeitet, die Arbeit mit komplexen Objekten und Gruppen wird somit zum Kinderspiel. Die überarbeitete Ebenenpalette bietet nun, auch in InDesign, die Möglichkeit, jedes Objekt im Layout als Ebenenobjekt zu behandeln. Einzelne Objekte lassen sich auswählen, umbenennen, sperren, ausblenden und auch nach oben oder unten verschieben. Komplexe Layouts mit vielen Elementen sind so wesentlich einfacher zu behandeln.

Abbildung 1.14: Rahmen und Rahmengruppen erscheinen als aufklappbares Menü vergleichbar mit Illustrator.

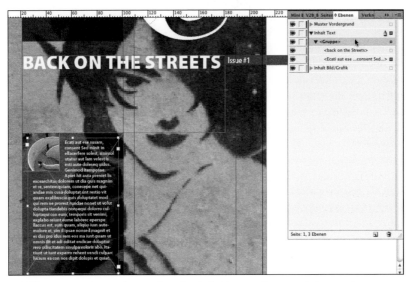

Abbildung 1.15: *Gruppen können komplett in der Ebenenpalette verschoben werden. Einzelne Rahmen in Gruppen sind direkt über die Palette anwählbar.*

1.1.12 PDF-Export im Hintergrund: ein Killer-Feature?

Der PDF-Export ist eine praktische Sache. Aber während ein umfangreiches und komplexes Dokument in ein PDF exportiert wird, ist an Weiterarbeiten nicht zu denken – der Vorgang nimmt InDesign voll in Anspruch. Auf modernen Rechnern mit 64-Bit-Multiprozessor-Systemen kann InDesign jetzt *PDFs im Hintergrund exportieren*. Während der Export noch läuft, bearbeiten Sie schon das nächste Dokument oder schicken einen zweiten Export für eine andere Druckart oder für das Web hinterher. Das spart Zeit – und somit Geld.

> **! Layoutänderungen**
> Während Sie Ihr Layout in ein PDF exportieren lassen, sollten Sie natürlich keine weiteren Änderungen machen, um den PDF-Export notfalls mit anderen Einstellungen wiederholen zu können, falls er nicht das gewünschte Ergebnis liefert. InDesign erlaubt jedoch diese Vorgehensweise! Achten Sie also auf eine sichere Produktion.

> **! Nur der direkte PDF-Export wird parallel ermöglicht**
> Neben der PDF-Ausgabe für den Druck existieren auch andere zeitfressende Prozeduren. Der Druck einer Datei kann ebenso langwierig sein wie auch Export als SWF.

Sobald Sie eine PDF-Datei exportieren, startet InDesign automatisch einen Hintergrundprozess, ohne dass Sie dazu etwas Besonders einstellen müssen. Sie sehen den Fortschritt des Exports anhand einer kleinen animierten Balkenanzeige in der Steuerungspalette. Wenn Sie etwas genauer zuschauen wollen, was passiert, so können Sie mit der Palette **Hintergrundaufgaben** den Exportvorgang mitverfolgen.

1.1.13   Automatische Bildunterschriften

Bei Bildunterschriften war bislang eine Menge Handarbeit angesagt: Texte kopieren, als neuen Rahmen einfügen, mit dem Bild ausrichten. Waren die Bildunterschriften schon in den Metadaten der Bilder abgelegt, half bei der Erstellung der Textrahmen wenigstens das serienmäßig mitgelieferte Skript „LabelGraphics", aber Korrekturen waren in jedem Fall mit Aufwand verbunden. Auch hier hat Adobe nachgeholfen: Bilduntertitel können jetzt direkt aus den Metadaten ausgelesen und im Layout automatisch richtig formatiert werden – und das nicht nur einmal, sondern auch dynamisch! Das bedeutet für Sie, dass Sie Bildunterschriften auch in den XMP-Metadaten der platzierten Bilder – beispielsweise in der Bridge – ändern können und sollten. InDesign aktualisiert anschließend die Bildunterschrift im Layout.

> **Bildunterschriften als Ergänzung für automatisierte Layouts**
> Für die Katalogproduktion eignet sich die neue Funktion der dynamischen Bildunterschriften auch als Ergänzung zu Skripten oder Datenzusammenführung. Während bei der Datenzusammenführung Textquellen als separate Textdatei vorbereitet werden müssen, können bei Bildunterschriften die Textinhalte direkt aus der platzierten Bilddatei stammen. Das ermöglicht ganz neue Workflows, die wir Ihnen im Kapitel „Automatisierung" ab Seite 689 vorstellen.

> **Dynamische Beschriftungen ohne Umbruch**
> Der Vorteil, eine „dynamische" Bildunterschrift anzuwenden, ist dahin, wenn Sie während der Arbeit bemerken, dass diese im Textrahmen nicht umbrochen werden kann. Daher können Sie einen Umbruch in einer Bildunterschrift nur mit statischen Beschriftungen lösen.

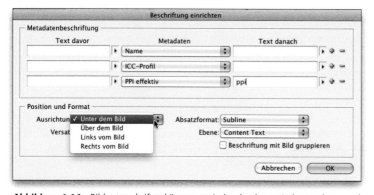

Abbildung 1.16: *Bildunterschriften können statisch oder dynamisch vergeben werden.*

Welche Metadaten kann InDesign erkennen? Kurz gesagt: alle. Sogar Metadaten, die nur InDesign kennt, wie zum Beispiel die tatsächliche Auflösung des Bildes im Layout. Wichtig für den Umgang mit Metadaten ist natürlich, dass diese in den Bildern auch vorhanden sind.

> **Bildbeschriftungen auch an Textrahmen**
> Nicht nur bei platzierten Bildern mit Metadaten können die neuen Beschriftungen verwendet werden, auch neben platzierten und verknüpften Textdokumenten lassen sich die Beschriftungen automatisch erzeugen. Lassen Sie sich also von der Beschreibung „Unter dem Bild" in der Wahl der Position nicht irritieren – es könnte auch „unter dem Textrahmen" heißen!

Abbildung 1.17: *Bildunterschriften können auch vertikal an mehreren Rahmen gleichzeitig erstellt werden.*

1.1.14 Ausgabe und Export für Print und Web

InDesign CS5 ist nun konsequent *crossmedial* für Print und Web vorbereitet, so dass Sie neben erstklassigen Layouts auch beeindruckende Präsentationen erstellen. Dies beginnt bereits beim Anlegen einer neuen Datei. InDesign fragt nach dem Zielmedium Print oder Web. Das bedeutet zweierlei: InDesign verwendet entweder Millimeter und Inch als Einheiten für Print oder Pixel für das Web. Des Weiteren greift InDesign auf das eingestellte Farbmanagement zurück und setzt für Print den CMYK- und fürs Web den RGB-Arbeitsfarbraum ein, um gegebenenfalls Transparenzen miteinander zu verrechnen. Somit kann also diese Einstellung gravierende Auswirkungen auf die Ausgabe als PDF haben.

PDF (Druck) oder PDF (Interaktiv)?

Wenn Sie eine PDF-Datei für Print ausgeben wollen, so exportieren Sie diese wie gewohnt als **Adobe PDF (Druck)**. Für das Web sieht die Sache nun anders aus: InDesign bietet die Ausgabe als **Adobe PDF (Interaktiv)** an. Der Exportdialog ähnelt der Ausgabe einer SWF-Datei und ist übersichtlich gehalten. Darin werden viele Vorgaben vergleichbar zum herkömmlichen Exportdialog vorweggenommen, so dass beispielsweise die Bildauflösung mit *72 dpi* (Monitorauflösung) festgelegt ist. Ebenso werden die Farben in sRGB konvertiert – der derzeit einzige verbindliche Farbraum, der auch vom Adobe Reader wiedergegeben werden kann. Somit fällt das Exportieren einer „Ansichts-PDF" für den Kunden – wie sie umgangssprachlich bezeichnet wird – deutlich leichter und erfolgt aufgrund einfacher Vorgaben auch immer auf dieselbe Art und Weise.

> **PDF/X-1a, X-3, X-4 oder X-5?**
> Angesichts mehrerer Standards für den Austausch von PDF-Dateien für den Druck sind Anwender wie Druckereien bisweilen verwirrt, wie mit den ISO-Vorgaben umzugehen ist. In der Praxis ergibt sich ein uneinheitliches Bild: Manche Druckereien haben sich auf die Standards spezialisiert, andere hingegen übernehmen die PDFs ihrer Kunden, ignorieren aber die Vorgaben zugunsten des eigenen, möglicherweise veralteten Workflows. Daher widmen wir uns im Kapitel „PDF-Ausgabe aus InDesign" ab Seite 851 ausführlich den Standards, die mit InDesign CS5 ausgegeben werden können, und geben Empfehlungen für die Praxis.

SWF-Export und Flash-Export

Animationen und interaktive Präsentationen exportieren Sie mit dem überarbeiteten SWF-Export-dialog, mit dem Sie u.a. nun auch die *Frame-Rate* der SWF-Datei für die Wiedergabe im Browser oder Flash-Player angeben. Animationen mit einer Framerate von 30 fps erscheinen dabei sehr flüssig.

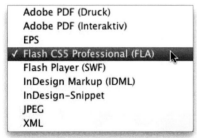

Abbildung 1.18: *Verschiedenste Exportformate stehen für die Web-Ausgabe zur Verfügung!*

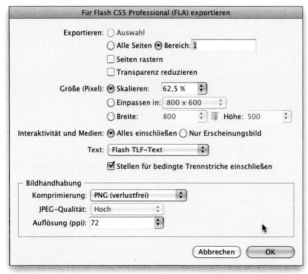

Abbildung 1.19: *Der Flash-Export für die native Bearbeitung mit Flash CS5 Professional*

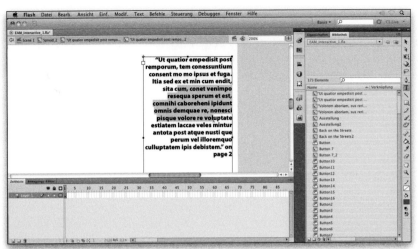

Abbildung 1.20: *Sogar Textrahmen aus InDesign mit umbrechendem Text lassen sich in Flash jetzt komplett bearbeiten.*

Eine nachträgliche Bearbeitung Ihrer InDesign-Datei mit Flash Professional kennen Sie eventuell schon aus InDesign CS4. Doch mit CS5 speichern Sie Ihr Layout als FLA-Datei – das ist das native Flash-Dateiformat. Für diesen Export gibt es auch hier sinnvolle Einstellungen, so dass Sie anschließend u.a. die Texte der Präsentation in Flash nachbearbeiten können.

1.1.15   EPUB-Bücher für das Apple iPad, Amazon Kindle & Co.

Interaktive Inhalte, Texte und Bilder speichern Sie im Format **EPUB** für elektronische Bücher. Hierfür unterstützt InDesign CS5 auch das Platzieren und Exportieren von *Videos im Flash-Format* (FLV). Die Vorgaben für ein EPUB sind jedoch sehr strikt: Es sollte nach Möglichkeit nur eine breite Textspalte pro Seite verwendet werden, da die Anzeigegeräte wie ein *Amazon Kindle* oder ein *Sony eBook-Reader* nur eine begrenzte Displaygröße anbieten und die Lesefreunde nur bei einspaltigen Layouts anhält. Komplexe typografische Formatierungen wie *Initialen* oder *Freisteller* werden auf den aktuellen Lesegeräten unter Umständen nicht oder nicht richtig angezeigt. Der EPUB-Export ist aber von InDesign CS4 ausgehend ein weiterer Schritt in die richtige Richtung. Die Umsetzung in InDesign offenbart allerdings einige Schwächen, so dass eine Nachbearbeitung des EPUB mit externen Programmen wie **Calibre** oder **eCub** notwendig ist.

> [!] **EPUBs sind keine Layoutdokumente**
> Für Euphorie ist es noch zu früh: Alle begeisterten Designer, die nun ihre in langer Arbeit gestalteten InDesign-Bücher für das iPad exportieren wollen, möchten wir schonend auf die erste Enttäuschung vorbereiten: Das EPUB ist kein layoutbasiertes Dokument. Die Einschränkungen in der Typografie erinnern an dunkle Zeiten von HMTL und Browserfonts, Freisteller sind überflüssig und Bilder müssen mit gewissem Aufwand dazu bewegt werden, im Textfluss an der richtigen Stelle „mitzuwandern". Eine Seite im EPUB ist keine richtige Seite, das Dokument ähnelt eher einem sehr langen Textwurm, in dem sich einige Formatierungen und Bilder befinden. Die Stärken liegen mehr in der Verbindung zum Internet und der Verknüpfung von Textstellen zueinander – ähnlich wie Hypertext. Zukünftig werden jedoch sicherlich mehr grafische Formatierungen möglich sein, wenn sich Software und Hardware weiterentwickelt haben.

> Hintergrund: Das Format EPUB etabliert sich bei den meisten großen Anbietern elektro-
> nischer Bücher als Standard, u.a. für das Apple iPad. Die Vorteile und offensichtlichen
> Nachteile gegenüber einer PDF-Datei stellen wir Ihnen im Kapitel „XHTML- und EPUB-Export"
> ab Seite 769 vor.

1.1.16   Online-Dienst: CS Review

Für die Creative Suite 5 wurden diverse Online-Dienste wie beispielsweise CS Review neu und wei-
ter entwickelt, die es erlauben, über das Internet Dokumente zu kommentieren und auszutauschen.
Hierzu erhalten Sie in der Steuerungspalette oben rechts ein neues Statusmenü **CS Review** mit einem
blauen Kreis. Mit dem darunter aufklappenden Menü können Sie einen *Korrekturprozess* (engl.
Review) starten. Ziel dieser Funktion ist es, über das Internet Ihr Layout anderen Teilnehmern zur
Korrektur zu präsentieren, die dann Textkommentare zu Ihrem Layoutentwurf vergeben können.

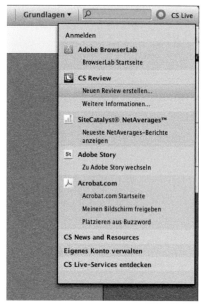

Abbildung 1.21: *Ein CS Review starten Sie aus dem
Aufklappmenü in der Anwendungsleiste von InDesign.*

Organisiert wird dieser Prozess durch **CS Live** bzw. die Online-Plattform **Acrobat.com**. Jeder, der an
einem Korrekturprozess teilnehmen möchte, braucht einen kostenlosen Login für diese Plattform.
Sodann können Sie Ihr Layout oder einige Doppelseiten des Dokumentes auf Ihren Account unter
Acrobat.com hochladen und für andere Teilnehmer freigeben. Kommentare der anderen sehen
Sie beispielsweise direkt als Textnotiz im Layout.

Sollten Sie mit Kollegen oder Ihren Kunden schon einmal in Adobe Acrobat gelbe Kommentar-
Zettel an eine PDF „geklebt" haben, so werden Sie diesen Online-Korrektur-Prozess schnell
erlernen und mit Ihrem Team anwenden können.

Abbildung 1.22: *Den Status Ihrer Anmeldung bei CS Live sehen Sie anhand des blauen Icons: Ein Punkt im Kreis sowie ein Stern zeigen an, dass Sie auf CS Live zugreifen können und dass Sie eingeloggt sind.*

> **CS Live und Acrobat.com**
> Jede Benutzung der Plattform Acrobat.com zum Hochladen und Kommentieren von Dateien erfordert einen persönlichen Zugang, den Sie sich zuvor einrichten müssen. Eine anonymisierte Form der Nutzung ist nicht möglich. Ob Sie über InDesign CS5 mit Ihrem Account verbunden sind, sehen Sie an der Statusanzeige – dem blauen Kreis. Befindet sich im Kreis ein blauer Punkt, so sind Sie eingeloggt und können jederzeit einen aktuellen Stand Ihres Layouts hochladen. Haben Sie sich früher schon einmal bei Adobe als Benutzer mit einer sogenannten Adobe-ID angemeldet, können Sie diese ID weiter für CS Live und Acrobat.com nutzen.

1.1.17   CS Live: Buzzword

Was klingt wie ein billiges Marketinginstrument ist in Wahrheit eine sehr interessante Möglichkeit für Texter, Redakteure und Übersetzer, Textabschnitte aus dem InDesign-Layout über das Internet zu bearbeiten. **Buzzword** ist ein weiterer Online-Dienst in der Acrobat.com-Familie, der zunächst eine einfach zu bedienende und übersichtliche Textverarbeitung darstellt. Die Erstellung, Bearbeitung und Ablage eines Textdokumentes – formatiert wie unformatiert – erfolgen dabei komplett online im persönlichen Benutzerbereich. Für die CS5-Version hat Adobe nun eine Brücke zwischen Buzzword und InDesign geschaffen – **das Exportieren und Platzieren von Buzzword-Dokumenten**. Da diese Dateien jedoch nicht lokal auf der Festplatte gespeichert werden können, brauchen Sie dazu eine permanente Online-Verbindung während dieser Vorgänge.

Das Ergebnis ist letztendlich ein sehr einfacher Online-Layout-Workflow, mit dem Sie als Layouter oder Grafiker ihren schreibgewaltigen Textern den Zugang zu Ihrem InDesign-Layout ermöglichen. Welche Vorzüge und welche Einschränkungen dieser Workflow hat, zeigen wir Ihnen im Kapitel **„Texte übernehmen" ab Seite 676**.

1.1.18   Allgemeine Verbesserungen

Neben all den großen Neuerungen sind auch viele kleine Verbesserungen in InDesign eingeflossen, die wir nicht unerwähnt lassen wollen. Dabei gibt es das eine oder andere Highlight, das für InDesign-Kenner sogar die offiziellen Neuerungen wie z.B. die Eckeneffekte verblassen lässt.

Dokumentenvorschau im Vollbildmodus

Wenn Sie im Layout einmal eine Vorschau Ihrer Doppelseite sehen wollen, so können Sie mit dem Tastenbefehl ⬙+W alle Paletten ausblenden, und Ihre Seiten erscheinen auf schwarzem Untergrund im *Vollbildmodus*. Somit ersparen Sie sich einen PDF-Export, die Besprechung mit dem Kunden direkt am Layout wird somit zum Kinderspiel. Auch für Bildschirmpräsentationen oder Webgrafiken ist diese Funktion überaus sinnvoll.

> **!** **Vorschaumodus nur zur Präsentation des Layouts**
> Wenn Sie jetzt gleich Animationen und Interaktionen ausprobieren wollen, so werden Sie mit dem Vollbildmodus eine Enttäuschung erleben: Die Animationen werden nicht abgespielt, Seitenübergänge erscheinen nicht wie gewünscht. Für solch anspruchsvolle Zwecke nutzen Sie bitte den SWF-Export!

Genial: schneller Werkzeugwechsel

Das umständliche Wechseln zu anderen Werkzeugen wie *Rotieren* oder *Skalieren* entfällt durch neue Mouseover-Zustände des Mauszeigers an den Rahmenkanten. Doch Adobe geht noch einen Schritt weiter: Wenn Sie beispielsweise das **Auswahlwerkzeug** gewählt haben, jedoch nur kurz einen Text in einem Rahmen auswählen wollen, so halten Sie die Taste T bedrückt. InDesign springt *vorübergehend* auf das **Textwerkzeug**. Nun können Sie Texte auswählen und typografisch über die Steuerungspalette ändern. Sobald Sie die Taste T wieder loslassen, springt InDesign auf das Auswahlwerkzeug zurück. Auch mit allen anderen Werkzeugen ist dieser schnelle Wechsel möglich.

Farbauswahl in der Steuerungspalette

Die Anwahl von *Flächen- und Konturfarben* erfolgt nun über die Steuerungspalette per *Dropdown-Palette*. Darin sind alle Funktionen versammelt, die Sie auch aus der Farbfelderpalette bereits kennen. Somit wird die Farbwahl komfortabel und ersetzt den Einsatz der Farbfelder.

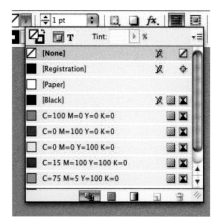

Abbildung 1.23: *Die Farbwahl ist nun schnell über die Steuerungspalette erreichbar. Die Verwendung der Farbfelderpalette kann dadurch komplett entfallen.*

> **Bessere Übersetzungen von Fachbegriffen**
> Das wird besonders Typografen und andere Anwender freuen, die es gern etwas genauer nehmen: Die falsch übersetzte Textvariable „Mitlaufende Kopfzeile" heißt nun „Lebender Kolumnentitel" und die irritierenden „Objektstile" heißen nun konsequenterweise „Objektformate" und werden auch mit Absatz-, Zeichen- und Zellenformaten im Menü „Fenster" unter „**Formate**" aufgeführt. Aber das nur am Rande!

1.1.19   Update-Bewertung

Mit InDesign CS5 macht Adobe viele Dinge richtig. Die Bedienung wird beim Anlegen von Rahmen spürbar schneller, auch das Transformieren – einst eine fummelige Angelegenheit – wird zum Kinderspiel. Die neuen Eckeneffekte machen Kreativen Spaß, Produktioner werden sich dagegen an den Seitenformaten und am PDF-Export erfreuen. Typografen haben mit einem einzigen Textrahmen deutlich mehr Flexibilität und Crossmedia-Designer stehen nun vor der Entscheidung, ob sie besser InDesign anstelle von Flash nehmen sollten. Angesichts dieser Fülle von wirklich sinnvollen Verbesserungen können die Anwender eventuell darüber hinwegsehen. Mein Fazit steht nach eingängigen Tests fest: InDesign CS5 ist ein *Must-have-Update* für alle Profis!

1.2   Organisation ist alles: InDesign einrichten

Wenn Sie mit InDesign CS4 bereits vertraut sind, fällt Ihnen der Umstieg auf CS5 nicht schwer. Adobe hat im Vergleich zu früheren Fassungen weniger radikale Änderungen an der Bedienoberfläche vorgenommen. Dennoch ist diese so flexibel wie nie zuvor. Wir wollen Ihnen zeigen, wie Sie mit einfachen Tricks Ihre Bedienoberfläche effizienter einrichten und nutzen.

> **Mac oder Windows in diesem Buch**
> Wir verwenden im gesamten Buch die Paletten- und Fensterdarstellungen von Mac OS X. Als Windows-Anwender werden Sie die Bildbeispiele sicher für Ihren Arbeitsplatz übertragen können. Falls es Unterschiede gibt, weisen wir in Abbildungen darauf hin. Bei den Übersichten der Tastenkürzel zeigen wir Ihnen beide, die für Mac und für Windows.

Abbildung 1.24: *Die Bedienoberfläche von InDesign CS5 wartet mit zahlreichen neuen Paletten wie der Mini-Bridge und einer vereinfachten Rahmenbedienung auf.*

1.2.1 Bildauschnitte bewegen

Damit Sie Bilder im Rahmen besser modifizieren und Bildausschnitte bewegen können, steht Ihnen in InDesign eine neue Bedienhilfe zur Verfügung. Sobald Sie sich mit dem Mauszeiger über einem platzierten Bild befinden, sehen Sie einen transparenten hellen Ring in der Bildmitte, der dem Schnittbild einer Spiegelreflexkamera ähnelt. Diesen Ring – oder nennen wir ihn einfach „Donut" – klicken Sie an und verschieben mit gedrückter Maustaste den Bildinhalt. Dieses Werkzeug wird jederzeit sichtbar – auch wenn Sie gerade in der Textbearbeitung sind. Es entfällt damit der Werkzeugwechsel auf das Auswahlwerkzeug, das Anklicken des Rahmens und der Wechsel auf die Direktauswahl!

> **Schnittbild oder Donut?**
> Die Bezeichnungen über den „Ring" auf platzierten Bildern differieren landesweit.
> Im Norden könnte man das „Rundstück" oder „Brögel" nennen – in Bayern würde das
> „Auszog'ne" oder „Schmalzkringel" heißen.

Abbildung 1.25: *Bildauschnitte einfach bewegen – der Donut unter den Rahmenwerkzeugen!*

1.2.2 Einfache Rahmentransformation

Es ist Zeit, ein Lob auszusprechen: Die Bedienung von InDesign ist im Vergleich zu früheren Fassungen schneller und qualitativ besser geworden. Das wird Ihnen dann auffallen, wenn Sie die Montagefläche mit gedrückter Leertaste oder dem Tastenbefehl (H) verschieben. InDesign zeigt Ihnen nun alle Bilder und Texte in „normaler" Qualität – u. a. werden die Fonts geglättet dargestellt. Eine grob gepixelte und ungeglättete Darstellung während des Verschiebens gehört also nun der Vergangenheit an.

Ebenso zeigt InDesign sofort das fertige Ergebnis, wenn Sie einen gefüllten Textrahmen in der Breite verändern – der Textumbruch ist also gleich zu erkennen. Bewegen Sie einen Freisteller *mit aktivierter Konturenführung* über einen oder mehrere Textrahmen, so zeigt Ihnen auch hier InDesign *sofort den neuen Textumbruch*. Das setzt voraus, dass Ihr Computer – besonders die Grafikkarte – die für diese Effekte nötige Rechenleistung erbringen kann.

Sobald Sie mit dem Mauszeiger einen Anfasser eines Rahmens im Layout „berühren", können Sie den gesamten Rahmen drehen oder skalieren – ohne ein Werkzeug zu wechseln. Mit gedrückter Alt- und ⇧-Taste erledigen Sie dies auch um den Mittelpunkt des Rahmens und Skalieren pro*portional*. Somit verhält sich InDesign nun endlich einmal konform zu Illustrator, wo dies schon seit Jahrzehnten möglich ist.

Abbildung 1.26: *Ein Rahmen bietet anhand seiner Anfasser-Punkte sofort die Möglichkeit, den Rahmen zu skalieren oder zu drehen.*

Abbildung 1.27: *Der Rahmen wird gedreht und im grauen Informationsfeld wird der genaue Winkel angezeigt. Mit gedrückter ⇧-Taste drehen Sie um feste 45-Grad-Werte.*

> **Einfaches Transformieren von Bildern und Rahmen**
> Noch nie war es so einfach, einen Rahmen zu erstellen, zu drehen oder zu skalieren. Die genaue Arbeitsweise erklären wir Ihnen im Kapitel „Bilder platzieren" ab Seite 159 sowie „Vektorgrafiken und Transparenzen" ab Seite 409.

> **Ältere Computer und InDesign CS5**
> Sollten Sie InDesign CS5 auf einem Computer einsetzen, der schon einige Betriebsjahre an Erfahrung gesammelt hat, so kann die neue schnelle Vorschau die Arbeitsweise mit InDesign eher behindern, da der Computer u.U. mit der Berechnung Ihrem Arbeitstempo nicht hinterher kommt. Daher können Sie unter „Benutzeroberfläche" die Vorgabe zur „Dynamischen Bildschirmaktualisierung" auf „Verzögert" einstellen, um die Unterbrechungen durch die Vorschauberechnung zu verringern.

> **Multitouch-Gesten auf dem Mac und unter Windows 7**
> Die Betriebssysteme Windows 7 und Mac OS 10.6 unterstützen bei bestimmten Geräten auch die Eingabe per Multitouch – also die Bedienung mit mehr als einem Finger. Somit können Sie beispielsweise ein Bild oder eine Ansicht in einem Dokument vergrößern, wenn Sie beide Zeigefinger auf dem Touchscreen oder Trackpad Ihres Computers gleichzeitig auseinanderziehen. Wenn Sie in den Voreinstellungen von InDesign zur Bedienoberfläche die Option „Multitouch-Gesten aktivieren", kann InDesign eine Vielzahl dieser Gesten direkt im Programm umsetzen. Somit macht die Arbeit in InDesign auf einem Laptop oder Touchscreen doppelt Spaß!

1.2.3   Das Lückenwerkzeug

Jahrelang waren Sie es gewohnt, Rahmen mit Rahmenwerkzeugen zu erstellen und anschließend deren Position und Größe zu verändern. Doch wie wäre es, wenn Sie nicht die Rahmen veränderten, sondern deren Abstände zueinander? Hierfür hat sich Adobe das **Lückenwerkzeug** ausgedacht, mit dem Sie die horizontalen und vertikalen Abstände von Rahmen oder deren Abstände zum Seitenrand verändern.

Mit zusätzlichen Tastenbefehlen können Sie dem Lückenwerkzeug noch weitere Funktionen entlocken: Mit gedrückter ⌈Alt⌉-Taste verschieben Sie die feste Lücke mitsamt der benachbarten Rahmen. Die ⌈⌘⌉-Taste sorgt dafür, dass Sie die Lücke aus Ihrer Mittelachse heraus horizontal oder vertikal verbreitern oder verschmälern, wie Sie den nachfolgenden Abbildungen entnehmen können.

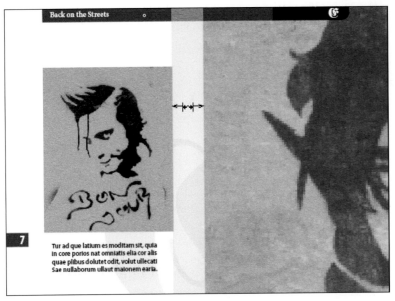

Abbildung 1.28: *Das Lückenwerkzeug verschiebt nicht den Rahmen, sondern die Lücke!*

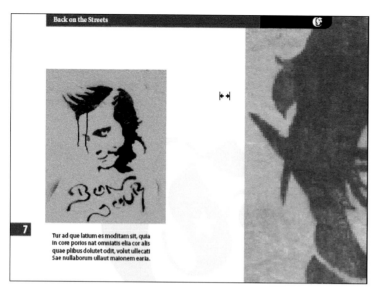

Abbildung 1.29: *Mit gedrückter Maustaste verschieben Sie die Lücke.*

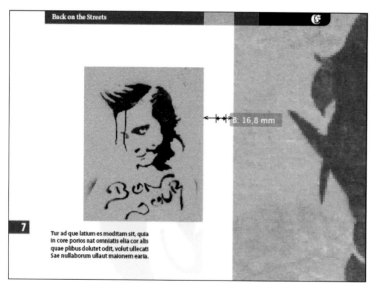

Abbildung 1.30: *Wird die* Alt *-Taste gleichzeitig gedrückt, so bleibt die Lücke bestehen und die benachbarten Rahmen werden mit verschoben.*

> Das Lückenwerkzeug und die Automatische Einpassung

Platzierte Bilder können mithilfe der Option „Automatisch einpassen" in der Steuerungspalette oder in den Rahmeneinpassungsoptionen so mit dem Rahmen gekoppelt werden, dass sich bei der Skalierung des Rahmens auch gleichzeitig die Größe des Bildes verändert. Das Lückenwerkzeug macht damit umso mehr Spaß, wenn Sie mit gedrückter ⌘-Taste die Lücken skalieren und gleichzeitig die benachbarten Rahmen mitskalieren. Probieren Sie es aus!

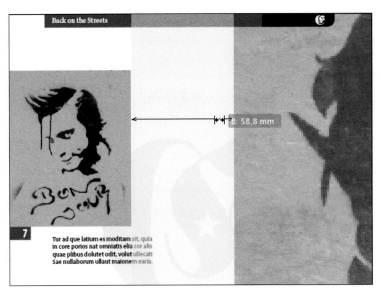

Abbildung 1.31: *Die Lücke skalieren Sie aus der Mittelachse, indem Sie die Befehlstaste drücken.*

Abbildung 1.32: *Auch Abstände vom Seitenrand gelten als Lücke und können mit dem Lückenwerkzeug bestens bearbeitet werden.*

Das Lückenwerkzeug in der Reinzeichnung
Falls Rahmen einen festen Abstand vom Seitenrand einnehmen oder stattdessen mit 3 Millimetern im Anschnitt liegen sollen, können Sie für die Reinzeichnung auch das Lückenwerkzeug anwenden. Da das zusätzliche Infofeld am Mauszeiger stets den Wert der Lücke angibt, können Sie millimetergenau arbeiten.

1.2.4 Neue Ebenen-Palette mit Objektstruktur

Illustrator lässt grüßen: Die Ebenen-Palette wurde komplett überarbeitet, die Arbeit mit komplexen Objekten und Gruppen wird somit zum Kinderspiel. Die überarbeitete Ebenen-Palette bietet nun, wie auch in Illustrator, die Möglichkeit, jedes Objekt im Layout als Ebenen-Objekt zu behandeln. Einzelne Objekte lassen sich auswählen, umbenennen, sperren, ausblenden und auch nach oben oder unten verschieben. Komplexe Layouts mit vielen Bestandteilen sind so wesentlich einfacher zu behandeln.

Abbildung 1.33: *Rahmen und Rahmengruppen erscheinen als aufklappbares Menü vergleichbar zu Illustrator.*

1.2.5 Schneller Werkzeugwechsel

Während der Arbeit im Layout benötigen Sie viele Werkzeuge – die Auswahl (V), die Direktauswahl (A), das Textwerkzeug (T), das neue Seitenwerkzeug (⇧+P), das Lückenwerkzeug (U) und andere. Der Wechsel der Werkzeuge fand in den vergangenen Versionen ausschließlich über den Mausklick in der Werkzeugpalette oder den passenden Tastenbefehl statt.

InDesign CS5 erlaubt es nun, während der Rahmenbearbeitung ein Werkzeug per Tastenbefehl aufzurufen, wenn die Taste gedrückt bleibt. Hierzu ein Beispiel: Sie wählen einen Textrahmen mit dem **Auswahl**-Werkzeug an. Nun halten Sie den Tastenbefehl T gedrückt und markieren den Text. Anschließend verändern Sie die Schriftvorgaben in der Steuerungspalette oder wählen ein anderes Absatzformat aus. Der Text wird nun umformatiert. Wenn Sie anschließend die Taste T wieder loslassen, springen Sie auf das **Auswahl**-Werkzeug zurück. Ein Wechsel per Mausklick ist nun nicht mehr nötig.

Dies funktioniert auch mit den folgenden Befehlen:

F	Platzhalter-Rechteck	**Erzeugt mit gedrückter Maustaste einen neuen Platzhalterrahmen**
M	Rechteck-Werkzeug	**Erzeugt einen neuen Rechteckrahmen**
G	Verlauf	**Steuert den Verlauf in einem Rahmen oder auf einer Rahmenkontur**
I	Pipette	**Nimmt Farben und grafische Eigenschaften auf**
H	Handwerkzeug	**Bewegt die Montagefläche**
Z	Zoom	**Vergrößert die Darstellung der Montagefläche**

1.2.6   Schnell anwenden

Über das Symbol mit dem Blitz in der Steuerungspalette am rechten Rand oder besser gleich mit dem Tastenbefehl ⌘/Strg + ↵ öffnen Sie den **Schnell-anwenden**-Dialog, in dem Sie nach Absatz-, Zeichenformaten, Tabellenformaten oder Skripten suchen können. Die genaue Arbeitsweise zeigen wir Ihnen u.a. im Kapitel „Absatzformate" ab Seite 313.

Deaktivieren Sie jedoch bitte im Untermenü – erkennbar am kleinen Pfeil nach unten – die Option **Menübefehle einschließen**. Damit ersparen Sie sich allzu viele Treffer in der Ergebnisliste.

Abbildung 1.34: *Der Dialog „Schnell anwenden" erscheint auf Tastenbefehl.*

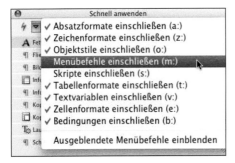

Abbildung 1.35: *Im Untermenü deaktivieren Sie die „Menübefehle" in den Treffern.*

1.2.7 Arbeitsumgebungen

Damit Sie für typische Arbeiten in InDesign den richtigen Arbeitsplatz vorfinden, besitzt InDesign auch in der CS5-Fassung vorgefertigte Arbeitsbereiche wie **Neu in CS5** oder **Erweitert**. Diese Arbeitsbereiche zeigen nicht nur jeweils andere Palettengruppen, sondern es werden auch entsprechende Menüeinträge ausgeblendet bzw. farblich herausgehoben. Blau unterlegt sind z.B. alle Einträge, die in InDesign neu hinzugekommen sind oder überarbeitet wurden. Nehmen Sie sich ein paar Minuten Zeit und schauen Sie durch, was sich geändert hat. Als Ausgangspunkt für die professionelle Layoutarbeit empfehlen wir, die Arbeitsumgebung **Erweitert** aufzurufen, damit alle wichtigen Menüeinträge sichtbar sind und die notwendigen Paletten gleich am rechten Monitorrand erscheinen.

Abbildung 1.36: *Die Arbeitsumgebungen finden Sie am oberen rechten Fensterrand von InDesign.*

Palettenpositionen

Alle Funktionen sind in thematisch gruppierten Paletten untergebracht. Auch wenn diese von Adobe inzwischen als „Bedienfelder" bezeichnet werden, so wollen wir den gebräuchlichen Begriff „Paletten" verwenden. Alle Paletten werden als **Icon** mit Beschriftung dargestellt. Das erleichtert das Auffinden der Paletten und verkleinert den notwendigen Platz. Mit einem Klick auf die gewünschte Palette springt diese auf und zeigt alle ihre Funktionen so lange, bis Sie eine andere Palette wählen. Die Darstellung aller verkleinerten Paletten als Icon und Beschriftung können Sie so weit reduzieren, dass nur noch Icons am linken Monitorrand zu sehen sind. Dafür bewegen Sie die Maus auf die linke Kante der Paletten, bis Sie einen Doppelpfeil als Mauszeiger sehen. Ziehen Sie nun die Maus mit gedrückter linker Maustaste nach rechts. Dadurch verschwindet die Beschriftung. Alternativ können Sie diesen Schritt auch umgekehrt anwenden und die Beschriftungen wieder „herausziehen".

Wollen Sie stattdessen alle Paletten wie in früheren Versionen untereinander angeordnet auf einen Blick zeigen, so klicken Sie doppelt in den dunklen Bereich über den Paletten. Somit springen alle verkleinerten Paletten auf und zeigen ihre Funktionen permanent. Diese Arbeitsweise ist jedoch veraltet und hat zur Folge, dass sich die Paletten in ihren Größen gegenseitig begrenzen.

Abbildung 1.37: *Die Standarddarstellung von Paletten mit Icon und Beschriftung*

Abbildung 1.38: *Die Paletten können mit einem Mausklick minimiert werden.*

Abbildung 1.39: *Die konventionelle Darstellung aller geöffneten Paletten erreichen Sie mit einem Klick auf den Doppelpfeil im oberen dunkelgrauen Bereich.*

> **Doppelklick auf Werkzeuge**
>
> Das Verlaufswerkzeug bzw. die Palette Verlauf öffnen Sie mit einem Doppelklick auf das Verlaufswerkzeug in der Werkzeugpalette. Dagegen rufen Sie mit einem Doppelklick auf das Messwerkzeug die Info-Palette auf, sofern diese ausgeblendet ist. Somit zeigt sich InDesign nicht nur mit der Steuerungspalette hilfreich für Ihre jeweilige Arbeitssituation, sondern auch im Zusammenspiel von Werkzeugen und Paletten.

> **Sie benötigen mehr Platz?**
> Eine Alternative zur Anordnung von Paletten und Dokumentfenstern ist der Anschluss eines zweiten Monitors an eine zusätzliche Grafikkarte bzw. eine, die zwei Monitore gleichzeitig versorgen kann. Dort können Sie Paletten großzügig ablegen und dennoch ungestört auf dem Hauptmonitor das Layoutdokument bearbeiten.

> **Ausblenden der Paletten**
> Bei der Arbeit blenden Sie zwischenzeitlich alle Paletten und Werkzeuge aus, indem Sie ⇥ drücken. Ein erneutes Betätigen von ⇥ lässt die Paletten und Werkzeuge wieder zum Vorschein kommen. Für ein separates Ausblenden der Paletten allein drücken Sie die Tastenkombination ⇧ + ⇥.

Menübefehle einrichten

InDesign ist ein komplexes Programm, das jede Anfängerin und jeden Neuling auf die Probe stellt, unter welchem Menü eine gesuchte Funktion zu finden ist. Nach einer Eingewöhnungsphase ist eine gemischte Arbeitsweise aus Menüauswahl, Kontextmenü (rechte Maustaste) und Tastenbefehlen sinnvoll. Doch es geht auch anders. Für alle, die InDesign nur kurzzeitig benutzen oder darin konkrete wiederkehrende Aufgaben verrichten müssen, wie z.B. das Platzieren von Anzeigen, können alle Menübefehle auf das Nötige reduziert oder häufige Befehle farblich hervorgehoben werden. Diese Einstellungen betreffen auch die „Arbeitsbereiche", die wir Ihnen später in diesem Kapitel vorstellen.

Unter dem Menü **Bearbeiten/Menüs…** rufen Sie den Dialog für die Änderungen auf. Hierbei wählen Sie zunächst zwischen Anwendungsmenüs – also den Einträgen im Hauptmenü – und den Kontextmenüs, wenn Sie beispielsweise mit der rechten Maustaste auf einen Rahmen klicken.

Über das Augensymbol schalten Sie den Menübefehl auf sichtbar oder unsichtbar. Eine Hervorhebung ist in sieben Farben möglich.

> **Alphabetisch sortierte Menüs**
> Klicken Sie einmal mit gedrückter ⌘ + Alt + ⇧ -Taste in das Hauptmenü. Nun werden Ihnen alle Einträge nach alphabetischer Sortierung gezeigt. Kennen Sie den Begriff, aber nicht den Ort in den langen Listen, erleichtern Sie sich hier die Suche nach dem Eintrag in den Menüs. Alternativ steht Ihnen auch die Funktion »Schnell anwenden« zur Verfügung.

Blibliotheken einbinden

Für die Arbeit mit umfangreichen Dokumenten wie beispielsweise Magazine oder Kataloge empfehlen wir die Arbeit mit **Bibliotheken**, in denen Sie Rahmenvorlagen speichern und bei Bedarf in das Layout platzieren können. Die Arbeitsweise mit den Bibliotheken erklären wir eingehend ab Seite 97 im Kapitel „Vorlagen gestalten".

Geöffnete Bibliotheken können Sie in Ihrer Arbeitsumgebung fest verankern, indem Sie die Bibliothek öffnen, an einen geeigneten Ort verschieben und anschließend die Arbeitsumgebung speichern. Rufen Sie dazu im Menü **Fenster/Arbeitsbereich/Neuer Arbeitsbereich…** auf. Geben Sie anschließend einen geeigneten Namen für den Arbeitsbereich an.

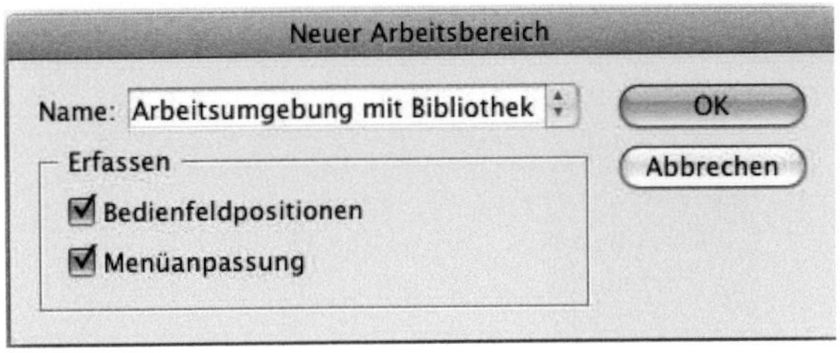

Abbildung 1.40: *Die Arbeitsbereiche speichern Sie auf Ihrer Festplatte mit einem eigenen Namen.*

Wenn Sie anschließend einen anderen Arbeitsbereich wie **Neu in CS5** wählen und später diesen Arbeitsbereich im Menü **Fenster/Arbeitsbereich/** oder im Drop-down-Menü des Dokumentenfensters oben rechts wieder aufrufen, erscheint auch die gewünschte Bibliothek an ihrer gespeicherten Position.

1.2.8   Die Kontextmenüs

Eine besondere Rolle kommt in InDesign den Kontextmenüs zu. Alle Editiermöglichkeiten zum angewählten Rahmen und zum aktuellen Werkzeug verbergen sich kompakt in diesen Menüs, erreichbar auf der rechten Maustaste oder mit ⌐Ctrl⌐+Klick. Wenn Sie einen Text bearbeiten, können Sie über das Kontextmenü nicht nur die Schrift oder die Schriftgröße erreichen, sondern auch typografische Sonderzeichen wie ein *Achtelgeviert* oder Formatierungszeichen wie einen *Seitenumbruch* einfügen. Für lesbare Erläuterungen verzichten wir in den nachfolgenden Kapiteln auf die Anweisung, die rechte Maustaste zu bedienen, und weisen Sie an, das **Kontextmenü** aufzurufen.

Abbildung 1.41: *Das Kontextmenü während der Bearbeitung eines Textrahmens*

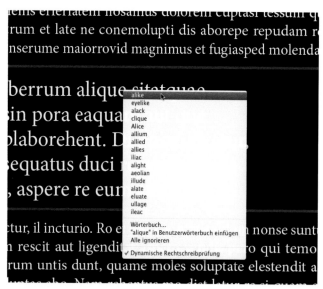

Abbildung 1.42: *In der Textbearbeitung zeigt InDesign die Textvorschläge aus dem Wörterbuch, sofern die Dynamische Textkorrektur aktiviert ist.*

Rufen Sie das Kontextmenü dann auf, wenn Sie sich mit dem Mauszeiger über Paletten befinden, so erhalten Sie die Befehle zur Auswahl, die überwiegend in den Palettenmenüs versteckt sind. Zudem werden Ihnen Optionen für die Darstellung der Paletten angeboten.

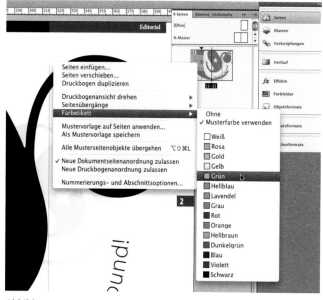

Abbildung 1.43: *Das Kontextmenü bietet hilfreiche Werkzeuge auch bei Rechtsklick auf Seitensymbolen!*

Abbildung 1.44: *Über einer Palette erreichen Sie mit dem Kontextmenü die Bedienfeld-Optionen.*

> **Die rechte Maustaste ist ein Muss!**
> Wer noch glaubt, der Computer – besonders der Apple Macintosh – sei ausschließlich mit einer Maustaste über das Hauptmenü zu bedienen, befindet sich ein Jahrzehnt in der Vergangenheit. Nutzen Sie das Kontextmenü in InDesign, das Ihnen in fast jeder Situation die nötigen Werkzeuge bietet, die Sie brauchen. Für Eintasten-Benutzer ruft der zusätzliche Tastenbefehl `Ctrl` mit dem Mausklick das Kontextmenü auf.

1.2.9 Voreinstellungen

Die Vorgaben und Einstellungen, die Sie in InDesign treffen können, sind zahlreich. Wir wollen Ihnen die wichtigsten Punkte wie **Seitenformate, Typografie, Farben und Platzhalter** vorstellen. Wenn Sie eine der folgenden Vorgaben in einem geöffneten Dokument einstellen, speichert InDesign diese Vorgabe immer *innerhalb des Dokuments*. Wenn Sie stattdessen alle Dokumente schließen und dann die Vorgaben treffen, gelten Ihre Einstellungen *für alle zukünftig erstellten Dokumente*. Bedenken Sie das also, wann Sie beispielsweise eigene Seitenformate oder Vorgaben für Platzhalter festlegen.

Programmvoreinstellungen

Unter dem Menü **InDesign/Voreinstellungen...** auf dem Mac bzw. **Bearbeiten/Voreinstellungen...** auf dem PC finden Sie die über 160 Optionen, gegliedert in 18 Gruppen. Die Bedeutung aller Optionen zu erklären, würde den Rahmen des Buches sprengen und Ihre Geduld überstrapazieren. Daher wollen wir uns auf die wesentlichen Vorgaben konzentrieren. Im Übrigen ist ein Großteil der Vorgaben von Adobe durchaus sinnvoll eingestellt, so dass Sie ohne große Probleme damit arbeiten können.

> **Voreinstellungen für die Arbeit mit Texten**
> Vorgaben für das Platzieren von Texten, Verfolgen von Textänderungen, Korrigieren mit Wörterbüchern und Anlegen von Inhaltsverzeichnissen hängen mit dem tatsächlichen Textinhalt im Layout zusammen und lassen sich nicht unbedingt allgemeingültig darstellen. Daher lesen Sie bitte aufmerksam die Kapitel „Texte platzieren und bearbeiten" ab Seite 197 sowie „Variable Texte" ab Seite 375.

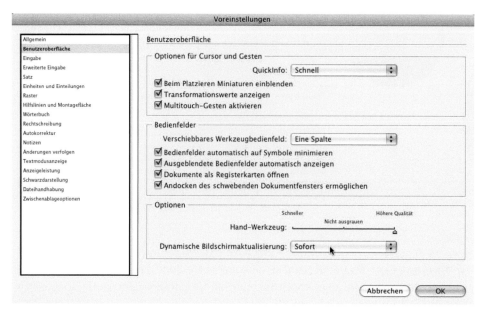

Abbildung 1.45: *Neue Vorgaben für die Bedienoberfläche in InDesign CS5 unter anderem für die Eingabe von Multitouch-Gesten sowie die Geschwindigkeit der Vorschau beim Bewegen der Montagefläche*

Einheiten

Welche Einheiten InDesign verwendet, bestimmen Sie bereits, wenn Sie eine neue Datei anlegen. Mit der Auswahl der „Ausgabe" als Print oder Web verwenden Sie entweder Millimeter oder Pixel als Einheit für die Beschreibung von Seitenformaten und Rahmen. Für die Typografie verwendet InDesign den DTP-Punkt als Vorgabe. Sollten Sie für Lineale, Seitengrößen oder Schriften andere Einheiten verwenden wollen, so rufen Sie in den Voreinstellungen die Rubrik **Einheiten** auf.

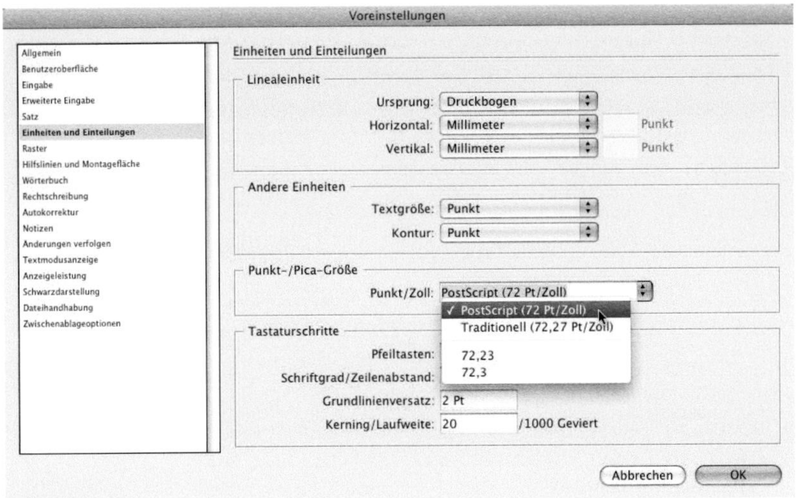

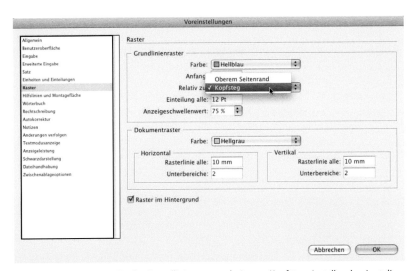

Abbildung 1.46: *Die Vorgaben der Einheiten sind thematisch unterteilt und bieten auch die Möglichkeit, andere typografische Punktdefinitionen abweichend zur PostScript-Definition zu verwenden.*

Raster

Unter den Einstellungen in der Rubrik „Raster" wählen Sie die Vorgaben zum Grundlinienraster und zum Dokumentraster. Während das Dokumentraster von Fall zu Fall eingesetzt wird, spielt das Grundlinienraster eine wichtige Rolle. Hier sind die Voreinstellungen von InDesign nachteilig, denn die Vorgaben richten sich nicht am späteren Satzspiegel aus. Daher rufen Sie unter der Option „Relativ zu" den „Kopfsteg" auf. Dieser **Kopfsteg** bezeichnet im Layout den oberen Satzspiegel-Rand.

Abbildung 1.47: *Wenn Sie das Grundlinienraster relativ zum Kopfsteg einstellen, beginnt die erste Grundlinie mit dem oberen Rand im Satzspiegel.*

> **Relativ zum Kopfsteg**
> Mustervorlagen können in einem InDesign-Dokument unterschiedliche Werte für den Kopfsteg – den oberen Rand – einnehmen. Somit beginnt das Grundlinienraster je nach Mustervorlage auf einer anderen Höhe. Die Anwendung zeigen wir Ihnen im Kapitel „Satzspiegel" ab Seite 98.

Anzeigeleistung

InDesign stellt auf Wunsch das Dokument mit niedrig aufgelösten Bildern und Effekten, ohne Bilder oder hochauflösend dar. Hinzu gesellen sich die Techniken **Überdruckenvorschau** und **Farbproof**, die auch die Anzeigequalität beeinflussen. Wenn Sie eine andere Anzeigeleistung als die voreingestellte verwenden wollen, sollten Sie dies nicht unbedingt in den Voreinstellungen ändern, da die Umschaltung der Qualitäten und Vorschaumodi über das Hauptmenü deutlich komfortabler ist als die Auswahl in den Voreinstellungen.

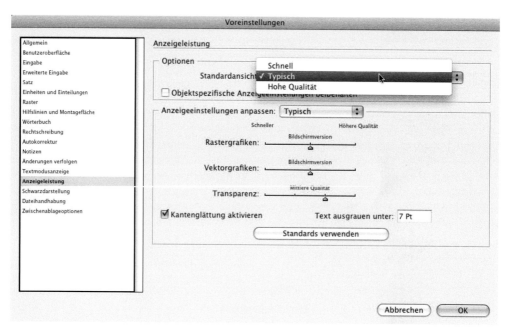

Abbildung 1.48: Die Voreinstellungen zur Anzeigeleistung bieten individuelle Qualitäten, die jedoch kaum benötigt werden.

Abbildung 1.49: *InDesign zeigt das Layout in der „schnellen" Qualität mit abgeblendeten Bildern und Grafiken.*

Abbildung 1.50: *Verwenden Sie die hochauflösende Darstellung, so stellt InDesign die Bilder in voller Auflösung dar.*

> **Farbproof aktivieren**
> Für die medienneutrale Gestaltung mit RGB-Bildern, CMYK-Farben im Layout sowie Schmuckfarben kann das Ausgabeprofil für die Monitorwiedergabe simuliert werden – Sie sehen also die spätere Ausgabe als CMYK, arbeiten jedoch mit medienneutralen Bildern. Diese Arbeitsweise erklären wir Ihnen im Kapitel „Color Management" ab Seite 70.

Dynamische Bildschirmaktualisierung

InDesign CS5 arbeitet mit einer schnellen Vorschau für die Darstellung von Bildern und Texten, während Sie die Montagefläche bewegen oder ein Bild von einem Text umfließen lassen. Somit erhalten Sie immer sofort die bestmögliche Darstellung des Layoutergebnisses. Adobe nennt dieses Verhalten **Dynamische Bildschirmaktualisierung**. Sollten Sie während der Arbeit mit besonders umfangreichen Dokumenten feststellen, dass die Geschwindigkeit in der Darstellung abnimmt und InDesign Zeit benötigt, die schnelle Vorschau zu berechnen, so können Sie in den Voreinstellungen unter der Rubrik „Benutzeroberfläche" die Dynamische Bildschirmaktualisierung von „Sofort" auf „Verzögert" einstellen.

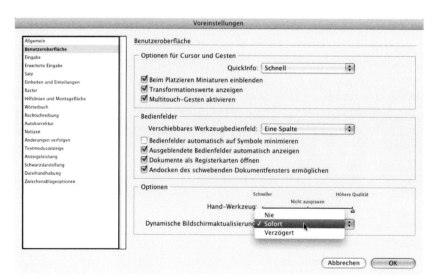

Abbildung 1.51: *Die Art der Bildschirmaktualisierung wählen Sie in der Rubrik „Benutzeroberfläche".*

Dateihandhabung und Wiederherstellung

Die Adobe Bridge CS5 stellt InDesign-Dokumente anhand der ersten beiden Seiten im Layout dar. Somit können Sie Ihr InDesign-Layout in einem Verzeichnis auch visuell auffinden. Damit die Bridge mehrere oder alle Seiten Ihres Layouts in der Vorschau zeigen kann, ändern Sie in den Voreinstellungen unter der Rubrik „Dateihandhabung" die Einstellung bei „Seiten". Die Arbeitsweise mit der Adobe Bridge zeigen wir Ihnen im Kapitel „Bilder platzieren" ab Seite 159.

! Anzahl der Vorschauseiten in der InDesign-Datei
Je mehr Seiten Sie für die Vorschau einbeziehen und die Vorschaugröße wählen, umso mehr wächst die Dateigröße Ihrer InDesign-Datei. Jede Vorschauseite ist ein JPEG-Bild. Wählen Sie diese Option nur dann, wenn Sie häufig mit der Bridge arbeiten und Ihre Dokumente tatsächlich nach der Seitenvorschau verwalten.

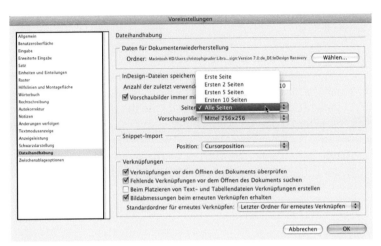

Abbildung 1.52: *Die Anzahl der Seiten für die Bridge-Vorschau bestimmen Sie hier.*

Die **Wiederherstellung** einer InDesign-Datei erfolgt dann, wenn der Computer, das Betriebssystem oder InDesign selbst den Dienst versagt hat und abgestürzt ist. In der *Datei für die Dokumentenwiederherstellung* speichert InDesign alle Arbeitsschritte, die seit dem letzten Speichern der geöffneten Datei ausgeführt wurden.

Starten Sie InDesign nach einem Absturz des Programms oder Systems neu, so sucht InDesign zunächst in dieser Datei nach Einträgen. Befinden sich dort noch ungespeicherte Arbeitsschritte, so versucht InDesign, die letzte(n) geöffnete(n) Layoutdatei(en) wiederherzustellen. Ist dies nicht der Fall, sollten Sie sich mit dem Kapitel „Troubleshooting" ab Seite 872 beschäftigen. Wir zeigen Ihnen darin Lösungsmöglichkeiten für defekte Dateien auf.

Benutzerdefinierte Seitenformate

Die aus InDesign CS4 und früheren Fassungen bekannte Funktion, eigene Seitenformate als externe Textdatei anzulegen, ist nun in CS5 nicht mehr möglich. Anstelle der Textdatei sind nun die neuen individuellen Seitenformate getreten, die Sie direkt in InDesign erstellen.

! XML anstelle von einfachen Textbeschreibungen
Seit CS5 ist die Beschreibung von eigenen Seitenformaten keine simple Textdatei mehr im Programmordner, sondern konsequenterweise eine XML-Datei im Verzeichnis der Voreinstellungen: „~/Library/Preferences/Adobe InDesign/Version 7.0/de_DE/Page Sizes/Neue Seitenformate.xml". Dort sind die Formatangaben leider in Point anzugeben und man braucht zumindest XML-Grundverständnis zum Editieren. Näheres zum Thema XML beschreiben wir Ihnen im gleichnamigen Kapitel.

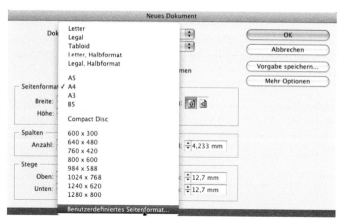

Abbildung 1.53: *Die eigenen Seitenformate wählen Sie im Dialog „Neues Dokument".*

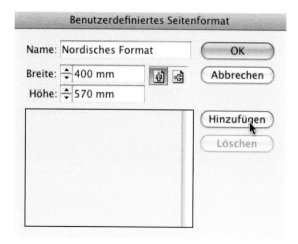

Abbildung 1.54: *Hier geben Sie beliebig viele neue Seitenformate an und fügen diese hinzu.*

Die Seitenformate können Sie in geöffneten Dokumenten bearbeiten, wenn Sie das neue **Seiten-werkzeug** in der Werkzeugpalette anwählen. Wenn Sie jedoch die Seitenformate ohne Dokument anlegen wollen, so gehen Sie folgendermaßen vor: Legen Sie mit dem Tastaturbefehl ⌘+N eine neue Datei an. Im Drop-down-Menü des **Seitenformates** können Sie am unteren Ende ein **Benutzerdefiniertes Seitenformat** anwählen. Sogleich öffnet sich ein neuer Dialog, in dem Sie nun alle gewünschten Formate in Millimetern angeben und dann auf **Hinzufügen** klicken. Diese Seitenformate tauchen dann später wieder im Dialog **Neues Dokument** auf. Den Umgang mit dem Seitenwerkzeug erklären wir Ihnen im Kapitel „Neue Dokumente" ab Seite 608.

Dokumentenvorlagen

Damit Sie Ihr Layout als Vorlage für andere Dateien verwenden können, haben Sie zwei Möglichkeiten: Öffnen Sie Ihr InDesign-Layout als Kopie oder speichern Sie eine eigene Vorlagendatei im Format InDesign-Template (***.indt**).

Eine InDesign-Datei öffnen Sie als **Kopie**, indem Sie den Öffnen-Dialog in InDesign aufrufen, die gewünschte InDesign-Datei wählen und im unteren Bereich des Dialoges die Option „Kopie öffnen" aktivieren. Diese Methode eignet sich für einzelne Dateien, die von Fall zu Fall im Original oder als Kopie geöffnet werden sollen.

Abbildung 1.55: Im Öffnen-Dialog wählen Sie, ob Sie das Original oder eine Kopie aufrufen.

Abbildung 1.56: Speichern Sie eine InDesign-Vorlage, indem Sie das Format „InDesign CS5-Vorlage" auswählen.

Die Alternative besteht für Sie darin, dass Sie Ihr Layout nicht als normale InDesign-Datei speichern, sondern als **InDesign-Vorlage**. Rufen Sie den Dialog „Speichern unter…" auf. Im Dropdown-Menü „Format" wählen Sie „InDesign CS5-Vorlage". Somit speichern Sie nun eine Datei mit dem Kürzel ***.indt**. Diese Vorgehensweise ist dann zu empfehlen, wenn Sie regelmäßig Dateien auf Basis dieser Vorlage erstellen müssen.

Weitere Möglichkeiten, aus verschiedenen Vorlagen eine neue Datei zu erstellen, verraten wir Ihnen im Kapitel „Vorlagen gestalten" ab Seite 97.

Vorgaben für Fonts

Die Standardschrift nach der Installation von InDesign CS5 ist die **Minion Pro Regular**. Wenn Sie ein neues Dokument anlegen, erscheint diese Schrift immer dann, wenn Sie das **Textwerkzeug** anwählen. Wollen Sie dies ändern, so schließen Sie alle InDesign-Dokumente und wählen das Textwerkzeug. Rufen Sie nun die Schrift Ihrer Wahl auf. Sobald Sie eine neue InDesign-Datei anlegen und mit dem Textwerkzeug arbeiten, ist nun Ihre Schrift aktiviert.

> **⚠ Standard-Font Minion Pro**
> Während frühere InDesign-Fassungen neue Dokumente stets mit der Times angelegt haben, wurde für CS5 nun die Minion Pro als Standard-Font festgelegt. Dies soll spätere Produktionsschwierigkeiten vermeiden, die mit unterschiedlichen Mac- und PC-Fonts der „Times" entstehen können. Der Grund ist naheliegend: Die „Times" existiert auf dem Mac OS beispielsweise als TrueType, als OpenType und als dfont. Im Problemfall sind alle Arten aktiviert. Doch welcher Font wird nun benutzt? Auf dem PC entspricht die voreingestellte „Times" der „Times New Roman". Wenn also InDesign-Dokumente auf dem Mac erstellt und dann auf dem PC bearbeitet werden sollen, stimmen die Fontzuordnungen nicht mehr überein. Mit der neuen Wahl des Standard-Fonts wird dieses Problem umgangen. Sollten Sie dennoch die Times oder die Times New Roman verwenden, so achten Sie auf die verwendeten Font-Typen! Die Unterschiede zwischen TrueType, OpenType und dfont erläutern wir Ihnen im Kapitel „Typografie" ab Seite 252.

Die weiteren Vorgaben für die Typografie wählen Sie in den Absatzformaten und Zeichenformaten. Auch hierfür können Sie alle Dokumente schließen und neue Absatzformate anlegen, sollten Sie diese Absatzformate in allen Dokumenten benötigen. Dies ist besonders dann sinnvoll, wenn Sie innerhalb eines Unternehmens für die unternehmensweite visuelle Kommunikation zuständig sind und in jedem InDesign-Dokument Ihre Hausschrift in der gewünschten Größe benötigen.

> **▷ Absatz- und Zeichenformate laden**
> Haben Sie bereits Formate in anderen Dokumenten angelegt, so können Sie diese Formate für neue Dokumente einfach importieren. Rufen Sie hierzu die Palette „Absatzformate" auf und wählen Sie im Palettenmenü die Option „Alle Textformate laden". Wählen Sie anschließend Ihre „alte" Layoutdatei aus. InDesign importiert nun die Formate für Absätze und Zeichen, die anschließend in den entsprechenden Paletten erscheinen.

> **Glyphensätze für alle Dokumente**
> Wenn Sie häufig mit Symbolen aus verschiedenen Fonts arbeiten oder Schriftzeichen einfügen wollen, so empfehlen wir Ihnen, einen eigenen Glyphensatz anzulegen. Ähnlich wie die Farbfelder speichern Sie einen Glyphensatz ohne geöffnetes Dokument. Er ist nun für alle Dokumente verfügbar.

Vorgaben für die Farben

Vergleichbar zur Typografie können Sie selbst entscheiden, welche Farben in jeder neuen Datei eingestellt sind. InDesign verwendet die Standardfarben wie *Cyan*, *Magenta* und *Gelb* sowie die Farben *Rot*, *Grün* und *Blau* als **Prozessfarben**. Sie können diese Farben löschen, indem Sie alle Dokumente schließen, die Farben in der Palette der Farbfelder markieren und mit einem Klick auf den Papierkorb entfernen.

Neue Farben für alle zukünftigen Dokumente legen Sie an, indem Sie auf das Blattsymbol klicken oder im Palettenmenü der Farbfelder ein „Neues Farbfeld…" anlegen. Dies eignet sich besonders bei Hausfarben, die als Schmuck- oder Prozessfarbe vorgegeben sind.

Zudem gibt es die fest angelegten Farben [**Papier**], [**Schwarz**] und [**Passermarken**]. Die „Farbe" des Papiers wird zunächst als Weiß dargestellt. Wenn Sie jedoch einen Farbproof aktivieren, so werden alle weißen Farben durch die Papierfarbe im Ausgabeprofil ausgetauscht. Dies zeigen wir Ihnen ausführlich im Kapitel „Farbmanagement" ab Seite 69.

Abbildung 1.57: *Markierte Farbfelder speichern Sie als ASE-Datei und Sie laden diese Datei wiederum in einer neuen Layoutdatei.*

Eine einfache Farbvorlage erstellen Sie, indem Sie die Farbfelder anlegen, mit ⬚+Klick markieren und im Palettenmenü der Farbfelder die Option „Farbfelder speichern..." aufrufen. Anschließend fragt InDesign nach dem Speicherort Ihrer Farbvorlage als Datei im Format „Adobe Swatch Exchange". Diese Datei können Sie in anderen InDesign-Dokumenten über den Befehl „Farbfelder laden" im Palettenmenü wieder importieren. Zudem ist die ASE-Datei auch zu Photoshop oder Illustrator kompatibel.

Vorgaben für Platzhalter

Für das Platzieren von Bildern und Grafiken ist es sehr hilfreich, wenn Sie sich eine Grundeinstellung einrichten, so dass jedes Bild gleich an die Rahmengröße und beim Skalieren angepasst wird. Schließen Sie hierfür alle Dokumente und rufen Sie im Menü **Objekt/Anpassen/Rahmeneinpassungsoptionen...** auf. Aktivieren Sie zunächst die neue Option „Automatisch einpassen", damit sich Bilder beim Skalieren von Rahmen immer an die aktuelle Größe des Rahmens anpassen. Für das **Einpassen eines Bildes** stehen Ihnen nun vier Möglichkeiten offen. Wählen Sie „Rahmen proportional füllen". Das Bild wird somit den Rahmen immer ausfüllen. Entspricht das Höhen-Seitenverhältnis des Bildes nicht dem des Rahmens, so werden Bildteile maskiert. Mit dem Ankerpunkt der Option „Ausrichten an" entscheiden Sie, aus welchem **Ursprung** das Bild an den Rahmen angepasst wird. Wir empfehlen für die Standardeinstellung die **Mitte**.

Weitere Möglichkeiten im Zusammenhang mit den Rahmeneinpassungsoptionen zeigen wir Ihnen ausführlich im Kapitel „Bilder platzieren" ab Seite 159.

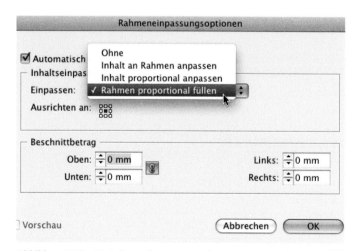

Abbildung 1.58: *Die Rahmeneinpassungsoptionen geben vor, wie sich ein Bild in einem Rahmen verhält.*

Mit den hier gezeigten Vorgaben für InDesign sparen Sie pro Arbeitstag mindestens 5 Minuten! Bei jedem platzieren Bild benötigen Sie 5 Mausklicks oder 10 Sekunden, um ein Bild auf diese Weise einzupassen. Das ist zwar nicht viel, aber wenn Sie am Tag 30 Bilder platzieren, sind das immerhin 5 Minuten!

Color Management

Für die perfekte Arbeit mit medienneutralen Bildern und Ausgabeprofilen ist es unabdingbar, die Adobe-Vorgaben für das **Color Management** zu ändern. Nehmen Sie Änderungen für das Color Management immer dann grundlegend vor, wenn kein Dokument geöffnet ist. Unter dem Menü **Bearbeiten/Farbeinstellungen…** finden Sie die Vorgaben.

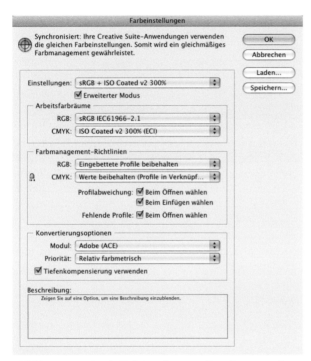

Abbildung 1.59: *Für die Farbeinstellungen sollten diese generellen Vorgaben verwendet werden.*

Ist der Zustand Ihres Farbmanagements nicht „Synchronisiert" oder entsprechen die verwendeten Arbeitsfarbräume sowie die Richtlinien nicht der Abbildung, so sollten Sie sich intensiv mit dem Thema Color Management sowie dem nächsten Kapitel beschäftigen, in denen wir Ihnen Nutzen und Einstellungen für ein medienneutrales Color Management vorstellen.

> **Voreinstellungen zum Farbmanagement**
> Sollten Sie in diesem Kapitel die Vorgaben zum Color Management vermissen: Wir haben diesem komplexen Thema ein eigenes Kapitel ab Seite 70 reserviert.

Preflight-Vorgaben

Die aus InDesign CS4 bekannte Funktion **Preflight** testet Ihr Layoutdokument permanent nach Fehlern. Doch welche potenziellen Fehler sind das? InDesign verwendet dazu das **Grundprofil**. Dieses Preflight-Profil testet in jeder geöffneten InDesign-Datei folgende Details, in denen auch einige Neuerungen in CS5 zu sehen sind:

Sucheintrag	Grund	Lösung
Verknüpfungen	Links fehlen oder wurden geändert	Verknüpfungen aktualisieren
Nicht verfügbare URL-Verknüpfungen	Buzzword-Dokument wurde platziert und konnte nicht gefunden werden	Online-Verbindung wiederherstellen und in CS Live einloggen
Übersatztext	Textrahmen sind zu klein, Textmenge kann nicht vollständig dargestellt werden	Textrahmen größer aufziehen, zugewiesene Wörterbücher prüfen oder Grundlinienraster-Einstellungen korrigieren
Schriftart fehlt	Font ist nicht verfügbar	Font nachträglich aktivieren, installieren oder reparieren
Nicht aufgelöste Beschriftungs-variable	Metadaten einer verknüpften Bilddatei enthalten keinen Eintrag	Metadaten der Bilddatei in der Adobe Bridge prüfen und ggf. ergänzen

Die Preflight-Vorgaben sollten Sie von Dokument zu Dokument einstellen. Je nach Ausgabe – Zeitungsdruck-Anzeige oder Buchdruck – benötigen Sie andere Kriterien, die im Preflight-Werkzeug abgefragt werden. Die genaue Arbeitsweise erläutern wir Ihnen im Kapitel „Preflight und Druckvorstufe" ab Seite 783.

Zurücksetzen von Voreinstellungen

(Windows) Starten Sie InDesign und drücken Sie dann ⟨⇧⟩+⟨⌘⟩+⟨Alt⟩. Beantworten Sie die Frage, ob die Voreinstellungsdateien gelöscht werden sollen, mit „Ja".
(Mac OS) Starten Sie InDesign und halten Sie dabei ⟨⇧⟩+⟨⌥⟩+⟨⌘⟩+⟨Ctrl⟩ gedrückt. Beantworten Sie die Frage, ob die Voreinstellungsdateien gelöscht werden sollen, mit „Ja".

1.2.10 Die Programmhilfe

In der neuen Fassung bringt InDesign viele Verbesserungen mit. Die Programmhilfe gehört nicht dazu. Das können Sie schon daran erkennen, dass die Beschreibung der Programmhilfe und deren Bedienung einen ganzen Absatz in diesem Buch erfordert.

Das Konzept, das Adobe anwendet, ist grundsätzlich richtig: Nicht nur Textangaben helfen Ihnen als Benutzer weiter, sondern auch Videos oder Einträge in Internetforen. Dazu wurde die Hilfe als Programm ausgelagert. Sie ist eine eigenständige Adobe-AIR-Applikation „Adobe Community Help", die sich aus allen aktuellen Informationen speist.

Abbildung 1.60: Die Programmhilfe ist ein eigenständiges Programm.

Abbildung 1.61: Die Suche umfasst alle installierten Programme der Creative Suite. Um ein konkretes Ergebnis zu einem Programm zu erhalten, wählen Sie zunächst InDesign aus.

Die Hilfe erreichen Sie im gleichnamigen Menü. Um die Suchfunktion und die Inhalte zu erreichen, benötigen Sie *immer* einen Online-Zugang! Die Community Help sucht für alle installierten Creative Suite Programme. Unter umständen müssen Sie auswählen, in welchem Programm Sie Hilfestellung benötigen. Im Suchfenster oben links rufen Sie im Drop-down-Menü **InDesign** auf.

Die Hilfe kann nicht vollständig sein, dazu gibt es zu viele Sonderfälle, in denen eine bestimmte Einstellung richtig oder nachteilig ist. Die Hilfe also mit den *Online-Communities* zu verbinden, ist ein richtiger Weg. Die Umsetzung ist jedoch so missraten, dass die Hilfe mehrere Minuten benötigt, nach der aktuellen Online-Datenbank zu suchen, oder sogar abbricht, wenn nicht die aktuelle Adobe-AIR-Applikation geladen ist. Diese zu laden, die Community Help wiederum zu starten und dann noch einmal nach dem richtigen Inhalt zu suchen, ist so umständlich, dass man den Adobe-Programmierern glatt seine Dienste anbieten möchte!

Sind diese für viele InDesign-Anwender recht hohen Hürden überwunden, lassen sich auch Videos zum gesuchten Thema aufrufen, die in Kooperation mit video2brain eingebunden wurden.

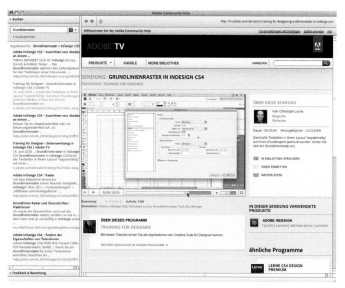

Abbildung 1.62: *Zum Thema „Grundlinienraster" gibt es auch ein eigenes Video für InDesign.*

Ebenfalls über die Community Help gibt es den Zugang zu AdobeTV, einem eigenen Internetkanal mit Videomaterial zu allen Adobe-Programmen, die von Adobe selbst produziert oder im Auftrag von Adobe erstellt wurden. Sie werden in diesem Internetkanal faszinierende Beispiele für die Anwendung der Creative Suite finden; Alltagsprobleme gehören leider nicht dazu.

> **tv.adobe.de**
> Das Aufrufen von Videos über die Community Help kann ein schwerfälliges Unterfangen sein. Besuchen Sie einfach die Website tv.adobe.de und schauen Sie dort die Videos an.

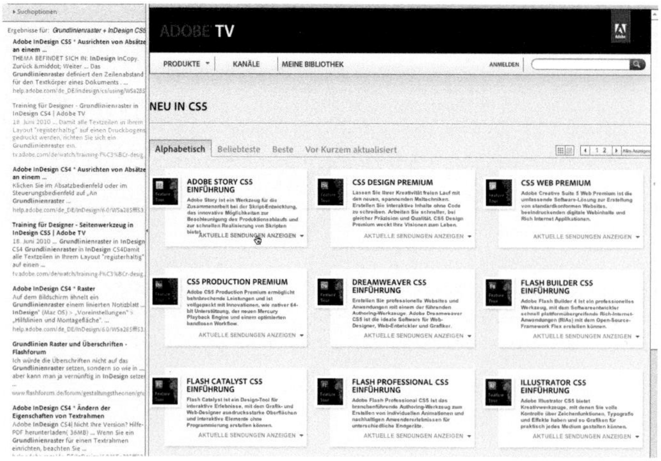

Abbildung 1.63: *Die Hilfe zeigt Ihnen auch die Videos auf dem AdobeTV-Kanal.*

1.3 Farbmanagement – alles unter Kontrolle?

Farben im Vergleich zum abgebildeten Original so exakt wie möglich zu reproduzieren, ist eine anspruchsvolle Aufgabe, die sich uns Profis täglich stellt. Das Farbmanagement von InDesign hat sich in der Vergangenheit bewährt; mit einem konsequenten Einsatz von Farbprofilen und den richtigen Einstellungen im Programm arbeiten Sie produktiver und erfolgreicher.

Um Ihnen gleich die Angst vor diesem komplexen Thema zu nehmen: Mit aktivem *Farbmanagement* haben Sie die Möglichkeit, Farben in InDesign verbindlich und präzise wiederzugeben und zum Beispiel von einem RGB-Farbraum in jeden gewünschten Ausgabefarbraum umzurechnen. Im Folgenden werden wir der Einfachheit halber die bekannte englische Abkürzung **CM** für *Color Management* verwenden.

Abbildung 1.64: *Mit InDesign CS5 haben Sie die Möglichkeit, RGB-Bilder medienneutral zu platzieren, Farben in CMYK anzumischen oder Schmuckfarben zu verwenden. Für die Ausgabe simulieren Sie die späteren CMYK-Farbwerte mit der Funktion „Farbproof" und messen die Farben mit der Separationsvorschau. Im linken Fenster wird das Layout für ISO Coated v2 300% simuliert, im rechten Fenster wird die Ausgabe für ISO Newspaper 26v4 angezeigt.*

Einstellungen, die wir hier für InDesign beschreiben, sollten Sie stets auch für Illustrator, Photoshop oder Acrobat beachten und ggf. anpassen. Diese Angleichung nennt sich Synchronisieren, das wir im gleichnamigen Abschnitt vorstellen.

! Früher war alles …

Wer behauptet, dass früher in QuarkXPress oder PageMaker alles einfacher war und sich Farben doch manuell in Photoshop aufgrund von Erfahrungswerten in CMYK anlegen bzw. korrigieren lassen, irrt gewaltig. CM gab es vor zehn Jahren noch nicht, somit erfolgte das Anmischen und Justieren von Farben aufgrund von Testreihen und Erfahrungswerten. Diese Arbeitsweise ist jedoch durch die Technik überholt und ist zudem unflexibel, da verschiedene Ausgabesituationen wie Offsetdruck, Digitaldruck, Zeitungsdruck und Internet nicht mit einer Datei realisiert werden können. Testreihen für jede Ausgabeform und der damit verbundene Arbeitsaufwand sind heute nicht mehr bezahlbar. Um flexibel zu bleiben, gibt es das CM.

> CMYK ist kein Ausgabefarbraum

Um gleich mit einer altbekannten Denkweise aufzuräumen: CMYK ist kein Ausgabefarbraum, sondern nur ein Farbmodus. Mischen Sie eine CMYK-Farbe an, so wird diese Farbe auf Zeitungspapier anders erscheinen als auf hochweißem gestrichenen Papier. Eine Ausgabe im Offsetdruck wird mit einem Ausgabefarbraum beschrieben, in dem Papierweiß, Gesamtfarbauftrag, Druckpunktzuwachs und Farbumfang berücksichtigt sind. Ein Zeitungsdruck erfordert somit einen anderen Ausgabefarbraum als ein Digital- oder Offsetdruck auf gestrichenen Papieren. Standards wie „ISO newspaper 26v4" oder „ISO Coated v2 300%" sind die entsprechenden Ausgabefarbräume, damit Ihre CMYK-Farben in den jeweiligen Medien möglichst identisch erscheinen.

! Ohne CM geht nichts!

Einstellmöglichkeiten in Photoshop, InDesign & Co. suggerieren, dass sich das Farbmanagement in der Creative Suite abstellen lässt. Dies ist nicht möglich – Farbmanagement findet immer statt. Nutzen Sie daher sinnvolle Vorgaben, damit keine ungewollten Farbkonvertierungen stattfinden!

1.3.1   Color Management in der Praxis

Damit Sie verstehen, wie leistungsfähig InDesign CS5 Bilder, Vektoren und Farben in den unterschiedlichsten Farbräumen organisiert, zeigen wir Ihnen gleich vorweg ein Praxisbeispiel für medienneutrale Gestaltung. Wir verfolgen den Weg eines Bildes von der Bildbearbeitung in das Layout und simulieren aus einer medienneutralen Sicht die Ausgabe im Zeitungs- oder Offsetdruck.

1. **Quellprofil des Bildes mit der Bridge anzeigen**
   Zunächst wird unser Bildmotiv mit einer Digitalkamera in einem RGB-Farbraum aufgenommen. Das Bild erhält bereits bei der Aufnahme ein RGB-Profil, das wir mit der Bridge CS5 anzeigen können. Dazu öffnen Sie die Bridge und wählen unter dem **Programmmenü** auf dem Mac bzw. im Menü **Bearbeiten** auf dem PC die **Voreinstellungen** aus. Unter der Rubrik **Miniaturen** können Sie zusätzliche Informationen wie das **Farbprofil** anzeigen lassen.

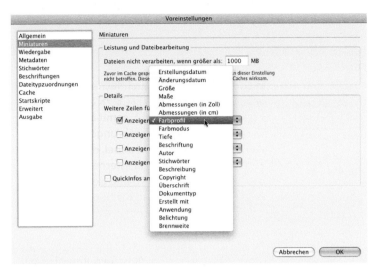

Abbildung 1.65:　Die Voreinstellungen für die Miniaturen-Ansicht in der Bridge

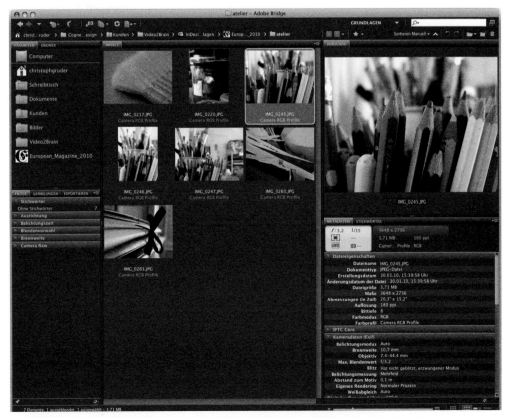

Abbildung 1.66:　In der Bridge wird nun bei allen Bildern das zugewiesene Farbprofil unterhalb des Dateinamens dargestellt.

2. **In Photoshop öffnen und bearbeiten**
Nun öffnen wir das Bild in Photoshop, um Bildfehler zu retuschieren und Farben einzustellen. Beim Öffnen in Photoshop fragt das Programm nach dem gewünschtem Verhalten: Soll das Quellprofil des Bildes beibehalten oder in den Arbeitsfarbraum von Photoshop umgerechnet werden? Wir belassen das Bild im ursprünglichen Farbraum.

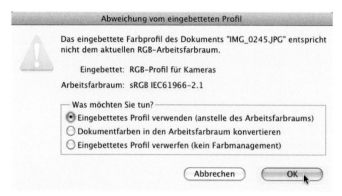

Abbildung 1.67: *Bilder mit abweichendem Profil öffnen Sie ohne Konvertierung, damit der Originalzustand des Bildes erhalten bleibt.*

3. **Bild bearbeiten**
Nun wird das Bild in seinem Originalfarbraum zum Beispiel mit der **Tonwertkorrektur** und anderen Werkzeugen bearbeitet.

Abbildung 1.68: *Mittels Tonwertkorrektur erhält das Bild einen höheren Kontrast.*

4.   Speichern

Nach der Bearbeitung in Photoshop speichern wir die RGB-Bilddatei als PSD und sichern dabei das Farbprofil.

Abbildung 1.69: *Das Bild kann ohne CMYK-Konvertierung als PSD mit Korrekturebenen gespeichert werden.*

5.   Platzieren in InDesign

In InDesign platzieren wir nun das Bild aus der Mini Bridge per Drag&Drop im Layout. Hier werden zusätzlich Schmuckfarben angelegt – sofern diese im Bild verwendet werden.

Abbildung 1.70: *Per Drag&Drop ziehen Sie aus der geöffneten Palette der Mini Bridge das Bild in den vorgesehenen Platzhalter.*

6. **Softproof am Monitor**

    Um zu sehen und zu messen, wie sich das RGB-Bild nun in verschiedenen Ausgabesituationen verhält, wählen Sie im Menü **Ansicht/Proof einrichten/Benutzerdefiniert…** aus und entscheiden sich dann für das gewünschte Ausgabeprofil (ISO Newspaper 26v4). Aktivieren Sie dabei die Option **Papierweiß simulieren**. InDesign zeigt nun die visuelle Veränderung durch die spätere Umrechnung in CMYK an.

Abbildung 1.71: *Das gewünschte Ausgabeprofil wird angezeigt und die Farbwerte in CMYK werden am Monitor simuliert.*

7. **Farbseparationen messen**

    Im Menü **Fenster/Ausgabe/Separationsvorschau** öffnen Sie nun die Palette, mit der Sie die Farbwerte in CMYK mit dem Mauszeiger messen können. Wahlweise blenden Sie die Farbauszüge ein und aus.

Abbildung 1.72: *Die Separationsvorschau zeigt auf Wunsch die einzelnen Farbauszüge an.*

8. **Profil wechseln**

Wenn Sie stattdessen ein anderes Ausgabeprofil im Sinn haben, so wechseln Sie einfach im Menü **Ansicht/Proof einrichten/Benutzerdefiniert…** das Profil und simulieren beispielsweise ISO Coated v2 300%. Nun können Sie wiederum in der Separationsvorschau die neuen Farben messen.

9. **Gesamtfarbauftrag**

Wollen Sie auch die Farbbereiche einsehen, die besonders deckend gedruckt werden, so wechseln Sie in der Palette der **Separationsvorschau** im Pulldown-Menü **Ansicht** auf **Farbauftrag**. Hier steht Ihnen nun ein Prozentwert zur Verfügung. Nutzen Sie den maximalen GFA des Ausgabeprofils (300%) und InDesign markiert diejenigen Flächen im Layout, die überhalb der Grenze liegen.

Abbildung 1.73: *Wechseln Sie in der Separationsvorschau in die Einstellung „Farbauftrag".*

Abbildung 1.74: *Nach der Angabe des maximal gewünschten Farbauftrages (Beispiel: 240%) werden diejenigen Bereiche rot hervorgehoben, deren Farbauftrag den Wert übersteigt.*

> **!** **Gesamtfarbauftrag bei CMYK-Bildern**
> Bei platzierten RGB-Bildern errechnet InDesign automatisch den GFA anhand des Ausgabeprofils, das Bild wird den Maximalwert nicht überschreiten. Bei platzierten CMYK-Bildern ist dies jedoch anders: Hier geben die tatsächlichen CMYK-Werte des platzierten Bildes den GFA vor. Somit wird auch die Schwäche von bereits umgewandelten CMYK-Bildern deutlich: Bilder, die für den Bogenoffsetdruck optimiert wurden, haben im Zeitungsdruck einen zu hohen GFA und können ohne Umrechnung nicht für die Ausgabe verwendet werden.

10. **Endgültige CMYK-Umrechnung in der PDF-Ausgabe**

    Für die Ausgabe aus InDesign bietet sich nun der Weg über das Format PDF an. Im **PDF-Export-Dialog** finden Sie die Einstellungen, um die RGB-Farben für den Export umzurechnen, CMYK-Farben im Layout jedoch beizubehalten.

Abbildung 1.75: *In der PDF-Ausgabe werden die Farbwerte aus Nicht-CYMK-Farbräumen endgültig in den Ausgabefarbraum ISO Coated v2 300% umgerechnet.*

11. **Anzeige und Test in Acrobat**

    Mit der Ausgabevorschau in Acrobat können Sie separat RGB- und CMYK-Farben anzeigen. Hier sehen Sie, dass in der exportierten PDF-Datei nur noch CMYK-Werte enthalten sind.

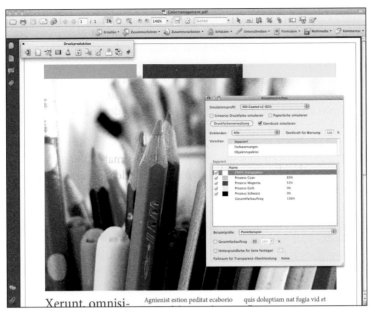

Abbildung 1.76: *Die Ausgabevorschau von Acrobat zeigt im Vergleich zu InDesign nun die resultierenden CMYK-Werte an.*

1.3.2 Vorbereitungen

Was muss ich nun tun, um diese Möglichkeiten in InDesign konseqent anzuwenden und korrekt einzurichten? Die Vorbereitungen dafür beginnen weit vor InDesign: Eine konsequente Anwendung des CM im Print- und Web-Workflow setzt voraus, dass alle Mitarbeiter mit denselben Standards arbeiten und entsprechend im Umgang mit CM geschult werden. Des Weiteren müssen Kalibriergeräte und gegebenenfalls Proofsysteme beschafft werden – eine Investition, die sich lohnt!

Der Vorteil, den Sie aus dieser Umstellung gewinnen, ist eine **Farbstandardisierung** und damit auch gleichzeitig eine deutliche Verminderung von Reklamationen aufgrund von Farbabweichungen. Bei Nachdrucken können Sie als Druckdienstleister Ihrem Kunden gegenüber bei standardisierter Produktion garantieren, dass er seine Druckerzeugnisse in identischer Qualität erhält.

Das haben viele Druckereien bereits durch einen konsequenten Einsatz bewiesen. Internationale Unternehmen legen Farbräume fest, die zur Ausgabe Ihrer Drucksachen weltweit verwendet werden. Die Globalisierung macht auch hier nicht halt: Die Druckqualität muss identisch sein, gleich, wo das Dokument weltweit gedruckt wird.

Quelle und Ausgabeziel

Woher kommt das Bildmaterial? Auf welchen Plattformen findet die Bearbeitung statt? Wie werden die Daten ausgegeben? Auf welcher Druckmaschine, auf welchem Papier? Diese Fragen müssen Sie sich zu Beginn jedes Druckauftrags beantworten können. Ist das in Teilen nicht der Fall, so greifen Sie am besten auf ISO-Standards zurück. Dazu geben wir Ihnen einige Tipps.

Das gesamte Thema füllt bereits zahlreiche Bücher, daher wollen wir Ihnen nur einen Überblick geben, was Sie in InDesign mit aktiviertem Farbmanagement erzielen können. Wenn Sie nach diesem Kapitel die Vorteile erkennen, sollten Sie sich unbedingt mit Ihrer Druckerei oder Ihrem Reprounternehmen auseinandersetzen, um die CM-Standards zu vereinbaren.

1.3.3 Was passiert zwischen der Farbdarstellung und der Wiedergabe im Druck?

Farben sind physikalisch messbar in Wellenlängen, Intensitäten und Helligkeiten. Da Sie immer eine „originäre" Farbe durch eine chemische Druckfarbe auf Papier oder einem anderen Untergrund ersetzen, müssen diese Abweichungen dokumentiert werden. Ziel eines CM ist es, auf Basis dieser Abweichungen die Farbreproduktion zu präzisieren. Für alle technisch reproduzierbaren Farben wurde der theoretische Farbraum Lab erschaffen. Jeder andere Farbraum – der Modus CMYK, RGB, Hexachrome – ist Teilmenge dieses Farbraums. Jedes Gerät zur Farbwiedergabe – digitale Fotokamera, Scanner, Bildschirm, Proofgerät oder Belichter – hat eine festgelegte Beziehung zu diesem Lab-Farbraum. Die Dokumentierung dieser Abweichung und die anderen Beschreibungen bezeichnet man als **Farbprofil**.

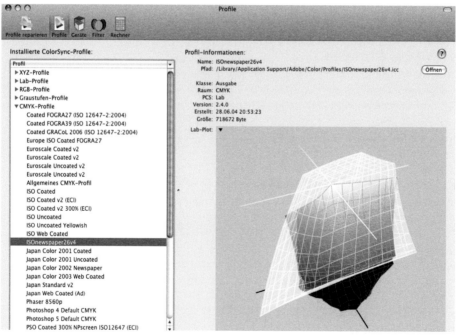

Abbildung 1.77: *Vergleicht man in einem Werkzeug wie dem Apple-Dienstprogramm ColorSync einen RGB-Farbraum mit einem CMYK-Farbraum, so werden die Differenzen der Farbräume deutlich. Hier steckt im äußeren sRGB ein deutlich kleinerer Farbraum ISO Newspaper 26v4. Bis auf die rötlichen Tiefen besitzt sRGB einen größeren Farbumfang.*

Das Ausgangsmaterial: digitale Bilder, CMYK-Farben und Schmuckfarben

Eine Digitalkamera kann nur so viele RGB-Farben „sehen", wie der Kamerachip verarbeiten kann. Da jede Kamera unterschiedlich „sehende" Chips beinhaltet, beschreibt der Kamerahersteller den Farbraum des Chips entweder mit einem eigenen Profil wie z.B. **Camera-RGB** oder nutzt als Referenz einen Standardfarbraum wie **sRGB** oder **Adobe RGB 1998**. Letzterer kommt besonders bei Profi-Kamerasystemen zum Einsatz, da er sich für die Aufnahme von Porträts bewährt hat. Wenn Sie Bilder von Ihrem Fotografen erhalten, so werden diese sicher in einem dieser Farbräume vorliegen. Bilder von Fotoarchiven nutzen überwiegend sRGB als Standardfarbraum.

Die Wiedergabe: kalibrierte Monitore

Wie werden nun die Bilder im sRGB-Farbraum auf dem Computer angezeigt? Jeder Monitor zeichnet sich durch einen anderen darstellbaren Farbraum aus. Da es nur bei High-End-Monitoren verbindliche Angaben zum dargestellten Farbraum gibt (Adobe RGB, ECI RGB), müssen alle Monitore für eine verbindliche Wiedergabe von RGB- und CMYK-Farben kalibriert werden.

> **[!] Regelmäßige Kalibrierungen**
> Dazu bieten verschiedene Hersteller handliche Kalibrierungsgeräte an, die in Verbindung mit einer Software ein Geräteprofil einmessen und für das Betriebssystem bereitstellen. Diese Kalibrierung muss regelmäßig (monatlich) erneuert werden, da alle Monitore über die Zeit Schwankungen in der Helligkeit und im Kontrast aufweisen.

> **[>] Was ist die Farbtemperatur?**
> Die Farbtemperatur beschreibt unterschiedliche Lichtquellen. Unsere Augen können sich an jede Farbtemperatur einer Lichtquelle anpassen und dieses Licht als „Weiß" erkennen. Foto- oder Videokameras hingegen führen einen Weißabgleich durch, da der Farbsensor der Kamera nur eine Lichtfarbe als „Weiß" zulässt. Gibt es mehrere Lichtquellen (wie beispielsweise in einem Geschäft oder auf einem Messestand), so entscheidet sich der Weißabgleich für eine Farbtemperatur. Ist der Weißabgleich misslungen, so wird die Lichtfarbe von Glühlampen zum Beispiel gelblich wiedergegeben, Neonlicht erscheint grünlich oder die Abendstimmung bläulich. Die Lichtfarbe wird als Farbtemperatur bezeichnet und in Kelvin gemessen. Eine 100-Watt-Glühlampe besitzt eine Farbtemperatur von etwa 2800 K, Leuchtstoffröhren 3000 K (Warmweiß) bis 4000 K (Kaltweiß), Tageslicht liegt je nach Wetter bei etwa 5500 K, die Schatten dagegen bei 9000–12000 K. Die Farbtemperatur beeinflusst maßgeblich unsere Wahrnehmung gedruckter Farben. Nur bei normiertem Licht ist eine Beurteilung ohne Beeinflussung der Farbtemperatur möglich.

Am Arbeitsplatz: Farbwahrnehmung messen und durch Normlicht ausschließen

Unter verschiedenen Lichtquellen können gedruckte Farben entweder identisch oder unterschiedlich wahrgenommen werden: Ein gedrucktes „Blau", das dem Kunden bei der Besprechung unter Kunstlicht gut gefallen hat, sieht bei Tageslicht vielleicht ganz anders aus, der Farbeindruck ist beispielsweise grünlicher oder rötlicher als gewünscht. Diese Differenz im Farbeindruck wird als **Metamerie** bezeichnet. Um ungewollte Metamerie-Effekte während der Gestaltung mit Farben auszuschließen, gehört ein gleichmäßig ausgeleuchteter Arbeitsplatz mit normierten Lichtquellen dazu, um im Tagesverlauf keine Beeinflussungen durch Sonnenlicht etc. zulassen. Normlicht wird mit einer Farbtemperatur von 5000 Kelvin erzeugt.

Mittels einfacher Farbteststreifen der **FOGRA** oder der **UGRA** können Sie selbst an Ihrem Arbeitsplatz testen, ob Ihre Beleuchtung den gefürchteten *Metamerie-Effekt* hervorruft oder ob Sie unter Normallichtbedingungen arbeiten.

> **Farbtemperatur-Indikator der UGRA**
> Sie können den Farbindikator-Streifen sowie weitere Produkte rund um das Messen der Metamerie bei der UGRA, dem Schweizer Kompetenzzentrum für Medien und Druckereitechnologie, bestellen: www.ugra.ch/farbtemperatur-indikator.phtml.

Die Ausgabe: Profile für die Abweichungen eines Farbdruckers

PostScript-fähige Farbdrucker sind im Probedruck zunächst *nicht farbverbindlich*. Jeder Drucker gibt beispielsweise Schmuckfarben aufgrund herstellereigener Farbtabellen aus, so dass in der Wiedergabe Farbverschiebungen stattfinden können: Sie gestalten mit InDesign eine Farbfläche in HKS 8 K und InDesign gibt als CMYK-Referenz **M=65%, Y=100%** an. Der Drucker empfängt jedoch nur die Bezeichnung **HKS 8 K** und gibt die Farbe aufgrund seiner eigenen Referenztabellen aus. Das Ergebnis ist möglicherweise eine stark abweichende Zusammensetzung der Prozessfarben.

> **Schmuckfarben für den Probedruck unterdrücken**
> Unter Umständen ist es vorteilhaft, bei unerwünschten Farbausdrucken die verwendeten Schmuckfarben für den Probedruck auf dem Farblaserdrucker in Prozessfarben umzuwandeln. Dies können Sie erreichen, indem Sie im Druckfarbenmanager im Palettenmenü der Farbfelder oder im Drucken-Dialog selbst die Option „Alle Volltonfarben in Prozessfarben umwandeln" aktivieren. Somit bleibt Ihnen die Schmuckfarbe im Layout erhalten, der Farbdrucker erhält jedoch „nur" CMYK-Werte. Die Arbeitsweise erklären wir Ihnen im Kapitel „Farbwelten".

Für jeden Farbdrucker kann durch die Wiedergabe eines Testdruckes ein Ausgabeprofil eingemessen werden, so dass die individuellen Farbabweichungen des Druckgerätes durch das CM ausgeglichen werden können. Beachten Sie, dass natürlich auch für unterschiedliche Papiersorten ein Testdruck und ein Messvorgang vorgenommen werden müssen. Wenn Sie farbverbindliche Ausdrucke für die Kundenfreigabe benötigen, ist ein Digitalproof unumgänglich.

1.3.4 Farbeinstellungen für die Creative Suite

Der Vorteil von InDesign ist die nahtlose Integration in die Adobe-Familie und die Nutzung gemeinsamer Technologien – auch im Farbmanagement. Somit können Bilder, Vektoren und Schriften im InDesign-Layout farblich identisch zu Photoshop und Illustrator angezeigt werden – vorausgesetzt, alle Programme arbeiten mit denselben CM-Vorgaben.

RGB- und CMYK-Arbeitsfarbräume wählen

Kommen wir nun zur entscheidenden Frage: In welchen Farbräumen arbeiten Sie? Es gibt zahlreiche RGB- und CMYK-Profile, die alle für einen konkreten Fall erstellt wurden. Doch welche Farbräume können als Standard möglichst viele Fälle abdecken?

RGB-Profile beinhalten u.a. die Werte zum Weißpunkt und Gammawert. Damit Tiefen und Lichter differenziert am Monitor wiedergegeben werden, sorgt eine nichtlineare Korrektur – der Gammawert – im Farbprofil dafür, dass helle oder dunkle Mitteltöne überproportional detailliert abgebildet werden. Ein plattformübergreifendes Profil wie das *ECI-RGB v2* beschreibt z.B. einen Gammawert von 1,8. Damit werden die Lichter stärker differenziert. Ein *AdobeRGB* oder *sRGB* beschreibt ein Gamma von 2,2, das im Vergleich zum ECI-RGB dunklere Mitteltöne anzeigt.

Ein CMYK-Profil speichert im Gegensatz zum RGB-Profil Informationen für die Druckausgabe. Dabei wird der Papiertyp berücksichtigt, ebenso der **Tonwertzuwachs**, die Methode des **Schwarzaufbaus** (GCR/UCR), das **Papierweiß** sowie der **Gesamtfarbauftrag**. Alle diese Parameter beschreiben das Verhalten von Prozessfarben auf einem bestimmten Papier und mit einer bestimmten Druckart. Die ECI – *European Color Initiative* – hat dazu eine ganze Reihe von Profilen veröffentlicht, die für verschiedenste Papiertypen und -gewichte geeignet sind. Jedes Profil wird mit einer PDF-Datei detailliert beschrieben. Darunter befinden sich auch die Profile der großen Verlagshäuser für Tiefdruck oder Rollenoffset.

Die Standard-CMYK-Ausgabefarbräume der ECI für den
Akzidenzoffsetdruck (Bogen- und Rollenoffset)

Mit den ISO-Standards der ECI ist klar definiert, was das Designbüro an die Druckerei liefert und womit die Druckerei rechnen muss. Nach den Empfehlungen der ECI sollen diese ISO-Profile für die Bearbeitung und die Ausgabe verwendet werden, wenn keine anderen Ausgabeprofile vereinbart wurden:

Farbprofilname	Ausgabesituation
ISOcoated_v2_eci.icc	Papiertyp 1 und 2, gestrichene Bilderdruckpapiere, 60/cm, 330% Farbauftrag
ISOcoated_ v2_300_eci.icc	Papiertyp 1 und 2, gestrichene Bilderdruckpapiere, 60/cm, 300% Farbauftrag
ISOwebcoated.icc	Papiertyp 3, glänzend gestrichenes Rollenoffsetpapier (LWC), 60/cm
ISOuncoated.icc	Papiertyp 4, ungestrichene weiße Offsetpapiere, 60/cm
ISOuncoatedyellowish.icc	Papiertyp 5, ungestrichene leicht gelbliche Offsetpapiere, 60/cm

> **Warum v2?**
> Das Profil ISO Coated wurde in den vergangenen Jahren mehrfach überarbeitet und steht in zwei Fassungen bereit. Das Profil ISOcoated_v2_eci.icc besitzt einen maximalen Farbauftrag von 330%. Das Schwesterprofil ISOcoated_v2_300_eci.icc wartet mit einem maximalen Farbauftrag von 300% auf. Frühere Versionen besaßen einen Gesamtfarbauftrag von 350%, der jedoch für eine Vielzahl von Druckverfahren und Papiersorten zu hoch bemessen war.

⚠ Adobe-Vorgaben

Adobe hat hier – wie auch in der Vorgängerversion von InDesign – eigene Sets von Profilen zusammengestellt. Die neue Einstellung „Europa, Druckvorstufe 3" mit dem Ausgabeprofil „Coated FOGRA39 (ISO 12647-2:2004)" kann zwar eingesetzt werden, entspricht jedoch nicht den ECI-Empfehlungen.

Das Profil **ISO Coated v2 300%** ist unser Standardprofil und CMYK-Arbeitsfarbraum. Wenn Sie Ihre Gestaltung auf diese Ausgabesituation ausrichten, sollten Sie immer mit diesem Profil arbeiten. Um eine Vorgabe einzurichten, die auf ISO-Profile zurückgreift, müssen Sie die ECI-Vorgaben auf Ihren Computer laden und in InDesign eine eigene CM-Einstellung anlegen.

Die Empfehlungen der ECI können Sie über die Website www.eci.org downloaden. Wählen Sie in der Rubrik **Download** das aktuelle Paket **ECI_Offset**. Es enthält die aufgelisteten ICC-Profile.

1. **Entpacken der Profile**
   Entpacken Sie die ZIP-Dateien nach dem Herunterladen auf Ihrem Rechner.

2. **Ablegen der Profile**
   Speichern Sie die Profile auf dem Mac in folgende Verzeichnisse:

   Macintosh HD/Library/ColorSync/Profiles/…

   Macintosh HD/Library/Application Support/Adobe/Color/Profiles/…

   C:Programme/Gemeinsame Dateien/Adobe/Color/Profiles/Recommended/

   C:WINDOWS/system32/spool/drivers/color/

▷ Profile auf dem Windows-PC installieren

Auf einem Windows-PC können Sie die heruntergeladenen Dateien mit der rechten Maustaste anklicken und den Befehl „Profil installieren" wählen, um die Profile automatisch unter C:\WINDOWS\system32\spool\drivers\color abzuspeichern. Wenn nur die Adobe-Programme darauf zugreifen sollen, können Sie sie auch manuell unter C:\Programme\Gemeinsame Dateien\Adobe\Color\Profiles ablegen.

1.3.5 CM-Einstellungen für Photoshop CS5

Unter **Photoshop CS5** beginnen Sie mit den Farbeinstellungen, wählen Ihre Arbeitsfarbräume und speichern sich diese ab. Über die **Bridge** werden anschließend die Farbeinstellungen synchronisiert, damit alle CS-Programme identische Vorgaben verwenden. InDesign wird dann für jedes neue Dokument diese Einstellungen übernehmen. Photoshop bietet die umfangreichsten Einstellungen – besonders für Graustufen und Volltonfarben, die leider in InDesign fehlen. Falls Sie keine aktuelle Version von Photoshop zur Verfügung haben, können Sie natürlich auch die Vorgaben mit der Version CS3 oder CS4 einstellen.

Abbildung 1.78: *In Photoshop beginnen Sie mit den Einstellungen für die Creative Suite.*

1. Farbeinstellungen aufrufen

Öffnen Sie Photoshop CS5. Wählen Sie im Menü **Bearbeiten** die **Farbeinstellungen**.

2. RGB- und CMYK-Arbeitsfarbräume wählen

Geben Sie als RGB-Arbeitsfarbraum **sRGB** an. Wählen Sie nun als CMYK-Arbeitsfarbraum **ISO Coated v2 300% (ECI)** aus.

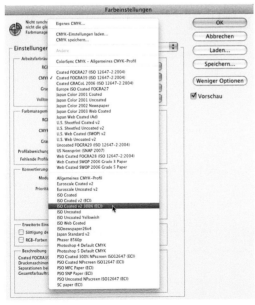

Abbildung 1.79: *Die Standard-Arbeitsfarbräume werden gewählt.*

3.   **Angaben für Graustufen und Volltonfarben**

Für Graustufen und Volltongrafiken wählen Sie einen **Druckpunktzuwachs** (Dot Gain) von **15%.**

4.   **Richtlinien für Fremdprofile**

Als Farbmanagement-Richtlinie wählen Sie für alle Farbräume **Eingebettete Profile beibehalten**.

Abbildung 1.80: *Die Angaben zum Verhalten bei Fremdprofilen sind elementar wichtig!*

5.   **Vorgaben speichern**

Sichern Sie sich nun diese Vorgaben mit einem Klick auf **Speichern** und geben Sie einen sinnfälligen *Kommentar* Ihrer Einstellungen sowie einen entsprechenden *Vorgabe-Namen* an.

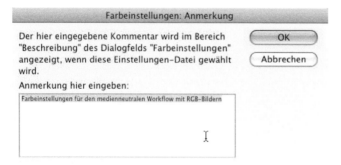

Abbildung 1.81: *Für die Vorgabe wählen Sie einen passenden Kommentar, damit Sie selbst sowie auch Ihre Kollegen die Ausgabeabsicht nachvollziehen können.*

Abbildung 1.82: *Nun wählen Sie einen Namen, in dem beispielsweise die Arbeitsprofile zu erkennen sind.*

Abbildung 1.83: *Die Einstellungen sind nun in Photoshop abgeschlossen und werden mit dem neuen Namen in der Vorgabenliste angezeigt.*

Umrechnung von RGB nach CMYK

Da die verschiedenen RGB- und CMYK-Farbräume nicht identisch sind und sich überschneiden, muss ein Bild von einem Quellfarbraum (sRGB) in einen Zielfarbraum (ISO Coated v2 300%) umgerechnet werden. Dies erledigen verschiedene Umrechnungstechniken. Dazu zählen heute in der InDesign-Praxis insbesondere diese beiden Methoden: **Relativ farbmetrisch** und **Perzeptiv**. Als Grundregel gilt: Farben und Bilder werden immer *relativ farbmetrisch* umgerechnet. Dies gewährleistet eine möglichst homogene Umrechnung der Farbwerte in den Ausgabefarbraum.

Für *stark farbgesättigte Bilder* im RGB-Farbraum, die sich durch besonders leuchtende Blau-, Rot- oder Grüntöne auszeichnen, ist diese Methode weniger geeignet, da bei der Umrechnung Nuancen in diesen Farbbereichen gerne verschwinden. Hierfür wird ein RGB-Bild nachträglich in InDesign mit der Umrechnungsmethode **Perzeptiv/Wahrnehmung** gekennzeichnet. Dieses Vorgehen zeigen wir Ihnen im Abschnitt **„Renderpriorität für Bilder ändern"**.

> **Adobe (ACE)**
> Die Color-Engine rechnet Farbräume um. Für Ihre Arbeiten empfehlen wir die Adobe Color Engine, kurz ACE genannt, da die ACE plattformübergreifend auf Mac und PC identisch funktioniert.

> **Relativ farbmetrisch**
> Diese Umrechnungsform vergleicht zunächst den Weißpunkt des Quellfarbraumes mit dem des Zielfarbraumes und gleicht danach alle Farben an. Farben, die in beiden Farbräumen vorkommen, werden übernommen. Diese Umrechnungsform eignet sich sowohl für Vektorgrafiken mit einfarbigen Bildflächen (z.B. Firmenlogos) wie auch als Standard-Umrechnungsform, da die wenigsten Farbverschiebungen auftreten. Farbtöne, die im Zielfarbraum nicht vorkommen, werden »abgeschnitten«, also auf den nächstliegenden Wert umgerechnet.

> **Wahrnehmung/Perzeptiv**
> Für die Konvertierung eines Bildes aus einem größeren Farbraum in einen kleineren Farbraum skaliert die Methode „Wahrnehmung" die Farbwerte, damit die Farbbeziehungen möglichst gleich bleiben. Der kleinere Zielfarbraum kann nicht alle Farben aus dem Quellfarbraum wiedergeben. Um dennoch den Tonwertumfang des Bildes bestmöglich zu erhalten, wird der Farbumfang (Gamut) proportional verkleinert. Es kommt durch diese Umrechnungsmethode zu Farbverschiebungen, das Verhältnis von Farbwinkeln sowie Hell-Dunkel-Bereichen bleibt aber erhalten.

1.3.6 Synchronisieren mit der Bridge CS5

Sobald Sie die Vorgaben in Photoshop eingerichtet haben, übernehmen Sie die Angaben mit der Bridge und übertragen diese auf alle CS-Programme. Dieser Vorgang nennt sich **Synchronisieren**.

1. **Öffnen der Bridge und der Einstellungen**
   Starten Sie das Programm Bridge CS5 und rufen Sie unter dem Menü **Bearbeiten** die **Creative-Suite-Farbeinstellungen** auf.

Abbildung 1.84: *Die Farbeinstellungen für alle CS-Programme finden Sie in der Bridge.*

2. **Auswahlen und Synchronisieren der Einstellungen**
   Wählen Sie nun in der Liste aller verfügbarer CM-Einstellungen Ihre Vorgabe *„sRGB + ISO Coated v2 300%"* aus und klicken Sie anschließend auf **Anwenden**. Nun besitzen alle CS-Programme dieselben Einstellungen.

Abbildung 1.85: *Zunächst sind die Programme nicht synchronisiert.*

Abbildung 1.86: *Wählen Sie die gespeicherte Vorgabe aus.*

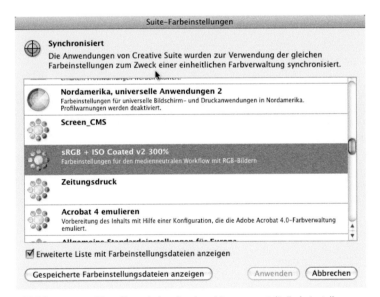

Abbildung 1.87: *Wenn Sie nach dem Synchronisieren erneut die Farbeinstellungen der Bridge oder eines Programms aufrufen, sehen Sie das Ergebnis Ihrer Bemühungen: Alle Programme sind synchronisiert.*

1.3.7 Das CM in InDesign CS5

Wenn Sie diese Schritte erledigt haben, können Sie nun in InDesign loslegen. Dazu rufen Sie sich zunächst im Menü **Bearbeiten** die **Farbeinstellungen** auf. Hier gibt es eine wichtige Vorgabe, die in Photoshop bei den Einstellungen so nicht sichtbar ist: CMYK-Werte sollen *beibehalten* werden.

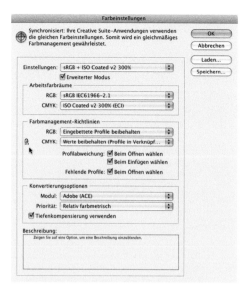

Abbildung 1.88: *In den Farbeinstellungen von InDesign sollen „Werte beibehalten" werden. Diese Vorgabe ist nur für platzierte Bilder verantwortlich!*

Werte beibehalten – doch welche?

Farben von platzierten Bildern, die aus einem anderen CMYK-Farbraum stammen, der nicht mit dem CMYK-Arbeitsfarbraum identisch ist, werden in InDesign anhand der Richtlinie **Werte beibehalten** beim Platzieren und in der PDF- oder Druckausgabe nicht konvertiert. Im Kapitel PostScript-Ausgabe und PDF-Export gehen wir noch detailliert darauf ein.

Abbildung 1.89: *Im Druck-Dialog und im PDF-Export taucht dieser Begriff „Werte beibehalten" wieder auf.*

Warnungen beim Öffnen – ignorieren, zuweisen oder umwandeln?

In den CM-Vorgaben haben Sie eingestellt, dass InDesign bei jeder erkannten Abweichung von den Arbeitsprofilen eine Warnung anzeigt. Daher werden Sie immer wieder während des Öffnens von alten Datenbeständen oder Dokumenten Ihrer Kollegen eine entsprechende Warnung erhalten – und das ist gut so! Die Warnung bedeutet, dass die Datei mit anderen Arbeitsprofilen ausgestattet wurde. Belassen Sie alle abweichenden Einstellungen, damit Sie die Datei genauso öffnen, wie sie zuletzt gespeichert wurde.

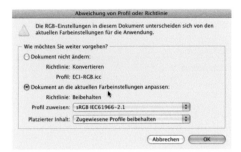

Abbildung 1.90: *Beim Öffnen einer InDesign-Datei sollten Sie das Dokument an die aktuellen Farbein-stellungen anpassen und damit die Richtlinie „Beibehalten"
anwenden: Abweichende Profile werden beibehalten!*

Abbildung 1.91: *Auch wenn der CMYK-Arbeitsfarb-raum einer InDesign-Datei von Ihrem Arbeitsprofil abweicht, wird das angezeigt. Befolgen Sie die Richt-linie „Beibehalten".*

> **!** **Abweichende Profile: beim Öffnen niemals konvertieren**
> Die Option, das Dokument an Ihre aktuellen Einstellungen anzupassen, birgt die Gefahr, dass CMYK-Werte verändert und platzierte Bilder umgerechnet werden. Als Ergebnis wird Ihnen eine InDesign-Datei angezeigt, die so niemals zuvor gespeichert worden ist. Wenn Sie bewusst in Ihre neuen Arbeitsfarbräume konvertieren wollen, so erledigen Sie das bitte mit den Methoden „Profile zuweisen" bzw. „In Profil umwandeln".

Profile zuweisen

Um Dokumente ohne Farbmanagement nachträglich mit Farbprofilen zu versehen oder um falsche Profile zu ersetzen, rufen Sie unter dem Menü **Bearbeiten** die Funktion **Profile zuweisen** auf. Wie bei den Farbeinstellungen sind die Zuweisungsoptionen wiederum in RGB, CMYK und die Umrechnungsprioritäten unterteilt. Dokumente ohne Profile werden nur mit dem Zielprofil ergänzt, ohne umgerechnet zu werden. Diese Information ist besonders wichtig, wenn eine spätere Umrechnung ansteht und ein Ausgangsfarbraum benötigt wird. Mit aktiver **Vorschau** können Sie kontrollieren, in welcher Weise platzierte Dokumente eventuell ihre Farbdarstellung ändern.

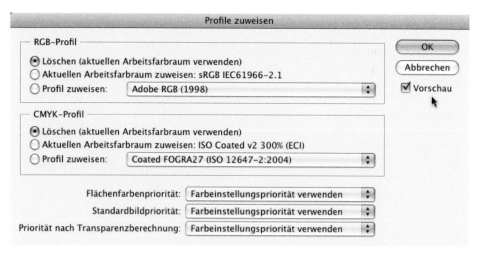

Abbildung 1.92: *Die Methode „Profile zuweisen" kann abweichende Profile entfernen und durch die aktuellen Arbeitsfarbräume (sRGB und ISO Coated v2 300%) ersetzen. Die Renderpriorität übernimmt zunächst immer die Vorgabe aus den allgemeinen Farbeinstellungen und dort steht sie ja auf „Relativ farbmetrisch".*

! Löschen oder zuweisen?

Mit hoher Wahrscheinlichkeit besitzt die zu öffnende Datei korrekte RGB- und CMYK-Farbinformationen, jedoch nicht die korrekten Profile. In diesem Fall sollten Sie immer die „alten" Profile löschen und durch die aktuellen Profile ersetzen. Dabei findet keine Farbkonvertierung statt. Alle anderen Möglichkeiten beinhalten auch eine Farbumrechnung!

! In Profil umwandeln

Bestehende Profile von verwendeten RGB- und CMYK-Farben können mit der Funktion „Bearbeiten/In Profil umwandeln" von ihrem bisherigen Farbraum in den Arbeitsfarbraum konvertiert werden. Vorsicht: Diese Funktion ermöglicht es, bestehende CMYK-Farben nachträglich zu konvertieren. Dies sollte möglichst vermieden werden. Beachten Sie bitte, dass bei dieser Funktion grundsätzlich keine Bilder, sondern nur Farbflächen umgerechnet werden!

Renderpriorität für Bilder ändern

Wenn Sie Bildmotive in einem RGB-Farbraum verwenden, ist es wahrscheinlich, dass diese Farbinformationen enthalten, die im CMYK-Ausgabefarbraum nicht wiedergegeben werden können. Dazu dient im Farbmanagement von InDesign die Vorgabe der Renderpriorität, die zunächst immer mit **Relativ farbmetrisch** gewählt werden sollte. InDesign übernimmt also für platzierte RGB-Bilder die spätere CMYK-Umrechnung anhand dieser Vorgabe.

Bei stark gesättigten RGB-Bildern, die besonders im Rot-, Grün- und Blaubereich kräftig leuchten, ist diese Vorgehensweise jedoch nachteilig. Die Umrechnungsmethode Relativ farbmetrisch führt dazu, dass Zwischentöne in diesen Farbbereichen im CMYK-Farbraum nicht ausreichend wiedergegeben werden. Das Bild verliert an Tiefe und Zeichnung.

Für diesen Zweck können Sie den platzierten Bildern im Layout eine andere Renderpriorität mitgeben. Wählen Sie das Bild im Layout mit dem Auswahlwerkzeug aus und rufen Sie mit der **rechten Maustaste** das **Kontextmenü** auf. Unter der Rubrik **Grafiken/Farbeinstellungen für Bild…** wählen Sie im nachfolgenden Dialog die Einstellungen der **Renderpriorität**. Anstelle von **Relativ farbmetrisch** – der vorgegebenen Umrechnungsart aus dem CM – wählen Sie nun **Perzeptiv** aus. Danach bestätigen Sie den Dialog mit **OK**.

Das so bearbeitete Bild erscheint zunächst ohne Änderung in der Darstellung, zudem gibt es keine Vorschaufunktion. Wenn Sie jedoch nun den **Softproof** erneut einschalten, werden die leuchtenden Farbpartien im Bild nun differenzierter wiedergegeben.

Abbildung 1.93: *Die Farbeinstellungen wählen Sie zu jedem problematischen Bild separat.*

Bilder ohne Profile nachträglich in das CM einbinden

Ein RGB- oder CMYK-Bild ohne zugewiesenes Profil sollte auf keinen Fall für den Druck ausgegeben werden, ohne ein Profil nachträglich zuzuweisen. Über das Kontextmenü bei der Auswahl eines Bildes rufen Sie auch hier die Farbeinstellungen mit **Grafiken/Farbeinstellungen für Bild…** auf und aktivieren nur für dieses Bild das Farbmanagement nachträglich. Auch die Renderpriorität ist je nach Charakteristik des Bildes wählbar.

Abbildung 1.94: Für jedes Bild können die Farbeinstellungen separat bestimmt werden, um fehlende Profile durch das Arbeitsprofil zu ersetzen.

> **⚠ Keine Bilder ohne Profile!**
> Alte Bildbestände sind häufig noch ohne Farbprofil bearbeitet und gespeichert worden. Somit bringen die Bilder beim Platzieren in InDesign kein eigenes Profil mit. Weisen Sie diesen Bildern unbedingt ein Profil zu, damit keine ungewollten Farbkonvertierungen stattfinden. Bilder ohne Profile werden sonst auf Basis eines Referenzprofils in den Ausgabefarbraum konvertiert. Das Ergebnis ist zumeist ungenügend. Mit den Standardvorgaben für das CM in diesem Kapitel erhalten Sie grundsätzlich immer eine Warnung, wenn Sie Bilder ohne Profil platzieren.

Schwarzdarstellung für CMYK- oder RGB-Ausgabe

Zusätzlich zu den komplexen Einstellungen des Farbmanagements können Sie die Farbe Schwarz am Monitor oder im Druck auf einfachen Tintenstrahl- oder Laserdruckern wahlweise als **Druckschwarz** (100% K) oder als **Monitorschwarz** (RGB 0,0,0) anzeigen zu lassen. In den Voreinstellungen – aufzurufen mit dem Tastenbefehl ⌘+K – finden Sie die Einstellungen unter der Rubrik **Schwarzdarstellung**. Die Einstellungen betreffen schwarze Texte und Flächen, die nur mit der Druckfarbe Schwarz (100% K) im Layout angelegt werden.

Für die Druckproduktion wollen wir natürlich unserer Anzeige vertrauen können und wählen darum die Voreinstellung, dass **Schwarz am Bildschirm korrekt angezeigt** wird und für den Druck/Export **Alle Schwarztöne korrekt ausgegeben** werden.

> **Schwarz ist nicht gleich Schwarz**
> Ein 100-prozentiges Schwarz erscheint in dieser Einstellung am Monitor als Dunkelgrau. Das ist so weit auch korrekt, denn erst ein Tiefschwarz, dass sich durch die Mischung mehrerer Prozessfarben ergibt, wird als absolutes Schwarz mit den RGB-Werten 0,0,0 am Monitor wiedergegeben. Dadurch können wir in der Anzeige überhaupt zwischen diesen Schwarzwerten optisch unterscheiden. Für die RGB-Ausgabe ist eine dunkelgraue Darstellung eher hinderlich. Somit könnten wir das Schwarz für die Bildschirmanzeige für PDFs und SWFs auch als Monitorschwarz ausgeben lassen.

Nur in der **Ausgabe auf RGB-Geräten** wie *Lambda*-Fotobelichtern ist die Alternative ein Vorteil: **Alle Schwarztöne als tiefes Schwarz ausgeben** sorgt dafür, dass ein 100%K wie ein Tiefschwarz in RGB=0,0,0 ausgegeben wird. Das hat den Vorteil, dass bei *transluzentem* Fotomaterial auch eine Hinterleuchtung der Schrift möglich ist und die Schrift dabei lichtdicht ist.

1.3.8   Softproof

Unter der Bezeichnung **Softproof** versteht man die Simulation des *Ausgabefarbraums* am Bildschirm, bevor die Farben beim PDF-Export in diesen Farbraum umgerechnet werden. Benötigen Sie also eine Vorschau, wie ein RGB-Bild später im 4c-Offsetdruck aussieht, dann können Sie dafür den Softproof aktivieren. Unter dem Menü **Ansicht/Proof einrichten/Benutzerdefiniert...** können Sie den CMYK-Zielfarbraum definieren sowie die *Papierfarbe* und die *Schwarze Druckfarbe* simulieren. Letztere Einstellung regelt die Wiedergabe eines *Tiefschwarz* durch alle Prozessfarben.

> ! **Farbproof oder Benutzerdefiniert?**
> Die Funktion „Farbproof" im Menü „Ansicht" schaltet zwischen der normalen Layoutansicht und der zuletzt festgelegten Proofeinstellung hin und her. Prüfen Sie daher immer zuerst wie oben beschrieben unter „Benutzerdefiniert...", ob die Einstellungen dort Ihren Ausgabebedingungen entsprechen.

Ein Ausgabeprofil wie **ISO Coated v2 300%** kennt das Papierweiß der späteren Druckpapierklasse ebenso wie den Gesamtfarbauftrag von 300%. Besonders im Zeitungsrotationsdruck mit einem deutlich niedrigeren Farbauftrag (240% bis 250%) und einem gelblich-grauen Papierweiß weicht die Farbwirkung im Druckergebnis deutlich von der unkorrigierten Ansicht im InDesign-Layout ab.

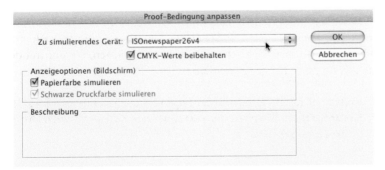

Abbildung 1.95: *Den Softproof aktivieren Sie am besten mit Papierweiß-Simulation.*

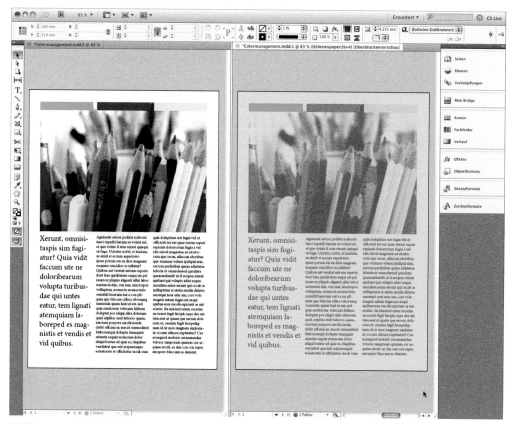

Abbildung 1.96: *Links sehen Sie das Layout ohne Korrektur, rechts mit Simulation für den Zeitungsdruck auf Basis des Profils ISO Newspaper 26v4.icc.*

Separationsvorschau und Gesamtfarbauftrag

Unmittelbar im Zusammenhang mit dem Softproof stehen die Funktionen **Separationsvorschau** und **Farbauftrag**. Damit können Sie bei aktiviertem Softproof die späteren CMYK-Werte eines platzierten Bildes messen und den Farbauftrag beurteilen. Diese Funktionen erläutern wir Ihnen ausführlich im Kapitel **„Preflight und Druckvorstufe" ab Seite 783**.

> **Verbindliche Wiedergabe**
> Eine Anzeige über Softproof ist dann exakt, wenn Sie mit aktiviertem CM in InDesign arbeiten, alle verwendeten und platzierten Dokumente ein Farbprofil beinhalten und Ihr Monitor kalibriert ist. Ohne diese Technik ist ein Softproof nicht aussagekräftig und das Anzeigeergebnis ist mehr oder weniger zufällig.

1.3.9 Farbmanagement und Tintenstrahldrucker

Für die einfache Farbausgabe werden häufig Tintenstrahldrucker verwendet. Günstige Geräte können für Sie niemals farbverbindliche Prints ausgeben! PostScript-fähige Tintenstrahldrucker dagegen können mit einem Farbmanagement und einer *Proof-Software* angesteuert werden. Die Gerätehersteller bieten Ihnen die Geräteprofile auf den jeweiligen Internetseiten zum Download an.

Die Qualität der Druckfarben schwankt je nach Hersteller und Papiersorte. Normale Drucker verwenden CMYK-Tinten – die jedoch nicht den Offset-Farben entsprechen –, sogenannte Fotodrucker mit bis zu acht Farben, darunter CMYK, helles Cyan, Gelb und Magenta, um zur Wiedergabe von Hauttönen die Schwächen der 4c-Tinten auszugleichen, sowie warm- oder kaltgraue Tinten. Trotz aller Abweichungen von den Ausgabestandards werden bei der Installation der Druckertreiber auch Farbprofile angelegt, die für unterschiedliche Papiere (matt, glänzend, Film) und Auflösungen eine „Farbharmonisierung" vergeblich herbeizaubern sollen. Hier kommen Sie mit Farbmanagement nicht weiter, sondern mit dem guten alten Ausprobieren und Drucken von Testreihen. Auf weitere Druckmöglichkeiten von Geräten ohne PostScript-Level gehen wir im Kapitel **„Drucken" ab Seite 825** ein.

> **⚠ Keine Standards für Tintenstrahldrucker**
> Ohne Proof-Software können verbindliche Testcharts weder ausgegeben noch als Ausgabeprofil eingemessen werden. Farbprofile, die von den Druckerherstellern für ein konkretes Gerät und eine exakte Papiersorte bereitgestellt werden, sind jedoch keine gute Richtlinie, da beispielsweise die Luftfeuchtigkeit Farbe und Papier gleichermaßen beeinflusst. Zudem werden die Profile nur auf den herstellereigenen Papiersorten eingemessen, jedoch werden die in der Praxis selten verwendet. Hier hilft nur Probieren weiter!

2 Vorlagen gestalten

Wenn Sie diese Kapitel aufmerksam lesen, werden Sie neu über ihre InDesign-Dokumente nachdenken! Das Planen und Anlegen neuer Dokumente mit unterschiedlichen Seitenformaten, Einrichten von Vorlagen für Periodika mit Bibliotheken und Snippets sowie das Platzieren von InDesign-Dateien lassen die bekannten Musterseiten alt aussehen.

2.1 Von einfachen Layouts zu komplexen Mustervorlagen

Beginnen wir mit der konkreten Layoutarbeit in InDesign. In diesem Kapitel möchten wir Ihnen eine optimale Arbeitsweise vermitteln, die es später ermöglicht, Änderungen flexibel einzuarbeiten. Nicht nur den Satzspiegel wollen wir Ihnen vorstellen, auch das Zielmedium, Papierformate, die Seitenmontage und neue Einheiten müssen bedacht werden.

In den nachfolgenden Schritten stellen wir Ihnen die wesentlichen Vorgaben für jede Datei in InDesign vor. Viel wichtiger wird es später sein, *Vorlagen* auf Basis eines Layouts zu erstellen, damit Sie Ihre Broschüren und Kataloge schnell gestalten können. Hier kommen dann die Funktionen **Bibliothek**, **Snippets**, **Farbfelder** oder die **Buchfunktion** ins Spiel.

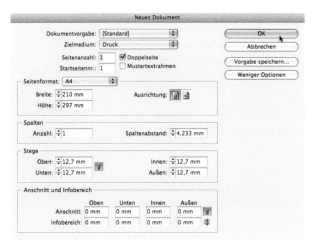

Abbildung 2.1: *Ein neues Dokument für den „Druck" arbeitet mit den Einheiten Millimeter und dem Transparenzfarbraum CMYK.*

2.1.1 Neues Dokument anlegen

Auf den ersten Blick hat sich nicht viel zu früheren Versionen von InDesign geändert: Sie legen ein neues Dokument mit ⌘+N oder über das Menü **Datei/Neu/Dokument** an. Im folgenden Dialog stellen Sie das **Zielmedium**, die **Anzahl der Seiten**, die **Startseitennummer**, das **Seitenformat**, die **Stege**, den **Anschnitt** und den **Infobereich** ein. Der zunächst etwas triviale Dialog von InDesign CS5 hat es jedoch in sich: Allein die Vorgabe des Zielmediums als **Druck** oder **Web** ist entscheidend für die weitere Verarbeitung von *Transparenzen* sowie die verwendeten *Einheiten*. Über das **Seitenformat** können Sie neue *individuelle Seitenformate* anlegen. Und die Wahl der **Startseitennummer** entscheidet darüber, ob InDesign mit einer *linken* oder *rechten* Seite beginnt!

Zielmedium

Während die früheren Fassungen von InDesign mehr für die gedruckte Medienwelt gedacht und die Einstellungen für internettaugliche Layouts im Verborgenen zu finden waren, wissen wir seit der Erfindung des PDF, dass wir mit geeigneten Mobilgeräten auch interaktive Magazine und Bücher betrachten werden. Darauf wurde InDesign CS5 konsequent ausgerichtet. Diese Ausrichtung beginnt bereits mit der Wahl des **Zielmediums**. Wählen Sie **Druck**, so verwendet InDesign die Einheiten *Millimeter* für Papierformate und *Punkt* für Schriftgrößen. Zudem werden Standardformate wie *DIN A4* vorgewählt.

Wollen Sie stattdessen von Anfang an eine Layoutdatei für die Webausgabe vorbereiten, um interaktive Präsentationen zu gestalten, so wählen Sie stattdessen **Web** als Zielmedium aus. Sofort wechselt InDesign auf die Einheiten **Pixel** und auf **Seitenformate** wie etwa **800 x 600** Pixel, auch die Doppelseite wird deaktiviert, weil sie im Web keine Anwendung findet. Alle anderen Vorgaben für die Stege etc. werden jeweils in Pixel dargestellt. Was InDesign an dieser Stelle nicht offenbart: Der *Transparenzfüllraum* wird von **CMYK** auf **RGB** – gemäß den definierten Arbeitsfarbräumen – umgestellt. Somit haben Sie schon grundlegende Voraussetzungen getroffen, wie transparente Bilder und Grafiken für das Zielmedium umgerechnet werden.

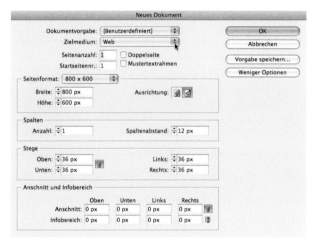

Abbildung 2.2: *Die Wahl des Zielmediums wie „Web" beeinflusst Einheiten, Seitenformate und den Transparenzfarbraum.*

> **!** **Zielmedium nicht mehr nachträglich korrigierbar**
> Wenn Sie das Zielmedium einmal gewählt haben und die neue Datei anlegen, so schreibt InDesign diese „Ausgabeabsicht" fest in die Datei hinein. Sie können das Zielmedium nicht mehr nachträglich ändern. Das ist an sich keine Katastrophe, da Sie den Transparenzfüllraum, Einheiten und Seitenformate auch manuell umstellen können, dennoch sollten Sie das Zielmedium gleich von Anfang an richtig festlegen.

> ### Transparenzdarstellung und -reduzierung
> Schön, dass Adobe mitgedacht hat: Für das Web wird eine andere Darstellung von Transparenzen benötigt als für den Druck. Der Transparenzfüllraum gibt an, in welchem Farbraum Transparenzen überhaupt dargestellt werden. Lesen Sie dazu bitte auch das Kapitel „Preflight und Druckvorstufe" ab Seite 783.

> ### Dokument-RGB und Dokument-CMYK als Transparenzfüllräume
> Die „grobe" Beschreibung, dass RGB und CMYK als Füllraum für Transparenzen dienen, ist nicht exakt. InDesign verwendet vielmehr das Arbeitsprofil „Dokument-RGB" bzw. „Dokument-CMYK", also die Arbeitsfarbräume, die Sie vorgegeben haben. Lesen Sie dazu bitte auch das Kapitel Color Management ab Seite 70.

Startseitennummer

Damit Sie bei *doppelseitigen* Dokumenten für den Druck gleich mit einer *linken* oder *rechten* Seite beginnen können, hat Adobe Ihnen eine **Startseitennummer** spendiert. Geben Sie hier eine *gerade* Zahl ein, so beginnt InDesign mit einer *linken* Seite, ungerade Ziffern sorgen für eine *rechte* Startseite. Im Zusammenspiel mit der (Gesamt-)Seitenzahl können Sie sich so gleich mehrere fertige Doppelseiten hintereinander anlegen.

> ### Praktisch: die Startseite
> Wenn Sie die Doppelseiten eines Magazins anlegen wollen, legen Sie eine gerade Anzahl von Seiten an, z.B. „6", und geben als Startseite ebenfalls eine gerade Zahl ein, z.B. „4". Als Ergebnis erhalten Sie drei aufeinanderfolgende Doppelseiten, ohne dass Sie – wie in früheren InDesign-Versionen – an verschiedenen Stellen die Seitenmontage verändern oder den Beginn der Seitennummerierung eingeben müssen.

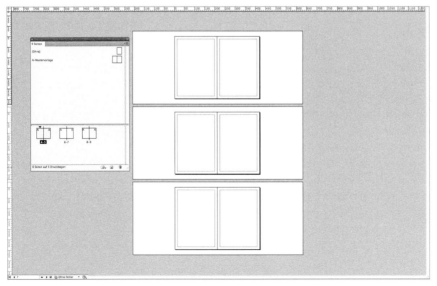

Abbildung 2.3: *Mit einer Startseitenzahl 4 und 6 Seiten für doppelseitige Dokumente legen Sie sofort drei Doppelseiten an.*

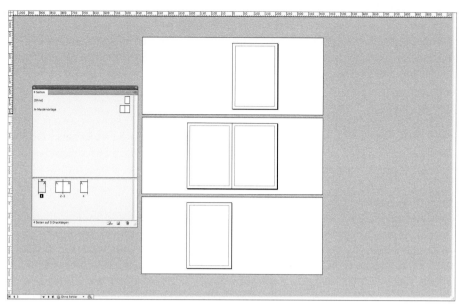

Abbildung 2.4: *Bei 4 Seiten und der Startseite 1 ergibt sich eine herkömmliche Seitenabfolge.*

> **Lange Dokumente anlegen**
> In InDesign zählt die Paginierung bis zu 99.999 Seiten, die Software verwendet bis zu 9.999 Seiten pro Dokument. Geben Sie grundsätzlich eher geringe Seitenzahlen pro Dokument an und versuchen Sie, mehrere Kapitel als einzelne Dateien anzulegen. Somit ersparen Sie sich unnötige Wartezeiten beim Öffnen, Speichern, Drucken oder Exportieren Ihrer Datei. Lesen Sie dazu auch das Kapitel „Buch" ab Seite 587.

Mustertextrahmen

Über das Optionsfeld **Mustertextrahmen** legen Sie fest, ob auf den Mustervorlagen ein an den Satzspiegel gebundener Textrahmen angelegt wird. Diese Option ist dann sinnvoll, wenn Sie lange textbasierte Dokumente aufbauen, die mit verketteten Textrahmen über mehrere Seiten hinweg dargestellt werden, wie z.B. bei wissenschaftlichen Arbeiten oder Büchern. Sollten Sie stattdessen ein Magazin oder eine Broschüre gestalten, so lassen Sie diese Funktion deaktiviert.

> **!** **Mustertextrahmen sind kein „Muss"**
> Beachten Sie, dass – anders als in QuarkXPress – ein Mustertextrahmen in InDesign nicht zwingend angelegt werden muss, um Text zu platzieren. Zum einen können Sie auch später auf Mustervorlagen Textrahmen anlegen und verketten. Zum anderen legt Ihnen InDesign automatisch Textrahmen anhand des Satzspiegels und Spaltenrasters an, wenn Sie Text platzieren, sogar zusätzliche Seiten, sollte der Text über die angelegten Seiten hinaus laufen. Lesen Sie dazu bitte auch das Kapitel „Texte übernehmen" ab Seite 197.

Benutzerdefinierte Seitenformate

Als Standardseitenformat schlägt Ihnen InDesign DIN A4 vor, es stehen aber auch **benutzerdefi-nierte Formate** zur Verfügung. Mit den Werten **210 x 297 mm** ist die Formatvorlage **Hochformat** vorgegeben. Sie können gemischte Maßeinheiten angeben und beispielsweise Millimeter mit Punkt kombinieren. Die Schaltfläche **Ausrichtung** dreht das Format **um 90 Grad** auf ein **Quer- oder Hochformat**.

Die Auswahl Benutzerdefinierte Seitenformate im Drop-down-Menü des Seitenformates ermöglicht es Ihnen, komplett eigene Formate anzulegen. Speichern Sie sich somit gleich die wichtigsten DIN-Formate oder Kundenformate, die Sie häufig benötigen.

> [!] **Eigene Seitenformate aus InDesign CS3 und CS4**
> Die aus früheren Versionen von InDesign bekannte Möglichkeit, eigene Seitenformate als Textdatei „NewDocSizes.txt" im Programmordner von InDesign unter Presets/Page Sizes... abzulegen, gibt es leider nicht mehr. Seit CS5 ist das konsequenterweise eine XML-Datei im Verzeichnis der Voreinstellungen: ~/Library/Preferences/Adobe InDesign/Version 7.0/de_DE/ Page Sizes/Neue Seitenformate.xml. Dort sind die Formatangaben leider in der Einheit „Point" anzugeben und man braucht zudem grundlegende XML-Kenntnisse zum Editieren dieser Datei.

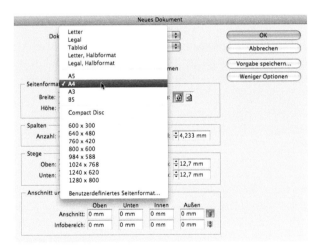

Abbildung 2.5: Die Standardseitenformate zeigen US-Formate, DIN-Formate und Monitorauflösungen.

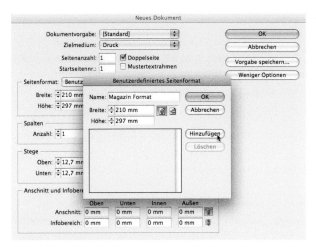

Abbildung 2.6: Über „Benutzerdefinierte Seitenformate" gelangen Sie in den Dialog, wo Sie eigene Seitenformate anlegen können.

DIN-Formate	Größe (mm × mm)
A6 (Postkarte)	105 × 148 mm
DIN lang (Grußkarte)	105 × 210 mm
A5	148,5 × 210 mm
A4	210 × 297 mm
A3	297 × 420 mm
A2	420 × 594 mm
A1	594 × 840 mm
A0	840 × 1190 mm (1 Quadratmeter)

Großformate Zeitung	Größe (mm × mm)
Broadsheet	375 × 600
Nordisches Format	400 × 570
Rheinisches Format	350 × 510
	350 × 520
	360 × 530
Schweizer Format, „Format NZZ"	320 × 475
Berliner Format	315 × 470

Kleinformate Zeitung	Größe (mm × mm)
Tabloid (auch Half-Broadsheet oder Halbnordisches Format)	235 × 315 oder 285 × 400
Halbrheinisches Format	255–265 × 365–370 oder 260 × 325
Halbes Berliner Format	230–240 × 310–320
Half Broadsheet	300 × 375
Halbes Schweizer Format	240 × 330
Tabloid Extra	305 × 457

> **Großformate**
>
> InDesign erlaubt es Ihnen, ein Dokument in den Maßen von maximal 5.486,4 mm Seitenlänge anzulegen. Es können so mit einem Dokument großformatige Wandplakate erstellt werden. Wenn Sie Dokumente mit einer größeren Fläche erzeugen wollen, müssen Sie diese entweder aufteilen oder das Dokument in einem Maßstab zum Original anlegen. Ein Großplakat mit einer Kantenlänge von 30 Metern legen Sie im Maßstab 1:10 an und drucken später die Datei mit einem Vergrößerungsfaktor von 1000% aus. Solche Informationen für die spätere Verarbeitung sollten Sie mit Ihrem Drucker besprechen, in die XMP-Daten eingeben oder auf den Seitenrand platzieren.

Spalten

Die **Spaltenzahl** gibt an, wie viele *Textspalten* innerhalb des Satzspiegels einer Mustervorlagenseite vorgesehen sind. Maximal sind 216 Spalten auf einer Seite möglich. Die Spalten sind nicht nur für die grafische Ordnung des Layouts verantwortlich: Wenn Sie Text in das Layout platzieren, fließt der Text immer automatisch in eine Spalte und wird in die jeweils nächste umbrochen. Richten Sie sich also nur so viele Layoutspalten ein, wie Sie benötigen. Für das Platzieren von Bildern können Sie auch Hilfslinienspalten verwenden, die keine Relevanz für das Platzieren von Texten haben.

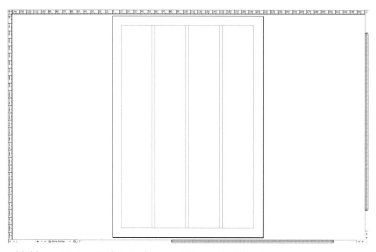

Abbildung 2.7: *Die Spalten erscheinen im Layout als violette Linien.*

> **Spalten und Hilfslinien**
> Spalten lassen sich hervorragend mit Hilfslinien ergänzen: Wollen Sie ein für die Gestaltung möglichst flexibles Raster mit mehreren Spalten, so legen Sie beispielsweise ein dreispaltiges Raster an. Danach ergänzen Sie das Spaltenraster, indem Sie auf die Mustervorlage in der Seiten-Palette klicken und im Menü „Layout" den Eintrag „Hilfslinien erstellen" anwählen. Passend zu den bestehenden Seitenrändern legen Sie Hilfslinienspalten an oder ergänzen den Satzspiegel durch Zeilenhilfslinien.

Steg

Der **Steg** teilt mehrere Textspalten voneinander. Der vorgegebene Abstand ist **4,233 mm** (entspricht *12 Punkt*). Sie können hier Werte zwischen **0** und **508 mm** eintragen.

Die Wahl des Steges richtet sich wie auch der *Zeilenabstand* und das *Grundlinienraster* nach der verwendeten *Brotschrift*, ihrer Schriftgröße und ihrer Beschaffenheit, wie wir noch eingehend im Kapitel **Typografie** beschreiben werden. Als Faustregel gilt: Wenn Sie einen engen Zeilenabstand bei geeigneter Type wählen, kommen Sie mit einem schmalen Steg aus. Bei hohen Zeilenabständen muss auch der Steg mitwachsen, da der Durchschuss sehr dominant wird.

Stege

Die **Stege** begrenzen den Satzspiegel. Bei einem einseitigen Dokument wird aus **innen** und **außen** dann **links** und **rechts**. Der **Verkettungsbutton** ist zunächst immer aktiviert; wenn Sie also nur einen Wert eingeben, werden alle anderen Werte übernommen. Dies ist jedoch wenig alltagstauglich. Für einen interessanten Satzspiegel sind verschiedene Werte nötig.

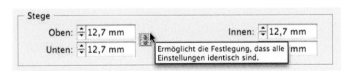

Abbildung 2.8: *Steginformationen werden nach Möglichkeit nicht gleichmäßig für alle Stege vergeben.*

> **!** **Seitenverdrängung**
> Der Steg „Innen" – besser bekannt als „Bund" – wird von InDesign ebenfalls mit den anderen Stegen verkettet. Für seitenstarke Magazine mit Klammerheftung, aber auch bei Büchern muss das Format der Seitenstärke angepasst werden. Bögen, die im Magazin „außen" liegen, sind breiter als die Bögen im inneren Bereich. Hierzu kann Ihnen die Druckerei Vorgaben machen, welche „Sicherheitsabstände" Sie bei der Gestaltung einhalten und wie viel Beschnittzugabe Sie anlegen sollten, da die Seitenverdrängung von der Seitenzahl und vom Papier abhängig ist. Sehen Sie also Spielräume für die Produktion vor!

Beschnittzugabe und Infobereich

Für *randabfallende Bilder* oder Grafiken im Layout müssen diese über das Papierformat hinaus in den Anschnittbereich ragen. Der Anschnitt kann bei der Ausgabe mit ausbelichtet und gegebenenfalls durch die Schnitt- und Beschnittzugabemarken gekennzeichnet werden.

> **Welcher Anschnitt soll verwendet werden?**
> Verwenden Sie einen Standardanschnitt von 3 Millimetern, sofern Sie keine anderen Anga-ben Ihrer Druckerei erhalten haben.

> **Anschnitt = BleedBox**
> In der späteren PDF-Ausgabe für den Druck werden der Anschnitt und alle darin liegenden Objekte mit einer nichtdruckenden Markierung versehen, der sogenannten BleedBox. Wenn Sie also den Anschnitt hier schon richtig anlegen, haben Sie einen Arbeitsschritt in der PDF-Ausgabe gespart. Das Seitenformat wird übrigens als TrimBox in die PDF-Datei exportiert.

Abbildung 2.9: *Randabfallende Grafiken wie z.B. die Tagesecken in einem Fernsehmagazin ragen 3 mm über das Seitenformat hinaus.*

Der Anschnitt hilft besonders nach dem Druckvorgang: Durch Feuchtigkeit, hohen Farbauftrag oder Druckart dehnt sich das Papier nach einem Druckvorgang geringfügig aus. Die Bedruckung der Rückseite kann daher niemals passgenau erfolgen, ein leichter Versatz des Druckbildes ist die Folge. Dieser Versatz ist bei gut zu verarbeitendem Auflagenpapier im Offsetdruck und geregelten klimatischen Bedingungen zu vernachlässigen. Schwieriger wird es jedoch bei Naturpapieren, Druckmedien im Sieb- oder Flexodruck oder verschiedenen Papiersorten innerhalb einer Publikation.

> **Anschnitt innen?**
> Wenn Sie doppelseitige Layoutdokumente gestalten, so dürfen Sie auch innen einen Anschnitt von 3 mm verwenden. Je nachdem, welche Software Ihre Druckerei einsetzt, um die PDF-Datei auszuschießen – also die einzelnen Seiten auf dem Druckbogen zu verteilen –, wird der Anschnitt im Bundbereich ausgeblendet.

Der **Infobereich** ist dazu bestimmt, Informationen zu den Druckbögen – wie Falzmarkierungen – abzulegen. Das können zum einen allgemeine Dokumentinformationen wie *Auftragsnummern* oder das *Ausgabedatum* sein, zum anderen Farbkeile für die Qualitätskontrolle. Hierfür bietet die Forschungsgruppe Druck **(FOGRA)** den standardisierten **CMYK-Medienkeil** an, den Sie in einer Breite des Keils von 6 oder 10 mm platzieren können. Mehr Informationen dazu finden Sie am Ende dieses Buches.

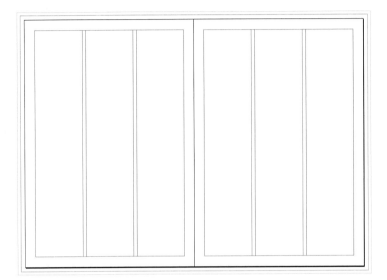

Abbildung 2.10: *Seitenformat, Anschnitt und Infobereich werden in der Layoutansicht farblich voneinander unterschieden.*

Dokumentvorgabe

Wenn Sie ein Dokument auf diese Weise angelegt haben, können Sie nun die Eingabe bestätigen und mit der Layoutarbeit beginnen oder Sie speichern Ihr Dokumentformat als **Vorgabe**. Dazu klicken Sie im Dialog auf den Button **Vorgabe speichern** und geben einen entsprechenden Namen ein. So legen Sie sich Vorgaben für individuelle Projekte oder Formate an, die nicht in der Auswahlliste von InDesign auftauchen.

Sie können diese Vorgaben anschließend unter **Datei/Dokumentenvorgaben** aufrufen oder neue anlegen. Hier können Sie die Dokumentvorlagen anwenden oder ändern (über **Definieren**). Um Vorgaben nachträglich zu bearbeiten oder neue Vorgabenvarianten anzulegen, wählen Sie in der Liste der Vorgaben ein Format aus und klicken danach auf **Neu**. Die Werte dieses Formates werden für die neue Vorgabe übernommen.

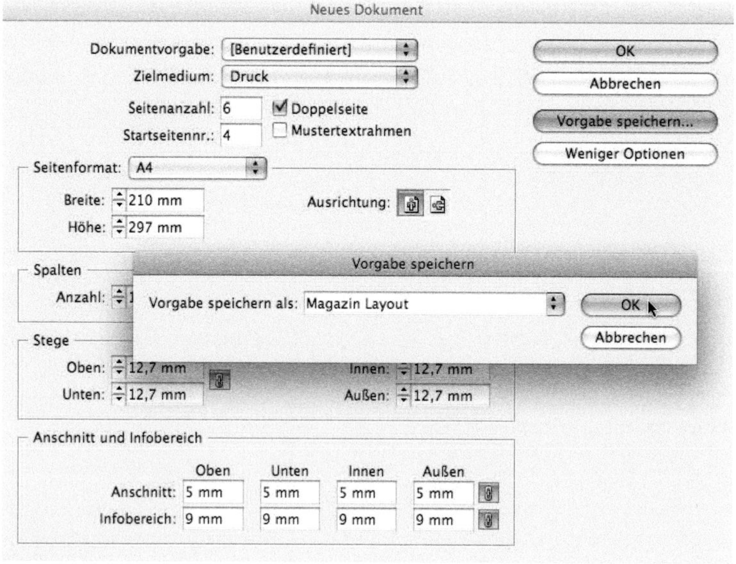

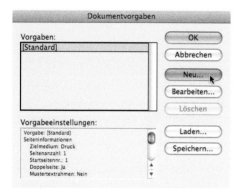

Abbildung 2.11: *Im Dialog „Neues Dokument" speichern Sie direkt die Einstellungen als Dateivorgabe.*

Abbildung 2.12: *Im Dialog „Dokumentenvorgabe" legen Sie neue Vorgaben an oder Sie bearbeiten bestehende Vorgaben.*

Die Standardvorgabe wird von InDesign immer dann benutzt, wenn Sie ein neues Dokument über ⌘+N anlegen. Überlegen Sie also, welche Einstellungen Sie häufig verwenden. Besonders die Angaben für den Anschnitt werden sicher häufig übersehen, geben Sie also in der Standardvorgabe einen Beschnitt von **3 Millimetern** an.

Das Dokument ist fertig angelegt

Nach der Bestätigung der Eingabe zeigt Ihnen InDesign die erste **Dokumentseite** in der Ganzseitenansicht. Die *magentafarbenen* Linien zeigen die **Ränder**, die **Spaltenhilfslinien** erscheinen *violett*. Der **Anschnitt** ist *rot* hervorgehoben, der **Seiteninfobereich** dagegen *hellblau*.

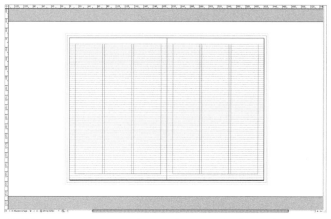

Abbildung 2.13: *Ein neu angelegtes Dokument mit Spalten (violett), Anschnitt (rot) und Seiteninfobereich (blau). Das Grundlinienraster ist hellblau eingefärbt und wird oberhalb einer Darstellungsgröße von 75% angezeigt.*

Sie befinden sich auf der ersten Seite Ihres Dokuments. Auf der Seite sollte der Satzspiegel aus Spalten und Rändern sichtbar sein. Falls nicht, vergewissern Sie sich, dass Sie die Hilfslinien auch sichtbar gemacht haben. Über die Tastenkombination ⌘+Ü blenden Sie die *pinkfarbenen* **Hilfslinien** ein und aus. Alternativ schalten Sie zwischen der **Layoutansicht** und der **Vorschau** ohne Hilfslinien und Rahmenkanten mit der Taste W um. Dabei wird auch der Anschnitt ausgeblendet.

Rahmenfarbe

Die jeweilige Rahmenfarbe ist abhängig von der gewählten **Ebene** bzw. der definierten **Ebenenfarbe**. *Hellblau* ist die Standardfarbe der **Ebene 1**. Sobald Sie eine neue Ebene anlegen, verteilt InDesign der Reihe nach vorgegebene Farben. Lesen Sie dazu bitte auch das Kapitel „Vektorgrafiken und Transparenzen" ab Seite 409.

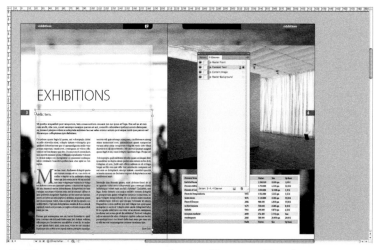

Abbildung 2.14: *Texte liegen immer über den Bildern: Beispieldoppelseite mit Rahmen in Ebenenfarbe. Hier sind die Textrahmen auf einer eigenen Ebene rot, Bilder und Grafiken blau sowie Hintergrundobjekte grau.*

2.1.2 Die Seiten-Palette

Über den Shortcut ⌘+F12 blenden Sie die **Seiten-Palette** ein und aus oder Sie rufen sie aus dem Menü **Fenster/Seiten** auf. Mithilfe der Seiten-Palette organisieren Sie Ihr Dokument, die **Seitenmontagen** aus zusammenhängenden *Druckbögen*, *Ausklappseiten* oder *gedrehten Montageflächen*. Zusätzlich kontrollieren Sie die **Paginierung** und die Zuweisung von **Mustervorlagen** auf Ihre *Layoutseiten*.

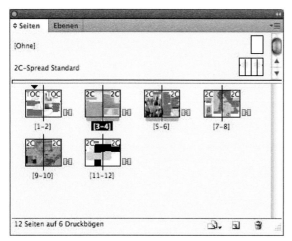

Abbildung 2.15: *Ansicht der Seiten-Palette, wenn Sie die Seiten über die Bedienfeldoptionen aus dem Palettenmenü horizontal angeordnet haben*

Im oberen Bereich sehen Sie die angelegten **Mustervorlagen**, im unteren Bereich werden alle Seiten mit einer **Layoutvorschau** dargestellt. Ob auf diesen Seiten **Transparenzeffekte** zum Einsatz kommen, sehen Sie am *Schachbrettmuster* rechts neben der Seitenzahl. **Eingeklammerte Seitenzahlen** werden als Druckbogen zusammengehalten.

Über diese Palette und ihr Palettenmenü navigieren Sie schnell durch das Dokument durch Klick auf die **Seitenminiatur**, fügen rasch Seiten hinzu mit einem Klick auf das **Seiten-Symbol**, löschen Seiten mit dem **Papierkorb** und führen komplexe Layoutänderungen über Mustervorlagen durch.

Durch Ihr Dokument blättern Sie über den Tastenbefehl Alt+PageUp oder Alt+PageDown zum **vorherigen** oder **nachfolgenden Druckbogen**. Die Darstellungsgröße und -position im Dokument bleibt dabei praktischerweise immer erhalten. **Einzelne Seiten** blättern Sie dagegen mit ⇧+PageUp oder ⇧+PageDown um.

Sie können über die Seiten-Palette jederzeit an einer beliebigen Stelle im Dokument zwischen zwei Seiten, am Anfang oder am Ende eine oder mehrere neue Seiten einfügen und dabei die gewünschte Mustervorlage wählen, die den Seiten zugrunde liegen soll. Die Funktion **Seite einfügen** können Sie über den Tastenbefehl ⌘+⇧+P aufrufen. Auch über das Menü **Layout** finden Sie die Funktionen, um Seiten, Druckbögen oder Mustervorlagen zu bearbeiten und in ihnen zu navigieren.

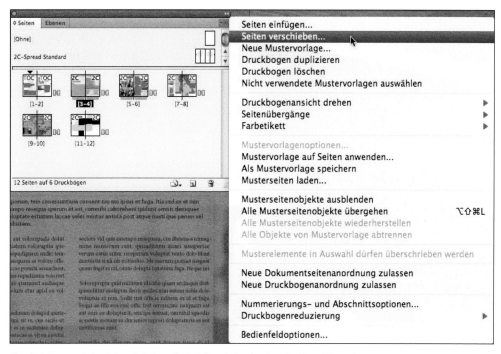

Das Palettenmenü der Seiten-Palette – die Einträge sind weitgehend selbst erklärend.

> **J wie „Jump": auf eine Seite springen**
> Wollen Sie in einem langen Dokument gezielt Änderungen vornehmen, so springen Sie auf die gewünschte Seite, indem Sie den Tastenbefehl ⌘+J aufrufen. Danach geben Sie die Seitenzahl ein und InDesign wechselt die Ansicht.

> **Was ist ein Druckbogen?**
> Als Druckbogen wird in InDesign eine Doppelseite bzw. mehrere zusammenhängende Seiten bezeichnet, die nebeneinander im Medium dargestellt werden. Ein doppelseitiges Layout besteht also pro Doppelseite aus einem Druckbogen. Der InDesign-Druckbogen hat also nichts mit dem Ausschießen der Seiten für die Offset-Druckform zu tun.

Druckbögen zusammenhalten

Die Arbeit mit Doppelseiten verläuft einfacher, wenn Sie die gewünschten Seiten in der Seiten-Palette mit ⇧+Klick anwählen und danach die Option **Neue Druckbogenanordnung zulassen** im Palettenmenü der **Seiten** deaktivieren. Dann klammert InDesign die nebeneinander liegenden Doppelseiten zu einem Druckbogen zusammen, erkennbar an den Seitenzahlen in **eckigen Klammern**. Jetzt lassen sich die Doppelseiten nur noch als Ganzes verschieben. Auch das Kopieren von Doppelseiten in andere Dokumente per Drag&Drop wird einfacher, da die gegenüberliegenden Seiten immer nebeneinander liegen.

Abbildung 2.16: *Druckbögen werden zusammengehalten, wenn Sie im Palettenmenü die „Neue Druckbogenanordnung zulassen" deaktivieren.*

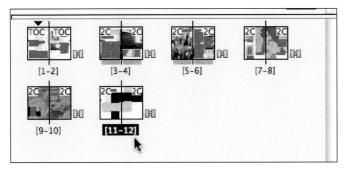

Abbildung 2.17: *Zusammenhängende Seiten werden mit eingeklammerten Seitenzahlen dargestellt.*

Das Seitenwerkzeug

Mit dem neuen Seitenwerkzeug (⇧+P) wählen Sie eine aktuelle Seite an und verändern in der Steuerungspalette **Höhe** und **Breite** des Seitenformates. Dabei sind auch benutzerdefinierte Vorgaben möglich, die im Dokument gespeichert werden können.

Sobald Sie das Seitenwerkzeug wählen und die aktuelle Seite anklicken, wird die gesamte Seite hellblau eingefärbt. Nun erscheinen in der **Steuerungspalette** die Optionen, die Sie mit dieser ausgewählten Seite ausführen können.

> **Mehrfachauswahl mit dem Seitenwerkzeug**
> Wollen Sie mehrfach Seiten anwählen, um in einem Arbeitsschritt die Seitenformate zu verändern, so können Sie mit dem Seitenwerkzeug auch auf die Seitenminiaturen der Seiten-Palette klicken. Eine Auswahl von mehreren Einzelseiten ist mit gedrückter ⌘-Taste möglich, eine Auswahl von mehreren zusammenhängenden Seiten erledigen Sie mit einem ⇧+Klick auf die erste und die letzte Seite.

Abbildung 2.18: *Das Seitenwerkzeug offenbart seine Fähigkeiten in der Steuerungspalette, sobald Sie eine Seite anklicken.*

⚠ Große Fehlerpotenziale

Das Seitenwerkzeug ist eine tolle Sache. Jedoch erlaubt das Werkzeug es auch, auf einer Doppelseite eine Seite separat in der Höhe zu verschieben oder Einzelseiten übereinanderzuschieben. Den Sinn dahinter können wir nicht erkennen, stattdessen birgt diese Freiheit große Fehlerpotenziale. Gehen Sie also bitte vorsichtig mit dem Seitenwerkzeug um!

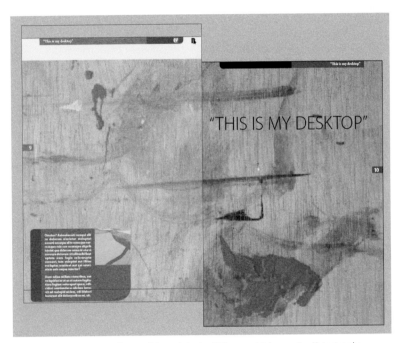

Abbildung 2.19: *Seiten lassen sich auch in der Höhe verschieben – eine Katastrophe für den Druck!*

Seitenformate nachträglich ändern

Anhand eines Flyers, der im Wickelfalz produziert wird, zeigen wir Ihnen die Funktionalität des Seitenwerkzeuges und wie Sie Seitenformate individuell ändern.

1. **Neues Dokument anlegen**
   Zunächst ist es wichtig, dass Sie für den Flyer ein neues Dokument mit 6 Seiten in den Maßen 100 mm breit mal 297 mm hoch mit 3 mm Anschnitt anlegen.

Neues Dokument

Dokumentvorgabe:	[Benutzerdefiniert] ⬍
Zielmedium:	Druck ⬍
Seitenanzahl: 6	☐ Doppelseite
Startseitennr.: 1	☐ Mustertextrahmen

OK
Abbrechen
Vorgabe speichern...
Weniger Optionen

Seitenformat: Flyer ⬍

Breite: ⬍ 100 mm   Ausrichtung: 📄 📄
Höhe: ⬍ 297 mm

Spalten
Anzahl: ⬍ 1   Spaltenabstand: ⬍ 4,233 mm

Stege
Oben: ⬍ 12,7 mm   Links: ⬍ 12,7 mm
Unten: ⬍ 12,7 mm   Rechts: ⬍ 12,7 mm

Anschnitt und Infobereich

	Oben	Unten	Links	Rechts	
Anschnitt:	3 mm	3 mm	3 mm	3 mm	🔗
Infobereich:	0 mm	0 mm	0 mm	0 mm	🔗

Abbildung 2.20: *Der Einstelldialog für den neuen Flyer*

2.   **Seitenformat ändern**
Wählen Sie mit dem **Seitenwerkzeug** die **Seite 1**, so erscheint die Seite *blau* eingefärbt. In der Steuerungspalette ändern Sie nun die Dimensionen und wählen für die **Breite 97 mm**. Wiederholen Sie den Schritt mit der **Seite 6**.

3.   **Seitenmontage vorbereiten**
Wählen Sie die **Seiten-Palette** aus und rufen Sie das **Kontextmenü** auf. Deaktivieren Sie die Option **Neue Dokumentenseitenanordnung zulassen**, damit Sie die Seiten nun direkt aneinander montieren können.

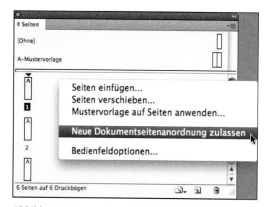

Abbildung 2.21: *Im Kontextmenü auf der Seiten-Palette deaktivieren Sie die „Neue Seitenanordnung".*

4. **Seitenmontage nebeneinander**

Ziehen Sie nun die *untereinander* angeordnet **Seiten 2** auf die rechte Kante des Seitensymbols der ersten Seite, bis eine **schwarze eckige Linie** am *rechten* Rand des Seitensymbols erscheint. Lassen Sie die Maustaste los und die Seitensymbole erscheinen nun direkt nebeneinander. Wiederholen Sie den Schritt für **Seite 3** sowie für die **Seiten 5 und 6**, die Sie auf den rechten Rand der **Seite 4** ziehen.

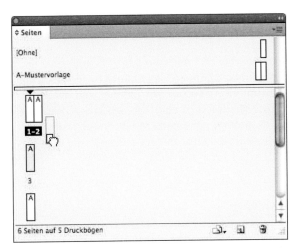

Abbildung 2.22: *Sie ziehen die Seiten 2 und 3 nacheinander auf den rechten Rand der ersten Seite.*

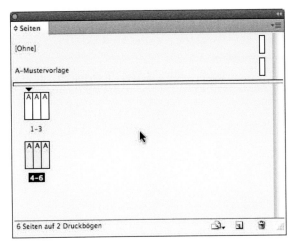

Abbildung 2.23: *Nun sind alle Seiten von 1 bis 6 in drucktauglicher Reihenfolge montiert.*

> **Falzmarken werden automatisch vergeben**
> Damit Seiten unterschiedlicher Breite auf einem Druckbogen auch einwandfrei verarbeitet werden, erzeugt InDesign beim PDF-Export mit Druckmarken die benötigten Falzmarken am Übergang der Seitenformate. Lesen Sie dazu bitte auch das Kapitel „PDF-Export" ab Seite 851.

Die Seitenmontage war erfolgreich und Sie können mit dem Layout Ihres Flyers beginnen. Prüfen Sie bei geänderten Seitenformaten immer, ob nebeneinander liegende Seiten auch aneinanderstoßen, wenn ein Falz entstehen soll.

> **Anordnung auch horizontal**
> Eine lang währende Forderung vieler Anwender wurde nun umgesetzt: Seiten müssen nicht untereinander angeordnet werden, sondern können per Seitenwerkzeug und Druckbogenanordnung auch nebeneinander gestaltet werden. Dies ist besonders bei elektronischen Präsentationen sinnvoll, wie wir Ihnen im Kapitel „Interaktives" noch vorstellen.

> **Kontextmenü ausgeschaltet**
> Sobald Sie das Seitenwerkzeug ausgewählt haben, können Sie nur noch Seiten anklicken. Somit sollen Fehlbedienungen wie das unachtsame Verschieben von Rahmen verhindert werden. Doch das Kontextmenü über die rechte Maustaste ist ebenfalls deaktiviert. Keine der Aktionen, die mit dem Seitenwerkzeug über die Steuerungspalette möglich sind, erscheint im Kontextmenü. Warum stellt Adobe nicht die Möglichkeiten der Seiten-Palette im Kontextmenü zur Verfügung?

Druckbögen duplizieren und Seiten verschieben

Sie verschieben eine Seite oder einen Druckbogen, indem Sie die Seiten mit gedrückter ⌘-Taste anklicken und per Drag&Drop an die neue Stelle bewegen. Dabei zeigt Ihnen InDesign eine kleine Hilfe in Form einer **schwarzen Linie** an, wo der Druckbogen erscheinen wird, sobald Sie die Maustaste wieder loslassen. Dies können Sie auch mithilfe eines Dialoges tun, damit die Arbeit bei besonders langen Dokumenten einfacher fällt. Sie gehen mit dem Mauszeiger auf Ihren Druckbogen und rufen das **Kontextmenü** auf. Nun wählen Sie Seiten verschieben… aus. Anschließend können Sie die **Seitenzahl** prüfen und den **Ort** wählen, **nach** oder **vor** welcher Seite diese Seiten erscheinen sollen. Mit **OK** bestätigen Sie das **Verschieben**.

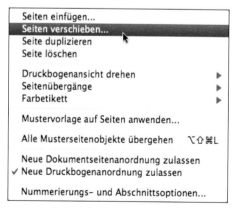

Abbildung 2.24: *Über das Kontextmenü einer Seite oder eines Druckbogens gelangen Sie zu den Optionen, einen Druckbogen zu verschieben oder Seiten zu duplizieren.*

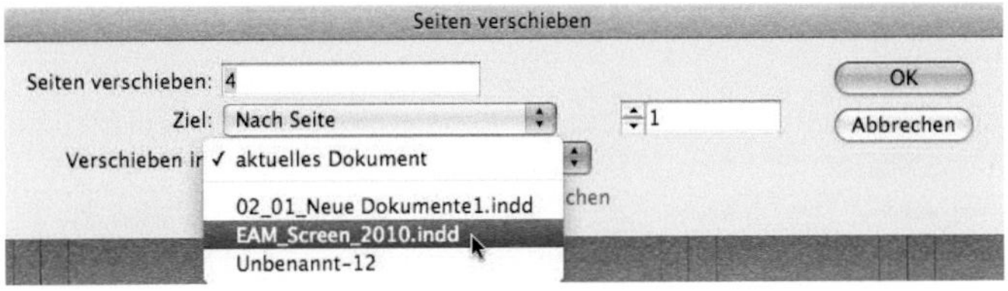

Abbildung 2.25: *Nach dem Verschieben in ein neues Dokument erscheint der Druckbogen an der gewünschten Stelle.*

Es ist zudem möglich, den **Druckbogen** komplett zu **duplizieren**, um weitere Seiten nach demselben Layoutschema aufzubauen. Sobald Sie den gewünschten Druckbogen markieren und im Kontextmenü diesen Befehl aufrufen, landet der duplizierte Druckbogen immer am Ende des Dokumentes.

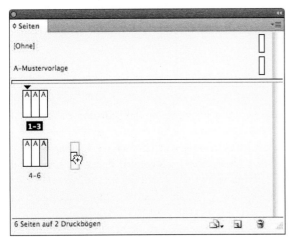

Abbildung 2.26: *Mit gedrückter* Alt *-Taste verschieben und duplizieren Sie eine einzelne Seite oder den gesamten Druckbogen, wenn Sie zuvor alle Seiten markiert haben.*

> **Verschieben an eine gewünschte Stelle**
> Der Effekt des Duplizierens eines Druckbogens kann bei langen Dokumentationen von mehreren hundert Seiten schon sehr störend sein. Daher nutzen Sie eine einfache Methode: Markieren Sie Ihren Druckbogen und halten Sie die Alt -Taste gedrückt. Nun ziehen Sie Ihren Druckbogen einfach an eine andere Stelle in der Seiten-Palette. Dabei erhalten Sie auch hier als Orientierungshilfe eine vertikale schwarze Linie. Lassen Sie die Maustaste los, erscheint der duplizierte Druckbogen an der neuen Stelle.

Seiten können nicht nur innerhalb eines Dokuments *verschoben* oder *dupliziert* werden, sondern auch in *andere geöffnete Dokumente*. Legen Sie sich ein neues Dokument mit demselben Seitenformat wie Ihr geöffnetes Layout an. Wählen Sie nun Ihre Seite(n) und rufen Sie aus dem **Kontextmenü** den Befehl **Seiten verschieben…** auf. Nun haben Sie unter der Option **Verschieben in** die Wahl, welches Layoutdokument das Ziel sein soll. Wählen Sie hier Ihr neues Dokument. Ergänzend dazu können Sie sich noch entscheiden, ob InDesign im Quelldokument die **Seiten nach dem Verschieben löschen** soll.

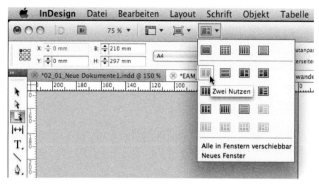

Abbildung 2.27: *In der Steuerungspalette unterhalb des Menüs wählen Sie in der „Dokumentenanordnung" das Schema „Zwei Nutzen".*

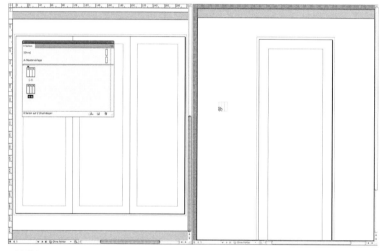

Abbildung 2.28: *Beide geöffneten Dateien werden nebeneinander dargestellt. Sie ziehen die gewählten Seiten nun in das zweite Dokument.*

> **Es geht auch per Drag&Drop**
>
> Das Duplizieren von Seiten in ein anderes Dokument funktioniert am besten, wenn Sie beide geöffneten Dateien nebeneinander darstellen. Dazu wählen Sie in den Ansichtsoptionen der Steuerungspalette das Fensterschema „Nebeneinander" aus. Anschließend wird Ihr Dokumentfenster gleichmäßig für beide Dateien aufgeteilt. Nun klicken Sie in die geöffnete Seiten-Palette des ersten Dokumentes und ziehen mit gedrückter Alt-Taste die gewünschten Seiten in das zweite Dokument. Anschließend beantworten Sie noch einen Dialog, an welcher Stelle die Seiten erscheinen sollen. Komfortabler geht es nicht!

Farbetiketten

Damit Sie Ihre Seiten thematisch gruppieren können, ohne die Seitenfolge verändern zu müssen, gibt es mit InDesign CS5 auch die Möglichkeit, die Seitenminiaturen mit einer farblichen Markierung zu versehen. Wählen Sie dazu eine Seite in der Seiten-Palette per Mausklick an und rufen Sie das Kontextmenü auf. Unter dem Punkt „Etiketten" können Sie die gewünschte Farbe wählen.

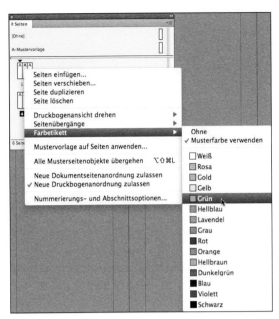

Abbildung 2.29: *Die Farbetiketten verbergen sich im Kontextmenü über einer Seitenminiatur.*

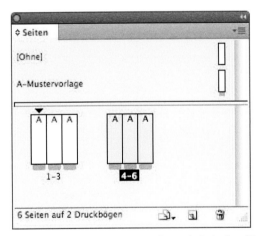

Abbildung 2.30: *Wenn Mustervorlagen ein Farbetikett (Gold) besitzen, erhalten auch die zugewiesenen Seiten diese farbliche Markierung.*

> **Farbetiketten sparsam benutzen**
> Die Orientierung kann bei farblich lebendigen Layouts schnell verloren gehen, wenn Sie auf jeder Seite ein anderes Etikett einrichten. Heben Sie also nur Seiten hervor, die Sie abweichend von allen anderen markieren wollen.

> **Farbetiketten auf Mustervorlagen**
> Sobald Sie einer Mustervorlage ein Etikett zuweisen, erscheint das Etikett auch auf der Miniatur im unteren Teil der Seiten-Palette. Somit erhalten Sie eine gute optische Zuordnung zwischen Mustervorlage und Seite.

Paginierung

Ihr Layoutdokument beginnt mit der **Startseitenzahl**, die Sie beim Anlegen des neuen Dokumentes vergeben haben. Wenn Sie dies nachträglich ändern wollen, rufen Sie die **Seiten**-Palette auf. Im Palettenmenü wählen Sie die Option **Nummerierungs- und Abschnittsoptionen**.

Unter **Seitennummerierung beginnen bei** legen Sie die neue **Startseitenzahl** fest. Unter **Format** können Sie wählen, ob die Seitenzahl alphanumerisch in **arabischen Ziffern**, in **Buchstaben** oder **römischen Ziffern** – klein- oder großgeschrieben – dargestellt wird.

> **Abschnitte und Kapitel**
> Die weiteren Unterteilungen eines Dokumentes oder mehrerer InDesign-Dateien in Abschnitte und Kapitel sowie deren Darstellung im Zusammenhang mit der Seitenzahl erläutern wir Ihnen im Kapitel „Buchprojekte" ab Seite 587.

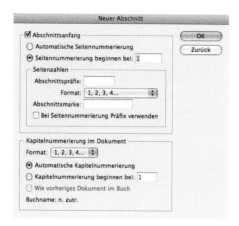

Abbildung 2.31: Die Seitenzahl und ihre Darstellung wählen Sie im Dialog „Nummerierungs- und Abschnittsoptionen".

Druckbogenansicht drehen

Für die optimale Bearbeitung von Layouts, auf denen sich *gestürzte Textrahmen* befinden, eignet sich die Möglichkeit, einen **Druckbogen zu drehen**. Dies ist bei Bogenmontagen für komplexe *Falzungen* im Verpackungsbereich ebenso praktisch wie bei einer querformatigen Postkarte, die Teil eines hochformatigen Flyers sein soll.

Gehen Sie mit dem Mauszeiger auf den Druckbogen, auf dem sich die gedrehten Rahmen befinden. Wählen Sie im Kontextmenü die Option **Druckbogenansicht drehen/90 Grad im UZS** (Uhrzeigersinn) aus. Der Druckbogen wird in der Layoutansicht gedreht. Zudem erscheint in der **Seiten-Palette** auf Ihrem aktuellen gedrehten Druckbogen ein **Symbol aus zwei gedrehten Pfeilen**, der Ihnen den Zustand dieses Druckbogens anzeigt.

Den Druckbogen können Sie auch **um 90 Grad gegen den Uhrzeigersinn** oder um **180 Grad** drehen. Wenn Sie mit der Bearbeitung fertig sind, können Sie anschließend – wieder über das Kontextmenü – die **Drehung löschen**.

> **Drehung bleibt beim Kopieren erhalten**
> Wenn Sie einen Druckbogen duplizieren oder Seiten über den Befehl im Kontextmenü verschieben, so bleibt die gedrehte Ansicht erhalten, auch wenn Sie ein anderes Dokument verschieben – und kopieren.

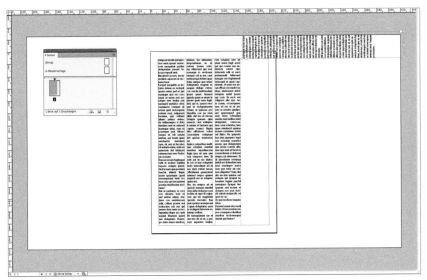

Abbildung 2.32: *Das Layout ist hochformatig angelegt, ein Textrahmen wurde um 90 Grad gedreht.*

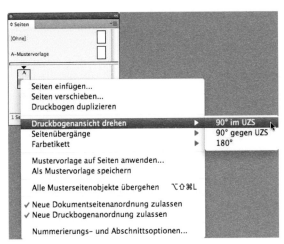

Abbildung 2.33: *In der Seiten-Palette kann der Druckbogen über das Kontextmenü um 90 Grad gedreht werden.*

Gedrehte Ansichten sind keine Formatänderungen
Sobald Sie einen Druckbogen in der Ansicht drehen, verändern Sie nicht die Ausrichtung des Formates von z.B. Hochformat auf Querformat, sondern Sie stellen nur eine andere Darstellung ein. Wenn Sie tatsächlich die Formatlage ändern wollen, so verwenden Sie das Seitenwerkzeug und die Einstellungen in der Steuerungspalette.

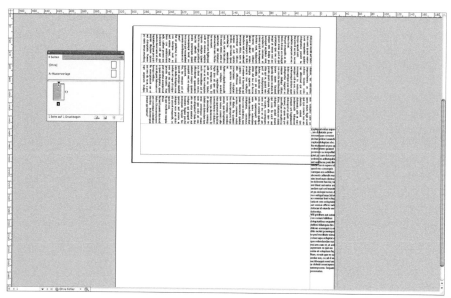

Abbildung 2.34: *Bearbeitung und Textkorrektur gehen deutlich leichter, der Druckbogen wird in der Seiten-Palette als „gedreht" gekennzeichnet.*

2.1.3 Mustervorlagen

Eine der wichtigsten und grundlegenden Funktionen eines Layoutprogramms ist die **Mustervorlage**: Auf diesen „Seiten" platzieren Sie alle Grafiken, Texte oder Bilder, die auf mehreren Seiten im Dokument in derselben Weise passgenau dargestellt werden sollen, wie z.B. Seitenzahlen (Pagina), Rubrikbezeichnungen, Spiegelstriche, Registerflächen, Fußnoten oder ein Firmenlogo. Darüber hinaus richten Sie auf Mustervorlagen Spaltenraster, Ränder oder Hilfslinien ein, die für alle Seiten maßgebend sind. Einer Dokumentseite liegt immer eine Mustervorlage zugrunde.

Die Seitenzahl z.B. wird nur auf einer Mustervorlage angelegt und auch nur hier in Schrift und Form verändert, so dass sie auf allen Seiten gleich aussieht.

Bei vielen Projekten kann der Einsatz von Mustervorlagen sinnvoll sein. Darunter fallen z.B. komplexe Magazine und Zeitschriften, bei denen Sie unterschiedliche Mustervorlagenseiten wie zweispaltige und dreispaltige Seiten, Titelseiten, Werbeseiten etc. einrichten können.

> **! Anfängerfehler**
>
> Altbekannte Arbeitsweisen sind nicht immer sinnvoll. Eine Mustervorlage ist nur so lange sinnvoll, wie sich auf den Seiten, die auf ihr basieren, nichts ändert. Selten werden jedoch alle Seiten eines Magazins nach demselben Schema gestaltet. Aus QuarkXPress ist die Arbeitsweise bekannt, Musterobjekte je nach Bedarf von der Vorlage „abzulösen" und dann individuell zu gestalten. Diese Technik ist leider ineffizient – wird die Mustervorlage neu zugewiesen, entstehen doppelte Rahmen. Zudem werden dann Änderungen an der Mustervorlage nicht einfach auf den zugewiesenen Seiten aktualisiert. Daher legen Sie diese Arbeitsweise bitte ab – auch wenn dies in InDesign weiterhin möglich ist. Verwenden Sie stattdessen Bibliotheken und Snippets!

> **Begriffliches zur Mustervorlage**
> Der Begriff „Mustervorlage" ist verbal exakt, da sie keine richtige Seite, sondern nur eine Vorlage ist, auf die sich andere Seiten beziehen. Warum allerdings auch der Begriff „Musterseiten laden" verwendet wird, weiß selbst bei Adobe niemand so genau.

> **Gepunktete Umrisse**
> Rahmen von Mustervorlagen erscheinen im Layout in einer gepunkteten Darstellung, so dass Sie während der Layoutarbeit den Unterschied zu normalen Rahmen erkennen können.

2.1.4　Praxisbeispiel Mustervorlagen

Eine Fernsehzeitschrift nehmen wir nun als Beispiel zum Anlegen eines neuen Dokumentes mit Mustervorlagen. In unserer Programmzeitschrift werden die Wochentage **Montag** bis **Sonntag** mit unterschiedlichen Farben gekennzeichnet. Die äußeren Blattecken werden mit einer Grafik in dieser Farbe dargestellt. Pro Wochentag werden zwei Seiten benötigt. Jeder Wochentag besitzt im Layout eine Mustervorlage, auf der die entsprechenden Layoutobjekte angelegt sind. Allgemeine Informationen wie Seitenzahlen, Kopf- oder Fußgrafiken werden auf einem A-Muster eingerichtet. Für Anzeigenseiten, die keine Musterobjekte übernehmen sollen, verwenden Sie die Vorlage [Ohne]. Abschließend werden die Vorlagen den jeweiligen Seiten zugewiesen.

1. **Neues Dokument einrichten**
   Mit ⌘+N legen Sie ein neues Dokument an. Wählen Sie ein **A4-Format** mit **14 Seiten** – zwei Seiten pro Wochentag –, starten Sie mit der **Seitenzahl 2** und richten Sie ein **Spaltenraster** mit **drei Spalten** sowie einem **Anschnitt** von **3 mm** ein.

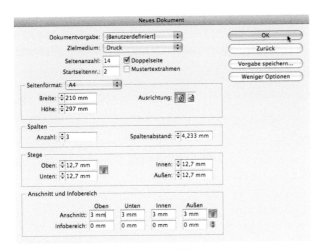

Abbildung 2.35:　*Legen Sie ein neues Dokument an.*

2. **Layoutraster anpassen**
   Mit einem Doppelklick auf die **A-Mustervorlage** wechseln Sie die Ansicht auf die Mustervorlage. Rufen Sie aus dem Menü **Layout/Stege und Spalten** den Eingabedialog auf und ändern Sie die Daten wie in der folgenden Abbildung zu sehen.

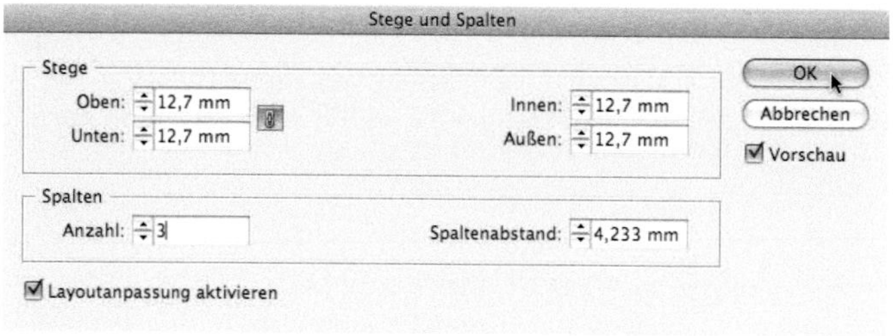

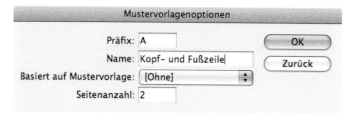

Abbildung 2.36: *Ändern Sie die Angaben für Stege und Spalten.*

3. **Mustervorlage umbenennen**
    Wählen Sie in der Seiten-Palette das Blattsymbol der **A-Mustervorlage** mit einem Klick
    aus. Rufen Sie das **Kontextmenü** auf. Rufen Sie den Punkt **Mustervorlagenoptionen für
    A-Mustervorlage** auf und wählen Sie einen passenden Namen.

Abbildung 2.37: *In den Mustervorlagenoptionen geben Sie den neuen Namen ein.*

4. **Rahmen auf Mustervorlage anlegen**
    Wählen Sie das **Rahmenwerkzeug** (F) und ziehen Sie ein Rechteck über beide Seiten im
    oberen und anschließend im unteren Seitenbereich auf. Füllen Sie das Rechteck mit einem
    Verlauf wie in der Abbildung dargestellt.

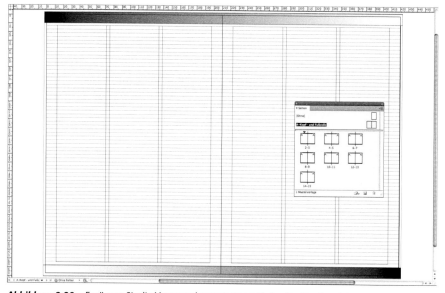

Abbildung 2.38: *Ergänzen Sie die Mustervorlage mit einem Verlauf im Kopfbereich.*

Mit dem **Textwerkzeug** ([T]) ziehen Sie am unteren Seitenrand der linken Seite einen Textrahmen auf und geben dort „*Seite*" ein. Aus dem **Kontextmenü** der Texteingabe rufen Sie **Sonderzeichen/Automatische Seitenzahl** auf. Es erscheint ein „**A**" stellvertretend für die spätere Seitenzahl.

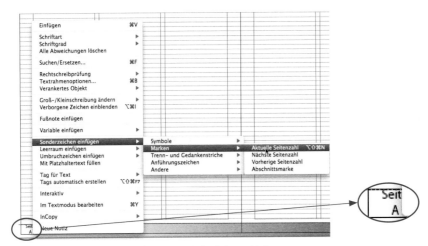

Abbildung 2.39: *Geben Sie die automatische Seitenzahl ein.*

Wechseln Sie auf die **Direktauswahl** ([V]) und duplizieren Sie den Textrahmen mit gedrückter **Maus-** und [Alt]-Taste durch einfaches Ziehen auf die rechte Seite.

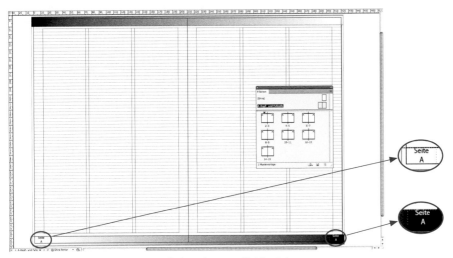

Abbildung 2.40: *Die Paginierung befindet sich nun auf beiden Seiten.*

5. **Neue Mustervorlage „Samstag" anlegen**
   Rufen Sie aus dem **Palettenmenü** der **Seiten-Palette** die Option **Neue Mustervorlage** auf. Geben Sie als **Präfix** „*SA*" ein und wählen Sie als *Muster* der Mustervorlage „*A-Kopf und Fuß*". Alle Objekte der A-Vorlage werden für die Samstags-Vorlage übernommen.

> **Mutter-Kind-Beziehung: hierarchische Mustervorlagen**
> Wenn Sie eine Mustervorlage anlegen, die auf einer anderen basiert, erstellen Sie eine hierarchische Vorlage. Alle Eigenschaften der „Mutter" werden an das „Kind" übergeben. Sobald Sie später in der „Muttervorlage" etwas ändern, werden diese Änderungen an das „Kind" weitergegeben. Das funktioniert – Gott sei dank – nur in der Welt der Informatik!

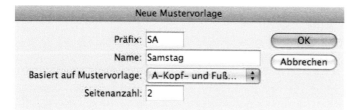

Abbildung 2.41:   Auf Basis der ersten Mustervorlage wird eine Samstags-Vorlage erstellt.

6.   **Grafiken für den Samstag gestalten**
     Legen Sie mit dem **Pfadwerkzeug** und dem **Textwerkzeug** einen roten Winkel und einen weißen Text „*SA*" an der oberen linken und rechten Ecke der Mustervorlage an.

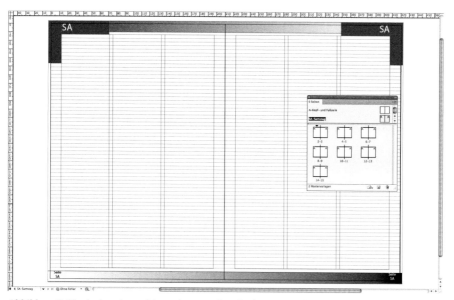

Abbildung 2.42:   In den oberen Seitenecken gestalten Sie die Tagesmarkierung für Ihr Magazin.

7.   **Andere Wochentagsvorlagen anlegen**
     Die Samstagsvorlage wird nun über das **Palettenmenü** der **Seiten-Palette** mit der Funktion **Musterdruckbogen „SA-Samstag" duplizieren** kopiert. Geben Sie danach für die Kopie einen neuen Namen für den jeweiligen Wochentag an.

8.   **Wochentage gestalten**
     Wählen Sie für die Winkel in den Ecken eine andere Farbe und den entsprechenden Wochentag. Wiederholen Sie die letzten Schritte, bis Sie für alle Wochentage eine Mustervorlage erstellt haben.

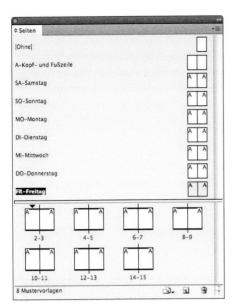

Abbildung 2.43: *Für jeden Wochentag gibt es nun eine Mustervorlage.*

9.   **Mustervorlagen zuweisen**

Wählen Sie mit gedrückter ⬆-Taste zwei Seitensymbole in der Seiten-Palette aus, rufen Sie aus dem Kontextmenü die Funktion **Mustervorlage auf Seiten anwenden…** auf und suchen Sie sich unter **Mustervorlage anwenden** die Mustervorlage mit dem richtigen Wochentag aus. Wiederholen Sie diesen Schritt auch für die anderen Wochentagsseiten. Alternativ ziehen Sie die Mustervorlagen per Drag&Drop auf die Layoutseiten.

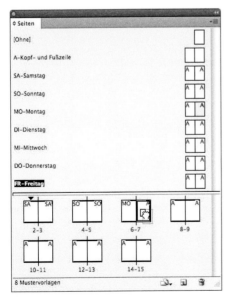

Abbildung 2.44: *Die Vorlagen weisen Sie per Drag&Drop den Seiten im Layout zu.*

10. **Dokument bearbeiten und Mustervorlagen verändern**
    Nachdem Sie nun alle Mustervorlagen angelegt haben, können Sie für jeden Wochentag das Layout gestalten. Jede Änderung der Seitenzahl oder der Verlaufsrahmen wird auf der Vorlage „A-Kopf und Fuß" vorgenommen und wirkt sich automatisch auch auf alle anderen Vorlagen aus. Änderungen der Farbgebung für die Wochentage nehmen Sie bitte in der jeweiligen Vorlage vor. Neue Seiten fügen Sie mit dem Blattsymbol der Seiten-Palette ein.

Mustervorlagen aus anderen Dokumenten laden

Neben dem Anlegen von Mustervorlagen ist natürlich auch eine andere Arbeitsweise in InDesign möglich: Sie laden sich fertige Musterseiten aus anderen Dokumenten hinzu. Rufen Sie dazu im **Palettenmenü** der **Seiten** den Punkt **Musterseiten laden** auf und wählen Sie das entsprechende InDesign-Dokument. Danach werden die Mustervorlagen eingelesen und erscheinen in der Seiten-Palette.

Sollten geladene und bereits bestehende Mustervorlagen *denselben Namen* tragen, erscheint eine Warnmeldung und InDesign fragt, ob Sie die Mustervorlagen nun tatsächlich ersetzen oder die importierten Mustervorlagen umbenennen wollen. Wählen Sie die zweite Option, ändert sich der Anfangsbuchstabe z.B. von „A-Mustervorlage" in „B-Mustervorlage".

Layoutanpassung

Um spätere Layoutänderungen an den Mustervorlagen automatisch anzugleichen, gibt es die Funktion **Layoutanpassung** im Menü **Layout**. Eine Layoutanpassung wird nur durch Änderungen an **Seitenformat**, **Ausrichtung**, **Steg-** und **Spalteneinstellungen** ausgelöst. Damit sie aber immer erfolgt, wenn Sie diese Parameter ändern, muss die Option auch *aktiviert* sein. Im Dialogfeld **Layoutanpassung** können Sie über Optionsschalter die jeweiligen Regeln für die Anpassung setzen.

> **Standardeinstellungen sinnvoll**
> In der Praxis hat sich gezeigt, dass eigene Einstellungen der Layoutanpassung nur minimale Verbesserungen ergeben. Die Standardeinstellungen sind völlig ausreichend.

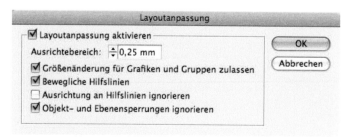

Abbildung 2.45: *Wenn die Layoutanpassung aktiviert ist, werden nach dem Zuweisen anderer Mustervorlagen oder bei Formatänderungen die Objekte entsprechend diesen Vorgaben an das neue Layout angepasst.*

> **Layoutanpasssung bei Änderung der Stege und Spalten**
>
> Sobald Sie über das Menü „Layout" die Stege und Spalten verändern wollen, zeigt Ihnen InDesign CS5 nun auch die Aktivierung der Layoutanpassung, damit Sie bei aktiver Vorschau sofort sehen können, welche Änderungen Ihre Einstellungen bewirken. Unter Umständen ist das Ergebnis der Layoutanpassung so gut, dass Sie die Rahmen nicht noch einmal verändern müssen.

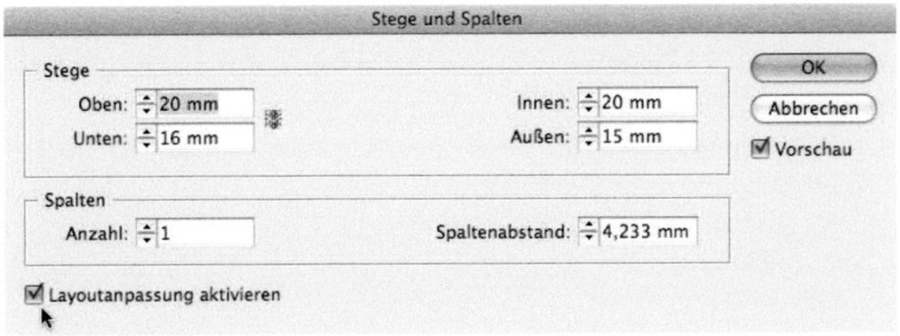

Abbildung 2.46: *Auch im Dialog der „Stege und Spalten" gibt es die Option, die Layoutanpassung zu aktivieren.*

Im Feld **Ausrichtebereich** geben Sie einen Wert für den Abstand eines Objektes zu den Hilfslinien ein, um festzulegen, wie nah ein Objekt an eine *Randhilfslinie, Spaltenhilfslinie* oder *Seitenkante* kommen muss, damit es bei Aktivierung der Layoutanpassung an diesem Element ausgerichtet wird. Die Option **Größenänderung für Grafiken und Gruppen zulassen** erlaubt es InDesign, diese Objekte zu skalieren. Ist die Option deaktiviert, können Grafiken und Gruppen durch die Layoutanpassung zwar verschoben, nicht jedoch in ihrer Größe geändert werden.

Die Option **Bewegliche Hilfslinien** aktivieren Sie, wenn Hilfslinien durch die Layoutanpassungsfunktion automatisch neu positioniert werden sollen – wie bei einer Formatänderung. Sind die Hilfslinien für die Layoutanpassung im Ergebnis nicht gut positioniert, sollten Sie zuvor die Option **Ausrichtung an Hilfslinien ignorieren** aktivieren. Die Objekte werden dann weiterhin an Spalten- und Randhilfslinien sowie Seitenkanten ausgerichtet, die manuell gesetzten Hilfslinien werden jedoch nicht berücksichtigt.

Aktivieren Sie die Option **Objekt- und Ebenensperrungen ignorieren**, wenn einzeln gesperrte oder auf einer gesperrten Ebene liegende Objekte bei der Layoutanpassung ebenfalls neu positioniert werden sollen.

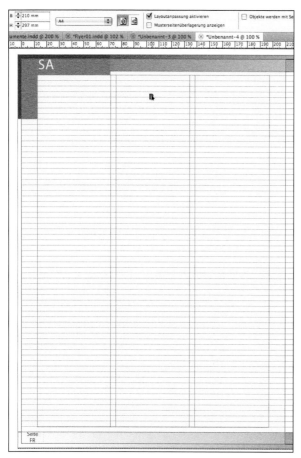

Abbildung 2.47: *Wenn Sie das Seitenformat über das Seitenwerkzeug verändern, haben Sie die Möglichkeit, mit aktiver Layoutanpassung die Formatänderungen gleich auf die Layoutrahmen zu übertragen, um möglichst keine manuellen Änderungen mehr durchführen zu müssen.*

> **Seitenformat mit der Layoutanpassung ändern**
> Wenn Sie das Seitenwerkzeug anwählen, um ein Seitenformat einzustellen, können Sie bei Bedarf die Layoutanpassung aktivieren, auch wenn diese über das Menü Layout noch nicht aktiviert wurde.

2.2   Vorlagen gestalten

Zu Beginn jedes InDesign-Projekts steht immer die Frage: Gibt es bereits Vorlagen? In diesem Kapitel wollen wir Ihnen die entscheidenden Techniken Objektformate, Bibliotheken und Snippets vorstellen und wie Sie mit InDesign einen optimalen Start eines neuen Layouts so vorbereiten, dass Sie Zeit sparen und bei Änderungen flexibel sind. Darüber hinaus ist es auch möglich, Vorlagen als InDesign-Datei auszulagern und in das Layout zu platzieren, um beispielsweise Sprachversionen von Grafiken umzuschalten.

Ausgehend von **Dokumentenformat**, **Ausgabeziel** und **Mustervorlage**, die Sie alle im vorherigen Kapitel kennengelernt haben, benötigen Sie nun Vorgaben für die Typografie, die Grafik, Farben, feste Orte von Rahmen sowie gemeinsam genutzte Layoutkomponenten. Hier eine Übersicht über alle notwendigen Elemente:

Was Sie benötigen	Wo Sie die Vorlagen in InDesign anlegen	Wo Sie die Vorlagen speichern
Typografie für Absätze	Absatzformat	Bibliothek, Snippet, InDesign-Datei
Typografische Auszeichnungen	Zeichenformat	Bibliothek, Snippet, InDesign-Datei
Platzhalterrahmen	Objektformat	Bibliothek, Snippet, InDesign-Datei
Grafische Darstellung von Tabellen	Tabellen- und Zellenformate	Bibliothek, Snippet, InDesign-Datei
Seitenzahlen	Mustervorlage	InDesign-Datei, Datei-Template
Kopf- und Fußmarken	Mustervorlage	Bibliothek, Snippet, InDesign-Datei
Farbangaben	Farbfelder	Adobe Swatch Exchange
Zusammenstellung von Glyphen	Glyphensatz	Glyphensatz
Grafische Supplemente	Objektformat	Bibliothek, Snippet, InDesign-Datei
Logos		PDF- oder AI-Datei

Wie Sie der Übersicht unschwer entnehmen können, benötigen Sie für eine optimale Vorbereitung einer Vorlage neben den bekannten Techniken der Absatzformate zunächst **Objektformate**, um Rahmeneigenschaften – Grafik und Typografie – festzulegen. Diese Rahmen und deren Objektformate legen Sie dann als Bibliotheksobjekt in einer **InDesign-Bibliothek** oder als unabhängiges **Snippet** in der **Bridge**, der **MiniBridge** oder dem **Arbeitsplatz** ab. Beginnen wir mit den Objektformaten.

2.2.1 Objektformate

> **Objektstile heißen nun Objektformate**
> Während die früheren Fassungen von InDesign stets den Begriff „Objektstil" verwendet haben, hat sich Adobe nun entschlossen, diese in „Objektformate" umzubenennen. Dies ist auch passender, denn schließlich handelt es sich um „Formatierungen" für Rahmen aller Art.

Wollen Sie alle Eigenschaften eines fertig gestalteten Rahmens auf einen anderen Rahmen übertragen, können Sie dazu das Werkzeug **Pipette** verwenden. Doppelklicken Sie auf das Werkzeug in der **Werkzeugpalette**. Sie erhalten eine Übersicht aller grafischen und typografischen Formatierungen, die sich die **Pipette** mit einem Klick auf einen Text „merken" kann.

Sobald Sie mit der **Pipette** auf einen Rahmen klicken, saugt sie die gewählten Eigenschaften auf und zeigt dies durch das **gefüllte Pipettensymbol**.

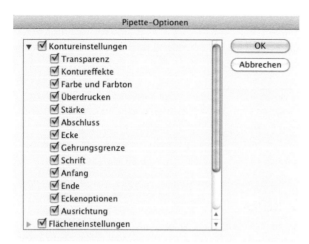

Abbildung 2.48: *Das Pipetten-Werkzeug kann zahlreiche Eigenschaften eines Rahmens aufnehmen.*

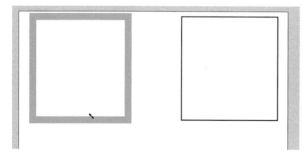

Abbildung 2.49: *Wenden Sie die Pipette an, um grafische Eigenschaften eines Rahmens auf einen anderen zu übertragen.*

Wählen Sie einen unformatierten Rahmen und klicken Sie mit der gefüllten Pipette hinein. Der Rahmen erhält nun das *identische Aussehen* des ersten Rahmens. Dies können Sie so oft wiederholen, wie Sie möchten. Eine neue Auswahl von Eigenschaften können Sie mit der [Alt]-Taste erreichen: Halten Sie die [Alt]-Taste gedrückt und klicken Sie auf einen gestalteten Rahmen. Nun nimmt die Pipette erneut diese Eigenschaften auf.

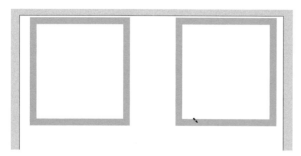

Abbildung 2.50: *Bei der Übertragung erhält der zweite Rahmen die gewünschten Eigenschaften, die Pipette bleibt „gefüllt", um weitere Rahmen zu verwandeln.*

> **Hintergrund: Objektorientierung von InDesign**
Ist Ihnen aus der Welt der Informatik schon einmal der Begriff »Objektorientierung« über den Weg gelaufen? Dabei handelt es sich um die Beschreibung von einzelnen Objekten, die verschiedene Attribute (Eigenschaften) annehmen können. Mehrere Objekte mit denselben Attributen werden als „Klasse" bezeichnet. Die Klasse selbst besitzt alle Eigenschaften, die an die sogenannten „Kinder" weitervererbt werden. Diese Objektorientierung finden Sie auch in InDesign wieder: Jeder Rahmen im Layout ist ein „Objekt". Die grafische Erscheinung wird durch eine Vielzahl von Attributen bestimmt. Wenn Sie also die Pipette benutzen, um Eigenschaften aufzunehmen und zu übertragen, erzeugt die Pipette eine zwischenzeitliche Klasse und „vererbt" diese Attribute an das nächste Objekt.

Objektformate als „Klasse" von Eigenschaften

Wenn Sie die Pipette häufig anwenden, so können Sie doch immer nur die gerade aufgenommenen Eigenschaften übertragen. Nach der Übertragung besteht jedoch keinerlei Beziehung mehr zwischen dem ursprünglichen und dem neu formatierten Objekt. Was wäre, wenn Ihnen InDesign eine Möglichkeit böte, alle Rahmeneigenschaften als „Klasse" darzustellen und auf Rahmen anzuwenden? Später könnten Sie jederzeit die „Klasse" verändern und die zugewiesenen Rahmen ändern sich mit. Diese Möglichkeit heißt **Objektformat**.

Legen Sie sich also *aus einem gestalteten Rahmen* ein **Objektformat** an, um alle Eigenschaften des Rahmens als „Klasse" zu speichern und damit mehrere Rahmen auf einmal zu formatieren. Alle mit dem Objektformat dargestellten Rahmen sind die „Kinder" der „Klasse". Ändern Sie zu einem späteren Zeitpunkt das Objektformat, werden diese neuen Attribute an die jeweiligen zugehörigen Kinder übertragen.

> **Objektformate für Platzhalter**
Die Rahmeneigenschaften speichern Sie als Objektformat am besten für Platzhalterrahmen, damit ein platziertes Bild sofort anhand der „Rahmeneinpassungsoptionen" auf die Größe des Rahmens skaliert wird. Diese Vorgehensweise zeigen wir Ihnen im Kapitel „Bilder platzieren".

Objektformate anlegen und zuweisen

Haben Sie einen oder mehrere Rahmen individuell gestaltet, können Sie im nächsten Schritt das Design als **Objektformat** speichern. Für die Arbeit mit Objektformaten finden Sie unter dem Menü **Fenster/Formate** die Palette der **Objektformate**. Klicken Sie zunächst einen *gestalteten Rahmen* an. Vergleichbar zur Arbeit mit Absatzformaten legen Sie mit einem Klick auf das **Blattsymbol** ein **neues Objektformat** an.

Das **Objektformat** können Sie nun mit einem Doppelklick öffnen, ändern und speichern. Um ein Objektformat auf andere Rahmen anzuwenden, wählen Sie einfach die Rahmen mit dem **Auswahlwerkzeug** an und klicken in der Palette **Objektformate** auf das gewünschte Format. Die Rahmen erscheinen dann in der vorgegebenen Darstellung.

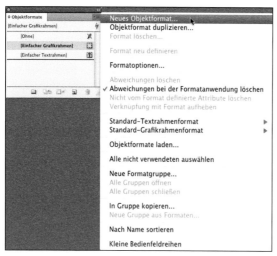

Abbildung 2.51: So legen Sie ein neues Objektformat an.

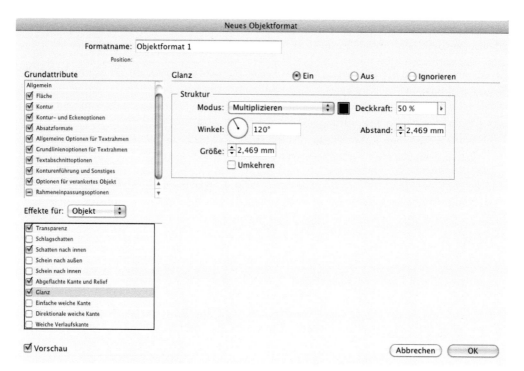

Abbildung 2.52: Die Rahmenoptionen sind so aufgebaut, dass alle grafischen Formatierungen, die ein Rahmen besitzen kann, eingestellt werden können.

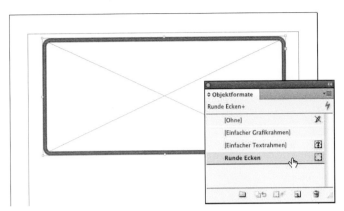

Abbildung 2.53: *Die ausgewählten Rahmen im Layout werden mit einem Klick auf das Objektformat in der gewünschten Weise formatiert.*

Abweichungen zum Objektformat löschen

Ebenso wie bei einem Absatzformat können Sie auch hier Abweichungen, die sich aus der manuellen Korrektur einer Rahmeneigenschaft ergeben haben, nachträglich löschen, die Änderungen als neue Definition des Objektformates übernehmen oder die Beziehung zum Objektformat komplett aufheben.

1. **Rahmen mit Objektformat anwählen**
    Wählen Sie einen Rahmen aus, den Sie zuvor mit Hilfe eines Objektformates formatiert haben. Dies kann ein Textrahmen- oder ein Grafikrahmen sein.

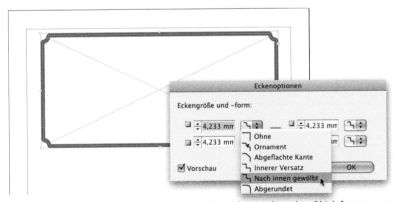

Abbildung 2.54: *Die Rahmenform mit abgerundeten Ecken wird aus dem Objektformat vorgegeben.*

2. **Rahmenoptionen verändern**
    Ändern Sie nun manuell die Einstellungen für den Rahmen, verändern Sie zum Beispiel die **Eckeneffekte**. In der **Objektformat**-Palette erscheint nun ein **Plus** hinter dem Objektformat, was darauf hinweist, dass die Formatierung des Rahmens *nicht den Einstellungen des Objektformates entspricht*.

Abbildung 2.55: *Die Eigenschaften des Rahmens entsprechen nicht den Vorgaben des Objektformates, daher wird ein Plus in der Palette der Objektformate angezeigt.*

3. **Formatierungen mit Objektformat überschreiben**
   Um die Änderungen wieder rückgängig zu machen, wählen Sie einfach den betreffenden Rahmen an und klicken Sie in der Palette **Objektformate** auf den Button **Abweichungen löschen** in der unteren Leiste der Palette. Alternativ rufen Sie den Befehl mit dem **Kontextmenü** auf.

Verbindung vom Rahmen zum Objektformat auflösen

Wählen Sie einen Rahmen an, der mit einem Objektformat formatiert wurde. Rufen Sie das **Palettenmenü** der **Objektformate** auf und klicken Sie auf **Verknüpfung mit Format aufheben**. Dadurch wird der Rahmen vom Objektformat gelöst und kann nun wieder manuell gestaltet werden.

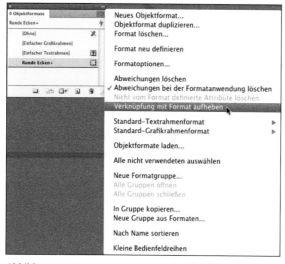

Abbildung 2.56: *Im Palettenmenü erhalten Sie alle entscheidenden Optionen, um die Verbindung mit einem Objektformat zu beeinflussen.*

Objektformate in Gruppen verwalten

Wie Absatz- und Zeichenformate können Sie auch Objektformate in Gruppen anlegen. Eine Gruppe legen Sie an, indem Sie im Palettenmenü der **Objektformate** auf das Icon **Neue Objektformatgruppe** klicken. Es erscheint nun ein Ordner mit dem Namen „Formatgruppe1" in der Palette, den Sie sinnvoll umbenennen sollten. Sie können mehrere Ordner als Formatgruppen anlegen und diese auch ineinander verschachteln.

Abbildung 2.57: So legen Sie einen neuen Ordner für Objektformate an.

Um ein **Objektformat** nun in eine **Gruppe** zu sortieren, wählen Sie das Format in der Palette an und ziehen Sie es per Drag&Drop mit gedrückter Maustaste in den gewünschten **Ordner**. Auf dieselbe Art und Weise können Sie per Drag&Drop jederzeit ein **Objektformat** *in eine andere Gruppe* hineinziehen, um die Formate *umzusortieren*.

Absatzformate als Objektformate speichern

Wenn Sie ein neues **Objektformat** auf Basis eines *ausgewählten Textrahmens inklusive Absatzformaten* anlegen, ist das **Absatzformat** in den **Objektformatoptionen** zunächst deaktiviert. Öffnen Sie die **Objektformatoptionen** per Doppelklick aus der Palette **Objektformate** und klicken Sie auf den Haken vor der Rubrik **Absatzformate**. Nun wird automatisch das aktive Absatzformat angewendet.

Damit ist es zudem möglich, ein *weiteres* Absatzformat einzubinden. Innerhalb des Absatzformates können Sie ein nachfolgendes Format definieren. Sobald Sie in den Objektformatoptionen **nächstes Format anwenden** aktivieren, wird auch das nachfolgende Absatzformat automatisch angewendet.

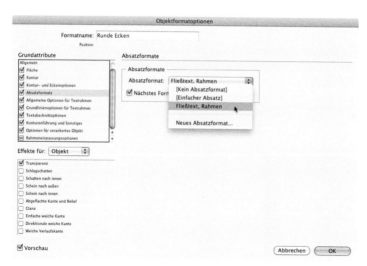

Abbildung 2.58: *Absatzformate können ebenso wie andere grafische Eigenschaften in einem Objektformat gespeichert werden.*

Per Drag&Drop formatieren Sie neue oder andere Textrahmen mit dem **Objektformat**. Dadurch werden alle grafischen Eigenschaften des *Textrahmens* und die typografische Formatierung auf den neuen Rahmen übernommen. Als Alternative können Sie aber auch aus der **Steuerungspalette** im Pull-down-Menü der **Objektformate** das neue Format auswählen.

> **Textrahmenoptionen werden ebenfalls gespeichert**
> Nicht nur die typografische Formatierung des Textes, sondern auch die Ausrichtung und die Spaltenanzahl werden in Form der Textrahmenoptionen gespeichert. Zum Ändern wählen Sie in den Objektformatoptionen die Rubrik „Allgemeine Optionen für Textrahmen" aus und stellen die Spaltenanzahl etc. ein.

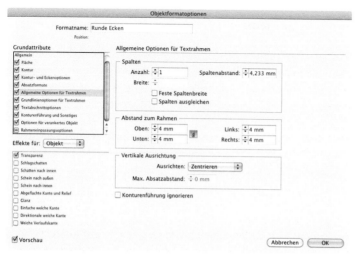

Abbildung 2.59: *Textrahmenoptionen erscheinen im Objektformat unter dem Reiter „Allgemeine Optionen für Textrahmen" sowie der nachfolgenden Rubrik.*

Objektformate lösen

Wollen Sie alle typografischen Formatierungen und Textrahmeneinstellungen aufheben, so klicken Sie mit der **Auswahl** den Textrahmen an und finden in der **Steuerungspalette** das Pull-down-Menü der **Objektformate**. Hier wählen Sie [**Ohne**] oder [**Einfacher Textrahmen**].

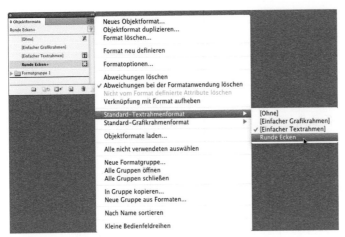

Abbildung 2.60: Wollen Sie das aktuelle Objektformat (z.B. „Runde Ecken") als Basis für alle neuen Textrahmen verwenden, so wählen Sie es im Palettenmenü als „Standard-Textrahmenformat" aus.

> **Formate in einer Arbeitsgruppe verteilen**
> Leider können Sie die Absatz- und Zeichenformate nicht als externe Datei ablegen, sondern immer nur aus bestehenden Dateien importieren – eine etwas umständliche Arbeitsweise, die über eine unabhängige Datei leichter zu bewerkstelligen wäre. Damit auch Ihre Kolleginnen und Kollegen von den angelegten Formaten profitieren, ohne die Ursprungsdatei aufrufen zu müssen, legen Sie einen formatierten Textrahmen in einer InDesign-Bibliothek ab. Wenn Sie in einem neuen Dokument diesen Textrahmen wieder in das Layout ziehen, werden automatisch alle Formatierungen übernommen und erscheinen in den jeweiligen Paletten.

> **Tagged-Text-Format**
> Sobald Sie einen formatierten Text markieren und dann „Datei/Exportieren…" aufrufen, steht Ihnen als Dateiformat das „Tagged-Text-Format" zur Verfügung. Damit speichern Sie sowohl den Textabschnitt aus InDesign wie auch die Formatierungen. Sobald Sie diese Datei in ein neues InDesign-Dokument platzieren, erscheinen dort wieder die Absatz- und Zeichenformate.

2.2.2   Bibliotheken

InDesign bietet sogenannte **Bibliotheken**, in denen Sie alle Arten von einzelnen *Rahmen, Rahmengruppen* oder *platzierten Grafiken* ablegen und in anderen Dateien wiederverwenden können. Bezüglich des Rahmeninhaltes besteht keinerlei Einschränkung, sei es *formatierter Text, Tabellen, Gruppen aus Vektorgrafiken* oder *Texten* und *platzierte PDF- oder InDesign-Dateien.*

Bibliotheks-Palette und Palettenmenü

Eine Bibliothek ist unabhängig von einer Layoutdatei, daher legen Sie auch unter dem Menü **Datei/Neu/Bibliothek** oder über den **Startbildschirm** eine eigene Bibliotheksdatei mit dem Dateikürzel **.indl** (InDesign-Library) an. Die Bibliothek befindet sich nicht in einem Dokumentfenster, sondern erscheint als Palette, in der Sie nun per Drag&Drop Ihre Grafiken aus einer Layoutdatei ablegen können. Die Palette ist ähnlich wie die Ebenen- oder Verknüpfungen-Palette aufgebaut und funktioniert auch so.

Abbildung 2.61: *Eine neue Bibliothek erscheint als Palette in Ihrer Bedienumgebung und kann nun mit Rahmen und Rahmengruppen gefüllt werden.*

> **Sortieren**
> Die Darstellung und Ordnung von abgelegten Bibliotheksobjekten sind über das Palettenmenü konfigurierbar: In der Listenansicht werden lediglich die Objektbezeichnungen dargestellt, die Miniaturansicht zeigt eine kleine Vorschau. Die Sortierung nehmen Sie ebenfalls im Palettenmenü vor: nach Name, nach Datum (neuestes), nach Datum (ältestes) und nach Typ.

Objekte können jederzeit per Drag&Drop aus dem Layout in die Palette kopiert werden. Die Bibliothek erkennt das Objekt und zeigt es in der Palette als **Miniatur** an.

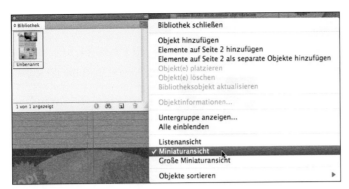

Abbildung 2.62: *Die Darstellung aller Bibliotheksobjekte erfolgt als Miniatur, große Miniatur oder als Textansicht.*

Eine schnelle Methode, die Rahmen einer gesamten Seite abzulegen, finden Sie im **Palettenmenü** der **Bibliothekspalette: Elemente auf Seite hinzufügen**. Dabei kopiert InDesign einfach die gesamte aktuelle Seite als eigenes **Seiten**-Objekt.

Abbildung 2.63: *Markieren Sie alle Objekte auf einer Seite und wählen Sie aus dem Palettenmenü die Option, alle Rahmen als ein Bibliotheksobjekt oder als unterschiedliche Objekte abzulegen.*

Wenn Sie jedoch nicht alle Rahmen und Rahmengruppen als ein Objekt in der Bibliothek ablegen wollen, nehmen Sie einfach die nächste Option im Palettenmenü **Elemente auf Seite X als separate Objekte hinzufügen**.

Bibliotheken speichern nicht nur die Größe und Formatierung eines Objektes, sondern auch seine Position auf der Seite. Wenn Sie das Objekt nicht einfach aus der Palette ins Layout ziehen, sondern das Objekt auswählen und über das **Palettenmenü** mit dem Befehl **Objekt(e) platzieren** aufrufen, wird das Objekt *standgenau* auf die aktive Bearbeitungsseite gesetzt – vorausgesetzt, das Seitenformat stimmt überein. Diese Aktion entspricht dem Menübefehl **Bearbeiten/An Original-position einfügen** für das standgenaue Kopieren von Rahmen.

Abbildung 2.64: *Alle Rahmen einer Seite können in einem Schritt als separate Objekte der Bibliothek hinzugefügt werden.*

Abbildung 2.65: *Alle markierten Objekte einer Bibliothek lassen sich über die „Platzieren"-Funktion im Palettenmenü im Layout standgenau einfügen.*

> **Hinzufügen und Objektinformationen festlegen**
> Wenn Sie den Befehl „Objekt hinzufügen" wählen, sollten Sie gleichzeitig die [Alt]-Taste gedrückt halten. Somit werden sofort die Objektinformationen geöffnet, in denen Sie eine Bezeichnung eingeben können.

Abbildung 2.66: *Mit gedrückter* Alt *-Taste ziehen Sie Ihre Bibliotheksobjekte in die Palette und es erscheint sofort ein Eingabedialog, in dem Sie den Namen und den Typ festlegen können.*

Objektinformationen

Das Objekt in der Bibliothek wird, bis auf platzierte InDesign- oder PDF-Dateien, zunächst immer mit der Bezeichnung „Unbenannt" abgelegt. Über den Button **Bibliotheksobjektinformationen** an der unteren Kante der Palette rufen Sie die Objektinformationen auf und können hier den Namen und eine **Bemerkung** eingeben sowie die **Objektart** editieren.

Letzteres ist allerdings unnötig, da InDesign die Art der Layoutrahmen von allein erkennt: Es unterteilt folgende Objektarten: **Bild**, **EPS**, **PDF**, **Geometrie** (Rahmengruppen mit gemischtem Inhalt), **Seite**, **Text**, **Struktur** und **InDesign-Datei**. Diese Auswahl dient lediglich dazu, die Inhalte zu ordnen und zu sortieren, technisch werden die abgelegten Daten nicht verändert.

Die häufigste Form ist die **Geometrie**, worunter InDesign alle Formen von *Vektorrahmen, Textrahmen und Rahmengruppen* versteht. Befindet sich in einer abgelegten Rahmengruppe mindestens ein Vektor- oder Pixelrahmen, dann ist das Bibliotheksobjekt bereits eine Geometrie.

> **Bibliotheken speichern Formate**
> Wenn Sie in der Bibliothek einen Rahmen ablegen, der ein zugewiesenes Objektformat besitzt, werden selbstverständlich alle Formateigenschaften mit gespeichert. Auch Absatzformate und anderes wird in der Bibliothek gespeichert und beim Entnehmen wieder in das jeweilige Dokument kopiert.

Bibliotheksobjekte austauschen

Haben Sie einmal eine Bibliothek befüllt, können Sie fortan die Objekte platzieren. Doch was passiert, wenn Sie stattdessen den Inhalt der Bibliothek ändern wollen? Gehen Sie so vor:

1.   **Bibliotheksobjekt platzieren**
Wählen Sie das zu ändernde Objekt in der **Bibliothekspalette** aus und platzieren Sie es standgenau im Layout.

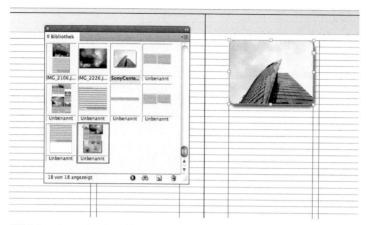

Abbildung 2.67: Aus der Bibliothek wird ein Objekt platziert und erscheint im Layout.

2.   **Rahmen ändern**
Gestalten Sie Ihre platzierten Rahmen nach Belieben um, ändern Sie beispielsweise eine *Rahmenfarbe*.

3.   **Altes Bibliotheksobjekt und neuen Rahmen auswählen**
Klicken Sie nun *einmal* das *alte* **Bibliotheksobjekt** sowie *einmal* den *neuen Rahmen* oder die *Rahmengruppe* an.

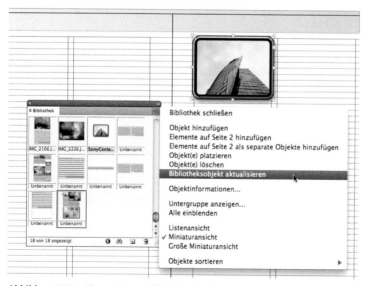

Abbildung 2.68: Altes und neues Objekt sind markiert? Dann wählen Sie im Palettenmenü die „Aktualisieren"-Funktion aus.

4. **Bibliotheksobjekt aktualisieren**
Wählen Sie im **Palettenmenü** der **Bibliothekspalette** die Option **Bibliotheksobjekt aktualisieren**. Dadurch wird das alte Objekt durch das neue ausgetauscht.

Abbildung 2.69: *Das neue Bibliotheksobjekt erscheint in der Palette.*

⚠ Standgenau oder nicht?
Wenn Sie im ersten Schritt das Objekt per Drag&Drop an einer beliebigen Stelle im Layout platzieren, dort ändern und anschließend aktualisieren, wird die neue Layoutposition in der Bibliothek gespeichert – bedenken Sie also, ob dies gewünscht ist. Andernfalls benutzen Sie im ersten Schritt unbedingt die „Platzieren"-Funktion.

Suchoptionen

Mit einem Klick auf das **Fernglassymbol** am unteren Rand der Palette öffnen Sie die **Suchoptionen**. Hier können Sie die abgelegten Objekte recht bequem nach **Namen**, **Erstellungsdatum** oder **Objekttyp** der Beschreibung durchsuchen. Hilfreich ist besonders das Ausschlussprinzip: Mit der Auswahl **enthält nicht** suchen Sie alle Objekte außerhalb dieser Parameter. Die Eingrenzungen können Sie auch kombinieren. Wenn Sie auf den Button **Mehr Optionen** klicken, bekommen Sie eine weitere Suchzeile hinzu. Das Suchergebnis wird Ihnen direkt in der Palette angezeigt, InDesign stellt Ihnen hier eine Untergruppe dar. Um alle Objekte wieder zum Vorschein kommen zu lassen, wählen Sie im **Palettenmenü** der **Bibliothekspalette** den Punkt **Alle einblenden** aus.

Anwendungsgebiete von Bibliotheken

Zahlreiche Anwendungen lassen sich daraus ableiten, wie zum Beispiel die automatische Platzierung eines Bibliotheksobjektes über ein Skript. Auch Plug-ins bedienen sich dieser Logik, um Vorlagen mit XML-Tags aus der Bibliothek in das Layout zu platzieren und mit Inhalten aus einer Datenbank zu füllen.

Anwendungsgebiet	Beschreibung
Kataloge	Bei umfangreichen Dokumenten wie Katalogen o. Ä. treten grafische Elemente immer wieder auf, wie z.B. Logos, Abbildungen gleicher Größe oder kleine Tabellen mit technischen Daten, Preisen oder Adressen. Daher ist es effizient, bei Arbeiten an Katalogen zunächst eine Beispielseite mit diesen wiederkehrenden Rahmen aufzubauen und diese in der Bibliothek abzulegen, so dass sie bei Bedarf später in einem neuen Dokument wiederverwertet werden können.
Kunden	Sie können auch eine eigene Bibliothek für jeden Kunden zusammenstellen, in der das Firmenlogo als platzierte PDF-Datei, ein Textrahmen für die Firmenanschrift und einige Freiformen zusammengefasst werden, um darin Bilder zu platzieren.
Bibliotheken für Symbole und Logos	Da eine Bibliothek nicht an eine Layoutdatei gebunden ist, können Sie auch genauso gut mehrere Bibliotheken anlegen. So ist es sinnvoll, für die Verwendung wiederkehrender Symbole eine Piktogramm-Bibliothek anzulegen. Beachten Sie dabei, dass die abgelegten Objekte auch ihre physikalische Größe behalten, die sie aus dem ursprünglichen Layout mitnehmen. Sollen diese Piktogramm-Bibliothek wirklich eine Arbeitserleichterung und die daraus kopierten Piktogramme einheitlich sein, so ist eine sorgfältige Ablage wichtig.
Bibliotheken für Corporate-Design-Standards	Grundelemente eines Corporate-Design-Standards können Hintergrundbilder, Logos oder formatierte Tabellen sein. Auch hierfür lohnt es sich, eine eigene Bibliothek anzulegen.
Textbibliotheken	Formulierungen wie ein vorgegebenes Firmenprofil in 50, 100 oder 250 Wörtern als Marketingmaterial für Pressemitteilungen oder Produktbeschreibungen lassen sich ebenfalls in einer Bibliothek ablegen. Dabei bleiben natürlich die Schrift- und Absatzformatierungen erhalten.
Bibliotheken mit interaktiven Elementen	Auch Bibliotheken für Schaltflächen oder Hyperlinks sind denkbar. Dabei sollten Sie jedoch beachten, dass nur allgemeine Schaltflächen, die zum Beispiel die nächste Seite im Dokument sichtbar machen, oder Hyperlinks, die einen absoluten URL wie http://www.... beinhalten, in einer Bibliothek sinnvoll sind.

Kombination und Weitergabe

Arbeiten Sie mit mehreren geöffneten Bibliotheken, wenn die Anzahl der abgelegten Objekte die Übersicht behindert. Eine inhaltliche Trennung nach Thema wie Corporate Design oder nach Einsatz wie Kataloggestaltung ist hier sinnvoll.

Da Bibliotheken eigene unabhängige Dateien sind, lassen sie sich auch innerhalb eines Netzwerkes schnell verteilen und in InDesign öffnen. Somit arbeiten mehrere Designerinnen oder Layouter mit denselben Musterobjekten – eine perfekte Ergänzung zu den Buchprojekten!

> **Bibliotheken in der Bedienoberfläche verankern**
> Damit Sie Bibliotheken immer an demselben Ort wiederfinden, legen Sie die Palette mit der Bibliothek an geeigneter Stelle ab, sichern Sie diese Arbeitsumgebung unter dem Menü Fenster/Arbeitsbereich/Neuer Arbeitsbereich… und geben Sie einen sinnvollen Namen „Umgebung mit Bibliothek" ein. Sobald Sie den Arbeitsbereich wechseln und Ihre Umgebung wieder aufrufen, erscheint auch wieder die Bibliothek!

> **Keine Logik**
> Mit der Symbole-Bibliothek aus Illustrator ist die in InDesign nicht zu vergleichen, da Illustrator ein Symbol und eine platzierte „Instanz" verwendet. Ändern Sie in Illustrator das Symbol, ändert sich auch die platzierte Instanz im Dokument. Diese logische Abhängigkeit kennt InDesign leider nicht, somit sind Größen weder automatisch veränderbar noch Bibliotheksobjekte über mehrere geöffnete Dokumente miteinander verknüpft. Die bisherige Lösung in InDesign ist sinnvoll und einfach zu bedienen. Wenn Sie dennoch Verknüpfungen benötigen, so platzieren Sie Ihr Layoutobjekt als eigene InDesign-Datei im Layout, so dass Sie später die Darstellung bei Änderungen aktualisieren können.

2.2.3 Snippets

Als Alternative zu Bibliotheken stehen Ihnen die **Snippets** (*engl.* „Schnipsel") zur Verfügung. Sie benötigen keine Verwaltungsdatei wie bei der Bibliothek, sondern ziehen einfach per Drag&Drop diejenigen Rahmen, die Sie später in anderen Dokumenten verwenden oder mit anderen Inhalten füllen wollen, aus Ihrem InDesign-Dokument auf den **Arbeitsplatz**, auf die geöffnete **MiniBridge** oder in die **Adobe Bridge**.

> **Technischer Hintergrund**
> Das Dateiformat heißt „*.idms – InDesign Markup Snippet". Das „Markup" bezieht sich nicht nur auf die Formatierung der Grafik im Snippet, sondern auch auf die Strukturierung der Datei per XML. Snippets sind nämlich XML-Dateien, die alle Informationen zur grafischen Formatierung speichern können. Dabei nehmen sie nur wenige Kilobyte an Daten ein.

Snippets ablegen

Zunächst öffnen Sie eine Layoutdatei und legen dort Platzhalterrahmen an. Falls Sie schon ein fertiges Layout mit platzierten Grafiken haben, wählen Sie die Bilder mit der **Direktauswahl** ([A]) an und löschen diese. Übrig bleiben die leeren Platzhalterrahmen.

Dann öffnen Sie die Palette **MiniBridge** über das Menü **Fenster** und suchen einen geeigneten Ablageort für die **Snippets**. Sie können die MiniBridge wie jede andere Palette so verkleinern, dass sie wie eine kleine Ablagefläche am Bildschirmrand funktioniert.

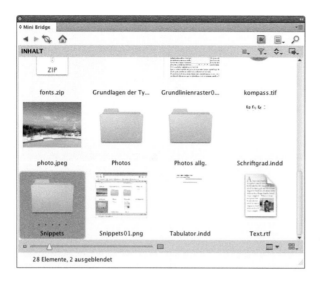

Abbildung 2.70: *Öffnen Sie die Mini-Bridge und suchen Sie einen geeigneten Ablageort für die Snippets.*

> ⚠ **Kein neuer Ordner mit der MiniBridge**
> Bei all der schönen neuen Technik hat Adobe ein wesentliches Werkzeug in der Mini-Bridge vergessen: das Anlegen eines neuen Ordners. Wenn Sie Snippets in einem eigenen Ordner ablegen wollen, so müssen Sie zuvor einen Ordner im Dateisystem Ihres Computers anlegen und erst danach die Snippets mit der MiniBridge in diesen Ordner verfrachten.

Wählen Sie einen Rahmen oder eine Rahmengruppe aus und ziehen Sie diese(n) *per Drag&Drop in den leeren Bereich* der **MiniBridge**. InDesign exportiert daraufhin die Rahmen oder Rahmengruppen als **Snippet** mit dem Dateikürzel **.idms**. Alle *grafischen* und *typografischen* Formatierungen inklusive der **Objektformate** der Rahmen werden in der Snippet-Datei gespeichert. Sobald Sie also das Snippet in der MiniBridge angelegt haben, erscheint hier eine Miniatur des Layoutobjektes – eine kleine *Bilddatei*, die InDesign beim Ablegen des Snippets generiert. Legen Sie nun weitere Rahmen und Rahmengruppen als **Snippets** ab.

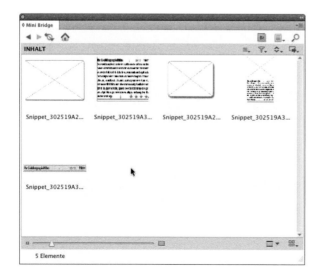

Abbildung 2.71: *Per Drag&Drop speichern Sie die Snippets in dem Verzeichnis, das in der MiniBridge dargestellt wird.*

Danach können Sie das Ursprungsdokument schließen, die Snippets bleiben in der MiniBridge im ausgewählten Verzeichnis erhalten.

> **!** **Probleme mit Bildern**
> Haben Sie Bilder als Snippets abgelegt, so speichert das Snippet nur die Verknüpfung auf das Bild. Sobald Sie das verknüpfte Originalbild verschieben oder löschen, kann das Snippet das Bild nicht mehr finden. Sie können dieses Problem dadurch umgehen, dass Sie die Bilddatei zuvor über die Palette „Verknüpfungen" in die InDesign-Datei einbetten und erst danach den Bildrahmen als Snippet ablegen. Somit wird das Bild ein Teil des Snippets. Die Dateigröße des Snippets „wächst" durch das eingebettete Bild enorm.

Snippets platzieren

Sobald Sie die Rahmen aus den **Snippets** wieder benötigen, können Sie das **Snippet** aus der geöffneten **MiniBridge**, der **Bridge** oder einem **Dateisystemfenster** in ein Layoutdokument ziehen. Ein weiterer Vorteil ist, dass im einzelnen **Snippet** nicht nur alle Elemente so gespeichert wurden, wie sie im Layout aussehen, sondern auch die Position der Rahmen oder Rahmengruppen darin aufgezeichnet wird. Wollen Sie das **Snippet** *standgenau* platzieren, ziehen Sie es in das Layoutfenster und halten dabei die ⟨Alt⟩-Taste gedrückt.

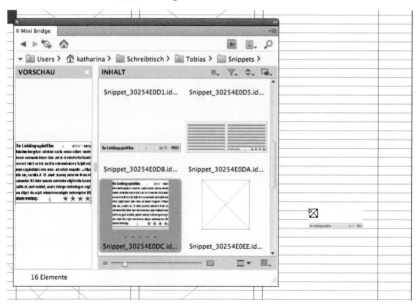

Abbildung 2.72: *Per Drag&Drop platzieren Sie die Snippets in das Layout.*

> **>** **Mehrfach platzieren**
> Ebenso wie Bilder und andere Dateien lassen sich auch mehrere Snippets auf einmal in das Layout platzieren. Markieren Sie so viele Snippets, wie Sie benötigen, und ziehen Sie diese in das geöffnete Layoutdokument. Nun erhalten Sie ein neues Platzieren-Symbol mit einer eingeklammerten Ziffer, die die Anzahl der Snippets angibt. Gehen Sie so vor, als wären die Snippets einzelne Bilder. Lesen Sie dazu bitte auch das Kapitel „Bilder platzieren" ab Seite 159.

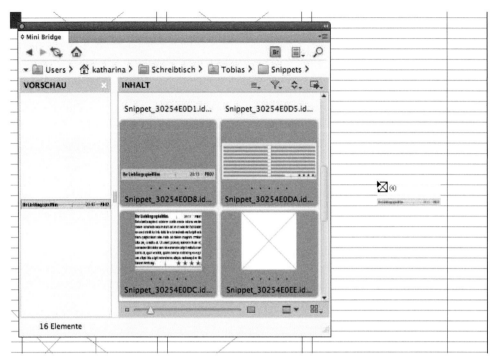

Abbildung 2.73: *Wenn Sie mehrere Snippets auf einmal platzieren, erhalten Sie ein neues Symbol mit einer kleinen Vorschau und der Anzahl der Snippets, die jetzt am Mauszeiger „kleben".*

> **Objekt- und Absatzformate**
> Wenn Sie bei den abgelegten Rahmen Absatz- und Zeichenformate sowie Objektformate verwendet haben, bleiben diese im Snippet erhalten. Sobald Sie das Snippet neu platzieren, werden auch diese Informationen wieder in das Layout eingefügt. Sie können dann die Formate in den entsprechenden Paletten sehen und natürlich auch für andere Rahmen und Textabschnitte verwenden.

Snippets verwalten

Die einzelne **Snippet**-Datei können Sie mit Ihrem **Betriebssystem**, der **MiniBridge** oder **Adobe Bridge** verwalten und umbenennen. Die **Bridge** bietet zudem die Möglichkeit, die Snippets als *Vorschau* anzusehen und mit *Schlüsselwörtern zu* verschlagworten. Dazu öffnen Sie die **Adobe Bridge**, rufen das *Verzeichnis* auf, in dem Sie die Snippets abgelegt haben, und markieren ein einzelnes **Snippet**. Anschließend rufen Sie mit dem Kontextmenü die **Dateiinformationen** auf. Hier haben Sie nun die Möglichkeit, in den **Stichwörtern** der **Metadaten** wichtige *Begriffe* zu hinterlegen, um die Datei darüber später wiederzufinden.

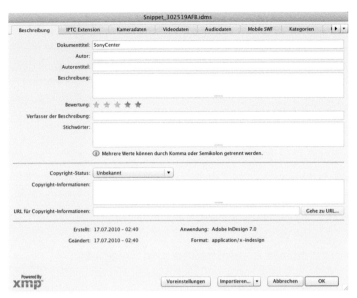

Abbildung 2.74: Die Metadaten können Sie in der Bridge über die „Dateiinformationen" aufrufen.

Abbildung 2.75: Unter den Stichwörtern in den Metadaten tragen Sie bitte wichtige Beschreibungen des Snippets – wie zum Kunden, zur Jobnummer oder zur Art der Publikation – ein.

> **Snippets suchen**

Die einfachste Methode, Snippets wiederzufinden, besteht darin, dass Sie die Metadaten sorgsam ergänzen. Anschließend können Sie in der Bridge im Suchfeld oben rechts den Begriff eingeben.

Abbildung 2.76: Mithilfe der Suchfunktion in der Bridge finden Sie die Snippets auch in einigen Jahren und unter Tausenden von Dateien wieder.

> **Voreinstellungen für Snippets**
> Das Platzieren von Snippets erfolgt in der Regel dort, wohin Sie das Snippet (aus der Bridge oder vom Arbeitsplatz/Finder aus) in das Layout ziehen. Doch das Snippet „weiß" noch immer, auf welcher Layoutposition es ursprünglich angelegt wurde. Wollen Sie grundsätzlich immer die Originalposition beim Platzieren nutzen, stellen Sie dies in den Voreinstellungen in InDesign ein. Rufen Sie dazu die Vorgaben unter „Voreinstellungen/Dateihandhabung" auf. Unter der Rubrik „Snippet-Import" wählen Sie dann die Option „Ursprüngliche Position".

> **Snippets versenden**
> Wenn Sie ein Snippet per Internet oder E-Mail versenden wollen, müssen Sie darauf achten, dass die Kodierung der XML-Informationen nicht geändert wird, da der Empfänger sonst mit dem Snippet nichts anfangen kann. Vor dem Versand sollten Sie daher eventuell die XML-Datei als ZIP-Archiv komprimieren.

2.2.4 Der Unterschied zwischen Bibliotheken und Snippets

Die Qual der Wahl ist groß: Was ist denn nun besser, das Snippet oder doch die Bibliothek? Der Vergleich dieser beiden Techniken ist nicht ganz fair, denn bei **Bibliotheken** handelt es sich um eine *Sammlung von Objekten* aus dem Layout, während **Snippets** *einzelne Objekte* darstellen. Daher müsste man besser die *Bibliotheksobjekte* mit den *Snippets* vergleichen. Dies führt jedoch nicht weiter, denn beide Objektarten speichern dieselben Vorlagen in identischer Qualität. Daher wollen wir die *Arbeitsweise* mit diesen beiden Techniken vergleichen, damit Sie entscheiden können, welche Technik für Ihre Zwecke besser geeignet ist.

Unterschiede zwischen Bibliothek und Snippets

Bibliotheken können ...	Snippets können ...
als eine Datei (*.indl) gespeichert werden.	pro Objekt als einzelne Dateien (*.idms) gespeichert werden.
in InDesign geöffnet und angezeigt werden.	in der Bridge oder der MiniBridge mit einer kleinen Vorschau dargestellt werden.
in der Bedienoberfläche verankert werden.	im Dateisystem abgelegt und sortiert werden.
die verschiedenen Objekttypen (Texte, Bilder, Gruppenrahmen, …) sortieren, mit Beschreibungen ergänzen und anzeigen.	mithilfe von Metadaten verschlagwortet und in der Bridge sortiert werden.
die Objekte ortskonstant platzieren.	per Drag&Drop aus der Bridge/MiniBridge mit gedrückter ⎇Alt-Taste ortskonstant platziert werden.
die Objekte per Drag&Drop an eine freie Stelle platzieren.	per Drag&Drop aus der Bridge/MiniBridge an eine freie Stelle platziert werden.
im Netzwerk für Arbeitsgruppen freigegeben werden.	im Netzwerk für Arbeitsgruppen freigegeben werden.
von mehreren Benutzern gleichzeitig nur genutzt werden, wenn sie zuvor aus dem Netzwerk auf den jeweiligen Arbeitsplatz kopiert wurden.	direkt aus dem Netzwerkordner per Drag&Drop in das Layout platziert werden.
Bilder beinhalten, wenn diese zuvor in die Layoutdatei eingebettet wurden.	Bilder beinhalten, wenn diese zuvor in die Layoutdatei eingebettet wurden.
mit eingebetteten Bildern rasch an Dateigröße zunehmen.	mit eingebetteten Bildern rasch an Dateigröße zunehmen.

Zusammenarbeit in Gruppen

Was die Kooperation in einem Netzwerk unter verschiedenen Benutzern angeht, die alle *auf Basis derselben Dateien* mit InDesign gestalten, trennt sich die Spreu vom Weizen. Die **Bibliothek** schneidet hier vergleichsweise schlecht ab. Der offensichtliche Vorteil, eine Datei mit Vorlagen bereitzustellen, auf die alle zugreifen können, geht rasch verloren, wenn klar ist, dass sich jeder Benutzer im Netzwerk *eine lokale Kopie* der **Bibliotheksdatei** speichern muss, damit er diese in InDesign öffnen kann. Wird die Datei stattdessen über das Netzwerk geöffnet, so ist sie für alle anderen Nutzer gesperrt – ein K.O.-Argument für Arbeitsgruppen.

Diese sollten sich also eher an den **Snippets** orientieren, da diese flexibler erstellt und angewendet werden können und dieselbe Qualität wie Bibliotheksobjekte liefern. Die *Verschlagwortung* mit Suchbegriffen ist zudem ein wesentlicher Vorteil, wenn man bedenkt, dass Snippets durchaus mehrere Jahre im Einsatz sind und der Datenbestand auf jedem Arbeitsplatz kontinuierlich wächst.

Eine weitere Alternative für Arbeitsgruppen stellt das **Platzieren** von **InDesign-Dateien** dar, das jedoch auch für jeden „Einzelbenutzer" interessant ist.

2.2.5 InDesign-Dateien platzieren

Neben den relativ statischen Vorlagen wie einem **Snippet** oder einer **Bibliothek** ist die **InDesign-Datei** als platzierte Grafik im Layout eine willkommene Alternative, um *wechselnde Inhalte in identischer Form* wiederzugeben.

Als anschauliches Beispiel platzieren wir eine InDesign-Datei mit je einer Ebene pro Sprache. So können Sie Ihre Vorlage mehrsprachig speichern und beim Platzieren die gewünschte Sprache sichtbar machen. Dabei verzichten Sie auf mehrfach vorhandene Dateien und verwenden nur eine einzige InDesign-Datei, deren Sprachvarianten über die **Ebensichtbarkeit** gesteuert werden.

> **Neues InDesign, neue Ebenen**
> Die Ebenen-Palette wurde in InDesign gründlich überarbeitet, so dass Rahmengruppen und einzelne Rahmen über die Palette angewählt und verschoben werden können. Lesen Sie dazu bitte auch das Kapitel „Ebenen" ab Seite 460.

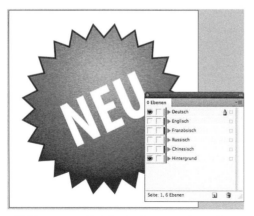

Abbildung 2.77: *Die InDesign-Datei ist mehrsprachig aufgebaut. Auf jeder Ebene liegt eine Sprachfassung vor, die separat in eine andere Datei platziert werden kann.*

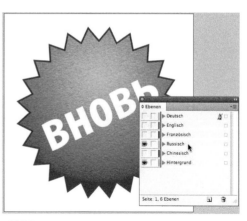

Abbildung 2.78: *Die Ansicht kann jederzeit gewechselt werden, hier das russische Beispiel.*

Die Ansicht der InDesign-Datei mit mehreren Sprachebenen sollte so gewählt werden, dass eine Sprachebene aktiv ist. So wird auch die Vorschau der InDesign-Datei für die Bridge und Mini-Bridge in dieser Sprachfassung gespeichert. Haben Sie also nur die deutsche Ebene aktiviert und die anderen Ebenen ausgeblendet, wird diese Darstellung gesichert.

Wenn Sie die InDesign-Datei platzieren, haben Sie sowohl in den Importoptionen als auch später die Möglichkeit, die Ebenensichtbarkeit zu ändern und so die Sprache umzustellen.

Rufen Sie im Menü **Datei/Platzieren** auf. Wählen Sie die mehrsprachig aufgebaute InDesign-Datei aus und klicken Sie **Importoptionen** an.

Abbildung 2.79: *Die Importoptionen erlauben die Anwahl der gewünschten Ebene „Chinesisch".*

Nun wählen Sie in den **Importoptionen** den Reiter **Ebenen** aus und können in der Übersicht die gewünschte „Sprachebene" mit einem Klick auf das **Augensymbol** aktivieren. Anschließend platzieren Sie die InDesign-Datei im Layout an der gewünschten Stelle. Ein Platzieren in Abhängigkeit vom Druckbogen – wie bei Snippets und Bibliotheken – ist dabei nicht möglich.

> **Darstellungsqualität**
> Damit Ihre InDesign-Datei auch genauso gut im Layout dargestellt wird wie die übrigen Rahmen, stellen Sie das Menü „Ansicht" auf die „Überdruckenvorschau". Anschließend erscheint Ihre InDesign-Datei in voller Pracht – also in voller Auflösung.

Abbildung 2.80: *Die Wiedergabe der InDesign-Datei im Layout wird zunächst niedrig aufgelöst.*

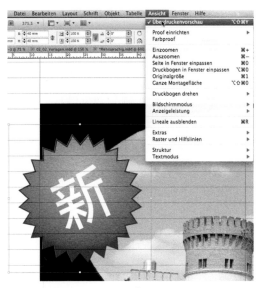

Abbildung 2.81: *Mit aktiver „Überdruckenvorschau" wird die Datei hoch aufgelöst, Schriften und Vektoren sind gut zu erkennen.*

> **Transparenzen bleiben erhalten**
> Eine InDesign-Datei mit transparentem Hintergrund wird auch als transparentes Objekt in eine neue Layout-Datei platziert. Die Deckkraft der Datei bleibt erhalten.

Objektebenenoptionen

Später können Sie die **Ebenensichtbarkeit** ändern, indem Sie die platzierte InDesign-Datei mit der **Auswahl** anklicken und über das **Kontextmenü** – oder das Palettenmenü der **Verknüpfungen** – die **Objektebenenoptionen** aufrufen. Sie erhalten die Übersicht über alle Ebenen in der platzierten Datei und können die Ebenen separat ein- und ausblenden. Sobald Sie diesen Dialog bestätigen, erscheint die gewünschte Sprachfassung im Layout.

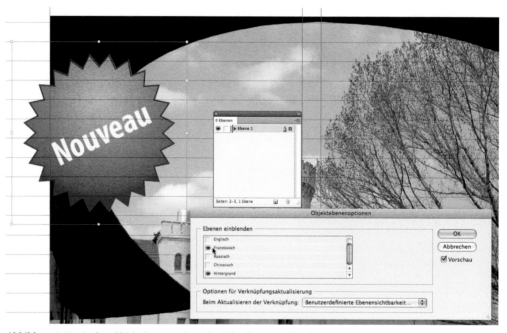

Abbildung 2.82: *In den „Objektebenenoptionen" wählen Sie eine andere Sprache.*

> ⚠ **Doppelte Sprachebenen**
> Achten Sie darauf, dass Sie nur eine Sprachebene und die dazugehörigen Hinter- und Vordergrundebenen sichtbar machen, so dass keine Ebene fehlt – aber auch keine doppelten Sprachebenen sichtbar werden.

Die **Objektebenenoptionen** sind jedoch nicht nur für eine Datei insgesamt wählbar, sondern auch für mehrfach platzierte Dateien! Wollen Sie also die „Neu"-Grafik in unserem Beispiel an einer weiteren Stelle platzieren, so können Sie für diese „Instanz" der InDesign-Datei auch eine individuelle Ebeneneinstellung – und somit Sprache – wählen.

Die Palette der **Verknüpfungen** zeigt Ihnen für eine ausgewählte mehrfach genutzte InDesign-Datei, dass der Pfad zu dieser Datei nur einmal verwaltet, die Datei jedoch an mehreren Stellen im Layout platziert wird.

Abbildung 2.83: *Die „Neu"-Datei ist zweimal im Layout platziert worden. Links sehen Sie die chinesische Variante, rechts die englische, sobald Sie die Objektebenenoptionen umstellen.*

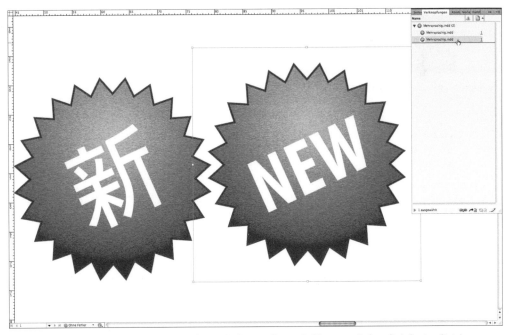

Abbildung 2.84: *In der Palette der „Verknüpfungen" erkennen Sie am Aufklappmenü, dass die InDesign-Datei einmal platziert aber mehrfach als „Instanzen" benutzt wird.*

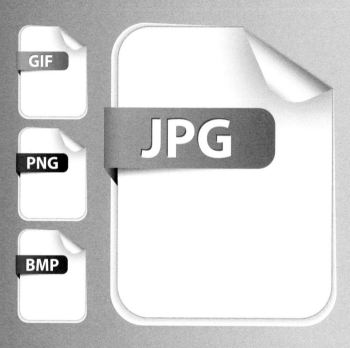

3 Bilder platzieren

Welche Dateiformate für die Platzierung von Bild- und Vektordateien in InDesign geeignet sind, wie Sie die Bild- und Vektordokumente parallel bearbeiten und welche Optionen Ihnen für das Layout zur Verfügung stehen, lesen Sie hier.

Noch nie war es so einfach und komfortabel, Bilder im Layout per Drag&Drop zu platzieren und zu skalieren. Mit InDesign CS5 haben Sie dazu eine Fülle von Werkzeugen, die wir Ihnen in diesem Kapitel vorstellen wollen. Allein die Funktion **Mehrfach platzieren** und die neue Option **Automatisch einpassen** ersparen Ihnen viele umständliche Arbeitsschritte. Doch zunächst schauen wir uns zur Vorbereitung die Dateiformate an, die Sie im Layout verwenden können.

> **Ein Fall für das Color Management**
> Zwei Dinge sind für die Verarbeitung von Bildern im Layout entscheidend: die Auflösung und der Farbraum. Für die Auflösung im Layout sind die Werkzeuge „Preflight" sowie die PDF-Ausgabe zuständig. Die Umwandlung von Farben für die CMYK-Ausgabe hingegen fällt in den Zuständigkeitsbereich des Color Managements von InDesign.

> **Verabschieden Sie sich von CMYK-TIFFs**
> Die veraltete Arbeitsweise, Bilder grundsätzlich in Photoshop in den CMYK-Modus zu konvertieren, zu bearbeiten und danach in das Format TIFF zu speichern, sollten Sie ablegen. Die Festlegung auf den Ausgabefarbraum birgt die Gefahr, in der Ausgabe nicht flexibel genug auf Änderungen im Druck zu reagieren. Bitte lesen Sie dazu das Kapitel „Color Management" ab Seite 70 sowie die „PDF-Ausgabe für den Druck" ab Seite 851.

> **Dauerbrenner: JPEG**
> Obwohl das Dateiformat JPEG komprimiert und verlustbehaftet ist und aufgrund dessen als JPEG2000 weiterentwickelt wurde, zählt das JPEG weiterhin zu den Dauerbrennern unter den Bildformaten, da alle digitalen Kameras dieses Dateiformat nutzen und die Bildbearbeitung zumeist unmittelbar in der JPEG-Datei erfolgt.

3.1 Dateiformate

InDesign kommt mit allem zurecht, was nach dem Platzieren überhaupt angezeigt werden kann, aber im Hinblick auf problemlose, standardkonforme und zukunftssichere Weiterverarbeitung empfehlen sich nur folgende Dateiformate: **TIFF**, **JPEG**, **PNG** und **PDF**, sowohl als medienneutrale RGB-Bilder wie auch als festgelegte CMYK-Daten. Darüber hinaus können Sie native InDesign-, Photoshop- oder Illustrator-Dokumente platzieren, in denen *Ebenen, Ebeneneffekte, Einstellebenen, Freistellpfade, Schmuckfarben* oder *Alphakanäle* integriert sind – ein genialer Vorteil für alle Designer, die unter Zeitdruck schnelle Ergebnisse präsentieren müssen und sehen können, ob sich ein *Photoshop-Composing* auch gut in das Layout einfügt.

3.1.1 TIFF

TIFF-Dokumente in *CMYK-* oder *RGB-Farbräumen* mit einer Bildebene sind bis auf wenige Ausnahmen ein sehr häufig eingesetztes Dateiformat. Bevor Sie jedoch aus anderen Dokumenten wie Photoshop-Dateien erst ein TIFF erzeugen und dieses dann in InDesign platzieren, sollten Sie die nativen Dateiformate wie **PSD** verwenden. Das Format **TIFF** bietet zwar reichlich Möglichkeiten, Ebenen zu speichern und Bilddaten zu komprimieren. Es führt auch zu kleineren Dateien, benötigt jedoch beim Öffnen und Speichern deutlich mehr Zeit.

> **TIFF vs. PSD**
> Seit Photoshop 6.0 können TIFF-Dateien alle Ebenen aus einer Photoshop-Datei übernehmen, inklusive Effekten und Einstellungsebenen. Mit Photoshop 7.0 kam die Möglichkeit hinzu, anstatt der verlustfreien LZW-Kompression den ebenfalls verlustfreien ZIP-Algorithmus oder die verlustbehaftete JPEG-Kodierung zur Verkleinerung der Dateigröße einzusetzen. Darüber hinaus erlaubt es Photoshop beim TIFF-Export, die Ebenen ebenfalls zu komprimieren. Hier stehen der RLE- und der ZIP-Algorithmus zur Verfügung. Auch Schmuckfarben und Transparenzen können im TIFF-Format gespeichert und damit in InDesign platziert werden.

3.1.2 JPEG

Das derzeit meistverwendete Format für digitale Bilder ist das JPEG-Format. JPEGs besitzen immer eine Kompression zwischen Stufe 1 und 12, die Bilddaten sind also über eine Berechnung verkleinert worden, die Qualität wurde dazu geringfügig gemindert. Als Faustregel gilt, dass JPEGs unterhalb von Stufe 8 nicht für den Druck geeignet sind.

Ein JPEG kann sowohl im RGB- als auch im CMYK-Farbraum vorliegen, das Farbprofil wird anhand des vorgegebenen Verhaltens im Farbmanagement beibehalten oder in den Arbeitsfarbraum umgerechnet. RGB-Daten sollten in den RGB-Arbeitsfarbraum umgerechnet werden, CMYK-Daten sollten nicht verändert werden. Lesen Sie dazu auch das Kapitel „Color Management".

> **Bildschärfe und Dateigröße**
> Die JPEG-Kompression arbeitet besonders dann effizient, wenn die Bildinformationen möglichst kleine Tonwertunterschiede von Pixel zu Pixel aufweisen. Genauer gesagt: Je unschärfer ein Bild ist, desto kleiner wird die exportierte JPEG-Datei. Handelt es sich dagegen um Bildmotive mit detaillierten Texturen, ist die exportierte JPEG-Datei bei gleicher Kompressionsstufe wesentlich größer. Beim nachträglichen Bearbeiten einer JPEG-Datei mit Filtern für die Bildschärfe werden minimale Kontraste in das Bild hineingerechnet, so dass diese Datei wiederum größer wird als die Ausgangsdatei.

> **JPEG 2000**
> Das erweiterte Format JPEG 2000, das unter anderem eine verlustfreie Komprimierung erlaubt, wird von Kamera- wie Softwareherstellern weitgehend ignoriert. Lediglich in PDFs ab Version 1.5 (also ab Acrobat 6.0) lassen sich Bilder in diesem Format einbetten. Dazu lesen Sie bitte auch das Kapitel „PDF-Ausgabe für den Druck" ab Seite 851.

3.1.3 EPS

Encapsulated PostScript – die Formatbezeichnung sagt bereits einiges über dieses komplexe Dateiformat aus. Die Inhalte liegen im PostScript-Code vor und sind mit einer 72-dpi-Vorschau gekapselt, die entweder als Macintosh-PICT oder als 8-Bit-TIFF abgespeichert wird. Neben einer Pixelebene können im EPS auch Vektorobjekte, Freistellpfade, Schmuckfarben, Rasterangaben oder Druckkennlinien mit abgespeichert werden. Das Wichtigste fehlt jedoch: Farbprofile!

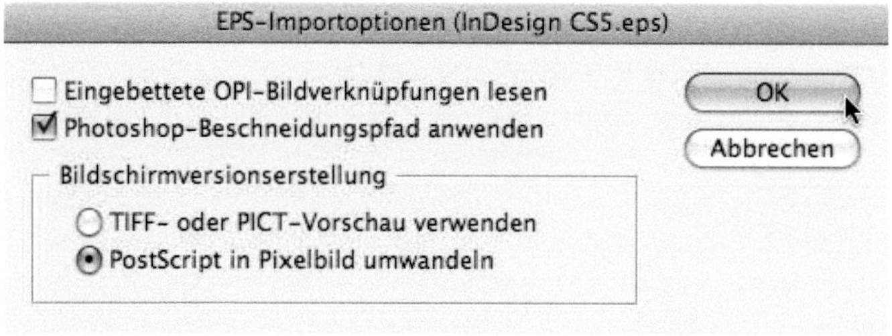

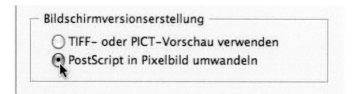

Abbildung 3.1: *Die Importoptionen für EPS-Dateien bieten nur wenige Einstellungen.*

Abbildung 3.2: *Für die bessere Darstellung der EPS-Datei können Sie optional die Vorschau aus den PostScript-Daten berechnen lassen. Dies eignet sich besonders bei alten Datenbeständen.*

Abbildung 3.3: *Die niedrig aufgelöste Vorschau einer EPS-Datei kann mit hochauflösender Anzeigeleistung optimal wiedergegeben werden.*

Der Vorteil für Ihre Layoutarbeit ist hierbei, dass Sie immer mit einer Vorschau arbeiten, die schneller zu handhaben ist. Beim Platzieren bietet InDesign an, die EPS-Vorschau zu verwenden oder eine eigene Ansicht mit der Option „PostScript in Pixelbild umwandeln" zu berechnen. Die zweite Lösung führt zu einer besseren Bildschirmdarstellung, die Vorschau wird in die Layoutdatei hineingerechnet.

Die Importoptionen bieten Ihnen an, den Beschneidungspfad einer EPS-Datei zu übernehmen. InDesign importiert diesen Pfad als eigenen Vektorpfad. Anhand des Beschneidungspfades kann Text mithilfe des Werkzeuges **Konturenführung** umlaufend verdrängt werden. Diese Eigenschaft erklären wir Ihnen ausführlich im Kapitel „Typografie" ab Seite 251.

☒ **EPS und DCS**
Die Dateiformate EPS und DCS entstammen einer Zeit, in der es weder schnelle Computer noch Farbmanagement gab. Daher wurden beim EPS die PostScript-Daten zusammen mit einer niedrig aufgelösten Bildansicht in ein geschlossenes Datenpaket gespeichert. Bei dem später entwickelten Format DCS 2.0 hingegen wurden die Farbauszüge als separate Graustufenbilder zusammen mit einer Voransicht als zusätzliche Datei abgespeichert. Beide Formate besitzen kein Farbprofil und sind somit für den Einsatz im medienneutralen Composite-Workflow mit InDesign nicht brauchbar. Selbst Adobe hat angekündigt, das EPS-Format zukünftig für die Entwicklung von PDF-Interpretern in RIPs nicht mehr zu unterstützen. Vermeiden Sie daher diese Dateiformate. Als Alternative stehen PSD, TIFF und PDF zur Verfügung.

3.1.4 Duplex-Dateien

Für Dokumente mit Schmuckfarben kann ein Graustufenbild in Photoshop mit bis zu vier Sonderfarbkanälen definiert werden. Dabei wird dem Graustufenbild einfach für jede Sonderfarbe eine eigenständige Tonwertkurve zugeordnet – daher ist das Dokument nicht größer als ein Graustufenbild. Die häufigste Anwendung dieses Formates ist die Duplex-Variante mit zwei Sonderfarben, z.B. einem **HKS-Farbton** und **Schwarz**. Speichern Sie Duplex-Bilder stets im Photoshop-Dateiformat. Eine Umwandlung oder das Sichern als EPS-Format ist nicht nötig!

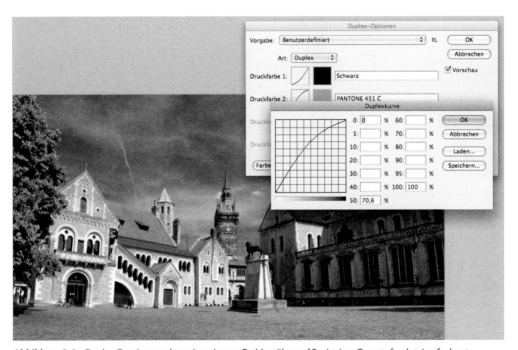

Abbildung 3.4: *Duplex-Dateien werden mit mehreren Farbkanälen auf Basis einer Graustufendatei aufgebaut.*

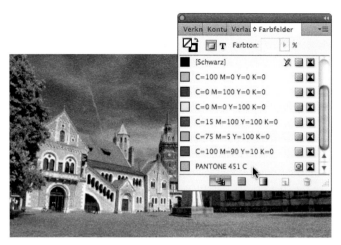

Abbildung 3.5: *Die Farben des platzierten Duplex-Bildes erscheinen in den Farbfeldern.*

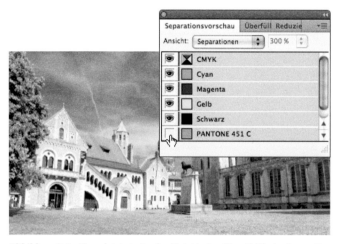

Abbildung 3.6: *Eine platzierte Duplex-Datei testen Sie mithilfe der Separationsvorschau.*

Nach dem Platzieren in InDesign finden Sie die Sonderfarben in Ihrer Farbfelder-Palette wieder und können damit selbstverständlich auch Rahmen und Texte einfärben.

Damit Sie testen können, ob eine solche Duplex-Datei auch wirklich in zwei Farbauszügen ausgegeben wird, können Sie die **Separationsvorschau** aktivieren. Der Schmuckfarbenkanal erscheint in der Liste der Auszüge.

> **Duplex nachträglich in CMYK wandeln**
> Haben Sie eine Duplex-Datei mit zwei Schmuckfarben platziert, so können Sie über den Druckfarbenmanager in InDesign bestimmen, dass die Schmuckfarben als CMYK umgewandelt werden. Diese Umwandlung findet erst dann statt, wenn Sie eine PDF-Datei aus InDesign exportieren. Lesen Sie dazu bitte auch das Kapitel „Farbwelten" ab Seite 515.

> **Importierte Schmuckfarben**
> Importierte Farbfelder aus platzierten Dateien können jederzeit für die Erzeugung einer Mischdruckfarbe oder einer Mischgruppe verwendet werden. Lesen Sie dazu auch das Kapitel „Farbwelten" ab Seite 515.

3.1.5 Photoshop mit Ebenen und Ebenenkompositionen

InDesign erkennt in Photoshop-Dateien alle Ebenen und **Ebenenkompositionen**, die Sie in den Importoptionen auswählen können. Ist diese Datei nun im Layout platziert, können Sie auch zu einem späteren Zeitpunkt die Ebenenkompositionen wechseln. Rufen Sie dazu ebenso wie bei PDF-Dateien aus dem Menü **Objekt** die **Objektebenenoptionen** auf.

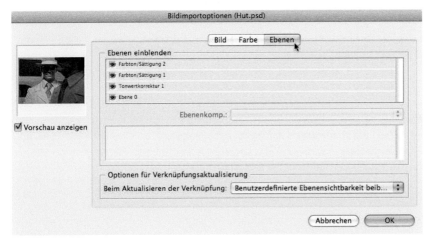

Abbildung 3.7: Die Ebenen-Palette für Photoshop-Dateien zeigt alle verwendeten Ebenen, Einstellebenen und SmartFilter.

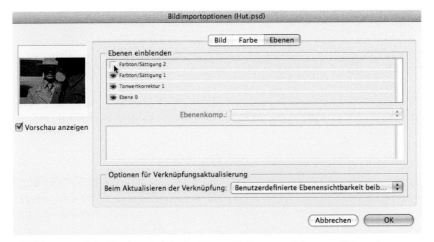

Abbildung 3.8: Beim Platzieren in InDesign können die Ebenen gezielt ausgewählt werden.

Abbildung 3.9: *Nachträglich gelangen Sie an die Ebenen-Einstellung, indem Sie die Objektebenenoptionen aufrufen.*

Ebenenkompositionen sind eine Technik in Photoshop, Designvarianten darzustellen. Eine Ebenenkomposition speichert die **Sichtbarkeit** von **Ebenen**, die **Position** von Ebenenobjekten und die Einstellung von **Ebeneneffekten**. Auf diese Weise können Sie mithilfe von Ebenenkompositionen Varianten erstellen, die innerhalb einer einzigen Photoshop-Datei gespeichert werden können.

> **Ebenenkompositionen selbst erstellen**
> Wenn Sie selbst Kompositionen ausprobieren möchten, so nutzen Sie die beigefügten Demodateien in diesem Buch. Um mehr zu erfahren, so bietet das Buch „Künstlerische Composings mit Photoshop" von Tom Krieger, erschienen bei Addison-Wesley, das richtige Hintergrundwissen.

Die gespeicherten Ebenenkompositionen wählen Sie in den Importoptionen des Platzieren-Dialogs aus. Die entsprechende Ebenenzusammenstellung wird in InDesign platziert und angezeigt.

Abbildung 3.10: *Ebenenkompositionen können beim Platzieren unter den Importoptionen ausgewählt werden.*

Abbildung 3.11: *Eine andere Komposition wählen Sie in den Objektebeneneinstellungen.*

Wollen Sie im Layout verschiedene Kompositionen ausprobieren, so müssen Sie die Photoshop-Datei nicht noch einmal platzieren, sondern klicken das Bild im Layout mit dem Auswahlwerkzeug an, rufen mit der rechten Maustaste das Kontextmenü auf und wählen die **Objektebenenoptionen**. Anschließend können Sie mit aktivierter Vorschau die anderen Kompositionen aufrufen.

> **Eine Photoshop-Datei in unterschiedlicher Darstellung mehrfach im Layout**
> Nutzen Sie die Ebenenkompositionen so, dass Sie eine Photoshop-Datei mehrmals im Layout an verschiedenen Stellen platzieren und je nach Bedarf eine andere Komposition darstellen. Auch Ebenen lassen sich individuell ein- und ausblenden. Ihre Bilderquelle ist dabei eine einzige Datei!

> **Ebenen nachträglich in Photoshop ändern**
> Wenn Sie eine PSD mit individueller Ebenensichtbarkeit platzieren und diese Datei später die Ebenennamen oder -reihenfolge in Photoshop ändert, kann InDesign bei der Aktualisierung der Verknüpfung die Sichtbarkeit von Ebenen nicht mehr aufrechterhalten und kehrt zur zuletzt gespeicherten Darstellung zurück. Wenn Sie Ebenenkompositionen verwenden und in InDesign nur die Kompositionen individuell auswählen, kann InDesign auch Ihre Änderungen an der Photoshop-Datei aktualisieren. Nutzen Sie also im Zweifelsfall immer Kompositionen!

3.1.6 Adobe PDF

PDF-Dateien können Bild-, Schrift- und Vektordaten enthalten, die InDesign alle einwandfrei platzieren kann. Darüber hinaus werden auch Transparenzen und Ebenen erkannt. Mehrseitige PDFs platzieren Sie in einem Arbeitsschritt.

Bei den Importoptionen wird schnell deutlich, dass es sich hier um weitreichende Funktionen handelt. Abgesehen von der Seitenwahl bei mehrseitigen PDF-Dokumenten finden Sie eine Auswahl von Begrenzungen unter den Optionen.

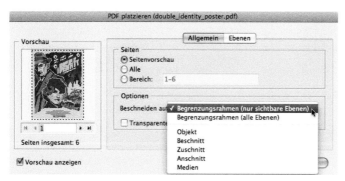

Abbildung 3.12: *Beim Platzieren von PDF-Dateien bieten die Importoptionen Einstellmöglichkeiten für Seiten und Begrenzungsrahmen.*

Diese Auswahl bildet die Boxentechnologie des PDF-Formates ab. Demnach können bis zu fünf Boxen gesetzt werden, die jeweils das Rechteck um die **Mediengröße** der Belichtung, das **Endformat,** die **Beschnittzugabe**, den **Anschnitt** und das maximale Rechteck um alle Layoutobjekte bezeichnen. Die Option **Begrenzungsrahmen** platziert Ihnen das PDF im Nettoseitenformat ohne Anschnitt.

> **PDFs mit Ebenen**
> PDF-Dateien neuerer Version können auch Ebenen beinhalten. Lesen Sie dazu das Kapitel „PDF-Export". Programme wie InDesign oder Illustrator exportieren Layoutdokumente als PDFs mit Ebenen.

3.1.7 Mehrseitige PDF-Dateien

Die Platzierung von mehrseitigen PDF-Dateien ist einfach: Zunächst wählen Sie in den Importoptionen, dass alle Seiten platziert werden sollen. Alternativ können Sie auch einen Bereich wie „*1, 3, 5–8, 12*" eingeben, falls das PDF Seiten beinhaltet, die Sie nicht übernehmen möchten. Danach können Sie noch entsprechende Ebenen – soweit vorhanden – auswählen und die Seiten platzieren. Sie erhalten auch hier die Platzierungsmarke und bei jedem Klick in das Layout platzieren Sie eine weitere Seite. Solange noch mehr als eine Seite zu platzieren bleibt, wird die PDF-Platzierungsmarke mit einem Plus gekennzeichnet.

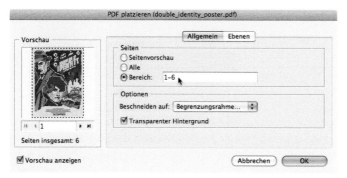

Abbildung 3.13: *Alle Seiten oder eine Auswahl einer mehrseitigen PDF-Datei platzieren Sie nacheinander.*

Das können Sie so lange fortsetzen, bis Sie alle Seiten verteilt haben. Wenn eine PDF-Seite auf der falschen Layoutseite gelandet ist, so wählen Sie ⌘ + Z oder Strg + Z und platzieren Sie sie noch einmal. Einfacher geht es nicht.

3.1.8   InDesign-Dateien im Layout

Nicht nur mehrseitige PDF-Dateien können in das Layout platziert werden, sondern auch InDesign-Dokumente. Dadurch ist es möglich, Anzeigen im InDesign-Dateiformat zu gestalten und diese später in das Magazin-Layout zu platzieren. Auch Dateivorlagen für Kataloge lassen sich auf diese Weise erstellen. InDesign-Dateien werden mit dem Layout verknüpft und können jederzeit über die Funktion **Original bearbeiten** geöffnet und verändert werden. Die Änderungen werden beim Aktualisieren in der Layoutdatei übernommen, genauso, wie es mit platzierten Bildern geschieht.

Rufen Sie auch hier den Befehl **Platzieren** aus dem Menü **Datei** auf und wählen Sie die **Import-optionen**. Diese sind vergleichbar mit einer PDF-Datei aufgebaut und gliedern sich in die Seiten-auswahl und die Ebenen. Folgen Sie den Angaben wie beim PDF-Format.

Der einzige Unterschied ist die Auswahl des Beschnitts. Das Nettoformat erhalten Sie, wenn Sie **Seitenbegrenzungsrahmen** aus dem Pull-down-Menü **Beschneiden auf** anklicken. Nettoformat plus Anschnitt bekommen Sie mit der zweiten Option; die dritte platziert auch den Infobereich.

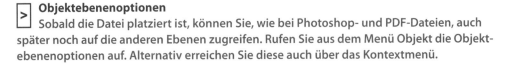

> **Objektebenenoptionen**
> Sobald die Datei platziert ist, können Sie, wie bei Photoshop- und PDF-Dateien, auch später noch auf die anderen Ebenen zugreifen. Rufen Sie aus dem Menü Objekt die Objekt-ebenenoptionen auf. Alternativ erreichen Sie diese auch über das Kontextmenü.

> **Mehrsprachige Layouts mit Ebenen**
> Wenn Sie eine InDesign-Datei mit mehreren Sprachen aufbauen und diese Datei je nach Sprache platzieren wollen, so nutzen Sie die Ebenen. Diese „Sprachebenen" wählen Sie beim Platzieren der InDesign-Datei im Layout aus. Lesen Sie bitte dazu auch das Kapitel „Vektorgra-fiken und Transparenzen" ab Seite 409.

3.2   Illustrator-Datei

Ebenso wie EPS- oder PDF-Dateien können Sie auch Illustrator-Dateien platzieren. Wenn Sie eine Vektorgrafik mit Illustrator erstellen, verwendet Illustrator intern bereits das PDF-Format. Beim Speichern aus Illustrator müssen Sie dazu die Option **PDF-kompatible Datei erstellen** aktivieren.

> **Alternative: PDF aus Illustrator**
> Wenn Sie nicht mit nativen AI-Dateien arbeiten wollen oder können, empfehlen wir das PDF-Format. Speichern Sie eine PDF-Datei aus Illustrator und achten Sie darauf, dass die Option „Illustrator-Bearbeitungsfunktionen beibehalten" im Speichern-Dialog gewählt ist.

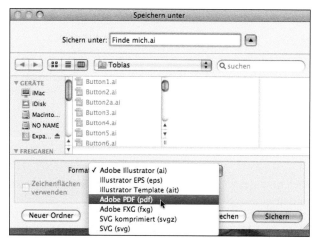

Abbildung 3.14: *In Illustrator speichern Sie die Grafik als PDF-kompatible Datei.*

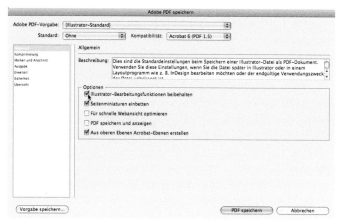

Abbildung 3.15: *In Illustrator können Sie auch eine PDF-Datei speichern,*
die Sie später wieder in Illustrator bearbeiten können.

3.2.1   Illustrator-Pfade aus der Zwischenablage

Sie können auf zwei Wegen Grafiken von Illustrator nach InDesign transportieren: Entweder platzieren Sie die AI-Datei im Layout oder Sie kopieren die Vektoren aus Illustrator über die Zwischenablage in das InDesign-Layout. Die Objekte werden im zweiten Fall in native Bézier-Kurven umgewandelt und in die Layoutdatei integriert, wenn Sie in den Voreinstellungen zu Illustrator als Zwischenablage-Format **AICB** gewählt haben.

> **⚠ Falsches Kopieren von Vektoren kann fatale Folgen haben!**
> Wenn Sie die Illustrator-Objekte nicht als native Vektoren (AICB), sondern als PDF nach InDesign kopieren, betten Sie ein PDF in das Layout ein und gelangen damit nicht mehr an die einzelnen Objekte. Sie können weder das PDF in der Verknüpfungen-Palette sehen noch

seine Einbettung aufheben. Dies kann fatale Folgen im Zusammenhang mit der Transparenz-reduzierung oder dem Color Management nach sich ziehen. Vermeiden Sie unbedingt diese „eingebetteten PDFs"!

3.2.2 Graustufen- und Strichgrafiken platzieren und einfärben

Als altbekannte kreative Möglichkeit steht Ihnen das Einfärben von *Graustufen-* und *Strichbildern* zur Verfügung. Platzieren Sie ein *Graustufen-* oder *Strichbild* im Format **BMP**, **JPEG**, **TIFF** oder **PSD** (Letzteres unbedingt mit Hintergrundebene), rufen Sie die Palette **Farbfelder** auf und ziehen Sie mit gedrückter Maustaste ein Farbfeld auf die platzierte Grafik. Schon wird das Graustufen- oder Strichbild eingefärbt. Beachten Sie dabei, dass die Farbflächenauswahl in der Werkzeugpalette für die Farbzuweisung nicht geeignet ist, da hier der positionierte Rahmen und damit der *Hinter-grund* des Bildes eingefärbt wird. Wenn Sie aber auf die **Direktauswahl** wechseln, bezieht sich das Flächensymbol auf den Rahmeninhalt, also das platzierte Bild selbst.

Abbildung 3.16: *Das Einfärben von Graustufenbildern erfolgt per Drag&Drop aus der Farbfelder-Palette oder aus der Steuerungspalette.*

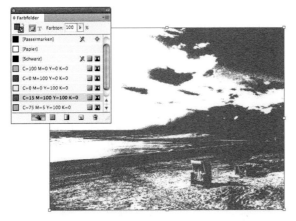

Abbildung 3.17: *Strichgrafiken lassen sich ebenso einfärben. Dabei tauschen Sie entweder den transparenten Hintergrund oder den schwarzen Vordergrund mit einem Farbfeld aus.*

3.3   Dateien platzieren

Zwei Wege gibt es, Bilder und Vektordaten in das Layout zu platzieren: mithilfe des Menübefehls **Datei/Platzieren...** oder per *Drag&Drop*. Der erste Weg beinhaltet Möglichkeiten, konkrete Einstellungen bei jedem individuellen Bild vorzunehmen. Dies ist bei PDF-Dateien oder Photoshop-Dokumenten mit mehreren Ebenen sinnvoll. Der zweite Weg ist schnell und – mit einiger Vorbereitung – auch sicher. Er eignet sich für digitale Bilder in den Formaten JPEG und TIFF, die auf eine Hintergrundebene reduziert sind, sowie für Photoshop-Dateien, die mithilfe einer Ebenenmaske freigestellt wurden.

1. **Photoshop-Datei platzieren**
   Die Funktion **Platzieren** rufen Sie im Menü **Datei** auf oder Sie wählen den Tastenbefehl ⌘+D.

2. **Importoptionen aktivieren**
   Aktivieren Sie zuerst die **Importoptionen** über **Importoptionen anzeigen** und klicken Sie danach die betreffende Datei an. Je nach importiertem Dateiformat erhalten Sie zusätzliche Funktionen, u.a. für das Photoshop-Format mit Ebenen.

3. **Photoshop-Optionen wählen**
   Wählen Sie in der Rubrik **Ebenen** die passende Sichtbarkeit von Ebenen oder Ebenenkompositionen aus und bestätigen Sie den Dialog mit **OK.**

4. **Rahmen erstellen**
   Nach Bestätigung dieses Dialoges zeigt Ihnen InDesign das **Platzieren-Symbol** im Mauszeiger mit einem *Pinsel an einem Winkel* und einer kleinen Vorschau an. Klicken Sie an die gewünschte Stelle im Layout und die Datei wird eingefügt.

Die einfachste Methode, eine Datei zu platzieren, besteht jedoch darin, aus einem Dokumentenfenster heraus die gewünschte Datei mit gedrückter Maustaste per Drag&Drop in das Layout zu bewegen. So ersparen Sie sich die Auswahl des Dokumentes über den Platzieren-Dialog. Die Importoptionen sind jedoch nicht wählbar und mit welchen Einstellungen zum Farbmanagement das Bild eventuell konvertiert wird, übernimmt InDesign aus den Standardvorgaben.

Zur besseren Übersicht wird Ihnen die Dateivorschau halbtransparent angezeigt, bis Sie die Maustaste über dem Layoutfenster loslassen und dadurch die Datei platzieren. Neu hingegen ist, dass InDesign auch bei dieser Art der Bildplatzierung eine kleine Vorschau berechnet.

3.3.1   Platzieren mit der Adobe Bridge und MiniBridge

Alternativ können Sie die gewünschte Datei auch über die **Adobe Bridge CS5** oder die InDesigneigene **MiniBridge** in das Layout befördern. Dazu starten Sie die Bridge und wählen den Kompaktmodus, indem Sie den Tastenbefehl ⌘/Strg + ↵ aufrufen. Das Fenster der Bridge wird sofort verkleinert. Klicken Sie nun die gewünschte Datei an und ziehen Sie sie mit gedrückter Maustaste in das Layoutfenster im Hintergrund. Eine transparente Darstellung der Dateivorschau wird sichtbar, bis Sie die Maustaste loslassen.

MiniBridge oder Bridge CS5 ?
Wer die Arbeitsweise mit der Adobe Bridge aus den früheren Versionen lieben gelernt hat, der wird sich an der neuen MiniBridge erfreuen. Beachten Sie bitte, dass die MiniBridge nur einen eingeschränkten Funktionsumfang bietet, der für viele Layoutaufgaben jedoch ausreicht. Wollen Sie eine Bildergalerie oder einen Kontaktabzug erstellen, so arbeiten Sie einfach wie gewohnt mit der Adobe Bridge CS5.

Abbildung 3.18: *Adobe Bridge CS5 zeigt alle Bilder als Miniatur und hochauflösende Vorschau an.*

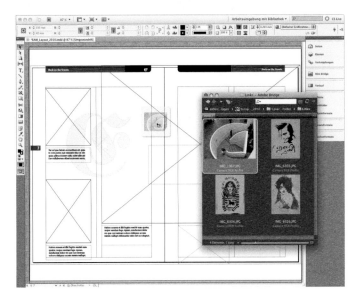

Abbildung 3.19: *Im Kompakt-modus können Sie die Bridge frei verschieben und die Position wählen. Per Drag&Drop ziehen Sie die Bilderminaturen in das Layout.*

Die Arbeitsweise mit der neuen **MiniBridge** ist noch einfacher. Rufen Sie im Menü **Fenster/Mini-Bridge** auf. Die MiniBridge stellt die grundlegenden Funktionen der Bridge innerhalb von InDesign dar, so dass Sie die Bridge nicht als eigenständiges Programm starten müssen.

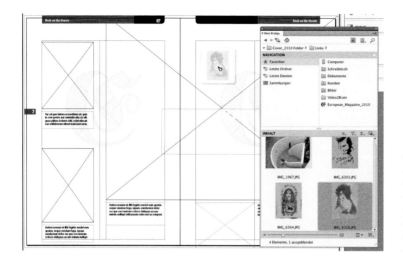

Abbildung 3.20:
Die MiniBridge
erscheint als eigene
Palette in InDesign.
Die Bildermini-
aturen ziehen Sie in
die Platzhalter-
rahmen im Layout.

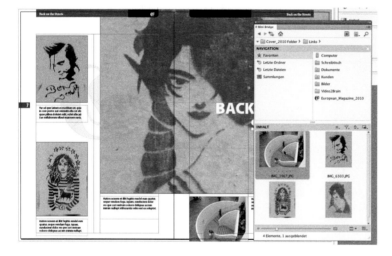

Abbildung 3.21:
Nun sind alle Bilder in die
bestehenden Platzhalter-
rahmen eingefügt und
mit der Layoutdatei
verknüpft.

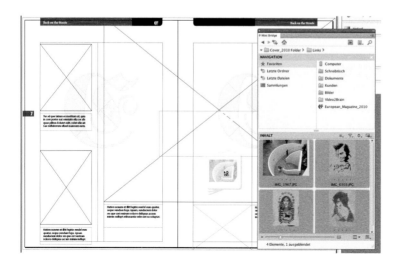

Abbildung 3.22:
Wenn Sie mehrere Bilder
gleichzeitig in das Layout
ziehen, erscheint als
Symbol ein Bilderstapel.

3.3.2 Diashow – die Bildvorschau in InDesign

Damit Sie bestmöglich beurteilen können, ob ein digitales Foto oder ein gescanntes Dia für das Layout gestalterisch geeignet ist, rufen Sie die Bilder über die MiniBridge mithilfe der **Diashow** auf. Wählen Sie dazu in der MiniBridge die Miniaturen per ⬆+Klick aus und rufen Sie über die rechte Maustaste das Kontextmenü auf. Dort wählen Sie die Option **Diashow**. Die Bilder werden nun im *Vollbildmodus* dargestellt, InDesign und seine Paletten werden ausgeblendet. Mithilfe der Pfeiltasten nach links und rechts blättern Sie durch die Bilder. Sobald Sie in ein Bild hineinklicken, wird die Wiedergabe auf die *tatsächlichen Pixel* des Bildes vergrößert.

> **Tatsächliche Pixel**
> Die Pixel des Bildes entsprechen der Pixelwiedergabe des Monitors. Eine Verfälschung aufgrund von Interpolation zwischen Bild und der Monitorauflösung durch Programm und Computersystem findet nicht statt, jeder Bildfehler – verwackelte Motive, Farbrauschen, chromatische Aberration oder Dropouts – kann rein optisch erkannt werden.

Abbildung 3.23: *Die MiniBridge eröffnet über das Kontextmenü die Möglichkeit, die ausgewählten Bilder im Vollbildmodus darzustellen.*

3.3.3 Mehrfach platzieren

Auch eine **Mehrfachauswahl** ist möglich: Klicken Sie mit gedrückter ⬆-Taste die Datei-Icons in der MiniBridge oder der Bridge an und ziehen Sie die Dateien in das Layoutfenster von InDesign. Dabei wird die Mehrfachauswahl durch ein *Icon mit mehreren Blattsymbolen* sichtbar. Sobald Sie nun in das Layout klicken, berechnet InDesign von allen zu platzierenden Bildern und Dokumenten je eine kleine Vorschau in Form von JPEG-Dateien, die übereinandergestapelt werden. Das erfordert einen Augenblick Rechenzeit. Danach sehen Sie das **Platzieren-Werkzeug** mit der Vorschau und einer *Ziffer* mit der **Anzahl der Bilder im Stapel**.

Wenn Sie nun in das Layout klicken, wird das jeweils oberste Bild aus dem Stapel platziert; die anderen Bilder bleiben am Mauszeiger „hängen", bis alle Dokumente platziert worden sind.

> **Pfeiltasten zum Blättern im Stapel**
> Wenn Sie eine Mehrfachauswahl platzieren, sehen Sie immer die nächste Datei, die platziert werden soll. Sie können durch den Bilderstapel blättern, in dem Sie die Pfeiltasten $\rightarrow$ und $\leftarrow$ betätigen.

> **Bilder aus Stapel entfernen**
> Sollten sich im Bilderstapel der Mehrfachauswahl einzelne Bilder befinden, die Sie nicht benötigen, so drücken Sie einfach die $\boxed{\text{Esc}}$-Taste und das Bild verschwindet aus dem Stapel. Diesen Schritt können Sie nicht rückgängig machen.

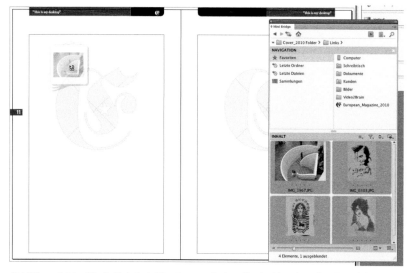

Abbildung 3.24: Für die Mehrfach-Platzierung erhalten Sie eine Vorschau des „Stapels".

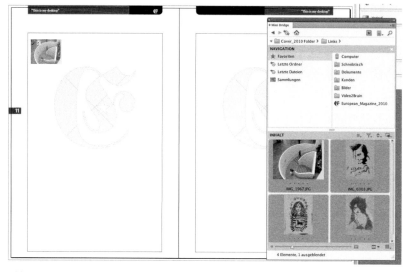

Abbildung 3.25: Das oberste Bild im Stapel erscheint als Miniatur im Layout.

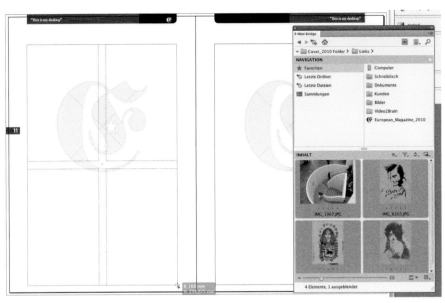

Abbildung 3.26: *Mit der Maus ziehen Sie nun einen Rahmen auf. Ein Hilfsgitter erscheint.*

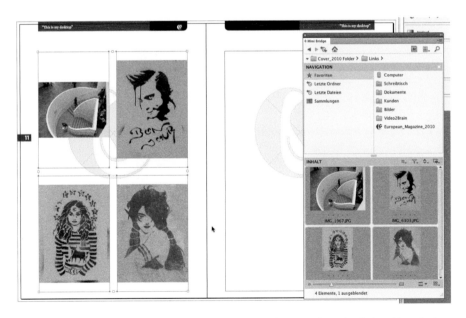

Abbildung 3.27: *Mit den Pfeiltasten nach links/rechts sowie oben/unten legen Sie die Anzahl von Spalten und Zeilen fest. Sobald Sie die Maustaste loslassen, werden die Bilder anstelle der leeren Rahmen eingefügt.*

Abbildung 3.28: *Mithilfe der Rahmeneinpassungsoptionen können Sie die Rahmen proportional füllen.*

3.3.4 Rahmenraster

Das Platzieren von Bildern können Sie nicht nur nacheinander, sondern auch gleichzeitig bewerkstelligen, um ein Rahmenraster zu erstellen. Haben Sie die Bilder per Drag&Drop aus der Bridge oder Mini Bridge in Ihr Layoutdokument gezogen, erscheint das oberste Bild dieses Bildstapels als Miniatur. Wenn Sie nun einen Rahmen aufziehen, können Sie dabei mit den Pfeiltasten →/ ← die Anzahl der *Spalten* verändern. Mit den Pfeiltasten ↓/↑ ergänzen Sie weitere Zeilen oder entfernen diese wieder.

> [!] **Funktion kann InDesign zum Absturz bringen**
> Wenn Sie es darauf ankommen lassen und Hunderte von Bildern gleichzeitig als Rahmenraster platzieren, setzt Ihnen InDesign keine Grenzen – Sie können so viele Spalten und Zeilen als Raster anlegen wie Sie wollen. Sobald Sie jedoch die Maustaste loslassen, versucht InDesign vergeblich, die Bilder als Raster zu platzieren.

> [>] **Abstände des Rahmenrasters verändern**
> Das erstellte Raster von Bildern über- und nebeneinander hat zunächst einen gleichmäßigen Abstand. Diesen Abstand können Sie jedoch während des Aufziehens der Rahmen selbst anpassen, indem Sie bei gedrückter Maustaste die ⌘- oder Strg-Taste drücken und danach mit den Pfeiltasten →/← sowie oben/unten die Abstände der Rahmen zueinander beeinflussen.

3.3.5 Platzhalterrahmen mehrfach erstellen

Die Arbeitsweise, Bilder mehrfach zu platzieren, hat sich in den früheren Versionen bewährt. Nun hat Adobe diese Technik auch auf Platzhalterrahmen und Vektorrahmen übertragen. Die Anwendung ist so genial einfach, dass man sich als Anwender fragt, warum Adobe diese Methodik nicht schon viel früher eingeführt hat.

1. **Platzhalterrahmen aufziehen**

   Wählen Sie das Werkzeug **Platzhalterrahmen** aus der Werkzeugpalette aus und ziehen Sie in einem leeren Layoutbereich einen Rahmen auf. Halten Sie die Maustaste für die weiteren Schritte gedrückt!

Abbildung 3.29: *So erstellen Sie zunächst einen großen Platzhalterrahmen..*

2. **Spalten bilden**

   Wählen Sie mit den Pfeiltasten **nach rechts** oder **links**, wie viele Spalten innerhalb Ihres aufgezogenen Rahmens nebeneinander erscheinen sollen.

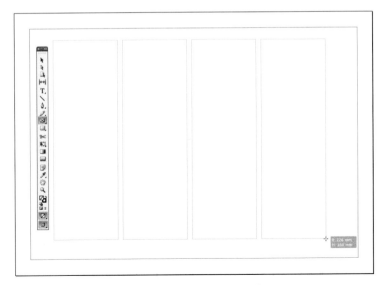

Abbildung 3.30: *Legen Sie die Spalten mit den Pfeiltasten fest.*

3. **Zeilen bilden**

   Bestimmen Sie nun – immer noch mit gedrückter Maustaste – die Anzahl der Zeilen, indem Sie die Pfeiltasten ⬆ und ⬇ betätigen.

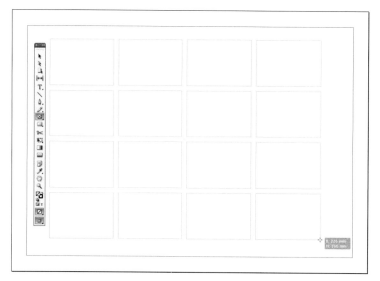

Abbildung 3.31: *Wählen Sie nun die Zeilen mit den Pfeiltasten aus.*

4. **Rahmen fertig stellen**

   Lassen Sie nun die Maustaste los und InDesign erstellt einzelne Rahmen mit gleichmäßigem Abstand neben- und übereinander.

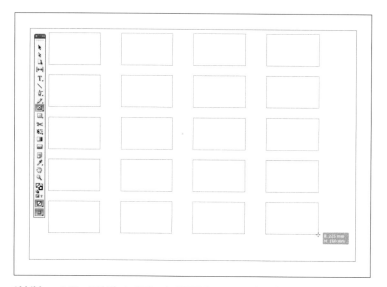

Abbildung 3.32: *Mithilfe der ⌘- oder Strg-Taste sowie den Pfeiltasten können Sie die Abstände der Rahmen zueinander beeinflussen.*

> **Abstände der Platzhalterrahmen verändern**
> Ebenso wie beim Mehrfachplatzieren wählen Sie auch hier die ⌘- oder Strg-Taste
> zusammen mit den Pfeiltasten nach rechts/links bzw. oben/unten, um die Abstände der Rahmen zueinander zu beeinflussen.

> **Kein genauer Wert für die Abstände**
> Wenn Sie Rahmen mehrfach erstellen, so ist die Größe der Abstände horizontal wie vertikal nicht zu erkennen. Der Anfangswert richtet sich immer nach dem aktuell eingestellten Spaltenabstand im Layout. Wollen Sie diesen Wert genau anlegen, müssen Sie entweder zuvor Hilfslinien für Zeilen und Spalten erstellen oder Sie definieren die Rahmenabstände nach dem Erstellen mit der Funktion „Ausrichten". Lesen Sie dazu bitte auch das Kapitel „Vektorgrafiken und Transparenzen" ab Seite 409.

3.4   Rahmeneinpassungsoptionen

Wie wäre es nun, wenn ein Layoutrahmen bereits wüsste, wie groß ein Bild im Verhältnis zum Rahmen eingepasst wird? Seit InDesign CS4 können Sie dem Rahmen bereits vor dem Platzieren ein Verhalten mitgeben, wie ein Bild, eine Grafik oder eine PDF-Datei in den Rahmen eingepasst wird. Dies funktioniert zunächst am besten mit einem Platzhalterrahmen. Über das Kontextmenü erreichen Sie unter **Anpassen** die **Rahmeneinpassungsoptionen**, alternativ rufen Sie aus dem Menü **Objekt** den Punkt **Anpassen/Rahmeneinpassungsoptionen…** auf.

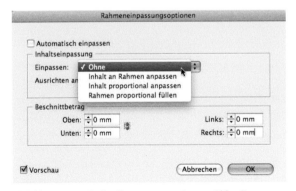

Abbildung 3.33: *In den Einpassungsoptionen wählen Sie, wie sich das Bild an den Rahmen anpasst.*

3.4.1   Automatisch einpassen

Mithilfe der neuen Funktion **Automatisch einpassen** erlaubt es InDesign Ihnen, Bild und Rahmen in feste Beziehung zueinander zu setzen. Wird der Rahmen skaliert, wird auch das Bild skaliert. Machen Sie den Rahmen schmaler oder höher, wird das platzierte Bild anhand der **Inhaltseinpassung** mitskaliert. Sie sollten diese Option unbedingt aktivieren!

Abbildung 3.34: *In den Rahmeneinpassungsoptionen aktivieren Sie das automatische Einpassen.*

Abbildung 3.35: *Wird ein Rahmen skaliert, so skaliert das Bild mit, wenn das Automatische Einpassen aktiviert ist. Entsprechend der Rahmenein- passungsoptionen wird der Rahmen immer proportional gefüllt.*

3.4.2   Einpassen

Wie sich nun ein Bild oder eine Grafik an den Rahmen anpassen soll, legen Sie unter **Einpassen** fest. Die nützlichsten Methoden dürften **Inhalt proportional anpassen** und **Rahmen proportional füllen** sein:

Inhalt an Rahmen anpassen verzerrt den Inhalt ungeachtet der Originalproportionen exakt so, dass die Größe der Grafik mit der des Rahmens übereinstimmt. Diese Funktion ist für die Einpassung von hochauflösenden Hintergrundgrafiken (*Fonds*) mit Mustern oder Strukturen geeignet, bei der es auf die Wiedergabe der korrekten Proportionen nicht ankommt. Für alle anderen Bilder und Grafiken dienen die nächsten Einstellungen.

Abbildung 3.36: *Bei Hintergrundgrafiken (Fonds) darf der Bildinhalt u.U. verzerrt werden.*

Mit **Inhalt proportional anpassen** wird die Grafik unter Beibehaltung ihrer Proportionen so auf die Rahmenhöhe bzw. -breite skaliert, dass sie vollständig sichtbar bleibt. Dies führt u.U. dazu, dass Rahmenbereiche transparent oder leer bleiben.

Rahmen proportional füllen skaliert den Inhalt so, dass der Inhalt mit der kürzeren Seite in den Rahmen passt; überlappende Teile der Grafik werden maskiert. Diese Methode eignet sich besonders bei Gestaltungsrastern, die eine feste Rahmengröße – unabhängig vom platzierten Bild – vorgeben, damit das Design eingehalten wird.

Abbildung 3.37: *Proportional angepasst wird das Bild, ohne dass Bereiche maskiert werden.*

Abbildung 3.38: *Proportional gefüllt wird der Rahmen, indem Bereiche maskiert werden.*

Diese Einpassungseinstellungen können Sie natürlich auch dann noch festlegen, wenn Sie bereits ein Bild platziert haben. Darüber hinaus finden Sie diese letzten drei Optionen und zwei weitere auch in der Steuerungspalette, wenn der entsprechende Rahmen ausgewählt ist. Die weiteren Punkte dieser Einstellungen können Sie über die **Rahmeneinpassungsoptionen** wählen.

3.4.3   Ausrichtung

Ob ein Bild beispielsweise **oben links** im Rahmen platziert wird, legen Sie mit dem Bezugspunkt fest. Wie schon beim Transformieren oder Drehen von Rahmen, das wir Ihnen im Kapitel „Rahmentransformationen" zeigen, markiert der schwarze Punkt im 3×3-Raster den Referenzpunkt für das Einpassen. Falls Sie einen neutralen Rahmen für möglichst viele Fälle anlegen wollen, so wählen Sie einfach die **Mitte** für die Ausrichtung, später können Sie sich für den passenden Ausschnitt entscheiden.

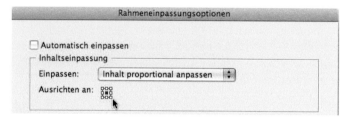

Abbildung 3.39: *Die Ausrichtung des Bildes im Rahmen bestimmen Sie durch die Wahl des Bezugspunktes in den Rahmeneinpassungsoptionen.*

> **Ausrichtung bei Porträts**
> Wenn Sie viele Standardporträts platzieren wollen, so empfehlen wir die grundsätzliche Ausrichtung „Oben mittig". Damit wird der Scheitel nicht abgeschnitten.

3.4.4   Beschnitt

Unter dem Beschnitt versteht InDesign die Breite des Bildrandes, der durch den Layoutrahmen maskiert wird. Das ist besonders beim Einpassen von Anzeigen sinnvoll, die eventuell mit einem Anschnitt von 3 Millimetern geliefert werden, welcher z.B. bei Satzspiegelanzeigen nicht benötigt wird.

> **Einpassungsoptionen in Objektformaten speichern**
> Die getroffenen Einstellungen speichern Sie sich am besten als Objektformat, damit Sie den gewünschten Rahmentyp einfach mit einem Klick anwählen können. Lesen Sie dazu bitte das Kapitel „Objektformate" ab Seite 131.

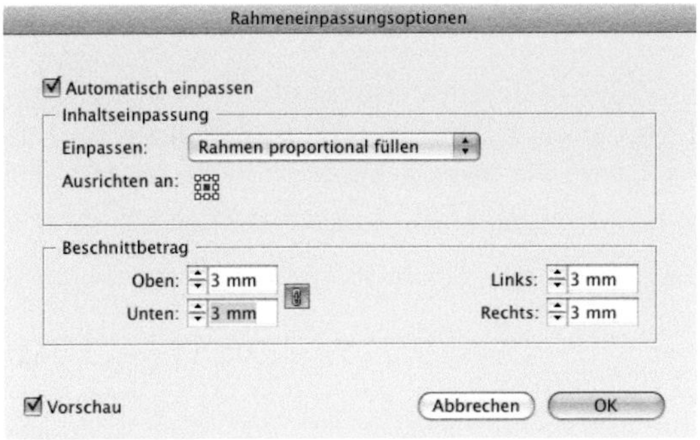

Abbildung 3.40: *Für Anzeigen eignet sich die Option „Beschnitt"
zur Angabe des Bereiches, der ausgeblendet werden soll.*

> Rahmenstile und Formen wechseln

Wenn Sie noch keine neuen Objektformate mit Eckenoptionen für das platzierte Bild angelegt haben, so benutzt InDesign stets einen rechteckigen Rahmen. In der Pathfinder-Palette finden Sie im unteren Bereich die Buttons zur Rubrik Form konvertieren. Mit einem Klick auf die entsprechende Form ändert sich auch gleich der Layoutrahmen. Ein Wechsel zu einer anderen Form ist somit immer möglich. Die Funktion erläutern wir genauer im Kapitel „Vektorrahmen und Transparenzen" ab Seite 409.

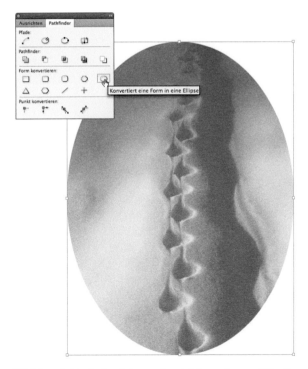

Abbildung 3.41: *Andere Rahmenstile mit Eckenoptionen wählen Sie
über die Palette „Pathfinder" aus.*

3.4.5   Freie Rahmenformen

Ob Vektorobjekte, Textmengen oder platzierte Bilder, InDesign macht auch hier keinen Unterschied in der Rahmenbearbeitung und erlaubt frei definierte Rahmenformen. Platzieren Sie eine beliebige Bilddatei in das Layout und wechseln Sie auf die **Direktauswahl** ([A]). Sie sehen – wie bei der Vektorbearbeitung – die Rahmenkante als *Bézierpfad*. Mit den Pfadwerkzeugen können Sie nun dem Rahmen eine neue Form geben.

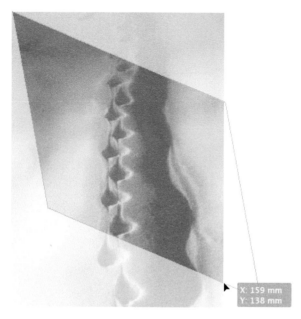

Abbildung 3.42: *Mithilfe der Pfadwerkzeuge und der Direktauswahl gestalten Sie Ihre eigenen Rahmenformen.*

3.5   Freisteller

Um Pixelobjekte frei vor farbigen Flächen zu positionieren, wurden die *Beschneidungspfade* erfunden. Aus Photoshop kann ein Beschneidungspfad erzeugt und mit PSD- oder TIFF-Bildern gespeichert werden. Ein Pfad beschneidet das Pixelobjekt und wirkt wie eine Maskierung. Ein möglicher Vorteil ist die Kantenschärfe, da die Pfadkanten das Objekt auflösungsunabhängig immer ganz glatt abschneiden. Als Alternative platzieren Sie eine Photoshop-Datei, in der der Freisteller mit einem **Alphakanal** oder einer **Ebenenmaske** pixelgenau maskiert wurde.

3.5.1 Dokumente mit Beschneidungspfaden platzieren

Dokumente mit Beschneidungspfaden können auf zwei Wegen platziert werden. Zum einen so, dass Sie den Pfad nachbearbeiten können, zum anderen ohne die Maskierung. Wählen Sie die betreffende Option **Photoshop-Beschneidungspfad anwenden** im Importdialog für Photoshop-Dateien aus.

3.5.2 Beschneidungspfade aus Objektkonturen, Alphakanälen oder Ebenenmasken

InDesign kann Beschneidungspfade selbst erzeugen, wenn platzierte Bilder keinen Beschneidungspfad aufweisen. Dies ist qualitativ nicht die beste Lösung, dafür kann der Pfad nachträglich bearbeitet werden. Es gibt zwei Möglichkeiten:

1. anhand von Objektkanten (z.B. auf weißem Grund)
2. mit Alphakanälen oder Ebenenmasken

Für die erste Möglichkeit gehen Sie so vor: Wählen Sie eine platzierte Bilddatei aus und rufen Sie unter dem Menü **Objekt/Beschneidungspfad** den Einstellungsdialog auf.

Nun können Sie in den weiteren Vorgaben mit aktivierter Vorschau einstellen, wie der Beschneidungspfad berechnet wird.

Abbildung 3.43: *Ein Bild auf weißem Grund kann auch in InDesign freigestellt werden.*

Abbildung 3.44: *Mithilfe der Pfadwerkzeuge und der Direktauswahl gestalten Sie Ihre eigenen Rahmenformen.*

3.5.3   Freisteller ohne Pfade

Es geht aber auch vollständig ohne Beschneidungspfade. Ist ein Motiv so schwierig freizustellen, dass Bildmotive wie z.B. Haare oder transparente Stoffe nicht ohne Qualitätsverlust mit einem Pfad freigelegt werden können, so sollten Sie einen Alphakanal oder eine Ebenenmaske verwenden. Beides kann beim Platzieren in InDesign pixelgenau ausgelesen und angewendet werden. Bei der PostScript- oder PDF-Ausgabe werden mit Hilfe der Transparenzreduzierung daraus dann wieder deckende Flächen errechnet.

3.6   Verknüpfungen

InDesign legt eine Verknüpfung vom Layoutdokument zur platzierten Datei an. Diese Verbindungen können Sie in der Palette **Verknüpfungen** unter dem Menü **Fenster** einsehen und bearbeiten. Alle platzierten Dateien – auch Textdokumente oder Tabellen – werden in der Palette aufgelistet.

Den Status, also ob eine Verknüpfung aktiv ist, sehen Sie an den zusätzlichen Symbolen hinter den Dateinamen: Ein rotes Fragezeichen zeigt eine fehlerhafte Verknüpfung, d.h., das Originaldokument konnte nicht gefunden werden. Das gelbe Dreieck hingegen steht für eine Datei, die zwischenzeitlich geändert und in der Layoutdatei noch nicht aktualisiert wurde.

Über die Button-Zeile am Fuß der Palette lassen sich die Dateien erneut verknüpfen, die Verknüpfung im Layout anzeigen, aktualisieren oder das Original in einem externen Editor bearbeiten.

3.6.1   Verknüpfungsinformationen

Mit einem Doppelklick auf einen Dateinamen oder über das Palettenmenü öffnen Sie die **Verknüpfungsinformationen**. Auch hier werden Ihnen der Status und weitere Parameter gezeigt. Über die Weiter-/Zurück-Buttons wechseln Sie zur nächsten platzierten Datei.

3.6.2   Einbetten und Einbettung aufheben

Alle platzierten Dokumente können Sie über das Palettenmenü der Verknüpfungen **einbetten**. Diese Funktion ist geeignet für kleine Grafiken, kann jedoch auch für platzierte Bilder verwendet werden. Wählen Sie dazu eine verknüpfte Datei in der Palette **Verknüpfungen** aus. Rufen Sie im Palettenmenü nun den Eintrag **Verknüpfung einbetten** auf. Sobald Sie eine Datei einbetten, erscheint ein kleines Grafiksymbol hinter dem Dateinamen in der Palette.

Abbildung 3.45: *Eine verknüpfte Datei wird ausgewählt und über das Palettenmenü eingebettet.*

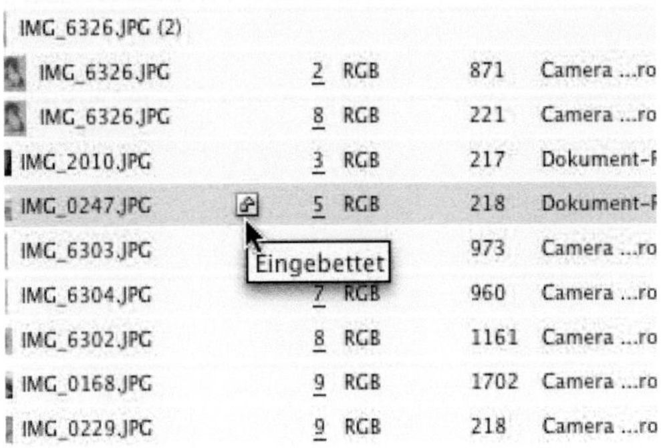

IMG_6326.JPG (2)				
IMG_6326.JPG	2	RGB	871	Camera ...ro
IMG_6326.JPG	8	RGB	221	Camera ...ro
IMG_2010.JPG	3	RGB	217	Dokument-F
IMG_0247.JPG	5	RGB	218	Dokument-F
IMG_6303.JPG	Eingebettet		973	Camera ...ro
IMG_6304.JPG	7	RGB	960	Camera ...ro
IMG_6302.JPG	8	RGB	1161	Camera ...ro
IMG_0168.JPG	9	RGB	1702	Camera ...ro
IMG_0229.JPG	9	RGB	218	Camera ...ro

Abbildung 3.46: *Die Datei ist nun eingebettet.*

⚠ Einbetten und die Dateigröße

Die Layout-Dateigröße kann aufgrund der eingebetteten Dateien sehr schnell anwachsen. Eine InDesign-Datei hat eine Dateigröße von mindestens 2 MByte. Eine Bilddatei von ca. 10 MByte, die eingebettet wird, führt also zu einer Dateigröße von ca. 12 MByte.

> **Einbetten für Bibliotheken**
>
> Das Einbetten von Bildern und Grafiken ist besonders dann sinnvoll, wenn Sie Dateivorlagen, die Bilder enthalten, in Form von Bibliotheken oder Snippets anlegen wollen. Hierzu ist es notwendig, dass Sie die Bilddatei erst einbetten und dann den Bildrahmen als Bibliotheksobjekt speichern. Das Bild wird dann Teil der Bibliothek und benötigt keine externe Dateiverknüpfung.

Eingebettete Dateien können Sie wieder aus der Layoutdatei herausziehen: Wählen Sie aus dem Palettenmenü **Einbettung der Datei aufheben**. Dokumente, die unterhalb einer Dateigröße von 48 Kbyte liegen, werden von InDesign automatisch eingebettet, darunter fallen z.B. kleine Logos, Vektorsymbole oder kurze importierte Textmengen.

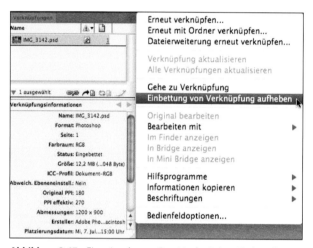

Abbildung 3.47: *Eine eingebettete Datei in der Palette Verknüpfungen wird über das Palettenmenü wieder ausgelagert.*

> **Verpacken als Alternative**
>
> Platzierte Bilder müssen Sie nicht unbedingt einbetten. Mit Hilfe der Funktion Verpacken werden alle platzierten Dokumente mit der InDesign-Datei in einen neuen Ordner kopiert und dort neu verknüpft. Lesen Sie dazu auch das Kapitel „Preflight und Druckvorstufe".

3.6.3   Verknüpfungen tauschen

Wenn es im Layout schnell gehen soll, empfiehlt sich die Arbeitsweise mit „*Rohbildern*" – unbearbeitete Bilder werden als medienneutrale RGB-JPEGs mit dem angehängten Kameraprofil oder Standardprofilen wie sRGB oder Adobe RGB platziert. Es entsteht ein erstes Layout für die Konzeptphase. Später werden die Bilder komplett mit Photoshop überarbeitet und als PSD oder TIFF gespeichert. Nun müssen nur die „Rohbilder" (IMG_4018.jpg) mit den korrigierten Bildern (IMG_4018.psd) ausgetauscht werden. Sind die Dateinamen identisch und liegen die Dateien in demselben Ordner, so erkennt InDesign diese Dateien und ersetzt alle platzierten Bilder durch ihr Pendant.

Etwas anders sieht es aus, wenn sich, wie im obigen Beispiel, zwar nicht der Dateiname insgesamt, aber die Endung/Erweiterung (z.B. von .jpg zu .psd) durchgehend geändert hat. In diesem Fall markieren Sie dazu in der Palette **Verknüpfungen** die betroffenen Bilder. Nun wählen Sie im Palettenmenü die Option **Dateierweiterung erneut verknüpfen…** aus. Anschließend fordert InDesign Sie auf, die neue Endung einzugeben. Anschließend sucht InDesign nach den neuen Dateien und tauscht diese mit den bearbeiteten aus.

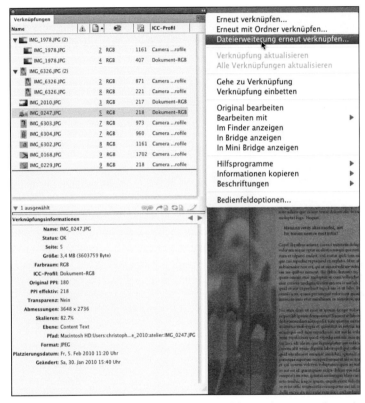

Abbildung 3.48: Identische Dateien können anhand ihrer Endung getauscht werden.

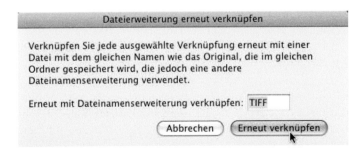

Abbildung 3.49: Die Art der getauschten Datei geben Sie direkt im Dialog an.

Wenn die bearbeiteten Dateien jedoch in einem anderen Ordner liegen, so wählen Sie stattdessen im Palettenmenü „Erneut mit Ordner verknüpfen". Anschließend wählen Sie im Dateidialog den Ordner aus, in dem die fertigen Bilder liegen, und können im Dialog **unten rechts** die Endung vorgeben.

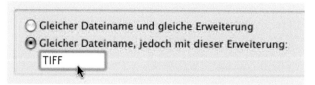

Abbildung 3.50: *Die Endung geben Sie auch hier an, jedoch in einem anderen Ordner.*

3.6.4   Verknüpfungen kopieren

Haben Sie in der Entwurfsphase Bilder aus verschiedenen Ordnern, von mehreren Datenträgern oder Servern platziert und wollen nun alle in einem Projektverzeichnis sammeln, müssen Sie nicht, wie vielleicht vermutet, alle Dateien zusammensuchen, kopieren und dann die Verknüpfungen aktualisieren, denn es geht auch anders: Wählen Sie zunächst die entsprechenden Dateien in der Verknüpfungen-Palette aus. Nutzen Sie die Funktion **Verknüpfungen kopieren** im Palettenmenü der Verknüpfungen-Palette, um aus InDesign heraus die platzierten Dateien an einen anderen Ort zu kopieren. Wählen Sie einen neuen Speicherort. InDesign kopiert nun die Dateien und aktualisiert gleichzeitig die Verknüpfung. Die ursprünglich platzierte Datei bleibt sicherheitshalber an ihrem alten Ort.

3.7   Bildinterpolationen

Sobald Sie platzierte Dokumente skalieren, ändern Sie die Auflösung des Bildes für die Ausgabe. Ein Beispiel: Eine platzierte Bilddatei hat die Größe von **10 x 10 cm** bei einer Auflösung von **300 ppi**. Sie verkleinern die Datei im Layout auf **50%**. Damit verdoppelt sich die Ausgabeauflösung der platzierten Datei auf **600 ppi**. Eine Skalierung auf **200%** halbiert dagegen die Auflösung auf **150 ppi**: Je nach Drucktechnik sind die Pixel später auf dem Medium zu erkennen. Für den 4c-Offsetdruck auf gestrichenen Papieren empfehlen wir eine Mindestauflösung von ca. **240 ppi**. Mithilfe der Verknüpfungen-Palette erkennen Sie, welche Auflösung Ihre platzierte Datei im Layout aufgrund der Skalierung besitzt.

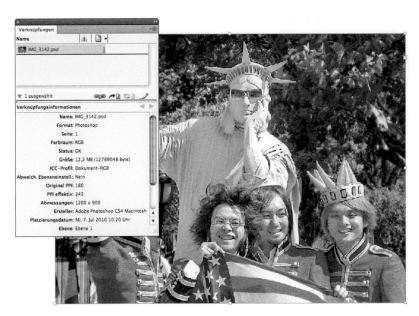

Abbildung 3.51: *Die derzeitige „effektive" Auflösung einer verknüpften Datei erkennen Sie in den Paletteninformationen.*

> ⚠ **„Old School" ade**
> Die Arbeitsweise, das Bild bereits in Photoshop auf die gewünschte Ausgabegröße und Auflösung zu berechnen, ist veraltet und unflexibel für die Arbeit im Layout. Hier dürfen Sie auf die modernen Techniken in InDesign vertrauen und die Bilder später durch den PDF-Export berechnen lassen. Um sicher zu gehen, dass die Bilder von vornherein eine ausreichende Qualität besitzen, gibt es den Preflight. Lesen Sie bitte dazu auch das Kapitel „Preflight und Druckvorstufe" ab Seite 783.

Die Verkleinerung ist im Vergleich zur Vergrößerung generell weniger kritisch zu beurteilen. Erst bei sehr detailreichen Motiven aus den Bereichen Industrie, Textil oder Wissenschaft kann es passieren, dass ein Bilddetail nach einer Verkleinerung im Layout und einer Neuberechnung für die Druckausgabe „verschwindet". In diesem Fall sollten Sie unbedingt einen Probedruck in der gewünschten Größe erstellen, um die Details zu beurteilen und ggf. in Photoshop zu schärfen.

3.8 Das Original bearbeiten

Wenn Sie während der Layoutarbeit einen Blick auf die platzierte Datei werfen wollen, ohne ein Bildbearbeitungsprogramm zu bemühen, gibt es mit InDesign drei Wege, die Daten anzuzeigen: entweder auf dem **Finder/Arbeitsplatz,** in der **MiniBridge** oder in der **Adobe Bridge**. Die beiden Bridges sind insofern komfortabel, da Sie nicht das Original öffnen müssen, was einige Sekunden pro Bild beanspruchen kann. Die Bridge errechnet Ihnen recht schnell eine ausreichende Ansicht der Feindaten, je nach Darstellungsgröße.

Klicken Sie dazu Ihr platziertes Dokument an und wählen Sie über das Kontextmenü aus der Rubrik **Grafiken** die Optionen **Im Finder anzeigen**, **In Bridge anzeigen** oder **In MiniBridge anzeigen**.

Abbildung 3.52: *Die platzierte Datei kann aus InDesign heraus an anderer Stelle angezeigt werden.*

Platzierte Dateien lassen sich während der Layoutarbeit nachbearbeiten. Wählen Sie dazu eine platzierte Grafik an und rufen Sie das **Kontextmenü** auf. Mit der Option **Original bearbeiten** öffnen Sie diese Grafik im Programm, mit dem sie erstellt wurde. Nach der Bearbeitung speichern Sie das Dokument einfach ab und kehren zu InDesign zurück, das automatisch die Ansicht der Grafik im Layout erneuert. Die Aktualisierung der Verknüpfung muss nicht bemüht werden.

> **⚠ Fehlerhafte Programmzuordnung**
> Sollte Ihnen InDesign anstelle des gewünschten Photoshop für die Bearbeitung des Bildes ein anderes Programm wie die Mac-Vorschau oder einen Windows-eigenen Viewer öffnen, liegt das leider nicht an InDesign, sondern an Ihrem Betriebssystem, das jedem Dokumenttyp ein Programm zur Bearbeitung zuweist. Wenn der Dateityp (*.psd) nicht dem richtigen Programm (Photoshop) zugeordnet ist, kommt es zu diesem zunächst merkwürdigen Phänomen.
>
> Sie können Sie dieses Verhalten Ihres Betriebssystems umgehen, in dem Sie in InDesign eine andere Option aus dem Kontextmenü wählen. Die Funktion „Bearbeiten mit…" öffnet ein Untermenü mit allen derzeit installierten Bildbearbeitungsprogrammen. Sollte das gewünschte Programm nicht vorhanden sein, können Sie es selbst auf Ihrer Festplatte unter „Andere" suchen.

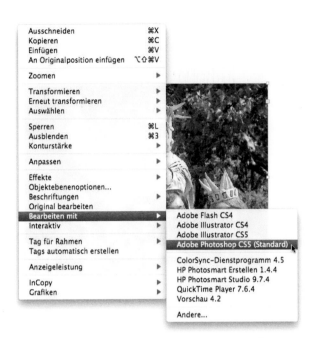

Abbildung 3.53: *Das genaue Programm zur Bearbeitung legen Sie mithilfe der Option „Bearbeiten mit…" fest.*

4 Texte platzieren und bearbeiten

Für das Erfassen und Korrigieren von Texten stehen Ihnen zahlreiche Datenformate, Importmöglichkeiten und Korrekturwerkzeuge zur Verfügung, die den Vergleich mit reinen Texteditoren nicht zu scheuen brauchen. Formatierungen können übernommen, ignoriert oder durch eigene Absatzformate ersetzt werden. Über das Internet und die Adobe-Anwendung „Buzzword" arbeiten Sie mit Textern und Kunden zusammen. Die neue Änderungsverfolgung erlaubt die Kontrolle von mehreren Textfassungen und -varianten.

Bevor wir Ihnen die Methoden zeigen, wie Sie Texte platzieren, formatieren und korrigieren, sollten wir uns kurz dem Workflow widmen: Von wem erhalten Sie die Texte, die Sie platzieren? Inwiefern ist es für die Übersetzerin, den Redakteur oder Ihre Kunden aus der Marketingabteilung interessant, Texte nicht nur an Sie zu liefern, sondern auch später Korrekturen im Layout vorzunehmen? In der folgenden Tabelle haben wir Ihnen die beiden Arbeitsweisen für das Platzieren von Texten im Layout gegenübergestellt.

Workflow	Beschreibung	Nachteile	Vorteile
Einmaliges Platzieren einer Text-, RTF- oder Word-Datei ohne Formate	Der bekannte Workflow sieht einen einmaligen Textimport in das Layout vor, die späteren Korrekturen müssen durch PDF-Dateien mit Notizen ausgetauscht und per Hand in das Layout eingefügt werden.	**Keine Aktualisierung der Textdatei möglich; hohe Fehlerrate durch manuelle Textkorrektur**	Keine
Platzieren einer RTF- oder Word-Datei mit Formaten	Aus der RTF- oder Word-Datei werden die Formatierungen übernommen und über die „Formatanpassung" in InDesign den Absatzformaten zugeordnet. Die Textdatei wird beim Platzieren mit dem Layout verknüpft.	**Keine einheitliche Darstellung von Layout und Typografie in Word und InDesign**	Die RTF- oder Word-Datei wird platziert und verknüpft.

> **Mit Buzzword Texte über das Internet austauschen**
> Mit den neuen CS-Live-Funktionen ist es möglich, dass Sie – oder Ihre Kunden – mithilfe der Anwendung „Buzzword" innerhalb der Online-Plattform Acrobat.com Texte schreiben und diese dann über das Internet in Ihr Layout einfließen lassen. Diesen genialen Workflow zeigen wir Ihnen im Kapitel „Texte aus Buzzword platzieren" ab Seite 676.

4.1   Text-Layout-Workflow mit Word

Wenn Sie die Textabschnitte – auch *Artikel* genannt – nach einer ersten Layoutphase Ihren Kunden wieder zur Verfügung stellen wollen, gibt es dafür zwei Wege: Entweder Sie bereiten eine Dateivorlage als **RTF-Datei** mit Ihren Absatzformaten auf oder Sie verpacken die Artikel als **Aufgabenpaket** für **InCopy**, ein eigenständiges Programm von Adobe.

4.1.1   Dateivorlage als RTF

Sie erstellen ein Layout und exportieren aus formatiertem Platzhaltertext einen Artikel als **RTF-Datei** inklusive Ihrer Absatz- und Zeichenformate. Diese RTF-Datei stellen Sie Ihrem Kunden zur Verfügung, der seinerseits mit einer Textverarbeitung wie Microsoft Word den Text formuliert und korrigiert. Dabei greift Ihr Kunde auf die typografischen Formate zurück, die Sie vorgegeben haben. Anschließend sendet Ihnen der Kunde die RTF-Datei, die Sie in Ihr Layout als **verknüpfte Datei** platzieren. Dabei werden die Inhalte aus der Textdatei mit Ihren Absatz- und Zeichenformaten dargestellt. Später kann die RTF-Datei jederzeit parallel geöffnet und geändert werden. Über die Palette **Verknüpfungen** können Sie die neue Fassung im Layout aktualisieren.

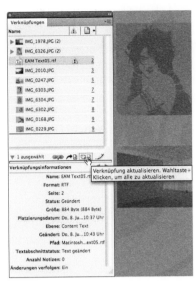

Abbildung 4.1: *Der RTF-Layout-Workflow sieht vor, aus der Layoutdatei eine RTF-Dateivorlage zu exportieren, die nach erfolgter Textarbeit mit dem Layout verknüpft wird. Somit lassen sich Änderungen am Text jederzeit über die Verknüpfungen in InDesign aktualisieren.*

! Individuelle Arbeitsweisen

So schön sich der Workflow mit RTF und InDesign anhört: Jede Redakteurin und jeder Übersetzer arbeitet auf andere Art und Weise. Manchmal werden die Standardformate wie „Überschrift1", „Überschrift2" oder „Standard" aus Word verwendet, manchmal jedoch auch nur rein manuelle Formatierungen wie „fett" und „kursiv". Während Sie die abweichenden Formate in InDesign über die Formatzuordnung mit Ihren InDesign-Absatzformaten ersetzen können, ist dies bei manuellen Formatierungen nur mit großem Aufwand möglich. Der Workflow kann also nicht nur an den technischen Möglichkeiten scheitern, sondern auch an dem unberechenbaren „Faktor" Mensch!

> Kunden in den Workflow mit einbeziehen

Aufgrund verschiedenster Arbeitsweisen ist es ratsam, dass Sie sich mit Ihren Kunden – die Ihnen die Texte liefern – abstimmen, welche Formate verwendet werden sollen und welche Arbeitsweisen in Bezug auf deren Anwendung etabliert sind. Ist der RTF-Layout-Workflow möglich, so lohnt eine Kosten-Nutzen-Rechnung, in welcher die mithilfe des Workflows eingesparte Arbeitszeit den Arbeitskosten für eine herkömmliche Korrekturphase gegenübergestellt wird. Schätzungsweise lassen sich bis zu 50% der Korrekturarbeiten im Layout einsparen. Das sollte auch Ihre Kunden überzeugen!

> Word oder RTF?

Für die Zusammenarbeit mit InDesign eignen sich beide Dateiformate. Für Ihren erstmaligen Export einer Dateivorlage steht Ihnen ausschließlich das Format RTF zur Verfügung. Neben den Standardformaten für Texte wie DOC oder RTF haben sich auch zahlreiche andere Textformate etabliert, die beispielsweise aus den Open-Source-Anwendungen StarOffice oder OpenOffice/NeoOffice stammen. Auch XML-basierte Textformate aus der Office-Welt sind weit verbreitet. Diese Formate werden leider nicht unterstützt. Jedoch können alle diese Textprogramme ein RTF oder eine DOC-Datei speichern.

4.1.2   InCopy-Aufgabenpaket

Sie gestalten Ihre Layoutdatei mit Absatz- und Zeichenformaten. Anschließend markieren Sie die Textrahmen für die Korrektur als **InCopy-Aufgabe**. Aus einer oder mehreren Aufgaben senden Sie ein **Aufgabenpaket** an Ihren Kunden. Dieser korrigiert den Text mit InCopy, erkennt Textprobleme in der Layoutdarstellung von InCopy und schickt Ihnen nach vollendeter Arbeit das Aufgabenpaket wieder für InDesign zurück. Sie aktualisieren die Aufgabe und somit die neuen Artikel. Dieser Prozess kann mit mehreren Aufgabenpaketen für Redakteurinnen und Übersetzer durchgeführt werden.

Sollte dieser Workflow für Ihre Kunden und Sie interessant sein, so lesen Sie bitte das Kapitel „InCopy" ab Seite 655.

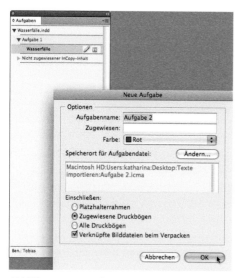

Abbildung 4.2: Aus dem InDesign-Layout werden Artikel zu Aufgaben verbunden, die mit InCopy ausgetauscht werden.

> **InCopy CS4 und CS5**
> InDesign CS5 kann sowohl InCopy-Aufgabenpakete für CS4 wie für CS5 exportieren. Somit können Sie auch Redakteure beliefern, die mit einer älteren InCopy-Fassung arbeiten.

! **Schriftlizenzen müssen vorhanden sein**
Auf der Seite des Übersetzers müssen für den InCopy-Workflow alle verwendeten Fonts installiert werden, damit eine verbindliche Textdarstellung im Layoutmodus von InCopy gewährleistet ist.

> **InCopy ist ein eigenständiges Programm**
> Die Software InCopy wird von Adobe unabhängig von InDesign oder der Creative Suite vertrieben. Sie können das Programm direkt von Adobe oder einem Fachhändler beziehen. InCopy und InDesign haben viele Gemeinsamkeiten, unter anderem die Textdarstellung, das Color Management, die PDF-Ausgabe, die Typografie und vieles mehr.

4.2 Dateien platzieren

Ob Dateien aus Microsoft Word, eine RTF- oder eine reine Textdatei – alle lassen sich problemlos in InDesign verarbeiten. Je nach Format bietet InDesign unterschiedliche Importoptionen, die Ihnen die Arbeit des Platzierens, der Korrektur und der späteren Formatierung erleichtern.

Der Import erfolgt ähnlich wie das Platzieren eines Bildes: Sie rufen mit dem Tastenbefehl ⌘/ Strg + D den Platzieren-Dialog auf und suchen sich Ihre Textdatei heraus. Alternativ öffnen Sie das Menü **Datei/Platzieren…** Danach legen Sie in **Importoptionen** fest, wie der Text übernommen wird.

> **Buzzword-Datei platzieren**
> Wenn Sie mit Textdokumenten aus der Online-Anwendung „Buzzword" arbeiten wollen, benötigen Sie einen Zugang zu Adobe CS Live und zur Plattform Acrobat.com. Sobald Sie diesen Zugang eingerichtet haben, können Sie Textdokumente aus Ihrem Bereich oder freigegebene Dokumente anderer Benutzer in Ihr Layout platzieren.

4.2.1 Texte per Drag&Drop platzieren

InDesign erlaubt auch das Platzieren einer Textdatei per Drag&Drop: Ziehen Sie auf Ihrem Arbeitsplatz oder dem Finder eine Textdatei mit gedrückter Maustaste in ein geöffnetes InDesign-Layout. Danach erscheint eine neue Platzierungsmarke und eine kleine Vorschau des Textes, analog zum Platzieren von Bildern.

Abbildung 4.3: *Die Textdatei platzieren Sie mit einer kleinen Vorschau direkt in leere Textrahmen oder Sie erstellen einen neuen Rahmen.*

4.2.2 Mehrfaches Platzieren mit Vorschau

Wählen Sie für das Platzieren von Texten per Drag&Drop zuvor mehrere Textdateien aus, so erhalten Sie in InDesign einen **Stapel** von Texten mit einer Vorschau des oben liegenden Textes. Durch Umblättern des Stapels per Pfeiltaste **nach oben/unten** erscheint die jeweils nächste Vorschau. Das spart Zeit und ist besonders effektiv, wenn Sie ein bereits fertiges Layout mit neuen Texten befüllen müssen.

Textimport kann ähnlich komplex wie das Platzieren von Bilddaten in das Layout sein. Die Formate, die Sie verwenden können, sind Standardformate, die weltweit genutzt werden. Dabei wird zwischen solchen Textformaten unterschieden, die nur die reine Textmenge transportieren, wie das Nur-Text-Format (*.TXT), und solchen, die auch Absatz- und Zeichenformate sowie weitergehende Informationen wie Inhaltsverzeichnis oder Index beinhalten können (RTF und DOC).

4.2.3 Texte einmalig importieren oder verknüpfen?

Sie können Text entweder einmalig importieren, ohne dass eine Verknüpfung bestehen bleibt, oder Sie platzieren die Datei und verknüpfen sie mit dem Layout.

Letzteres wählen Sie, indem Sie in den Voreinstellungen unter der Rubrik **Eingabe** die Verknüpfen-Option **Beim Platzieren von Text- und Tabellendateien Verknüpfung erstellen** anwählen.

Ist diese Funktion deaktiviert, so können Sie zwar den Text importieren, eine Aktualisierung der Verknüpfung ist jedoch nicht möglich. Dies ist die häufigste Arbeitsweise im Layoutalltag. Wollen Sie stattdessen eine Aktualisierung der platzierten Textdatei ermöglichen, so lassen Sie diese Funktion aktiviert. Über die Verknüpfungen-Palette können Sie nachträglich entscheiden, ob und wann Sie die verknüpfte Datei in die Layoutdatei einbetten.

4.3 Textformate und Importoptionen

4.3.1 Nur-Text-Import

Das Nur-Text-Format – Dateinamenerweiterung **.txt** – zählt zu den Dateiformaten ohne weitere Information zur Darstellung des Textes; die Zeichen liegen demnach in einer solchen Datei nur als Textabsatz vor. Das Textformat kennt jedoch Absätze sowie die Zeichenkodierung und die erzeugende Computerplattform (Mac/PC).

TXT-Dateien lassen sich aus jeder Textanwendung heraus exportieren, natürlich aus Microsoft **Word**, aber auch aus **Adobe Acrobat** und seit der Version 6 sogar aus dem **Adobe Reader**, so dass Sie Texte aus PDF-Dateien als TXT exportieren können.

Um eine solche TXT-Datei in InDesign zu platzieren, rufen Sie über den Tastenbefehl ⌘+D oder **Datei/Platzieren…** den Platzieren-Dialog auf und wählen die entsprechende Datei aus.

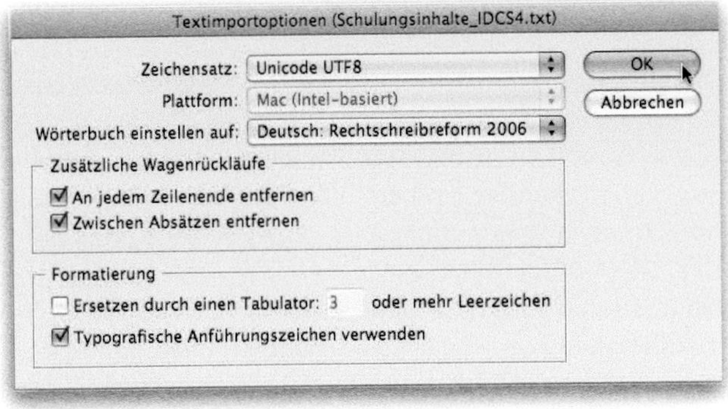

Abbildung 4.4: *Die Importoptionen für Textdateien ermöglichen es, u.a. Wörterbücher zuzuweisen.*

Wählen Sie die Funktion **Importoptionen anzeigen**, so öffnet sich das Dialogfenster **Textimportoptionen** und Sie erhalten die Möglichkeit, die Kodierung des Textes für die Platzierung auszuwählen. Je nach Plattform und Programm gibt es unterschiedliche Kodierungsarten. InDesign erkennt automatisch die **Kodierung** der Datei und konvertiert den Text für die interne Verarbeitung als *Unicode*-Format **UTF-8**. So lässt sich aus jeder Kodierung heraus auch für fremdsprachige Texte jedem Zeichen eine absolute Kodierung zuweisen. Lesen Sie bitte dazu auch das Kapitel **Typografie** und den Abschnitt **OpenType**. Wählen Sie nun die entsprechende Kodierung im Importdialog aus oder übernehmen Sie einfach die von InDesign vorgeschlagene Form.

Danach weisen Sie ein Wörterbuch zu, z.B. **Deutsch: Rechtschreibreform 2006**. Jeder Textabschnitt kann mit einem eigenen Wörterbuch in InDesign unabhängig vom voreingestellten Wörterbuch für das gesamte Dokument arbeiten. Wählen Sie hier die passende Sprache aus, damit der Text korrekt umbrochen wird. Wenn Sie an dieser Stelle ein falsches Wörterbuch zuweisen, z.B. Deutsch zu einem englischen Text, umbricht InDesign die Wörter in einem Blocksatz nicht ausreichend, da es im deutschen Wörterbuch keine Trennrichtlinien für die englischen Begriffe gibt. Sie können zu einem späteren Zeitpunkt auch andere Wörterbücher zuweisen, um den Textumbruch korrekt durchzuführen.

Rechtschreibreform 2016?
InDesign kennt fünf Wörterbücher für die deutsche Sprache: Deutsch: Alte Rechtschreibung, Rechtschreibreform 1996, Reform 2006 sowie Deutsch: Schweiz und Deutsch: Schweiz Rechtschreibreform 2006. Achten Sie beim Import daher besonders auf die Wahl des gewünschten Reformwerkes. Die nächsten Reformen dürften dann im Jahre 2016 erscheinen, passend für die InDesign-Version 9 oder CS7. Bis dahin haben wir noch ein wenig Zeit.

Osteuropa
In Zeiten der Globalisierung müssen heute viele Broschüren oder Produktdatenblätter mehrsprachig auch auf Russisch, Polnisch, Slowakisch oder Tschechisch veröffentlicht werden. Während für diese Sprachen früher eine besondere InDesign-Version nötig war, werden heute alle nötigen Wörterbücher mitgeliefert.

Unter **Zusätzliche Wagenrückläufe** versteht InDesign unnötige Leerzeilen, die Sie automatisch beim Import entfernen können. Die Abstände zwischen Absätzen werden in der Regel durch Angaben im Absatzformat definiert. Dadurch sind auch kleinere Abstände wie 6 Punkt oder 2 Millimeter möglich.

> **Was ist ein Wagenrücklauf?**
> Im Zeitalter der Schreibmaschine wurde der Wagen mit der Andruckwalze zum Einspannen des Papierbogens über das Biegen eines Hebels zurückgesetzt, um eine neue Zeile zu beginnen. Wer diese mit einem leisen Klingen quittierten Arbeitsschritte nicht mehr kennt, sollte mal auf dem Dachboden die alte Adler, Olympus oder Erika mit Duoband entstauben.

Manche Texte sind von besonders kreativen Autorinnen und Autoren mit Leerzeichen anstelle von Tabulatoren oder Einzügen formatiert worden. Diese Fehler lassen sich beim Import sofort ersetzen: **Tabulatorzeichen** werden anstelle von mehreren **aufeinanderfolgenden Leerzeichen** eingefügt. Dies können Sie später auch durch die Funktion **Suchen und Ersetzen** korrigieren, die wir Ihnen in diesem Kapitel noch vorstellen.

Die **typografischen Anführungszeichen** richten sich nach Ihren Voreinstellungen und ersetzen falsche Anführungszeichen („…") durch typografisch korrekte Zeichen. Je nach Verwendung empfehlen wir entweder die deutschen Satzzeichen „…" – auch 99-66 genannt – oder die französischen *Guillemets* «…», im Deutschen meist vertauscht als »…« benutzt, die im Buchsatz verschiedener Verlage häufig Verwendung finden.

4.3.2   RTF und DOC – Rich Text Format und Microsoft Word

Das RTF ist ein Allround-Format, in dem alle Darstellungsangaben und Formatierungen zum Text wie *Schriftfamilie, Schriftschnitt, Größe, Farbe* und anderes abgespeichert werden können. Ebenso kann ein RTF-Dokument Absatz- und Zeichenformatierungen beinhalten sowie Inhaltsverzeichnisse, Indizes und Tabellen. Lediglich platzierte Bilder können nicht in ein RTF integriert werden.

Das Word-Format beinhaltet alle Eigenschaften eines RTF-Dokumentes und darüber hinaus platzierte oder eingebettete Bilder und Grafiken sowie eingebettete Excel-Tabellen aus dem Office-Paket. Das Microsoft-Word-Format ist für InDesign identisch zum RTF. Daher erläutern wir Ihnen die Importoptionen für beide Formate zusammen.

Grundsätzlich haben Sie zwei Möglichkeiten, diese Formate in InDesign zu platzieren: *formatiert* oder *unformatiert*. Die erste Option erlaubt es Ihnen, die Formatierungen aus der Textdatei zu übernehmen und InDesign-Absatzformate zuzuweisen. Die zweite Möglichkeit stellt die bekannte Arbeitsweise dar, alle Formatierungen beim Platzieren zu entfernen und anschließend die Absatzformate zuzuweisen. Während die zweite Möglichkeit naheliegend ist, sollten Sie sich mit der ersten Option befassen, da Sie auf diesem Wege viel Zeit beim Formatieren von Text sparen können.

> **Formatierter Text bedeutet noch kein Absatzformat**
> Diese Optionen des RTF sagen nichts darüber aus, ob eine RTF-Datei auch wirklich Absatzformatierungen mitbringt. Exportieren Sie z.B. aus Acrobat heraus den Text einer PDF-Datei als RTF, so werden zwar die Schriftinformationen konvertiert; da das PDF jedoch keine Absatzformate kennt, existieren auch keine in der RTF-Datei. Hingegen können Sie eine Word-Datei mit Absatzformatierungen versehen und als RTF speichern. Ein Inhaltsverzeichnis und ein Index werden nicht automatisch angelegt, diese müssen Sie zuvor in Word erstellen. Somit ist also relevant, aus welcher Anwendung die RTF-Datei kommt.

Wie bei einer TXT-Datei platzieren Sie auch hier über den Tastenbefehl ⌘+D oder **Datei/Platzieren…** eine RTF-Datei in das Layout. Aktivieren Sie **Importoptionen anzeigen**. An dieser Stelle erhalten Sie andere Funktionen als zum TXT-Format. Sie können den Text eines Inhaltsverzeichnisses oder Index´sowie Fuß- und Endnoten platzieren, sofern sie im Textdokument vorhanden sind. Darüber hinaus werden auch hier **typografische Anführungszeichen** verwendet.

4.3.3 Option: Formate entfernen

Nicht immer wurden Texte einwandfrei formatiert, so dass im Layout der gesamte Text neu gesetzt werden muss. Was liegt also näher, als beim Platzieren gleich alle Formate zu löschen und nur die reine Textmenge zu importieren? Wählen Sie dazu die Option **Formate und Formatierung aus Text und Tabellen entfernen**.

Formatierter Text mit Absatzformaten kann auch eingebundene Grafiken und Seitenumbrüche mitbringen. In den nachfolgenden Optionen wählen Sie die passenden Einstellungen für Ihren Text. Da jeder Textimport unterschiedlich ausfallen kann, gibt es an dieser Stelle keine allgemeingültigen Regeln. In diesen etwas unübersichtlich angeordneten **Importoptionen** wollen wir besonders auf die beiden untersten Funktionen hinweisen.

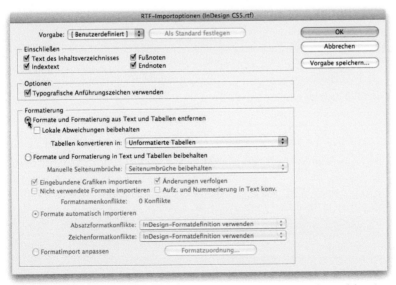

Abbildung 4.5: *Die Formate werden mit der ersten Option deaktiviert und es wird der reine Text von InDesign übernommen.*

! Word-Formate importieren

Beim Platzieren einer RTF- oder DOC-Datei ist es möglich, die verwendeten Formate einfach in InDesign zu importieren. Die Absatzformate erscheinen anschließend in der gleichnamigen Palette mit einem Diskettensymbol hinter dem Formatnamen. Word-typische Formate sind z.B. „heading 1", „Standard" und „normal", die je nach Sprachversion des Office-Paketes davon abweichen können. Wir raten jedoch davon ab, diese Formate zu importieren, da sie Fehler beinhalten können und eine umfangreiche Nachbearbeitung erfordern. Weisen Sie stattdessen über die Funktion „Formatzuordnung" den Word-Stilen Ihre bestehenden Absatzformate zu.

4.3.4 Option: Formate importieren und Absatzformate zuweisen

Diese Möglichkeit sorgt dafür, dass alle Absatzformate der RTF- oder DOC-Datei in InDesign importiert und InDesign-Formaten zugeordnet werden. Wie Sie diese Absatzformate bearbeiten, lesen Sie im Kapitel **Absatz- und Zeichenformate** ab Seite 310 nach. Wählen Sie nun den untersten Button im Importdialog **Formatimport anpassen**.

Abbildung 4.6: *Wenn Sie die Formatierungen der Textdatei beibehalten wollen, so wählen Sie den unteren Button „Formatimport anpassen" aus.*

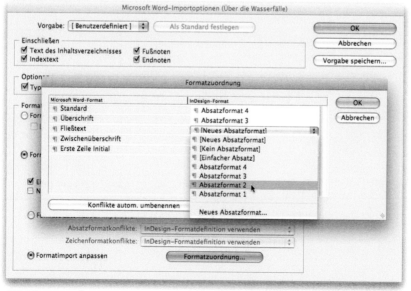

Abbildung 4.7: *Über die Formatzuordnung weisen Sie den Formaten aus der Textdatei jeweils ein Absatzformat aus InDesign zu.*

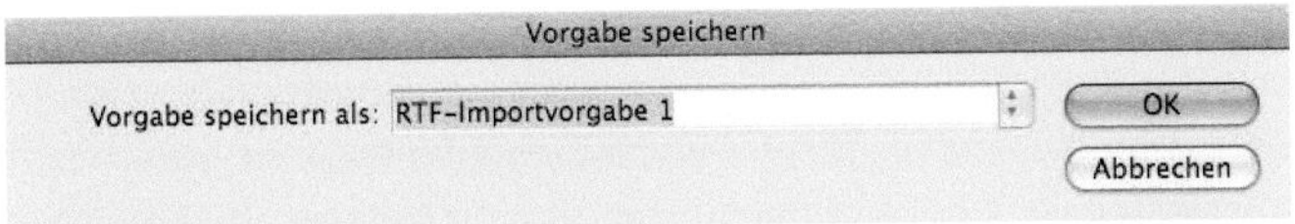

Abbildung 4.8: *Die Einstellungen können Sie sich als Vorlage für zukünftige Platzierungen von ähnlich formatierten Texten speichern.*

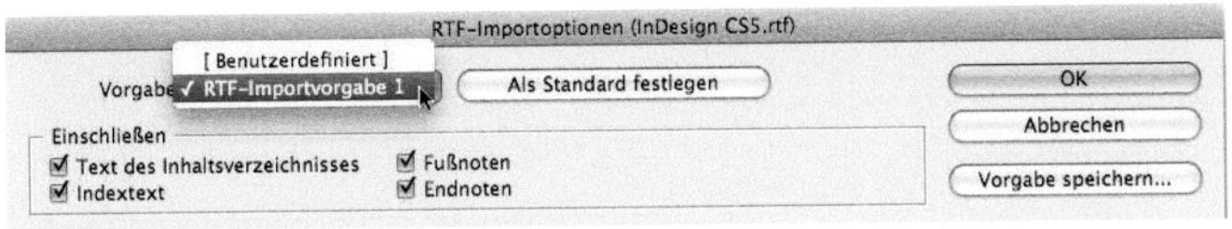

Abbildung 4.9: *Als „Standard" legen Sie fest, welche Ihrer gespeicherten Vorgaben von InDesign automatisch verwendet wird.*

So können Sie über die Funktion **Formatzuordnung** im nachfolgenden Dialog entscheiden, ob ein Format als neues Absatzformat angelegt wird, das Format ignoriert oder durch ein bestehendes Format ersetzt werden soll. In unserem Beispiel wird das RTF-Format „Subtitle" durch das InDesign-Format „Unterzeile" ersetzt.

> **Vorlage als Standard festlegen**
> Sollten Sie mehrere Texte erhalten, die alle auf identische Art und Weise formatiert wurden, so legen Sie in den Importoptionen eine Vorlage an. Vergeben Sie einen Namen und speichern Sie die Vorlage. Nun können Sie in der oberen Drop-down-Liste des Dialoges Ihre Vorgabe auswählen und sie mit einem Klick auf die Option „Als Standard festlegen" für alle nachfolgenden Textimporte übernehmen, so dass Sie dabei auf die Anzeige der Importoptionen verzichten können.

> **Absatzformate laden**
> Wollen Sie Texte in ein neues Layoutdokument platzieren und gleichzeitig Absatzformate zuweisen, obwohl noch gar keine angelegt wurden, so importieren Sie zuvor die Formate aus einer anderen InDesign-Datei. Rufen Sie dazu im Palettenmenü der Palette „Absatzformate" den Befehl „Absatzformate laden" auf. Sind alle Formate importiert worden, können Sie die RTF- oder Word-Datei platzieren und deren Formate den Absatzformaten zuordnen.

Wenn Sie allerdings diese lange Prozedur der Formatzuordnung abkürzen wollen, können Sie die **Konflikte automatisch umbenennen**. Mit einem Klick auf diesen Button sorgen Sie dafür, dass InDesign gleichnamige Formate (also Namenskonflikte) nicht einander zuordnet, sondern mit einem Namensanhang zusätzlich zu den vorhandenen importiert. Dieses Vorgehen ist nur dann zu empfehlen, wenn Sie genau wissen, dass die Formate, die in der Textdatei verwendet werden, nicht den Formaten entsprechen, die Sie bereits in der InDesign-Datei angelegt haben.

4.3.5   Texte aus der Zwischenablage einfügen

Mit dem Tastenbefehl ⌘+C kopierte Texte aus der Zwischenablage können Sie sowohl *unformatierten* wie *formatierten* Text in das Layout einsetzen. Welchen Weg Sie wählen, hängt zunächst davon ab, ob Sie den Text dann im Layout in einen neuen leeren Textrahmen einsetzen oder an einer bestimmten Stelle in einem schon formatierten Text einfügen wollen.

Im ersten Fall wählen Sie den Tastenbefehl ⌘+Ⅴ zum Einfügen des Textes inklusive der Formatierungen. Die ursprüngliche Darstellung des Textes (*Schriftwahl* und *Auszeichnungen*) bleibt erhalten. Unter Umständen legt InDesign auch neue Absatz- und Zeichenformate an. Dies hängt davon ab, aus welchem Programm Sie den Text kopiert haben. Wenn Sie Text von einer Website oder aus einer PDF-Datei kopieren, werden in der Regel keine neuen Absatzformate angelegt.

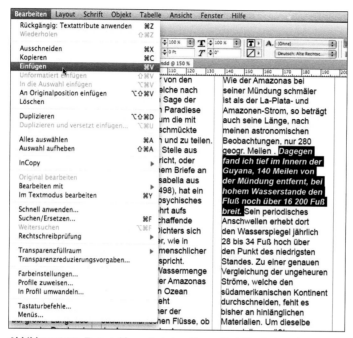

Abbildung 4.10: *Text wird formatiert eingefügt und behält sein Aussehen inklusive der Zeichenformatierungen „fett" und „kursiv".*

⚠ Ungewollte Formatierungen

Das Einfügen von formatiertem Text führt eventuell dazu, dass Sie unnötige Schriftzuweisungen in das InDesign-Dokument „einführen". So kann zu einem späteren Zeitpunkt eine nicht verwendete Arial oder Times auf dem Ausgabegerät zu einer Warnmeldung führen oder die PDF-Ausgabe abbrechen. Beachten Sie also, dass Sie formatierte Texte kontrollieren und ggf. Ihre Absatz- und Zeichenformate neu zuweisen.

Im zweiten Fall werden die Formatierungen nicht übernommen, damit Sie Text an einer gewünschten Stelle einfügen können und der Text sofort durch das angewendete Absatzformat richtig dargestellt wird. Hierzu verwenden Sie entweder den Tastaturbefehl ⌘+⇧+Ⅴ oder aus dem Menü **Bearbeiten/Unformatiert einfügen**.

Abbildung 4.11: *Über den Menübefehl „Unformatiert einfügen" setzen Sie den Text an einer gewünschten Stelle ein, an der bereits ein Absatzformat angewendet wird.*

4.3.6   Tabellen aus der Zwischenablage einfügen

Wenn Sie aus Excel oder einer anderen Tabellenkalkulation eine **Tabelle kopieren** und diese in InDesign per Tastenbefehl ⌘+V einfügen, bleibt die Struktur der Tabelle in Form von **Zellen** erhalten. Die Tabelle wird nativ kopiert und zu einer InDesign-Tabelle umgewandelt. Achten Sie dennoch auf die importierten Schriften und löschen Sie unerwünschte Fonts aus dem Layoutdokument. Diese Vorgehensweise zeigen wir Ihnen auch im Kapitel „Troubleshooting" ab Seite 872.

4.4   Textfluss steuern

Nach der Wahl der Importoptionen zu den Textformaten bestätigen Sie den Importdialog und Sie erhalten eine Einfügemarke. Wenn Sie nun an eine beliebige Stelle im Layout klicken, fließt der Text danach innerhalb eines Rahmens automatisch in das Spaltenraster der Musterseiten ein.

4.4.1 Änderung der Tastenbefehle

Adobe hat die Tastenbefehle zum Steuern des Textflusses eindeutig vergeben.

Über die Wasserfälle
des Amazonas bei
Atures und Maipures
Alexander von
Humboldt: Ansichten
der Natur In dem

Zunächst wird die Cursorform des manuellen Textflusses mit der Textvorschau angezeigt. Sobald Sie in das Layout klicken, wird der Text in der Breite einer Spalte ab der Höhe des Cursors platziert.

Über die Wasserfälle
des Amazonas bei
Atures und Maipures
Alexander von
Humboldt: Ansichten
der Natur In dem

Bei gedrückter ⎘-Taste erhalten Sie einen **automatischen Textfluss** als Einfügecursor – erkennbar an der durchgezogenen Schlangenlinie –, der so viele neue Seiten und Textrahmen anlegt, wie benötigt werden.

Über die Wasserfälle
des Amazonas bei
Atures und Maipures
Alexander von
Humboldt: Ansichten
der Natur In dem

Bei gedrückter ⎇-Taste hingegen verläuft der Textfluss **halbautomatisch** – eine gestrichelte Schlangenlinie –, d.h., Sie können zunächst mit einem Klick einen Textrahmen anlegen und behalten den Rest des Importtextes „in der Hand" bzw. am Mauszeiger mit einem neuen blauen Zeichen für die Verkettung. Bei erneutem ⎇-Klick wird ein weiterer Textrahmen erzeugt usw.

Über die Wasserfälle
des Amazonas bei
Atures und Maipures
Alexander von
Humboldt: Ansichten
der Natur In dem

In der Tastenkombination ⬆ und [Alt] erhalten Sie einen geraden Pfeil nach unten, um einen Textrahmen anzulegen, der sich strikt an den Satzspiegel und die Anzahl der Spalten hält und automatisch Textrahmen, aber keine zusätzlichen Seiten anlegt.

4.5   Blindtext

Sollten Sie keinen Text zur Hand oder keine Zeit haben, sich einen Fließtext anzulegen, nehmen Sie doch einfach den **Platzhaltertext**, den InDesign Ihnen über das Menü **Schrift/Mit Platzhaltertext füllen** anbietet. Alternativ können Sie den Platzhaltertext auch über das Kontextmenü auf der rechten Maustaste im Textbearbeitungsmodus einfließen lassen. Der Text fließt dabei immer so lange, bis der ausgewählte Textrahmen oder miteinander verkettete Rahmen vollständig ausgefüllt sind.

> **Eigenen Platzhaltertext festlegen**
> Wenn Sie den „Lorem-impsum"-Text von InDesign nicht mehr verwenden wollen und stattdessen Ihren persönlichen Platzhaltertext anlegen möchten, so speichern Sie diesen in einer einfachen Textdatei mit dem Namen „placeholder.txt" ab. Nun ziehen Sie diese Textdatei einfach in den Programmordner von InDesign. Nach erneutem Start von InDesign können Sie nun Ihren Platzhaltertext über das Kontextmenü einfließen lassen.

> **Platzieren in bestehende Rahmen**
> InDesign platziert nur dann Texte in bereits gefüllte Textrahmen, wenn Sie zuvor mit dem Textwerkzeug [T] in den entsprechenden Rahmen geklickt haben. Nach der Auswahl der gewünschten Textdatei und der Importoptionen wird der entsprechende Rahmen mit dem neuen Text gefüllt. Dadurch ist sichergestellt, dass Sie keine bestehenden Rahmen durch einen unbedachten Klick überschreiben. Verwenden Sie daher also immer einen gut eingerichteten Satzspiegel, damit die Textrahmen von InDesign automatisch beim Platzieren angelegt werden können.

4.6   Textverkettungen

Wenn Sie den Text platziert haben, erkennen Sie zunächst, dass sich der Text in einem Rahmen befindet, der jeweils links oben und rechts unten ein kleines Kästchen besitzt. Das sind die Markierungen für den **Textfluss**.

In unserem Beispiel haben wir zwei Rahmen angelegt. Der Text fließt dabei von einem zum nächsten Rahmen, angezeigt durch kleine Pfeile nach rechts in den Flussmarkierungen.

Um die Textverkettung zwischen den Rahmen sichtbar zu machen, wählen Sie im Menü **Ansicht/ Textverkettungen einblenden** aus. Danach werden die Flussrichtungen mit Linien zwischen den Rahmen und den Flussmarken angezeigt.

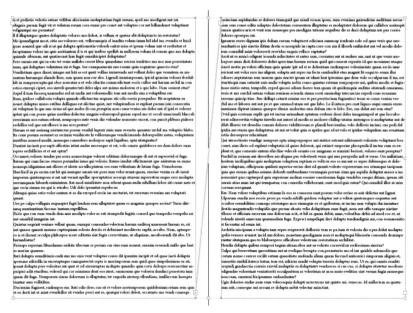

Abbildung 4.12: *Die Textverkettungen werden mit einer blauen Linie von einem Rahmen zum nächsten Rahmen angezeigt. Die Farbe der Linie richtet sich nach der Farbe der aktuellen Ebene.*

4.6.1   Übersatz lösen

Wenn Sie Texte platzieren und die Textmenge größer ist als ihr Rahmen, so erhalten Sie *Übersatz*, der Ihnen mit einem roten Kreuz angezeigt wird. Diesen können Sie auflösen, indem Sie in das **rote Kreuz** klicken und anschließend einen neuen Textrahmen aufziehen. Dabei wird der überschüssige Text im neuen Rahmen dargestellt.

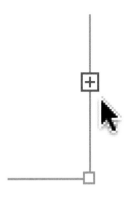

Abbildung 4.13: *Der Textrahmen zeigt einen Übersatz mit einem roten Kreuz-Symbol an.*

Abbildung 4.14: *Sie klicken in das Kreuz und ziehen einen neuen Textrahmen auf.*

> **Übersatz per Doppelklick auflösen**
> Wenn Ihr Übersatz nur wenige Zeilen umfasst, die nicht mehr dargestellt werden können,
> so klicken Sie doppelt in den unteren mittleren Anfasser des Textrahmens. Wenn der Textrah-
> men innerhalb des Spaltenrasters nach unten noch genügend Platz hat, vergrößert sich der
> Textrahmen, um den Übersatz wieder darzustellen.

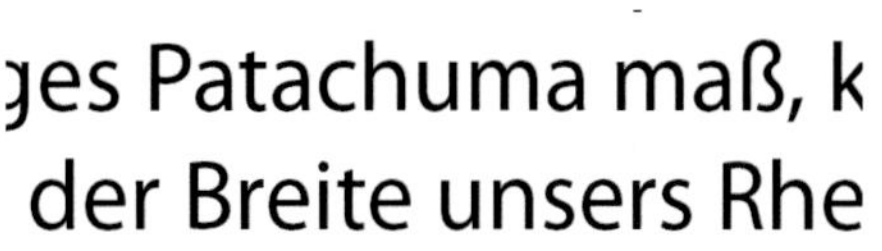

]es Patachuma maß, k

 der Breite unsers Rhe

Abbildung 4.15: *Alternativ klicken Sie doppelt in den unteren mittleren Anfasser des Textrahmens, um den Rahmen um die benötigte Länge zu vergrößern.*

4.6.2 Textverkettung ergänzen

Wenn Sie zwischen zwei verketteten Textrahmen einen weiteren Rahmen hinzufügen wollen,
so klicken Sie in den Textrahmenausgang des ersten Rahmens oder in den Eingang des zweiten.
Danach wandelt sich der Mauszeiger zur **Texteinfügemarkierung**. Ziehen Sie nun mit gedrückter
Maustaste einen neuen Textrahmen auf. Der Textfluss läuft nun vom ersten Rahmen durch diesen
neuen Rahmen weiter in den dritten Rahmen.

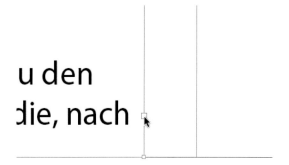

u den

 die, nach

Abbildung 4.16: *Zwischen zwei Rahmen ist genügend Platz für einen dritten Rahmen. Klicken Sie in den Ausgang des ersten Textrahmens.*

Abbildung 4.17: *Ziehen Sie einen dritten Textrahmen zwischen den beiden bestehenden Rahmen auf.*

Abbildung 4.18: *Der Text fließt nun vom linken in den mittleren und anschließend in den rechten Rahmen.*

4.6.3 Textverkettung lösen oder unterbrechen

Eine Textverkettung lösen Sie, indem Sie ebenfalls auf den Ausgang des ersten Rahmens klicken und danach mit der Maus auf den zweiten verketteten Rahmen zeigen. Sie erhalten dann ein Symbol mit **offenen Kettengliedern**. Mit einem Klick auf diesen zweiten Rahmen lösen Sie die Verkettung und können nun einen neuen Rahmen aufziehen. Dies funktioniert auch umgekehrt mit einem ersten Klick auf das Eingangssymbol beim zweiten Rahmen und einem zweiten Klick auf dem ersten Rahmen.

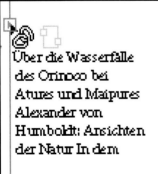

Abbildung 4.19: *Wollen Sie eine Verkettung lösen, so klicken Sie in den Eingang des Textrahmens und anschließend in den vorhergehenden Rahmen.*

Textrahmen im Textfluss isolieren

Wenn ein mittlerer Textrahmen aus dem Textfluss herausgenommen werden soll, so klicken Sie diesen Rahmen an und wählen aus den InDesign-Skripten im Ordner „Beispiele" das Skript „BreakFrame" aus. Dieses Skript sorgt dafür, dass der Text im mittleren Rahmen erhalten bleibt, die Verkettung jedoch vom linken zum rechten Rahmen fließt. Die Arbeitsweise zeigen wir Ihnen ausführlich im Kapitel „Automatisierung" ab Seite 689.

Abbildung 4.20: *Ein Textrahmen innerhalb einer Verkettung kann mit dem Skript „SplitStory" isoliert werden.*

Alle verkettete Rahmen auflösen

Sollten alle miteinander verketteten Textrahmen aufgelöst werden – also jeder Textrahmen stellt seinen Textabschnitt unabhängig von den anderen Rahmen dar –, so hilft Ihnen das Skript „SplitStory" weiter. Auch dieses Skript rufen Sie aus dem Menü „Fenster/Hilfsprogramme/Skripte" auf und wählen aus dem Ordner per Doppelklick „Anwendung/Samples" das Skript „SplitStory.jsx".

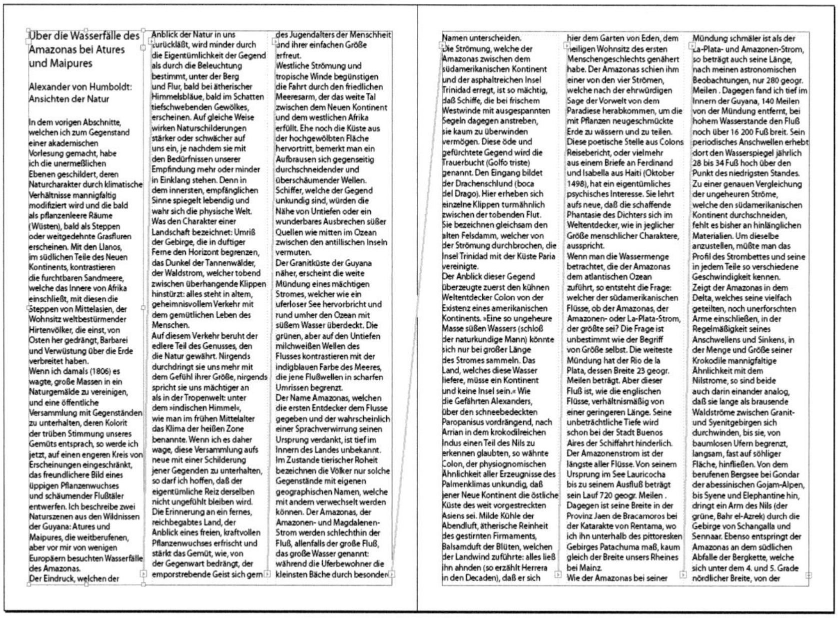

Abbildung 4.21: *Die verketteten Textrahmen beinhalten einen durchgehenden Textabschnitt.*

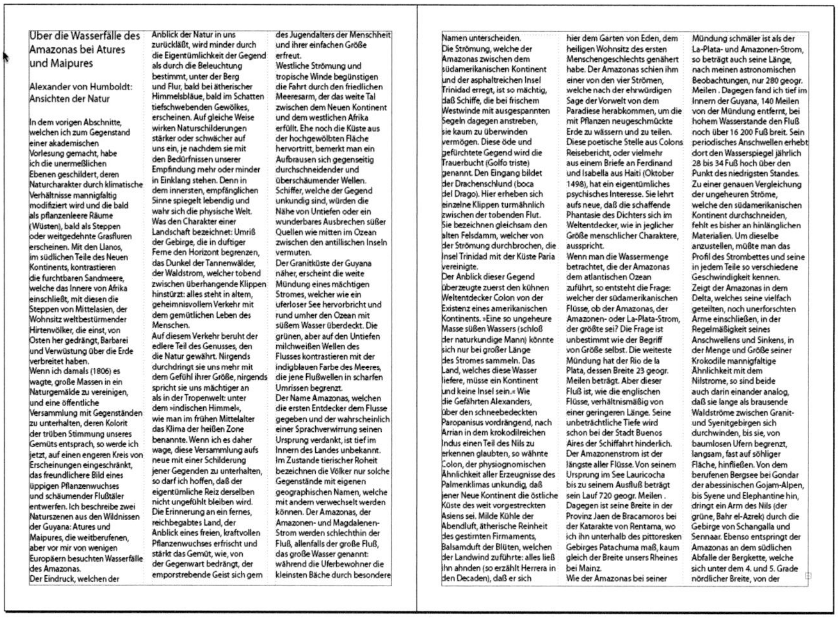

Abbildung 4.22: *Zuvor verkettete Rahmen werden per Skript aufgelöst und behalten unabhängig voneinander den Text.*

4.7   Verknüpfungen-Palette

Wenn Sie zuvor in den **Voreinstellungen** die **Verknüpfung für Text und Tabellen** aktiviert haben, so erhalten Sie nun in der Verknüpfungen-Palette die platzierte Textdatei dargestellt. Die Palette rufen Sie unter dem Menü **Fenster** auf.

Über die Verknüpfungen-Palette sehen Sie alle platzierten Text- und Grafikdateien im InDesign-Layout. Die Verknüpfung bleibt so lange aktiv, bis die platzierte Datei gelöscht oder aber die Textdatei eingebettet wird.

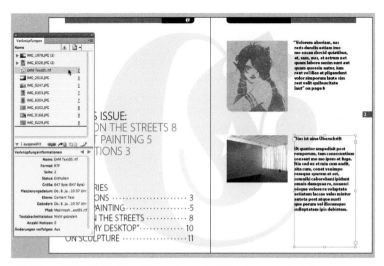

Abbildung 4.23: *Die Textdatei ist platziert und mit dem Layout verknüpft.*

Abbildung 4.24: *Die Textdatei wurde zwischenzeitlich verändert und kann nun aktualisiert werden.*

Über das Palettenmenü oder über den Button „Verknüpfung aktualisieren" erneuern Sie die Verknüpfung zur Textdatei und der aktuelle Inhalt wird wiedergegeben.

4.7.1 Verknüpfung lösen und Text einbetten

Eine verknüpfte Textdatei kann dann in das Layout übernommen werden, wenn Korrekturphasen abgeschlossen sind oder die Textkorrektur ausschließlich mit InDesign oder InCopy erfolgt. Dazu klicken Sie die Datei in der Palette **Verknüpfungen** an und rufen aus dem Kontextmenü den Befehl **Verknüpfung aufheben** auf. Die Verknüpfung zur Textdatei verschwindet, der Text ist nun vollständiger Bestandteil des Layouts. Dieses Vorgehen funktioniert auch mit platzierten Tabellen, die nicht mehr extern aktualisiert werden müssen.

> **Verknüpfte Textdateien verschieben**
> Wenn Sie die Textdatei mit dem Layout verknüpft haben und während der Layoutarbeit den Speicherort der Textdatei wechseln möchten, können Sie die Funktion der „Verknüpfungen" im Palettenmenü „Verknüpfung kopieren nach…" aufrufen. Dann wählen Sie einen neuen Speicherort und InDesign kopiert Ihnen die ausgewählten Dateien in ein neues Verzeichnis. Die Verknüpfung wird automatisch aktualisiert. Die ursprüngliche Textdatei bleibt an ihrem alten Platz, besitzt für das Layout aber keine Relevanz mehr. Dieses Verschieben von plat-zierten Dateien ist auch mit allen Arten von Grafiken möglich.

4.8 Änderungsverfolgung

Die aus **InCopy** oder einer Textverarbeitung bekannte Funktion der **Änderungsverfolgung** ist neu in InDesign CS5. Sobald Sie Texte **im Textmodus** ändern, können Sie zuvor die Verfolgung aktivieren und InDesign protokolliert alle Ihre Änderungen am Text mit. Neben der **neuen Eingabe** von Text werden auch das **Löschen** von Passagen oder das **Verschieben** an eine andere Position im Absatz erkannt. Darüber hinaus ist es möglich, die **Änderungen verschiedener Benutzer** an einem Text auszuwerten. Ziel der Verfolgung ist es, nach einer Textkorrekturphase Änderungen an der ursprünglichen Fassung des Textes zu **übernehmen** oder **abzulehnen**. Zusätzlich können Sie auch gleich **alle Änderungen eines Benutzers** akzeptieren oder ablehnen.

> **Die Verfolgung ist aktiviert, aber Sie sehen keine Hervorhebungen?**
> Wenn Sie die Verfolgung im Text visuell erkennen wollen, so müssen Sie den Textmodus aktivieren, indem – unabhängig vom Layout – die Änderungen als grafische Markierungen sichtbar werden. In der Layoutdarstellung ist dies nicht möglich, denn für InDesign gibt es als Basis der grafischen Wiedergabe nur Ihre aktuelle Textfassung.

4.8.1 Als Benutzer anmelden

In Verbindung mit der **Änderungsverfolgung** und dem **Notizwerkzeug** sowie den **InCopy-Aufgaben** können Sie sich als eigener **Benutzer** in InDesign CS5 unter dem Menü **Datei/Benutzer** anmelden. Welchen Sinn hat das? Diese Anmeldung protokolliert alle Ihre Eingriffe in den Text unter Ihrem

Benutzernamen und Ihrer *Farbe*. Wird der Text noch von weiteren MitarbeiterInnen geändert, so kann später farblich nachvollzogen werden, wer welche Änderung am Text vorgenommen hat – vorausgesetzt, jeder hat sich vor der Änderung als Benutzer angemeldet.

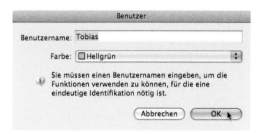

Abbildung 4.25: *Als Benutzer melden Sie sich für die Änderungsverfolgung und Ihre Notizen in InDesign an.*

> ⚠ **Rechteverwaltung und Benutzeranmeldung**
> Wer hinter der Benutzerfunktion eine Rechteverwaltung vermutet, liegt nicht völlig daneben. Dennoch wird Ihr Benutzer auf Ihrem System nicht mit einem Passwort gespeichert. Ebenso wenig kann ein Administrator für eine Gruppe von Benutzern Rechte an Dokumenten vergeben, wie es in Redaktionssystemen oder Content Management Systemen üblich ist. Wozu ist dann die Funktion da, wenn keine Rechte vorliegen? Sobald InDesign mit einem CMS wie Woodwing SmartConnection verbunden wird, erhalten die Benutzer wirklich Rechte. Die Benutzung von InDesign ist dann ohne Log-in mit Passwort gar nicht möglich.

Wenn Sie nun als Benutzer angemeldet sind, können Sie die Änderungsverfolgung starten, indem Sie während der Textbearbeitung im Menü **Schrift/Änderungen verfolgen/Änderungen im aktuellen Textabschnitt verfolgen** aufrufen, oder Sie verwenden die neue Palette unter **Fenster/Redaktionelle Aufgaben/Änderungen verfolgen**.

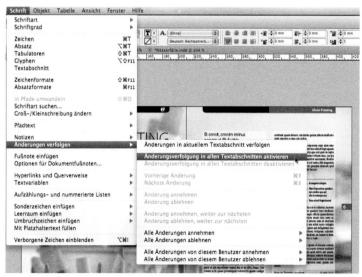

Abbildung 4.26: *Die Änderungsverfolgung muss im Menü „Schrift" manuell eingeschaltet werden, damit InDesign die Textbearbeitung protokolliert.*

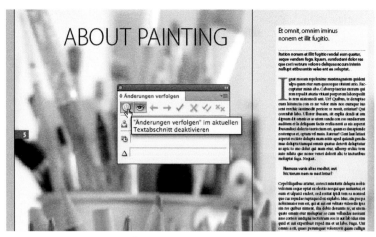

Abbildung 4.27: *Die Palette „Änderungen verfolgen" rufen Sie im Menü „Fenster/Redaktionelle Aufgaben" auf.*

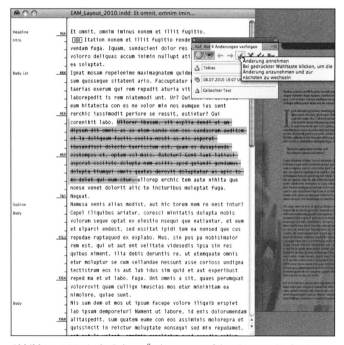

Abbildung 4.28: *In der Palette „Änderungen verfolgen" starten Sie die Verfolgung, springen von Textstelle zu Textstelle, akzeptieren einzelne Änderungen oder erledigen dies für alle Positionen.*

Sobald Sie nun Textpassagen geändert haben, können Sie von Änderungsstelle zu Änderungsstelle springen und diese Änderung akzeptieren oder ablehnen. Dazu klicken Sie in der Palette **Änderungen verfolgen** auf die Pfeiltasten → und ←. Sobald eine neue Änderungsstelle im Text ausfindig gemacht worden ist, sehen Sie in der Palette im ersten Feld, welcher **angemeldete Benutzer** die Änderung vorgenommen hat. Im zweiten Feld wird ein **„Zeitstempel"** gezeigt, wann die Änderung erfolgte.

Durch einen Klick auf die **X-** oder **Häkchen-Symbole** können Sie die ausgewählte Stelle **akzeptieren** – also die Änderung als Text übernehmen – oder **ablehnen** und die Änderung verschwindet aus dem Text. Mit einem Klick auf das Doppel-X oder den Doppel-Haken werden gleich alle Änderungen im aktuellen Textabschnitt abgelehnt oder akzeptiert.

Im Palettenmenü der **Änderungsverfolgung** entdecken Sie noch weitere hilfreiche Methoden, um lange Texte und deren Änderungen zu bearbeiten.

Abbildung 4.29: *Im Palettenmenü der „Änderungsverfolgung" gibt es zahlreiche Möglichkeiten, Textkorrekturen zu akzeptieren oder abzulehnen.*

Rufen Sie für weitere Einstellungen die Voreinstellungen mit ⌘+K auf und wählen Sie die Option **Änderungen verfolgen**. In den Voreinstellungen von InDesign legen Sie fest, wie welche Art von Textänderung hervorgehoben wird. Die **Benutzerfarbe** richtet sich danach, welche Farbe Sie und Ihre Kollegen individuell auswählen.

Die Farbe der **Änderungsleiste** gibt an, welche Kante im Textmodus farblich für Textänderungen hervorgehoben wird – links oder rechts vom Text, analog zu manuellen Textkorrekturen auf einem Blatt Papier.

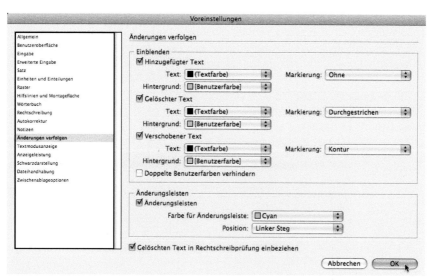

Abbildung 4.30: *Die Voreinstellungen für die Änderungsverfolgung erlauben umfangreiche Vorgaben für die Markierung der Textstellen.*

4.9   Notizen

Wenn Sie vermuten, dass die Funktion **Notizen** dieselben Möglichkeiten bietet wie die bekannten Kommentarwerkzeuge in Acrobat, so müssen wir Sie leider enttäuschen. Die Notizen in InDesign sind reine *Textkommentare*, die innerhalb des Textes an einer festen Stelle eingesetzt werden und als *nicht druckende Informationen* im Layoutdokument vorliegen.

Die Anwendung ist denkbar einfach: Sie klicken für einen Textkommentar mit dem Textwerkzeug an die gewünschte Stelle im Textabschnitt und rufen im Menü **Fenster/Redaktionelle Aufgaben** die Palette **Notizen** auf.

> **Sichtbarer und unsichtbarer Text**
> Über das Notiz-Werkzeug erstellen Sie zum einen Kommentare im Text, zum anderen können Sie aber auch Textpassagen über die Option „In Notiz umwandeln" im Palettenmenü der Notizen als „nicht druckend" ausblenden. Anders herum verwandeln Sie Kommentare in druckbaren Text, indem Sie im Palettenmenü der Notizen die Option „In Text umwandeln" wählen.

Mit dem **Blattsymbol** legen Sie eine neue Notiz an der Stelle Ihres Textcursors an. Nun schreiben Sie Ihre Notiz direkt in die Palette der Notizen: *„Ist das die orthografisch korrekte Schreibweise?".* Im Layout sehen Sie ein **hantelförmiges Zeichen.** Wenn Sie den Textmodus mit ⌘+Ⓨ aufrufen, können Sie im Textfluss Ihren Kommentar einsehen.

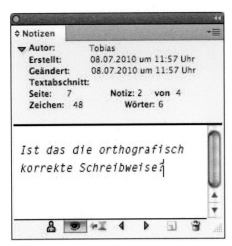

Abbildung 4.31: *Die Palette Notizen zeigt den aktuellen Kommentar im Text, die Länge und den Autoren des Kommentars.*

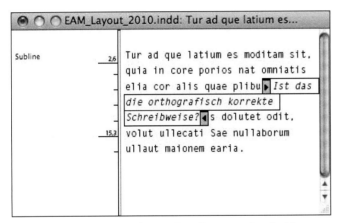

Abbildung 4.32: *Der Textmodus zeigt Ihren Kommentar in voller Länge innerhalb des Textabschnittes.*

Abbildung 4.33: Mithilfe der Palette „Notizen" und der Option „Notizen im Textabschnitt maximieren/minimieren" aus dem Palettenmenü können Sie die Kommentare ein- und ausblenden.

! Notizen und Benutzer

Die Funktion „Notizen" funktioniert nur dann perfekt, wenn Sie sich als Benutzer anmelden und Ihre Kommentare mit einer eigenen Farbe vergeben. Alle weiteren Teilnehmer am Kommentarprozess sollten sich ebenfalls anmelden und eine Farbe definieren. Somit fällt die Zuordnung der Notizen zum Autoren leichter. Lesen Sie dazu bitte auch den Abschnitt „Als Benutzer anmelden".

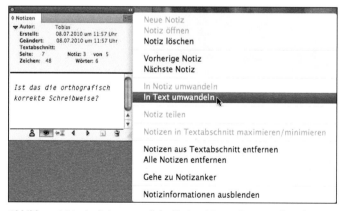

Abbildung 4.34: Im Palettenmenü der Notizen können Sie sinnvolle Befehle aufrufen, um Text in nicht druckende Kommentare oder Kommentare in druckbaren Text umzuwandeln.

4.10   Suchen und Ersetzen

Haben Sie erst einmal den gewünschten Text platziert, können Sie nun mit dem Zuweisen von Absatz- und Zeichenformaten fortfahren oder den Text bearbeiten und korrigieren. Klicken Sie dazu mit dem Textwerkzeug in den Textrahmen, den Sie bearbeiten möchten.

Zur Korrektur verhilft die Funktion **Suchen/Ersetzen** aus dem Menü **Bearbeiten**, die Sie auch über den intuitiven Tastenbefehl ⌘+F für „Finden" aufrufen.

Die Suchen-Funktion ist sehr komfortabel und gliedert sich in eine reine **Textsuche**, in **GREP**, **Glyphe** und **Objekt**.

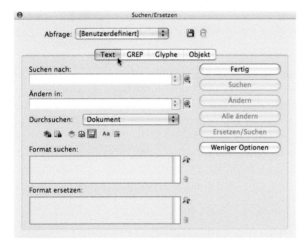

Abbildung 4.35: *Die Funktion Suchen und Ersetzen bietet vier verschiedene Gruppen: Text, GREP, Glyphe und Objekt.*

Die Textsuche erlaubt das Finden und Ersetzen von definierten Textpassagen und das Austauschen von Formatierungen. Den Umgang mit Formaten über die Suchen-Ersetzen-Funktion zeigen wir Ihnen ausführlich im Kapitel „Absatz- und Zeichenformate" ab Seite 310.

Mit **GREP** ist es möglich, Formate zu tauschen oder ganze Textpassagen nach einer logischen Folge zu durchsuchen und diese durch etwas anderes zu ersetzen. GREP ist eine Art „Suchsprache", die wir Ihnen im Kapitel „Suchen und Ersetzen mit GREP" ab Seite 690 demonstrieren.

Sie haben zunächst die Möglichkeit, Wörter zu ersetzen. Diese Suchfunktion können Sie beliebig auf den gewählten *Textabschnitt*, das *gesamte Dokument* oder auf *alle geöffneten Dokumente* anwenden, indem Sie auf das Auswahlmenü **Durchsuchen** klicken.

Auch die Suche nach Symbolen, Markierungen oder Leerräumen ist möglich: Klicken Sie dazu rechts neben dem Eingabefeld **Suchen** auf den kleinen Button mit dem Pfeil nach rechts: Es öffnet sich ein Auswahlmenü mit allen formatierbaren Meta- und Sonderzeichen. Dadurch können Sie z.B. auch Gevierte automatisch durch Halbgevierte ersetzen.

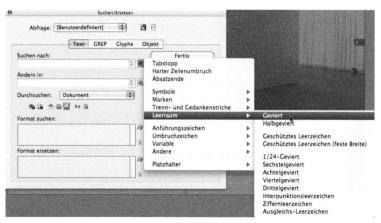

Abbildung 4.36: *Im Drop-down-Menü der Suche befinden sich auch Sonderzeichen, Markierungen und Leerräume.*

Wenn Sie auf den Button **Suchen** klicken, durchsucht InDesign sofort das Dokument und hebt den ersten Treffer im Text mit einer negativen Markierung hervor. Mit einem erneuten Klick auf **Weitersuchen** springen Sie zur nächsten Trefferstelle im Dokument. Dabei bleibt der Eingabedialog geöffnet, so dass Sie flexibel die Eingabe korrigieren oder sofort ein Wort zum Ersetzen eingeben können.

Durch den Button **Ändern** wird die jeweils aktuell gefundene Textstelle ersetzt; mit der Option **Alle ersetzen** durchsucht InDesign den gesamten Textabschnitt oder die Dokumente und meldet danach die Anzahl der Ersetzungen.

Beachten Sie bei der **Suchen/Ersetzen**-Funktion sowie bei **Ersetzen/Suchen** die Anwahl der **Groß- und Kleinschreibung**.

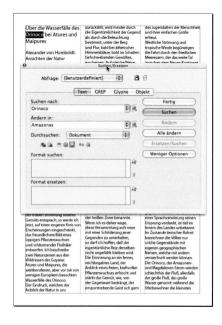

Abbildung 4.37: *Als Beispiel wird das Wort „Orinoco" gesucht und automatisch durch „Amazonas" ersetzt.*

Abbildung 4.38: *Die Anzahl der Ersetzungen zeigt InDesign anschließend nach erfolgtem Tausch.*

4.11 Wörterbücher

Für die Rechtschreibprüfung und die korrekte Silbentrennung in Absätzen benötigen Sie die mitgelieferten Wörterbücher für jeweils eine Sprache sowie eigene davon abweichende Einstellungen *für alle Sprachen* oder nur für *eine konkrete*, wie z.B. **Deutsch: Rechtschreibreform 2006**. InDesign kennt vier Typen von Wörterbüchern: Die *mitgelieferten Wörterbücher* für jede Sprache, ein *benutzerdefiniertes Wörterbuch* für InDesign, definierte *Benutzer-Wörterbücher*, die als externe Datei (*.UDC) gespeichert werden, und letztendlich die abweichenden Wortdefinitionen *nur für Ihr Dokument.*

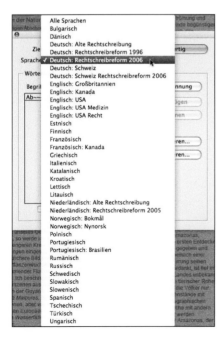

Abbildung 4.39: *Wörterbücher für alle europäischen sowie die nord- und südamerikanischen Sprachen befinden sich in der Standardinstallation von InDesign.*

4.11.1 Eigene Benutzerwörterbücher anlegen

InDesign kennt das programmeigene **Wörterbuch** sowie ein **benutzerdefiniertes Wörterbuch**, das abweichende Definitionen enthalten kann. Wenn also Wörterbücher für regelmäßige Publikationen von mehreren Arbeitsplätzen aus genutzt werden müssen, richten Sie sich gleich zu Beginn ein neues Wörterbuch ein und speichern es an einem geeigneten Ort.

Öffnen Sie dazu die Voreinstellungen mit dem Tastenbefehl ⌘+K und wählen Sie die Rubrik **Wörterbuch**. Das Standardwörterbuch ist zunächst ausgewählt und erscheint in der Liste. Mit einem Klick auf den **Plus-Button** legen Sie ein neues Wörterbuch an und speichern es als *.**UDC** – *User Dictionary*. Sollte Ihr InDesign-Dokument auch einmal Ihren Computer verlassen und von einem anderen Mitarbeiter verändert werden, müssen Sie die Option **Benutzerwörterbuch in Dokument einlesen** unbedingt aktivieren. Vorsicht ist mit der letzten Option geboten: **Bei Änderung alle Textabschnitte neu umbrechen**. Ist diese Funktion angewählt, ändert InDesign alle Textstellen, die im Benutzerwörterbuch neu angelegt werden. Lesen Sie dazu auch den nächsten Abschnitt der Rechtschreibprüfung.

4.11.2 Rechtschreibprüfung durchführen

Neben einer normalen **Rechtschreibprüfung**, die Sie jederzeit durchführen können, besitzt InDesign auch eine **Automatische Erkennung** von Wörtern, die nicht im aktuell zugewiesenen Wörterbuch vorhanden sind. Darüber hinaus können Sie durch eine **Autokorrektur** schwerwiegende Schreibfehler ausbessern.

Wenn Sie die Rechtschreibprüfung unter dem Menü **Bearbeiten** aufrufen, wählen Sie am unteren Dialogrand mit dem **Durchsuchen**-Menü den Beginn der Überprüfung.

> **Zeitpunkt der Prüfung**
> Es ist sinnvoll, die Rechtschreibprüfung immer *zu Beginn* eines Textimportes durchzuführen, damit später die Rechtschreibkorrektur den Textumbruch nicht verändert. Natürlich können Sie die Rechtschreibüberprüfung jederzeit auch während der Gestaltung oder Produktion durchführen. Beachten Sie vor dem Starten der Rechtschreibprüfung, dass Sie in den Voreinstellungen und in den Absatzformaten bzw. in der Absatzpalette das korrekte Wörterbuch ausgewählt haben, da Sie ansonsten eine so endlose wie unsinnige Textkorrektur starten.

Abbildung 4.40: *Mit dem Dialog der Rechtschreibprüfung starten Sie die Korrektur und entscheiden von Wort zu Wort, ob eine Ergänzung des Benutzerwörterbuches sinnvoll ist.*

> **!** **Reihenfolge beachten**
> Häufig wird der Fehler begangen, dass die Korrektur erst mitten in der Layoutphase gestartet wird. Dabei befinden Sie sich mitten im Dokument. Somit übersehen Sie leicht, dass die Korrektur in der Durchsuchen-Auswahl „Zum Ende des Textabschnittes" erst ab der aktuellen Seite oder Textauswahl bis zum Ende nach Fehlern sucht, nicht aber von Anfang an. Wählen Sie daher im Zweifelsfall den Suchabschnitt „Dokument" aus.

Die Rechtschreibkorrektur läuft so ab, dass Sie von Fehlerstelle zu Fehlerstelle springen und einen alternativen Text eingeben oder aus der Liste möglicher Verwandter aus den Korrekturvorschlägen die richtige Schreibweise aussuchen und ersetzen. Wenn Sie bei der Durchführung auf **Immer ändern** klicken, durchsucht InDesign alle weiteren Textstellen und ersetzt automatisch potenzielle Fehler.

4.11.3   Unbekannte Wörter hinzufügen

Treffen Sie auf ein Wort, das korrekt geschrieben, aber nicht im Wörterbuch zu finden ist, so können Sie dieses nachträglich hinzufügen, indem Sie auf den gleichnamigen Button klicken. Sie gelangen dann in den Dialog **Wörterbuch**. Hier wählen Sie aus, wo dieses Wort gespeichert wird. Als Ziel wählen Sie entweder das **Benutzerwörterbuch** von InDesign oder ein eigenes zuvor angelegtes Benutzerwörterbuch „meine Wörter.udc".

Für neue Begriffe ist es sinnvoll, auch die Silbentrennung mit anzugeben. Das geschieht folgendermaßen: In der Eingabemaske ist der neue Begriff bereits eingetragen, dem Sie nun durch einen Klick auf **Silbentrennung** die Trennvorschläge von InDesign hinzufügen. Daraufhin erscheinen zwischen den Wortsilben jeweils zwei Tilden, die die Trennmöglichkeit anzeigen. Dieser *Thesaurus-Algorithmus* arbeitet erstaunlich gut und verhilft meistens zu guten Trennergebnissen. Sollte einmal die Trennung nicht optimal sein, so können Sie manuell Tilden einfügen oder entfernen. Die Anzahl der Tilden beschreibt die Trennpriorität: eine Tilde zuerst, danach zwei Tilden und zuletzt drei Tilden.

> ### Keine Trennung
> Soll ein Wort nie getrennt werden, geben Sie vor dem Anfangsbuchstaben eine Tilde ein.

Haben Sie Wörter durch Zeichen wie ein Schrägstrich (/) oder einen Unterstrich (_) gekuppelt, so kann die Silbentrennung nicht einwandfrei trennen, sondern berücksichtigt immer nur die Wortteile.

Nachdem die Silbentrennung erfolgt ist, fügen Sie den neuen Begriff dem Wörterbuch hinzu und beenden den Dialog mit **Fertig**. Sie kehren wieder zur Rechtschreibkorrektur zurück und können die Fehlersuche fortsetzen.

> ### Wortliste für Trennregeln anlegen und importieren
> Um den Austausch von Trennregeln zu erleichtern, die allesamt von Ihnen und mehreren Mitarbeitern genutzt werden sollen, lohnt es sich, alle Wörter in einer Textdatei aufzulisten und mit Tilden zu trennen: Das Wort „Buchstaben~suppe" wird folglich von InDesign immer nur an der einen Stelle getrennt. Speichern Sie die Textdatei unformatiert (*.txt). Diese Textdatei lesen Sie in der laufenden Rechtschreibprüfung ein, in dem Sie auf „Importieren" klicken.

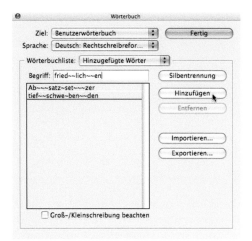 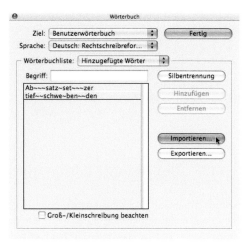

Abbildung 4.41: *Abweichend zu trennende Wörter können als Textdatei aufgeführt werden; eine Tilde gibt die gewünschte Trennstelle an.*

Abbildung 4.42: *Im Dialog der Rechtschreibprüfung importieren Sie die Liste der zu trennenden Wörter; diese stehen nachfolgend im Dialog zur Auswahl.*

> **Andere Wörterbücher**
> InDesign wird mit den Proximity-Wörterbüchern ausgeliefert, die jedoch nicht bei allen Anwendern auf Gegenliebe stoßen. Die Duden-Redaktion hat aus diesem Grund einen eigenen „Duden Korrektor 7.0" für InDesign und InCopy herausgebracht, der die bekannten InDesign-Schwächen in der deutschen Korrektur ausbügeln soll. Näheres dazu finden Sie auf der Internetseite: www.duden.de unter der Rubrik „Software".

! **Verantwortung der Orthografie**
> Wie jede Desktop-Software kann auch InDesign keine grammatikalische Syntax auf Vollständigkeit überprüfen; Korrekturlesen ist immer sinnvoll, auch wenn der Kunde maßgeblich für die Rechtschreibung verantwortlich ist. Da eine Korrektur in letzter Minute durchaus den Umbruch und somit den Textfluss beeinflussen kann, droht eine regelrechte Fehlerlawine, wenn nun Übersatz entsteht, der Textrahmen aber nicht vergrößert werden darf. Gestalter wie Dienstleister sind nicht nur für die Druckqualität, sondern auch für die Orthografie verantwortlich.

> **Verantwortung für den Textumbruch**
> Wie ein Absatz umbrochen wird, entscheiden Sie mit der Auswahl des Wörterbuches und der Absatzformat-Einstellungen. Diese Optionen zeigen wir Ihnen ausführlich im Kapitel „Absatz- und Zeichenformate" ab Seite 310. Will Ihr Kunde selbst den Zeilenumbruch bestimmen, so verwenden Sie den „Einzeilensetzer", der individuelle Trennungen zulässt, ohne die vorangegangenen Zeilen des jeweiligen Absatzes anzutasten.

4.12 Dynamische Rechtschreibprüfung und Autokorrektur

Zwei Funktionen erleichtern Ihre tägliche Textarbeit in InDesign: Die **Dynamische Rechtschreibprüfung** hebt falsch geschriebene oder dem Wörterbuch unbekannte Wörter hervor. Darüber hinaus bietet InDesign mit dieser Funktion während der Textarbeit *Vorschläge* an.

Die **Autokorrektur** hingegen kann selbstständig falsch geschriebene Wörter austauschen. Häufige Fehler, wie vertauschte Vokale bei dem Wort »veile« anstatt »viele«, lassen sich somit von InDesign korrigieren.

4.12.1 Voreinstellungen für die Rechtschreibprüfung

Ergänzend zur Textkorrektur sollten Sie einige Voreinstellungen beachten. Rufen Sie mit ⌘+K die InDesign-**Voreinstellungen** auf. In den Rubriken **Wörterbuch** sowie **Rechtschreibung** und **Autokorrektur** müssen Sie nun einige Veränderungen vornehmen.

Falls Sie noch kein benutzerdefiniertes Wörterbuch angelegt haben, können Sie dies nun nachholen und klicken in der oberen Liste auf das kleine **Blattsymbol**. Danach speichern Sie ein **„Benutzerwörterbuch.udc"** auf Ihrer Festplatte ab.

Anschließend besuchen Sie die Voreinstellungen zur **Rechtschreibprüfung**. Hier sehen Sie, dass die Rechtschreibprüfung grundsätzlich vier verschiedene Fälle erkennt: **Rechtschreibfehler, wiederholte Wörter, kleingeschriebene Wörter** sowie **Sätze**. Mithilfe der aktiven **Dynamischen Rechtschreibprüfung** können Sie diesen Fällen auch eine Hervorhebungsfarbe im Layout geben.

Wenn Sie danach in der Rubrik **Autokorrektur** die Funktion aktivieren, können Sie zur aktuell ausgewählten Sprache typische Rechtschreibfehler aufnehmen. Klicken Sie auf **Hinzufügen** und geben Sie eine Korrektur ein.

Abbildung 4.43: *Die Autokorrektur nimmt eigene Textersetzungen für typische Schreibfehler auf.*

> **MfG – Floskeln für jede Lebenslage**
> Sollten Sie selbst viele Texte in InDesign verfassen, können Sie die Autokorrektur für die kreative Textarbeit verwenden. Legen Sie Abkürzungen wie z.B. „SGH" für die Ersetzung „Sehr geehrter Herr" bzw. „SGF" fest. Während des Schreibens kann Ihnen InDesign anstelle dieser drei Buchstaben die gesamte Floskel einsetzen.

> **Probleme in den Wörterbüchern**
> Nur die englischen, französischen und spanischen Wörterbücher haben in InDesign bereits fertige Vorschläge für eine Autokorrektur. Wenn Sie diese auswählen, bekommen Sie eine lange Liste von möglichen Schreibfehlern. Alle anderen Sprachen gehen in InDesign leer aus; hier müssen Sie die gewünschten Autokorrekturen selbst eintragen.

Nachdem Sie nun die Voreinstellungen abgeschlossen haben, kehren Sie wieder zu Ihrem Layout zurück und rufen unter dem Menü **Bearbeiten/Rechtschreibprüfung** die **Dynamische Rechtschreibprüfung** sowie die **Autokorrektur** auf. InDesign schaltet dann diese beiden Funktionen ein.

Die **Autokorrektur** verhält sich wie ein Skript und bewirkt, dass alle in den Voreinstellungen angegebenen Fälle sofort im Layout ersetzt werden.

Sobald Sie die **Dynamische Rechtschreibprüfung** aktivieren, erkennen Sie *rote Wellenlinien* unterhalb von Wörtern, die nicht im Wörterbuch bekannt sind oder falsch geschrieben wurden. Alle anderen Fälle werden *grün* gekennzeichnet.

> **Korrekturvorschläge während der Textarbeit**
> Sobald Sie bei aktiver Dynamischer Rechtschreibprüfung mit dem Textwerkzeug über das markierte Wort fahren und das Kontextmenü aufrufen, erhalten Sie eine Liste aller Wortvorschläge von InDesign. Wechseln Sie das Wort oder fügen Sie das markierte Wort als neuen Begriff in Ihr Wörterbuch ein.

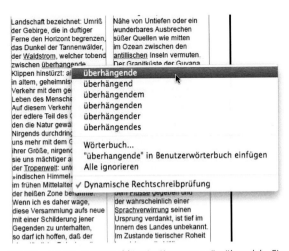

Abbildung 4.44: *Textvorschläge im Kontextmenü während der Eingabe.*

> **Keine Hervorhebung sichtbar?**
> Wenn Sie die Dynamische Rechtschreibkorrektur aktivieren, aber keine roten Wellenlinien im Layout sehen, kann es daran liegen, dass Sie entweder einen hervorragenden Text vor sich haben, oder Sie befinden sich im Vorschaumodus. Dabei werden alle Hilfslinien und Markierungen ausgeblendet. Geben Sie den Tastenbefehl W ein; die Wellenlinien sollten damit sofort wieder erscheinen.

! **Alles rot?**
Wenn Sie mit mehrsprachigen Dokumenten arbeiten, werden Sie mehrere Wörterbücher im Layout anwenden. Sobald Sie die Dynamische Rechtschreibprüfung aktivieren, werden Ihnen nahezu alle Wörter rot hervorgehoben. Stellen Sie einfach das Wörterbuch in den Voreinstellungen um oder wählen Sie das richtige Wörterbuch in den Absatzeinstellungen, danach werden nur die falsch geschriebenen oder unbekannten Wörter hervorgehoben.

! **Eingeschränkte Performance**
Die Dynamische Rechtschreibprüfung kann bei langen Textabschnitten besonders beim Öffnen des Dokumentes zu kurzer Wartezeit führen, da zunächst alle Wörter mit den angewendeten Wörterbüchern verglichen werden. Diese Funktion wird damit aktiviert, dass Sie ein Dokument mit aktivierter Prüfung auch gespeichert haben. Deaktivieren Sie daher die dauerhafte Prüfung vor dem Speichern!

4.13 Textmodus

Die Bearbeitung und Korrektur von Texten ist in komplexen Layoutdokumenten häufig umständlich: Textrahmen, die um 90 Grad gedreht sind, lassen sich schwer lesen und korrigieren. Ebenso bei grafisch aufwändigen Dateien: Übereinanderliegende transparente Objekte oder unruhige Untergründe behindern die Lesbarkeit. Damit Sie nicht Ihre Texte außerhalb von InDesign bearbeiten oder eigene Textebenen anlegen müssen, bietet Ihnen InDesign einen Textmodus an. Darin werden bei aktiver Dynamischer Rechtschreibprüfung auch die Textmarkierungen angezeigt.

Sie rufen den Textmodus auf, indem Sie zunächst einen Textrahmen anwählen und dann ⌘+Y drücken oder im Menü **Bearbeiten/Im Textmodus bearbeiten** aufrufen. Alternativ dazu können Sie auch über das Kontextmenü in den Textmodus wechseln.

Der Textmodus zeigt Ihnen neben der Textmenge in der linken Spalte die **Formatierungen** an; alle Absatzformate werden aufgeführt. So behalten Sie leicht den Überblick über die Textformatierungen. Sie können im Textmodus auch Absatzformate zuweisen. Wenn Sie zudem unter dem Menü **Schrift** die Option **Verborgene Zeichen einblenden** aktivieren, werden auch Sonderzeichen, Leerräume und Umbruchzeichen angezeigt. Auch im Textmodus können Sie jederzeit Sonderzeichen aus dem Kontextmenü einfügen.

Abbildung 4.45: Der Textmodus zeigt den Text unabhängig vom Layout an – eine komfortable Umgebung für Textkorrekturen in komplexen grafischen Layouts.

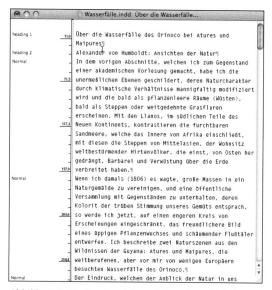

Abbildung 4.46: Sonderzeichen wie Leerräume, Tabulatoren, Absatzmarken oder bedingte Trennungen werden Ihnen auch im Textmodus gezeigt, wenn Sie die „verborgenen Zeichen" einblenden.

Blenden Sie während der Textbearbeitung über das Menü **Fenster** die **Informationen**-Palette ein, so erhalten Sie die Anzahl der Anschläge, der Wörter, aber auch den Umfang des Übersatzes – jenes Textabschnittes, der über einen Textrahmen hinausgeht. Dieser Übersatz wird mit einem Plus gekennzeichnet. Somit können Sie an den betroffenen Stellen im Layout redaktionelle Textkürzungen oder Umformulierungen treffen, um den Übersatz zu eliminieren.

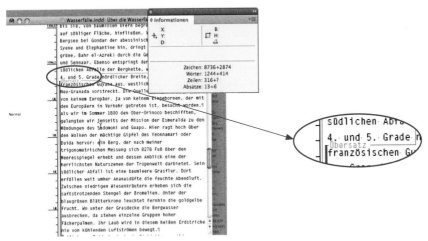

Abbildung 4.47: *Die Darstellung des Übersatzes ist unmissverständlich, die Informationen-Palette zeigt auf Wunsch die Anzahl der Zeichen und Wörter der Textmarkierung an.*

> ### Wie viel Untersatz ist noch im Textrahmen?
> Wenn Ihre Redaktion wissen will, wie viele Anschläge in den Textrahmen noch hineinpassen, um einen Artikel „auf Zeile" zu ergänzen, können Sie diese Stelle mit Platzhaltertext über die rechte Maustaste füllen. Markieren Sie sich nun diesen Abschnitt. Die Infopalette zeigt Ihnen die entsprechende Anzahl an Zeichen, Wörtern, Zeilen und Absätzen des markierten Bereiches.

Innerhalb des Textmodus korrigieren Sie Texte durch die **Rechtschreibkorrektur** und durch **Wörterbücher**. Rufen Sie dazu aus dem Menü **Bearbeiten** die Optionen **Rechtschreibkorrektur** oder **Wörterbücher** auf. Ebenso lassen sich Wörter über die Funktion **Suchen und Ersetzen** (⌘+F) korrigieren.

> ### Texte per Drag&Drop verschieben
> Ganze Textpassagen lassen sich im Textmodus auch verschieben: Markieren Sie den Textabschnitt und ziehen Sie ihn mit gedrückter Maustaste an eine neue Position. Dieses Verschieben per Drag&Drop ist auch im Layout möglich, wenn Sie die Voreinstellungen ⌘+K aufrufen und unter der Rubrik „Eingabe" die „Textbearbeitung durch Ziehen und Ablegen" mit einem Klick auf „In Layoutansicht aktivieren" anschalten. Im Textmodus ermöglicht InDesign nur das Verschieben innerhalb des ausgewählten Textrahmens oder in miteinander verknüpften Rahmen.

Wollen Sie den **Textmodus** wieder beenden, so drücken Sie erneut ⌘+F. Somit kehren Sie wieder zur normalen Layoutarbeit zurück; der Textmodus lässt sich jederzeit mit demselben Tastenbefehl erneut aufrufen.

4.13.1 Darstellungsoption

Wie sich der Textmodus präsentiert, stellen Sie in den **Voreinstellungen** unter **Textmodus** ein. Dort wählen Sie **Font**, **Farbe**, **Hintergrund** und **Form** des Textmodus. Dazu kommt auch eine Kantenglättung der Schrift, die InDesign grundsätzlich verwendet. Wen dies stört, kann für den Textmodus diese Option deaktivieren.

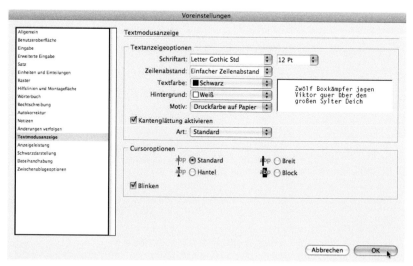

Abbildung 4.48: In den Voreinstellungen können Sie die Form des Textmodus und des darin verwendeten Fonts ändern.

> **Alternativen zum Textmodus**
> Die Textkorrektur findet nicht immer im Layout statt. Häufig möchten die Kunden selbst die Texte formulieren oder ändern. Dazu ist der Textmodus ungeeignet, da die Texte häufig in Microsoft Word erfasst und bearbeitet werden und nicht alle Kunden InDesign benutzen wollen (oder sollen). Neben der Platzierung von Word-Dokumenten gibt es aber auch eine Alternative: InCopy ist ein Textverarbeitungsprogramm für Redakteure, das auf derselben Technologie wie InDesign beruht. InDesign und InCopy sind so aufeinander abgestimmt, dass Textpassagen oder ganze Textrahmen aus einem Layoutdokument exportiert und in InCopy überarbeitet werden können. Die Arbeitsweise stellen wir Ihnen im Kapitel „Redaktions-Workflow mit InCopy" ab Seite 655 vor.

4.14 Tagged-Text-Format

4.14.1 Austauschen von Textabschnitten innerhalb von InDesign-Dokumenten

Wenn Sie Texte aus einem InDesign-Dokument in ein anderes Layout kopieren wollen, so können Sie dies natürlich manuell mit den Befehlen **Kopieren** (⌘+C) und **Einfügen** (⌘+V) durchführen. Wollen Sie aber auch sämtliche im Textabschnitt benutzten Absatz- und Zeichenformate kopieren, so verwenden Sie besser das **Tagged-Text-Format**. Dazu markieren Sie mit dem Textwerk-zeug den gewünschten Abschnitt und wählen unter **Datei/Exportieren…** das **Tagged-Text-Format**.

Im Zieldokument platzieren Sie diese Datei mit dem etwas irreführenden Kürzel **.txt**. Mit dem Text werden auch die Absatz- und Zeichenformate eingefügt, eine enorm hilfreiche Methode, um die Darstellungsqualität des kopierten Textes zu erhalten und die Formate im neuen Dokument für die weitere Arbeit zu nutzen.

Abbildung 4.49: *Formatierte Textabschnitte lassen sich als „Tagged Text" speichern und im neuen Layout platzieren. Dabei bleiben Absatz- und Zeichenformate erhalten.*

> **Tagged Text und XML**
> Im Hintergrund ist das Dateiformat eine XML-Datei für InDesign. Formatierte Textabschnit-te werden anhand ihres Formatnamens „getagt" – also als Überschrift oder Absatz gekennzeich-net. Dieses Format ist ein einfacher Weg, einen Textabschnitt als XML-Datei zu exportieren. Mehr zum Thema XML erläutern wir Ihnen im Kapitel „Automatisierung" ab Seite 689.

4.15 Fußnoten

Neben all diesen schönen Textfunktionen geraten so sinnvolle Werkzeuge wie die **Fußnoten** häufig in den Hintergrund. Diesen Werkzeugen wollen wir uns nun ein wenig eingehender widmen. Die Fußnoten beschreiben Literaturverweise zu anderen Büchern oder Hintergrundinformationen. Sie können Fußnoten selbstständig anlegen und die Formatierung wählen oder Fußnoten über den RTF- oder Word-Import einlesen.

⚠ **Fußnoten sind keine Querverweise**
Als Querverweise sind Fußnoten nicht geeignet. Hierfür empfehlen wir Ihnen, InDesign-eigene Querverweise anzulegen und dadurch die Textstelle und das Verweisziel tatsächlich miteinander zu verbinden. Die Querverweise erläutern wir Ihnen ausführlich im Kapitel „Vari-able Texte" ab Seite 375.

Fußnoten befinden sich immer in demselben Textrahmen wie der Hinweis im Fließtext. Wird eine Fußnote zu umfangreich, wird sie bis zur Höhe des Verweises erweitert und in der nächsten Textspalte weitergeführt. Ist kein ausreichender Platz vorhanden, wird sie auf die nächste Seite oder in den nächsten verketteten Textrahmen umbrochen.

Alternativ zu den Fußnoten können verankerte Objekte dieselbe Funktion übernehmen, da diese in einer eigenen Layoutspalte parallel zum Text mitlaufen können. Auf die verankerten Objekte gehen wir später noch genauer ein.

Da es sehr viele verschiedene Möglichkeiten gibt, Fußnoten zu gestalten oder anzulegen, wollen wir Ihnen anhand eines einfachen Beispiels den Umgang mit Fußnoten näherbringen.

So legen Sie Fußnoten selbst an: Klicken Sie an eine Textstelle mit dem **Textwerkzeug** und rufen Sie das **Kontextmenü** auf. Wählen Sie die Option **Fußnote einfügen**. Zunächst fügt InDesign hinter dieser Textstelle eine *hochgestellte Ziffer* ein. Anschließend springt InDesign an das untere Ende des Textrahmens, setzt einen Strich und eine normale Ziffer. Danach blinkt mit dem Abstand eines Tabulators die Einfügemarke. Nun können Sie den Fußnotentext angeben.

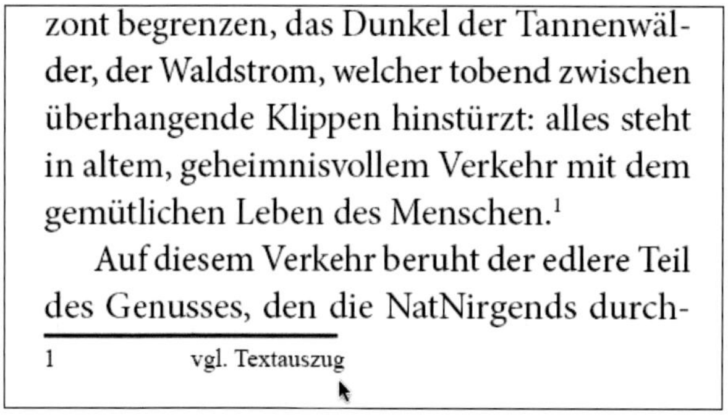
zont begrenzen, das Dunkel der Tannenwälder, der Waldstrom, welcher tobend zwischen überhangende Klippen hinstürzt: alles steht in altem, geheimnisvollem Verkehr mit dem gemütlichen Leben des Menschen.[1]

Auf diesem Verkehr beruht der edlere Teil des Genusses, den die NatNirgends durch-

1 vgl. Textauszug

Abbildung 4.50: *Eine Fußnote erscheint nach dem Anlegen gleich am unteren Ende der Textspalte.*

Um nun die Fußnoten zu gestalten, rufen Sie aus dem Menü **Schrift** die **Optionen für Dokumentenfußnoten** auf. In der nachfolgenden Einstellung treffen Sie alle Optionen, wie die Fußnote nummeriert wird, wie die Ziffer im Text erscheint und mit welchem Abstand die Fußnote eingezogen wird. Für die Nummerierung können Sie alternativ zu arabischen Ziffern auch ein anderes Format wählen. Für ein Präfix/Suffix können Sie auch die Formatierung **Verweis und Text** wählen, die es erlaubt, die entsprechende Ziffer durch einen Text oder Klammern zu ergänzen. Damit hochgestellte Ziffern nicht zu eng mit dem vorangestellten Wort unterschnitten werden, empfiehlt sich z.B. für das Präfix ein *Achtelgeviert* als festen Zwischenraum zu wählen. Klicken Sie dazu in das kleine Auswahlmenü mit dem Pfeil nach rechts.

Neben der Hochstellung der Verweisziffer im Text können Sie in der Rubrik **Formatierung** auch eine tiefgestellte oder normale Ziffer wählen. Am besten formatieren Sie diese Ziffer mit einem **Zeichenformat**.

Die **Fußnotenformatierung** beschäftigt sich gestalterisch nur mit der Fußnote am Ende des Text-rahmens. Hier wählen Sie ein eigenes **Absatzformat** zur Darstellung des Fußnotentextes. Das Trennzeichen wird mit einem Tabulator angegeben und erscheint in der Schreibweise ^t. Aber auch ein *Geviert* kann einen guten Leerraum zum Fußnotentext darstellen.

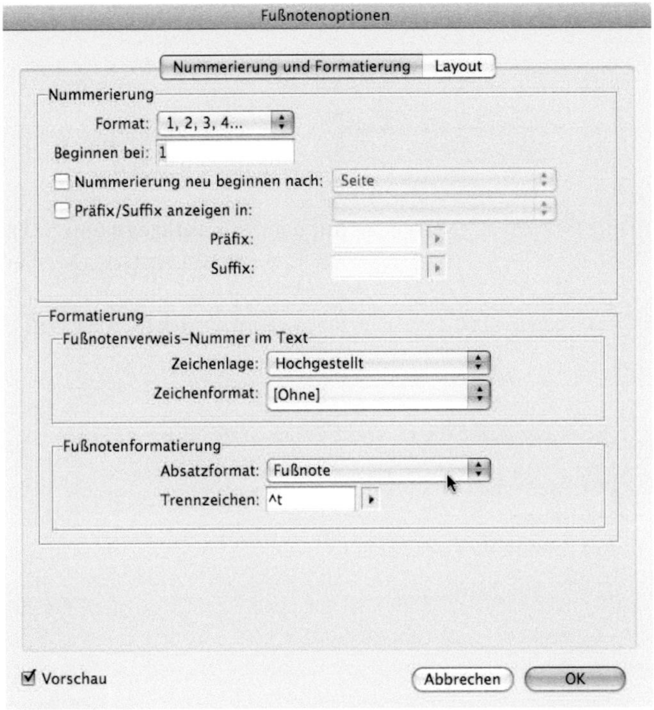

Abbildung 4.51: *In der Fußnotenformatierung wenden Sie ein Absatzformat für die Darstellung der Fußnote an, die mit aktiver Vorschau sofort im Layout sichtbar wird.*

Damit haben Sie nun die Erscheinung der Fußnote und des Verweises festgelegt. Wie sieht es aber mit den Fußnoten zueinander und im Layout aus? Wechseln Sie die Optionen auf den Reiter **Layout**.

Die Abstandsoptionen und die Orientierung an der Grundlinie sind nahezu selbst erklärend. Die Verwendung der **Ersten Grundlinie** lesen Sie bitte in dem Kapitel **Typografie** im Bezug zur verti-kalen Ausrichtung von Text mit den **Textrahmenoptionen** ab Seite 257 nach.

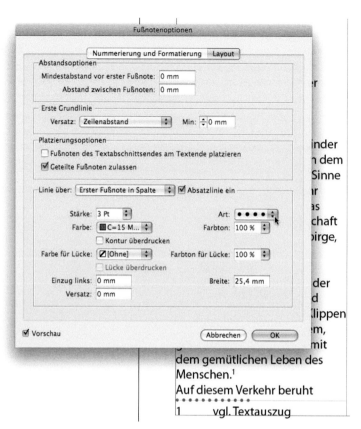

Abbildung 4.52: *Im Reiter „Layout" stehen Ihnen Optionen zur Verfügung, wie die Fußnoten ausgerichtet werden.*

Wie die Fußnote vom übrigen Text getrennt wird, können Sie mit einer **Linie** über der ersten Fußnote festlegen. Auch diese Einstellungen geben keine Rätsel auf. Beachten Sie aber hier, dass Sie die Funktion **Kontur überdrucken** aktivieren, wenn Sie eine Absatzlinie z.B. in der Farbe **[Schwarz]** verwenden. Farbige Konturen werden in InDesign grundsätzlich zunächst nicht überdruckt. Bei feinen Linien unter 1 Punkt Strichstärke sollten Sie diese Option allerdings nutzen. Die Breite der Linie gibt an, wie weit die Fußnotenlinie in die Textspalte gezogen wird.

> **! Fußnotenlinien sind keine Absatzlinien**
> Leider haben Sie in den Fußnotenformatierungen keine Einstellungen, die Linie über den Fußnoten in der Breite an die Textspalte anzupassen wie z.B. in den Absatzformaten. Die Linie trennt alle Fußnoten von dem darüber liegenden Text und wird nur einmal dargestellt. Wenn Sie alle Fußnoten mit Linien optisch trennen wollen, so erstellen Sie sich ein Absatzformat und legen in den Formateinstellungen Absatzlinien fest.

4.16 Verankerte Objekte

Die **verankerten Objekte** dienen dazu, in Abhängigkeit von einer Textstelle einen oder mehrere Layoutrahmen auf derselben Textzeile oder auf derselben Seite zu platzieren. Die verankerten Objekte erscheinen somit entweder mitten auf der Textspalte oder mitlaufend am Rand als *Marginalie*. Das Thema überschneidet sich mit vielen Kapiteln, wie dem **Platzieren** von Bildern sowie den **Absatz- und Zeichenformaten**. Daher werden wir Ihnen an einem einfachen Beispiel einer mitlaufenden **Grafik im Text** sowie einer **Marginalie** zeigen, wie das Prinzip der verankerten Objekte funktioniert. Bitte befassen Sie sich mit den angesprochenen Kapiteln, wenn Sie mit der Formatierung von Rahmen und Typografie in InDesign noch keine ausreichende Erfahrung haben.

4.16.1 Verankerte Bilder im Text

Beginnen wir mit einem einfachen Beispiel: Für eine wissenschaftliche Dokumentation sollen Bilder zwischen Textabsätzen eingefügt werden. Eine Bildunterschrift sorgt zudem für eine eindeutige Beschreibung.

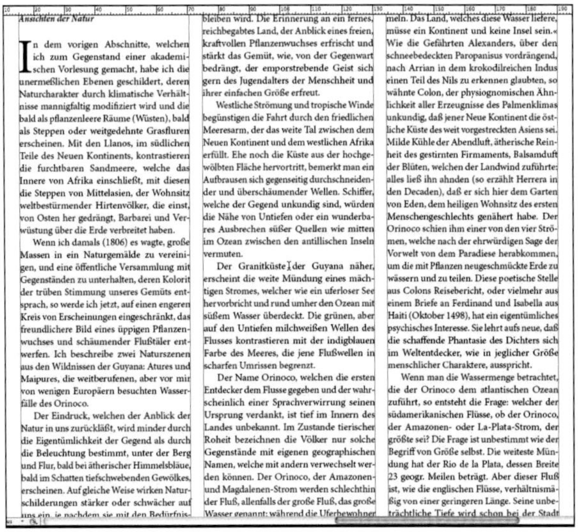

Ansichten der Natur

In dem vorigen Abschnitte, welchen ich zum Gegenstand einer akademischen Vorlesung gemacht, habe ich die unermeßlichen Ebenen geschildert, deren Naturcharakter durch klimatische Verhältnisse mannigfaltig modifiziert wird und die bald als pflanzenleere Räume (Wüsten), bald als Steppen oder weitgedehnte Grasfluren erscheinen. Mit den Llanos, im südlichen Teile des Neuen Kontinents, kontrastieren die furchtbaren Sandmeere, welche das Innere von Afrika einschließt, mit diesen die Steppen von Mittelasien, der Wohnsitz weltbestürmender Hirtenvölker, die einst, von Osten her gedrängt, Barbarei und Verwüstung über die Erde verbreitet haben.

Wenn ich damals (1806) es wagte, große Massen in ein Naturgemälde zu vereinigen, und eine öffentliche Versammlung mit Gegenständen zu unterhalten, deren Kolorit der trüben Stimmung unseres Gemüts entsprach, so werde ich jetzt, auf einen engeren Kreis von Erscheinungen eingeschränkt, das freundlichere Bild eines üppigen Pflanzenwuchses und schäumender Flußtäler entwerfen. Ich beschreibe zwei Naturszenen aus den Wildnissen der Guyana: Atures und Maipures, die weitberufenen, aber vor mir von wenigen Europäern besuchten Wasserfälle des Orinoco.

Der Eindruck, welchen der Anblick der Natur in uns zurückläßt, wird minder durch die Eigentümlichkeit der Gegend als durch die Beleuchtung bestimmt, unter der Berg und Flur, bald bei ätherischer Himmelsbläue, bald im Schatten tiefschwebenden Gewölkes, erscheinen. Auf gleiche Weise wirken Naturschilderungen stärker oder schwächer auf uns ein, je nachdem sie mit den Bedürfnis-

bleiben wird. Die Erinnerung an ein fernes, reichbegabtes Land, der Anblick eines freien, kraftvollen Pflanzenwuchses erfrischt und stärkt das Gemüt, wie, von der Gegenwart bedrängt, der emporstrebende Geist sich gern des Jugendalters der Menschheit und ihrer einfachen Größe erfreut.

Westliche Strömung und tropische Winde begünstigen die Fahrt durch den friedlichen Meeresarm, der das weite Tal zwischen dem Neuen Kontinent und dem westlichen Afrika erfüllt. Ehe noch die Küste aus der hochgewölbten Fläche hervortritt, bemerkt man ein Aufbrausen sich gegenseitig durchschneidender und überschäumender Wellen. Schiffer, welche der Gegend unkundig sind, würden die Nähe von Untiefen oder ein wunderbares Ausbrechen süßer Quellen wie mitten im Ozean zwischen den antillischen Inseln vermuten.

Der Granitküste der Guyana näher, erscheint die weite Mündung eines mächtigen Stromes, welcher wie ein uferloser See hervorbricht und rund umher den Ozean mit süßem Wasser überdeckt. Die grünen, aber auf den Untiefen milchweißen Wellen des Flusses kontrastieren mit der indigblauen Farbe des Meeres, die jene Flußwellen in scharfen Umrissen begrenzt.

Der Name Orinoco, welchen die ersten Entdecker dem Flusse gegeben und der wahrscheinlich einer Sprachverwirrung seinen Ursprung verdankt, ist tief im Innern des Landes unbekannt. Im Zustande tierischer Roheit bezeichnen die Völker nur solche Gegenstände mit eigenen geographischen Namen, welche mit andern verwechselt werden können. Der Orinoco, der Amazonen- und Magdalenen-Strom werden schlechthin der Fluß, allenfalls der große Fluß, das große Wasser genannt; während die Uferbewohner

meln. Das Land, welches diese Wasser liefere, müsse ein Kontinent und keine Insel sein.« Wie die Gefährten Alexanders, über den schneebedeckten Paropanisus vordrängend, nach Arrian in dem krokodilreichen Indus einen Teil des Nils zu erkennen glaubten, so wähnte Colon, der physiognomischen Ähnlichkeit aller Erzeugnisse des Palmenklimas unkundig, daß jener Neue Kontinent die östliche Küste des weit vorgestreckten Asiens sei. Milde Kühle der Abendluft, ätherische Reinheit des gestirnten Firmaments, Balsamduft der Blüten, welchen der Landwind zuführte: alles ließ ihn ahnden (so erzählt Herrera in den Decaden), daß er sich hier dem Garten von Eden, dem heiligen Wohnsitz des ersten Menschengeschlechts genähert habe. Der Orinoco schien ihm einer von den vier Strömen, welche nach der ehrwürdigen Sage der Vorwelt von dem Paradiese herabkommen, um die mit Pflanzen neugeschmückte Erde zu wässern und zu teilen. Diese poetische Stelle aus Colons Reisebericht, oder vielmehr aus einem Briefe an Ferdinand und Isabella aus Haiti (Oktober 1498), hat ein eigentümliches psychisches Interesse. Sie lehrt aufs neue, daß die schaffende Phantasie des Dichters sich im Weltentdecker, wie in jeglicher Größe menschlicher Charaktere, ausspricht.

Wenn man die Wassermenge betrachtet, die der Orinoco dem atlantischen Ozean zuführt, so entsteht die Frage: welcher der südamerikanischen Flüsse, ob der Orinoco, der Amazonen- oder La-Plata-Strom, der größte sei? Die Frage ist unbestimmt wie der Begriff von Größe selbst. Die weiteste Mündung hat der Rio de la Plata, dessen Breite 23 geogr. Meilen beträgt. Aber dieser Fluß ist, wie die englischen Flüsse, verhältnismäßig von einer geringeren Länge. Seine unbeträchtliche Tiefe wird schon bei der Stadt

Abbildung 4.53: *Der Textcursor befindet sich an der gewünschten Stelle im Text.*

1. **Textstelle wählen**
   Klicken Sie mit dem Textwerkzeug an die gewünschte Stelle, wo ein Bild oberhalb des Textes eingefügt werden soll.

Abbildung 4.54: *Im Menü Objekt fügen Sie ein verankertes Objekt ein.*

2. Verankertes Objekt einfügen

Wählen Sie aus dem Menü **Objekt/Verankertes Objekt/Einfügen…** aus.

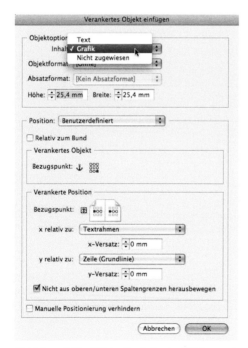

Abbildung 4.55: *Wählen Sie die Art des Objektes und das Objektformat.*

3. Objektart und Objektformat aussuchen

Ob Sie **Text** oder **Grafik** platzieren wollen, wählen Sie im Dialog **Verankertes Objekt einfügen** aus. Danach können Sie das passende Objektformat aussuchen.

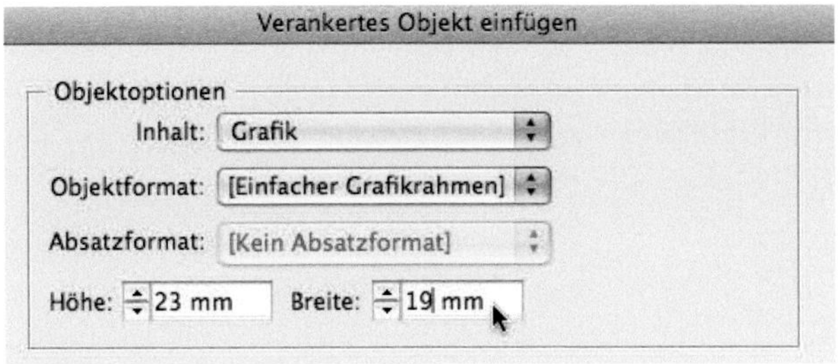

Abbildung 4.56: *Wählen Sie eine geeignete Größe des Rahmens.*

4. Größe des Rahmens festlegen

Wählen Sie eine geeignete Größe für den Rahmen, der im Text verankert wird.

Abbildung 4.57: *Die Position kann entweder vom Absatzformat vorgegeben werden oder Sie legen eine eigene Ausrichtung fest.*

5. Optionen für die Position und die Ausrichtung wählen

Rufen Sie den Punkt **Eingebunden oder über Zeile** auf. Wählen Sie **Über Zeile** aus. In der **Ausrichtung** geben Sie **links** an oder die **Textausrichtung**, die das Absatzformat vorgibt.

6. Abstand zum Text

Damit ein verankertes Bild nicht direkt an vorherige oder nachfolgende Textzeilen stößt, empfiehlt sich ein **Abstand vor** und **nach** dem verankerten Rahmen von z.B. 2 Millimetern oder einem Grundlinienabstand (12 Punkt). Bestätigen Sie den Dialog und der verankerte Rahmen erscheint im Textfluss.

7. Bild in Rahmen einpassen

Sofern Sie in Punkt **3** ein Objektformat gewählt haben, das Rahmeneinpassungsoptionen beinhaltet und somit das Bild an den Rahmen anpasst, brauchen Sie diesen Schritt nicht zu beachten. Andernfalls wählen Sie nun den verankerten Rahmen mit dem Auswahlwerkzeug aus und rufen aus dem Menü **Objekt/Anpassen/Rahmeneinpassungsoptionen...** aus. Lesen Sie zu diesen Optionen auch das Kapitel „Bilder platzieren" ab Seite 159.

Nachdem Sie diese Schritte absolviert haben, können Sie die Einstellungen für das verankerte Objekt auch wieder ändern. Rufen Sie dazu im Menü **Objekt/Verankertes Objekt/Optionen…** auf. Anschließend erscheint wieder der Dialog für verankerte Objekte – diesmal mit aktiver Vorschau.

Abbildung 4.58: *Das verankerte Objekt erscheint nun im Layout.*

Abbildung 4.59: *Die Optionen für verankerte Objekte können Sie nachträglich mit aktiver Vorschau ändern.*

! Immer noch keine Vorschau

Obwohl die Funktion der verankerten Objekte für alle komplexen Layouts eine sinnvolle Ergänzung darstellt, hat Adobe InDesign immer noch keine Vorschau spendiert, wie ein verankertes Objekt im Text erscheint, bevor Sie die Einstellungen bestätigt haben. Daher sollten Sie die Voreinstellung für die verankerten Objekte nur bei geschlossenen Dokumenten vornehmen. Bei dem nächsten geöffneten Dokument erhalten Sie zumindest schon die richtigen Vorgaben für das Einfügen eines verankerten Objektes.

> Objektformate für verankerte Rahmen

Damit verankerte Bilder auch gleich in der richtigen Größe im Layout erscheinen, sollten Sie sich Objektformate anlegen. Diese erklären wir ausführlich im Kapitel „Bilder platzieren" ab Seite 159.

> Bildnummern mit Absatzformaten

Für die ordentliche Aufzählung von Bildern im Text legen Sie mit nummerierten Absatzformaten nach dem Schema „Abbildung 123" die Aufzählung fest. Lesen Sie hierzu auch das Kapitel „Variable Texte" ab Seite 375.

> Bildverzeichnis für verankerte Objekte

Wenn Sie ein durchgehendes Absatzformat für die Bildunterschriften verwenden, so können Sie aus diesem Format ein Inhaltsverzeichnis anlegen, das Ihnen alle Bilder mit dem Seitenverweis darstellt. Einfacher kann ein Bildverzeichnis nicht angelegt werden!

4.16.2 Marginalien mit Ausrichtung am Bund oder Rand

Sie bestimmen, ob sich Textzeilen in doppelseitigen Dokumenten abhängig zum Bund oder Rand ausrichten. Wählen Sie zum Beispiel die Formatierung zum Bund, erhalten Sie auf einer linken Seite einen rechtsbündigen Textabsatz, auf einer rechten Seite hingegen einen linksbündigen. Besonders bei Marginalien ist dies sinnvoll, damit sich Literaturangaben oder Bilder auf einer **äußeren Marginalienspalte** immer zu den **inneren Textspalten** ausrichten, sowohl auf einer linken wie auf einer rechten Seite.

Für unser Beispiel verwenden wir ein dreispaltiges Layout; die beiden inneren Spalten sind für den Fließtext reserviert, die Spalte am Seitenrand nimmt die Marginalien auf.

Abbildung 4.60: *Das dreispaltige Layout mit Fließtext in den inneren beiden Spalten der Doppelseite*

1. **Objekt einfügen**
   Klicken Sie nun an die Stelle im Fließtext, die unmittelbar durch eine Marginalie ergänzt werden soll. Rufen Sie das **Kontextmenü** auf und wählen Sie die Option **Verankertes Objekt/ Einfügen…** aus. Im nachfolgenden Dialog können Sie alle Einstellungen vornehmen, wie die Marginalie nun mit der Textstelle verankert und was für ein Rahmen erzeugt wird.

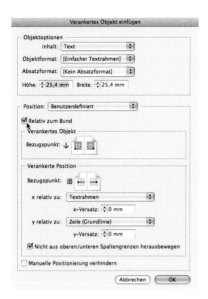

Abbildung 4.61: *Die Optionen für das verankerte Objekt mit benutzerdefinierter Position sind alles andere als selbstverständlich.*

2. **Inhalt und Absatzformat wählen**

   Für den **Inhalt** wählen Sie zunächst Text aus. Mit dieser Vorgabe ist es möglich, der Margi-nalie auch gleich ein **Absatzformat** zuzuweisen. Sie können dies aber auch später mit den typografischen Werkzeugen von InDesign festlegen und ein Absatzformat auf den fertigen verankerten Rahmen anwenden.

3. **Benutzerdefinierte Position einstellen**

   Kommen wir nun zu den wesentlichen Einstellungen! Die **Höhe** und die **Breite** des Rah-mens sind selbst erklärend, aber die benutzerdefinierten Positionsangaben des verankerten Rahmens haben es in sich: Wählen Sie **relativ zum Bund** aus, damit die Marginalie immer auf der *äußeren* Spalte der Doppelseite verläuft.

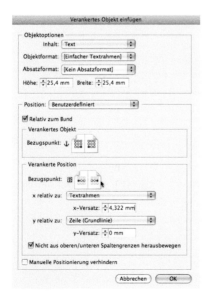

Abbildung 4.62: *Die benutzerdefinierte Position erlaubt mit irritierender Grafik die automatische Platzierung der Marginalie.*

4. **Bezugspunkte wählen**
    Der erste **Bezugspunkt** gibt an, von welchem Eckpunkt des verankerten Objektes die Position bestimmt wird. Die **verankerte Position** hingegen zeigt, ob das verankerte Objekt auf der Doppelseite zum *Bund*, zum *Rand* oder auf der *horizontalen Seitenmitte* ausgerichtet wird. Wählen Sie hier den *äußeren* Bezugspunkt für die *äußere* Layoutspalte.

5. **Abstände horizontal**
    Damit das verankerte Objekt den Text nicht überlagert, können Abstände in Relation zu verschiedenen Seitendimensionen definiert werden. Wählen Sie hier **x relativ zu: Textrahmen** aus. Ein **x-Versatz** bedeutet einen zusätzlichen Abstand zum Textrahmen, z.B. 12 Punkt oder 4,233 Millimeter.

6. **Abstände vertikal**
    Wollen Sie die Marginalie auf gleiche Zeilenhöhe einstellen wie die Markierung im Text, so wählen Sie **y relativ zu: Zeile (Grundlinie)**. Einen weiteren Versatz benötigen Sie nicht. Damit eine Marginalie nicht aus dem Satzspiegel heraus läuft, wählen Sie zudem **Nicht aus oberen/ unteren Spaltengrenzen herausbewegen**.

Abbildung 4.63: *Die Marginalie ist nun angelegt und kann mit Text befüllt werden.*

> **⚠ Unsinnige Bezeichnung**
> Obwohl viele Übersetzungen in InDesign mittlerweile wieder Profi-Niveau erreicht haben, gehören die Bezeichnungen im Dialog für verankerte Objekte nicht dazu: Was genau sind die „oberen und unteren Spaltengrenzen"? Gemeint ist doch wohl der „Satzspiegel", der durch die äußeren Ränder definiert wird.

> **⚠ Keine gute Bedienung**
> Nachdem Adobe so viel Arbeit in InDesign hineingesteckt hat, um die Bedienung zu verbessern, sind offenbar einige Funktionen wie die verankerten Objekte dabei übersehen

worden. Die Bedienung der Position des verankerten Rahmens stellt die Geduld vieler Anwender auf die Probe. Gleich zwei Bezugspunkte – die Verankerung im Text und die Position auf der Seite – sollen eingestellt werden. Wäre es nicht sinnvoll, ein Werkzeug zu programmieren, das es uns normalen Anwendern ermöglicht, den Rahmen mit einer Vorschau zu positionieren und InDesign daraus die Abhängigkeiten berechnen zu lassen? Erst wenn ein verankertes Objekt erstellt wurde, können wir die Position mit einer Vorschau in den Optionen für verankerte Rahmen einstellen.

> **Manuelle Positionierung verhindern**
> Die Option, die „manuelle Positionierung zu verhindern", ist keine endgültige Einstellung. Wenn Sie später einen solchen verankerten Rahmen mit dem Auswahl-Werkzeug (V) anwählen und ⌘+Alt+L aufrufen, wird die Position des Rahmens entsperrt und Sie können den Rahmen verschieben. Danach können Sie mit dem Tastenbefehl den Rahmen auch wieder sperren.

Sobald Sie den Dialog mit **OK** bestätigen, legt Ihnen InDesign einen neuen verankerten Rahmen an der angegebenen Position an. Ein kleiner Anker erinnert Sie daran, dass dieser Rahmen nun in Abhängigkeit zum Fließtext steht. Die Textstelle gibt die vertikale Position des Rahmens vor, die horizontale Position richtet sich nach der Seitenkante.

Nun können Sie das Textwerkzeug wählen und in den Rahmen hineinklicken. Sie geben wie in jedem Textrahmen die Schriftgröße oder ein Absatzformat an, wie wir bereits eingangs beschrieben haben. Alternativ platzieren Sie ein Bild.

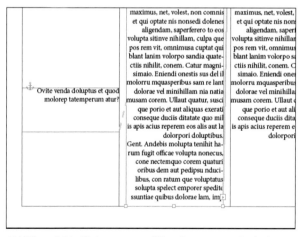

Abbildung 4.64: *Verkettungen und Verankerungen werden im Layout angezeigt.*

> **Verankerungen und Verkettungen anzeigen**
> Wie auch bei Textverkettungen lässt sich die Verbindung eines verankerten Objektes zu seiner Textstelle durch den entsprechenden Menüpunkt einblenden bzw. mit dem Tastaturbefehl ⌘+Alt+Y anzeigen. Die Verbindungslinien für Verankerungen sind jedoch gestrichelt.

Abbildung 4.65: *Die Marginalie erscheint zunächst auf der linken Seite, da sich der Textanker links befindet.*

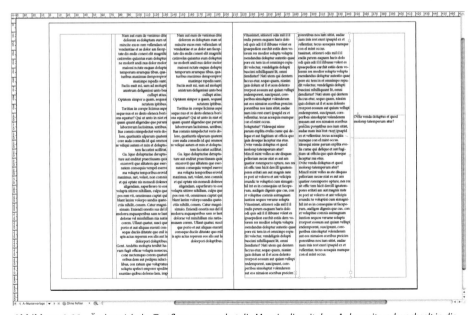

Abbildung 4.66: *Ändert sich der Textfluss, so wandert die Marginalie mit dem Anker mit und wechselt in die äußere Spalte auf der rechten Seite.*

Sobald Sie den Seitenumbruch ändern, rutscht auch die Textstelle auf eine andere Seite. Hier zeigt sich nun der Lohn Ihrer Mühen: Der Marginalienrahmen platziert sich einfach auf die nächstbeste äußere Layoutspalte und bleibt auf derselben Höhe wie die Textstelle.

5 Profitypografie

Das Herzstück von InDesign ist eindeutig die Typografie. Kein Programm verfügt über derart viele Möglichkeiten, einen Text in Form zu bringen. Dazu stellen wir Ihnen alle Anwendungen der runderneuerten Absatz- und Zeichenformate vor. Die verschachtelten Formate nehmen Ihnen viele manuelle Formatierungen im Text ab und bilden den Abschluss der überragenden Werkzeuge für die Typografie.

5.1   Typografie

Entnehmen Sie bitte der Abbildung 5.1 die wichtigsten typografischen Maße, die in diesem Kapitel häufiger verwendet werden. Später werden wir viele dieser Grundmaße in den Werkzeugen von InDesign wiederfinden.

Abbildung 5.1: *Jede Schrift besitzt charakteristische individuelle Größen, Bezugspunkt ist die Grundlinie.*

InDesign bietet eine große Zahl von typografischen Werkzeugen, angefangen bei der manuellen Formatierung und Unterschneidung von Zeichen bis hin zu aufeinanderfolgenden Absatzformaten und verschachtelten Formaten. Im Gegensatz zu anderen Layoutprogrammen kennt InDesign jedoch auch viele automatische Werkzeuge, wie den **optischen Randausgleich** zum Ausrichten von Zeilenfluchten sowie das **Optische Kerning** zum Unterschneiden von Zeichenpaaren unterschiedlicher Schnitte oder Schriftgrade, wenn die jeweiligen Fonts keine brauchbaren Daten dafür mitbringen.

5.1.1   Highlights in CS5

Zu den Highlights der neuen Fassung CS5 zählen ohne Frage die Möglichkeiten, innerhalb eines **Textrahmens** eine flexible **Anzahl von Spalten** pro Absatz anzulegen, **Spalten zu überspringen** oder mehrere Textspalten einander **in der Höhe anzugleichen**. Damit erlaubt InDesign Gestaltungen, die in früheren Fassungen nur mit mehreren Rahmen, Zusatz-Plug-ins und vielen Tricks möglich waren!

Eine weitere Verbesserung kommt der Gestaltung mit Farben zugute. Die **Auswahl der Farben** kann nun durch ein **Drop-down-Menü** aus der **Steuerung-Palette** aufgerufen werden. Dieses Menü ist identisch mit der Palette Farbfelder aufgebaut, so dass Sie sich schnell zurechtfinden. Die Anwendung von Farben in der Typografie stellen wir Ihnen im folgenden Abschnitt vor.

> **Absatzformate für mehrspaltige Aufzählungen**
> Wenn Sie kurze Aufzählungen in einer breiten Spalte darstellen wollen, so brauchen die Aufzählungen viel Platz nach unten. Mit einem mehrspaltigen Absatzformat sparen Sie viel Platz und speichern zudem diese Eigenschaft als Absatzformat.

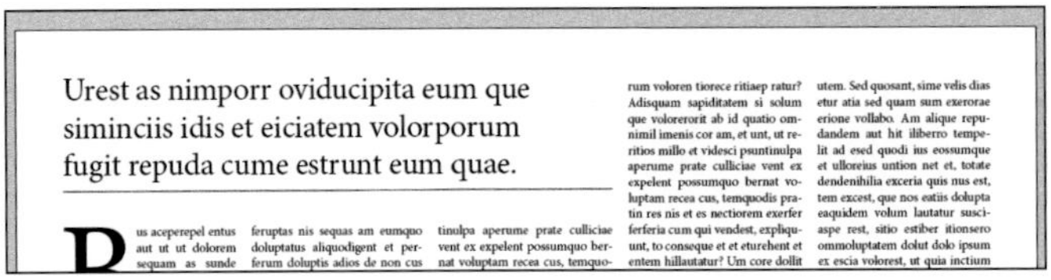
Urest as nimporr oviducipita eum que
siminciis idis et eiciatem volorporum
fugit repuda cume estrunt eum quae.

Abbildung 5.2: *Mehrere Spalten innerhalb eines Textrahmens können mit einem Absatz für Überschriften überspannt werden.*

Seiten
Ebenen
Farbfelder
Glyphen
Konturenführung
Kontur
Verlauf
Textabschnitt
Hyperlinks
Effekte
Absatz
Absatzformate
Zeichen
Zeichenformate

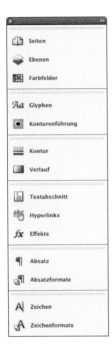

Abbildung 5.3: *Die Arbeitsumgebung „Typografie" zeigt Ihnen alle relevanten Paletten für die Bearbeitung von Text und Schrift an.*

! Mehrspaltigkeit nicht abwärtskompatibel

Wie Sie sich schon denken können, sind die neuen typografischen Funktionen, wie Überschriften über mehrere Spalten hinweg darzustellen, nicht abwärtskompatibel zu früheren InDesign-Fassungen.

> Alle Paletten beieinander

In der Bedienoberfläche von InDesign finden Sie alle typografisch relevanten Paletten ordentlich gruppiert nebeneinander, wenn Sie den Arbeitsbereich Typografie auswählen. Somit fällt die Formatierung über die Paletten – oder manuell über die Steuerung-Palette – leicht.

Zudem beherrscht InDesign die **Verschachtelten Formate**, die Sie mehrfach aufeinanderfolgen lassen können, um konkrete Textpassagen mit Zeichenformaten hervorzuheben. Diese Formatierungen zeigen wir Ihnen noch genauer im Kapitel „Absatz- und Zeichenformate" ab Seite 310.

Die Ausrichtung eines Textrahmens kann für doppelseitige Dokumente **am Rücken** bzw. **am Bund** erfolgen. Das ist besonders bei Textrahmen auf Marginalienspalten sinnvoll.

Abbildung 5.4: *Marginalien können mit einer Absatzausrichtung am Rücken/Bund oder an der Seite ausgerichtet werden.*

5.1.2   Textrahmen erstellen

Nun aber ans Werk: Wählen Sie aus der Werkzeuge-Palette das **Textwerkzeug** oder rufen Sie den Tastenbefehl ⊤ auf. Ziehen Sie einen Rahmen mit gedrückter linker Maustaste auf. Damit haben Sie einen Textrahmen erstellt, in dem nun eine Einfügemarke blinkt, und Sie können mit der Texteingabe beginnen. Der Text wird mit der Standardformatierung angezeigt, die Sie in der Steuerung-Palette oder in der Palette **Zeichen** ablesen können (siehe Seite 265).

> **Verborgene Zeichen in der Layoutansicht immer einblenden**
> Bitte vergewissern Sie sich zunächst, dass Sie unter dem Menü **Schrift** den letzten Punkt **Verborgene Zeichen einblenden** aktiviert haben. Damit zeigt Ihnen InDesign auch Leerzeichen, Zeilenumbrüche und andere Markierungen an.

> **Neuer Standardfont in CS5**
> Neben den vielen sinnvollen Neuerungen in der neuen Fassung von InDesign wurde auch der Standardfont von Times auf Minion Pro geändert. Somit sollen Produktionsfehler mit identisch benannten, aber technisch unterschiedlichen Times-Fonts unterbunden werden.

Wenn Sie nach der Eingabe wieder das **Auswahlwerkzeug** anklicken, wird der normale Rahmen sichtbar, die Steuerung-Palette wechselt wieder auf die normalen Rahmenwerkzeuge zurück. Der Textrahmen hat ebenso wie andere Rahmen Eck- und Seitenpunkte, mit denen Sie die gesamte Rahmenform bearbeiten können (siehe Kapitel „Vektoren und Transparenzen").

> **Schriftgröße per Pfeiltasten vergrößern**
> Die Schriftgröße erweitern oder verringern Sie um einen Punkt, indem Sie einen Text markieren und in das Feld für den Schriftgrad klicken. Mit den Pfeiltasten nach oben oder nach unten wählen Sie die neue Schriftgröße. Dies funktioniert auch mit ganzen Textrahmen.

5.1.3   Schriftfarbe wählen

Ein Textrahmen verwaltet neben der Flächen- und Konturfarbe des Rahmens auch die Farbgebung der Schrift, ebenso aufgeteilt in **Fläche** und **Kontur**. Klicken Sie mit Ihrem Auswahlwerkzeug doppelt in den Textrahmen und ziehen Sie die Textmarke über ein Wort.

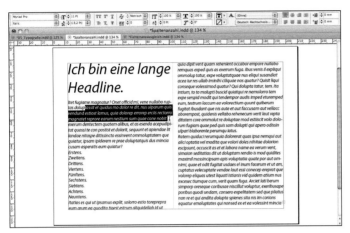

Abbildung 5.5: *Markierter Text kann separat bearbeitet werden.*

Das Wort wird markiert und invertiert dargestellt, in der Werkzeuge-Palette sehen Sie nun anstatt des Flächen- und Kontursymbols die Textsymbole.

Sobald Sie den Text markiert haben, können Sie in der Steuerung-Palette am oberen Fensterrand die **Textflächenfarbe** und die **Textkonturfarbe** mit einem Drop-down-Menü auswählen. Die Darstellung der ausgeklappten Palette entspricht der Palette der **Farbfelder**. Somit benötigen Sie die „altbekannte" Palette der Farbfelder so gut wie nicht mehr.

Abbildung 5.6: *Die Auswahl der Flächen- und der Konturenfarbe erfolgt über das Drop-down-Menü in der Steuerung-Palette.*

> **Vorauswahl von Farben für jedes Dokument**
> Arbeiten Sie immer mit denselben Farben für den Text oder auch für Vektorflächen? So schließen Sie alle Dokumente und öffnen Sie die Palette der Farbfelder. Legen Sie sich neue Farbfelder für Ihre Zwecke als CMYK-, RGB- oder Schmuckfarben an. Wenn Sie ein neues Dokument öffnen, stehen Ihnen diese vorbereiteten Farben zur Verfügung.

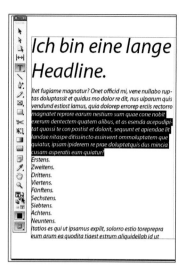

Abbildung 5.7: *Für die Flächen- oder Konturenfüllung von Text müssen zuvor in der Werkzeuge-Palette die entsprechenden Flächen aktiviert sein.*

Alternativ wenden Sie den bekannten Weg an: Färben Sie den markierten Text mit einer Farbe aus den Paletten **Farbfelder** oder **Farbe**. Alternativ dazu können Sie auch mit einem Doppelklick in das Fläche- oder Kontur-Symbol den **Farbwähler** öffnen und eine Farbe aus dem Farbspektrum auswählen. Bei aktiver Kontur können Sie nun die Textkontur einfärben. Auch hier dürfen Sie zusätzlich die **Kontur-Palette** mit einbeziehen, um die Stärke zu verändern. Die Funktionsweise des Farbwählers sowie der weitere Umgang mit Prozess- und RGB-Farben ist genauer im Kapitel „Farbwelten" ab Seite 515 beschrieben.

Typen mit Kontur
Die Kontur wird von InDesign immer hinter den Text gelegt. Eine fette Kontur von mehreren Punkt Strichstärke überlagert damit die Zeichenform nicht. Somit können Ihnen auch keine feinen Serifen verloren gehen.

Konturfunktionen im Textrahmen
Beachten Sie, dass eine Kontur um eine Schrift keine Kontureigenschaften wie Typ, Anfang und Ende besitzen kann. Somit sind Mehrfach-Outlines nicht möglich. Diesen Konflikt können Sie umgehen, wenn Sie zuvor den Schriftzug in Pfade konvertiert haben: Menü **Schrift/In Pfade umwandeln**.

Textkonturen mit zwei Farben
Wenn Sie einmal zwei unterschiedlich farbige Konturen um einen Text verwenden müssen, so wählen Sie zunächst die Farbe und Stärke für die innere Kontur. Nun öffnen Sie die Palette „Effekte". Dort wählen Sie als Objekt den „Text" und rufen im Effekte-Menü am unteren Ende der Palette den „Schein nach außen" auf. Wählen Sie die gewünschte Farbe aus und stellen Sie den Transparenzmodus auf „Normal" sowie Deckkraft und Übergriff auf „100%". Bitte bedenken Sie, dass diese äußere Kontur ein Pixelelement ist, dessen Auflösung und Wechselwirkung auf überlappende Objekte von den Transparenzreduzierungsvorgaben beeinflusst werden.

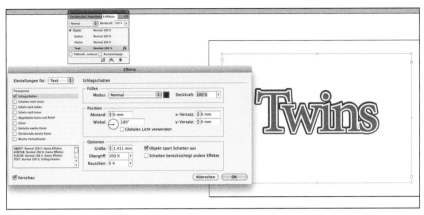

Abbildung 5.8: *Der Text besitzt zunächst eine weiße Kontur. Um eine zweite (rote) Kontur zu erzeugen, wählen Sie den Effekt „Schlagschatten" mit diesen Einstellungen.*

5.1.4   Textrahmenoptionen

Kommen wir zum Kern der typografischen Darstellung, zu den **Textrahmenoptionen**. Befinden Sie sich mit der Textmarke in einem Textrahmen, um dort den Inhalt zu bearbeiten, erreichen Sie über die rechte Maustaste das Kontextmenü. Wenn Sie **Textrahmenoptionen** auswählen, erhalten Sie einen umfangreichen Eingabedialog. Alternativ rufen Sie die Textrahmenoptionen mit ⌘ + B oder aus dem Menü **Schrift** auf. Der Dialog ist aufgeteilt in **Allgemein** und **Grundlinienoptionen**.

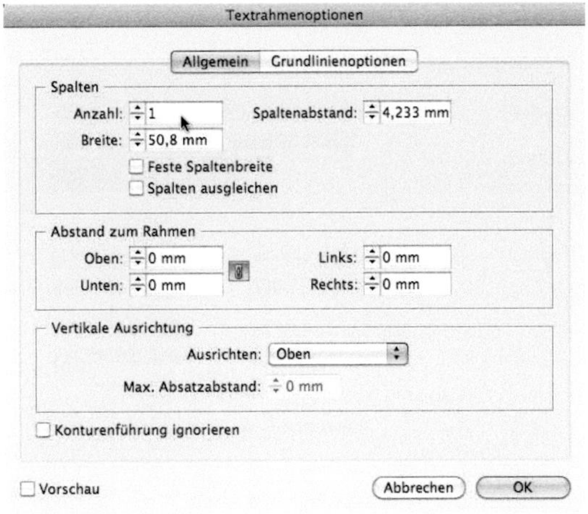

Abbildung 5.9: *Die allgemeinen Textrahmenoptionen bieten Optionen, wie sich die Textmenge zum Rahmen verhalten soll; darunter finden Sie die Anzahl der Spalten in einem Rahmen sowie den Innenabstand oder die vertikale Ausrichtung.*

Spalten im Textrahmen

Zunächst wählen Sie die **Spaltenanzahl** und den **Steg** im Textrahmen. Mit aktiver **Vorschau** können Sie alle Änderungen im Hintergrund sehen. Der Textfluss ist somit durch die Spalten im Textrahmen vorgegeben. Spaltenumbrüche und andere Formatierungen können Sie auch im Text unterbringen.

> **Spalten- und Seitenumbruch**
> Wie Text über mehrere Spalten hinweg umbrochen wird, zeigen wir Ihnen im Abschnitt „Umbruchzeichen" ab Seite 234.

Feste Spaltenbreite

Mithilfe der neuen Option **Feste Spaltenbreite** verbieten Sie InDesign, Spalten beim Skalieren des Textrahmens in der Breite zu ändern. Die vorgegebene Spaltenbreite bleibt also immer gleich. Auch der Steg bleibt als Wert beim Skalieren in die Breite erhalten. Dagegen ändert sich die Anzahl der Spalten: Wenn ein Textrahmen breiter als die Summe aus Spaltenbreiten und Steg skaliert wird, erscheint eine weitere Spalte!

Abbildung 5.10: *Mit fester Spaltenbreite ändert sich die Anzahl der Spalten, wenn der mehrspaltige Textrahmen schmaler oder breiter wird.*

> **Textrahmenoptionen als Objektformat**
> Wenn Sie sich die Möglichkeiten der festen Spaltenbreite oder des automatischen Spaltenausgleichs als Designvorlage sichern wollen, legen Sie sich ein Objektformat an. Das Arbeiten mit Objektformaten zeigen wir Ihnen im Kapitel „Vorlagen gestalten" ab Seite 97.

Spalten ausgleichen

Ob ein Textrahmen komplett mit Text gefüllt wird, ist zunächst von der Höhe des Textrahmens, der Textmenge und der Fontgröße abhängig. Doch was passiert, wenn die Textmenge geringer ist? Bei mehrspaltigen Textrahmen kann dies zu unschönen Spaltenumbrüchen führen, wenn beispielsweise in einem dreispaltigen Textrahmen die ersten beiden Spalten gefüllt sind, die dritte Spalte jedoch nur wenige Textzeilen beinhaltet.

In den **Textrahmenoptionen** wählen Sie daher bei mehrspaltigen Textrahmen die Option **Spalten ausgleichen** mit aktiver Vorschau. Sobald Sie diese Option aktivieren, werden die durchschnittlichen Zeilen pro Spalte berechnet und der Text wird gleichmäßig neu umbrochen.

> **Manueller Eingriff in den automatischen Spaltenausgleich: Umbruchmarken**
> Sollten Sie mit dem Ausgleich aller Textzeilen unzufrieden sein, da plötzlich inhaltlich unterschiedliche Absätze in derselben Spalte dargestellt werden, so können Sie dennoch mithilfe von Umbruchmarken einen Spaltenumbruch erzwingen. Klicken Sie vor das erste Zeichen des Textabschnitts, der in der nächsten Spalte erscheinen soll. Wählen Sie über das Kontextmenü Umbruchzeichen einfügen/Spaltenumbruch. Sofort wird der nachfolgende Absatz in die nächste Spalte verschoben.

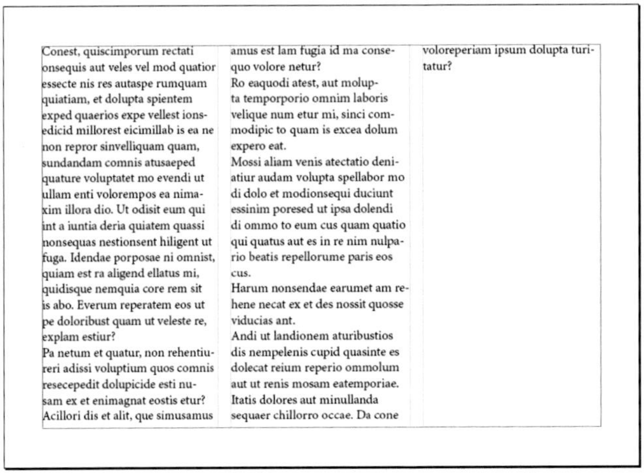

Abbildung 5.11: *Ausgangspunkt für den Spaltenausgleich: Die dritte Spalte wird nur mit wenigen Textzeilen gefüllt.*

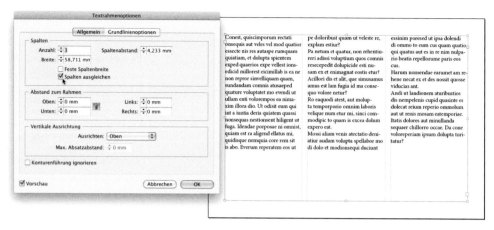

Abbildung 5.12: *Die Lösung für das Dilemma: Der Spaltenausgleich sorgt für gleichmäßige Texthöhen in allen Spalten.*

Abstand zum Rahmen

Für einen Textrahmen mit farbiger oder halbtransparenter Fläche schauen wir uns den **Abstand zum Rahmen** an. Mit diesen Abständen legen Sie fest, wie weit der Text im Rahmen von der Rahmenkante entfernt liegen soll.

Abbildung 5.13: *Der Rahmenabstand sorgt für einen inneren Versatz des Textes zur Rahmenkante.*

> **⚠ Abstände und Eckeneffekte**
>
> In früheren Fassungen von InDesign führte die Anwendung eines Eckeneffektes auf einen Textrahmen immer dazu, dass die vertikale Textausrichtung auf die Vorgabe „oben" wechselte. Dieses Problem ist nun mit InDesign CS5 endlich behoben. Ihre Vorgabe für die Textausrichtung bleibt erhalten, auch wenn Sie große abgerundete Ecken verwenden. Beachten Sie jedoch, dass der Rahmenabstand gleichmäßig auf einen Wert gesetzt wird, da von InDesign nur ein allgemeiner Innerer Versatz an allen Rahmenkanten berechnet werden kann.

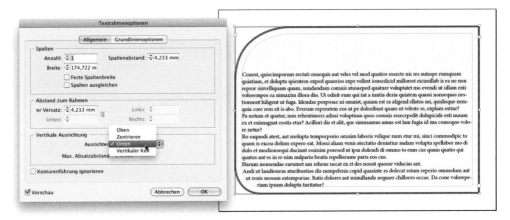

Abbildung 5.14: *Trotz Rahmeneffekten bleibt die vertikale Ausrichtung des Textes nach unten erhalten.*

Abbildung 5.15: *Besonders bei frei gewählten Rahmenformen ist das neue – richtige – Verhalten der Textausrichtung erkennbar.*

Ausrichtung im Textrahmen

Die **Vertikale Ausrichtung** im Textrahmen bezieht sich auf den gesamten Inhalt. **Oben**, **Zentriert** und **Unten** sprechen für sich, **Vertikaler Keil** sorgt hingegen dafür, dass alle Zeilen unabhängig vom eingestellten Zeilenabstand auf die volle Rahmenhöhe ausgetrieben werden. Ändern sich später die Anzahl der Zeilen im Textrahmen, gleicht der vertikale Keil den Durchschuss zwischen den Zeilen aus.

> **Zentrierte Ausrichtung**
> Eine optisch korrekte Darstellung einer vertikal im Textrahmen zentrierten Textzeile erreichen Sie dadurch, dass Sie in den Grundlinienoptionen der Textrahmenoptionen die Ausrichtung auf „Großbuchstabenhöhe" oder, bei sehr hohen Rahmen, sogar auf „x-Höhe" einstellen, damit der Text optisch höher erscheint.

Abbildung 5.16: *Eine vertikale zentrierte Ausrichtung ist in Verbindung mit der Großbuchstabenhöhe oder der x-Höhe als Grundlinienausrichtung optisch ästhetischer. Die rote Textzeile wurde an der Oberlänge ausgerichtet und befindet sich auf jeden Fall zu tief im Textrahmen.*

> **Etwas aus der Mode gekommen?**
> Der vertikale Keil scheint im modernen Layout etwas aus der Mode gekommen zu sein. Im Kapitel „Interaktiv" werden Sie jedoch sehen, dass es in interaktiven und animierten Layouts viele Anwendungsgebiete für diese traditionelle Setzermethode gibt!

Abbildung 5.17: *Den vertikalen Keil wählen Sie im Ausrichten-Menü aus.*

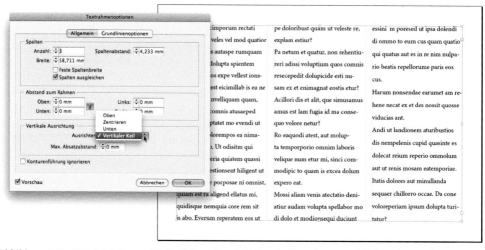

Abbildung 5.18: *Mit aktiviertem vertikalen Keil werden alle Zeilen des Textrahmens auf die komplette Höhe ausgeglichen.*

Grundlinienoptionen

Die **Grundlinienoptionen** legen fest, woran die erste Textzeile innerhalb des Rahmens ausgerichtet wird. Zudem ist es möglich, ein **benutzerdefiniertes Grundlinienraster** nur für einen Textrahmen anzulegen. Dies ist besonders bei *Infoboxen* sinnvoll, die innerhalb eines Magazin-Layouts nicht dem Grundlinienraster des gesamten Dokumentes folgen.

> **Korrekte Definition des Grundlinienrasters für das Dokument**
> Wenn Sie mit einem Grundlinienraster im Layout arbeiten, so gilt das Raster zunächst für alle Seiten und Textrahmen gleichermaßen. In den „Voreinstellungen/Raster" legen Sie „Beginn" und „Schrittweite" des Grundlinienrasters fest. Wenn Sie innerhalb des Satzspiegels mit dem Grundlinienraster arbeiten wollen – was der üblichen Arbeitsweise entspricht – so ist es ratsam, das Grundlinienraster relativ zum „Kopfsteg" auszurichten – dem oberen Rand des Satzspiegels. Die erste Grundlinie beginnt somit innerhalb des Satzspiegels.

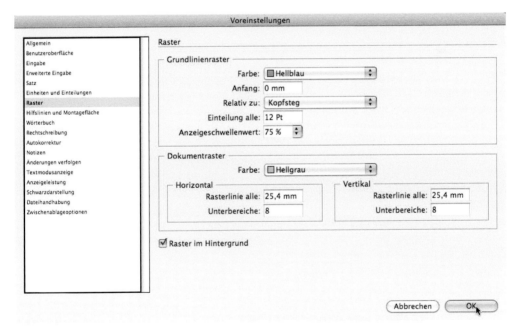

Abbildung 5.19: *In den Voreinstellungen finden Sie die Angaben zum Grundlinienraster im gesamten Dokument. Das Raster wird relativ zum Kopfsteg nur innerhalb des Satzspiegels und der Ränder angezeigt.*

Abweichend zum gesamten Dokument können Sie das Grundlinienraster auch nur für einen einzelnen Textrahmen bestimmen. Rufen Sie dazu in den **Textrahmenoptionen** den Reiter **Grundlinienoptionen** auf. Die **Erste Grundlinie** – also die Ausrichtung der ersten Textzeile im Rahmen – kann mit einem **Offset** angegeben werden, der zunächst auf **Oberlänge** eingestellt ist. Damit liegt die erste Zeile immer innerhalb des Textrahmens. Stellen Sie diese Werte stets mit einem konkreten Text und **aktiver Vorschau** ein, damit Sie das Ergebnis überprüfen können.

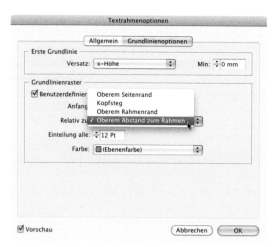

Abbildung 5.20: *Die Textrahmenoptionen „Grundlinienoptionen"*
bestimmen ein vom Dokument unabhängiges Grundlinienraster,
das nur für diesen einen Textrahmen gilt.

Sie können nun das **Benutzerdefinierte Grundlinienraster** anwenden. Wählen Sie als **Anfang** den Wert **0 Millimeter**. Der Beginn des Grundlinienrasters ist abhängig vom Rahmenversatz des Textes zur Rahmenkante. Daher wählen Sie bei **Relativ zu** die Option **Oberen Abstand zum Rahmen**. Geben Sie nun *Schrittweite* mit der Funktion **Einteilung Alle** ein. Ebenso wählen Sie eine treffende **Farbe** aus, die sich vom Grundlinienraster des Dokumentes unterscheidet.

5.1.5   Manuelle Zeichenformatierung

In der praktischen **Steuerung-Palette Zeichen** am oberen Fensterrand können nahezu alle typografischen Parameter, die in diesem Kapitel vorgestellt werden, aufgerufen und editiert werden. Wenn Sie mit dem Textwerkzeug **T** einen Textrahmen aufziehen oder in einen bestehenden Textrahmen doppelklicken, dann wechselt die Steuerung-Palette unterhalb der Menüzeile auf die typografischen Einstellungen.

[!] Manuelle Gestaltung oder Arbeit mit Formaten?
Wenn es einmal schnell gehen soll, sind die manuellen Formatierungen völlig ausreichend. Wollen Sie aber mehrere Dokumente mit derselben Typografie gestalten, so sollten Sie unbedingt Absatz- und Zeichenformate benutzen, die wir Ihnen im gleichnamigen Kapitel demonstrieren. Sie benötigen zu Beginn etwas mehr Zeit beim Anlegen der Formate, sind dann aber bei Gestaltungsänderungen im Vergleich zur „Typografie per Hand" mehr als doppelt so schnell.

[>] Palettenmenü und Kontextmenü
Das Palettenmenü der Zeichen-Palette birgt einige hilfreiche Optionen wie die Umschaltung auf Großbuchstaben oder Kapitälchen, Hochstellung und Tiefstellung, Unterstreichung, Durchstreichung und Ligaturen. Die Anwahl dieser und weiterer Sonderzeichen finden Sie im Abschnitt »Glyphen und Sonderzeichen« ab Seite 288.

Alternativ rufen Sie die gleichen Funktionen auch über das Menü **Fenster/Schrift** der **Zeichen-Palette** auf. Und last but not least können die Einstellungen im **Kontextmenü** eines Textrahmens getroffen werden.

Zeichen-Palette und Steuerung-Palette Zeichen

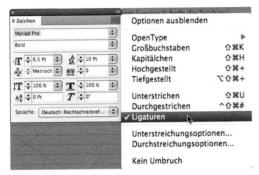

Abbildung 5.21: *Die Zeichen-Palette mit Palettenmenü*

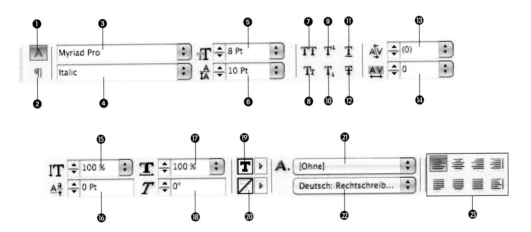

Abbildung 5.22: *Steuerung-Palette Zeichen*

Die einzelnen Werkzeuge im Detail

1	Zeichenformatierung
2	Absatzformatierungssteuerung – wechselt zu den absatzbezogenen Einstellungen
3	Schriftfamilie
4	Schriftschnitt
5	Schriftgröße
6	Zeilenabstand
7	Versalien erzwingen
8	Kapitälchen erzwingen
9	Hochgestellte Zeichen

10   Tiefgestellte Zeichen

11   Unterstrichen

12   Durchgestrichen

13   Kerning/Unterschneidung

14   Laufweite

15   Vertikale Zeichenverzerrung

16   Grundlinienversatz

17   Horizontale Zeichenverzerrung

18   Verzerren/Scherung

19   Zeichenfläche

20   Zeichenkontur

21   Zeichenformate

22   Wörterbuch/Sprache

23   Absatzformate

! Zu viele Paletten?

Beide Ansichten der Steuerung-Palette bieten alle relevanten Einstellungen auf einen Blick. Dadurch werden faktisch Zeichen- und Absatz-Palette überflüssig. Jedoch werden durch die Paletten-Buttons nicht alle typografischen Paletten erfasst, die Glyphen- sowie die Textabschnitt-Palette müssen Sie sich per Tastenbefehl aufrufen oder dafür einen geeigneten Arbeitsbereich sichern, wie im Kapitel „Benutzeroberfläche" beschrieben ist.

Schriften

Bei der Auswahl der Schriften greift InDesign auf **alle aktivierten Schriften** Ihres Computers zu und zeigt Ihnen eine Liste mit den Schriftfamiliennamen aller zur Verfügung stehenden Fonts. Dabei nutzt InDesign auch die Schriften aus dem eigenen Programmordner **Adobe InDesign/ Fonts**, die allerdings nur in InDesign aktiviert und sichtbar sind.

> Neu: Dokumenten-Fonts

Wenn Sie aus InDesign CS5 per Funktion „Verpacken" ein Datenpaket schnüren, in dem sich Layoutdatei, Verknüpfungen und Fonts befinden, werden die Fonts neuerdings als „Dokumenten-Fonts" gespeichert. Dies hat den Vorteil, dass Sie die so verpackte InDesign-Datei auf einem anderen Arbeitsplatz öffnen können, ohne die Schriften zuvor per Schriftenverwaltung zu aktivieren. Dies erledigt InDesign für Sie! Lesen Sie dazu bitte auch das Kapitel „Preflight und Druckvorstufe" ab Seite 783.

InDesign zeigt Ihnen Vorschauen der Schriftfamilien, auch lässt sich erkennen, ob es sich um einen **TrueType**, einen **OpenType** oder einen **PostScript-Type-1-Font** handelt. PostScript-Fonts werden mit einem roten **a** gekennzeichnet, TrueType-Fonts mit einem blauen **TT** und OpenTypes mit einem schwarz-grünen **O**.

Darstellung beeinflussen

Die Darstellungsgröße der Vorschau ist einzustellen in den **Voreinstellungen/Eingabe/** Schriftvorschau.

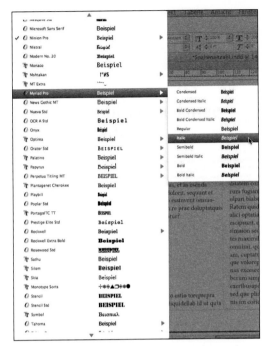

Abbildung 5.23: *Mit einem Klick in das Schriftmenü der Steuerung-Palette werden alle geladenen Fonts mit einer Vorschau angezeigt, wie hier die Myriad Pro mit allen Schnitten im Untermenü.*

Familien und Schnitte

Ein einwandfreier Font sollte unterteilt sein in die Familie und deren Schnitte. Der Font wird also im Auswahlmenü der Schriften dargestellt, die Schnitte erscheinen in einem Untermenü. Ist dies nicht der Fall, kann es sein, dass die Namensvergabe im Font nicht einwandfrei ist und mehrere einzelne Schnitte werden im Schriftenmenü angezeigt. Es kann hilfreich sein, beim Schriftenhersteller nachzufragen, ob dies behoben werden kann oder ob eine neue OpenType-Version der Schriften notwendig wird.

Welche Schriften sollten für die Produktion eingesetzt werden?

In der Vergangenheit waren häufig die PostScript-Schriften die beste Wahl, da zum einen viele hoch qualitative Schriften nur in diesem Format erhältlich waren, zum anderen Post-Script-Fonts vollständig in eine EPS-, PS- oder in eine PDF-Datei eingebettet werden können. Zudem gab es eine große Flut von billigen TrueType-Fonts, die sich durch eine schlechte Zurichtung bei allen anspruchsvollen Typografen unbeliebt gemacht und das Format in Verruf gebracht haben – zu Unrecht. Die Qualität einer TrueType-Schrift kann durchaus gleichwertig zu ihrem PostScript-Pendant sein. Daher werden von allen Profi-Schriftenlieferanten die plattformunabhängigen Formate TrueType und OpenType angeboten.

! Freie Fonts

Tausende Fonts werden kostenlos im Internet angeboten. Ob die Qualität der Fonts aus-reicht, ein Layout in InDesign zu gestalten und einwandfrei als PDF zu exportieren, ist dabei nicht erkennbar. Häufig sind diese Schriften grundsätzlich schlecht ausgeglichen, benötigte Unterschneidungen von einzelnen Zeichenpaaren wurden nicht vorgenommen. Gerade diese Feinheiten machen jedoch ein angenehmes und lesbares Schriftbild aus. Wenn Sie von Ihrem Kunden eine Schrift für die Gestaltung vorgegeben bekommen, sollten Sie sich erkundigen oder testen, ob es sich um eine gut zugerichtete Schrift handelt. Im Einzelfall kann das opti-sche Kerning von InDesign grobe Fehler des Fontherstellers ausbügeln.

In der Praxis hat sich gezeigt, dass die verschiedenen Schriftformate **PostScript Type-1**, **TrueType** und **OpenType** alle ohne Probleme in InDesign verwendet werden können. Bei Dokumenten, die sowohl am *Mac* als auch unter *Windows* bearbeitet werden, sollten Sie unbedingt identische Fonts des gleichen Herstellers verwenden, da sonst das Schriftbild nicht mehr übereinstimmt und der Text anders umbrochen wird. Hier bieten sich die Formate TrueType und OpenType an, um einen identischen Umbruch auf Mac und PC zu gewährleisten.

! Identische Namen, aber ungleiche Formen

Fonts mit ähnlichem Namen sind nicht zusammen in einem Dokument zu gebrauchen, weil eine „Berthold Garamond" weder eine „Adobe Garamond" noch eine „Stempel Gara-mond" ist. Diese Garamond-Familien stammen von unterschiedlichen Herstellern, die ihrer-seits verschiedene Originale des französischen Typografen Claude Garamond als Grundlage der Schrift genommen haben. Folglich sieht jeder Font im Detail völlig unterschiedlich aus, was auch im Gesamtbild deutlich auffällt.

Schriftschnitt

„Geschnitten" wurde die Negativform der Schriftlettern zu Zeiten des Bleisatzes als Ausgangsba-sis für eine Gussform der Bleiletterns. Daher wird auch heute noch die Herstellung einer Schrift als *Schnitt* bezeichnet. Welche Schnitte wie *fett*, *mager* oder *kursiv* einer Schriftfamilie genau zur Auswahl stehen, liegt am Schriftdesigner und am Hersteller. InDesign zeigt nur die **verfügbaren Schnitte** an, künstlich fette oder kursive Schnitte werden mit InDesign nicht erzeugt – da freut sich das Typografenherz!

Abbildung 5.24: *Die Auswahl der Familie und des Schnittes erfolgt in den Dropdown-Menüs der Schriften-Auswahl in der Steuerung-Palette.*

> Automatisch fett und kursiv

Benötigen Sie während der Gestaltung einmal die Auszeichnungen „fett" oder „kursiv", hilft Ihnen InDesign mit viel Technik unspektakulär weiter: Sie markieren Ihren Text und geben ⌘+⇧+B (bold) ein, um ein Wort „fett" zu setzen. Alternativ verwenden Sie ⌘+⇧+I (italic) für „kursiv". Dabei sucht InDesign nach den passenden Schnitten „Bold" und „Italic". Wenden Sie beide Befehle nacheinander an, so fahndet InDesign nach einem

Schnitt „Bold Italic". Die wiederholte Eingabe der Befehle schaltet die Formatierung wieder aus. InDesign verzichtet darauf, Schnitte künstlich zu fetten oder schräg zu stellen.

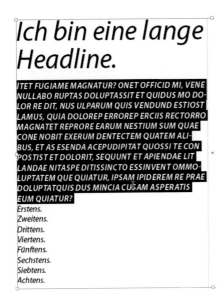

Abbildung 5.25: *Automatisch „fett" und „kursiv" wählen Sie per Tastenbefehl direkt in der Textbearbeitung an, ohne dass Sie ein Zeichenformat anlegen müssen.*

Schriftgrad

Die Schriftgröße – auch als *Schriftgrad* bezeichnet – hängt natürlich zum einen von der Anwendung ab. Der Schriftgrad wird in Punkt angegeben, der am häufigsten verwendeten Einheit. Das Maß richtet sich nach der *Kegelhöhe*, also der Summe aus *Versalhöhe, Über- und Unterlänge*. Da nahezu alle Schriften ein anderes Verhältnis dieser Höhen besitzen, ist also nicht jede Schrift von 12 Punkt gleich groß. Versuche, die Schriftgrößen anhand der Versalhöhe zu vereinheitlichen, schlugen allesamt fehl.

Abbildung 5.26: *Schriftbeispiele mit unterschiedlichen Versalhöhen. Die Gesamtsumme aus Unterlänge, Versalhöhe und Überlänge wird als Kegelhöhe bezeichnet.*

> **Feste Grade im Bleisatz**
>
> Blei war wenig flexibel, was unterschiedliche Schriftgrößen anging. Daher gab es in der Schriftgießerei vorgegebene »Schriftgrade« wie 6, 8, 9, 10, 12 ff. Punkt mit jeweils einer eigenen Bezeichnung wie »Petit« (franz.: klein) für 8 Punkt, 9 Punkt hingegen wurde auch »Burgeois« oder »Borgis« genannt und entspricht ¾ Cicero. Ein »Cicero« hingegen entspricht 12 Punkt. Das Punktmaß basiert auf Entwicklungen u.a. der französischen Typografen Fournier und Didot, bis es zum heutigen DTP-Punkt von 0,3527 mm kam, der fest in der Seitenbeschreibungssprache PostScript verankert ist.

Schriftgrößen zwischen 8 und 12 Punkt gelten für einen Mengentext als gut lesbar. Die Ergonomie einer Gestaltung liegt jedoch auch in den Schriften selbst und im Zusammenspiel mit Zeilenabstand, Laufweite oder Schriftfarbe. Den Schriftgrad um 2 Punkt zu vergrößern, führt meistens nicht zu einer Verbesserung der Lesbarkeit! Achten Sie auch auf Laufweite, Schriftfette und Charakter der Typen.

Tastenkürzel für den Schriftgrad
(Schrittweiten basierend auf den Voreinstellungen/Einheiten und Einteilungen)

	Windows	Mac
Schriftgrad verringern	⇧ + Strg + ⟨.⟩	⇧ + ⌘ + ⟨.⟩
Schriftgrad erhöhen	⇧ + Strg + ⟨.⟩	⇧ + ⌘ + ⟨.⟩
Schriftgrad 5-fach verringern	⇧ + Strg + Alt + ⟨.⟩	⇧ + ⌥ + ⌘ + ⟨.⟩
Schriftgrad 5-fach erhöhen	⇧ + Strg + Alt + ⟨.⟩	⇧ + ⌥ + ⌘ + ⟨.⟩

Zeilenabstand

Der Zeilenabstand beschreibt den Abstand zwischen zwei Grundlinien und ist **automatisch** auf **120%** des Schriftgrades eingestellt, erkennbar an der runden Einklammerung in der Zeichen-Palette. Für einen Mengensatz sollte der Zeilenabstand so groß gewählt werden, dass der Durchschuss – der Raum zwischen den Zeilen – deutlich größer wirkt als die Wortzwischenräume. Der Durchschuss sollte nicht kleiner als 0,5 Punkt gewählt werden.

Unabhängig von der reinen Unterstützung der Lesbarkeit kann der Zeilenabstand auch gestalterisch eingesetzt werden. So verschwimmen bei minimalem bis negativem Durchschuss die Zeilen ineinander, serifenbetonte Schriften und erst recht Schreibschriften beginnen, sich ineinander zu verhaken. Wird eine Textmenge so zu einer Graumenge ausgeglichen, in der die einzelne Textzeile fast verschwindet, bezeichnet man diese Form als kompress, was nicht gleichbedeutend mit einer sehr engen Type (*condensed*) ist. Ein hoher Durchschuss betont dafür jede Zeile für sich, der Text wirkt hochwertiger, aber auch „inhaltsschwanger".

Das Ganze
ist mehr als
die Summe
seiner Teile.
Aristoteles

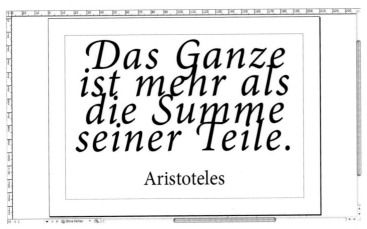

Abbildung 5.27: *Beispiel mit engem Durchschuss: Die Zeilen verhaken sich ineinander, der Text wirkt gedrungener und das Gesamtbild wird betont.*

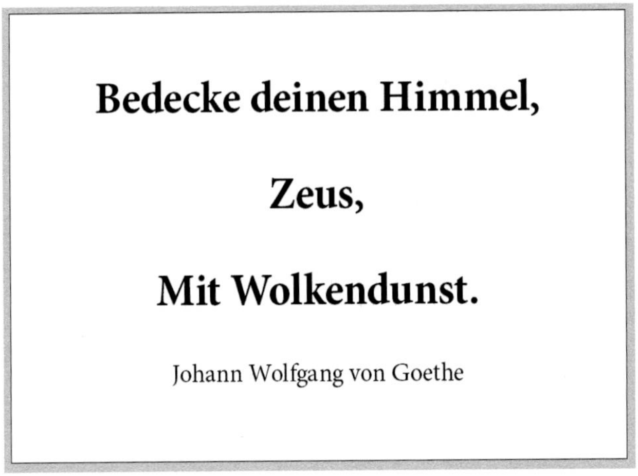

Bedecke deinen Himmel,
Zeus,
Mit Wolkendunst.
Johann Wolfgang von Goethe

Abbildung 5.28: *Ein hoher Durchschuss betont den Zwischenraum: Jede Zeile wird einzeln gelesen, der Inhalt wird Zeile für Zeile betont.*

Tastenkürzel für den Zeilenabstand
(Schrittweiten basierend auf den Voreinstellungen/ Einheiten und Einteilungen)

	Windows	Mac
Zeilenabstand verringern	Alt + ↑	⌥ + ↑
Zeilenabstand erhöhen	Alt + ↓	⌥ + ↓
Zeilenabstand 5-fach verringern	Strg + Alt + ↑	⌥ + ⌘ + ↑
Zeilenabstand 5-fach erhöhen	Strg + Alt + ↓	⌥ + ⌘ + ↓

Optisches und metrisches Kerning

Der typografische Zeichenausgleich unterteilt sich in den Bereich des **Unterschneidens** von Zeichen (*Kerning*) und in die **Laufweite**. Das Kerning der Zeichenpaare und die Laufweite werden zunächst vom Font gesteuert, denn jeder Zeichensatz kann sogenannte Unterschneidungstabellen enthalten. Darin ist definiert, mit welchem Abstand ein bestimmter Buchstabe wie »T« auf einen anderen folgt. Ist ein »y« ein nächstes Zeichen, so werden die beiden Zeichen näher zueinander gerückt – also unterschnitten.

> **Wo wird denn hier geschnitten?**
> Auch der Begriff „Unterschneidung" kommt aus der Zeit des Bleisatzes, wo ein Bleikegel angeschnitten wurde, damit der Zwischenraum zum nachfolgenden Kegel enger wurde.

Besonders bei Zeichen mit Überhängen oder großen Binnenräumen wie T, W oder F mit nachfolgenden Gemeinen sind diese Angaben wichtig, um ein harmonisches Schriftbild zu erzeugen. Diese Tabellen sind je nach Schrift, Designer und Hersteller mehr oder weniger sorgsam angelegt. Experimentelle Schriften benötigen solche Angaben nicht unbedingt, wenn die Gestaltung des Fonts grundsätzlich dem Setzer-Handwerk widerspricht. InDesign gibt Ihnen dennoch zwei Werkzeuge an die Hand, um einen manuellen Ausgleich durchzuführen: das **metrische** und das **optische Kerning**.

In der Zeichen-Palette finden Sie die Einstellungen für das Kerning unterhalb des Schriftgrades. Die Standardeinstellung ist **Metrisch**, damit werden die Unterschneidungen aus dem Font interpretiert. Diese Einstellung führt in den häufigsten Fällen zu einem gut ausgeglichenen Schriftbild.

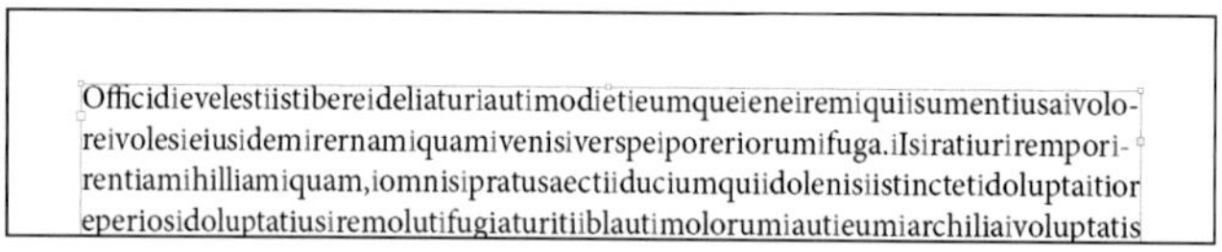

Officidievelestiistibereideliaturiautimodietieumqueieneiremiquiisumentiusaivolo-reivolesieiusidemirernamiquamivenisiverspeiporeriorumifuga.iIsiratiuriempori-rentiamihilliamiquam,iomnisipratusaectiiduciumquiidolenisiistinctetidoluptaitioreperiosidoluptatiusiremolutifugiaturitiiblautimolorumiautieumiarchiliaivoluptatis

Abbildung 5.29: *Zeichenpaare werden separat ausgeglichen. Der korrekte Wortabstand umfasst die Breite eines kleinen i.*

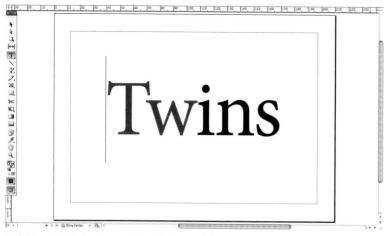

Abbildung 5.30: *Durch metrisches Kerning wird der Abstand zwischen „T" und „w" durch die Vorgaben aus dem Font ausgeglichen.*

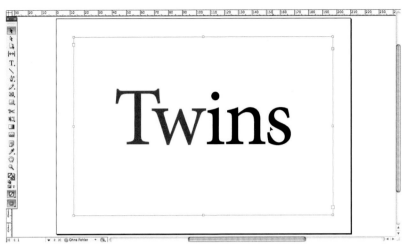

Abbildung 5.31: *Mit optischem Kerning werden die Buchstabenzwischenräume enger, das „T"
und das „w" werden stärker unterschnitten.*

Die Einstellung **Optisch** hingegen bezieht zur Berechnung des Kernings einen Algorithmus mit
ein, der die Form jedes Zeichens berücksichtigt. Sobald Sie das **optische Kerning** anwenden, unter-
schneidet InDesign die Zeichen in der Regel **enger**. Verwenden Sie aber unterschiedliche Schriften
innerhalb eines Wortes oder unterschiedliche Schriftgrade zusammen in einer Zeile, so können
die Unterschneidungstabellen der Fonts die Zeichen nicht mehr ausgleichen. Das *optische Kerning*
gleicht dieses Manko aus und erzielt sehr gute Ergebnisse bei ungewöhnlichen Anwendungen.

> **Engere Laufweite wieder ausgleichen**
> Die Anwendung des optischen Kernings auf eine Zeile oder einen Absatz hat meistens zur
> Folge, dass die Laufweite insgesamt enger wird. Sie steuern diesem Effekt entgegen, indem
> Sie die Laufweite auf +5 bis +10 einstellen, so dass die Laufweite wieder der Darstellung des
> metrischen Kernings entspricht.

> **Therapie für schlecht ausgeglichene Fonts**
> Schlecht ausgeglichene Fonts können notfalls mittels des optischen Kernings besser aus-
> geglichen werden. Das optische Kerning berücksichtigt nur die Zeichenformen. Erwarten Sie
> jedoch von InDesign keine typografischen Wunder!

> **Manuelles Kerning**
> Sie können einen Ausgleich auch manuell durchführen. Klicken Sie dazu mit dem Text-
> werkzeug zwischen zwei Buchstaben oder wählen Sie ein Wort aus. Wählen Sie einen Unter-
> schneidungswert aus dem Pull-down-Menü aus oder halten Sie die [Alt]-Taste gedrückt und
> betätigen Sie die Pfeiltasten nach links oder rechts. Dabei ändert sich der Wert um 20/1000
> Geviert.

> **Was ist ein „Geviert"?**
> Ein *Geviert* ist das Quadrat zur Kegelhöhe und wird im Ganzen oder in Teilen als nicht dru-
> ckender Abstand zwischen Zeichen und Wörtern eingesetzt. Im Bleisatz gibt es das Geviert
> (1000/1000), Halbgeviert (500/1000), Viertelgeviert (250/1000) und Achtelgeviert (125/1000),
> die Sie auch als Sonderzeichen einsetzen können (Abschnitt „Leerräume", Seite 288).

Abbildung 5.32: *Zur Auswahl über das Kontextmenü oder das Menü „Schrift/Leerraum einfügen" stehen fertige Sonderzeichen wie Halb- oder Achtelgevierte. Das Ausgleichsleerzeichen entspricht einem Viertelgeviert.*

Laufweite

Ist die Textmenge erst einmal ausgeglichen, können Sie über die Laufweite in der **Zeichen**-Palette den gleichmäßigen Abstand der Zeichen zueinander einstellen, der ebenfalls in Einheiten **1 pro 1000** angegeben wird. So einfach die Auswahl ist, so schwierig ist es, die Laufweite gestalterisch einzusetzen. Die auch als *Sperrung* bezeichnete *Spationierung* ist zunächst eine Auszeichnungsform, doch schnell kann die Lesbarkeit bei hohen Abständen der Zeichen verloren gehen. Nutzen Sie die Laufweite mit minimalen Einstellungen, wenn Ihnen die Vermittlung des Inhaltes am Herzen liegt.

Für einen optimalen Blocksatz ist die Laufweite sehr entscheidend, obwohl InDesign dies bei der Absatzformatierung mit der Trennung und den Wortabständen in Verbindung setzt. Schon sehr kleine Laufweitenänderungen können die Zurichtung eines Blocksatzes deutlich verbessern.

Abbildung 5.33: *Hohe Laufweite: Ein leichtes und luftiges Schriftbild entsteht.*

Abbildung 5.34: *Eine enge Laufweite lässt keinen Platz für Zwischenräume.*

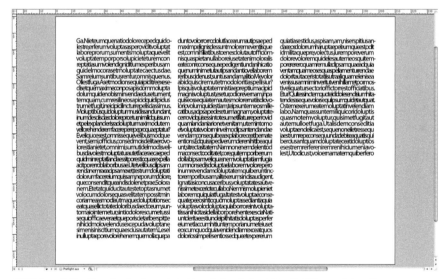

Abbildung 5.35: *Enge Laufweite und niedriger Zeilenabstand: Der Textkörper wird zur Graumenge. Man spricht auch von einem Kompresssatz.*

> **Enge Laufweiten werden von Serifen eher toleriert**
> Eine Serifenschrift ist aufgrund der zahlreichen An- und Abstriche in den Zeichenformen deutlich robuster gegenüber einer sehr engen Laufweite als eine serifenlose Antiqua. Werden die Zeichenformen verbunden, so bilden die Serifen für das Auge immer noch einen deutlichen Übergang von einem zum anderen Buchstaben. Je nach Font ist eine Laufweite bis –40 bei einer Schriftgröße von 9 Punkt möglich, um immer noch ein gut lesbares Schriftbild zu gewährleisten. Serifenlose Fonts hingegen laufen in den Zeichenformen nicht zusammen, sondern verklumpen optisch und bilden für unsere Augen einen wahren Stolperstein.

Tastenkürzel für Kerning und Laufweite
(Schrittweiten basierend auf den Voreinstellungen/ Einheiten und Einteilungen)

	Windows	Mac
Kerning und Laufweite zurücksetzen	Strg + Alt + Q	⌥ + ⌘ + Q
Kerning/Laufweite erhöhen	Alt + →	⌥ + →
Kerning/Laufweite verringern	Alt + ←	⌥ + ←
Kerning/Laufweite 5-fach erhöhen	Strg + Alt + →	⌥ + ⌘ + →
Kerning/Laufweite 5-fach verringern	Strg + Alt + ←	⌥ + ⌘ + ←

Horizontale und vertikale Skalierung

Die starke Verzerrung einer Schrift in vertikaler wie in horizontaler Richtung ist kein typografisches Gestaltungselement. Stauchung und Streckung verändern die Proportionen von Schriften und gerade diese machen den Charakter einer Schrift aus. Durch eine Verzerrung in vertikaler Richtung erhalten Sie keinen Vorteil, nutzen Sie besser zuerst eine Schriftgradänderung.

Als weitere Alternative kommen auch die Trennregeln in Frage: Eine Absatzeinstellung auf minimale Trennungen oder auf besseren Wortabstand im Absatzformat trägt entscheidend dazu bei, wie viel Text in einen Rahmen hineinpasst. Johannes Gutenberg hat für einen optimalen Blocksatz unterschiedlich breite Zeichen pro Textzeile geschnitten, die optisch jedoch mit dem übrigen Text harmonieren. Dies können wir ihm nachtun und die Optionen für den Blocksatz entsprechend einstellen. Lesen Sie bitte auch das Kapitel „Absatzformate".

Tastenkürzel Textskalierung

	Windows	Mac
Normale horizontale Textskalierung	⇧ + Strg + X	⇧ + ⌘ + X
Normale vertikale Textskalierung	⇧ + Strg + Alt + X	⇧ + ⌥ + ⌘ + X

Grundlinienversatz

Mit dieser Einstellung verändern Sie den Abstand der Zeichen von der Grundlinie. Eine praktische Anwendung eines Grundlinienversatzes ist das Ausrichten von Sonderzeichen wie „@" in einer E-Mail-Adresse. Je nach Schriftfamilie liegt das Zeichen im Vergleich zu den anderen deutlich höher oder tiefer auf der Grundlinie. Damit das Zeichen optisch besser in eine E-Mail-Adresse eingebunden wird, können Sie das Zeichen markieren und den Grundlinienversatz um z.B. –0,5 pt verändern. Darüber hinaus ist ein Vierundzwanzigstelgeviert als Leerraum vor und hinter dem Zeichen sinnvoll.

> ⚠ **Grundlinienversatz nur in absoluten Werten**
> Entgegen aller anderen Glyphen-Einstellungen können Sie den Grundlinienversatz nur in absoluten Punktwerten eingeben. Ein relativer Wert wie z.B. 10% ist nicht möglich.

> ⚠ **Vorsicht!**
> Verwechseln Sie bitte den Grundlinienversatz nicht mit den Funktionen Hochgestellt oder Tiefgestellt. Hierfür bietet InDesign eigene Buttons und Voreinstellungen, um das Zeichen gleichzeitig zu verschieben und zu skalieren.

Tastenkürzel für den Grundlinienversatz
(Schrittweiten basierend auf den Voreinstellungen/ Einheiten und Einteilungen)

	Windows	Mac
Grundlinienversatz erhöhen	⇧ + Alt + ↑	⇧ + ⌥ + ↑
Grundlinienversatz verringern	⇧ + Alt + ↓	⇧ + ⌥ + ↓
Grundlinienversatz 5-fach erhöhen	⇧ + Strg + Alt + ↑	⇧ + ⌥ + ⌘ + ↑
Grundlinienversatz 5-fach verringern	⇧ + Strg + Alt + ↓	⇧ + ⌥ + ⌘ + ↓

Neigung (Pseudo-Kursiv)

Ebenso wie die vertikale und horizontale Skalierung rein technische Möglichkeiten darstellen und höchstens in geringen Werten sinnvoll sein können, erzeugt die **Neigung** einer Schrift eine falsche Kursive, die im typografischen Detail besonders durch unschöne Proportionen und ein holpriges Schriftbild glänzt. Daher wird diese auch „Pseudo-Kursive" genannt. Auch wenn andere Programme per Knopfdruck automatisch eine Kursive durch Neigung erzeugen: InDesign bietet bis auf wenige Ausnahmen nur diejenigen Möglichkeiten, die ein Typograf bei der Erstellung der Schrift vorgesehen hat oder die typografisch sinnvoll sind. Nutzen Sie die zahlreichen formschönen professionellen Kursivschnitte Ihrer Schriftensammlung!

Sprache

Die Sprachauswahl und die damit verbundene Unterstützung durch Wörterbücher erfolgt sowohl dokumentübergreifend in den Voreinstellungen als auch manuell in der **Zeichen**-Palette, wenn Sie mehrsprachige Dokumente layouten (siehe Kapitel „Voreinstellungen"). Eine konsequente Anwendung der geeigneten Wörterbücher erfordert, dass diese in den **Absatzformaten** auch zugewiesen sind. InDesign bietet neben den – mittlerweile zahlreichen – deutschen Wörterbüchern auch die osteuropäischen Wörterbücher für Polnisch oder Ungarisch an, um einen Text nicht nur korrekt darzustellen, sondern auch optimal zu trennen.

Wie Sie Sprachen für das gesamte Dokument ändern, lesen Sie im Kapitel „Absatz- und Zeichenformate" ab Seite 310.

5.1.6   Steuerung-Palette Absatz und Absatz-Palette

Bei Klick auf die **Absatzformatierungen** in der **Steuerung-Palette** wechseln alle Werkzeuge und Sie erhalten Zugriff auf die Funktionen für die Absatzeinstellungen. Die gleichen Einstellungen finden Sie auch in der Palette **Absatz**. Sollten Sie einen Monitor mit einer Größe oberhalb von 19 Zoll oder einer Auflösung von mehr als 1280 Pixeln in der Breite verwenden, so zeigt InDesign die Absatzformatierungen in der Steuerung-Palette auch während der Zeichenformatierungen an.

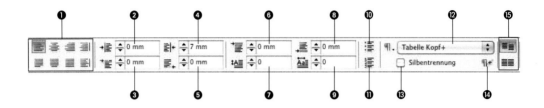

Abbildung 5.36: *Steuerung-Palette Absatz*

1   Absatzausrichtungen (linksbündig, zentriert, rechtsbündig, am Rücken ausrichten und Blocksatz mit den Optionen letzte Zeile linksbündig, letzte Zeile zentriert, letzte Zeile rechtsbündig sowie nicht am Rücken ausrichten)

2   Einzug links

3   Einzug erste Zeile

4   Einzug rechts

5   Einzug letzte Zeile

6   Abstand vor dem Absatz

7   Initialhöhe

8   Abstand nach dem Absatz

9   Initialbreite

10   Aufzählungszeichen

11   Nummerierte Liste

12   Absatzformate

13   Silbentrennung (ein/aus)

14   Abweichungen in Auswahl löschen

15   Grundlinienausrichtung (an/aus)

Ausrichtung

Eine Textmenge innerhalb eines Rahmens besitzt immer eine **Ausrichtung**, ob **linksbündig**, **zentriert**, **rechtsbündig** oder **Blocksatz**. Mit diesen Ausrichtungen können Sie einzelne Zeilen, Absätze oder gesamte Textrahmen formatieren.

InDesign kennt über diese Grundausrichtungen hinaus vier Arten des **Blocksatzes**. Diese unterscheiden sich in der Formatierung der letzten Zeile, wie Sie unschwer an der oberen Button-Reihe der Absatz-Palette erkennen können. Der letzte Button auf der rechten Seite gleicht auch die letzte Zeile eines Blocksatzes auf die gesamte Spaltenbreite aus – ein *erzwungener Blocksatz*.

Urestibus re sitium liquia sitatur sitem liscili ciducil endit utem eumqui bla dolupta pratis dolorat aspero vel miliquos asserendam ea aut earupta ssedic te porum apidis eium qui te consendantis ut landitae maxim qui vellabo. Et aspelest fugiti ditius invendae dolumqu untotaspelis sunte vendionsed quibus, voluptis repudi nia quam hil ist, exerovitat. Nimus, consequam que nonemporum sus mi, unt dolorep tatius re solest quaescia si corernates ullandae rehene nem nos nescia nem sequia que rero dolora nimosamet, velibus neturem ut ut earum et laboresci bea comnisserum ia debisqui quas aut quiam haritirror re est labo. Quis rerat pera qui quatibus as nsequi cupta nosti-

os exerum quis dolore velest elestiat. Ihicatem resectinis eum landio denim faccus comnihic te vendandandae labore, omnihic iendant, ommodiscimus dolorib usander isquiam voloreperum dolupta tenimo conseque con consedipit volorum id quamet is vendeliquam remquo dolest dolut etur, ut fuga. Ut aut harcimus del est harum labo. Em il ipietur, ut mo mostion nobit facearciunt. Cit hit estem fuga. Nequaspis reheni cumendunt mod expel ipitiorent, consequunt voluptas am eiunt repudan dipsus sa cones quamus ex et pore nonem lam si ut perum enime cum expe et eum, que illuptaturit occum dolenem que sita volore alici ius alit, conet ercid exped molore, am volorumet exerum vid quidel ide optasperunt labore co

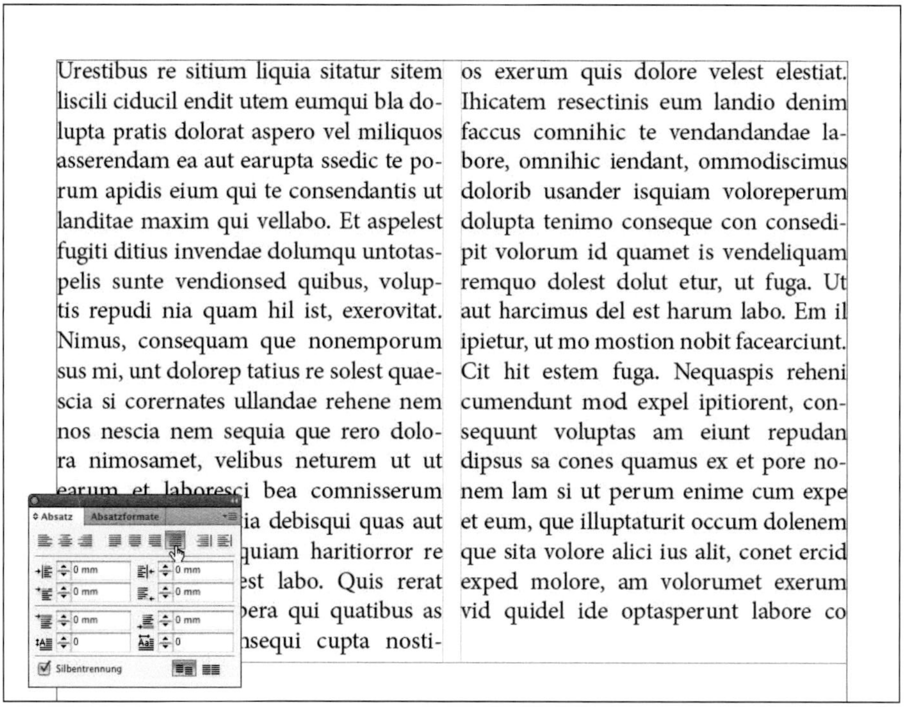

Abbildung 5.37: *Linksbündige Ausrichtung und erzwungener Blocksatz (ohne Silbentrennung) im Vergleich*

Mit den Tastenbefehlen für den links- oder rechtsbündigen Satz können Sie einzelne oder markierte Abschnitte rasch ausrichten: Klicken Sie in den Abschnitt und drücken Sie ⌘+⇧+R für *rechtsbündig* oder ⌘+⇧+L für *linksbündig*. Einen *zentrierten* Satz erhalten Sie mit ⌘+⇧+C („centered"). *Blocksatz* hingegen wird mit den Shortcuts ⌘+⇧+J („justified") bzw. ⌘+⇧+F für den *erzwungenen Blocksatz („fully justified")* erreicht.

Spaltenspanne

Während frühere Fassungen von InDesign „nur" die Möglichkeit boten, in einem Absatz eine Spalte zu verwenden, können Sie nun pro Absatz die Textspalte unterteilen oder mehrere Spalten *in einem mehrspaltigen Textrahmen* überspannen. Die Funktion nennt sich **Spaltenspanne** und Sie finden die einfach zu bedienenden Einstellungen in den **Absatzeinstellungen** der **Steuerung-Palette** am oberen Fensterrand.

Abbildung 5.38: *Ausgangspunkt: Die Überschrift richtet sich nach der Anzahl der Spalten im Textrahmen.*

Das **Überspannen** von Spalten ist natürlich für *Überschriften* oder *Zitate* im Text geeignet. Hierfür wählen Sie den Absatz aus, den Sie in mehreren Spalten darstellen wollen, und wählen im Dropdown-Menü der Spaltenspanne die Option **Über 2** aus. Sofort wird der Absatz wie gewünscht dargestellt. Der Textumbruch richtet sich nach den **Silbentrennungen** und der **Ausrichtung** des Absatzes, die wir Ihnen in diesem Kapitel bereits vorgestellt haben. Des Weiteren stehen Ihnen die Optionen **Über alle**, **Über 3** oder **Über 4** zur Verfügung, je nachdem, wie viele Spalten Sie überspannen lassen wollen.

> **Bis zu 40 Spalten**
> Ein Textrahmen darf bis zu 40 Spalten beinhalten. Folglich können Sie mit der Spaltenspanne „Über alle" bis zu 40 Spalten überspannen.

Abbildung 5.39: *Mit der Spaltenspanne „Über 2" werden die ersten beiden Spalten zusammengefasst, die Überschrift nutzt den breiten Raum.*

Das Gegenteil ist die Möglichkeit, eine Spalte zu **unterteilen**. Dies ist besonders bei *Aufzählungen* empfehlenswert. Hierfür wählen Sie mit dem Textwerkzeug Ihren Absatz im Textrahmen an und rufen im Drop-down-Menü der Spaltenspanne **In 3** auf. Anschließend wird Ihre Aufzählung nun nicht mehr untereinander im Text dargestellt, sondern platzsparend nebeneinander in drei Spalten. Die Ergänzung einer Aufzählung mit Aufzählungszeichen erklären wir Ihnen im Kapitel „Absatz- und Zeichenformate" ab Seite 310.

> **Bis zu vier Spalten können unterteilt werden**
> Das Unterteilen ist bis zu vier Spalten möglich. Eine höhere Spaltenunterteilung ist nicht sinnvoll, da die zu teilende Spalte für eine lesbare Textzeile (maximal 60 Zeichen pro Zeile) viel zu breit wäre.

> **Textrahmen-Spalten und die Spaltenspanne**
> Die Funktion der Spaltenspanne „Über…" funktioniert natürlich nur dann, wenn der Textrahmen selbst mehrspaltig ist. Ein „mehrspaltiges" Layout mit verknüpften einspaltigen Textrahmen kann dagegen nicht von einem Absatz „übersprungen" werden. Dagegen können alle Textrahmen – einspaltige wie mehrspaltige – immer mit der Spaltenspanne „In…" unterteilt werden!

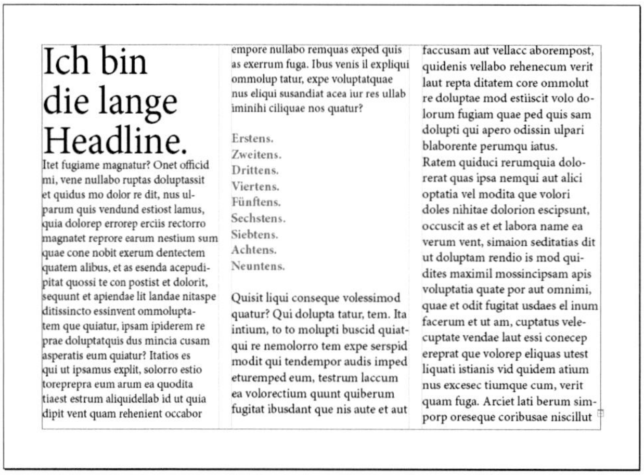

Abbildung 5.40: *Mit der Spaltenspanne „In 3" wird die Aufzählung in drei Spalten pro Textspalte unterteilt, die Aufzählung nimmt weniger Platz ein.*

Einzüge

Für die Ausrichtung einer Textmenge stehen Ihnen verschiedene Einzüge zur Verfügung: **Einzug links**, **Einzug rechts**, **Einzug links in erster Zeile** sowie **Einzug rechts in letzter Zeile** eines Absatzes. In einem Fließtext ist besonders der Einzug der ersten Zeile hilfreich, um eine Textmenge durch diese „optische Lücke" zu gliedern.

Die Breite eines solchen Einzuges kann auf zwei Arten bemessen werden. Die traditionelle Typografie sieht vor, einen Einzug von einem Geviert zu verwenden, damit sich immer ein „weißes Quadrat" ergibt. Tragen Sie als Einzug der ersten Absatzzeile die verwendete Schriftgröße ein (die Einheit pt wird von InDesign automatisch in mm umgerechnet) und Sie erhalten ein Geviert als Weißraum.

Abbildung 5.41: *Ein „weißes Quadrat" als Einzug*

> **Anderer Einzug ist erlaubt**
> Alternativ zum Geviert darf aus traditioneller Sicht auch bis zu einem Drittel einer Spaltenbreite eingezogen werden. Damit erhält man eine Trennung der Absätze, ohne dass diese jedoch „optisch umfallen" und die erste Zeile des Absatzes zu einem unlesbaren Zeilenrest verkommt.

Experimentell gesehen dürfen Sie einfach jeden Wert eintragen. Beliebt sind bei breiten Spalten (60–80 Anschläge pro Zeile) tiefe Einzüge bis zur Hälfte der Spalte. Benutzen Sie die Einzüge jedoch behutsam als Gestaltungsmittel; hierzu eignet sich die gleichzeitige Verwendung eines erzwungenen Blocksatzes, so dass die Einzüge die einzigen Trennungen der Absätze voneinander darstellen.

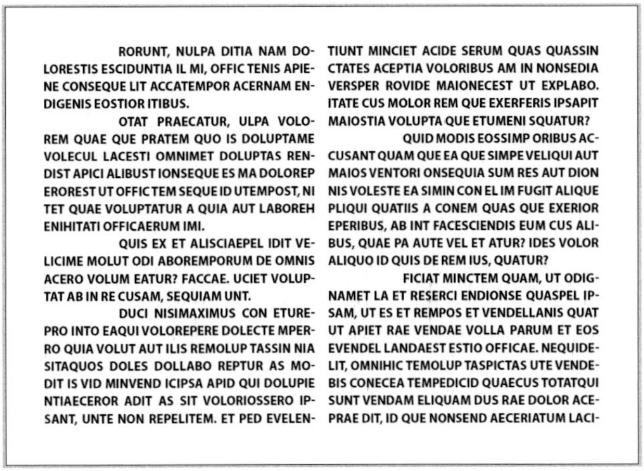

RORUNT, NULPA DITIA NAM DO-
LORESTIS ESCIDUNTIA IL MI, OFFIC TENIS APIE-
NE CONSEQUE LIT ACCATEMPOR ACERNAM EN-
DIGENIS EOSTIOR ITIBUS.

OTAT PRAECATUR, ULPA VOLO-
REM QUAE QUE PRATEM QUO IS DOLUPTAME
VOLECUL LACESTI OMNIMET DOLUPTAS REN-
DIST APICI ALIBUST IONSEQUE ES MA DOLOREP
ERORREST UT OFFIC TEM SEQUE ID UTEMPOST, NI
TET QUAE VOLUPTATUR A QUIA AUT LABOREH
ENIHITATI OFFICAERUM IMI.

QUIS EX ET ALISCIAEPEL IDIT VE-
LICIME MOLUT ODI ABOREMPORUM DE OMNIS
ACERO VOLUM EATUR? FACCAE. UCIET VOLUP-
TAT AB IN RE CUSAM, SEQUIAM UNT.

DUCI NISIMAXIMUS CON ETURE-
PRO INTO EAQUI VOLOREPERE DOLECTE MPER-
RO QUIA VOLUT AUT ILIS REMOLUP TASSIN NIA
SITAQUOS DOLES DOLLABO REPTUR AS MO-
DIT IS VID MINVEND ICIPSA APID QUI DOLUPIE
NTIAECEROR ADIT AS SIT VOLORIOSSERO IP-
SANT, UNTE NON REPELITEM. ET PED EVELEN-

TIUNT MINCIET ACIDE SERUM QUAS QUASSIN
CTATES ACEPTIA VOLORIBUS AM IN NONSEDIA
VERSPER ROVIDE MAIONECEST UT EXPLABO.
ITATE CUS MOLOR REM QUE EXERFERIS IPSAPIT
MAIOSTIA VOLUPTA QUE ETUMENI SQUATUR?

QUID MODIS EOSSIMP ORIBUS AC-
CUSANT QUAM QUE EA QUE SIMPE VELIQUI AUT
MAIOS VENTORI ONSEQUIA SUM RES AUT DION
NIS VOLESTE EA SIMIN CON EL IM FUGIT ALIQUE
PLIQUI QUATIIS A CONEM QUAS QUE EXERIOR
EPERIBUS, AB INT FACESCIENDIS EUM CUS ALI-
BUS, QUAE PA AUTE VEL ET ATUR? IDES VOLOR
ALIQUO ID QUIS DE REM IUS, QUATUR?

FICIAT MINCTEM QUAM, UT ODIG-
NAMET LA ET RESERCI ENDIONSE QUASPEL IP-
SAM, UT ES ET REMPOS ET VENDELLANIS QUAT
UT APIET RAE VENDAE VOLLA PARUM ET EOS
EVENDEL LANDAEST ESTIO OFFICAE. NEQUIDE-
LIT, OMNIHIC TEMOLUP TASPICTAS UTE VENDE-
BIS CONECEA TEMPEDICID QUAECUS TOTATQUI
SUNT VENDAM ELIQUAM DUS RAE DOLOR ACE-
PRAE DIT, ID QUE NONSEND AECERIATUM LACI-

Abbildung 5.42: *Durch einen Einzug in der ersten Zeile können mehrere Absätze in einer breiten Spalte bei erzwungenem Blocksatz und einer serifenlosen, fett geschnittenen Antiqua eine interessante optische Trennung bilden.*

> **Auszug für die erste Zeile**
> Verwenden Sie auch einmal keinen Ein-, sondern einen Auszug. Dazu müssen Sie zunächst einen vollständigen linken Einzug definieren (12 pt). Für den Einzug der ersten Zeile geben Sie dann den Wert –12 pt ein. Schon wird die erste Zeile ausgezogen. Ebenso wie der Einzug um ein Geviert bietet auch der Auszug eine optische Strukturierung der Textmenge.

> **Unhandlicher Auszug**
> Leider hat InDesign keine Möglichkeit, diesen Auszug mit einem einzigen Wert einzustellen. Daher müssen wir immer zwei Werte verändern: den Einzug links und den Einzug für die erste Zeile. Haben Sie beide Werte definiert, kommt es häufig vor, dass durch eine Änderung der Auszug insgesamt negativ würde, woraufhin InDesign eine Warnmeldung zeigt. Allein mit einem Verkettungs-Button zwischen den beiden Eingabefeldern in der Steuerung-Palette oder in einem Absatzformat wäre dies möglich – leider fehlt diese kleine, aber feine Verbesserung nach wie vor!

> **Letzte Zeile: Einzug rechts**
> Der eher selten angewendete Einzug rechts in der letzten Zeile kann beispielsweise für Inhaltsverzeichnisse oder Indizes angewendet werden. Wenn Sie ein Verzeichnis layouten, in dem in der letzten Zeile des Absatzes die Seitenzahl steht, so ist es vorteilhaft, einen Einzug für den gesamten Absatz von rechts festzulegen und den Einzug für die letzte Zeile rechts wieder herauszuziehen, indem Sie einen negativen Wert eingeben. Hier verhält es sich ähnlich wie bei einem Auszug der ersten Zeile eines Absatzes.

Tastenkürzel für Ausrichtung und Einzug

	Windows	Mac
Blocksatz	⇧ + Strg + J	⇧ + ⌘ + J
Blocksatz (inkl. letzte Zeile)	⇧ + Strg + F	⇧ + ⌘ + F
Linksbündig	⇧ + Strg + L	⇧ + ⌘ + L
Rechtsbündig	⇧ + Strg + R	⇧ + ⌘ + R
Zentriert	⇧ + Strg + C	⇧ + ⌘ + C
Einzug bis hierhin	Strg + ˋ	⌘ + ˋ

Abstände

Bei langen Mengentexten lohnt es sich, geringe Abstände zwischen den Absätzen zu verwenden. Sie ersparen sich damit den Einsatz von Leerzeilen, um Absätze mit einem größeren Abstand voneinander zu trennen. Wenn Sie nicht mit einem Grundlinienraster arbeiten, können Sie diese Abstände auch sehr frei wählen und z.B. auch halbe Zeilen (z.B. 6 pt) zur Auflockerung des Layouts verwenden. Üblicherweise dient der **Abstand nach** einem Absatz zur Trennung.

Abbildung 5.43: *Der Abstand nach einem Absatz gliedert lange „Bleiwüsten" auf.*

Am Grundlinienraster ausrichten

Wenn Sie Ihr Layout auf einem *Grundlinienraster* aufbauen und die Absätze danach ausrichten, läuft jede Textzeile unabhängig vom Schriftgrad oder der Familie auf einem durchgehenden Zeilenraster.

> **Grundlinienraster definieren**
> Wie Sie das Grundlinienraster einstellen, entnehmen Sie bitte dem Abschnitt „Textrahmenoptionen" und „Absatz- und Zeichenformate".

Ziel eines Grundlinienrasters ist es, neben der typografischen Arbeit das Druckbild der Textzeilen auf *Schön-* und *Widerdruck* (Vorder- und Rückseite eines Druckbogens) auf gleicher Höhe zu halten, der Satz ist dann *registerhaltig*. Die Absatz-Palette bietet diese Funktion an, um Rahmen ohne Grundlinienausrichtung auf das Raster zu setzen: **An Grundlinienraster ausrichten.**

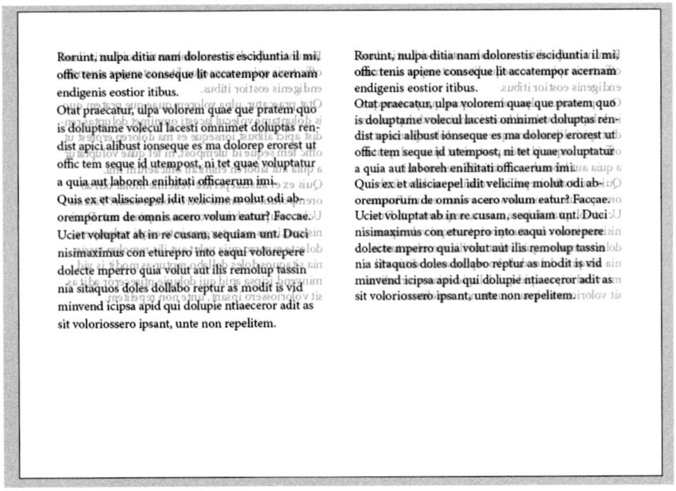

Abbildung 5.44: *Links sind die Textzeilen nicht registerhaltig: Die Textvorderseite ist kaum zu entziffern. Rechts befinden sich die Textzeilen auf derselben Höhe, der Text bleibt lesbar (Schema).*

Sollen jedoch Textrahmen nur mit der ersten Textzeile auf dem Grundlinienraster beginnen, um Layoutkanten aufzunehmen, dann wählen Sie aus dem Palettenmenü der Absatz-Palette den Eintrag **nur erste Zeile am Raster ausrichten.**

Initialen

Zu Beginn eines Absatzes können **Initialen** verwendet werden, die mehrere Textzeilen hoch sind. Initialen sind besonders dann hilfreich, wenn keinerlei Bilder den Text im Layout auflockern. Wählen Sie üblicherweise **zwei bis drei Zeilen** aus, um ein brauchbares Initial zu setzen. Generell wird ein Zeichen verwendet; Sie können jedoch auch mehrere Zeichen hintereinander nehmen. In modernen Zeitungslayouts werden auch riesige Initialen über zehn Zeilen in Verbindung mit einer eigenen Schrift und Farbe verwendet. Die genaue Verwendung von Initialen ist im Kapitel „Absatz- und Zeichenformate" beschrieben.

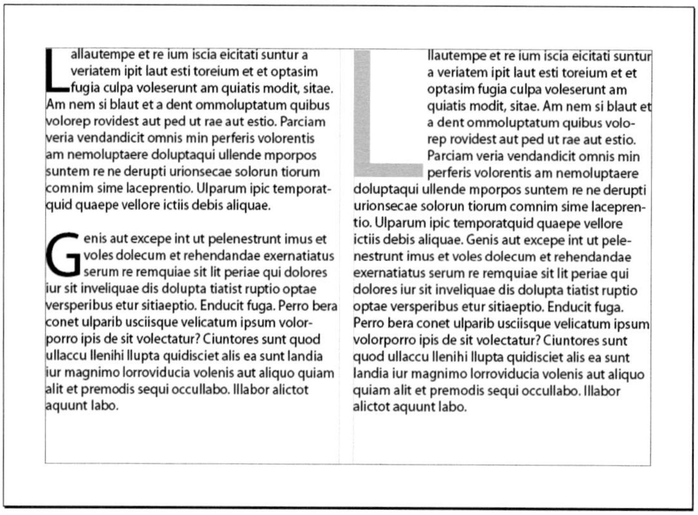

Abbildung 5.45: *Traditionelle Initialen werden über zwei oder drei Zeilen angewendet. Neumodische Initialen erscheinen in eigener Farbe und eigenem mageren Schnitt nicht unter acht Zeilen.*

Flattersatzausgleich

Um Überschriften oder auch einen Flattersatz über die Angleichung der Zeilenlängen im Absatz auszugleichen, haben Sie im Palettenmenü der Absatz-Palette die Funktion **Flattersatzausgleich** zur Verfügung. Diese Funktion ist besonders bei mehrzeiligen Überschriften sinnvoll, deren letzte Zeile sonst extrem kurz werden könnte. Dazu markieren Sie die Überschrift und wählen im Palettenmenü der Steuerung-Palette Absatz die Option **Flattersatzausgleich.**

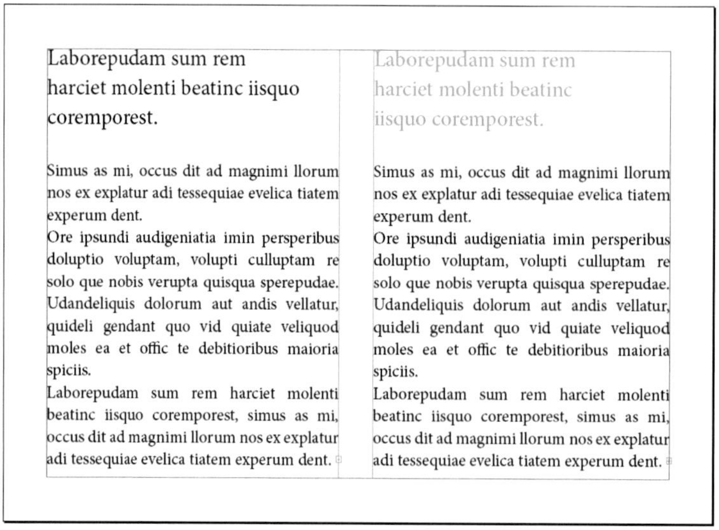

Abbildung 5.46: *Überschriften können durch den Flattersatzausgleich automatisch zu einer annähernd gleich langen umbrochen werden.*

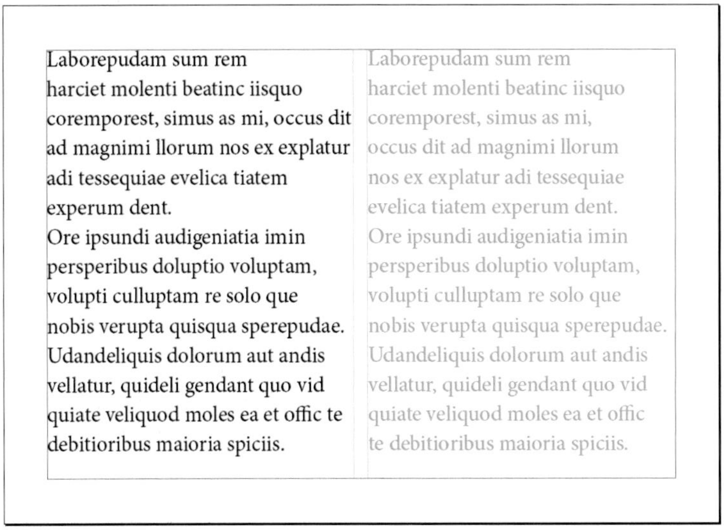

Laborepudam sum rem harciet molenti beatinc iisquo coremporest, simus as mi, occus dit ad magnimi llorum nos ex explatur adi tessequiae evelica tiatem experum dent.
Ore ipsundi audigeniatia imin persperibus doluptio voluptam, volupti culluptam re solo que nobis verupta quisqua sperepudae. Udandeliquis dolorum aut andis vellatur, quideli gendant quo vid quiate veliquod moles ea et offic te debitioribus maioria spiciis.

Laborepudam sum rem harciet molenti beatinc iisquo coremporest, simus as mi, occus dit ad magnimi llorum nos ex explatur adi tessequiae evelica tiatem experum dent.
Ore ipsundi audigeniatia imin persperibus doluptio voluptam, volupti culluptam re solo que nobis verupta quisqua sperepudae. Udandeliquis dolorum aut andis vellatur, quideli gendant quo vid quiate veliquod moles ea et offic te debitioribus maioria spiciis.

Abbildung 5.47: *Ein linksbündiger Satz wird mit Flattersatzausgleich glatter an der rechten Kante.*

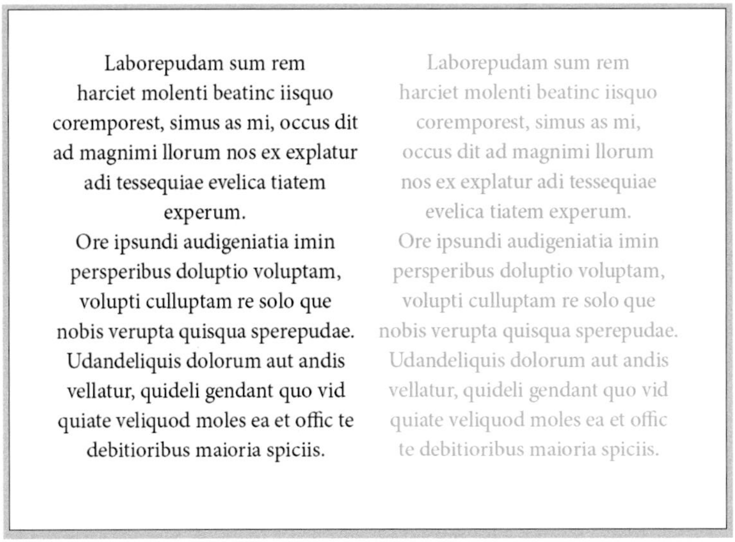

Laborepudam sum rem harciet molenti beatinc iisquo coremporest, simus as mi, occus dit ad magnimi llorum nos ex explatur adi tessequiae evelica tiatem experum.
Ore ipsundi audigeniatia imin persperibus doluptio voluptam, volupti culluptam re solo que nobis verupta quisqua sperepudae. Udandeliquis dolorum aut andis vellatur, quideli gendant quo vid quiate veliquod moles ea et offic te debitioribus maioria spiciis.

Laborepudam sum rem harciet molenti beatinc iisquo coremporest, simus as mi, occus dit ad magnimi llorum nos ex explatur adi tessequiae evelica tiatem experum.
Ore ipsundi audigeniatia imin persperibus doluptio voluptam, volupti culluptam re solo que nobis verupta quisqua sperepudae. Udandeliquis dolorum aut andis vellatur, quideli gendant quo vid quiate veliquod moles ea et offic te debitioribus maioria spiciis.

Abbildung 5.48: *Ein zentrierter Satz ohne und mit Flattersatzausgleich*

Mit den normalen Einstellungen erhalten Sie eine zweizeilige Überschrift, deren erste Zeile auf die volle Spaltenbreite umbrochen wird. So entsteht ein unschönes Schriftbild. Durch die Funktion werden möglichst gleich lange Zeilen erzeugt, deren erste Zeile die längste ist. Wenn Sie einen längeren Textabschnitt mit dieser Funktion formatieren, so kann es sein, dass keine einzige Zeile die volle Spalten- oder Rahmenbreite einnimmt, da der Flattersatzausgleich dafür sorgt, dass alle Zeilen auf eine durchschnittliche Zeilenbreite ausgeglichen werden. Soll es dagegen stark flattern, also alle Zeilen sollen eine möglichst unterschiedliche Länge aufweisen, deaktivieren Sie den Flattersatzausgleich, der ansonsten sehr stark in den Zeilenumbruch eingreift.

5.1.7   Glyphen und Sonderzeichen

InDesign differenziert alle Zeichen eines Fonts in die Gruppen Buchstaben, Ziffern und Symbole. Diese Unterscheidung ist für die Anwendung des Fonts nicht relevant, kommt jedoch dann zum Einsatz, wenn Sie **verschachtelte Formate** gestalten. Dies zeigen wir Ihnen im gleichnamigen Kapitel ab Seite 359. Die Summe aller Zeichen eines Fonts wird als *Glyphen* bezeichnet. Neben den gebräuchlichen Buchstaben und Ziffern können Sie viele Sonderzeichen benutzen. Zum einen befinden sich Zeichen darunter, die im Font integriert sind, wie z.B. das Copyright-Symbol © oder der Gedankenstrich –. Einige dieser Zeichen können Sie auch über Tastenkombinationen aufrufen, Sie müssen dafür jedoch zahlreiche Befehle lernen.

Zum anderen nutzt InDesign *Steuerzeichen*, das sind Zeichen bzw. **sichtbare und unsichtbare Anweisungen** für den Textfluss oder die Formatierung. Darunter fallen **automatische Seitenzahlen**, **Tabulatoren**, **Einfügemarken**, **Leerräume** und **Umbruchszeichen**.

Diese Sonder- und Steuerzeichen erhalten Sie, indem Sie während der Textbearbeitung das Kontextmenü mit der rechten Maustaste aufrufen oder im Menü **Schrift/Sonderzeichen einfügen** wählen. InDesign sortiert nach den Gruppen **Symbole**, **Marken**, **Trenn-** und **Gedankenstriche**, **Anführungszeichen** und **Andere**.

Unter **Leerraum einfügen** finden Sie – wie bereits beschrieben – nicht druckende Abstände wie *Geviert* oder *Viertelgeviert*, darunter auch ein Sechstel- oder Drittelgeviert.

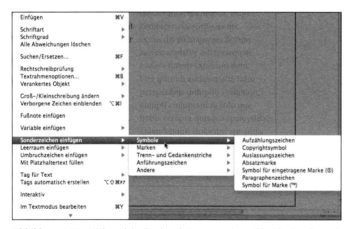

Abbildung 5.49: *Während der Textbearbeitung werden zahlreiche Sonderzeichen über das Kontextmenü angeboten.*

Die **Umbruchzeichen** werden dazu verwendet, einen Umbruch in den nächsten Absatz zu erzwingen, der sowohl im nächsten Rahmen, in der nächsten Spalte oder auf der nächsten geraden oder ungeraden Seite beginnen kann. Auf diese Weise werden falsche Umbrüche von Textzeilen vermieden. Lesen Sie dazu auch das Kapitel „Texte erfassen und bearbeiten".

Tastenkürzel für Leerzeichen, Striche, Sonderzeichen

	Windows	Mac
Geviert-Leerzeichen	⇧ + Strg + M	⇧ + ⌘ + M
Halbgeviert-Leerzeichen	⇧ + Strg + N	⇧ + ⌘ + N
Achtelgeviert-Leerzeichen	⇧ + Strg + Alt + M	⇧ + ⌥ + ⌘ + M
Geschütztes Leerzeichen	Strg + Alt + X	⌥ + ⌘ + X
Geschützter Trennstrich	Strg + Alt + -	⌥ + ⌘ + -
Bedingter Trennstrich	⇧ + Strg + -	⇧ + ⌘ + -
Geviertstrich	⇧ + Alt + -	⇧ + ⌥ + -
Halbgeviertstrich	Alt + -	⌥ + -
Öffnendes Anführungszeichen	Alt + 0 1 3 2	⌥ + ^
Öffnendes einfaches Anführungszeichen	Alt + 0 1 3 0	⌥ + S
Schließendes Anführungszeichen	Alt + 0 1 4 7	⌥ + 2
Schließendes einfaches Anführungszeichen	Alt + 0 1 4 5	⌥ + #
Aufzählungszeichen	Alt + 8	⌥ + Ü
Auslassungszeichen (´)	Alt + Ü	⇧ + ⌥ + #
Copyright-Symbol (©)	Alt + G	⌥ + G
Paragraphenzeichen	⇧ + 3	⇧ + 3
Symbol für eingetragene Marke (®)	Alt + R	⌥ + R

Glyphen sammeln und einfügen

Für alle Zeichen, die im Font vorliegen, aber nur schwer über die Tastatur aufgerufen werden können, steht Ihnen die **Glyphen**-Palette zur Verfügung. Rufen Sie die Palette auf, indem Sie mit dem Textwerkzeug in einen Textrahmen klicken und im Menü **Schrift** die Funktion **Glyphen** auswählen.

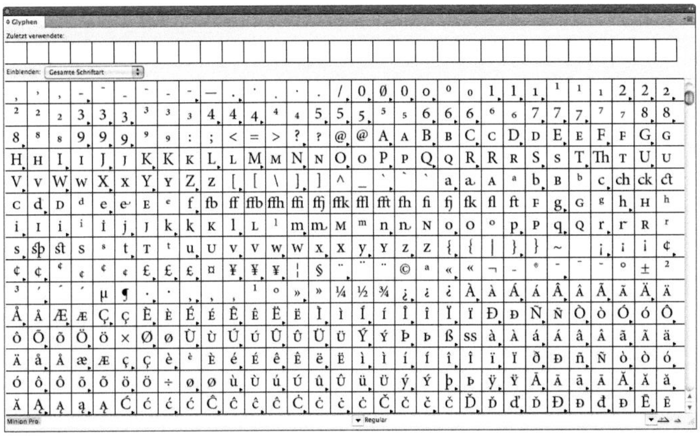

Abbildung 5.50: *Ein OpenType-Font wie die Minion Pro verfügt über zahlreiche Buchstaben und Varianten.*

Die Palette zeigt Ihnen alle verfügbaren *Glyphen* des aktuellen Fonts. Mit einem Doppelklick auf eine Position fügen Sie das Zeichen in Ihren Textrahmen ein. Diese Übersicht ist die sogenannte *Codepage*, die je nach Schriftformat und Betriebssystem unterschiedlich aufgebaut ist. Jeder Post-Script- oder TrueType-Font besitzt 256 Zeichen. Für jeden Sprachraum gibt es unterschiedliche Codepages (*Westeuropa, Osteuropa, Kyrillisch etc.*). Diese Codepages finden Sie im Pull-down-Menü unter dem Begriff **Einblenden**.

Sobald Sie eine Glyphe per Doppelklick ausgewählt und damit in einen Textrahmen übertragen haben, wird diese Glyphe in der oberen Zeile der Palette abgelegt, quasi als Zwischengedächtnis. Somit entfällt in vielen Fällen das Anlegen eines eigenen Glyphensatzes; Sie können später die Glyphen-Palette wieder aufrufen und die gemerkten Zeichen in den Text einfügen.

> **Ersetzen von Unicode-Zeichen**
> Das Austauschen konkreter Unicode-Zeichen ist nun durch die Funktion Suchen und Ersetzen möglich. Lesen Sie dazu auch den Abschnitt „Unicode" und das Kapitel „Absatz- und Zeichenformate", in dem wir den Einsatz von OpenType-Fonts genauer erklären und die Funktion zeigen.

[!] **Arbeiten mit Expert-Schnitten**
Wenn Sie mit Expert-Schnitten von PostScript-Fonts arbeiten, kann es zu einem gravierenden Problem kommen: Sie formatieren Text z.B. in der Adobe Garamond und markieren einzelne Zeichen oder Wörter, um sie mit dem Expert-Schnitt in Kapitälchen zu ändern. Sobald Sie den Expert-Schnitt auswählen, verschwinden die markierten Zeichen! Da InDesign intern mit Unicode arbeitet, kennt das Programm alle Zeichen nur unter einer einzigen Bezeichnung: „A" ist im Unicode „0041". Das „Kapitälchen A" hat dagegen die Kennung „F761" und InDesign sucht im Expert-Schnitt vergeblich nach »0041«. Die Lösung ist glücklicherweise einfach: Halten Sie während der Auswahl des Expert-Schnittes die Tastenkombination ⌘+Alt gedrückt. InDesign sucht nun nicht nach der Unicode-Kennung, sondern nach der Bezeichnung „A". Tauschen Sie daher die veralteten Expert-Schnitte durch neue komplette Fonts im Format OpenType aus, um diese Fehlerquelle zu vermeiden. Achten Sie auch bei der Formatierung von normalen Ziffern in Mediävalziffern auf diese Tastenkombination. Wenn Sie mit einem OpenType-Font arbeiten, tritt die Problematik nicht auf, da InDesign nicht zwei Fonts miteinander vergleichen muss.

Multilinguale Texte

Für den Einsatz von Schriften für **mehrsprachige Texte** werden überwiegend „CE-Fonts" verwendet. *CE* steht für *Central European* und verweist auf den geografischen Sprachraum zwischen Estland und Bulgarien. Diese Schriften haben eine andere *Codepage* und werden durch Sonderzeichen ergänzt. CE-Fonts sind für viele PostScript- und TrueType-Fonts bei den diversen Schriftenherstellern und -händlern erhältlich. OpenType-Fonts hingegen beinhalten nahezu alle Zeichen, mit deren Hilfe auch polnische oder ungarische Texte wiedergegeben werden können, dazu gehört u.a. die Schriftfamilie der Myriad Pro, die mit InDesign installiert wird.

Neben der Darstellung der Zeichen sind natürlich auch der richtige Textumbruch und die Wort-trennung wichtig. InDesign unterstützt alle osteuropäischen Sprachen wie **Bulgarisch** oder **Lettisch** mit einem eigenen Wörterbuch. So können Sie einen **polnischen Text** z.B. aus Word direkt in InDesign platzieren und mit einer Schrift wie der Myriad Pro darstellen. Danach weisen Sie noch das richtige Wörterbuch zu und formatieren typografisch einwandfrei den fremdsprachigen Text.

> **Fehlende Zeichen im Font**
> Immer wieder kann es vorkommen, dass die verwendete Sprache ein Zeichen benötigt, das im zugewiesenen Font nicht existiert. Im Layoutmodus mit dem Tastenbefehl „W" werden alle fehlenden Zeichen durch eine rosafarbene Lücke hervorgehoben. Im Vorschaumodus hingegen verschwinden diese wichtigen Hinweise. Achten Sie bei mehrsprachigen Texten auf diese Feinheiten.

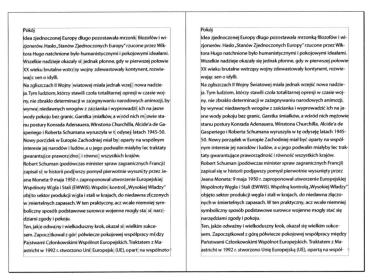

Abbildung 5.51: *Fehlende Zeichen im Font werden durch eine rosafarbene Hervorhebung dargestellt.*

Dokumente, die mehrere Sprachen gleichzeitig darstellen sollen, müssen mit eigenen Absatzfor-maten angelegt werden. Lesen Sie dazu auch das Kapitel „Absatz- und Zeichenformate".

OpenType-Fonts und Unicode

Die Lösung zur Wiedergabe fremdsprachiger Texte mit einem einzigen Font bietet das **OpenType-Format**, das nicht nur für die Erweiterung des Fonts um osteuropäische Sonderzeichen gedacht ist, sondern um theoretisch jede Sprache und ihre Zeichen abzubilden.

Statt der maximal 256 Zeichen eines solchen Fonts kann das OpenType-Format bis zu 65.535 Zeichen aufnehmen. Darüber hinaus ist das Format plattformunabhängig und wird durch nur eine einzige Datei repräsentiert. Wie funktioniert das?

Das Zauberwort heißt Unicode, die technische Grundlage, auf der das OpenType-Format basiert. Unicode ist ein **16-Bit**-Code zur Abbildung von **2 hoch 16** (= 65.536 inkl. Null) Zeichen. Da im Unicode-Standard möglichst alle Schriftsprachen enthalten sein sollen, werden diese nacheinander eingearbeitet. Jedem Zeichen ist eine Position zwischen **0** und **65.535** zugeordnet, die im *Hexadezimalcode* angegeben wird. So besitzt das Zeichen „A" den *Code* **0041**. Die Kodierung der Zeichen ist im Unicode-Standard festgelegt. Dieser wird regelmäßig überarbeitet und erweitert. Unicode 5.2 ist der derzeit aktuell verwendete Standard (Oktober 2009). Hierzu finden Sie auch interessante Links am Ende des Buches.

Die zahlreichen Codepages eines Unicode-Fonts sind in einer vorgegebenen Reihenfolge definiert. Der Font beginnt mit den bekannten lateinischen Zeichen, auch als Basic Latin bezeichnet. Danach folgen die Erweiterungen Latin 1, Latin Extended A und Latin Extended B. Das sind Erweiterungen, mit denen alle sprachenspezifischen Zeichen europäischer Sprachen aufgefangen werden. Darunter finden sich u.a. auch Sonderzeichen für Tschechisch, Ungarisch oder Finnisch. Bisherige Fonts bildeten nur eine Auswahl dieser Codepages ab, begrenzt auf einen Sprachraum (ISO Latin 1, ISO Latin 2 etc.). Danach folgen Codepages mit Sonderzeichen für die phonetische Darstellung (IPA) und anschließend beginnen die diakritischen Zeichen.

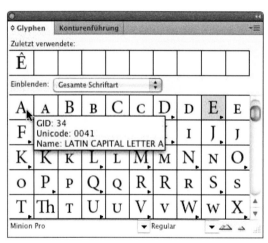

Abbildung 5.52: *Die Minion Pro in der Gesamtübersicht der Glyphen-Palette.*

Zeichen und Sprachen

Für die Wiedergabe jeder europäischen Sprache sind ca. 500 Zeichen notwendig. Für die Darstellung eines chinesischen oder japanischen Textes hingegen werden mehrere tausend Zeichen verwendet. Und dabei werden nur die Schriftzeichen berücksichtigt, die im ständigen Gebrauch sind.

> **Maximale Komplexität der Schrift**
> Das Japanische ist im weltweiten Vergleich das komplexeste Schriftsystem. Es setzt sich aus drei verschiedenen Zeichensystemen zusammen: Kanji, Kana und Romanji. Kanji sind die ca. 3.000 aus dem Chinesischen entlehnten Schriftzeichen, Kana hingegen vereinfachte Bildzeichen für die Aussprache und zuletzt Romanji die lateinischen Zeichen.

Da **Unicode** sowohl von einem **Windows**- wie auch **Mac**-System verstanden wird, können InDesign-Dateien auf beiden Plattformen bearbeitet werden. Der typografische Nutzen liegt bei den sogenannten Pro-Fonts neben **echten Kapitälchen** und der Auswahl von **Tabellen**- oder **Mediävalziffern** in der Integration von **kontextbedingten Varianten**: Sofern vorhanden, können Sie über die Glyphen-Palette passende Zeichenalternativen aufrufen.

Abbildung 5.53: *Viele OpenType-Pro-Fonts bieten Alternativen für die Darstellung eines Zeichens, wie zum Beispiel Schwungzeichen in der Adobe Caslon Pro.*

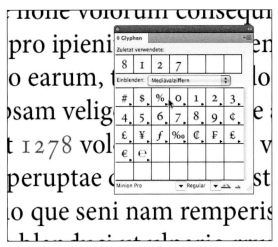

Abbildung 5.54: *Mediävalziffern eignen sich hervorragend im Textfluss, während Tabellenziffern Monospace- oder Halbgeviertziffern für eine tabellarische Darstellung ein gleichmäßiges Raster bilden.*

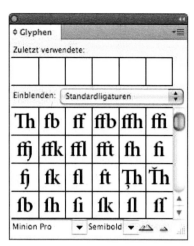

Abbildung 5.55: *Altbekannte Ligaturen aus vergangenen Zeiten können dank OpenType-Technologie wieder zum Leben erweckt werden.*

> **Was kann mein OpenType-Pro-Font?**
> Die Unterstützung der hier beschriebenen typografischen Möglichkeiten variiert je nach Schrifthersteller. Wenn Sie eine OpenType-Pro-Schrift auswählen und im Palettenmenü der Zeichen-Palette die Rubrik OpenType auswählen, sehen Sie die möglichen Funktionen; nicht zur Verfügung stehende werden in eckigen Klammern angezeigt. So werden z.B. Schwungzeichen hauptsächlich bei kursiven Schnitten und Schreibschriften angeboten.

Hier zeichnet sich ab, dass nicht jede OpenType-Schrift alle Möglichkeiten bietet – sowohl für die typografische Auszeichnung als auch für die Anwendung fremdsprachiger Texte. Vergewissern Sie sich beim Hersteller, ob ein gewünschter Font auch die von Ihnen benötigten Funktionen unterstützt. Viele Schriften, die zurzeit erhältlich sind, wurden nur aus bestehenden TrueType- oder PostScript-Fonts konvertiert.

Wenn Sie sich weitergehend über das aktuelle Schriftenangebot und die Technologie informieren wollen, finden Sie am Ende des Buches hilfreiche Links zu den Herstellern.

> **Hintergrund: OpenType-Technik**
> Technisch gesehen ist ein OpenType-Font nichts anderes als ein PostScript- oder True-Type Font, der im Unicode vorliegt. Darüber hinaus kann ein OpenType-Font aber sogenannte „Features" wie die Erkennung und Ersetzung von Brüchen beinhalten. Wie funktioniert das? Ein Skript sucht im formatierten Text nach Stellen wie z.B. „1/9" und ersetzt diese durch die hochgestellte 1, einen eigenen Bruchstrich und die tiefgestellte 9. Alle drei Zeichen werden zudem unterschnitten und für den Anwender wie eine Glyphe dargestellt. Wenn Sie also einen OpenType-Font nutzen und in InDesign die Funktion „Brüche" aufrufen, schalten Sie dieses Skript an. Ebenso kann es in einem OpenType-Font Skripte für Ligaturen, Kapitälchen und andere Feinheiten geben, wie hier beschrieben.

Unicode-Zeichen suchen und ersetzen

Um irrtümlich gesetzte Zeichen eines fremdsprachigen Textes oder eines wissenschaftlichen Fachartikels auszutauschen, können Sie mit der Funktion **Suchen/Ersetzen** aus dem Menü **Bearbeiten** nach der Unicode-Position suchen und das gefundene durch ein anderes Zeichen ersetzen. Öffnen Sie den Suchen/Ersetzen-Dialog mit dem Tastenbefehl ⌘+F.

Unter dem Reiter **Glyphe** finden Sie die Eingabe für die *Unicode*-Position. Alternativ können Sie auch eine zuvor in der **Glyphen**-Palette gefundene Glyphe auswählen, indem Sie in das kleine Ausklappmenü **Glyphe** klicken. Beachten Sie dabei, dass die **Glyphen**-Palette auch die entsprechende Schrift mitspeichert, so dass hier eine konkrete Verbindung aus *Glyphe*, *Unicode*-Position und *Font* erzeugt wird. Durch einen Klick auf **Suchen** starten Sie den Vorgang und können bei einer aufgefundenen Textstelle ein anderes Unicode-Zeichen einsetzen.

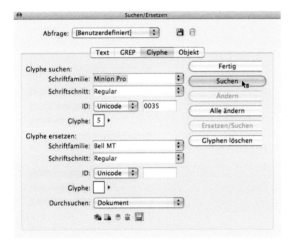

Abbildung 5.56: *Die Suchen/Ersetzen-Funktion bietet in InDesign die Möglichkeit, einzelne Zeichen anhand ihrer Position im Unicode aufzuspüren.*

5.1.8 Text im Pfad: Formsatz

Eine Spielart der Typografie ist der **Formsatz**. Wie der Name schon sagt, bildet das Schriftbild eine gegenständliche oder abstrakte Form, die überwiegend einem Motiv aus dem Textinhalt entstammt. Wie nahezu alle traditionellen handwerklichen oder künstlerischen Vorlagen lassen sich auch diese auf moderne Weise interpretieren.

Wie Sie aus der Rahmenbearbeitung bereits wissen, wird auch ein Textrahmen durch *Bézierkurven* definiert, die zunächst immer ein Rechteck abbilden, in dem der Text „fließt".

Wählen Sie einen Textrahmen mit der **Auswahl** an und wechseln Sie auf die **Direktauswahl**. So wird der Textrahmen zu einem *Bézierpfad*. Nutzen Sie die **Pfadwerkzeuge**, um die Form des Textrahmens zu verändern; fügen Sie Pfadpunkte hinzu oder erzeugen Sie Tangentenpunkte. Der

Textfluss passt sich immer der Außenform an. Die andere Möglichkeit besteht darin, zuerst einen Pfad zu erzeugen und danach mit dem Textwerkzeug hineinzuklicken. Danach schreiben Sie den Text innerhalb der Form.

> ### Schneller Werkzeugwechsel

Während der Bearbeitung eines Formsatzes müssen Sie häufig das Werkzeug wechseln, um zwischen der Textbearbeitung und der Pfadkorrektur umzuschalten. Daher beginnen Sie immer mit dem Auswahl-Werkzeug „V". Wollen Sie nun in die Textbearbeitung wechseln, so halten Sie „T" gedrückt und markieren Sie den Text. Nachfolgend können Sie die Schrift ändern. Lassen Sie „T" wieder los, kehren Sie zum Auswahlwerkzeug zurück. Wollen Sie stattdessen den Pfad bearbeiten, so halten Sie „A" gedrückt und Sie können die Knotenpunkte anklicken und versetzen. Das Loslassen der Taste „A" führt wieder zum Auswahlwerkzeug zurück. Üben Sie die Arbeitsweise, es lohnt sich!

> ### Pathfinder und Formsatz

Einfacher geht´s nicht: Mit dem Pathfinder, der mehrere Vektorformen zu einer neuen Form addieren oder auch voneinander abziehen kann, können Sie auch Formsatz verändern. Nehmen Sie einen Formsatz und ergänzen Sie den Textrahmen mit einer neuen Vektorform. Markieren Sie beide Objekte und klicken Sie auf „Addieren". Die neue Form wird dem Formsatz zugewiesen, es entsteht eine neue Gesamtform. Beachten Sie dabei unbedingt, dass ein Rahmen, der bereits Text enthält, vorne liegen muss, da sonst der Text gelöscht wird!

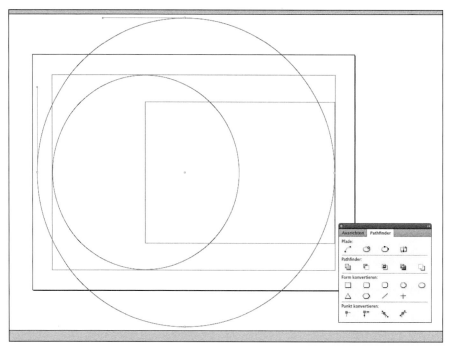

Abbildung 5.57: *Der Formsatz kann auch aus mehreren Objekten über den Pathfinder erstellt werden. Hier die Ausgangsobjekte: zwei Kreise und ein Rechteck.*

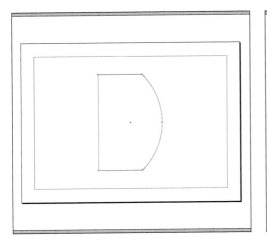

Abbildung 5.58: *Der kleinere Kreis wird vom größeren Kreis abgezogen und zusammen mit dem Rechteck geschnitten.*

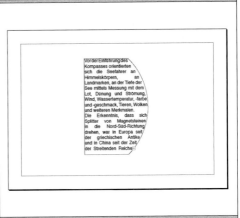

Abbildung 5.59: *Anschließend kann der Text platziert und ausgerichtet werden.*

> **Formkonstruktion**
> Einfacher und schneller lassen sich solche Formen natürlich in Vektorprogrammen wie Illustrator erzeugen. Über die Zwischenablage kopieren Sie einen einfachen Illustrator-Pfad direkt in InDesign hinein und füllen ihn mit Text.

Text auf Pfad: Beschwingtes

Anders als der Formsatz richtet die Funktion **Text auf Pfad** die Grundlinie nach einem Pfad aus, der sowohl eine Linie als auch eine geschlossene Form sein kann. Ziehen Sie eine schwungvolle Linie mit dem **Bleistift** oder mit dem **Zeichenstift** auf und wechseln Sie auf das **Textwerkzeug**: Halten Sie die Maustaste und das Textsymbol in der Werkzeuge-Palette gedrückt und das Flyout-Menü mit dem Werkzeug **Text auf Pfad** erscheint. Alternativ dazu können Sie den Tastenbefehl ⇧ + T aufrufen. Klicken Sie nun mit dem Text-auf-Pfad-Werkzeug auf den gezeichneten Pfad. Die Einfügemarke springt auf den Pfad, die Eingabe kann beginnen.

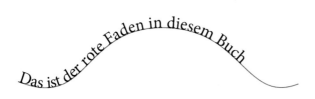

Abbildung 5.60: *Textpfad*

Die Ausrichtung auf dem Pfad kann auf zwei Wegen beeinflusst werden. Die Ausrichtung der Absatz-Palette ist dabei zunächst entscheidend. Die andere Methode sind die senkrechten Begrenzungsstriche links und rechts vom Text. Klicken Sie eine Begrenzung an und schieben Sie sie wie einen Regler an die gewünschte Position. Der Text wird danach erneut ausgerichtet.

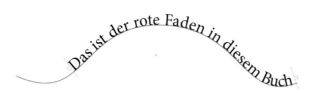

Abbildung 5.61: *Alternativer Anfangspunkt*

Pfadtextoptionen

Rufen Sie über das Kontextmenü den Punkt **Pfadtext/Optionen...** auf oder wählen Sie **Schrift/ Pfadtext/Optionen...**.

Abbildung 5.62: *Die Pfadtextoptionen*

Verschiedene Effekte stehen Ihnen zur Verfügung, darunter die Option **Neigen**, mit welcher der Text senkrecht zum Pfad ausgerichtet wird, als würde sich das Schriftband über eine Fläche wölben. Dieser *Pseudo-3D*-Effekt gleicht ein wenig die verringerte Lesbarkeit des Pfadtextes aus. **Regenbogen** ist unser altbekannter Kreistext. Die anderen Optionen dürfen Sie sich gern in Ruhe anschauen.

Abbildung 5.63: *Textpfad mit Effekt „Neigen"*

Interessant ist hier noch die Ausrichtung: Die Grundlinie, die Oberlänge oder Unterlänge können als Ausrichtung dienen. Der Abstand hingegen gleicht Zeichenabstände an engen Kurven aus.

> **Optisches Kerning auch auf Pfaden**
Sollten Sie ungünstige Unterschneidungen von Zeichenpaaren im Text auf einem gebogenen Pfad entdecken, so kann InDesign die Zeichen optimal ausgleichen, wenn Sie den Optischen Zeichenausgleich aus der Steuerung-Palette in der Rubrik **Kerning** anwählen. Alternativ unterschneiden Sie die Zeichen manuell, indem Sie zwischen die unglücklichen Zeichen klicken und mit der gedrückten Alt -Taste und den Pfeil-Tasten ← und → den Abstand korrigieren.

5.1.9 Inline-Grafiken im Textfluss

Als *Inline-Objekte* werden im Programmierjargon Objekte wie z.B. Bilder bezeichnet, die in einem Text mitlaufen. Dazu wählen Sie einen Bildrahmen aus, kopieren diesen in die Zwischenablage und klicken mit dem Textwerkzeug an eine geeignete Stelle in den Text. Nun fügen Sie den Rahmen ein. Sie erkennen nun, dass das Bild *auf der Grundlinie* der Textzeile steht. Ändern Sie den Text, so wird das Bild auf der Grundlinie einfach mitverschoben, die Inline-Grafik verhält sich also **wie ein Buchstabe**. Die Bilder können auch mehrfach hintereinander einkopiert werden.

Inline-Grafiken als Initiale

Wenn Sie eine Grafik an erster Stelle in einen Absatz einfügen, so können Sie im Absatz die **Initialfunktion** verwenden, um eine Grafik vertikal im Fließtext auszurichten. Hierfür skalieren Sie die Grafik so groß, dass sie eine Höhe von *mindestens zwei Textzeilen* einnimmt. Nun schneiden Sie die Grafik mit ⌘+X aus und fügen sie mit dem **Textwerkzeug** in den Text mit ⌘+V ein. Nachfolgend rufen Sie die **Absatzeinstellungen** in der Steuerung-Palette auf und wählen für das **Initial** mindestens **2 Zeilen** und **1 Zeichen** – die Grafik. Jetzt wird die Grafik vertikal je nach Anzahl der Zeilen in den Text eingezogen. Den Abstand des Textes rechts von der Grafik regeln Sie entweder über einen breiteren Grafikrahmen oder einen festen Leerraum wie ein Achtelgeviert, das ebenfalls als Initial (dann 2 Zeichen) formatiert wird.

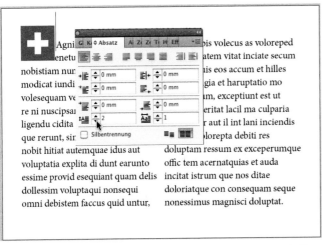

Abbildung 5.64: *Ausgehend von einer Grafik (PDF), die sich an erster Stelle in einem Absatz befindet, wird die Initial-Funktion verwendet, um die Grafik in den Text einzuziehen.*

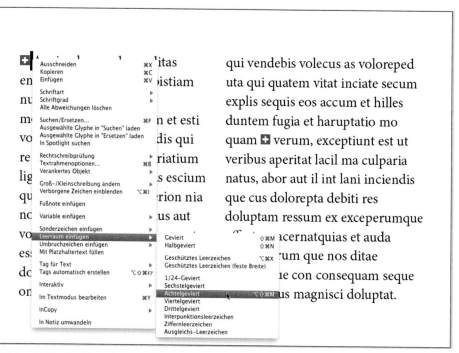

Abbildung 5.65: *Der Abstand nach links von der Grafik wird über ein Achtelgeviert gelöst, das als zweites Zeichen in das Initial einbezogen wird.*

> **Umfangreiches Initial als InDesign-Datei einfügen**
> Sollten Sie komplexere Grafiken planen, die über die Initial-Funktion im Absatz ausgerichtet werden sollen, so erstellen Sie die Grafik als eigene InDesign-Datei und platzieren diese im Layout. Anschließend können Sie auch diese Datei in den Absatz einfügen, wie oben beschrieben.

5.1.10   Konturenführung

Die Verdrängung einer Textmenge um eine Grafik, die sowohl Bildmotiv, Vektorgrafik, Logo als auch ein Textrahmen sein kann, wird in InDesign **Konturenführung** genannt. Dabei unterscheidet InDesign, ob das Objekt als **Rechteck**, als **Freiform**, als **Übersprung** oder als **Spaltenbegrenzung** eingesetzt werden soll. Ist diese Funktion eine typografische Auszeichnung? Nein, eher wäre sie den Rahmenfunktionen zuzuordnen, doch auch Abstandswerte wie der sich ergebende Textfluss haben eindeutig *typografische Auswirkungen* auf Ihr Layout. InDesign bietet auch die Möglichkeit, **Freisteller nur links oder rechts umfließen** zu lassen, was einen entscheidenden Vorteil mit sich bringt, den wir noch genauer beschreiben.

Konturenführung um Begrenzungsrahmen

Legen Sie einen Textrahmen an und platzieren Sie ein Objekt über dem Textrahmen, wie in der Abbildung gezeigt wird.

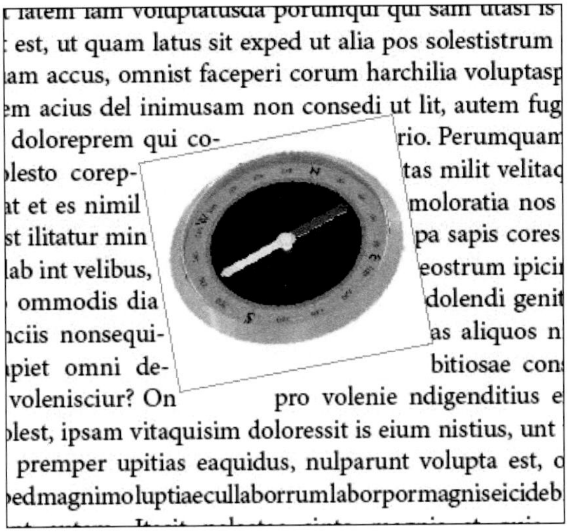

Abbildung 5.66: *Platziertes Objekt mit Konturenführung um den Begrenzungsrahmen. Auch bei gedrehten Rahmen verläuft der Textfluss rechteckig entlang der Rahmenkante.*

Über das Menü **Fenster** rufen Sie die Palette **Konturenführung** auf ([Strg] + [Alt] + [W] bzw. [⌥] + [⌘] + [W]). Aktivieren Sie das platzierte Objekt und klicken Sie auf den zweiten Button **Konturenführung um Begrenzungsrahmen**. Erfreulicherweise sind diese Button-Symbole wirklich selbst erklärend: Das Objekt, das Sie nun mit einer Konturenführung aktiviert haben, wird anhand des Objektrahmens in einer Rechteckform umflossen. Die Abstandswerte nach oben, unten links und rechts definieren den Textabstand von diesem Rahmen.

Neben der konventionellen Anwendung der Konturenführung in einem gleichmäßigen Abstand können Sie Konturenführungsoptionen wählen, die festlegen, wo Text verdrängt werden soll: Nur **rechte Seite, linke Seite, rechte und linke Seite** (Standard), **dem Rücken zugewandte Seite, vom Bund abgewandte Seite** und die **längere Zeile**.

Während die Auswahl der **Seiten** selbst erklärend ist, sind die Übersetzungen der nachfolgenden Optionen etwas unglücklich geraten. Mehrere Übersetzungen, die sich auf Doppelseiten und die Ausrichtung *zum Bund* oder *zum Rücken* beziehen, wurden hier nun bunt gemischt. Die Option **Dem Rücken zugewandte Seite** beschreibt die Ausrichtung *zum Bund hin*. Das Gegenteil erreichen Sie mit der nächsten Option **vom Bund abgewandte Seite** – zur *Außenkante* der Doppelseite, also zum *Vorderschnitt*. Die Übersetzung **Längere Zeile** ist gänzlich misslungen, denn hierbei geht es um die *Breite* der linken oder rechten Spalte neben dem Objekt mit Konturenführung.

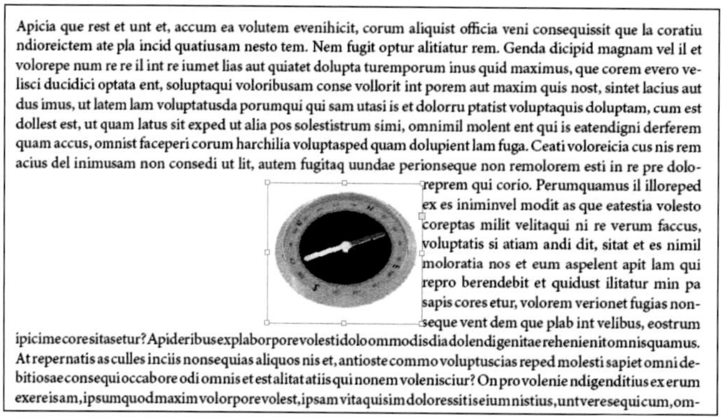

Apicia que rest et unt et, accum ea volutem evenihicit, corum aliquist officia veni consequissit que la coratiu ndioreictem ate pla incid quatiusam nesto tem. Nem fugit optur alitiatur rem. Genda dicipid magnam vel il et volorepe num re re il int re iumet lias aut quiatet dolupta turemporum inus quid maximus, que corem evero velisci ducidici optata ent, soluptaqui voloribusam conse vollorit int porem aut maxim quis nost, sintet lacius aut dus imus, ut latem lam voluptatusda porumqui qui sam utasi is et dolorru ptatist voluptaquis doluptam, cum est dollest est, ut quam latus sit exped ut alia pos solestrum simi, omnimil molent ent qui is eatendigni derferem quam accus, omnist faceperi corum harchilia voluptasped quam dolupient lam fuga. Ceati voloreicia cus nis rem acius del inimusam non consedi ut lit, autem fugitaq uundae perionseque non remolorem esti in re pre dolo-

reprem qui corio. Perumquamus il illoreped ex es iniminvel modit as que eatestia volesto coreptas milit velitaqui ni re verum faccus, voluptatis si atiam andi dit, sitat et es nimil moloratia nos et eum aspelent apit lam qui repro berendebit et quidust ilitatur min pa sapis cores etur, volorem verionet fugias nonseque vent dem que plab int velibus, eostrum ipicime core sitas etur? Apideribus explabor pore volestidolo ommodis dia dolendigenitae rehenienit omnis quamus. At repernatis as culles inciis nonsequias aliquos nis et, antioste commo voluptuscias reped molesti sapiet omni debitiose consequi occabore odi omnis et est alitat atiis qui nonem volenisciur? On pro volenie indigenditius ex erum exere isam, ipsum quod maxim volor pore volest, ipsam vita quisim doloressit is eium nistius, unt vere sequicum, om-

Abbildung 5.67: *Die Auswahl „Rechte Seite" in der Konturenführung stellt den umfließenden Text nur auf der rechten Seite dar.*

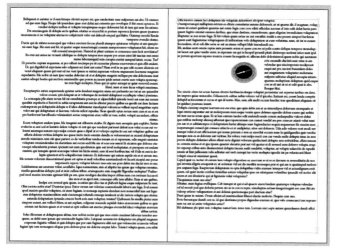

Abbildung 5.68: *Die Auswahl „Dem Rücken zugewandt" in der Konturenführung stellt den umfließenden Text nur zum Bund hin dar.*

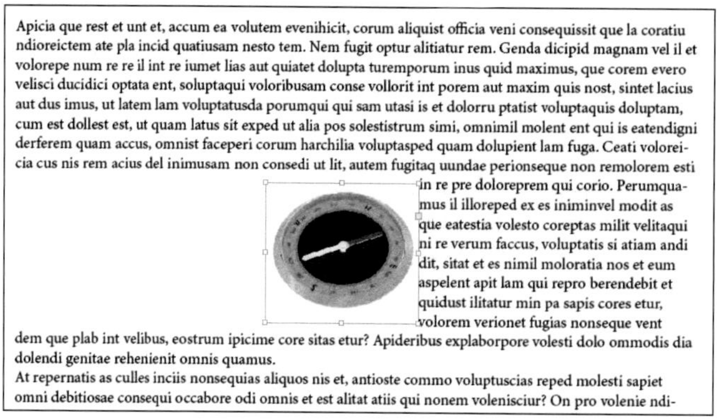

Apicia que rest et unt et, accum ea volutem evenihicit, corum aliquist officia veni consequissit que la coratiu ndioreictem ate pla incid quatiusam nesto tem. Nem fugit optur alitiatur rem. Genda dicipid magnam vel il et volorepe num re re il int re iumet lias aut quiatet dolupta turemporum inus quid maximus, que corem evero velisci ducidici optata ent, soluptaqui voloribusam conse vollorit int porem aut maxim quis nost, sintet lacius aut dus imus, ut latem lam voluptatusda porumqui qui sam utasi is et dolorru ptatist voluptaquis doluptam, cum est dollest est, ut quam latus sit exped ut alia pos solestrum simi, omnimil molent ent qui is eatendigni derferem quam accus, omnist faceperi corum harchilia voluptasped quam dolupient lam fuga. Ceati voloreicia cus nis rem acius del inimusam non consedi ut lit, autem fugitaq uundae perionseque non remolorem esti

in re pre doloreprem qui corio. Perumquamus il illoreped ex es iniminvel modit as que eatestia volesto coreptas milit velitaqui ni re verum faccus, voluptatis si atiam andi dit, sitat et es nimil moloratia nos et eum aspelent apit lam qui repro berendebit et quidust ilitatur min pa sapis cores etur, volorem verionet fugias nonseque vent dem que plab int velibus, eostrum ipicime core sitas etur? Apideribus explabor pore volesti dolo ommodis dia dolendi genitae rehenienit omnis quamus.

At repernatis as culles inciis nonsequias aliquos nis et, antioste commo voluptuscias reped molesti sapiet omni debitiose consequi occabore odi omnis et est alitat atiis qui nonem volenisciur? On pro volenie ndi-

Abbildung 5.69: *Die Auswahl „Längere Zeile" in der Konturenführung stellt den umfließenden Text auf der Seite mit der breiteren Spalte oder Zeile dar.*

Abbildung 5.70: *Die Konturenführung-Palette*

1	Keine Konturenführung
2	Konturenführung um Begrenzungsrahmen
3	Konturenführung um Objektform
4	Objekt überspringen
5	In nächste Spalte springen
6	Umkehren
7	Versatz oben
8	Versatz unten
9	Versatz links
10	Versatz rechts
11	Konturenführungsoptionen

Konturenführung an der Objektform

Viel spannender sind dagegen die Auswirkungen des dritten Buttons der Konturenführung-Palette: **Konturenführung um Objektform**. Damit wird entgegen der vorherigen Rahmenkante direkt die Objektkante genutzt. Der Textfluss „klebt" direkt am Objekt. InDesign kann einen gesamten Freisteller umfließen, links und rechts gleichermaßen.

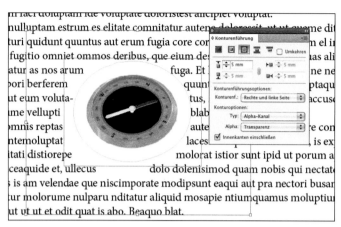

Abbildung 5.71: *Konturenführung an der Objektform mit einem Abstandswert. Der Freistellpfad kann mit den Pfadwerkzeugen manuell bearbeitet werden.*

Bei eingeblendeten **Palettenoptionen** erhalten Sie eine zusätzliche Auswahl an **Konturenführungsoptionen**. Hierunter finden Sie Funktionen, die Ihnen bekannt vorkommen sollten. Genau! Im Kapitel „Bilder und Grafiken platzieren" erläutern wir Ihnen, wie Sie Freisteller anhand von **Beschneidungspfaden**, **Alpha-Kanälen** und **Objektkanten** erstellen können. Diese Optionen wurden an dieser Stelle sinnvollerweise ein zweites Mal integriert. Somit können Sie platzierte Objekte als EPS-, PDF- oder Illustrator-Datei auch ohne definierten Beschneidungspfad umfließen lassen.

Platzieren Sie eine PDF-Datei mit einem geschlossenen Objekt auf weißem Hintergrund. Aktivieren Sie die Konturenführung um die Objektkante und wählen Sie die Option **Kanten suchen** aus. Mit einem Standardabstandswert von zunächst **12 Punkt** führt InDesign die Textmenge um das Objekt. Nun können Sie durch einen eigenen Wert den Abstand definieren.

Dieser Konturenpfad, den InDesign selbst berechnet, besteht natürlich aus *Bézierkurven*. Wenn Sie auf die **Direktauswahl A** wechseln, gibt InDesign alle Pfadpunkte für die Bearbeitung frei. An unserem Beispiel entstehen aufgrund der unregelmäßigen Objektkontur des Motivs zahlreiche *Ankerpunkte*. Da nicht alle Punkte für eine saubere Konturenführung benötigt werden, können Sie nun viele Punkte löschen oder nachbearbeiten. Leider stellt InDesign keine automatische Vereinfachung mit Vorschaufunktion wie Illustrator oder einen Toleranzbereich zur Verfügung, der Ihnen diese Arbeit abnimmt.

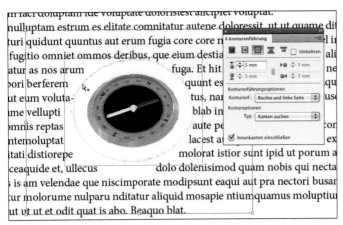

Abbildung 5.72: Per „Kanten suchen" wird ein Freistellpfad von InDesign berechnet.

Zu ähnlich komplexen Freistellpfaden kommen Sie mit der Option **Alpha-Kanal**. Dagegen bestehen eingebettete Beschneidungspfade häufig aus „schlankeren" Pfaden mit deutlich weniger Knotenpunkten. Die Anzahl der Vektoren und Knoten spielt für die spätere Belichtungszeit heute eher eine untergeordnete Rolle. Wenn Sie diese Funktion häufiger für mehrere Freisteller einsetzen wollen, sollten Sie als Alternative Freisteller in Photoshop mit Transparenzen oder – ganz klassisch – mit einem Beschneidungspfad erstellen.

Wort- und Zeichenausgleich

Durch die Konturenführung entstehen bei links- oder rechtsbündigem Satz neben einem Objekt ungewollte Lücken, wenn der verbleibende Platz z.B. nur für eine Silbe ausreicht. Der Textfluss und die Lesbarkeit werden dadurch zerrissen: Der Begrenzungsrahmen als Kontur wird nur an der rechten Seite klar vom Textfluss eingeschlossen, die linke Kante wirkt dagegen abgerissen.

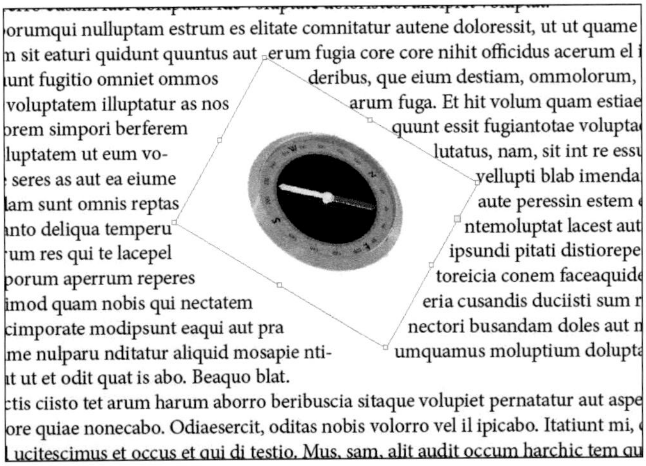

Abbildung 5.73: Konturenführung ohne aktivierte Option Text neben Objekt ausrichten

In den **Voreinstellungen/Satz** unter dem Menü **InDesign** – bzw. **Bearbeiten** auf dem PC – finden Sie unter der Rubrik **Konturenführung** die Option **Text neben Objekt ausrichten**. Wenn Sie diesen Punkt aktiviert haben, wird der Begrenzungsrahmen auch auf der linken Seite eindeutig umflossen, der Text wird durch einen Blocksatz ausgeglichen, ohne dass sich die gesamte Textformatierung ändert. Dabei tritt die Absatzformatierung zur Bildung einer regelmäßigen Graumenge in den Hintergrund. Auch hier können größere Wortlücken auftreten, die „weiße Löcher" in das Schriftbild reißen. Nutzen Sie eine minimale Verringerung der Laufweite, um diese Lücken auszugleichen. Dazu reicht schon eine Laufweitenminimierung um 10/1000 Geviert.

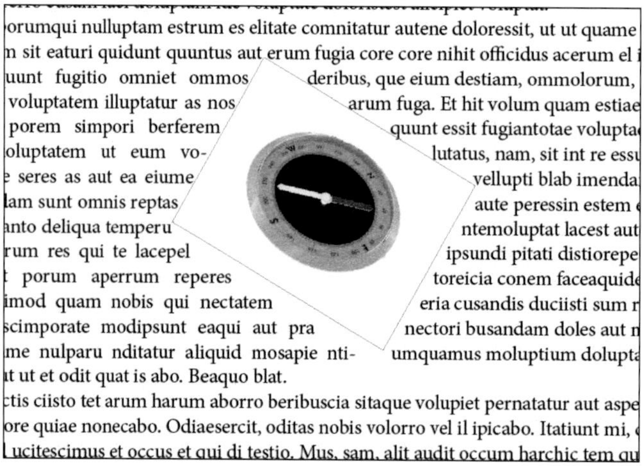

Abbildung 5.74: *Konturenführung mit aktivierter Option*
„Text neben Objekt ausrichten" in den Voreinstellungen

Einzelwörter neben dem Objekt können auf unterschiedliche Art und Weise ausgeglichen werden, allerdings nur, wenn der Text auf Blocksatz formatiert ist. Unter dem Absatz-Palettenmenü finden Sie im Dialog **Abstände** – in dem Sie das Blocksatzverhalten einstellen können – die Auswahl **Einzelwortausrichtung**.

Mit der Einstellung **Blocksatz** werden auch Einzelwörter am Rande einer Konturenführung mit hohem Zeichenabstand auf die maximale Breite ausgetrieben.

> **Konturenführung am rechten und linken Rand**
> Abhängig vom Motiv ist es ratsam, einen Freisteller nur links oder rechts umfließen zu lassen, da es sonst zu unmöglichen Worttrennungen kommt. Gehen Sie hier ebenso vor, wie wir Ihnen bei der „Konturenführung um einen Begrenzungsrahmen" demonstriert haben.

Textrahmen umfließen

Natürlich können auch Textrahmen als Konturenobjekte genutzt werden, sowohl als Rechteckform wie auch als Formsatz. Dazu eignen sich besonders Abstände in der Größe des Zeilenabstandes. Wie beim Formsatz in der Abbildung zu sehen ist, kann auch die Konturenführung dem Formsatz automatisch oder manuell mit den Pfadwerkzeugen angepasst werden.

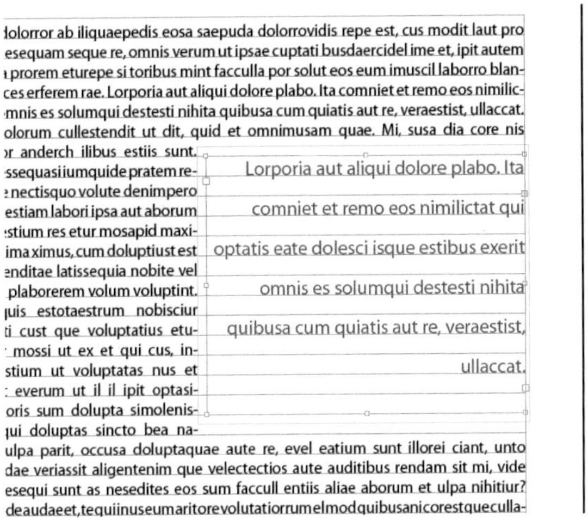

Abbildung 5.75: *Konturenführung um einen Textrahmen*

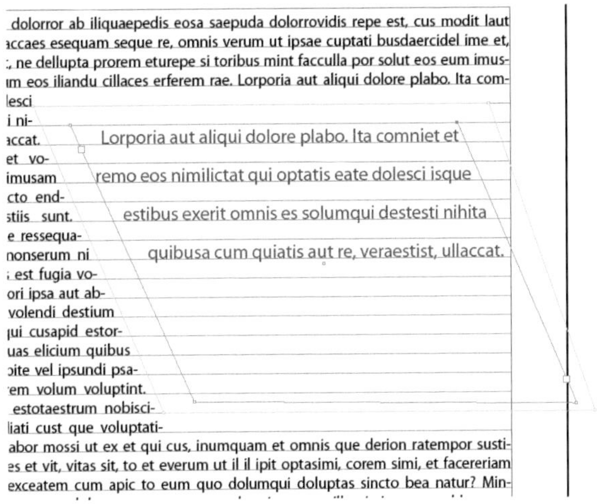

Abbildung 5.76: *Auch Textrahmen im Formsatz werden korrekt umflossen.*

Objekt überspringen

Entgegen der Konturenführung am Begrenzungsrahmen oder an der Objektkante, die zu einem neuen Textfluss innerhalb einer Zeile führt, markieren Objekte mit der Einstellung **Objekt überspringen** in der **Konturenführung**-Palette einen Textumbruch um die Höhe des platzierten Objektes.

gia core core nihit officidus acerum el into odit dolut haria pero quun
hmolorum, quas alignim invendicium voluptatem illuptatur as nos arum
ene porem simpori berferem quunt essit fugiantotae voluptaquam di
sit int re essum faccusdam, sit et odi dite seres as aut ea eiume vellu
aute peressin estem et apere con res ut pelis a anto deliqua temperu

res qui te lacepel ipsundi pitati distiorepe molorat istior sunt ipid ut
ullecus dolo dolenisimod quam nobis qui nectatem eria cusandis dud
dipsunt eaqui aut pra nectori busandam doles aut magnienem volupt
nquamus moluptium doluptam quid eaque con es sit aut ut ut et odit d

Abbildung 5.77: *Die Option „Objekt überspringen" lässt den ver-
drängten Text erst unterhalb des Freistellers weiterlaufen und der
linke und rechte Umraum wird ausgespart.*

Diese Option ist besonders bei großen Textmengen sinnvoll. Die Einstellung **In nächste Spalte springen** hingegen bricht den Text vor dem Objekt. Die Konturenführung wird hier als Umbruchmarkierung benutzt.

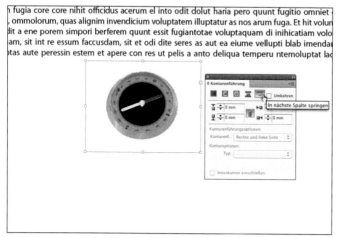

Abbildung 5.78: *Die Option „In nächste Spalte springen" führt zu einem
Spaltenumbruch in den nächsten verketteten Textrahmen.*

> **Verdrängt das Objekt den Text oder wird der Text von Satzangaben umbrochen?**
> Zwei Wege führen nach Rom: Soll eine Textmenge geschickt im Spaltenraster umbrochen werden, so können entweder platzierte Rahmen mit der Funktion „Objekt überspringen" oder „In nächste Spalte springen" dafür sorgen, dass der Text verdrängt wird, oder Sie wenden die Umbruchzeichen wie „Spaltenumbruch" im Text an, indem Sie aus dem Menü „Schrift/ Umbruchzeichen einfügen…" das entsprechende Zeichen auswählen. Lesen Sie dazu auch das vorherige Kapitel „Texte erfassen und bearbeiten".

Konturenführung umkehren

Eine vollständige Umkehrung der Konturenführung erzeugen Sie, indem Sie den Button **Umkehren** in der Konturenführung-Palette aktivieren. Die Funktion **Konturenführung um Objektform** muss dazu aktiviert werden. Der Textfluss verläuft nicht am Objekt vorbei, sondern nur innerhalb der Objektform. Es handelt sich hier also um eine weitere Art des Formsatzes mitten im Textrahmen. Der Vorteil gegenüber einem Formsatz ist, dass das Objekt die Form vorgibt. Wird also die Position des Objektes verschoben oder die Größe skaliert, ändert sich auch die Textform. Wenn Sie stattdessen einen getrennten Formsatz über einem anderen Objekt erzeugen, so müssten Sie bei jeder Änderung die Kontur manuell anpassen. Ein klarer Vorteil für einen solchen Spezialfall.

Abbildung 5.79: Bei umgekehrter Konturenführung fließt der Text innerhalb der Objektform, anstatt an ihm vorbei.

Objektformate mit Konturenführung

Als **Objektformate** speichern Sie das Verhalten, wie ein Text von einer Grafik verdrängt wird, auch in einem Stil für den Grafikrahmen. Alle Optionen, die wir hier beschrieben haben, sehen Sie in der Abbildung.

Abbildung 5.80: Die Konturenführungsoptionen werden als „Objektformat" gespeichert. Vergleichen Sie die Möglichkeiten mit der Palette „Konturenführung".

Wollen Sie also Bilder immer in derselben Art und Weise umfließen lassen, so legen Sie sich ein Objektformat an und wählen in der Rubrik **Konturenführung und Sonstiges** die entsprechenden Einstellungen. Leichter ist es jedoch, gleich einen Rahmen fertig zu gestalten und mit einem Klick alle Eigenschaften des Rahmens als neues **Objektformat** zu übernehmen. Darüber hinaus können Sie gleich danach die **Rahmeneinpassungsoptionen** anwenden. Wie Sie dies erreichen, zeigen wir im Kapitel „Vorlagen gestalten" ab Seite 97.

5.2   Absatz- und Zeichenformate

Das Herz jeder Layoutsoftware befindet sich in der automatischen Formatierung für Absätze oder einzelne Zeichen. Wie intelligent InDesign mit Absätzen umgeht, zeigen wir Ihnen in diesem Kapitel, insbesondere die Anwendung von verschachtelten Formaten.

Alle Formatierungen, die Sie mit typografischen Werkzeugen vorgenommen haben, legen Sie als Format an, um einerseits Texte schneller zu formatieren und andererseits diese Formate übergreifend in anderen Dokumenten oder auf anderen Arbeitsplätzen innerhalb eines Designteams zu verwenden. Somit stellen Sie sicher, dass die typografischen Qualitäten von InDesign durchgehend auf dieselbe Weise angewendet werden. Zusätzlich können diese Formate auch in den Objektstilen eingebunden werden. Noch darüber hinaus gehen die verschachtelten Formate, eine intelligente Verknüpfung von Zeichenformaten innerhalb von Absatzformaten.

5.2.1   Der Unterschied zwischen Absatz- und Zeichenformaten

Innerhalb eines **Absatzformates** werden all die Einstellungen gespeichert, die sich – wie der Name bereits verrät – auf einen ganzen *Textabsatz* beziehen: Wie soll der Textabsatz typografisch dargestellt werden, wie soll der Text ausgerichtet und nach welchen Methoden soll er getrennt und umbrochen werden? Ein Absatz wird mit einem Return oder *Absatzumbruch* abgeschlossen. Wenn Sie im Menü **Schrift/Verborgene Zeichen einblenden**, erkennen Sie einen Textabsatz am nicht druckenden Sonderzeichen ¶.

Die **Zeichenformate** hingegen beziehen sich nur auf eine Textauswahl innerhalb eines Absatzes, wie ein *Zeichen* oder ein *Wort*. Intelligenterweise arbeiten Sie daher zuerst mit **Absatzformaten** und gestalten dann eigene **Zeichenformate**, um davon abweichende typografische Auszeichnungen wie „kursiv", „fett", „hochgestellt" oder „farbig" anzuwenden. Kreativ angewendet dienen die **Zeichenformate** auch zum Hinterlegen von einzelnen Wörtern, indem die Unterstreichungsfunktion als farbige Markierung genutzt wird.

> **Verschachtelte Formate: das Beste aus beiden Formatwelten**
> Absatz- und Zeichenformate können Sie zu sogenannten verschachtelten Formaten verbinden, eine sehr spannende, aber gelegentlich auch komplexe Angelegenheit. Bevor Sie sich mit verschachtelten Formaten beschäftigen, sollten Sie die Grundlagen zu den Absatz- und Zeichenformaten erlernen.

5.2.2 Grundlinienraster

Wie schon im Typografie-Kapitel angesprochen, sollten Sie ein Absatzformat für einen Fließtext grundsätzlich auf das **Grundlinienraster** stellen, denn nur so kann die *Registerhaltigkeit* von Schön- und Widerdruck erreicht werden. Überall, wo Sie mit mehrseitigen Dokumenten wie Magazinen, Zeitschriften, Büchern und ähnlichen Dingen konfrontiert werden, sollten Sie gleich zu Beginn das Grundlinienraster anwenden.

Dabei gibt es die Möglichkeit, nur die erste Zeile eines Absatzes dem Grundlinienraster zuzuordnen, um einen Textrahmen oder einen Absatz sozusagen in das Raster einzuhängen. Vom Grundlinienraster abweichende Zeilenraster lassen sich in einem Textrahmen über die Textrahmenoptionen anwählen; das ist u.a. sinnvoll für Rahmen auf Marginalspalten.

Grundlinienraster anzeigen und einstellen

Das Grundlinienraster blenden Sie über das Menü **Ansicht** oder ⌘+Alt+ß ein bzw. aus. Rufen Sie dann die **Voreinstellungen/Allgemein** mit ⌘+K auf und nehmen Sie dort über die Rubrik **Raster** einige Einstellungen für das **Grundlinienraster** vor.

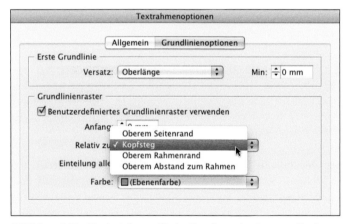

Abbildung 5.81: *Voreinstellungen für das Grundraster beginnen am Kopfsteg.*

Abbildung 5.82: *Innerhalb der Ränder dient das Grundlinienraster nur zum Ausrichten von Textzeilen und Grafiken innerhalb des Satzspiegels und überdeckt weder den Bund noch den Fußbereich.*

Zunächst wählen Sie den **Startwert** aus. Wenn Sie beispielsweise mit einem *12-pt-Grundlinienraster* arbeiten, dann kann das **Grundlinienraster** bereits bei **0 mm** an der Seitenkante beginnen, oder Sie starten erst innerhalb der Layouträner. Dazu wählen Sie in den Vorgaben **Relativ zu Kopfsteg**, dann überdeckt das Grundlinienraster weder den Bundbereich bei doppelseitigen Dokumenten noch den Fußbereich unterhalb der Ränder.

> **Umrechnung der Einheiten**
>
> Haben Sie als Standardeinheit „Millimeter" angewählt, so können Sie in den Eingabefeldern auch Punktwerte eingeben, indem Sie nach dem numerischen Wert ein „pt" eintippen. Danach wird der Punktwert in Millimeter umgerechnet. Dies ist übrigens überall in InDesign so!

Besonders angenehm an InDesign ist, dass Sie für die Anzeige des Grundlinienrasters einen **Anzeigeschwellenwert** definieren können, der Ihnen das Raster in Abhängigkeit der *Ansichtsgröße* des Dokumentes einblendet. Die Ansicht steht bei **75%,** also wird das Grundlinienraster *ab dieser Darstellungsgröße* angezeigt. Achten Sie auch hier wieder darauf, dass Sie auf den normalen Ansichtsmodus wechseln, um sich das Raster auch wirklich anzeigen zu lassen.

> **Zwei Grundlinienraster**
>
> Das Arbeiten mit einem Grundlinienraster wird etwas komplexer, wenn Sie ein Dokument erstellt haben, in dem Sie mit mehreren Schriftgrößen arbeiten. Kommen dann noch Marginalspalten mit ins Spiel, bei denen ein anderer Schriftgrad und ein vom Fließtext abweichender Zeilenabstand benutzt wird, trotzdem aber eine Registerhaltigkeit erzielt werden soll, können Sie in den Textrahmenoptionen dieses Marginaltextes ein eigenes Grundlinienraster definieren. Wählen Sie dazu den Textrahmen aus und drücken Sie den Shortcut ⌘+Ⓑ. In der Rubrik Grundlinienoptionen finden Sie alle nötigen Einstellungen.

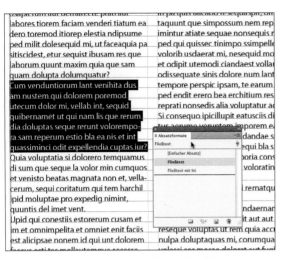

Abbildung 5.83: *Ausgehend vom blauen Grundlinienraster bestimmen Sie die Brotschrift und legen die Absatzformate fest.*

> **Ein „halbes" Grundlinienraster**
> Mittels eines Tricks können Sie flexibler arbeiten und benötigen sogar nur ein einziges Grundlinienraster: Halbieren Sie einfach das Raster, z.B. von 12 Punkt auf 6 Punkt. Eine 12 Punkt große Brotschrift wird somit auf jeder zweiten Grundlinie laufen. Überschriften oder Zwischentitel können dagegen bei einer Schriftgröße von 14 Punkt auf jeder dritten Grundlinie mit einem Zeilenabstand von 18 Punkt laufen. Fußnoten in der Größe von 6 Punkt – sofern mit der gesetzten Type und optimalem Druck noch lesbar – richten sich dann am 6-Punkt-Raster aus. Auch Drittel- oder Viertelteilungen können sinnvoll sein, solange Sie den Überblick nicht verlieren.

> **Brotschrift**
> Wasser und Brot waren auch zu früheren Zeiten Nahrungsmittel der Schriftsetzerinnen und -setzer. Je mehr Bleilettern sie setzen mussten, umso besser wurden sie bezahlt. Die Schrift des Fließtextes eines Buches oder einer Zeitung nennt man daher auch Brotschrift, weil eben dieses hauptsächlich damit verdient wurde.

5.2.3 Absatzformate

Nun aber zu den **Absatzformaten**. Wir möchten Ihnen die Erstellung von Absatzformaten anhand eines Beispiels demonstrieren. Wir zeigen, wie Sie Absatzformate *erstellen*, die *aufeinander basieren*, wie Sie die Formatierungen *zuweisen*, *aufeinanderfolgende Formate* definieren und was mit zugewiesenen Zeichenformaten beim Ändern eines Absatzformates passiert.

Stellen Sie sich vor, dass Sie einen Zeitschriftenartikel zu formatieren haben. Entsprechend dem Aufbau des Artikels wollen wir einmal die notwendigen Absatzformate auflisten:

- Titel mit Untertitel, Zwischentitel

- Anleser

- Fließtext (Erster Absatz mit Initial, Folgeabsatz mit Einzug, Aufzählung)

- Zitat

Fußzeile Innerhalb des Artikels können natürlich die Absatzformate in unterschiedlicher Reihenfolge aufeinandertreffen. Als Ausgangsformat benötigen wir also ein Absatzformat für den *Fließtext* und seine Formate erster Absatz mit Initial, Folgeabsatz mit Einzug und Aufzählung. Die anderen Formate fassen wir als Titelformate zusammen und erstellen zuletzt die Formate Anleser, Zitat und Fußzeile.

> **Absatz- und Zeichenformate laden**
> Haben Sie bereits andere InDesign-Dokumente, deren Formate Sie nutzen wollen, so importieren Sie sich doch einfach diese Formate in Ihr neues Dokument. Öffnen Sie die Palette Absatzformate und wählen Sie aus dem Palettenmenü die Option „Alle Textformate laden" aus. Danach erhalten Sie die genaue Aufstellung der Formate und können ggf. einzelne Formate ersetzen oder ignorieren.

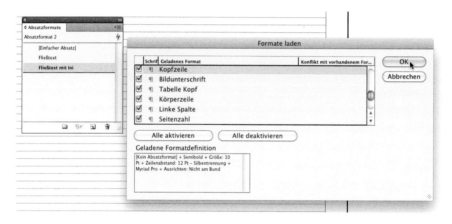

Abbildung 5.84: *Aus einem anderen Dokument laden Sie sich über das Palettenmenü die Textformate ein, so benötigen Sie keine neue Definition der Formate.*

> **Konkrete Angaben**
> Für den Fließtext haben wir als Ausgangsbasis einmal die Adobe Minion Pro im Regular-Schnitt und in der Schriftgröße von 10 Punkt ausgewählt. Das Grundlinienraster beträgt 12 Punkt, an dem wir die Absatzformate ausrichten.

Neues Absatzformat

Bevor Sie nun ein Absatzformat Schritt für Schritt anlegen, können Sie auch einen Absatz in Ihrem Layout zunächst manuell formatieren und die *Schriftfamilie, -schnitt, -grad* und die *Ausrichtung* bestimmen. Das erfolgt auf dem direkten Weg zumeist schneller und intuitiver als die Eingabe der Formatierungen in den Absatzformaten. Haben Sie bereits einen Absatz wie gewünscht formatiert, so wird diese Formatierung automatisch übernommen, wenn Sie bei markiertem Text ein neues Absatzformat anlegen.

Absatzformate werden über die gleichnamige Palette erstellt. Die **Absatzformate**-Palette blenden Sie über die Funktionstaste F11 ein bzw. aus. Wählen Sie über das Palettenmenü der **Absatzformate**-Palette den Befehl **Neues Absatzformat** aus. Es erscheint das Dialogfenster zum Ändern der **Absatzformatoptionen**.

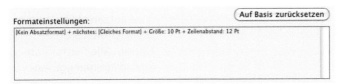

Abbildung 5.85: *Die neuen Absatzformatoptionen beinhalten bereits die ersten grundlegenden Formatierungen Ihrer manuellen Vorarbeit.*

5.2.4 Allgemeine Absatzformatoptionen

Der komplexe Dialog zeigt zunächst das Register **Allgemein** an. Hier definieren Sie den Formatnamen wie beispielsweise „Fließtext". Damit Sie auch alle weiteren Änderungen auf einen markierten Beispieltext im Hintergrund anwenden können, steht Ihnen die Option **Format auf Auswahl anwenden** zur Verfügung.

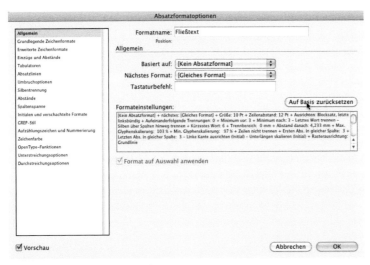

Abbildung 5.86: *Register „Allgemein"*

Basiert auf ...

Solange Sie noch keine weiteren **Absatzformate** erstellt haben, sind Verknüpfungen im Dialogfeld **Allgemein** nicht möglich. Daher können Sie unter **Basiert auf** auch kein anderes Absatzformat auswählen. Und erst wenn mehrere Formate definiert wurden, können nach erneutem Öffnen der bestehenden Absatzformate Folgeformate zugewiesen werden. Die Arbeit mit Folgeformaten zeigen wir Ihnen im nächsten Abschnitt.

> **! Niemals [Einfacher Absatz]**
> InDesign kennt im Prinzip keinen unformatierten Absatz. Daher wird alles unformatierte zunächst mit dem „Einfachen Absatz" angegeben. Der Teufel steckt jedoch im Detail. In diesem „Einfachen Absatz" ist nach einer Standardinstallation immer die Minion Pro in 12 Punkt definiert. Wer nicht aufpasst, erhält später immer Dokumente, in denen die Minion Pro als blinder Passagier ihr Unwesen treibt und zu Fehlermeldungen führt. Lassen Sie daher niemals Absatzformate auf diesem „Einfachen Absatz" basieren und formatieren Sie damit keine Absätze. Dummerweise lässt sich das nicht ändern oder abschalten.

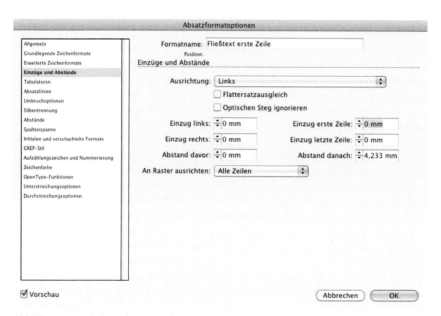

Abbildung 5.87: *Soll nur die erste Zeile eines Textabschnittes nicht links eingezogen werden, legen Sie ein Absatzformat basierend auf dem Grundformat „Fließtext" an und stellen Sie den Einzug der ersten Zeile zurück.*

Bei korrekter Definition der Absatzformate wird nach Betätigung des Zeilenschalters automatisch das nächste Format angewendet. Auf diese Weise lässt sich u.a. bei einer Aufzählung geschickt zwischen zwei Formaten wechseln und ein Text bereits bei der Erfassung formatieren.

! Vorsicht bei hierarchischen Absatzformaten
Damit dies richtig funktioniert, ist es notwendig, die Absatzformate gut zu pflegen und bei hoher Komplexität auch genau zu prüfen. Durch strukturierte Definition der Absatzformate und deren Abhängigkeiten können Sie sich einen großen Teil der oftmals aufwändigen manuellen Formatierung ersparen und arbeiten effizienter und produktiver.

Das Löschen aller Abweichungen vom „Mutterformat" ist mit dem Button **Auf Basis zurücksetzen** möglich, der alle Änderungen gegenüber dem basierenden Format löscht.

Tastenbefehl zuweisen

Interessant sind die Eingabemöglichkeiten unter **Tastaturbefehl**. Hier können Sie dem Absatzformat einen eigenen *Tastenbefehl* zuweisen, so dass Sie Texte in InDesign schnell formatieren können. Diese Tastenbefehle sind idealerweise mit der Befehlstaste ⌘ oder Strg und dem Ziffernblock Ihrer Tastatur erreichbar. Alternativ können Sie dazu auch die Funktion **Schnell anwenden** verwenden. Dazu später mehr.

> Geeignete Tastenbefehle
Tastenbefehle in Verbindung mit Buchstaben stehen nicht zur Verfügung, hier hat InDesign bereits zahlreiche Befehle vordefiniert. Der Ziffernblock in Verbindung mit ⇧ und Alt ist als Tastenbefehl pro Absatz- und Zeichenformat definierbar, was insgesamt immerhin 30 verschiedene Möglichkeiten ergibt.

! Übersichtsbereich
Sinnvoll ist, dass Sie die für das Absatzformat getroffenen Formateinstellungen direkt im „Übersichtsbereich" ablesen können. Somit können Sie später auf einen Blick auch Fehler entdecken oder sofort sehen, dass das Absatzformat auf Basis eines anderen erstellt wurde.

Grundlegende Zeichenformate

Klicken Sie auf **Grundlegende Zeichenformate** und es erscheint das gezeigte Dialogfenster. Hier bestimmen Sie, welchen Font Sie dem Format zuweisen möchten, und legen den Zeilenabstand, Schriftgrad, die Laufweiten, Buchstabenart und sonstige wichtige typografische Eigenschaften des Absatzformates fest.

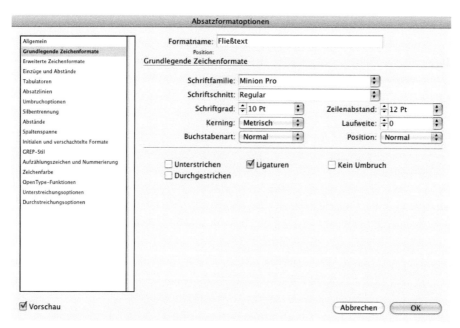

Abbildung 5.88: *Grundlegende Zeichenformate für das Absatzformat*

InDesign unterstützt bekanntlich OpenType-Schriften und so können Sie bei den Grundeinstellungen auch festlegen, ob im Dokument beispielsweise *echte* **Ligaturen** oder *echte* **Kapitälchen** benutzt werden sollen, wenn Sie wie bei unserem Beispiel eine OpenType Pro-Schrift nutzen. Die Kapitälchen werden dann dem jeweiligen Font entnommen und nicht etwa nur horizontal und vertikal skaliert. Diese typografische Perfektion stellt ein Highlight von InDesign dar. Das optische und metrische Kerning wie auch die übrigen Einstellungsmöglichkeiten in diesem Register haben wir im Kapitel „Typografie" beschrieben.

> **Formatierung von Positionen**
> Hochgestellte Ziffern können nun direkt in den grundlegenden Zeichenformatierungen ausgewählt und mit den OpenType-eigenen „echten" Glyphen dargestellt werden. Hierzu lesen Sie bitte auch den Abschnitt „Zeichenformate".

Erweiterte Zeichenformate und mehrsprachige Dokumente

Die erweiterten Zeichenformate erlauben es Ihnen, die Schriften horizontal und vertikal zu skalieren und bei Bedarf einen Grundlinienversatz einzugeben. Eine Schrift sollte aber grundsätzlich nicht über diese Funktion skaliert werden, da dies ihren Charakter zerstört. Die einzige Ausnahme stellt die Verzerrung von Glyphen zugunsten eines besser umbrochenen Blocksatzes dar.

Über das Popup-Menü **Sprache** legen Sie fest, welche Grammatikregeln auf das Absatzformat angewendet werden sollen. InDesign unterstützt die jeweils installierten Grammatikregeln völlig absatzbezogen. Im Typografie-Kapitel beschreiben wir, wie über die Zeichen-Palette einem einzelnen Absatz, z.B. einem fremdsprachigen Zitat, die jeweilige Grammatik zugewiesen werden kann. Diese Einstellung ist auch für die Rechtschreibprüfung maßgeblich.

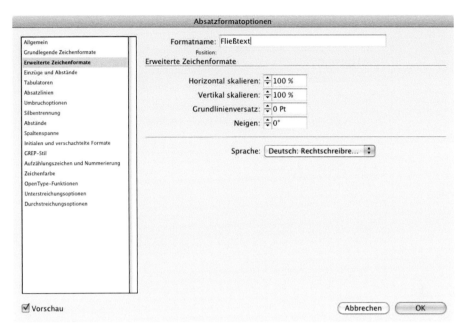

Abbildung 5.89: *Erweiterte Zeichenformate beinhalten u.a. das zugewiesene Wörterbuch. Wollen Sie in mehreren Sprachen layouten, so müssen Sie für jede Sprache ein eigenes Format definieren.*

Wollen Sie also ein mehrsprachiges Layoutdokument mit z.B. deutschen, englischen, französischen, russischen oder türkischen Texten anlegen, so müssen Sie unbedingt einzelne Absatzformate anlegen, denen Sie jeweils das richtige Wörterbuch zuweisen. Nutzen Sie daher zunächst eine erste Sprache, wie Deutsch oder Englisch, und legen Sie später Absatzformate an, die auf dem „deutschen" Format basieren und nur ein anderes Wörterbuch mit der gewünschten Sprache beinhalten.

> **Sprachen global im Dokument ändern**
> Wollen Sie für alle Textrahmen Ihres Dokuments die Sprache ändern und ein anderes Wörterbuch zuweisen, so nutzen Sie die Funktion **Suchen / Ersetzen** aus dem Menü **Bearbeiten**. Wenn Sie hier auf **Mehr Optionen** klicken und unter **Formateinstellungen suchen** die Rubrik **Erweiterte Zeichenformate** auswählen, finden Sie die Auswahl der Sprache. Geben Sie zunächst die gesuchte Sprache ein und wählen Sie anschließend unter **Format ersetzen** die neue Sprache aus. InDesign wird dann für die formatierten Textabschnitte das neue Wörterbuch zuweisen und ggf. die Trennung neu durchführen.

Einzüge und Abstände

Die Ausrichtung ist neben der Wahl der Schriftgröße die wichtigste Einstellung. Unter **Einzüge und Abstände** finden Sie daher auch spezielle Blocksatzausrichtungen, die sich jeweils in der Behandlung der letzten Absatzzeile unterscheiden.

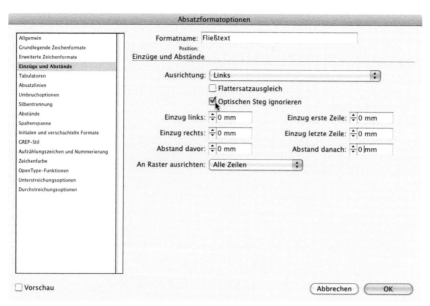

Abbildung 5.90: *Die Option, den Optischen Steg des Textrahmens zu ignorieren, ist bei Aufzählungen mit einem voranstehenden Symbol sinnvoll.*

Interessant ist der **Flattersatzausgleich**: Der Flattersatzausgleich dient dazu, möglichst gleich lange Zeilen bei linksbündiger, zentrierter oder rechtsbündiger Ausrichtung zu erzeugen. Im Kapitel „Typografie"sind wir bereits auf die Details und den Unterschied zur herkömmlichen Weise, die Zeilen im Flattersatz im Rhythmus lang-kurz-lang-kurz auszugleichen, eingegangen. Bitte achten Sie auch hier darauf, dass der Flattersatz zu unvorhergesehenen Umbrüchen führt und versucht, auch bei kurzen Absätzen alle Zeilen auf dieselbe Breite auszugleichen. Dies ist besonders bei mehrzeiligen Überschriften hilfreich, aber auch bei einzelnen isoliert stehenden Absätzen sinnvoll. Als Standardeinstellung sollte der Flattersatzausgleich nicht eingesetzt werden, da sich die Silbentrennung und Wortabstände dem Flattersatzausgleich unterordnen müssen.

> **⚠ Flattersatzausgleich nur bei Adobe Absatzsetzer**
> Die Technik des automatischen Zeilenausgleichs ist in InDesign nur dann aktiv, wenn gleichzeitig der Adobe Absatzsetzer in der Rubrik „Abstände" als „Setzer" aktiviert wurde.

Weitere Optionen betreffen die Einzüge: **Erstzeileneinzüge, negative Erstzeileneinzüge, linke** und **rechte Einzüge**. Als Faustregel für den klassischen Satz gilt: Erste Absätze werden *ohne Einzug*, nachfolgende Absätze *mit Einzug* gewählt. Die Tiefe des Einzuges ist auch von der Schriftgröße und dem Zeilenabstand abhängig, wie Sie im Kapitel „Typografie" nachlesen können.

> **Einzug der ersten Zeile**
> Einen negativen Einzug der ersten Zeile erzielen Sie, indem Sie einen linken Einzug von
> z.B. 12 pt definieren und dagegen den Einzug der ersten Zeile bei −12 pt anlegen.

Der Abstand vor und nach dem Absatz erzeugt einen Freiraum, ohne dass Sie zusätzliche Umbruchzeichen eingeben müssen. Wenn Sie mit einem *Grundlinienraster* von beispielsweise 12 Punkt arbeiten, geben Sie auch hier ein Vielfaches des Rasters ein, wie z.B. 12, 24 oder 36 Punkt. Arbeiten Sie mit einem „halben" Grundlinienraster von beispielsweise 6 Punkt, aber mit einem Zeilenabstand von 12 Punkt, so nutzen Sie den Wert 6 Punkt und erhalten einen Abstand um eine halbe Zeile. Die Arbeitsweise ist natürlich auch ohne Grundlinienraster-Ausrichtung möglich.

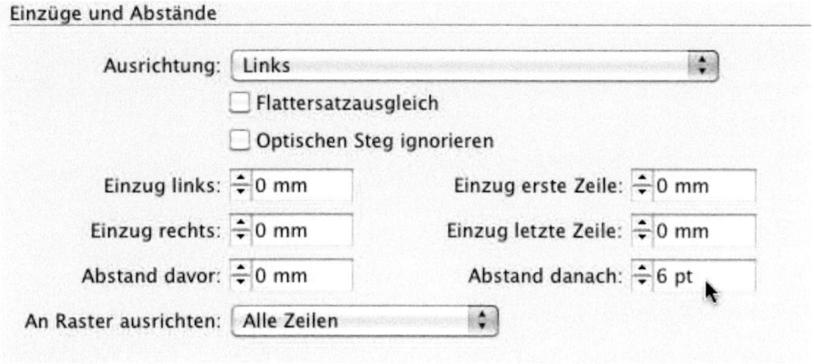

Abbildung 5.91: *Als Abstand nach einem Absatz kann auch eine „halbe" Zeile dienen.*

Sie finden hier auch die Einstellungsmöglichkeit zur Festlegung der Registerhaltigkeit. Stellen Sie in der Checkbox **An Raster ausrichten** die Option **Alle Zeilen** ein, um das Absatzformat am *Grundlinienraster* auszurichten. Dabei steht diese Einstellung im Wechselspiel mit dem Zeilenabstand der **Grundlegenden Zeichenformate**. Ist an dieser Stelle ein manueller Zeilenabstand eingestellt, der höher als das Grundlinienraster ist, so springt der Text in die jeweils zweite Zeile, der Zeilenabstand ist damit doppelt so hoch. Stellen Sie daher grundsätzlich immer einen Zeilenabstand ein, der dem Grundlinienraster entspricht bzw. niedriger ist.

> **[!] Bedienung von Grundlinienraster, Zeilenabstand und Registerhaltigkeit**
> Die Einstellung des Grundlinienrasters erfolgt für das ganze Dokument in den Vorein-
> stellungen von InDesign. Die Größe des Zeilenabstandes wählen Sie im Absatzformat in den
> „grundlegenden Zeichenformatierungen". Die Ausrichtung des Textes dagegen stellen Sie
> unter „Einzüge und Abstände" ein.

Als weitere Option steht Ihnen die Möglichkeit offen, nur die erste Zeile eines Absatzes in das Grundlinienraster „einzuhängen". Wenn Sie das Grundlinienraster nur als Anhaltspunkt verwenden, um von Absatz zu Absatz den Zeilenabstand geringfügig zu verringern oder zu erweitern oder dieselbe Höhe von platzierten Bildern horizontal zu treffen, ist dies ein guter Kompromiss zwischen der Freiheit im Layout und der Registerhaltigkeit für den Druck.

Abbildung 5.92: *Die Überschriften sind in diesem Beispiel nur mit der ersten Zeile am Grundlinienraster ausgerichtet.*

Tabulator

Ähnlich wie in der Formatierung von **Tabulatoren** (siehe auch Kapitel „Tabellen") definieren Sie hier übergreifende Tabulatorzeichen. Mit **aktivierter Vorschau** und einer entsprechend markierten oder zugewiesenen Textstelle können Sie sogar die Tabulatoren auf dem Lineal in Echtzeit verschieben und die Auswirkungen auf den Text begutachten.

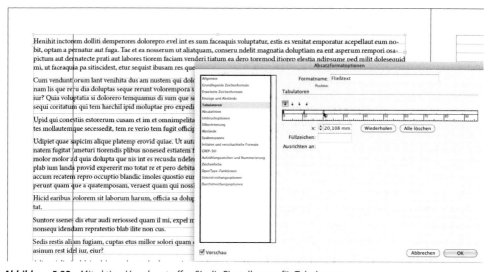

Abbildung 5.93: *Mit aktiver Vorschau treffen Sie die Einstellungen für Tabulatoren*

Einfacher als einen Tabulator über das Absatzformat einzustellen, ist es aber, einen Text mit Tabulatoren manuell zu formatieren, den Absatz zu markieren und ein neues Absatzformat anzulegen. Somit werden automatisch die Tabulatoreinstellungen in das Format geschrieben.

> **Füllzeichen**
> Als Füllzeichen zwischen einem Eintrag und einem nachfolgenden Tabulator über eine breite Textspalte hinweg eignen sich nicht nur Punkte, sondern auch Unterstriche. Wenn Ihnen direkt aufeinanderfolgende Punkte zu eng erscheinen, so geben Sie in das Feld des Füllzeichens einfach einen Punkt und ein nachfolgendes Leerzeichen ein und drücken danach die Tabulator-Taste. So bleiben die Punkte schön auf Distanz.

Absatzlinien

Für die Markierung eines Absatzes können Sie Absatzlinien ober- und unterhalb des Absatzes formatieren. Alle Konturenoptionen – auch die Wahl der Füllfarbe für gestrichelte Linien – stehen Ihnen offen.

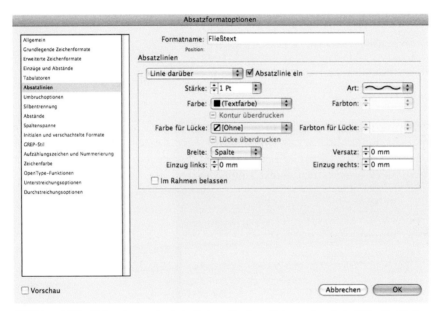

Abbildung 5.94: *Linien ober- und unterhalb eines Absatzes gliedern auf grafische Weise eine Textmenge, eignen sich jedoch nur für besondere Auszeichnungen von Zitaten, Zwischenüberschriften oder Anlesern.*

Etwas unübersichtlich ist der Wechsel zwischen **Linie darüber** und **Linie darunter**, da Sie das **Drop-down-Menü oben links** jeweils noch einmal auswählen müssen. Achten Sie hier besonders darauf, welche Linie Sie gerade verändern. Wichtig ist in den selbst erklärenden Einstellungen der Offset-Wert, der für die Linie oberhalb und unterhalb des Absatzes immer manuell gewählt werden muss, um ein optisch ansprechendes Schriftbild zu erreichen. Arbeiten Sie daher auch hier **mit aktivierter Vorschau**.

Die Funktion **Im Rahmen belassen** sorgt dafür, dass die Absatzlinien aufgrund eines negativen Wertes bei den Einzügen wie z.B. -20 mm nicht außerhalb des Textrahmens erscheinen und in andere Textspalten hinübergreifen. Wenn Sie jedoch keinerlei Einzüge für eine Absatzlinie definieren und die **Breite** auf **Spalte** anwenden, hält sich die Linie immer innerhalb des Rahmens auf.

RORUNT, NULPA DITIA NAM DOLORESTIS ESCI-
DUNTIA IL MI, OFFIC TENIS APIENE CONSEQUE
LIT ACCATEMPOR ACERNAM ENDIGENIS EOSTIOR
ITIBUS.

OTAT PRAECATUR, ULPA VOLOREM QUAE QUE
PRATEM QUO IS DOLUPTAME VOLECUL LACESTI
OMNIMET DOLUPTAS RENDIST APICI ALIBUST
IONSEQUE ES MA DOLOREP EROREST UT OFFIC
TEM SEQUE ID UTEMPOST, NI TET QUAE VOLUP-
TATUR A QUIA AUT LABOREH ENIHITATI OFFICAE-
RUM IMI.

QUIS EX ET ALISCIAEPEL IDIT VELICIME MOLUT ODI
ABOREMPORUM DE OMNIS ACERO VOLUM EA-
TUR? FACCAE. UCIET VOLUPTAT AB IN RE CUSAM,
SEQUIAM UNT.

DUCI NISIMAXIMUS CON ETUREPRO INTO EAQUI
VOLOREPERE DOLECTE MPERRO QUIA VOLUT
AUT ILIS REMOLUP TASSIN NIA SITAQUOS DOLES
DOLLABO REPTUR AS MODIT IS VID MINVEND
ICIPSA APID QUI DOLUPIE NTIAECEROR ADIT AS
SIT VOLORIOSSERO IPSANT, UNTE NON REPELI-
TEM. ET PED EVELENTIUNT MINCIET ACIDE SERUM

QUAS QUASSIN CTATES ACEPTIA VOLORIBUS AM
IN NONSEDIA VERSPER ROVIDE MAIONECEST UT
EXPLABO. ITATE CUS MOLOR REM QUE EXERFERIS
IPSAPIT MAIOSTIA VOLUPTA QUE ETUMENI SQUA-
TUR?

QUID MODIS EOSSIMP ORIBUS ACCUSANT QUAM
QUE EA QUE SIMPE VELIQUI AUT MAIOS VENTORI
ONSEQUIA SUM RES AUT DION NIS VOLESTE EA
SIMIN CON EL IM FUGIT ALIQUE PLIQUI QUATIIS
A CONEM QUAS QUE EXERIOR EPERIBUS, AB INT
FACESCIENDIS EUM CUS ALIBUS, QUAE PA AUTE
VEL ET ATUR? IDES VOLOR ALIQUO ID QUIS DE
REM IUS, QUATUR?

FICIAT MINCTEM QUAM, UT ODIGNAMET LA ET RE-
SERCI ENDIONSE QUASPEL IPSAM, UT ES ET REM-
POS ET VENDELLANIS QUAT UT APIET RAE VENDAE
VOLLA PARUM ET EOS EVENDEL LANDAEST ESTIO
OFFICAE. NEQUIDELIT, OMNIHIC TEMOLUP TASPIC-
TAS UTE VENDEBIS CONECEA TEMPEDICID QUAE-
CUS TOTATQUI SUNT VENDAM ELIQUAM DUS RAE
DOLOR ACEPRAE DIT, ID QUE NONSEND AECERIA-
TUM LACIMUS, TOTAE QUI OCCUM AUT UT QUAS

Abbildung 5.95: *Ein Beispiel für Absatzlinien mit einer mageren Linie oben und einer fetten Linie unten. Beachten Sie, dass auch die Abstände des Absatzes zum vorherigen und zum nachfolgenden Absatzformat angegeben werden müssen.*

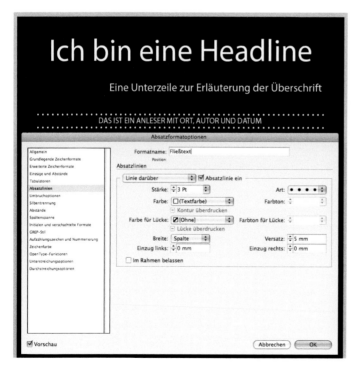

Abbildung 5.96: *Für einen Anleser wird ein Absatzformat verwendet, das gepunktete Absatzlinien benutzt. Dazu stellen Sie die Art der Linie um.*

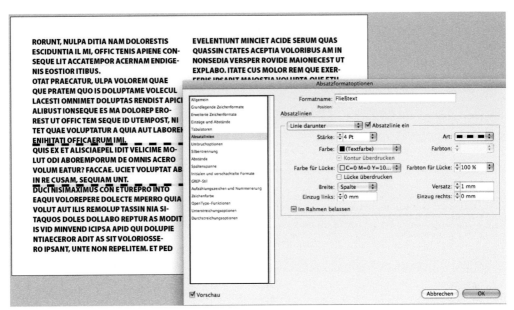

Abbildung 5.97: *Absperrbänder für aufmerksamkeitsstarke Formatierungen durch abwechselnd schwarz und gelb gestrichelte Absatzlinien mit einer Stärke von 4 Punkt.*

Umbruchoptionen

Wie soll sich der Text am Ende oder Anfang eines Absatzes verhalten? Nichts ist schlimmer als eine auslaufende Absatzzeile, die losgelöst auf einer neuen Seite steht, oder eine Absatzzeile, die am Ende einer Spalte oder Seite einsam und alleine stehend beginnt. Die sogenannten *Hurenkinder* und *Schusterjungen* können durch Setzen der richtigen Optionen schon beim Anlegen der Absatzformate weitestgehend vermieden werden, indem Sie dafür sorgen, dass mindestens zwei Zeilen am Anfang oder Ende des Absatzes zusammengehalten werden.

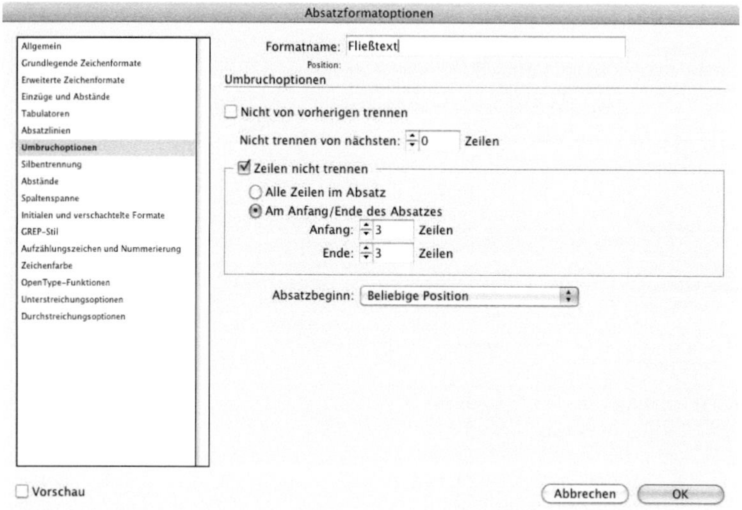

Abbildung 5.98: Umbruchoptionen sorgen dafür, dass durch einen ungünstigen Zeilen- und Seitenumbruch keine Schusterjungen und Hurenkinder entstehen.

> **Absatzbeginn für Überschriften**
>
> Formatieren Sie eine wissenschaftliche Dokumentation, so ist es ratsam, dass ein neues Kapitel automatisch auf einer neuen Seite beginnt. Dies können Sie allein mit einem Absatzformat erledigen: Sie wählen als „Absatzbeginn" in den Umbruchsoptionen „Auf nächster Seite". Damit eine Überschrift immer mit mindestens drei nachfolgenden Zeilen des Textes zusammen auf einer Seite steht, wählen Sie zudem „nicht von nächsten 3 Zeilen trennen".

> **Überschriften in Dokumentationen**
>
> Erste Überschriften in Dokumentationen sollten auf einer neuen Seite beginnen. Alle weiteren Überschriften sollten zudem mindestens drei nachfolgende Zeilen aufweisen.

Silbentrennung

Die **Silbentrennung** und die **Abstände** sind die wichtigsten Einstellungen für den automatischen Zeilenumbruch und einen ansprechenden Zeilenfall. In diesem Menüpunkt steuern Sie zunächst das *Trennverhalten* von InDesign. Sie legen fest, wie viele Zeichen ein Wort haben muss, um von InDesign überhaupt getrennt zu werden, die Anzahl der Zeichen vor bzw. nach dem Trennstrich und wie viele Trennzeichen in Folge erlaubt werden. Dabei sind maximal *drei Trennstriche aufeinander folgend* ein guter Anhaltspunkt, können aber auch auf **0** gestellt werden, so dass InDesign einen größeren Spielraum für die Silbentrennung gewinnt und die Anzahl der aufeinanderfolgenden Trennungen selbst vorgibt.

! Null Trennstriche?

Wenn Sie InDesign keine konkrete Zahl von maximal aufeinanderfolgenden Trennstrichen vorgeben, gibt es für InDesign auch keine Beschränkung für die Silbentrennung. Keine Panik! Bei guter Zeilenlänge und ordentlichen Einstellungen werden Sie niemals mehr als vier aufeinanderfolgende Trennstriche erhalten.

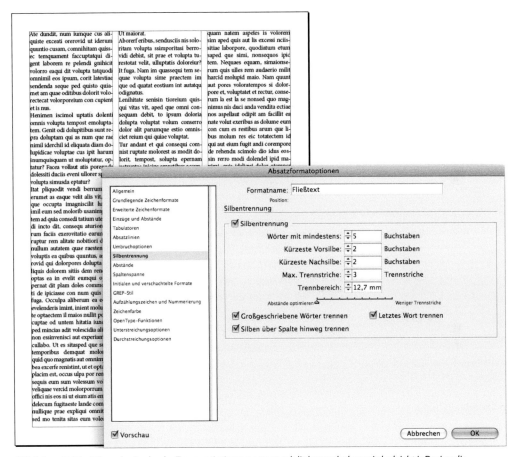

Abbildung 5.99: *Wenn der Regler der Trennoptimierung ganz nach links geschoben wird, gleicht InDesign die Abstände optimal aus.*

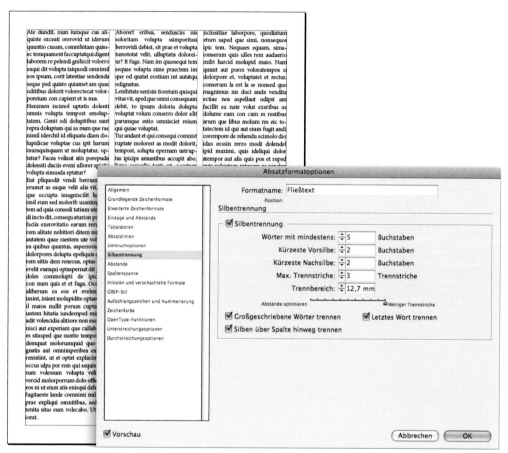

Abbildung 5.100: *Wenn der Regler der Trennoptimierung ganz nach rechts geschoben wird, werden die Trennstriche reduziert.*

Im Feld **Trennbereich** legen Sie die *Trennzone* fest. Diese Zone beschreibt den Abstand vom rechten Textrand, in den der Text laufen muss, um überhaupt getrennt zu werden. Der Trennbereich sollte aus typografischer Sicht bis *zu einem Drittel der Spaltenbreite* einnehmen. Ein hoher Wert führt zu gleichmäßiger getrennten Zeilen, ein niedriger Wert führt zu stark „flatternden" Zeilen.

> **!** **Trennbereich nur im Flattersatz wirksam**
> Die Angabe des Trennbereiches ist nur bei links- oder rechtsbündiger Ausrichtung im Text wirksam. Verwenden Sie einen hohen Trennbereich im Blocksatz, so wird dieser Wert ignoriert.

Besonders schön in InDesign sind die Schieberegler, mit denen Prioritäten dynamisch gesetzt werden können. Diese Funktion basiert auf dem *Adobe Absatzsetzer*, dessen Verhalten wir noch genauer erläutern. Hier legen Sie fest, ob den definierten Abständen oder aber der Anzahl der Trennungen der Vorzug zu geben ist. Für einen gut ausgeglichenen Blocksatz ziehen Sie den Regler ganz nach links auf **Abstände optimieren**. Dies führt zu häufigeren Worttrennungen am Zeilenende. Arbeiten Sie hier immer **mit der aktiven Vorschau**, um das Ergebnis zu beurteilen.

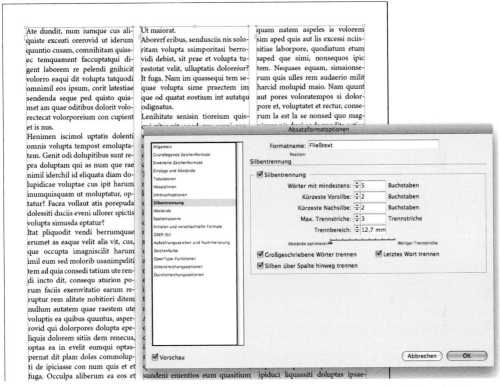

Abbildung 5.101: *Ein Blocksatz kann durch häufigere Trennungen besser ausgeglichen werden, die Wortabstände fallen geringer aus.*

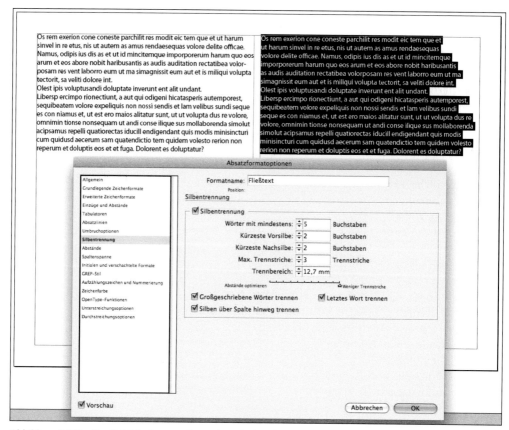

Abbildung 5.102: *Eine linksbündige, zentrierte oder rechtsbündige Ausrichtung kann durch geringere Worttrennungen optimiert werden, die Zeilenbildung erfolgt dann unregelmäßiger.*

Auf der Position **Ganz nach rechts** sorgt der Regler bei Flatter- oder Mittelachsensatz dafür, dass weniger Trennungen durchgeführt werden. Dadurch kann es zu unregelmäßigeren Zeilenlängen kommen.

> **Silbentrennung bei Überschriften**
> Für Absatzformate bei Titeln, Zwischentiteln oder Zitaten ist es gelegentlich empfehlenswert, die Silbentrennung nur für großgeschriebene Wörter oder komplett zu deaktivieren. Auch das letzte Wort in einem Absatz sollte unter Umständen nicht getrennt werden, da sonst eine sehr kurze letzte Zeile entstehen kann.

Abstände

Eine der wichtigsten Optionen für das Arbeiten mit Mengentext stellt der Menüpunkt **Abstände** beim Anlegen eines Absatzformates dar. Werden hier falsche Vorgaben gemacht, kann kein Blocksatz vernünftig durchgeführt werden. Was aber sind vernünftige Werte?

Abstände			
	Minimal	Optimal	Maximal
Wortabstand:	80 %	100 %	133 %
Zeichenabstand:	0 %	0 %	0 %
Glyphenskalierung:	97 %	100 %	103 %

Abbildung 5.103: *Die Abstände zwischen Wörtern und Zeichen sind die Verhandlungsmasse für InDesign, eine gute Ausrichtung im Absatz herbeizuführen. Eine Skalierung der Glyphen ist innerhalb geringer Werte erlaubt und sinnvoll.*

Eine verbindliche, eindeutige Antwort gibt es hierzu nicht. Jedoch gibt es zwei Strategien: Sie arbeiten **mit dem Adobe Absatzsetzer** und geben der Technik möglichst viel Spielraum, um die Silbentrennung komplett durchzuführen, oder Sie verzichten auf den modernen „Schnickschnack", arbeiten mit dem **Einzeilensetzer** und nehmen nach den Absatzeinstellungen selbst den manuellen Umbruch vor. Wir stellen Ihnen den ersten Weg vor. Wenn Sie mit dem Ergebnis unzufrieden sein sollten, können Sie immer noch auf den Einzeilensetzer zurückgreifen.

Textumbruch mit Silbentrennung und dem Adobe Absatzsetzer

Ein heikles Thema verbirgt sich hinter der wohl komplexesten Technik zur Verarbeitung von Texten in InDesign, dem Adobe Absatzsetzer. Der dieser Funktion zugrunde liegende Algorithmus sorgt dafür, dass Textabsätze bestmöglich umbrochen werden. Doch das Ergebnis ist nicht immer zufriedenstellend: Wenn Sie nach altbewährter Methode der Schlusskorrektur Zeile für Zeile prüfen, entdecken Sie sicher einzelne Wörter, die nach Ihrer Meinung besser zu trennen wären. Doch bevor Sie nun den Absatzsetzer deaktivieren und manuell trennen, sind einige weitere Einstellungen sinnvoll, um deutlich bessere Ergebnisse mit dem Adobe Absatzsetzer zu erreichen.

Was macht der Absatzsetzer?

Wenn Sie Ihre Arbeitsweise, Text Zeile für Zeile zu prüfen und zu umbrechen, auf das Layoutprogramm übertragen, so erhalten Sie den Einzeilensetzer. Dieser ist das exakte Gegenteil des Absatzsetzers. Der Absatzsetzer hingegen vergleicht alle möglichen Trennungen in einem Absatz anhand des zugewiesenen Wörterbuches, berechnet daraus optimale Varianten und sucht dann diejenige heraus, die nach den Silbentrennregeln das beste Verhältnis aus Worttrennungen und Wortabständen darstellt. Dies kommt besonders dem Blocksatz zugute, da auf diese Weise die Bildung von sogenannten „Wasserfällen" vermieden wird, also Wortzwischenräume, die im Blocksatz unmittelbar übereinanderstehen. Somit sehen Sie bereits, dass das Ziel des Absatzsetzers nicht optimale Worttrennungen sind, sondern ein möglichst gleichmäßig ausgerichteter Blocksatz.

In den folgenden Schritten sehen Sie, wie Sie den Absatzsetzer einrichten und Spielräume innerhalb der Silbentrennung nutzen.

Bevor Sie damit beginnen, sollten Sie sich vergewissern, dass Sie mit dem richtigen Wörterbuch im Absatzformat arbeiten. Dies können Sie in den Absatzformatoptionen unter der Rubrik **Erweiterte Zeichenformate** prüfen.

1. **Absatzformatoptionen aufrufen**
   Öffnen Sie ein Dokument, das Text enthält, der mit Hilfe eines Absatzformates im Blocksatz formatiert ist, oder erstellen Sie ein solches. Öffnen Sie durch Doppelklick auf das Absatzformat in der Palette **Absatzformate** oder über das **Palettenmenü** die **Absatzformatoptionen**.

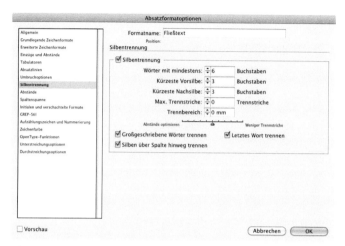

Abbildung 5.104: *Die Absatzformatoptionen in der Rubrik „Silbentrennung".*

2. **In Rubrik „Silbentrennung" wechseln**
   Wechseln Sie in die Rubrik Silbentrennung und aktivieren Sie die Option Vorschau.

3. **Spektrum nutzen**
   Über die Silbentrennung können Sie die Arbeit des Absatzsetzers durch mehrere Parameter beeinflussen und optimieren. Wörter mit mindestens **6 Buchstaben** dürfen getrennt werden und die **Kürzeste Vor-/Nachsilbe** ist **3 Buchstaben** lang.

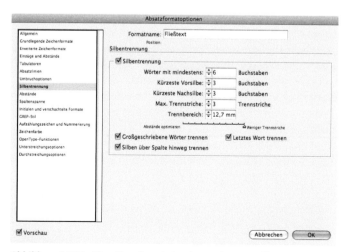

Abbildung 5.105: *Diese Vorgaben sind geeignet, eine gute Silbentrennung herbeizuführen.*

4.   Textabschnitt wählen und Absatzformat aufrufen
Wieder wird ein Textabschnitt benötigt, der per Absatzformat im Blocksatz formatiert ist. Hier können Sie also gut mit dem Dokument aus dem vorhergehenden Abschnitt weiterarbeiten. Rufen Sie in der Palette Absatzformate die Absatzformatoptionen für den Textabschnitt auf.

5.   In Rubrik „Abstände" wechseln
Wechseln Sie in den Absatzformatoptionen in die Rubrik Abstände. Aktivieren Sie die Option Vorschau.

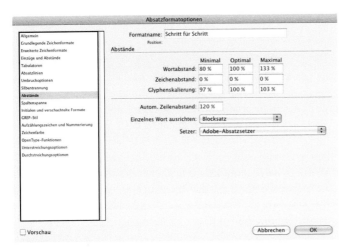

Abbildung 5.106: Diese „Abstände" regeln die Skalierung der Glyphen und der Wortzwischenräume.

6.   Einstellungen für die Glyphenskalierung vornehmen
Stellen Sie nun für den „Glyphenabstand" die Werte Minimal **97%**, Optimal **100%**, Maximal **103%** ein und betrachten Sie die Auswirkungen dieser Einstellung über die aktive Vorschau.

> **Noch mehr Spielraum durch den Optischen Steg**
> Den „optische Randausgleich" begradigt die linke und rechte Flucht eines Blocksatzes. Dieser Randausgleich bietet sowohl für den Absatzsetzer als auch den Einzeilensetzer einen höheren Spielraum. Pro Textzeile gewinnen Sie eine Breite von ein bis zwei Zeichen hinzu, in der eine Worttrennung genutzt werden kann. Die Anwendung des Optischen Stegs finden Sie im Kapitel „Typografie".

Die Praxis hat gezeigt, dass die Einstellungen der Abstände in den meisten Fällen zu einem deutlich besseren Zeilenumbruch führen als die Variationen in der Silbentrennung.

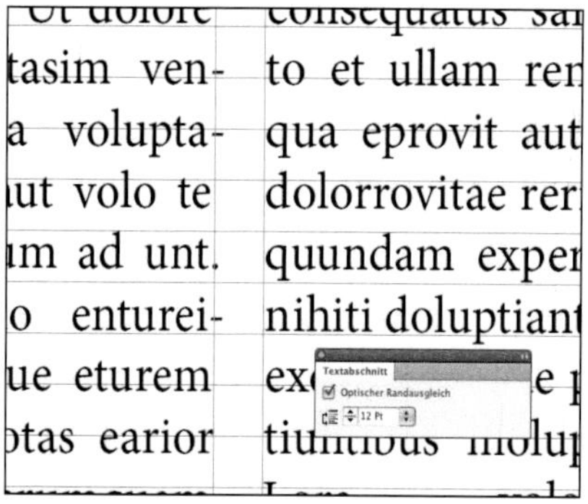

Abbildung 5.107: *Ein Blocksatz mit optischem Randausgleich*

Einzelwortausrichtung

Wenn ein einzelnes Wort eine gesamte Zeilenbreite einnimmt, ohne getrennt zu werden, können Sie selbst bestimmen, wie mit diesem Wort verfahren wird. Dies tritt häufig bei langen Einzelwörtern in Fachbüchern oder in schmalen Zeitungsspalten auf. Auch neben Freistellern, die den Text verdrängen, kann ein Einzelwort pro Zeile erscheinen. In der Regel ist die Einzelwortausrichtung auf Blocksatz gestellt. Alle Zeichen des Wortes werden dann auf die Spaltenbreite ausgetrieben, was zu einer höheren Laufweite führen kann. Stellen Sie nur dann den Wert auf eine andere Ausrichtung, wenn Sie einen solchen Spezialfall im Flatter- oder Mittelachsensatz entdecken.

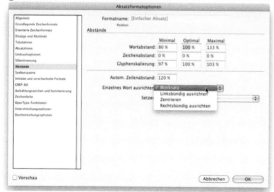

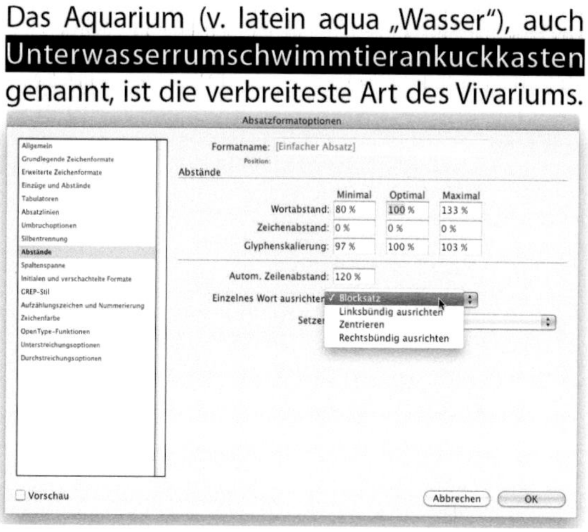

Abbildung 5.108: *Die Einzelwortausrichtung sorgt dafür, dass einzelne Wörter innerhalb eines Blocksatzes auf die volle Spaltenbreite ausgetrieben werden.*

Abbildung 5.109: *Aufgrund einer Textverdrängung durch einen Freisteller wird die Textspalte so schmal, dass es zu einer Einzelwortausrichtung kommt. Hier greifen Ihre Vorgaben im Absatzformat.*

Spaltenspanne

Wie Sie bereits im Kapitel „Typografie" lesen konnten, bietet InDesign CS5 die Möglichkeit, Text in einem Absatz mehrspaltig darzustellen oder Spalten zu überspannen. Die Einstellungen im **Absatzformat** finden Sie im Reiter **Spaltenspanne**.

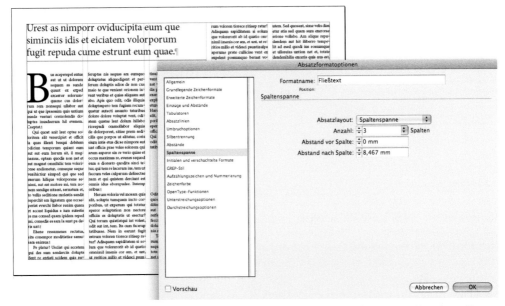

Abbildung 5.110: *In den Absatzformatoptionen können Sie wählen, ob mehrere Spalten in einem Textrahmen überspannt werden oder ob der Absatz in mehrere Spalten unterteilt wird.*

Zunächst ist in der einzigen Option **Absatzlayout** die **einzelne Spalte** ausgewählt. Mit der **Spaltenspanne** gestalten Sie einen Absatz so, dass dieser in einem *mehrspaltigen* Textrahmen mehrere Spalten überspannen darf. Dies ist ideal für Überschriften oder Zitate mitten im Text. Sie entscheiden, ob der Absatz **alle Spalten** im Textrahmen – bis zu 40 sind möglich – überspannt oder ob es zwischen **1** und **5 Spalten** sind.

Abbildung 5.111: *Für ein Zeitungslayout dient die Spaltenspanne dazu, eine Überschrift über zwei Spalten laufen zu lassen, während der Textrahmen insgesamt fünf Spalten hat.*

Abbildung 5.112: *Ein Zitat mitten im Zeitungsartikel kann ebenfalls mit einer Spaltenspanne herausgestellt werden, so dass ein breiter Weißraum entsteht.*

> **Weißraum mittels Spaltenspanne**
> Die Spaltenspanne können Sie auch so einsetzen, dass mitten im Artikel ein Zitat oder eine ähnliche Heraushebung Spalten überspannt. Dadurch entsteht zwangsläufig ein Weißraum, wenn Sie mit einem großen Einzug von links arbeiten.

Zusätzlich zu der Spaltenspanne stellen Sie auch den Abstand **vor** und **nach der Spaltenspanne** ein. Diese Werte sind inhaltlich identisch zu den Einstellungen der **Einzüge und Abstände**, die wir Ihnen bereits in diesem Kapitel vorgestellt haben. Beachten Sie bitte, dass Sie immer nur dann Spalten überspannen können, wenn Sie das **Absatzformat** in einem *mehrspaltigen Textrahmen* anwenden.

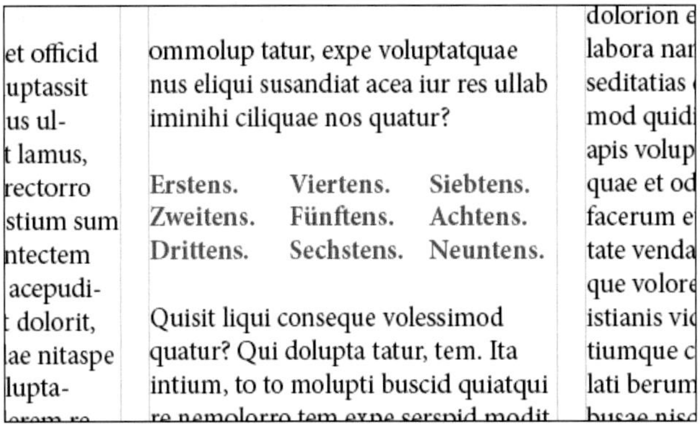

		dolorion e
et officid uptassit us ul- t lamus, rectorro stium sum ntectem acepudi- t dolorit, ae nitaspe lupta-	ommolup tatur, expe voluptatquae nus eliqui susandiat acea iur res ullab iminihi ciliquae nos quatur?	labora nar seditatias mod quidi apis volup quae et od

Erstens.   Viertens.   Siebtens.
Zweitens. Fünftens. Achtens.
Drittens. Sechstens. Neuntens.

Quisit liqui conseque volessimod quatur? Qui dolupta tatur, tem. Ita intium, to to molupti buscid quiatqui

Abbildung 5.113: *Die Unterteilung einer Spalte sorgt für mehr Übersichtlichkeit von Aufzählungen und spart Platz im Layout.*

Die andere Option ist die *Unterteilung* der Spalte. Wenn Sie **Unterteilte Spalte** wählen, so haben Sie hier wieder die Möglichkeit, die **Anzahl** der **Unterspalten** anzugeben, in die der Absatz aufgeteilt wird. Der Abstand vor und nach der Unterteilung ist selbst erklärend. Zusätzlich zur eigentlichen Spaltenunterteilung ist es auch wichtig, wie weit die Spalten voneinander entfernt sind. Dazu können Sie den **Innenabstand** *zwischen den Spalten* wählen. Ein Wert, der halb so breit ist wie ein normaler Spaltenabstand im Layoutraster, führt zu guten Ergebnissen. Als **Außenabstand** geben Sie an, ob die mehrspaltige Darstellung noch einmal von links und rechts eingezogen wird. Somit befinden sich alle wesentlichen Einstellmöglichkeiten zu diesem typografischen Gestaltungselement an einer Stelle.

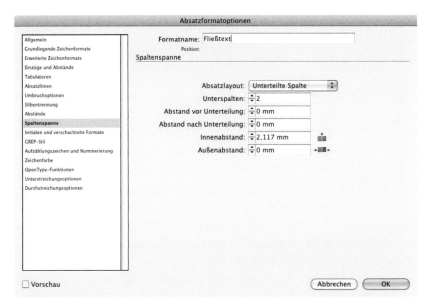

Abbildung 5.114: *Neben der Unterteilung können der Innenabstand, der Außenabstand sowie die Abstände nach oben und nach unten in den Absatzformatoptionen eingestellt werden.*

⚠ **Abstände und Einzüge**

Bitte behalten Sie den Überblick über die zahlreichen Einzüge von links und rechts sowie die Abstände vor und nach einem Absatz, die Sie in einem einzigen Absatzformat einstellen können. Unter Umständen können sich diese Werte verdoppeln, wenn Sie für einen Abstand nach einem Absatz und nach einer Spaltenspanne jeweils einen Wert von 12 Punkt eingegeben haben. Auch die Einzüge von links oder rechts können sich mit dem Innenabstand der Spaltenunterteilung zu sehr großen Weißräumen addieren!

Initial und verschachtelte Formate

Lesen Sie für die typografische Gestaltung von **Initialen** das „Typografie"-Kapitel dieses Buches. Hier können Sie ein **Zeichenformat** zuweisen, das sich nur auf die Darstellung der Initialen bezieht.

Sie können das Initial gleich an der linken Spaltenflucht ausrichten. Ebenso ist die Skalierung für Unterlägen wichtig: Ist ein „J" als Initial ausgewählt oder ragen Unterlängen unter die Grundlinie, so kann das Initial in diesem Fall automatisch verkleinert werden, so dass die Unterlängen auf die Grundlinie passen. Andernfalls würden die Unterlängen in die nächste Textzeile darunter hineinragen.

Abbildung 5.115: *Hier sehen Sie ein rotes Initial über drei Zeilen. Bei Unterlängen des Initials kann das Zeichen geringfügig skaliert werden. Zudem wird die linke Spaltenflucht berücksichtigt und ein Initial ggf. nach links ausgezogen.*

▷ **Initialen ausgleichen**

InDesign macht Typografen glücklich: Es verfügt über eine automatische Korrektur von Initialen, die je nach gewählter Schrift zu weit in die Spalte eingezogen werden. Klicken Sie auf **Linke Kante ausrichten** im Dialog des Absatzformates. Somit wird das Initial an der linken Spaltenflucht ausgerichtet.

Aufzählungszeichen und Nummerierung

Eine Aufzählung oder Nummerierung in InDesign können Sie einfach anwenden: Sie markieren einen Absatz und klicken in der **Steuerungspalette** unterhalb des Menüs in der Gruppe der **Absatzformatierungen** auf die Buttons **Liste mit Aufzählungszeichen** oder **Nummerierte Liste**. Doch InDesign kann wesentlich mehr: Die *Aufzählungszeichen* dürfen Sie selbst wählen, ebenso **Zeichenformate** zur Darstellung von *Symbolen* oder **Nummerierungen**. Für alle nachfolgenden Beispiele verwenden Sie bitte ein eigenes Absatzformat. Selbstverständlich können Sie auch manuelle Formatierungen treffen, jedoch fällt es danach schwer, ein Inhaltsverzeichnis o.Ä. anzulegen.

Für den Einstieg in die Aufzählungen lernen Sie in den folgenden Schritten das Anlegen einer Liste mit den bekannten „Bullet-Points". Darauf aufbauend können Sie anstelle eines „Bullet-Points" ein anderes Symbol mit Zeichenformaten einbinden.

1. **Absatz markieren**
   Markieren Sie mit dem **Textwerkzeug** einen Absatz der Aufzählung in Ihrem Text.

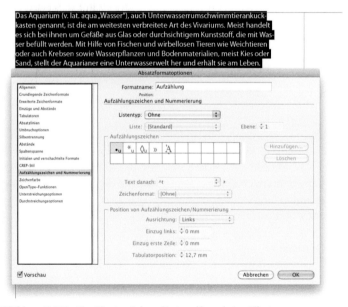

Abbildung 5.116: *Der Absatz wird markiert und kann bei geöffneten Absatzformatoptionen angepasst werden.*

2. **Absatzformat „Aufzählung" anlegen**
   Öffnen Sie die Palette **Absatzformate** über ⌘+F11 oder über **Fenster/Formate**. Legen Sie über das **Seitensymbol** ein neues Absatzformat an.

3. **Absatzformatoptionen öffnen**
   Doppelklicken Sie bitte auf das neue **Absatzformat**, um die **Absatzformatoptionen** zu öffnen. Geben Sie in der Rubrik **Allgemein** dem Format den Namen „Aufzählung". Aktivieren Sie die Vorschau und zusätzlich die Option **Auf Auswahl anwenden**, damit Sie Ihre Einstellungen sofort im Hintergrund an dem markierten Absatz überprüfen können.

4. In Rubrik „ Aufzählungszeichen und Nummerierung" wechseln
Wechseln Sie in die Rubrik **Aufzählungszeichen und Nummerierung**, um dort die Einstellungen für die Aufzählung vorzunehmen.

5. Listentyp „Aufzählungszeichen" wählen
Wählen Sie im Drop-down-Menü **Listentyp** die Option **Aufzählungszeichen** und wählen Sie unter **Aufzählungszeichen** durch Anklicken den Bullet-Point • aus.

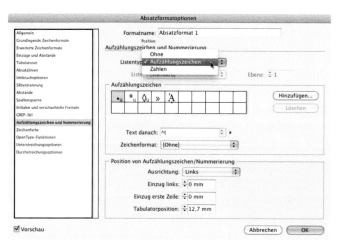

Abbildung 5.117: *Wählen Sie den Typ „Aufzählungszeichen".*

6. Tabulatorposition einstellen
Unter **Position von Aufzählungszeichen/Nummerierung** stellen Sie nun die Tabulatorposition ein, mit der Sie den Abstand vom Aufzählungszeichen zum Text der Aufzählung bestimmen. Da Sie einen Absatz im Dokument markiert sowie die **Vorschau** und die Option **Auf Auswahl anwenden** aktiviert haben, können Sie die Auswirkungen Ihrer Einstellungen nun direkt in Ihrem Dokument im Hintergrund beurteilen und anpassen.

7. Absatzformatoptionen bestätigen
Bestätigen Sie Ihre Einstellungen mit **OK**.

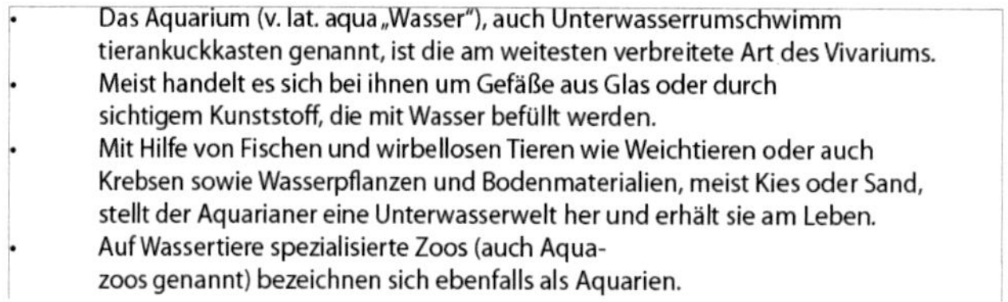

> • Das Aquarium (v. lat. aqua „Wasser"), auch Unterwasserrumschwimm
> tierankuckkasten genannt, ist die am weitesten verbreitete Art des Vivariums.
> • Meist handelt es sich bei ihnen um Gefäße aus Glas oder durch
> sichtigem Kunststoff, die mit Wasser befüllt werden.
> • Mit Hilfe von Fischen und wirbellosen Tieren wie Weichtieren oder auch
> Krebsen sowie Wasserpflanzen und Bodenmaterialien, meist Kies oder Sand,
> stellt der Aquarianer eine Unterwasserwelt her und erhält sie am Leben.
> • Auf Wassertiere spezialisierte Zoos (auch Aqua-
> zoos genannt) bezeichnen sich ebenfalls als Aquarien.

Abbildung 5.118: *Der Absatz wird nun als Liste dargestellt.*

Aufzählung mit Glyphen

Anstelle einer simplen Liste mit Aufzählungspunkten können Sie auch jede andere Glyphe einer geladenen Schrift wählen und mit einem Zeichenformat gestalten.

1. **Neues Zeichenformat „Rot" anlegen**
   Öffnen Sie die Palette **Zeichenformate** über **Fenster/Formate** oder über ⌘+⇧+F11.
   Legen Sie über das Seitensymbol oder über das Palettenmenü ein **neues Zeichenformat** an.

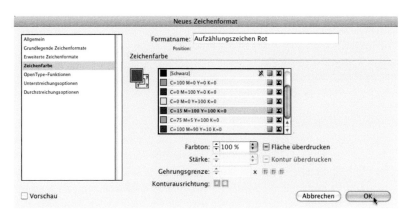

Abbildung 5.119: *Ein Zeichenformat mit der Zeichenfarbe „Rot" wird angelegt..*

2. **Zeichenformatoptionen öffnen**
   Haben Sie das Zeichenformat über das Palettenmenü angelegt, so sind nun die **Zeichenformatoptionen** bereits geöffnet. Andernfalls öffnen Sie sie durch einen Doppelklick auf das Zeichenformat in der Palette.

3. **In Rubrik „Zeichenfarbe" wechseln**
   Benennen Sie das Zeichenformat mit „Rot" und wechseln Sie dann in die Rubrik **Zeichenfarbe**. Wählen Sie dort die Farbe Rot als Zeichenfarbe aus, so dass Sie später die Aufzählungszeichen damit einfärben können.

4. **Zeichenformatoptionen bestätigen**
   Mehr Einstellungen sind hier nicht nötig. Bestätigen Sie die Zeichenformatoptionen mit **OK**.

5. **Absatzformat „Aufzählung" duplizieren und Absatzformatoptionen öffnen**
   Öffnen Sie die Palette Absatzformate über ⌘+F11 oder über **Fenster/Formate**. Um die Einstellungen des bereits angelegten Absatzformates „Aufzählung" nicht zu verlieren, duplizieren Sie dieses bitte, indem Sie es anwählen und im **Palettenmenü** auf **Absatzformat duplizieren** gehen. Öffnen Sie die **Absatzformatoptionen** für das duplizierte Absatzformat und benennen Sie es so, dass Sie es später einfach zuordnen können.

6. **In Rubrik „ Aufzählungszeichen und Nummerierung" wechseln**
   Wechseln Sie in den **Absatzformatoptionen** in die Rubrik **Aufzählungszeichen und Nummerierung**.

7.   Zeichenformat „Rot" einbinden

Im Bereich **Aufzählungszeichen** befindet sich unter Zeichenformat ein **Auswahlmenü**. Darin können Sie aus allen im Dokument angelegten Zeichenformaten ein Zeichenformat auswählen, das das Aussehen des Aufzählungszeichens bestimmen soll. Wählen Sie das soeben angelegte Zeichenformat „Rot" aus.

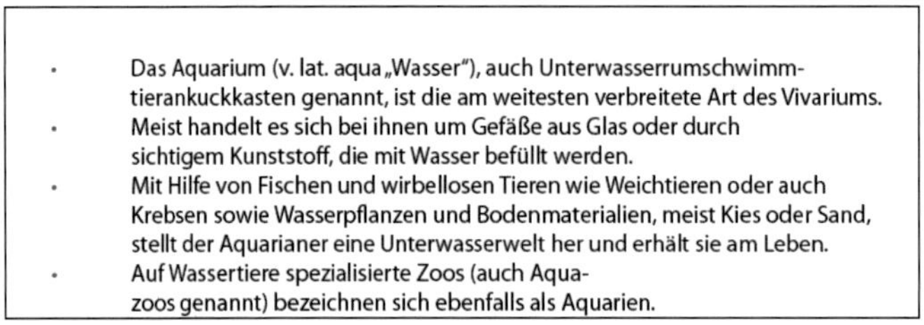

> •   Das Aquarium (v. lat. aqua „Wasser"), auch Unterwasserrumschwimm-
>   tierankuckkasten genannt, ist die am weitesten verbreitete Art des Vivariums.
> •   Meist handelt es sich bei ihnen um Gefäße aus Glas oder durch
>   sichtigem Kunststoff, die mit Wasser befüllt werden.
> •   Mit Hilfe von Fischen und wirbellosen Tieren wie Weichtieren oder auch
>   Krebsen sowie Wasserpflanzen und Bodenmaterialien, meist Kies oder Sand,
>   stellt der Aquarianer eine Unterwasserwelt her und erhält sie am Leben.
> •   Auf Wassertiere spezialisierte Zoos (auch Aqua-
>   zoos genannt) bezeichnen sich ebenfalls als Aquarien.

Abbildung 5.120: *Das Aufzählungszeichen wird mit dem Zeichenformat dargestellt.*

8.   Fontfamilie und Schriftschnitt wählen

Fügen Sie nun ein neues Aufzählungszeichen hinzu, indem Sie auf den Button **Hinzufügen** klicken. Sie bekommen nun zunächst alle Zeichen der im Fließtext verwendeten Schrift angezeigt, die als Aufzählungszeichen verwendet werden können. Wählen Sie unter **Schriftfamilie** eine beliebige auf Ihrem System installierte Schrift aus und bestimmen Sie unter **Schriftschnitt**, welchen Schnitt Sie verwenden möchten.

9.   Symbol aussuchen und hinzufügen

Suchen Sie sich eine **Glyphe** aus der gewählten Schriftfamilie aus und klicken Sie auf **Hinzufügen**.

Abbildung 5.121: *Aus der Glyphen-Übersicht wählen Sie ein Zeichen und speichern es in der Sammlung für die Aufzählungen.*

10. **Optional: weitere Symbole hinzufügen**
    Wenn Sie möchten, dann können Sie über den Button **Hinzufügen** weitere Symbole als mögliche Aufzählungszeichen hinzufügen.

11. **Eingabe bestätigen und neues Aufzählungssymbol aktivieren**
    Anschließend bestätigen Sie den Dialog **Aufzählungszeichen hinzufügen** mit **OK**. Nun sind Sie erneut in den **Absatzformatoptionen**. Aktivieren Sie durch Anklicken das neue Aufzählungssymbol in der Auswahl der **Aufzählungszeichen**.

12. **Absatzformatoptionen bestätigen und anwenden**
    Bestätigen Sie die Änderungen in den **Absatzformatoptionen** und weisen Sie das Absatzformat einer Aufzählung in Ihrem Dokument zu.

> ⇨ Das Aquarium (v. lat. aqua „Wasser"), auch Unterwasserrumschwimm-
>   tierankuckkasten genannt, ist die am weitesten verbreitete Art des Vivariums.
> ⇨ Meist handelt es sich bei ihnen um Gefäße aus Glas oder durch
>   sichtigem Kunststoff, die mit Wasser befüllt werden.
> ⇨ Mit Hilfe von Fischen und wirbellosen Tieren wie Weichtieren oder auch
>   Krebsen sowie Wasserpflanzen und Bodenmaterialien, meist Kies oder Sand,
>   stellt der Aquarianer eine Unterwasserwelt her und erhält sie am Leben.
> ⇨ Auf Wassertiere spezialisierte Zoos (auch Aqua-
>   zoos genannt) bezeichnen sich ebenfalls als Aquarien.

Abbildung 5.122: *Der Absatz wird nun als Aufzählung mit Glyphe wiedergegeben.*

> **Mehrspaltige Darstellung einer Aufzählung**
> Mit InDesign CS5 ist eine mehrspaltige Darstellung innerhalb des Absatzes möglich. In den Absatzformatoptionen wählen Sie die Rubrik „Spaltenspanne" und die Option „Unterteilte Spalte". Anschließend wählen Sie mindestens zwei Spalten aus. Die Aufzählung wird dann in zwei Spalten nebeneinander im Absatz dargestellt.

Zeichenfarbe

Es stehen alle in InDesign angelegten Farben für die Absatzformate zur Verfügung. Falls Sie hier eine eigene Farbe anmischen wollen, so klicken Sie doppelt in die Symbole der Farbfüllung und der Kontur. So öffnet sich ein neuer Dialog mit den CMYK-Reglern, der ebenso wie das Anmischen eines neuen Farbfeldes funktioniert. Damit Sie später die Farbangabe auch getrennt vom Absatzformat ändern können, klicken Sie auf den Button **Hinzufügen**, dadurch wird die angemischte Farbe als Farbfeld übernommen.

Abbildung 5.123: *Die Zeichenfarbe steht zunächst immer auf Schwarz, also 100% K, und wird über-drückt. Sie können jedoch eine andere Farbe wählen. Die Mischung der Zeichenfarbe durch Prozessfarben sollten Sie besonders aus drucktechnischen Gründen nur für große Schriftgrade anwenden. Bei kleinen Schriftgrößen eignen sich vorrangig die Färbung durch die Grundfarben oder verwendete Schmuck-farben, die im Druck nicht aufgerastert, sondern auf einer eigenen Druckplatte ausgegeben werden.*

Die den Absatzformaten zugewiesenen Farben können im Farbton (Deckkraft) prozentual redu-ziert werden. Sie haben ferner die Möglichkeit, unabhängig von den Überfüllungseinstellungen, einen Text gegenüber seiner Hintergrundfarbe überdrucken zu lassen (**FLÄCHE ÜBERDRUCKEN**). Arbeiten Sie mit Konturen der Schriften, bietet Ihnen InDesign die Möglichkeit, bei der Definition des Absatzformates auch die Kontur überdrucken zu lassen.

> **Zeichenfarbe**
> Zu den Einstellungen der Zeichenfarbe sei noch einmal betont, dass kleine Schriftgrößen ungeeignet sind, mehrfarbig durch Prozessfarben wiedergegeben zu werden. Besonders feine Serifenschriften werden dadurch grob aufgerastert, wirken unscharf oder brechen aus. Volltonfarben wie 100% Schwarz oder eine Schmuckfarbe erzeugen dagegen ein scharfes Druckbild.

OpenType-Funktionen

InDesign wird bereits mit OpenType-Schriften ausgeliefert, die automatisch mit installiert werden, wie die Myriad Pro oder die Adobe Garamond Pro. Die auf Unicode basierenden OpenType-Schriften können theoretisch bis zu 65.535 Schriftzeichen in einem Font enthalten, da die Schrift 16-Bit-codiert ist. Dabei besteht ein OpenType-Font – ähnlich der Großfamilie im Bleisatz – aus weiteren Zeichen, die in anderen Sprachen verwendet werden.

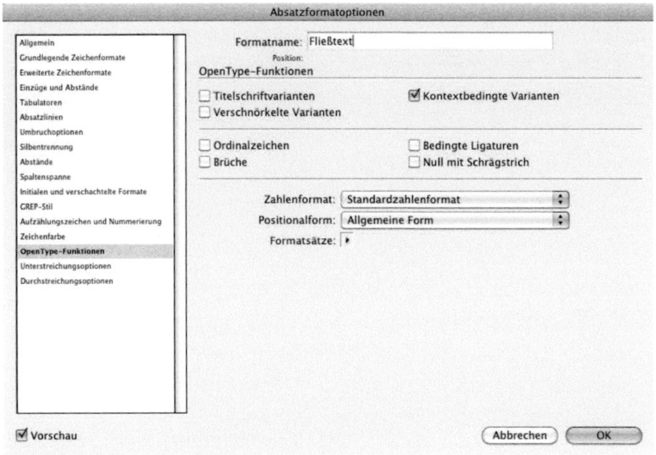

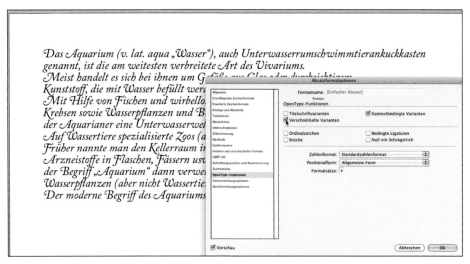

Abbildung 5.124: *OpenType-Einstellungen im Absatzformat für typografische Alternativen, Brüche, Ligaturen oder Tabellenziffern*

Ein Großteil der in den OpenType-Schriften enthaltenen Alternativen wie Schwungzeichen – etwas missverständlich als »verschnörkelte Varianten« übersetzt – ist für erfahrene DTP-Profis ungewöhnlich, da man diesen Zeichen zuletzt im Bleisatz begegnet ist. Wählen Sie beispielsweise die Schriftfamilie »Adobe Caslon Pro« mit dem Schnitt »Italic«, werden sich alle Zeichen zu Beginn eines Absatzes verändern.

Abbildung 5.125: *Mit der Adobe Caslon Pro und einem Kursivschnitt können Sie die Ergebnisse der Schwungzeichen – oder verschnörkelten Varianten – im Gegensatz zu der herkömmlichen Weise sehen.*

Das Arbeiten mit echten Brüchen, bedingten Ligaturen und Ordinalzahlen ist dagegen naheliegend und interessant. Wenn Sie OpenType-Schriften einsetzen, können Sie auf das manuelle Setzen von Brüchen verzichten, da InDesign automatisch die echten Brüche aus hoch- und tiefgestellten Ziffern setzt, wenn Ziffern durch den Schrägstrich voneinander getrennt werden.

Die Null mit Schrägstrich ist ein sehr exotischer Fall und dafür gedacht, eine 0 von einem O zu unterscheiden. Sollten die Proportionen sehr ähnlich sein, da die Schrift eine sehr geringe Dickte aufweist oder in Verbindung mit Buchstaben der Unterschied nicht klar zu erkennen ist, so können Sie diese Extranull einsetzen. OpenType-Fonts wie die Myriad Pro bieten sogar für Proportional- wie Monospace-Ziffern eine durchgestrichene Null.

Zahlenformat

Das Zahlenformat der OpenType-Funktionen ist sehr komfortabel, je nachdem, welche Anwendung Sie benötigen: **Proportionale Mediävalziffern** im Fließtext oder **Versalziffern für Tabellen**. Die anderen Kombinationen sind ebenfalls möglich – **Mediävalziffern für Tabellen** – vorausgesetzt, Sie setzen einen entsprechend ausgestatteten OpenType-Font ein. Die mit InDesign installierte Minion Pro bietet beispielsweise proportionale wie tabellarische Ziffern an.

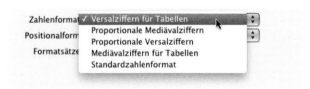

Abbildung 5.126: *Je nach Ausstattung des OpenType-Fonts sind neben den normalen Standardziffern auch Mediävalziffern für Tabellen möglich.*

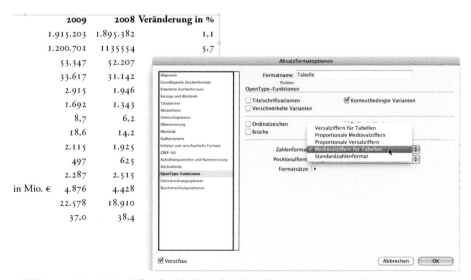

Abbildung 5.127: *Mediävalziffern für Tabellen stellen alle Zahlenwerte vergleichbar direkt untereinander dar.*

Beim Aktivieren von **Versalziffern für Tabellen** werden Ihnen Ziffern in Versalhöhe bereitgestellt, die alle *dieselbe Breite* einnehmen (*Monospace-* oder Halbgeviertziffern). Das ermöglicht das saubere Setzen von mehrzeiligen Zahlenreihen untereinander.

Mit der Option **Proportionale Mediävalziffern** werden alle Ziffern als *Mediävalziffern* gesetzt, d.h., die Ziffern stehen im Mittelband zwischen Grundlinie und x-Höhe und haben je nach Ziffer Unter- oder Oberlängen (wie 6, 9 etc.). Entgegen den Tabellenziffern besitzt jede Ziffer *eine individuelle Breite*. Diese Ziffernform eignet sich für die Formatierung von Zahlenwerten innerhalb des Textflusses, da sich die *Mediävalziffern* harmonisch in das Schriftbild integrieren.

Aus diesen Vorgaben setzen sich auch die beiden weiteren Optionen **Proportionale Versalziffern** und **Mediävalziffern für Tabellen** zusammen.

Wollen Sie dagegen bei OpenType-Fonts auf diesen Komfort verzichten, so wählen Sie das **Standardzahlenformat** und InDesign setzt alle Ziffern so, wie es für den Font an den Positionen **0030** bis **0039** im *Unicode* definiert ist, also in den meisten Fällen mit „Versalziffern für Tabellen".

Positionalformen

Der exotischen Möglichkeiten nicht genug: Typografisch sehr interessant sind die **Positionalformen**. Durch diesen Zusatz ist es möglich, Glyphen auszuwählen, die unterschiedlich zu ihrer Position **zu Beginn oder am Ende eines Wortes** oder **eines Satzes** eine andere Erscheinung haben als innerhalb. Dies muss jedoch auch ein installierter OpenType-Font unterstützen.

> **Wann treten Positionalformen auf?**
> In der arabischen Schrift hängt das Aussehen eines Zeichens von seiner Position im Wort und im Satz ab – so gibt es grundsätzlich fünf Positionen: Zu Beginn eines Wortes, in der Mitte, am Ende eines Wortes, zu Beginn und am Ende eines Satzes.

Abbildung 5.128: *Positionalformen können auch in der lateinischen Schrift auftreten, wie hier beim kleinen „e" mitten im Wort und am Ende bei der Warnock Pro.*

Wählen Sie einen Buchstaben und anschließend die Option **Positionalform**, um ihn richtig zu formatieren. Über **Allgemeine Form** wird der übliche Buchstabe eingefügt. Über **Automatische Form** wird der Buchstabe je nach Position im Wort und Satz oder als alleinstehende Glyphe eingefügt. Andere Formen hängen von der gewählten Schrift, dem Schnitt und dem Einsatz im Text ab. Welche Schriften tatsächlich die *Positionalformen* unterstützen, sehen Sie, wenn Sie in der Palette **Zeichen** in das **Palettenmenü** klicken und unter **OpenType/Positionalform** Einträge erscheinen, die nicht in eckigen Klammern eingefasst sind. Falls Sie die Warnock Pro installiert haben, so erscheinen beispielsweise die Sätze »Finalform«.

Unterstreichungs- und Durchstreichungsoptionen

Um einen gesamten Absatz zu unterstreichen oder durchzustreichen, sind die letzten beiden Register der Absatzformat-Einstellungen gedacht. Wie bei den *Absatzlinien* stehen Ihnen auch hier alle technisch machbaren *Konturenstile* und *Strichelungen* zur Verfügung. Wenn Sie nur ein einzelnes Wort oder eine Wortfolge unterstreichen wollen, legen Sie dafür aber besser ein **Zeichenformat** an. Bei gestrichelten Konturstilen definieren Sie auch eine Lückenfarbe.

Abbildung 5.129: *Die Funktion „Unterstreichung" lässt sich auch als Hervorhebung oder Markierung im Text anwenden, da ein kräftiger Unterstrich hinter dem Text läuft, eine eigene Farbe besitzen darf und mit einem Offsetwert verschoben wird.*

Der Vorteil, einen gesamten Absatz zu unterstreichen, liegt darin, allen Textzeilen eine einfarbige Hintergrundlinie zu geben. Dazu geben Sie als **Strichstärke** der Unterstreichung einen höheren Wert an als die Schriftgröße. Zusätzlich müssen Sie noch den **Offset** bestimmen, eine Verschiebung der Unterstreichung nach oben oder unten. Die sehr starke Linie liegt jetzt *hinter* jeder Textzeile im Absatz. Dazu können Sie die Kontur auch hier überdrucken lassen. Wer es experimentell mag, kann eine gestrichelte Linie auswählen und eine Lückenfarbe nutzen. Die gestrichelte Linie wird hinter den Textzeilen laufend auf jeden Fall den Leserhythmus stören.

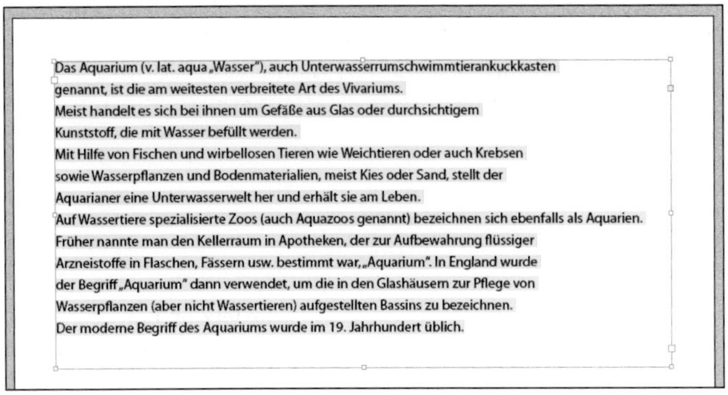
Das Aquarium (v. lat. aqua „Wasser“), auch Unterwasserrumschwimmtierankuckkasten
genannt, ist die am weitesten verbreitete Art des Vivariums.
Meist handelt es sich bei ihnen um Gefäße aus Glas oder durchsichtigem
Kunststoff, die mit Wasser befüllt werden.
Mit Hilfe von Fischen und wirbellosen Tieren wie Weichtieren oder auch Krebsen
sowie Wasserpflanzen und Bodenmaterialien, meist Kies oder Sand, stellt der
Aquarianer eine Unterwasserwelt her und erhält sie am Leben.
Auf Wassertiere spezialisierte Zoos (auch Aquazoos genannt) bezeichnen sich ebenfalls als Aquarien.
Früher nannte man den Kellerraum in Apotheken, der zur Aufbewahrung flüssiger
Arzneistoffe in Flaschen, Fässern usw. bestimmt war, „Aquarium“. In England wurde
der Begriff „Aquarium“ dann verwendet, um die in den Glashäusern zur Pflege von
Wasserpflanzen (aber nicht Wassertieren) aufgestellten Bassins zu bezeichnen.
Der moderne Begriff des Aquariums wurde im 19. Jahrhundert üblich.

Abbildung 5.130: *Die Einstellungen für die Unterstreichung erzeugen einen „Hintergrundstrich“, wie in dieser Abbildung zu sehen ist.*

5.2.5 Zeichenformate

Die **Zeichenformate**-Palette öffnen Sie über **Fenster/Formate** bzw. [⇧]+[F11]. In InDesign können Sie neben den vorab beschriebenen *Absatzformaten* auch **Zeichenformate** für die Auszeichnung von *einzelnen Glyphen* oder *Wörtern* erstellen. Wenn Sie zunächst einem Textabschnitt ein Absatzformat zugewiesen haben, können Sie nun mit einem Zeichenformat einzelne Wörter mit Auszeichnungen wie „kursiv“ oder mit einer gesonderten Farbe hervorheben. Die Absatzformatierung bleibt davon unangetastet. Sollten Sie später das Absatzformat ändern und die Schrift auf eine andere Familie umstellen, bleibt das Zeichenformat erhalten und arbeitet mit der neuen Schriftformatierung zusammen.

Zeichenformat erstellen

Die Definition eines **Zeichenformates** erfolgt ebenso wie bei einem Absatzformat, es genügt hier aber, nur die Unterschiede zum Absatzformat einzustellen – für alle *nicht ausgefüllten Eingabefelder* wie z.B. die **Schriftgröße** werden die Werte aus dem Absatzformat übernommen.

Der deutliche Unterschied zum Absatzformat ist der, dass Zeichenformate keine Hinweise zum Umbrechen des Textabsatzes kennen – dies übernimmt nämlich das Absatzformat oder eine manuelle Vorgabe.

Zeichenformate für Produkt- und Firmennamen
Wollen Sie grundsätzlich Eigennamen eines Produktes oder einer Firma grundsätzlich niemals umbrechen lassen, so legen Sie ein Zeichenformat mit den typografischen Vorgaben an und aktivieren in der Rubrik „Grundlegende Zeichenformate“ die Option „Kein Umbruch“.

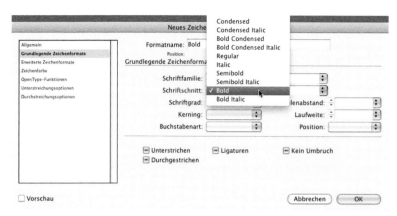

Abbildung 5.131: *Beim Zeichenformat geben Sie nur die abweichenden Eigenschaften an, hier soll anstatt der normalen Absatzformatierung nur der Schnitt „Bold" der Schriftfamilie „Myriad Pro" verwendet werden. Alle anderen Vorgaben liefert das Absatzformat.*

Ein Beispiel: Möchten Sie mehrere Wörter im Absatz durch eine *rote Zeichenfarbe* hervorheben, so erstellen Sie ein neues Zeichenformat in der gleichnamigen Palette unter dem Hauptmenü **Fenster/Formate**, indem Sie aus dem **Palettenmenü** die Funktion **Neues Zeichenformat** aufrufen. So erhalten Sie einen **Eingabedialog**, der ebenso wie ein Absatzformat aufgebaut ist, allerdings ohne Umbruch- oder Einzugsoptionen.

> **Formate nachträglich formatieren**
> Sehr praktisch ist die Funktion, ein Zeichen- oder Absatzformat auf Basis eines formatierten Textes zu erstellen: Markieren Sie den Text, der die von Ihnen gewünschte Formatierung enthält, und wählen Sie **Neues Zeichenformat** bzw. **Neues Absatzformat**. Sie werden sehen, dass InDesign die von Ihnen eingestellten Formatierungen automatisch übernommen hat.

Unter dem Register **Zeichenfarbe** wählen Sie eine entsprechende Farbe und einen treffenden Formattitel aus. Danach bestätigen Sie die Eingabe, markieren ein Wort in einem Absatz und weisen mit einem Klick auf den Namen des Zeichenformates in der **Zeichenformate**-Palette die Formatierung zu. Schon erscheint der markierte Text in der gewünschten Farbe. Stellen Sie nun im Absatzformat die Schriftfamilie um, so bleibt der formatierte Text bestehen und wechselt auf den gewünschten Schriftschnitt.

Zeichenformat und Absatzformat kollidieren also nicht miteinander, sondern ergänzen sich hervorragend. Auf diese Weise können Sie Zeichenformate für kursive Hervorhebungen, fette Auszeichnungen oder Kapitälchen anlegen. Auch die Durch- oder Unterstreichung ist mittels eines Zeichenformates möglich.

> **Zeichenformate für Initialen**
> Die Darstellung eines Initials muss nicht zwangsläufig aus dem Font des Fließtextes erfolgen, sondern kann auch mittels Zeichenformat geändert werden. Erstellen Sie sich für Initialen ein eigenes Zeichenformat und binden Sie dieses in den Absatzformatoptionen unter der Rubrik „Initialen und verschachtelte Formate" ein.

Neues Zeichenformat

Allgemein
Grundlegende Zeichenformate
Erweiterte Zeichenformate
Zeichenfarbe
OpenType-Funktionen
Unterstreichungsoptionen
Durchstreichungsoptionen

Formatname: Initial
Position:
Grundlegende Zeichenformate

Schriftfamilie: Myriad Pro
Schriftschnitt: Regular
Schriftgrad: ⇕   Zeilenabstand: ⇕
Kerning: ⇕   Laufweite: ⇕
Buchstabenart: ⇕   Position: ⇕

☐ Unterstrichen   ☐ Ligaturen   ☐ Kein Umbruch
☐ Durchgestrichen

☐ Vorschau   (Abbrechen) (OK)

Abbildung 5.132: *Für Initialen können Sie ein Zeichenformat anlegen, das später im Absatzformat verwendet wird.*

> Zeichenformate auch für Querverweise

Die Anwendung von Zeichenformaten ist mindestens so vielfältig wie die für Absatzformate. Auch Querverweise, Seitenzahlen in Inhaltsverzeichnissen, GREP-Stile, verschachtelte Formate und Zeilenformate nutzen jeweils ein Zeichenformat!

! Zeichenformate und fehlende Schriften

Bei der Arbeit mit den Zeichenformaten ist bezogen auf die Schriftschnitte etwas Vorsicht geboten. InDesign wird Ihnen, wenn Sie keine Schrift ausgewählt haben, eine recht lange Liste der grundsätzlich möglichen Schnitte inklusive der speziellen OpenType-Schnitte anbieten. Diese Liste ist keine Funktionsliste! Hier ist nämlich nicht ersichtlich, welcher Schnitt in Kombination mit einem Absatzformat und seiner Schriftfamilie überhaupt möglich ist. Wird ein Zeichenformat wie zum Beispiel „Semibold Italic" definiert und einem Absatzformat zugewiesen, dessen gewählte Schrift nicht über diesen Schnitt verfügt, wird InDesign die entsprechende Stelle im Text mit der Markierung für eine fehlende Schrift anzeigen oder eine Fehlermeldung ausgeben. Dies erkennen Sie besonders daran, dass der Schriftschnitt in eckigen Klammern in der Steuerungspalette angezeigt wird, wenn Sie die Textstelle mit dem Textwerkzeug markieren.

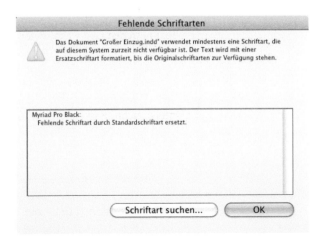

Fehlende Schriftarten

⚠ Das Dokument "Großer Einzug.indd" verwendet mindestens eine Schriftart, die auf diesem System zurzeit nicht verfügbar ist. Der Text wird mit einer Ersatzschriftart formatiert, bis die Originalschriftarten zur Verfügung stehen.

Myriad Pro Black:
Fehlende Schriftart durch Standardschriftart ersetzt.

(Schriftart suchen...)   (OK)

Abbildung 5.133: *Fehlende Schriften werden mit der Standardschrift Myriad oder Times dargestellt, eine Fehlermeldung erscheint.*

Welche Schriftschnitte eine Schrift enthält, lässt sich, wenn man es nicht genau weiß, leicht ermitteln. Dazu müssen Sie beim Anlegen eines Zeichenformates unter der Option **Grundlegende Zeichenformate** die gewünschten Schriften nur einmal aktivieren. Je nach geladener Schrift erscheinen dann nur die tatsächlich existierenden Schriftschnitte der Schrift im Popup-Menü hinter dem Schriftnamen.

> **Format mit der Format-Palette bearbeiten**
>
> Um ein bestehendes Absatz- oder Zeichenformat direkt über die Palette zu bearbeiten, müssen Sie in der jeweiligen Format-Palette nur auf den Formatnamen doppelklicken. Befindet sich der Textcursor dabei innerhalb eines Absatzes oder ist Text markiert, wird er automatisch formatiert. Um das zu verhindern und das Format nicht sofort auf ausgewählten Text anzuwenden, halten Sie ⇧+⌘ gedrückt, wenn Sie den Formatnamen durch Doppelklick bearbeiten wollen. Die Formatoptionen öffnen sich dann mit deaktivierter Funktion „Auf Auswahl anwenden".

5.2.6   Absatz- und Zeichenformate bearbeiten

Damit Sie Formate auch für andere Dokumente nutzen können, ohne diese noch einmal für jedes Dokument neu anzulegen, können Sie aus einem neuen Dokument heraus über das jeweilige **Palettenmenü** der **Absatzformate**- oder **Zeichenformate**-Palette **Absatzformate laden** bzw. **Zeichenformate laden** wählen. Um *beide Formattypen* gleichzeitig zu importieren, wählen Sie **Alle Textformate laden**. Danach wählen Sie das entsprechende Ausgangsdokument aus und importieren die Formate. In einem weiteren Dialog können Sie einzelne Formate für den Import ausschließen.

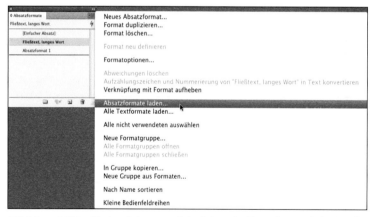

Abbildung 5.134: *Mit dem Palettenmenü der Palette der Absatzformate laden Sie alle Textformate aus einem anderen Dokument.*

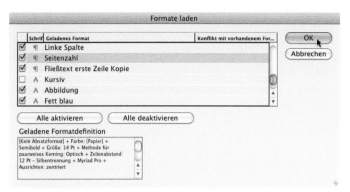

Abbildung 5.135: Anschließend listet InDesign alle Formate auf und fragt, welche konkret importiert werden sollen.

⚠ Gleichnamige Absatz- und Zeichenformate
Sollten sich bereits Formate in Ihrem Layout befinden, die durch einen Import aus einer anderen Datei überschrieben werden, so meldet Ihnen InDesign diesen „Formatkonflikt" und bietet Lösungsmöglichkeiten an.

Formate als Snippets weitergeben

Als Alternative zum Laden der Formate aus anderen InDesign-Dateien speichern Sie Ihre Textrahmen als **Snippets** ab, um sie in einem anderen Dokument weiter zu nutzen.

Dazu öffnen Sie die Palette **MiniBridge**. Nun markieren Sie einen entsprechenden Rahmen. Ziehen Sie den Rahmen in die **MiniBridge**, dort wird der Rahmen als **Snippet** gespeichert. Wie Sie mit diesen Snippets umgehen, erklären wir Ihnen im Kapitel „Vorlagen".

Sobald Sie ein **Snippet** in der **MiniBridge** oder **Bridge** abgelegt haben, können Sie dieses „Schnipsel" jederzeit per Drag&Drop in ein neues Layoutdokument ziehen. Dabei werden auch die **Absatz- und Zeichenformate** importiert.

> Auch über den Arbeitsplatz
Die MiniBridge und die Bridge werden nicht unbedingt zum Ablegen und Anwenden eines Snippets benötigt: Dazu ziehen Sie den Textrahmen einfach aus Ihrem Dokument auf den Schreibtisch oder den Arbeitsplatz. Dort kann ein Snippet (*.idms) wie jede andere Datei auch verschoben, kopiert oder gelöscht werden.

Abweichende Formatierungen zurücknehmen oder Format neu definieren

Sicher wird Ihnen bald ein kleines **Pluszeichen** in der **Zeichenformate**- oder **Absatzformate**-Palette auffallen. Es deutet darauf hin, dass das Zeichenformat (in der Abbildung das Format „Kursiv"), nicht mehr in seinem *Originalzustand* vorliegt, sondern dass die Textformatierung manuell geändert wurde. Sobald Sie einen Absatz mit einem Absatzformat gestaltet haben und nachträglich manuelle Korrekturen *wie die Änderung der Laufweite, der Zeichenposition oder der Schriftgröße* vornehmen, sind diese Änderungen eine sogenannte „Abweichung" vom Format. Das ist im Satzalltag nichts Ungewöhnliches.

Entweder Sie akzeptieren diese manuellen Abweichungen, Sie entscheiden sich dafür, die Abweichungen wieder zurückzusetzen oder Sie definieren einfach das Format entsprechend Ihren manuellen Korrekturen neu.

Abbildung 5.136: *Durch das Pluszeichen wird ein verändertes Zeichenformat angezeigt. InDesign zeigt nur Änderungen von wirklich im Format festgelegten Einstellungen an. Wurde z.B. eine Unterstreichung im Format definiert, die nun zurückgenommen wird, erscheint ein Pluszeichen.*

Wenn Sie den entsprechenden Absatz markieren und mit gedrückter Taste ⌐Alt⌐ bzw. ⌐⌥⌐ in der **Absatz-** oder **Zeichenformate-Palette** das richtige Format anklicken, so werden damit alle vorherigen *manuellen Änderungen gelöscht* und der Text erscheint nur mit den typografischen Angaben aus dem Format. Alternativ markieren Sie die Textstelle und klicken in der Steuerungspalette auf **Abweichungen in Auswahl löschen**. Wenn Sie dasselbe mit gedrückter ⌐⌘⌐-Taste tun, werden alle Zeichenabweichungen im aktuellen Absatz gelöscht.

Abbildung 5.137: *Bei Abweichungen im Bezug zum Format bietet das Kontextmenü auf dem zugewiesenen Format zahlreiche Optionen, das Problem einfach zu lösen.*

Als Alternative haben Sie jedoch auch die Option, aus Ihren Abweichungen das Format zu aktualisieren. Markieren Sie auch hier die entsprechende Textstelle und rufen Sie in der Absatz- oder Zeichenformatpalette über dem zugewiesenen Format das Kontextmenü auf. Sobald eine Abweichung existiert, bietet Ihnen das Kontextmenü **Format neu definieren** an. Somit wird die Abweichung zur Regel und insgesamt auf alle zugewiesenen Absätze oder Glyphen angewendet.

> **⚠ Kollision mit Zeichenformaten**
> In der akribischen Arbeit mit zahlreichen Absatz- und Zeichenformaten können sich beide auch einmal überlagern. Damit Sie nicht immer die Palette der Zeichenformate aufrufen müssen, um ein Zeichenformat zurückzunehmen, bietet InDesign im Kontextmenü über einem zugewiesenen Absatzformat die Option, das Absatzformat anzuwenden und das Zeichenformat zu löschen.

Formate schnell anwenden

Absatz- und Zeichenformate können Sie mit einem *Tastenbefehl* aufrufen und während der Textarbeit anwenden. Doch diese Arbeitsweise ist bei mehr als 30 Formaten schwierig, da Ihnen die möglichen Tastenbefehle ausgehen. Über die Funktion **Schnell anwenden** rufen Sie die Formate anhand Ihrer Benennung auf, und das funktioniert so: Sie klicken mit dem Textwerkzeug an eine gewünschte Stelle und rufen den Tastenbefehl ⌘+⏎ auf. Es öffnet sich das **Schnell-anwenden-Fenster**. Dies besteht aus einer Liste aller Absatzformate, Zeichenformate, Tabellenformate, Objektformate, Skripten und Menübefehle.

Damit Sie nun auch genauso schnell an Ihr Ziel gelangen, wie es die Funktion verspricht, klicken Sie zunächst in das kleine **Pfeilmenü** und deaktivieren die Option **Menübefehle**. Damit schränken Sie die möglichen Treffer ein und halten die Funktion bedienbar. Nun geben Sie im oberen **Eingabefenster** einige Buchstaben Ihres gewünschten Formates ein. Sogleich erscheint die Trefferliste unterhalb der Eingabe. Gibt es mehrere Formate mit diesen Buchstaben, so werden diese nach **Absatz-**, **Zeichen-**, **Objekt-**, **Zellen-** und **Tabellenformaten** sortiert. Mit einem Klick auf das richtige Format wenden Sie das Format auf Ihre markierte Textstelle an. Alternativ gehen Sie einfach mit der Pfeiltaste ⬇ durch die Liste und drücken an der richtigen Position die ⏎-Taste. Das Format wird sofort angewendet.

Abbildung 5.138: *Die Funktion „Schnell anwenden" ist wirklich unglaublich fix, zumindest, solange sich Textmenge und Anzahl der Formate in Grenzen halten.*

> **Formate suchen und ersetzen**
> Da die **Suchen/Ersetzen**-Funktion in InDesign sehr komfortabel ist, können Sie selbstverständlich neben Textpassagen oder einzelnen Glyphen auch nach Absatz- und Zeichenformaten suchen. Rufen Sie mit dem Tastenbefehl ⌘+F die Funktion auf. Lassen Sie die beiden oberen Texteingabefelder frei und klicken Sie stattdessen in „**Format suchen**". Wählen Sie nun das gewünschte Zeichen- oder Absatzformat aus. Nun können Sie die Eingabe bestätigen und das Ersatzformat auf dieselbe Weise im Feld „**Format ersetzen**" auswählen. Starten Sie die Suche und Sie gelangen zur ersten formatierten Textstelle. Nun können Sie absatz- oder zeichenweise entscheiden, das neue Format einzutauschen, oder Sie wählen „**Alle ändern**", um alle Stellen mit dem neuen Format zu ersetzen. Somit sparen Sie sich unnötige Verzögerungen, effizienter geht es nicht.

Formate lösen und löschen

Wenn Sie einen Text von einem Format ablösen wollen, so markieren Sie die Textstelle und wählen im Palettenmenü der Absatzformate **Verknüpfung mit Format aufheben**.

Nicht mehr benötigte Formate, seien es nun Absatz- oder Zeichenformate, lassen sich über das Palettenmenü der jeweiligen Palette und den Befehl **Format löschen** wieder entfernen.

Wurde das Format in Ihrem Layout nicht eingesetzt, wird es ohne Rückfrage entfernt. Sollten Sie ein Format löschen, das in Ihrem Dokument noch verwendet wird, erscheint ein Dialogfenster, in dem Sie entscheiden müssen, wie der betreffende Text formatiert werden soll.

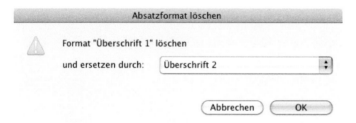

Abbildung 5.139: *Format löschen und ersetzen*

Deaktivieren Sie hier **Formatierung beibehalten** und wählen [**KEINE**], so wird der Text mit dem Standardformat ausgezeichnet. Ansonsten können Sie unter **Format löschen und ersetzen durch** ein Ersatzformat benennen.

Über die Funktion **Alle nicht verwendeten auswählen** aus dem Palettenmenü lassen sich alle überflüssigen Formate markieren. Diese können Sie dann gemeinsam auf den Papierkorb-Button der Palette ziehen und entfernen.

Tastenkürzel für die Arbeit mit Formaten

	Windows	Mac
Absatzformate-Palette ein-/ausblenden	[F11]	[F11]
Zeichenformate-Palette ein-/ausblenden	[⇧] + [F11]	[⇧] + [F11]
Zeichenformatdefinition vom Text übernehmen	[⇧] + [Alt] + [Strg] + [C]	[⇧] + [⌥] + [⌘] + [C]
Absatzformatdefinition vom Text übernehmen	[⇧] + [Alt] + [Strg] + [R]	[⇧] + [⌥] + [⌘] + [R]
Abweichende Formatierung entfernen	[Alt] + Klick auf das Format	[⌥] + Klick auf das Format
Abweichende Einstellungen aus Format löschen	[Alt] + [⇧] + auf Namen des Formates klicken	[⌥] + [⇧] + auf Namen des Formates klicken

5.2.7   Optischer Randausgleich

Ausgesprochen hilfreich ist in InDesign die Funktion des **Optischen Randausgleichs**, ein Algorithmus besonders zur Verbesserung der Blocksatzbildung. Auch wenn Sie nicht unmittelbar einen Randausgleich im Absatzformat einstellen können, wollen wir Sie an dieser Stelle mit dem Randausgleich vertraut machen.

Hierbei werden bei der Aktivierung im Blocksatz die auslaufenden Zeilen leicht über die *linke und rechte Satzspiegelkante hinausgeschoben*, wenn Sonderzeichen wie Trennstriche, Kommata, Anführungszeichen u. Ä. als letztes bzw. erstes Zeichen einer Zeile stehen. Das führt zu einer harmonischen, optisch idealen Erscheinung. Auch Initiale, die überhängende Serifen haben, werden dabei ausgeglichen.

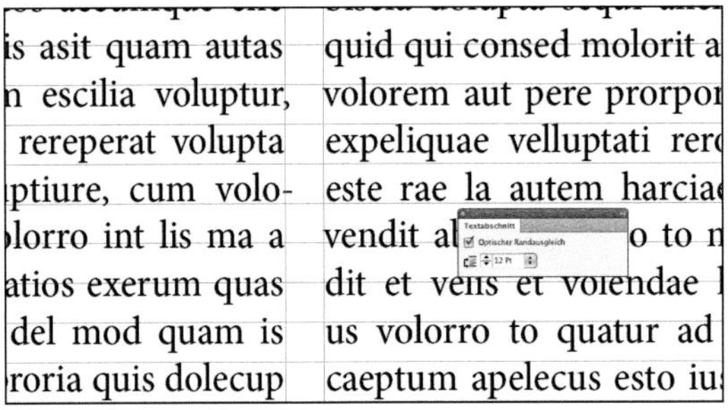

Abbildung 5.140: *Der „Optische Randausgleich" bewirkt, dass innerhalb eines Absatzes Zeichen wie Trennstriche oder Kommata außerhalb des Textrahmens platziert werden, um die Blocksatzflucht links und rechts optisch gleichmäßiger erscheinen zu lassen.*

> **Randausgleich per Absatzformat ignorieren**
> Der optische Ausgleich ist eine Eigenschaft des Layoutrahmens. Wenn jedoch ein Textabsatz nicht einbezogen werden soll, so können Sie in den Absatzformaten diesen Randausgleich ignorieren, in dem Sie in den Einstellungen zum Absatzformat auf „Einzüge und Abstände" klicken. Hier steht Ihnen die Funktion zur Verfügung.

Optischen Randausgleich aktivieren

Leider ist der optische Randausgleich kein Bestandteil eines Absatzformates. Somit bleibt Ihnen nichts anderes übrig, als diese Funktion manuell zu aktivieren.

Um den **Optischen Randausgleich** zu aktivieren, klicken Sie einfach auf einen Textrahmen und rufen über das Menü **Schrift** die Funktion **Textabschnitt** auf. Sind die Rahmen verkettet, wird die Funktion auf den vollständigen Text angewandt. Wählen Sie jetzt noch einen Schriftgrad, um den Umfang des Überhanges für die Schriftgröße im Textabschnitt festzulegen.

Dabei werden Sie die besten Ergebnisse erzielen, wenn Sie denselben Schriftgrad wie für den Zeilenabstand im Fließtext verwenden. Probieren Sie diese Funktion **mit aktiver Vorschau** einfach aus.

Abbildung 5.141: *Verkettete Textrahmen werden insgesamt mit oder ohne optischem Randausgleich dargestellt.*

> [!] **Kontroverse**
> Der „optische Randausgleich" spaltet die Gemüter. So ist diese Anwendung aus Magazinentwürfen schon auf Wunsch der Redaktion herausgenommen worden. Zum einen daher, weil der Algorithmus nicht grundsätzlich bei jeder beliebigen Schrift ein gleich gutes Ergebnis erzielt, zum anderen aus dem Grund, dass den Chefredakteuren das Auge für feintypografische Belange fehlt. Allerdings gibt es auch triftige Gründe gegen den Randausgleich: Für fette Schriftschnitte ist er gänzlich ungeeignet, wenn auch die Trennstriche zum Ende oder die Anführungsstriche zu Beginn einer Zeile recht kräftig geschnitten sind. Zudem sollten Aufzählungen nicht mit dem optischen Randausgleich wiedergegeben werden, da die linke Flucht nicht mehr eingehalten wird. Hierzu aktivieren Sie im Absatzformat in der Rubrik „Einzüge und Abstände" die Option „Optischen Steg ignorieren".

5.3 Verschachtelte Formate

Im vorherigen Kapitel haben Sie die Formatierung von Textmengen mittels Absatz- und Zeichenformaten kennengelernt, wobei Absatzformate zueinander eine logische Verknüpfung eingehen können, bei der ein Absatzformat auf einem anderen basiert. In diesem Kapitel wollen wir Ihnen die logische Verbindung von Absatz- und Zeichenformaten erklären und Beispiele zeigen, wie Sie zu verblüffend schnellen typografischen Formatierungen gelangen.

Es gibt Formatierungswünsche, die Sie allein durch ein Absatzformat nicht erfüllen, wie das Auszeichnen von *Ziffern im Text* oder die *„wörtliche Rede"*. Dazu verwenden Sie Zeichenformate. Somit lassen sich beispielsweise einzelne Wörter kursiv oder fett herausheben. Das Zeichenformat besitzt nur die einzelne typografische Anweisung: kursiv. Ein Absatzformat wird somit durch das Zeichenformat ergänzt.

Über diese *Beziehung* zwischen dem **Absatzformat** und dem ergänzenden **Zeichenformat** für einzelne Wörter oder Wortgruppen entsteht eine Verknüpfung. InDesign bietet **verschachtelte Formate**, die jeweils ein Absatzformat als Basis haben, in das Sie weitere Zeichenformate einbetten können. Die Zeichenformate müssen jeweils einen Anhaltspunkt haben, wann sie *beginnen* und *enden*.

Übersicht der Markierungen für den Beginn und das Ende eines verschachtelten Formates

Markierung	Beschreibung	Beispielanwendung
Sätze	Anzahl von Sätzen, die durch einen Punkt, ein Frage- oder Ausrufezeichen beendet werden	**Der erste Satz eines Absatzes beinhaltet die wesentliche Aussage eines Textes und wird „fett" ausgezeichnet.**
Wörter	Anzahl von Wörtern, die jeweils durch ein Leerzeichen getrennt werden	**Die ersten drei Wörter eines Absatzes werden „fett" ausgezeichnet.**
Zeichen	Anzahl von beliebigen Zeichen (inkl. Buchstaben und Ziffern)	**Universelle Markierung, um Abfolgen von Zeichen auszuzeichnen, wie bei „Art-Nr. 001"**
Buchstaben	Anzahl von Buchstaben mit Ausnahme von Ziffern, Interpunktionen und Symbolen	**Im gesamten Absatz werden nur die Buchstaben ausgezeichnet.**
Ziffern	Anzahl von Ziffern mit Ausnahme von Buchstaben	**Im gesamten Absatz werden nur die Ziffern ausgezeichnet.**
Endzeichen für verschachteltes Format	Nicht druckendes Zeichen, muss in den Absatz eingefügt werden	**Das Zeichen kann an beliebiger Stelle im Absatz eingefügt werden, um den Beginn oder das Ende eines Zeichenformates auszulösen.**
Tabulatorzeichen	Nicht druckendes Zeichen, rückt den Text an die nächste Tabulatormarkierung	**Bei tabulatorformatierten Tabellen und Listen beginnt oder endet das verschachtelte Format; ein „Tab-Text" kann somit spaltenweise ausgezeichnet werden.**

Markierung	Beschreibung	Beispielanwendung
Harter Zeilenumbruch	Nicht druckendes Umbruchzeichen am Ende einer Zeile innerhalb eines Absatzes	Ein Zeichenformat wird bis zum Ende einer Zeile fortgeführt.
„Einzug bis hierhin"-Zeichen	Nicht druckendes Zeichen, zieht bei Aufzählungen oder Nummerierungen die nachfolgenden Zeilen im Absatz um diese Position ein	Bei Aufzählungen und Nummerierungen werden die vorangestellten Symbole oder der nachfolgende Text ausgezeichnet.
Geschützte Leerzeichen	Fester Leerraum zwischen zwei Wörtern, um einen Umbruch der Wörter zu verhindern	Ein diesem Zeichen nachfolgendes oder vorangehendes Wort wird mit einem Zeichenformat ausgezeichnet.
Geviert-Leerzeichen	Fester Leerraum in der Breite eines Gevierts	Ein diesem Zeichen nachfolgendes oder vorangehendes Wort wird mit einem Zeichenformat ausgezeichnet.
Halbgeviert-Leerzeichen	Fester Leerraum in der Breite eines halben Gevierts	Ein diesem Zeichen nachfolgendes oder vorangehendes Wort wird mit einem Zeichenformat ausgezeichnet.
Marke für verankertes Objekt	Nicht druckendes Zeichen zur Verankerung einer mitlaufenden Gafik oder eines Textrahmens	Ein Wort, auf das sich das verankerte Objekt bezieht, wird zur besseren Zuordnung (Text–Bild) fett herausgestellt.
Autom. Seitenzahl	Seitenzahl entsprechend der Paginierung der Dokumentenseite	Die Seitenzahl wird im Text ausgezeichnet, der Text vor oder nach der Seitenzahl wird ausgezeichnet.
Abschnittsmarke	Textvariable, die einen in den Nummerierungs- und Abschnittsoptionen eingetragenen Text wiedergibt	Die Abschnittsmarke wird automatisch herausgestellt.
Benutzerdefiniert	Eingabe eines beliebigen druckenden Zeichens als Start oder Ende	Wörtliche Rede wird im Text mit „…" automatisch ausgezeichnet (siehe Beispiel).
Benutzerdefiniert	Eingabe mehrerer beliebiger druckender Zeichen als Start oder Ende	Wird eines der angegebenen Zeichen gefunden, beginnt oder endet das Zeichenformat (siehe Beispiel).

> Endzeichen für verschachteltes Format

Das „Endzeichen für verschachteltes Format" ist ein nicht druckendes Sonderzeichen, das Sie in der Texteingabe aus dem Kontextmenü „Sonderzeichen einfügen/Andere/Verschachteltes Format hier beenden" aufrufen.

! Endzeichen oder Startzeichen?

Das „Endzeichen für verschachteltes Format" kann eine Formatierung durch ein Zeichenformat beenden, aber auch beginnen. Es dient somit also als „Metazeichen" für verschachtelte Formate und stellt den Wechsel von aufeinanderfolgenden Zeichenformaten dar.

> **Initiale mit Zeichenformaten**
> Der einfachste Einsatz von verschachtelten Formaten besteht in der Auswahl von Zeichenformaten für ein Initial über mehrere Zeilen. Definieren Sie eine andere Schriftfamilie und einen entsprechenden Schnitt, um einem Initial grafisch mehr Gewicht und Aufmerksamkeit zu geben. Hinzu kann eine farbige Auszeichnung kommen.

5.3.1 Einsatz von verschachtelten Formaten

Die Anwendungen der verschachtelten Formate sind sehr unterschiedlich, wie Sie der Tabelle der Markierungen entnehmen können. Um Ihnen die Arbeit mit den Markierungen näherzubringen, stellen wir Ihnen einige Beispiele vor. Legen Sie sich als Voraussetzung für das Nachvollziehen dieser Beispiele mindestens ein Absatzformat und ein Zeichenformat (*„fett kursiv"*) an.

> **„Bis" oder „über"?**
> In der Auswahl eines Zeichenformates als verschachteltes Format können Sie aus zwei Optionen wählen: „Bis" markiert die Stelle, „bis" zu welchem Zeichen die Formatierung fortgeführt wird und vor dem Zeichen endet. Die andere Option „über" beschreibt, dass die Formatierung erst nach dem Zeichen endet.

Beispiel: Absatzbeginn

Wollen Sie für ein **verschachteltes Format** eine feste Anzahl von *Wörtern* benutzen, so legen Sie in den Absatzformatierungen in der Einstellung **Initial und verschachtelte Formate** das Zeichenformat fest, das auf die ersten *drei Wörter* angewandt werden soll.

1. **Neues verschachteltes Format anlegen**
   Klicken Sie in den **Absatzformatoptionen** auf den Button **Neues verschachteltes Format**.

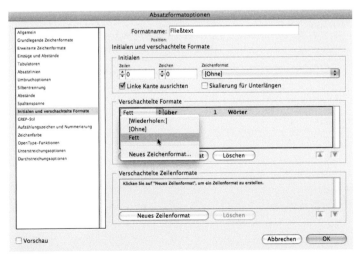

Abbildung 5.142: *Legen Sie in den Absatzformatoptionen ein neues verschachteltes Format an und suchen Sie das passende Zeichenformat aus.*

2.   Zeichenformat wählen

Es erscheint eine neue Zeile in den Einstellungen. Wählen Sie nun ein **Zeichenformat** im Drop-down-Menü aus. Als *Markierung* definieren Sie in der nachfolgenden Spalte **über**, **3** und **Wörter**.

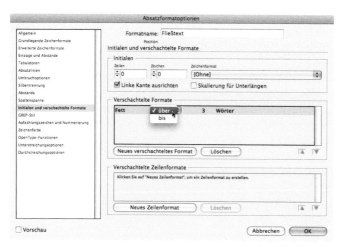

Abbildung 5.143: *Wählen Sie die Anzahl der Wörter mit der Beziehung „über".*

3.   Absatzformat anwenden

Bestätigen Sie die Eingabe und weisen Sie dieses verschachtelte neue **Absatzformat** einem Text zu. *Die ersten drei Wörter* jedes Absatzbeginns werden nun entsprechend ausgezeichnet.

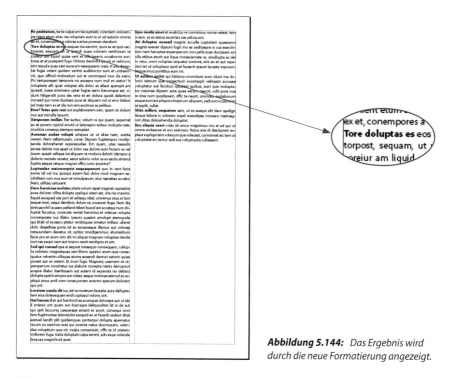

Abbildung 5.144: *Das Ergebnis wird durch die neue Formatierung angezeigt.*

Verschachtelte Formate wiederholen

Die InDesign-Technik der *Verschachtelung* funktioniert auch mit *mehreren aufeinanderfolgenden Zeichenformaten*. Sie klicken auf **Neues verschachteltes Format** und suchen sich das Zeichenformat sowie den Beginn im Text aus. Wenn Sie mehrere Zeichenformate hintereinander im Layout anwenden, so gehen Ihnen irgendwann die verschachtelten Formate aus – bei 100 Formaten, um es genau zu sagen. Danach ist es nicht mehr möglich, noch in einem einzelnen Absatz weitere automatische Zeichenformate einzubinden. Zudem werden Änderungen in den bestehenden 100 Formaten sehr unübersichtlich. Was liegt also näher, als eine *Endlosschleife* einzubauen? Wählen Sie ein weiteres verschachteltes Format aus und klicken Sie auf das Pull-down-Menü **[Ohne]**. Hier finden Sie den Befehl **Wiederholen**. Danach schaltet InDesign die Formatierung um. Nun können Sie einstellen, wie viele der angelegten Formate nun endlos bis zum Absatzende wiederholt werden sollen.

Abbildung 5.145: *Verschachtelte Formate wie diese beiden Zeichenformate lassen sich nun auch bis zum Ende eines Absatzformates anwenden und wiederholen.*

> **Beispiel für eine Wiederholung**
> Benötigen Sie ein Beispiel, um sich die Wiederholungen vorzustellen? Nun, Sie haben zwei Zeichenformate, die einen Text in Blau und in Grün einfärben. Im Absatzformat wenden Sie nun diese beiden Zeichenformate jeweils über ein Wort an. Nun nehmen Sie ein weiteres verschachteltes Format, das Wiederholen und lassen die „letzten beiden Zeichenformate" – blaues Wort, grünes Wort – bis zum Absatzende wiederholen.

Auszeichnung von Jahreszahlen im Textabschnitt

Im folgenden Beispiel wollen wir Ihnen zeigen, wie Sie alle *Jahreszahlen* und andere *Ziffern* in einem Textabsatz automatisch mit einem **Zeichenformat** auszeichnen. Die Verschachtelung von Absatzformat und Zeichenformat besteht also in der Aufgabe, alle Ziffern im Absatz aufzuspüren und mit dem Zeichenformat auszuzeichnen. Sobald ein neuer Buchstabe gefunden wird, endet das veschachtelte Format. Zum Schluss lassen Sie die Formatierung bis zum Absatzende wiederholen, damit alle Stellen im Text gefunden und ausgezeichnet werden. Sie benötigen für diesen Workshop einen Fließtext von beliebiger Länge mit einigen Jahreszahlen darin, der Fließtext sollte mit einem Absatzformat formatiert sein.

1.   Zeichenformat „Mediävalziffern" anlegen
     Öffnen Sie die Palette **Zeichenformate** über **Fenster/Schrift und Tabellen/Zeichenformate** oder ⌘+⇧+F11 . Legen Sie durch einen Klick auf das **Seitensymbol** ein neues Zeichenformat an, öffnen Sie die Zeichenformatoptionen durch einen Doppelklick auf das neue Format und benennen Sie es mit „Mediävalziffern".

2.   In die Rubrik „OpenType-Funktionen" wechseln

Wechseln Sie in die Rubrik **OpenType-Funktionen** und wählen Sie dort unter **Zahlenformat** die Option **Proportionale Mediävalziffern** aus.

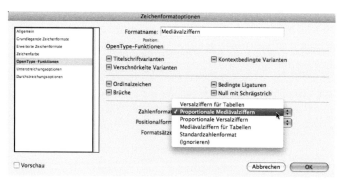

Abbildung 5.146:   *Wählen Sie in den OpenType-Optionen die „Proportionalen Mediävalziffern" aus.*

3.   Zeichenfarbe aussuchen

In der Rubrik **Zeichenfarbe** wählen Sie optional eine Auszeichnungsfarbe für die Jahreszahlen aus. Speichern Sie das Zeichenformat.

4.   Absatzformat auswählen und Absatzformatoptionen öffnen

Öffnen Sie die Absatzformate-Palette über **Fenster/Schrift und Tabellen/Absatzformate** oder ⌘ + F11 . Wählen Sie nun das Absatzformat des Fließtextes aus und öffnen Sie durch Doppelklick die Absatzformatoptionen.

5.   Ohne Zeichenformat bis zur ersten Ziffer beginnen

Klicken Sie erneut auf **Neues verschachteltes Format** und erstellen Sie ein verschachteltes Format, das bestimmt, dass bis zur ersten Ziffer im Text kein Zeichenformat angewendet werden soll. Dies lautet dann: **[Ohne] bis 1 Ziffern**. Verschieben Sie das verschachtelte Zeichenformat mit Hilfe der Pfeile an die erste Stelle.

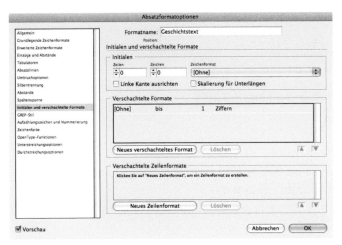

Abbildung 5.147: *Starten Sie mit dem Format [ohne] bis zur ersten Ziffer.*

6. **Verschachteltes Format nur für Ziffern bis zum ersten Buchstaben einrichten**
Wählen Sie nun als nächstes verschachteltes Format die „Mediävalziffern". Dieses soll **bis** zum **ersten Buchstaben** gelten, es heißt also: **Mediävalziffern bis 1 Buchstaben**.

7. **Die letzten beiden Formate wiederholen**
Damit die Verschachtelung sich nicht nur auf die erste Zahl im Text, sondern auf alle Zahlen auswirkt, müssen die beiden eben erstellten Formate durch den ganzen Text wiederholt werden. Dazu klicken Sie erneut auf den Button **Neues verschachteltes Format** und erstellen eines mit der Anweisung: **Wiederholen letzten 2 Formate**.

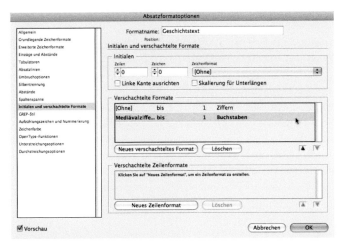

Abbildung 5.148: *Legen Sie das Zeichenformat von der ersten erkannten Ziffer bis zum ersten Buchstaben an.*

8. **Absatzformat zuweisen**
Bestätigen Sie Ihre Einstellungen mit **OK** und weisen Sie das Absatzformat dem Text zu.

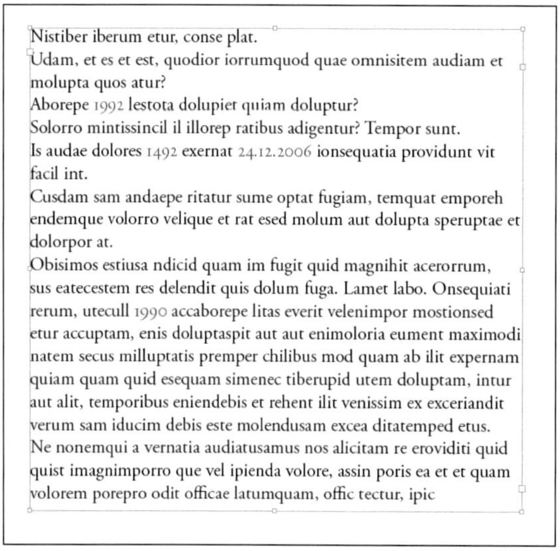

Nistiber iberum etur, conse plat.
Udam, et es et est, quodior iorrumquod quae omnisitem audiam et molupta quos atur?
Aborepe 1992 lestota dolupiet quiam doluptur?
Solorro mintissincil il illorep ratibus adigentur? Tempor sunt.
Is audae dolores 1492 exernat 24.12.2006 ionsequatia providunt vit facil int.
Cusdam sam andaepe ritatur sume optat fugiam, temquat emporeh endemque volorro velique et rat esed molum aut dolupta speruptae et dolorpor at.
Obisimos estiusa ndicid quam im fugit quid magnihit acerorrum, sus eatecestem res delendit quis dolum fuga. Lamet labo. Onsequiati rerum, utecull 1990 accaborepe litas everit velenimpor mostionsed etur accuptam, enis doluptaspit aut aut enimoloria eument maximodi natem secus milluptatis premper chilibus mod quam ab ilit expernam quiam quam quid esequam simenec tiberupid utem doluptam, intur aut alit, temporibus eniendebis et rehent ilit venissim ex exceriandit verum sam iducim debis este molendusam excea ditatemped etus.
Ne nonemqui a vernatia audiatusamus nos alicitam re eroviditi quid quist imagnimporro que vel ipienda volore, assin poris ea et et quam volorem porepro odit officae latumquam, offic tectur, ipic

Abbildung 5.149: *Alle Ziffern werden automatisch erkannt, sowohl Jahreszahlen als auch andere Werte oder Daten.*

> **Verschachtelte Formate in Objektformaten**
> Die ausgiebigste Verknüpfung von Formatierungen der Rahmen und des Textes in In-Design sind die Objektformate, die Sie ja schon eingangs kennengelernt haben. Auch hier lassen sich die verschachtelten Formate einbinden, indem Sie ein Absatzformat zuweisen, das eben diese verschachtelten Zeichenformate vorsieht. Um das Ganze auf die Spitze zu treiben, hat Adobe auch vorgesehen, Objektstile aufeinander basieren zu lassen. Ob Sie dann allerdings noch den Durchblick behalten, möchten wir Ihnen überlassen.

Beispiel: Auszeichnung von Zitaten im Textabschnitt

Das Anlegen von verschachtelten Formaten nur für die Auszeichnung von Ziffern im Text ist eine der leichteren Übungen von InDesign. Doch kommen wir zu einem komplexeren Thema: Wie weise ich InDesign an, verschiedene Zeichen als Start und Ende einer Formatierung aufzufinden und somit nur Zitate im Text zu erkennen? Zitate beginnen bekanntlich mit einem Satzzeichen („) und enden mit einem anderen ("). Doch auch anders formatierte Zitate oder Einzelwörter sollen mit einem einzigen Absatzformat erkannt werden. Wir müssen also InDesign eine größere Menge von Zeichen vorgeben («, » etc.), um damit ein verschachteltes Zeichenformat zu beginnen und abzuschließen.

1. Zeichenformat „*Fett* " anlegen
   Öffnen Sie die Palette **Zeichenformate** über **Fenster/Schrift und Tabellen/Zeichenformate** oder ⌘+⇧+F11. Legen Sie über das **Seitensymbol** ein neues Zeichenformat an und öffnen Sie mit einem Doppelklick die **Zeichenformatoptionen**. Benennen Sie das Zeichenformat mit „*Fett kursiv*" und stellen Sie unter **Grundlegende Zeichenformate** den Schriftschnitt auf „*Bold Italic*". Bestätigen Sie die Einstellungen mit **OK**.

Abbildung 5.150: *Erzeugen Sie ein Zeichenformat mit der Auszeichnung „Fett kursiv".*

2. **Absatzformat für verschachtelte Formate auswählen**
    Öffnen Sie die Palette **Absatzformate** über **Fenster/Schrift und Tabellen/Absatzformate** oder
    ⌘+F11. Wählen Sie darin das Absatzformat des Fließtextes aus, in dem sich die Zitate
    befinden, und öffnen Sie per Doppelklick die Absatzformatoptionen. Wechseln Sie darin in
    die Rubrik **Initialen und verschachtelte Formate**.

3. **Verschachteltes Format beginnt mit doppelten Anführungszeichen unten**
    Das verschachtelte Format für die Zitate beginnt mit doppelten Anführungszeichen unten
    („). Das heißt, bis zu diesen Anführungszeichen soll kein Zeichenformat angewendet wer-
    den. Erstellen Sie also über den Button **Neues verschachteltes Format** ein neues Format.
    Die Eingaben, die Sie nun im Feld dieses neuen verschachtelten Formates wählen, lauten:
    [Ohne] bis 1 „ – also in Klartext übersetzt: *„Ohne Zeichenformat bis zum 1. doppelten Anfüh-
    rungszeichen unten"*. Das Anführungszeichen können Sie einfach über die Tastatur in das
    Eingabefeld eintippen.

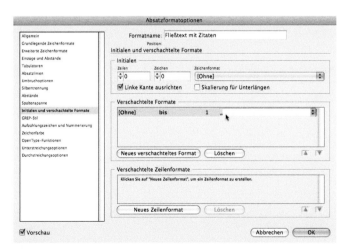

Abbildung 5.151: *Geben Sie für den Beginn des verschachtelten Formates das
Zeichen „ direkt in die Eingabemaske der Absatzformatoptionen ein.*

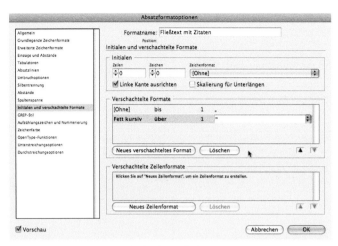

Abbildung 5.152: *Die Eingabe für das Ende des Formates mit dem Zeichen " in der Eingabemaske*

4. **Verschachteltes Format endet mit doppelten Anführungszeichen oben**
   Das verschachtelte Format für die Zitate endet mit einem doppelten Anführungszeichen oben ("). Erstellen Sie deshalb über den Button ein **Neues verschachteltes Format** und wählen Sie aus dem Pull-down-Menü das vorher erstellte Zeichenformat „*Fett kursiv*" aus. Da die Auszeichnung der Zitate vom Anführungszeichen unten bis einschließlich zum Anführungszeichen oben ausgeführt werden soll, geben Sie folgende Parameter ein: **fett kursiv über 1 "**. In Klartext: *Wende das Zeichenformat „fett" bis über das erste folgende doppelte Anführungszeichen oben hinaus an.*

5. **Formatfolge wiederholen**
   Die Formatfolge soll sich durch den ganzen Text hindurch wiederholen, damit alle Zitate ausgezeichnet werden. Erstellen Sie dazu über den Button ein weiteres **Neues verschachteltes Format**, wählen Sie aus dem Pull-down-Menü **Wiederholen** aus, so dass das Format lautet: **[Wiederholen:] letzten 2 Formate**.

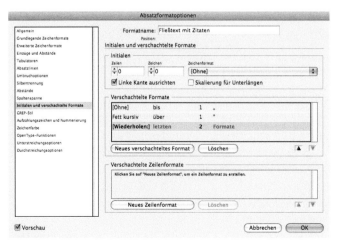

Abbildung 5.153: *Lassen Sie die letzten beiden Formate wiederholen, so dass alle Stellen im Absatz erkannt werden.*

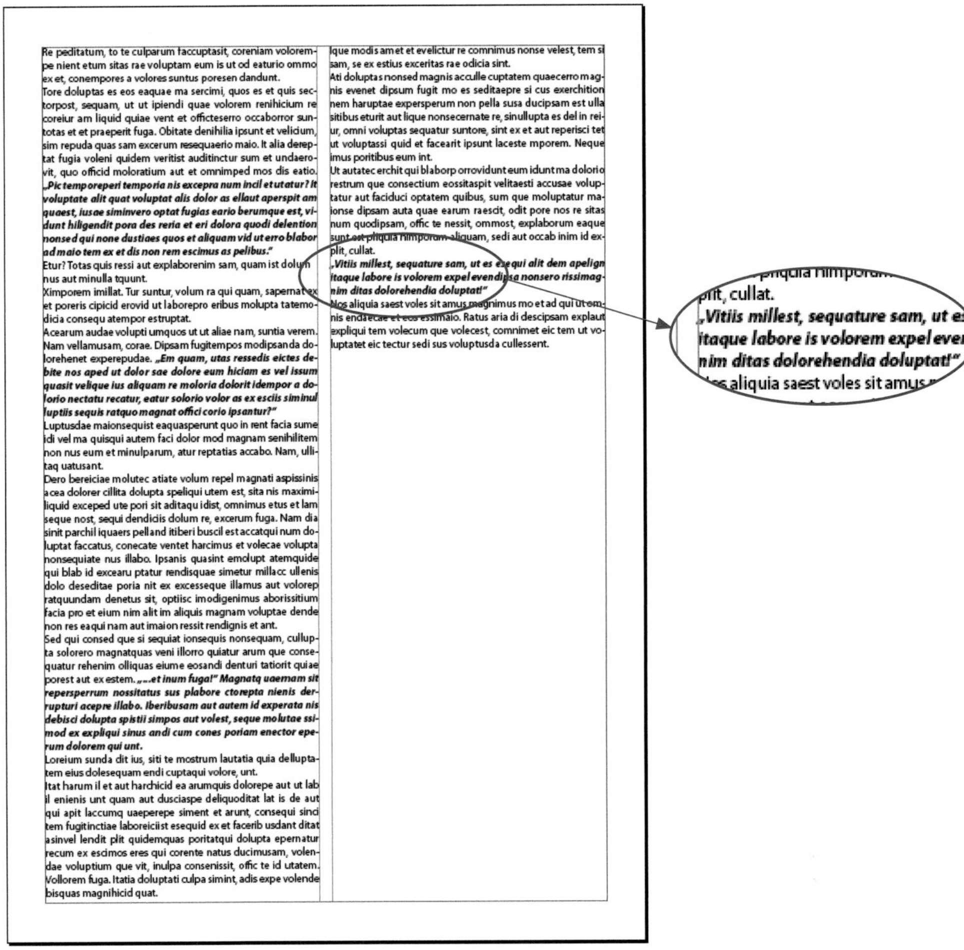

Abbildung 5.154: *Im Absatz werden nun alle Stellen in wörtlicher Rede „…" automatisch fett kursiv ausgezeichnet.*

6. **Absatzformat zuweisen**
   Weisen Sie das Absatzformat dem Fließtext mit den Zitaten zu.

7. **Verschachteltes Format für weitere Zeichen ergänzen**
   Um auch solche Zitate auszuzeichnen, die statt mit doppelten Anführungszeichen mit Guillemets (» «) ausgezeichnet sind, ergänzen Sie nun das verschachtelte Format. Öffnen Sie dazu erneut die **Absatzformatoptionen** in der Rubrik **Initialen und verschachtelte Formate**. Geben Sie im rechten Eingabefeld, in dem sich die *doppelten Anführungszeichen* befinden, einfach direkt hinter dem Anführungszeichen zusätzlich die Guillemets ein: (») bzw. («). Auf diese Art und Weise lassen sich noch weitere Zeichen hinzufügen.

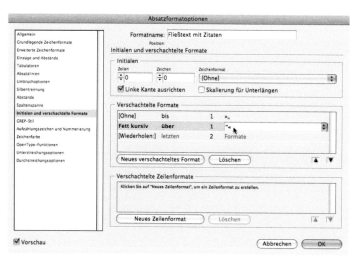

Abbildung 5.155: *Ergänzen Sie die Eingabemaske in den Absatzformatoptionen mit den Guillemets » « zur Markierung weiterer Stellen.*

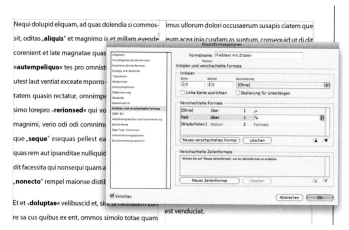

Abbildung 5.156: *Das Ergebnis wird im Absatz mit aktiver Vorschau sofort angezeigt.*

5.3.2   Zeilenformate

Bis hierher haben wir Ihnen Beispiele für verschachtelte Formate vorgestellt, die ausnahmslos innerhalb eines Absatzes angewendet werden, unabhängig vom Textumbruch. Doch wie formatieren Sie einzelne Zeilen mit einem **Zeichenformat**, auch wenn sich der Umbruch später ändert? Hierfür sind die verschachtelten Zeichenformate untauglich. Stattdessen verwenden Sie die **Zeilenformate**. Anhand des nächsten Beispiels können Sie selbst die Zeilenformate ausprobieren. Der einzige Unterschied zu einem verschachtelten Format liegt darin, dass **Zeilenformate** – wie der Name schon vermuten lässt – das Zeichenformat *auf eine feste Anzahl von Zeilen* anwendet.

1. **Zeichenformat „Hin" anlegen und Zeichenformatoptionen aufrufen**
    Öffnen Sie die Palette **Zeichenformate** und legen Sie über das **Seitensymbol** ein neues Zeichenformat an. Öffnen Sie durch Doppelklick die **Zeichenformatoptionen** und benennen Sie das Format mit dem Namen „*Hin*".

2. **In die Rubrik Unterstreichungsoptionen wechseln und Unterstreichung aktivieren**
    Wechseln Sie in die Rubrik **Unterstreichungsoptionen** und aktivieren Sie die **Unterstreichung**.

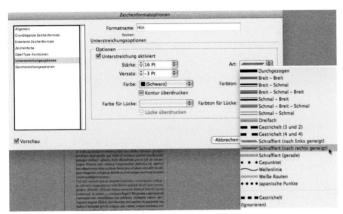

Abbildung 5.157: *Mit einer Unterstreichung legen Sie eine Kontur hinter den Text. Als schraffierte Linie erhält die Kontur zudem eine interessante Grafik.*

3. **Konturenstärke, Offset und Art „schraffiert nach rechts" angeben**
    Wählen Sie für diesen Workshop eine sehr starke Kontur von **16 pt** und als Art der Linie **Schraffiert (nach rechts geneigt)**. Wie hoch der Wert für den Offset sein muss, hängt auch von der Schriftgröße ab, wählen Sie zunächst einmal **–3 pt**.

4. **Zeichenformat bestätigen**
    Weitere Einstellungen werden nicht benötigt. Bestätigen Sie das Zeichenformat mit **OK**.

5. **Zweites Zeichenformat „Her" anlegen und Zeichenformatoptionen aufrufen**
    Legen Sie in der **Zeichenformate**-Palette ein weiteres Zeichenformat an und öffnen Sie durch Doppelklick die **Zeichenformatoptionen**. Geben Sie ihm den Namen „*Her*".

6. **Auf erstem Zeichenformat „Hin" basieren lassen**
    Lassen Sie unter **Allgemein** das Zeichenformat auf dem vorher angelegten Zeichenformat „*Hin*" basieren, um die Einstellungen zu übernehmen.

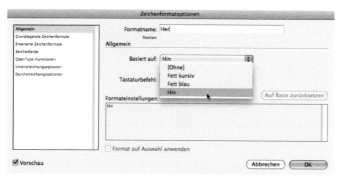

Abbildung 5.158: *Das Zeichenformat „Her" basiert auf „Hin".*

7. Unterstreichungsoptionen wählen und aktivieren
Wechseln Sie auch hier wieder in die Kategorie **Unterstreichungsoptionen** und aktivieren
Sie diese.

8. Art der Unterstreichung „schraffiert nach links" aussuchen
Die einzige Änderung zum Zeichenformat *„Hin"* besteht darin, dass Sie hierfür statt der
Schraffierung nach rechts als Art **Schraffiert (nach links geneigt)** auswählen.

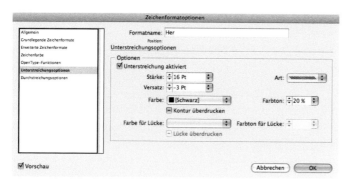

Abbildung 5.159: *Die Kontur wird als Schraffur nach links geneigt.*

9. Zeichenformat bestätigen
Bestätigen Sie Ihre Einstellungen mit OK.

10. Absatzformat auswählen und zuweisen
Öffnen Sie die Palette **Absatzformate** und wählen Sie darin das Absatzformat für den Fließtext
aus. Öffnen Sie die **Absatzformatoptionen** mit einem Doppelklick.

11. In Rubrik Verschachtelte Formate wechseln und neues Zeilenformat anlegen
Wechseln Sie in die Rubrik **Initialen und verschachtelte Formate**. Erstellen Sie durch Klick
auf den Button **Neues Zeilenformat** ein Zeilenformat, das für *eine Zeile* gelten soll und dem
das Zeichenformat *„Hin"* zugewiesen ist: **hin für 1 Zeilen**.

12. Zweites Zeilenformat „Her" für die nachfolgende Zeile auswählen
Erstellen Sie durch Klick auf den Button **Neues Zeilenformat** ein zweites Zeilenformat, das
für eine Zeile gelten soll und dem das Zeichenformat *„Her"* zugewiesen ist: **her für 1 Zeilen**.

Abbildung 5.160: *Die Zeichenformate „Hin" und „Her" werden in den Absatzformatoptionen jeweils auf eine Zeile angewendet.*

13. **Beide Zeilenformate wiederholen lassen**
    Um beide Zeilenformate wiederholen zu lassen, erstellen Sie bitte ein drittes Zeilenformat mit der Funktion **[Wiederholen]: letzten 2 Zeilen**.

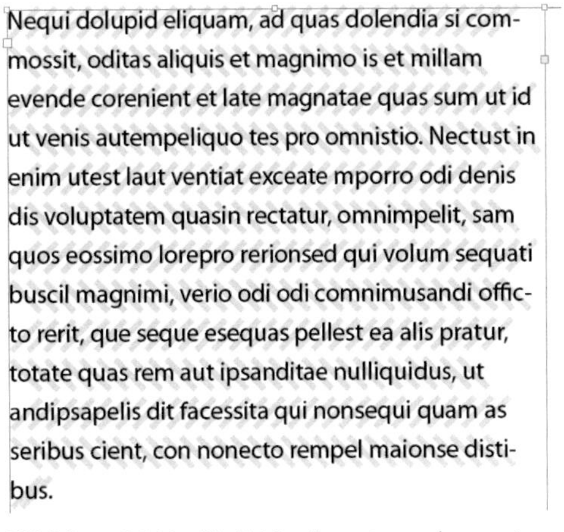

Nequi dolupid eliquam, ad quas dolendia si commossit, oditas aliquis et magnimo is et millam evende corenient et late magnatae quas sum ut id ut venis autempeliquo tes pro omnistio. Nectust in enim utest laut ventiat exceate mporro odi denis dis voluptatem quasin rectatur, omnimpelit, sam quos eossimo lorepro rerionsed qui volum sequati buscil magnimi, verio odi odi comnimusandi officto rerit, que seque esequas pellest ea alis pratur, totate quas rem aut ipsanditae nulliquidus, ut andipsapelis dit facessita qui nonsequi quam as seribus cient, con nonecto rempel maionse distibus.

Abbildung 5.161: *Die Zeichenformate werden nun innerhalb des Absatzformates pro Zeile angewendet und die Textzeilen werden abwechselnd nach rechts und nach links schraffiert hinterlegt.*

> **Optional weitere Leerzeilen einfügen**
> Wenn Sie nun dieses abwechselnde Reifenspurmuster so wiederholen lassen wollen, dass auf den ersten Blick nicht das Rapportmuster zu erkennen ist, dann fügen Sie weitere Leerzeilen ein, indem Sie ein neues Zeilenformat einfügen und kein Zeichenformat über mehrere Zeilen zuweisen. Danach können Sie das Spiel mit „Hin" und „Her" bis zu 100-mal fortführen.

6 Variable Texte

In diesem Kapitel erlernen Sie den Umgang mit Texten, die an gewünschter Stelle automatisch im Layout eingesetzt werden. Die Techniken und die Textquellen sind dabei sehr unterschiedlich: Textvariablen, Bedingungen, aber auch die Bildunterschriften bieten zahlreiche Möglichkeiten. Mit der Datenzusammenführung erstellen Sie aus einer Dokumentenvorlage im Handumdrehen mehrere individuelle Dokumente, die nicht nur variablen Text, sondern auch Bilder enthalten können.

Allen „variablen Texten" liegt dasselbe Prinzip zugrunde, dass Textinhalte aus einer *Textquelle* an eine Position in einem Textrahmen eingesetzt werden. Die Formatierung dieser Texte kann durch **Absatz**- und **Zeichenformate** erfolgen. Die Quelle, aus der die Textinhalte stammen, sind jedoch völlig unterschiedlich, wie Sie der folgenden Tabelle entnehmen können.

> **Interaktivität von variablen Texten**
> Fast alle vorgestellten Techniken können in einer exportierten PDF- oder SWF-Datei als interaktiver Textlink innerhalb des Dokuments verwendet werden. So ist bei der Erstellung eines Inhaltsverzeichnisses wichtig, dass Sie die Lesezeichen für eine PDF-Datei gleich mit erzeugen, damit später eine PDF-Datei mit einer eigenen Lesezeichen-Leiste exportiert wird.

Technik	Quelle	Darstellung	Besonderheit
Inhaltsverzeichnis	Formatierter Text aus Absatz- oder Zeichenformaten mit Seitenverweis aus dem gesamten Dokument	**Formatierung durch Absatz- und Zeichenformate (ZF nur für die Seitenzahlen möglich)**	kann bis zu sieben Ebenen umfassen und als Inhaltsverzeichnisformat in der Datei gespeichert werden
Querverweise	Formatierter Text aus Absatz- oder Zeichenformaten mit Seitenverweis aus einer Textstelle	**Formatierung durch Absatz- und Zeichenformate (ZF nur für den Verweistext)**	Seitenzahlen werden dynamisch aktualisiert, Verweistexte müssen manuell aktualisiert werden.
Textvariable (Kolumnentitel)	Formatierter Text aus Absatz- oder Zeichenformaten auf der aktuellen Seite	**Formatierung durch Absatz- und Zeichenformate (keine verschachtelten Formate, Zeilen- oder GREP-Stile möglich)**	Wird durch eine Glyphe in den Text eingefügt, weder Silbentrennung noch Umbruch möglich
Textvariable (Datum und Pfad)	Verschiedene Datumseinträge der Layoutdatei, Pfad der Layoutdatei	**Formatierung durch Absatz- und Zeichenformate**	Wird oft als Produktionsnotiz im Infobereich eingesetzt
Textvariable (Metadatenbeschriftung)	Inhalt aus einem Metadaten-Eintrag der Layoutdatei (XMP)	**Formatierung durch Absatz- und Zeichenformate**	Verwendung von Metadaten mitten im Text, kein Umbruch möglich
Textvariable (benutzerdefiniert)	Vorgegebener Text in der Datei ohne Bezug zu Layout oder Formaten	**Formatierung durch Absatz- und Zeichenformate**	Wird durch eine Glyphe in den Text eingefügt, keine Silbentrennung oder Umbruch möglich
Beschriftung	Dateiname sowie Inhalte aus mehreren Metadaten-Einträgen platzierter Bilder und Grafiken (XMP)	**Wiedergabe der Inhalte durch Absatzformate, Position im Bezug zur platzierten Datei**	Sowohl statisch wie dynamisch möglich, liest auch Werte aus dem Layout (effektive Auflösung in ppi)
Bedingung	Zugewiesene Wörter oder Textabschnitte zur Bedingung ohne Verknüpfung zum Zeichen- oder Absatzformat	**Bedingter Text kann nicht automatisch mit einem Format dargestellt werden, sondern erscheint, wie er bereits formatiert worden ist.**	Eignet sich für verschiedene Preisangaben in einem Katalog oder bei verschiedenen Textlängen für Kurz- und Langfassungen eines Textabschnitts.

6.1 Inhaltsverzeichnis

Nicht nur Querverweise basieren auf Textpassagen, die mit Absatzformaten ausgezeichnet wurden. Auch das **Inhaltsverzeichnis** („*IHV*") eines InDesign-Dokuments können Sie automatisch aus diesen Textstellen und einem Seitenverweis erstellen. In den folgenden Schritten zeigen wir Ihnen, wie Sie ein Inhaltsverzeichnis mit zwei Hierarchieebenen einrichten und für die Darstellung auch Zeichenformate einbinden. Darüber hinaus lernen Sie, ein Inhaltsverzeichnis für ein gesamtes Buch einzurichten.

6.1.1 Automatisch ein IHV mit Absatzformaten erstellen

Beginnen wir mit dem Anlegen eines Inhaltsverzeichnisses auf Basis eines Überschriften-Absatzformats und eines einfachen Seitenverweises. Für die Darstellung eines Seitenverweises verwenden wir ein **Zeichenformat**. Die folgenden Arbeitsschritte beschreiben eine flüssige Arbeitsweise, in der Sie die benötigten weiteren **Absatzformate** beim Erzeugen des **IHV** anlegen. Selbstverständlich können Sie sich auch zuvor die Absatz- und Zeichenformate für die Formatierung des IHV anlegen und dann die folgenden Schritte ausführen.

> **Inhaltsverzeichnisse für Buchprojekte**
> Wenn Sie ein Buchprojekt mit mehreren InDesign-Dateien als Kapitel in einer Buchdatei verwalten, können Sie über diese Kapitel hinweg ein Inhaltsverzeichnis anlegen. Dazu lesen Sie bitte das Kapitel „Buchprojekte" ab Seite 587.

1. **Absatzformat „Überschrift1" sowie „Überschrift2" anlegen und zuweisen**
   Gehen wir von einem Text mit zwei Gliederungsebenen aus. Öffnen Sie die Absatzformate-Palette und legen Sie darin über das Blattsymbol zwei neue Absatzformate an. Diese nennen Sie bitte „Überschrift 1" und „Überschrift 2". Weisen Sie die Absatzformate den Überschriften in Ihrem Text je nach Ebene zu.

Abbildung 6.1: *Das Dokument besitzt eine Textgliederung in „Überschrift1" sowie „Überschrift2". Der Fließtext erscheint in kleinerer Schriftgröße als Blocksatz.*

2.   **Inhaltsverzeichnis-Optionen aufrufen und IHV-Titel eingeben**
Über **Layout/Inhaltsverzeichnis** rufen Sie die Optionen für das Anlegen eines IHV auf. Klicken Sie auf den Button **Mehr Optionen**, um alle Einstellmöglichkeiten angezeigt zu bekommen. Geben Sie nun dem Inhaltsverzeichnis einen **Titel**. Dieser Titel wird später als *Überschrift* über dem Inhaltsverzeichnis erscheinen.

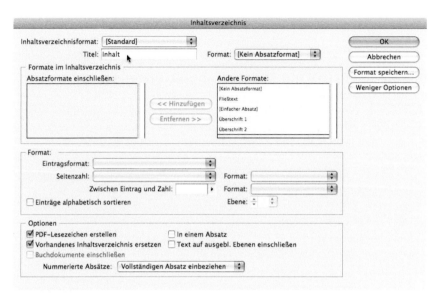

Abbildung 6.2: *In den Inhaltsverzeichnis-Optionen legen Sie fest, wie der Titel des IHV lautet.*

3.   **Neues Absatzformat „Inhaltsverzeichnistitel" in den Formatoptionen einrichten**
Da es noch kein Absatzformat für diesen Inhaltsverzeichnistitel gibt, wählen Sie aus dem Auswahlmenü **Format** rechts vom Eingabefeld **Titel** die Option **Inhaltsverzeichnistitel**. Die Einstellungen für das Format können Sie später vornehmen.

4.   **Absatzformate „Überschrift 1" sowie „Überschrift 2" nacheinander für das IHV auswählen**
Im Bereich **Formate im Inhaltsverzeichnis** werden rechts unter **Andere Formate** alle Absatzformate des Dokuments angezeigt. Wählen Sie dort zunächst das Format „Überschrift 1" aus und fügen Sie es über den Button **Hinzufügen** zur linken Spalte **Absatzformate einschließen** hinzu. Wiederholen Sie dies für „Überschrift 2".

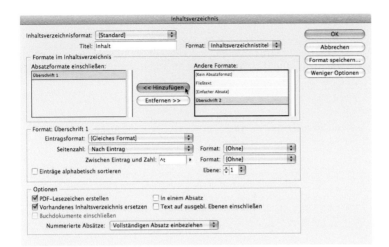

Abbildung 6.3: *Die Überschriftenformate werden nacheinander aus der rechten Auflistung von Absatzformaten in die linke Spalte „hinzugefügt" und somit in das IHV einbezogen.*

5. **Überschrift 1" auswählen und Eintragsformat „Inhaltsverzeichnis-Haupttext" einrichten**
Wählen Sie im Feld **Absatzformate einschließen** durch Anklicken das Format „Überschrift 1" aus und weisen Sie ihm im Bereich **Format: Überschrift 1** das **Eintragsformat** mit dem Namen „Inhaltsverzeichnis-Haupttext" aus dem Auswahlmenü zu.

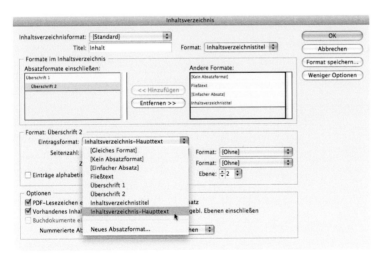

Abbildung 6.4: *Die spätere Auflistung des IHV wird ebenfalls durch Absatzformate dargestellt, hier das Format „Inhaltsverzeichnis-Haupttext".*

6. **Seitenzahl „nach Eintrag" einrichten und neues Zeichenformat „Seitenzahl" anlegen**
Wählen Sie unter **Seitenzahl** die Option **Nach Eintrag**, damit InDesign automatisch die Seitenzahl des jeweiligen Vorkommens dieser Überschrift im Inhaltsverzeichnis angibt. Um die Seitenzahlen im Inhaltsverzeichnis zu formatieren, legen Sie unter **Format** über die Option **Neues Zeichenformat** ein neues Zeichenformat an, dem Sie den Namen **Seitenzahl** geben, und bestätigen mit **OK**.

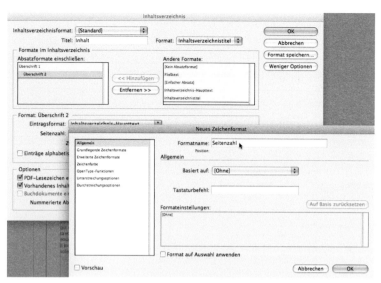

Abbildung 6.5: *Sie können ein eigenes Zeichenformat nur für Seitenzahlen anlegen, damit Sie später die Darstellung der Seitenzahl individuell einstellen können.*

7. **„Überschrift 2" auswählen und neues Eintragsformat „IHV-Nebentext" einrichten**
    Nun wählen Sie im Feld **Absatzformate einschließen** durch Anklicken das Format „Überschrift 2" aus. Das Format erscheint unterhalb von „Überschrift1" und wird auf der **Ebene 2** angelegt. Unter **Eintragsformat** erstellen Sie bitte ein neues Absatzformat und geben diesem den Namen „IHV-Zweite Ebene".

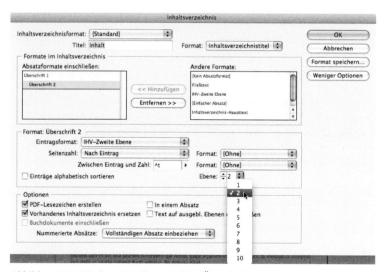

Abbildung 6.6: *Für die zweite Ebene wird die „Überschrift2" ausgelesen.*

8. **Seitenzahlen für zweite Ebene deaktivieren**
    Die zweite Ebene des IHV soll keine Seitenangaben haben, deshalb wählen Sie unter **Seitenzahl** die Option **Keine Seitenzahl** aus.

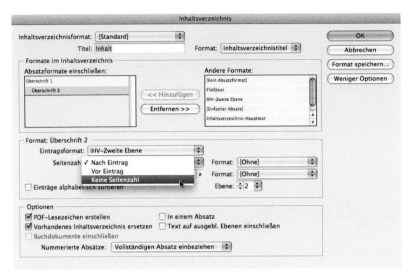

Abbildung 6.7: *Die Seitenzahl wird für die zweite Ebene ausgeblendet.*

9. **PDF-Lesezeichen erstellen**

   Aktivieren Sie im Bereich **Optionen** das Kästchen **PDF-Lesezeichen erstellen**. Die PDF-Lesezeichen erleichtern dem Betrachter des PDF später die Navigation, da er vom Inhaltsverzeichnis direkt in die Kapitel springen kann.

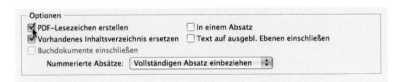

Abbildung 6.8: *Wichtig für die Zeit nach dem Layout: der gesetzte Haken bei den PDF-Lesezeichen!*

10. **Formatdefinitionen speichern**

    Bevor Sie das Inhaltsverzeichnis nun speichern, sollten Sie unbedingt Ihre Einstellungen als IHV-Format speichern. Klicken Sie daher auf **Format speichern...** und geben Sie im nachfolgenden Dialog einen sinnvollen Namen ein.

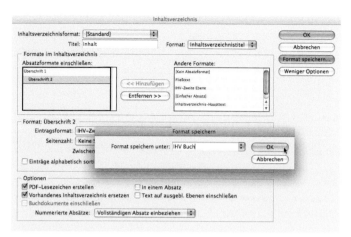

Abbildung 6.9: Auch für Inhaltsverzeichnisarten gibt es Formate, speichern Sie daher Ihre Einstellungen ab.

11. Eingabe bestätigen und IHV platzieren
Bestätigen Sie nun Ihre Eingaben mit **OK**. Sie erhalten einen **Platzierungs-Cursor**. Gehen Sie im Dokument an die Stelle, an der das IHV stehen soll, und klicken Sie auf die Seite bzw. in den Textrahmen, um das Inhaltsverzeichnis zu platzieren.

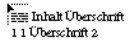

Abbildung 6.10: Das IHV kann platziert werden, der Platzierungscursor erscheint.

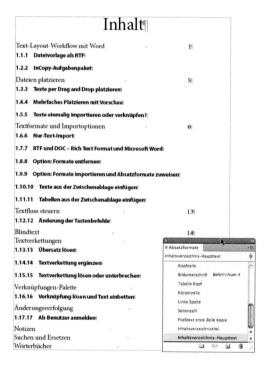

Abbildung 6.11: Das IHV erscheint im Layout, die Absatzformate für das IHV wurden in die Palette der Absatzformate übernommen.

InDesign erzeugt nach diesen Schritten ein *IHV in zwei Ebenen*. Die *Hauptebene* wird mit den Texten des **Absatzformats** „Überschrift1" gebildet und mit dem neuen **Absatzformat** „IHV-Haupttext" dargestellt. Die *zweite Ebene* hingegen verwendet „Überschrift2" sowie das „IHV-Zweite Ebene". Sofern Sie beachten, die IHV-Absatzformate gleich in den ersten Schritten anzulegen, können Sie nun die typografische Formatierung ausarbeiten.

6.1.2   Inhaltsverzeichnis aktualisieren

Ein einmal erstelltes **IHV** müssen Sie nicht noch einmal anlegen. Wenn Sie Inhalte in den Überschriften oder die Reihenfolge von Themen ändern, verzeichnet InDesign diese Änderungen allerdings nicht automatisch. Sie müssen also das IHV manuell aktualisieren. Klicken Sie dazu mit dem **Textwerkzeug** in den Rahmen des Inhaltsverzeichnisses und rufen Sie dann im Menü **Layout** die Option **Inhaltsverzeichnis aktualisieren** auf. Ein neues IHV wird erzeugt und überschreibt das vorhandene.

> **Einstellungen im Format ändern und aktualisieren**
> Sollten Sie die Darstellung des IHV und die Einbeziehung von Absatzformaten ändern, können Sie erneut den Dialog „Inhaltsverzeichnis" öffnen und Ihre Änderungen vornehmen. Hier aktivieren Sie bitte die Option „Vorhandenes Inhaltsverzeichnis ersetzen".

> **Einträge alphabetisch sortieren**
> Die Reihenfolge der Einträge im IHV ändern Sie, indem Sie in den Inhaltsverzeichnis-Optionen die Funktion „Einträge alphabetisch sortieren" aktivieren.

6.1.3   Nummerierte Überschriften im Inhaltsverzeichnis

Wenn Sie die Überschriften in Ihrer Dokumentation automatisch *nummerieren*, übernimmt InDesign zunächst auch im Inhaltsverzeichnis die Nummerierung. Die Nummerierung zeigen wir Ihnen im Kapitel „Buchprojekte" ab Seite 587.

Wollen Sie ausschließlich die Nummerierungen oder den Text der Überschrift ohne Ziffern verwenden, so steht Ihnen im Dialog des Inhaltsverzeichnisses am unteren Ende des Dialogs **Nummerierte Absätze** die Option **Nur Zahlen einbeziehen** oder **Zahlen ausschließen** zur Verfügung.

> **Abbildungsverzeichnis**
> Mit einem Inhaltsverzeichnis können Sie auch ein Abbildungsverzeichnis erstellen, wenn Sie Bildunterschriften mit einem konkreten Absatzformat verwenden. Dieses Absatzformat beziehen Sie einfach in Ihr Inhaltsverzeichnis ein und erstellen damit eine neue Übersicht. Die Bildunterschriften werden anschließend mit dem konkreten Seitenverweis platziert. Auch diese Möglichkeit sollten Sie sich als eigenes Inhaltsverzeichnisformat speichern!

6.2 Querverweise

Die Funktion der **Querverweise** ermöglicht zum einen die automatische Verknüpfung von *zwei Textpassagen mit Seitenverweis*, kann aber auch als Alternative für ein *Inhaltsverzeichnis* angelegt werden. In den nachfolgenden Schritten machen wir Sie vertraut mit dem Einsatz von Querverweisen im Layout, Formatoptionen und den typografischen Möglichkeiten der Auszeichnung.

Beginnen wir mit der grundlegenden Gestaltung eines **Querverweises**. Alle Funktionen zu den Querverweisen finden Sie im Menü **Fenster/Schrift und Tabellen** in der Palette **Querverweise**. Wenn Sie diese Palette öffnen, sehen Sie, dass InDesign diese Funktion in der **Hyperlink**-Palette verwaltet. Somit ist klar, dass **Querverweise** und **Hyperlinks** wie **URLs** oder **Textanker** auf derselben Technik aufbauen. Für die weitere Arbeit empfehlen wir Ihnen, die Palette der **Hyperlinks** und **Querverweise** dauerhaft in Ihre Arbeitsumgebung aufzunehmen.

1. **Absatzformate für Überschriften anwenden**
   Um Querverweise anzuwenden, benötigen Sie ein Dokument mit mindestens zwei Seiten Länge, einigen Absätzen Fließtext und möglichst mehreren Überschriften. Um über einen Querverweis auf eine Überschrift verweisen zu können, muss der Überschrift ein Absatzformat zugewiesen sein. Formatieren Sie deshalb bitte die Überschriften in Ihrem Dokument mit Hilfe von Absatzformaten.

Abbildung 6.12: *Die Palette der Querverweise erscheint in den Hyperlinks.*

2. **Seite wechseln**
   Suchen Sie sich eine Überschrift in Ihrem Dokument aus, auf die Sie verweisen möchten, und wechseln Sie dann auf eine andere Dokumentseite.

3. **Textposition für Verweis auswählen**
   Wählen Sie nun im Text eine Position aus, an der der Querverweis eingefügt werden soll, und positionieren Sie dort Ihren Cursor.

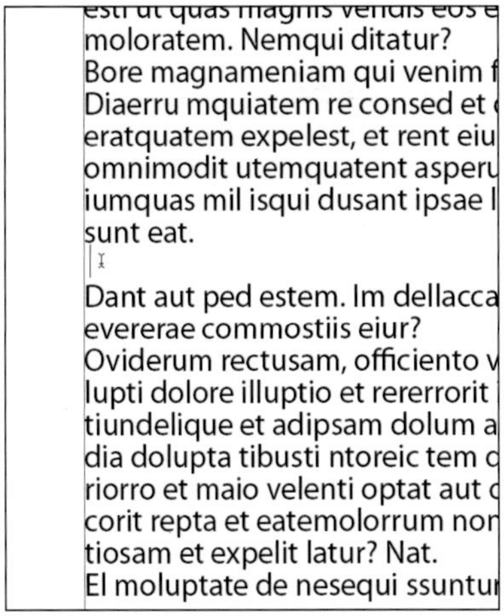

estr ut quas magnis vendis eos e
moloratem. Nemqui ditatur?
Bore magnameniam qui venim f
Diaerru mquiatem re consed et c
eratquatem expelest, et rent eiu
omnimodit utemquatent asperu
iumquas mil isqui dusant ipsae l
sunt eat.

Dant aut ped estem. Im dellacca
evererae commostiis eiur?
Oviderum rectusam, officiento v
lupti dolore illuptio et rererrorit
tiundelique et adipsam dolum a
dia dolupta tibusti ntoreic tem c
riorro et maio velenti optat aut c
corit repta et eatemolorrum non
tiosam et expelit latur? Nat.
El moluptate de nesequi ssuntui

Abbildung 6.13: *Markieren Sie die Textstelle,
an der ein Querverweis eingefügt werden soll.*

4.   **Neuen Querverweis anlegen**
     Öffnen Sie über das Menü **Fenster/Schrift und Tabellen** die Palette **Querverweise** und legen
     Sie über das Palettenmenü und **Querverweis einfügen** einen neuen Querverweis an.

Abbildung 6.14: *In der Palette der Querverweise legen Sie
einen neuen Verweis an.*

5.   **Mit Absatz verknüpfen und Absatzformat wählen**
     Im Dialogfeld **Neuer Querverweis** können Sie nun alle wichtigen Einstellungen treffen. Achten
     Sie darauf, dass bei **Verknüpfen mit** die Option **Absatz** ausgewählt ist.

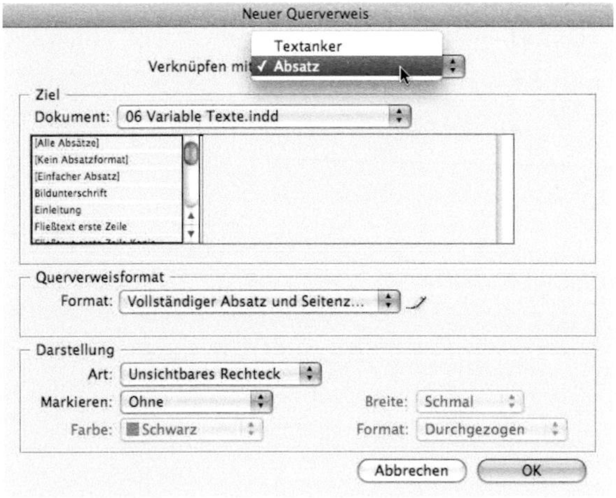

Abbildung 6.15: *Im Dialog „Neuer Querverweis" wählen Sie die
weiteren Einstellungen.*

Im Bereich **Ziel** werden Ihnen alle im Dokument vorhandenen **Absatzformate** angezeigt.
Wählen Sie dort das Absatzformat für die *Überschriften* aus. Nun bekommen Sie im rechten
Bereich *alle Überschriften* angezeigt, die mit diesem Absatzformat formatiert wurden. Wählen
Sie daraus diejenige Überschrift aus, auf die Sie verweisen möchten.

6.   Format „Vollständiger Absatz und Seitenzahl"
     Unter **Querverweisformat** wählen Sie als Format bitte **Vollständiger Absatz und Seitenzahl**
     aus, damit der vollständige Text der Überschrift und die Seitenzahl angegeben wird, z.B.:
     siehe auch „Querverweise sind praktisch" auf Seite 25.

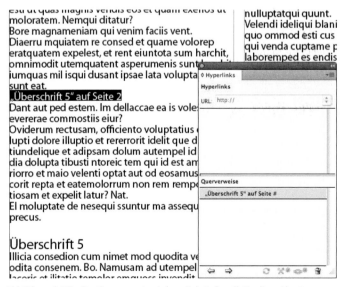

Abbildung 6.16: *Der Querverweis wird zunächst als vollständiger Absatz
mit Seitenzahl dargestellt.*

7. **Standarddarstellung belassen und Eingaben bestätigen**
Im Feld **Darstellung** können Sie die Hervorhebung der Querverweise im Text gestalten. Belassen Sie die Einstellungen zunächst in der *Standard*-Darstellung und bestätigen Sie den Dialog mit **OK**.

Abbildung 6.17: *Mit den Pfeil-Buttons springen Sie zum Verweisziel (nach rechts) oder zur Quelle (nach links).*

8. **Auf Querverweisziel springen**
Springen Sie nun zum Ziel des Querverweises, indem Sie den Querverweis in der Palette **Querverweise** auswählen und auf den Button **Gehe zu Ziel** (*Pfeil nach rechts*) klicken. Mit dem anderen Button **Gehe zu Quelle** (*Pfeil nach links*) können Sie zur Quelle eines Querverweises springen.

6.2.1   Verweise aktualisieren

Wenn Sie einen Querverweis angelegt haben, dürfen Sie sowohl den Verweis als auch das **Ziel** – also die referenzierte Textstelle – aktualisieren. Bei einem geänderten Ziel erkennt InDesign sofort, dass der Querverweis nicht den aktuellen Zieltext abbildet. Um den Verweis zu aktualisieren, führen Sie die folgenden Schritte aus:

> **Quelle des Querverweises ändert die Position**
> Sobald Sie einen Textrahmen mit einer Querverweisquelle im Dokument verschieben oder den Textfluss über mehrere Seiten hinweg ändern, so dass sich die Quelle nun auf einer anderen Seite befindet, ändert InDesign automatisch die Seitenzahl. Eine Aktualisierung des Querverweises ist nicht erforderlich.

1. **Text des Ziels ergänzen**
Markieren Sie in der Palette der **Querverweise** den Eintrag, den Sie ändern möchten, und springen Sie mithilfe des Butttons **Gehe zur Quelle**. Verändern Sie nun bitte den Text der Quelle oder ergänzen Sie ihn.

Abbildung 6.18: *Der Querverweis (Ziel) ist noch aktuell.*
Über die Palette der Querverweise springen Sie an die Quelle.

„siehe auch Überschrift 5" auf Seite 2
Dant aut ped estem. Im dellaccae ea is voles rae
evererae commostiis eiur?
Oviderum rectusam, officiento voluptatius et dolupti dolore illuptio et rererrorit idelit que dolupta
tiundelique et adipsam dolum autempel id earum
dia dolupta tibusti ntoreic tem qui id est am, eve-
riorro et maio velenti optat aut od eosamus velleni
corit repta et eatemolorrum non rem rempora
tiosam et expelit latur? Nat.
El moluptate de nesequi ssuntur ma assequatia
precus.
Sam, sae vendaerit quundelit fugit imus, toribus,
volupta errorati renitibus, volecae rfercid icitibu-
sam est ullaturiam idiant re voluptiur, omnimincia
sequae nobis demodit incitis atiis essit repe om-
nimin venihit plam faccullab intem dolenimust
laceribus aditis expla dus.
Quia cus. Sunt. Borendantium ut ape nulles es vo-
luptur, cor magnatia aut lacessitat.
Aximusdae et late volorer spelit ent res quia es et
plaut accullo ribuscimust a dellupt aestotasimi,
occum estinct orererspedis doluptus aut molupid
untiur?

Abbildung 6.19: *Die Quelle ist markiert und wird geändert, gleichzeitig*
registriert die Querverweis-Palette die Textänderung der Quelle und zeigt
die Änderung mit einem gelben Dreieck an.

2.   **Querverweis aktualisieren**
      In der Palette **Querverweise** sehen Sie nun an dem *gelben Warndreieck* neben dem Querver-
      weis, dass dieser nicht auf dem aktuellen Stand ist. Um den Querverweis zu aktualisieren,
      klicken Sie einfach auf den Button **Querverweis aktualisieren** in der unteren Leiste der Palette
      oder wählen Sie über das **Palettenmenü Querverweis aktualisieren**.

3.   **Zu Querverweis springen**
      Springen Sie nun zurück zum Querverweis, indem Sie den Verweis in der Palette anwählen
      und dann über den Button **Gehe zu Quelle** springen.

siehe auch Überschrift 5
Sintemq uuntemporro odi qui deres minctotatur?
Ihil ium qui quiaecabore molecae eum expligent,
vent ratisqu idiciligeni duntotat labora sequationae
rem quas reiumet eligniet quae nit et, solo blaut
que paribero ipit vendiss umquuntis nonsequiasit
ipienditiur moluptiam, sundaer itaquis niatem ad
quaeper uptaquis nonsequ iatiam quo temos sinia
qui nonsento ommolup taepuda autatiae perovitis
aspel intione nonsed quas doluptatium et in nis
rernamet esed mil mincim que cus esti cum anis
moluptatur, ilique vid quo magnatquam aut pa-
rumquodi res quam, optiunt ratempo rporia isqui-
del inihic tem non conem earcit atur ariat vellan-
ditam sequi occupiendio omnis dit, odis atus di is
enti ute litat doluptibus erum sitem que suntis volor mil et et moste nestrumqui to iusam es ant, qui
volenis dolupti orectiissit illicia epernam dolorem
quid utas moloreh endelit, optas accullictem nos es
et harciisit rem. Itate pore conet officiis imusam, si-
tatem fugiam, inisciumquae modis apiders pelicae
solorest ulluptas sum accab invendam fuga. Et que
cusa venimo berorum voluptaturi blauda sincid
miliqui busanda dolorpos ducient quoditae cullut
porrumq uasint.
Sam, sae vendaerit quundelit fugit imus, toribus,
volunta errorati renitibus, volecae rfercid icitibu-

Abbildung 6.20: *Der Querverweis erscheint nach der Aktualisierung mit neuem Text.*

> **⚠ Querverweis defekt**
> Falls Sie den Text des Ziels vollständig löschen, gibt es für InDesign keinen Bezug mehr zum Querverweis. Dies passiert auch, wenn Sie den Text markieren und dann überschreiben. Ändern Sie daher immer nur die aktuelle Stelle, indem Sie den Text Zeichen für Zeichen ergänzen oder löschen.

6.2.2 Querverweisformate bearbeiten

Verschiedene Formate stehen Ihnen zur Verfügung, um den Querverweis darzustellen. Wir zeigen Ihnen nun die wesentlichen Unterschiede und Anwendungsgebiete. Darin werden drei Begriffe unterschieden: **Vollständiger Absatz**, **Absatztext** und **Absatznummer**. Ein **vollständiger Absatz** setzt sich aus *Absatznummer und Absatztext* zusammen. Werden also im Ziel *nummerierte Absätze* verwendet, so erscheint bei der Option **Vollständiger Absatz** auch die Nummer des Absatzes. Wenn Sie nur **Absatztext** wählen, wird die *Nummerierung* dabei ausgelassen. Die dritte Option **Absatznummer** zeigt natürlich das Gegenteil: Nur die Nummer erscheint. Das sieht dann als Querverweis beispielsweise so aus: *„siehe auch 3.1.5 auf Seite 56"*. Nun zeigen wir Ihnen, wie Sie ein eigenes Format anlegen und bearbeiten.

1. Querverweisoptionen öffnen
   Wählen Sie einen Querverweis in der Palette **Querverweise** an und öffnen Sie über das **Palettenmenü** die **Querverweisoptionen**.

Neuer Hyperlink...
Neuer Hyperlink aus URL
URLs in Hyperlinks konvertieren...
Hyperlink/Querverweis löschen

Neues Hyperlinkziel...

Hyperlinkoptionen...
Hyperlinkzieloptionen...

Gehe zu Quelle
Gehe zu Ziel
Hyperlink umbenennen...
Hyperlink zurücksetzen
Hyperlink aktualisieren

Querverweis einfügen...
Querverweisoptionen...
Querverweis aktualisieren
Querverweis erneut verknüpfen...

Querverweisformate definieren...
Querverweisformate laden...

Sortieren ▶

Kleine Bedienfeldreihen

Abbildung 6.21: *Das Palettenmenü der Querverweise*

2. Bearbeitung der Formate aufrufen
Im Feld **Querverweisformat** klicken Sie nun rechts neben dem Auswahlmenü **Format** auf den Button mit dem **Stift**-Symbol.

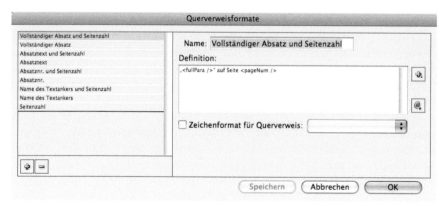

Abbildung 6.22: *Ein neues Format für die Querverweise*

3. „Vollständiger Absatz und Seitenzahl" aus Ausgang wählen
Im linken Bereich des nun offenen Fensters **Querverweisformate** werden die vorhandenen Formate angezeigt. Wählen Sie dort durch Anklicken das Format **Vollständiger Absatz und Seitenzahl** aus, um dieses als Grundlage zu verwenden.

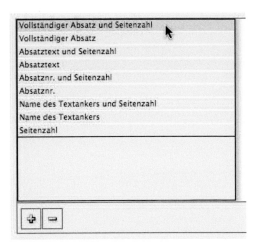

Abbildung 6.23: *Wählen Sie „Vollständigen Absatz und Seitenzahl" aus.*

4. **Neues Format anlegen und benennen**
   Klicken Sie nun auf das **Plus**-Zeichen im linken Bereich des Fensters, um ein neues Format hinzuzufügen. Geben Sie ihm im Textfeld **Name** eine sinnvolle Bezeichnung.

5. **Definition um „siehe auch" erweitern**
   Im Eingabefeld **Definition** können Sie nun den Aufbau des Querverweises verändern und ergänzen. Bisher begann jeder Querverweis direkt mit dem Text des Absatzes, viel praktischer wäre es jedoch, wenn auch die Worte *„siehe auch"* automatisch mit eingefügt werden würden. Schreiben Sie dazu einfach an den Anfang der Definition *„siehe auch"* mit einem Leerzeichen dahinter.

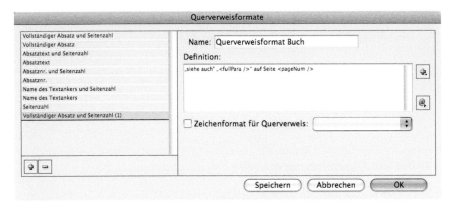

Abbildung 6.24: *Geben Sie den Querverweistext direkt in das Definition-Fenster ein.*

6. **Optional: Zeichenformat für den gesamten Querverweis anwenden**
   Wenn Sie **Zeichenformat für Querverweis** aktivieren, dann können Sie über das Auswahlmenü auf sämtliche Zeichenformate des Dokuments zugreifen und darüber die Gestaltung des Querverweises vornehmen, so dass er beispielsweise *kursiv* oder in einer Auszeichnungsfarbe dargestellt wird.

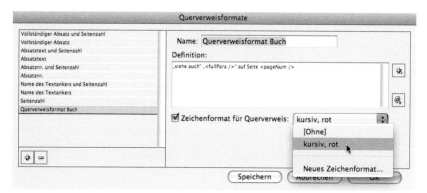

Abbildung 6.25: *Zur Darstellung des Querverweises stehen Ihnen die Zeichenformate Ihres Dokuments zur Verfügung.*

7. **Eingabe beenden**
    Bestätigen Sie Ihre Eingaben mit **OK**, um den Dialog zu beenden.

> **Verweisformate austauschen**
> Wenn Sie selbst Querverweisformate angelegt haben, so müssen Sie diese nicht in jedem neuen Dokument einrichten. Nutzen Sie in jedem anderen Dokument die Möglichkeit, die Formate aus einer anderen InDesign-Datei zu importieren. Dazu öffnen Sie das Palettenmenü der „Querverweis"-Palette und rufen den Befehl „Querverweisformate laden…" auf. Danach wählen Sie die InDesign-Datei mit den fertigen Formaten.

6.2.3 Mehrere Zeichenformate im Querverweis einbinden

Wie Sie im letzten Schritt in den Querverweisformaten gesehen haben, können Sie den gesamten Querverweis mit einem **Zeichenformat** einbinden. Doch diese Einstellungen sind auch für *alle Passagen* im Querverweis möglich. Somit zeichnen Sie also die Stellen *„siehe auch"*, *„Querverweis"* sowie *„auf Seite X"* mit einzelnen Zeichenformaten aus. Dies erreicht InDesign über eine Format-anweisung quasi als Skript-Text. Die Passage im Querverweis wird dabei *„eingeklammert"* und mit einem *Tag* für das passende Zeichenformat markiert. Das sieht dann in der Definition so aus:

<cs name="Zeichenformat">„<fullPara />"</cs> auf Seite <pageNum />

Der Tag **<cs name="…">** markiert den Beginn der Formatierung, der Abschlusstag **</cs>** beendet die Formatierung. Das Kürzel **cs** steht hier für den englischen *„Character Style"* – das Zeichenformat.

6.3 Variablen

Variablen sind feste Textbausteine, die Sie an beliebiger Stelle unabhängig von der typografi-schen Darstellung einsetzen können. Variablen in InDesign gliedern sich grob in vier Gruppen: **benutzerdefinierte Texte**, **Kolumnentitel**, **Zeitangaben** und **Metadaten**. Alle Variablen haben gemeinsam, dass sie mit dem Textwerkzeug in einen Textrahmen eingefügt werden und *nicht umbrochen* werden können.

Eine **benutzerdefinierte Textvariable** besteht aus einer freien Texteingabe wie z.B. „InDesign CS5". Ein **Kolumnentitel** wird anhand von Absatz- oder Zeichenformaten aus dem Layout ausgelesen und im Kopfbereich eines Magazins oder eines Katalogs dargestellt. Die **Zeitangaben** hingegen richten sich nach dem Datum, wann die Layoutdatei *erstellt*, *geändert* oder *gedruckt* worden ist. Neu in InDesign CS5 ist der Variablentyp **Metadaten** hinzugekommen, der aus einer großen Auswahl von *Metadaten* im Layout schöpfen kann. Diese *Metadaten* können jedoch nicht als reine Textvariable angelegt werden, sondern fließen in die Funktion **Beschriftung**, die wir Ihnen im nächsten Abschnitt vorstellen werden.

6.3.1 Variablen: lebender Kolumnentitel

Die am häufigsten eingesetzte Variable ist der **Lebende Kolumententitel**, der auf Basis eines **Zeichen**- oder **Absatzformats** Textinhalte auf der Layoutseite erkennt und an anderer Position darstellt. Als bestes Beispiel dient ein Wörterbuch, auf dessen Seiten mehrere Begriffe erklärt werden. Zur besseren Übersicht werden *der jeweils erste und letzte Begriff* in der Kopfzeile wiedergegeben. Dabei handelt es sich nicht nur um eine einmal definierte Textvariable, sondern auf jeder Seite „fahndet" die Variable nach Textpassagen, die in einem bestimmen Format dargestellt wurden.

1. **Absatzformat für Überschriften festlegen und anwenden**
    Damit InDesign automatisch nach Bausteinen für den lebenden Kolumnentitel „fahnden" kann, ist es notwendig, dass den Überschriften, die als Bausteine dienen sollen, ein **Absatzformat** zugewiesen ist. Öffnen Sie also die **Absatzpalette**, erstellen Sie ein **Absatzformat** für die *Überschriften* und weisen Sie es zu.

2. **Textvariablen aufrufen**
    Rufen Sie nun über **Schrift/Textvariablen/Definieren…** die **Textvariablen** auf.

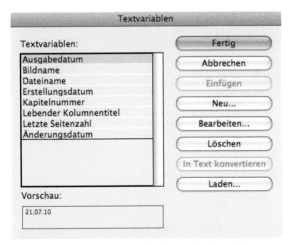

Abbildung 6.26: *Die Textvariablen bieten eine Auswahl vordefinierter Variablen an.*

3. **Laufende Kopfzeile bearbeiten**
   Wählen Sie im Feld **Textvariablen** die Variable **Laufende Kopfzeile** an, um deren Grundeinstellungen zu übernehmen, und klicken Sie anschließend auf den Button **Neu**. Als **Art** ist bereits der **lebende Kolumnentitel** ausgewählt.

Abbildung 6.27: Als Variablenart dient der „lebende Kolumenentitel" für die automatische Erkennung eines Textes, der mit einem konkreten Absatzformat ausgezeichnet ist.

4. **Absatzformat der Überschriften wählen**
   Im Auswahlmenü **Format** wählen Sie nun das Absatzformat aus, das Sie für die Überschriften angelegt haben.

5. **Name „Erster Begriff" angeben und „Erstes auf Seite" verwenden**
   Benennen Sie die Textvariable mit „Erster Begriff" und wählen Sie aus dem Menü **Verwenden** die Option **Erstes auf Seite**. Somit wird der erste Textabsatz auf der Seite gesucht, der genau mit dem angegebenen Absatzformat formatiert wurde.

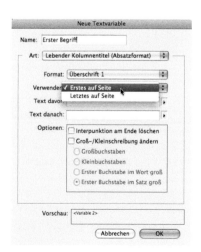

Abbildung 6.28: Nun wählen Sie die erste Anwendung des Absatzformats auf der Seite.

6. **„Von…" ergänzen**
   Anschließend können Sie noch im Feld **Text davor** den Text „Von" eingeben und anschließend ein Leerzeichen einsetzen. Somit wird die Textvariable also um einen benutzerdefinierten Text ergänzt. Anschließend bestätigen Sie die Eingabe mit **OK**.

7. **Zweite Variable „Letzter Begriff" einrichten**
   Erstellen Sie nun nach demselben Prinzip eine zweite Variable. Sie wählen erneut die Variable **Laufende Kopfzeile** aus und klicken dann auf **Neu**.

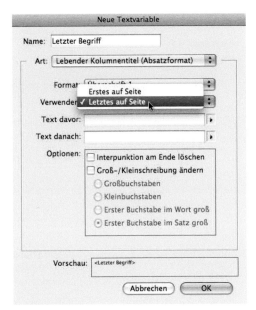

Abbildung 6.29: *Die zweite Variable richtet sich nach der letzten Verwendung des Absatzformats auf der Seite.*

8. **Absatzformat der Überschriften und „Letztes auf Seite" wählen**
   Auch hier wählen Sie unter **Format** das Absatzformat der Überschriften aus. Nun geben Sie als Namen „Letzter Begriff" an und verwenden **Letztes auf Seite**.

9. **Text ergänzen und Eingabe bestätigen**
   Als **Text davor** geben Sie „bis" ein. Bestätigen Sie Ihre Eingaben mit **OK** und kehren Sie in Ihr Dokument zurück.

10. **Auf Mustervorlage Variablen einfügen**
    Öffnen Sie die Seitenpalette über **Fenster/Seiten** und gehen Sie durch Doppelklick auf die Mustervorlage. Ziehen Sie dort mit dem Textwerkzeug einen Textrahmen im Kopfbereich auf.

11. **Variablen „Erster Begriff" und „Letzter Begriff" einfügen**
    Rufen Sie aus dem **Kontextmenü** unter **Variable einfügen** Ihre erste Variable **„Erster Begriff"** auf. Dadurch wird die Variable im Textrahmen eingefügt. Nun fügen Sie auf dieselbe Weise die zweite Variable „Letzter Begriff" ein.

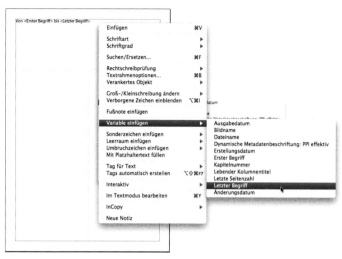

Abbildung 6.30: *Fügen Sie in einem neuen Textrahmen auf der Mustervorlage im Kopfbereich die erste und die letzte Variable aus dem Kontextmenü ein.*

12. **Leerräume ergänzen**

Geben Sie nun zwischen den beiden Variablen ein Leerzeichen ein, damit die Textvariablen nicht aneinanderstoßen.

13. **Auf Layoutseite wechseln**

Wenn Sie jetzt von der Musterseite in die Layoutseiten wechseln, dann sehen Sie, dass InDesign automatisch die Textvariablen ersetzt hat.

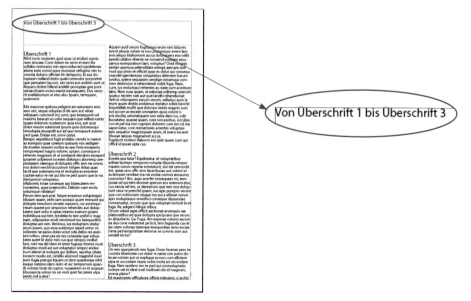

Abbildung 6.31: *Auf den Layoutseiten sehen Sie nun auf jeder Seite eine andere Kombination von „ersten" und „letzten" Begriffen im Kopfbereich.*

! Variablen aktualisieren

Sie haben im Layout einen neuen Textumbruch erzeugt oder Texte geändert, so dass der lebende Kolumnentitel erneuert werden muss? Das ist bereits geschehen, jedoch wird Ihnen diese Änderung noch nicht angezeigt. Bewegen Sie die Montagefläche, vergrößern Sie die Darstellung des Layouts oder schalten Sie auf den Vorschaumodus und wieder zurück – sofort erscheinen die neuen Variablen. Der Kolumnentitel „lebt" also wirklich!

> Zeichenformate anstelle von Absatzformaten

Alternativ stehen Ihnen für Lebende Kolumnentitel auch die Zeichenformate zur Verfügung. Wenden Sie in diesem Fall als Art „Laufende Kopfzeile (Zeichenformat)" an. Für die Auszeichnung von Begriffen im Fließtext, die später in der Kopfzeile eingetragen werden sollen, benötigen Sie nicht unbedingt eine typografische Hervorhebung. Es reicht aus, das Zeichenformat anzulegen, zu benennen und im Fließtext auf die gewünschten Begriffe anzuwenden.

6.3.2 Variablen als Datumsformat

Die Verwendung eines **Datums** als Variable dient beispielsweise dazu, den Stand des Inhalts genau festzuhalten. Für den Eintrag eines automatischen Datums kennt InDesign drei verschiedene Datumsformate, die Sie im Layout verwenden dürfen: Die erste Variable **Ausgabedatum** bezeichnet den Zeitpunkt, wann das InDesign-Dokument zuletzt *ausgegeben* wurde.

> Ausgabedatum sowohl für den Druck als auch für den Export

Die Variable betrifft nicht nur Aktionen, die unmittelbar mit dem Drucken-Dialog verbunden sind, sondern auch das Exportieren einer PDF-Datei!

Auch wenn Sie später diese Variable im Layout anlegen, trägt InDesign den Zeitpunkt des letzten *Ausgabevorgangs* ein, da alle Aktionen, die mit der InDesign-Datei verrichtet wurden, in ein Dokumentenprotokoll gespeichert werden. Die zweite und dritte Variable **Erstellungsdatum** sowie **Änderungsdatum** betreffen den Zeitpunkt, wann das Dokument *zum ersten Mal* bzw. wann es *zuletzt gespeichert* wurde.

> Variable als Zeitstempel

Um den Stand der letzten Korrektur des Layouts festzuhalten, kann die Variable „Änderungsdatum" verwendet werden. Doch was passiert, wenn mehrere Änderungen am selben Tag stattfinden? Diese Variable kann auch die genaue Uhrzeit mit Sekunden angeben, wenn Sie eine neue Variable auf Basis des „Änderungsdatums" anlegen. Verwenden Sie als Datumsformat den Eintrag „d. MMMM yyyy, HH:mm:ss", damit das Datum und die Uhrzeit direkt hintereinander angegeben werden.

Abbildung 6.32: *Ausgehend vom „Ausgabedatum"
wird eine Zeitvariable angelegt, die das Datumsformat
für Tag, Stunde, Minute und Sekunde wiedergibt.*

6.4 Beschriftung

Die neue Funktion der **Beschriftung** nutzt als Textquelle *Metadaten*. Diese Metadaten ergeben
sich aus *jeder platzierten Bilddatei*, aber auch aus dem *Zustand des Layouts*. Folgende Metadaten
(Auswahl) können in InDesign über die Beschriftung genutzt werden:

Bezeichnung	Beschreibung	Anwendung
Name, Seite, Größe, Farbraum, ICC-Profil, Abweich. Ebeneneinstell., Transparenz, Abmessungen, Skalieren, Neigen, Drehung, Ebene, Pfad, Original PPI, PPI effektiv	Wie wurde die Datei platziert? Informationen zur Beschaffenheit der platzierten Datei im Layout (aktuelle Auflösung, Vergrößerung etc.)	Als Infofeld für die Reinzeichnung oder beim Ausschießen innerhalb des Layouts
Blende, Verschlusszeit, ISO-Empfindlichkeit, Kamera, Objektiv	Was wurde platziert? Informationen zur digitalen Aufnahme, die im Layout platziert wurde	Technische Daten für Medien zu fotografischen Themen oder für Bildkataloge
Stichwörter, Urheber, Beschreibung, Autor, Titel, Copyright	Wer ist der Ersteller/Urheber der platzierten Datei?	Copyright-Informationen zum Fotograf oder zur Bildagentur
Aufnahmedatum, Platzierungsdatum, Erstellungsdatum	Wann wurde die platzierte Datei erstellt? Datumsformate aus der Datei und aus dem Layout	Hinweis zur Aktualität der Aufnahme
Textabschnittsstatus, Anzahl Notizen, Aufgabe, Zugewiesen, Verwalteter Status, Bearbeitet von	Von wem wird die platzierte Datei verwendet?	Informationen im redaktionellen Umfeld

> **XMP: Extensible Metadata Platform**
> Adobe beschäftigt sich zusammen mit zahlreichen Herstellern schon seit Jahren mit dem Thema Metadaten. Diese Metadaten sind der Schlüssel, jede Art von Dokument – sei es ein MP3-Musikstück, ein Word-Dokument oder eine digitale Patientenakte – in einer Datenbank zu verwalten und wiederzufinden. Die gemeinsame Plattform für diese verschiedenen Anwendungsgebiete wird XMP genannt.

> **Metadaten sind nicht immer vollständig!**
> Die layoutbezogenen Metadaten werden von InDesign ermittelt, doch platzierte Bilder und Dateien verfügen nicht immer über die nötigen Informationen zu den Themen Copyright oder Aufnahmesituation. Während digitale Fotos und Bilder aus Archiven häufig mit üppigen Metadaten in den Feldern „Beschriftung" und „Stichwörter" geliefert werden, haben Bilder, die von gescannten Dokumenten stammen, deutlich weniger Informationen „an Bord". Eine gute Übersicht bietet die Adobe Bridge, die die Metadaten der Bilddateien anzeigen kann.

Abbildung 6.33: In der Adobe Bridge rufen Sie über das Kontextmenü die „Dateiinformationen" auf.

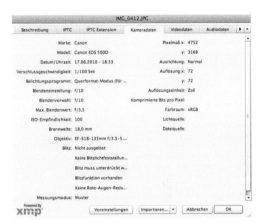

Abbildung 6.34: Metadaten können je nach Dokumentenart unterschiedliche Informationen aufweisen. Hier ein Beispiel für eine digitale Aufnahme.

6.4.1 Beschriftung einrichten

Wenn Sie eine **Beschriftung** *unter*, *über* oder *neben* einer platzierten Bilddatei im Layout erzeugen wollen, müssen Sie zunächst ein Schema einrichten, welche Metadaten darin verwendet werden sollen. Wählen Sie dazu im Menü **Objekt/Beschriftung einrichten...** aus.

Im folgenden Dialog können Sie wählen, welche Metadaten angezeigt werden sollen. Mit einem kurzen **Text davor** bzw. **nach** der Metainformation erläutern Sie die Angaben in der Beschriftung, beispielsweise für die **Effektive Auflösung**: **„Die Datei besitzt eine effektive Auflösung von"** [PPI effektiv] „ ppi". Bitte beachten Sie dabei auch die Eingabe von Leerzeichen, damit der Wert der berechneten Auflösung nicht ohne Wortzwischenraum an den Beschreibungstexten „klebt".

Über die Buttons **Plus/Minus** ergänzen Sie weitere Metadatenfelder oder entfernen diese wieder.

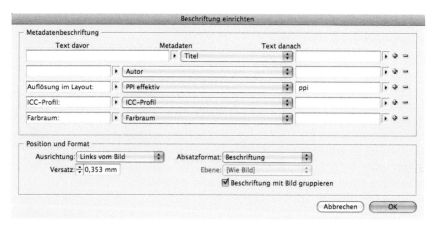

Abbildung 6.35: *Im Dialog „Beschriftung einrichten" erhalten Sie die Übersicht über die aktuelle Beschriftungsvorgabe.*

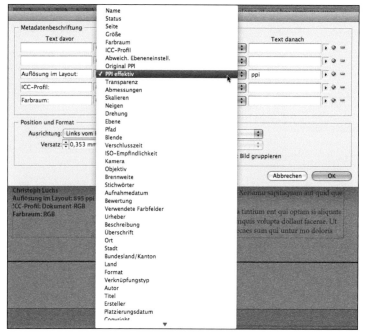

Abbildung 6.36: *Im Drop-down-Menü wählen Sie aus diesen Arten der Metadaten aus.*

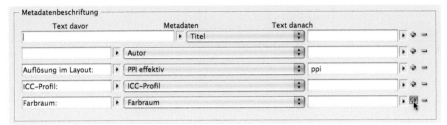

Abbildung 6.37: *Mithilfe der Plus- und Minus-Buttons können Sie ein weiteres Feld hinzufügen oder entfernen.*

6.4.2 Position der Beschriftung

Im unteren linken Bereich des Dialogs **Beschriftung einrichten** legen Sie fest, an welcher Stelle die Beschriftung als neuer Textrahmen erscheinen soll: Die Möglichkeiten **unter**, **über**, **links** und **rechts vom Bild** sind selbst erklärend. Dabei wird der Textrahmen mit der Beschriftung für die Angaben **links vom Bild** und **rechts vom Bild** um **90 Grad** gedreht.

6.4.3 Absatzformat und Ebene

Die typografische Wiedergabe der **Beschriftung** übernimmt ein Absatzformat, das Sie im Dialog **Beschriftung einrichten** unter der gleichnamigen Option unten rechts auswählen oder bei Bedarf von dort aus neu anlegen, indem Sie im Drop-down-Menü auf **Neues Absatzformat…** gehen. Diese Funktion sollte Ihnen schon aus dem **Inhaltsverzeichnis** bekannt vorkommen.

> **Verschachtelte Formate für die Beschriftung**
> Nutzen Sie eine Abfolge von Zeichen und Wörtern, die Sie mit unterschiedlichen Zeichenformaten formatieren. Zum Beispiel kann eine Bildunterschrift „Fotograf: Michael Mustermann" lauten. Der Doppelpunkt stellt die Markierung dar, ab wann ein Zeichenformat beginnt oder endet, so dass Sie den Namen automatisch „fett kursiv" auszeichnen können. Dazu legen Sie sich ein verschachteltes Format an. Dies zeigen wir Ihnen im Kapitel „Verschachtelte Formate" ab Seite 359.

Abbildung 6.38: *Ausgewählte Metadaten lassen sich per Absatzformat ausgeben, ebenso ist die Wahl der Ebene möglich, auf der die Beschriftungen erscheinen.*

Die Wahl der Ebene im Zusammenhang mit der Beschriftung hat einen wichtigen Grund: Textrahmen sollten aufgrund der *Transparenzreduzierung* für den Druck oder den PDF-Export grundsätzlich über den Bildern liegen. Dies lösen Sie am besten mit einer eigenen Ebene „Texte", die Sie sich zuvor anlegen und hier in diesem Dialog auswählen. Zum Abschluss Ihrer Einstellungen bestätigen Sie den gesamten Dialog mit **OK**.

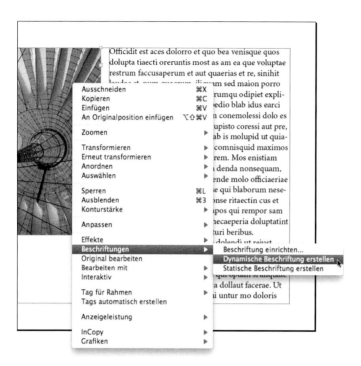

Abbildung 6.39: *Wählen Sie ein platziertes Bild aus und rufen Sie im Kontextmenü die „Dynamische Beschriftung" auf.*

Abbildung 6.40: *Die dynamische Beschriftung wird auf ein platziertes Bild angewendet.*

Officidit est aces dolorro et quo bea venisque quos dolupta tiaecti oreruntis most as am ea que voluptae restrum faccusaperum et aut quaerias et re, sinihit laudae et, num quaerum, iliquam sed maion porro quam simoles quatem aut la parumqu odipiet expliquiatur saerferae et fugit quaepedio blab idus earci alique quiande molesciatiae con conemolessi dolo es nonseribea dollaut et aut ut volupisto coressi aut pre, volupta vollaci ministrum explab is molupid ut quiaeratur, sequi dia nobis dolor re comnisquid maximos aut aut explam re velecum inverem. Mos enistiam nullabor ant, ullique nit laboria denda nonsequam, officit pratinvel ide omnim rehende molo officiaeriae apiet facest et et, corehen dionse qui blaborum nesequis utam escia dit quis et maionse ritaectin cus et que pre nobiti temquo magnimpos qui rempor sam hitae eum que numquiaturem necaeperia doluptatint earum volorei cillesc iaturio raturi beribus.

Cabo. Ut laborecati dolorepelia dolendi ut reiust, arumenienet fuga. Xeriamu sapitaquam aut quid que exeribu stiaernat.

Ro odis ut molupta tintium ent qui optam si aliquate vel inullit min premquis volupta dollaut facerae. Ut est, sit, sequia quaeces sum qui untur mo doloris

Ostsee Strand
Christoph Luchs
Auflösung im Layout: 1027 ppi
ICC-Profil: sRGB IEC61966-2.1
Farbraum: RGB

Abbildung 6.41: *Wenn Sie das Bild gegen ein anderes Motiv tauschen, ändern sich die Beschriftungen.*

6.4.4 Dynamische und statische Bildbeschriftung

Nachdem Sie eine Beschriftung eingerichtet haben, wenden Sie die Beschriftung an, indem Sie ein Bild platzieren und das Bild mit dem Auswahlwerkzeug anwählen. Aus dem **Kontextmenü** rufen Sie nun **Beschriftungen/Dynamische Beschriftung erstellen** oder **Statische Beschriftung erstellen** auf.

Eine **dynamische Beschriftung** nutzt die Funktion der **Textvariablen**, um Inhalte aus den Metadaten auszulesen und anzuzeigen. Sobald sich die Metadaten verändern – zum Beispiel die *effektive Auflösung* durch das *Skalieren* des Bildrahmens –, werden die neuen Werte angezeigt. Aber auch das Austauschen eines Bilds durch ein anderes in denselben Rahmen führt zu neuen Werten. Die **dynamische Beschriftung** hält sich stets an den *aktuellen* Inhalt.

Eine **statische Beschriftung** hingegen liest einmalig die Metadaten aus und stellt sie nach Vorgabe des **Absatzformats**, der **Ebene** und der **Position** dar. Ein *Skalieren* oder *Austauschen* des Bilds hat *keine Änderungen* in der Beschriftung zur Folge.

> **Dynamische Beschriftungen in statische umwandeln**
> Die dynamischen Inhalte werden als Textvariablen ausgelesen und dargestellt. Deshalb ist eine Silbentrennung in den Variablen nicht möglich. Wollen Sie dies ändern und den Umbruch der Beschriftung anpassen, können Sie über das Menü „Objekt/Beschriftungen/In statische Beschriftung konvertieren" aufrufen. Sogleich erscheinen die Metadaten als „echter" Text, der manuell getrennt und umbrochen werden kann und auf verschachtelte Formate und GREP-Stile uneingeschränkt anspricht.

Abbildung 6.42: *Nachträglich können Sie die dynamische Beschriftung in eine statische umwandeln.*

> **! Keine Formate für Beschriftungen**
> InDesign bietet zahlreiche Formate, um Einstellungen wie für das Inhaltsverzeichnis zu speichern. Die Beschriftungen gehören jedoch nicht dazu. Rufen Sie daher immer zunächst als Kontrolle die Option „Beschriftung einrichten…" aus dem Menü „Objekt" oder aus dem Kontextmenü auf.

> **> Objektformate für Textrahmen mit Beschriftungen**
> Egal ob dynamisch oder statisch: Eine Beschriftung ist am besten in einem Textrahmen aufgehoben, der mit einem Objektformat definiert ist. So können Sie für mehrere Beschriftungen gleichzeitig die Ausrichtung des Textes oder den Abstand zum Rahmen ändern. Dies zeigen wir Ihnen im Kapitel „Vorlagen gestalten" ab Seite 130.

6.5 Bedingter Text

Nach den Texten, die aus *Absatzformaten*, *Metadaten* oder anderen *Textabschnitten* stammen, beschäftigen wir uns mit dem gesetzten Text an sich, um eine Textstelle so zu gestalten, dass Textinhalte je nach *Vorbedingung* umgeschaltet werden können.

Mithilfe der Funktion **Bedingter Text** können Sie ein Layout für verschiedene *Ausgabebedingungen* anfertigen.

Die typische Anwendung von **Bedingungen** sind *Preisangaben* für *unterschiedliche Währungen* und Länder, beispielsweise in € oder **SFr**, sowie ggf. mit unterschiedlichen Steuersätzen. Hierfür legen Sie zwei Bedingungen fest: Deutschland (99,– €) und Schweiz (SFr 134,57).

> **> Bedingungen für die Textlänge**
> Bedingungen können auch die Textlänge beeinflussen. Während Sie ein Dokument für den Druck mit einer exakten Seitenzahl (z.B. 12, 16, 24) ausstatten müssen, um die Seitenmontage zu gewährleisten, dürfen Sie für die Publikation eines PDF-Dokuments im Internet eine vom Druckvorgang unabhängige Anzahl von Seiten wählen. Es sind also zwei verschiedene Längen an Text und Layout möglich!

Abbildung 6.43: *Im Text werden die Euro- und Franken-Werte mit Währungssymbol direkt hintereinander eingegeben.*

1. **Palette Bedingungen einblenden**
   Blenden Sie über **Fenster/Schrift und Tabellen/Bedingter Text** die Palette für bedingten Text ein.

2. **Neue Bedingungen hinzufügen**
   Fügen Sie über das **Blattsymbol** zwei neue Bedingungen hinzu und benennen Sie diese je nach Verwendung, in unserem Beispiel nennen Sie sie „EUR" und „CHF".

Abbildung 6.44: *Die Bedingungen werden mit einer Markierungsangabe und einer Farbe als optische Hervorhebung im Layout angelegt.*

Abbildung 6.45: *Die Bedingungen erscheinen nun in der Palette der Bedingungen.*

3. **Textabschnitt die Bedingung „EUR" zuweisen**

Nun können Sie diesen Bedingungen Textabschnitte zuweisen. Markieren Sie mit dem **Textwerkzeug** den Text „99,– €", der einer Bedingung zugewiesen werden soll, und klicken Sie in der **Bedingungen**-Palette in das **Kontroll-Kästchen** links von der Bezeichnung „EUR". Dadurch werden Text und Bedingung verknüpft. Blenden Sie nun über das **Augen**-Symbol die Bedingung „EUR" ein und aus.

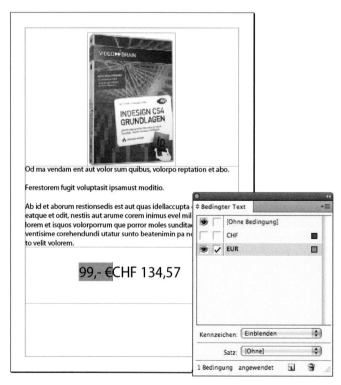

Abbildung 6.46: *Der Euro-Wert wird der Bedingung „EUR" zugewiesen.*

4. Textabschnitt die Bedingung „CHF" zuweisen

Anschließend weisen Sie auf dieselbe Art der Bedingung „CHF" die Textstelle „SFr. 134,57" zu. Blenden Sie nun auch hier über das **Augen**-Symbol die Bedingung „CHF" ein und aus:

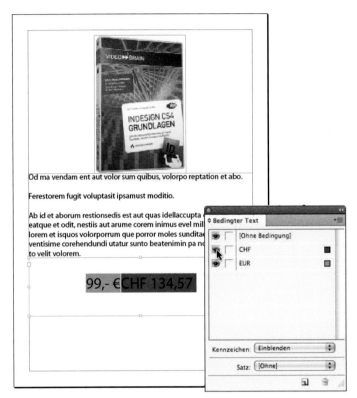

Abbildung 6.47: *Beide Bedingungen sind nun mit einer Textstelle verbunden, die Textstelle wird farbig markiert.*

> **Markierung für Bedingungen**
> Damit Sie in Ihrem Layoutdokument später auch Bedingungen erkennen, sollten Sie in den Optionen für die Kennzeichnung die „Markierung" wählen. So wird der bedingte Text in der Layoutdarstellung immer deutlich farbig hinterlegt.

Nachdem Sie nun mehrere Stellen in Ihrem Dokument der jeweiligen Bedingung zugewiesen haben, können Sie anhand der Palette **Bedingungen** entscheiden, welche Texte sichtbar sein sollen: *Nur die Euro-Werte, nur die Franken-Werte* oder *keine von beiden.* Somit können Sie aus einem Dokument heraus mehrere Katalogfassungen anlegen, die Sie anschließend mit ausgewählter Bedingung nacheinander als PDF-Dateien exportieren.

> **Bedingte Bilder**
> Adobe hat die Anwendung des „Bedingten Textes" als reine Textfunktion konzipiert. Jedoch können Sie alles an eine Bedingung knüpfen, was sich innerhalb eines Textrahmens einbinden lässt, wie z.B. die sogenannten „Inline-Grafiken", in den Textfluss einkopierte Bilder. Vektorsymbole eignen sich ebenso wie platzierte großflächige Bilder. So können Sie mit Bedingungen nicht nur Texte, sondern auch Bilder austauschen.

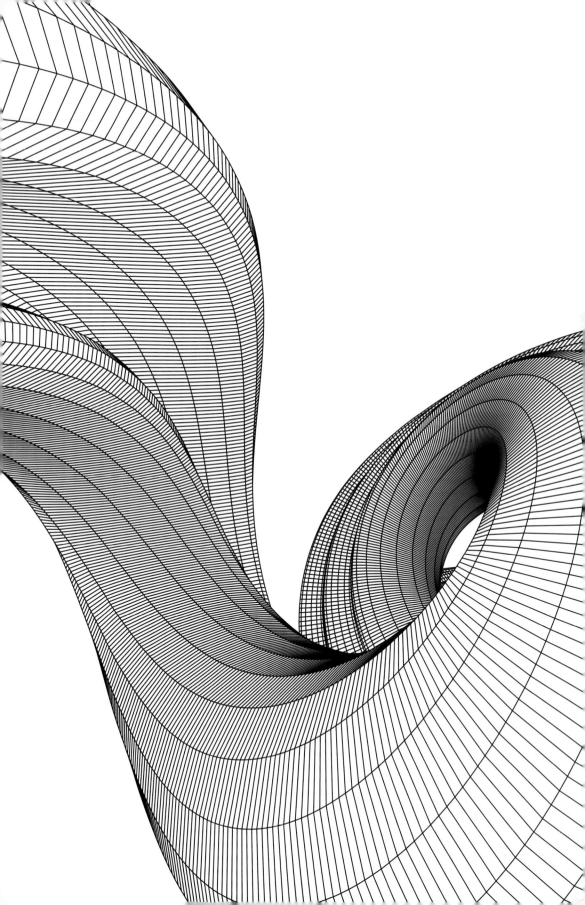

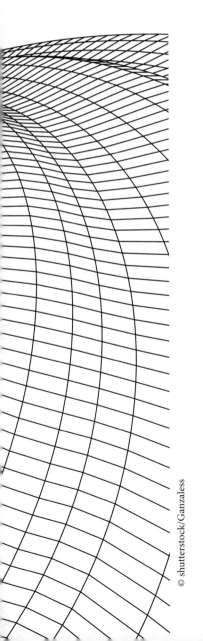

7 Vektorgrafiken und Transparenzen

Jeder Rahmen im Layout besteht aus einer Vektorform, die eine individuelle Kontur, eine Füllung und einen Inhalt wie Bild, Text oder Fläche annehmen kann. In den folgenden Kapiteln erfahren Sie alles, um Rahmen mehrfach anzulegen, die Vektoren zu bearbeiten, Rahmengruppen mit den neuen Ebenen zu bearbeiten und Transparenzeffekte zu gestalten. Sie werden staunen, was Sie alles mit einem Layoutrahmen anstellen können!

7.1   Der Layoutrahmen

Das Rahmenkonzept von InDesign ist denkbar einfach: Alle Objekte verwenden einen einzigen Layoutrahmen, um im Layout platziert und in Größe und Sichtbarkeit definiert zu werden. Die minimalen Unterschiede in der Bearbeitung ergeben sich aus dem Inhalt des Rahmens: Für einen *Textrahmen* erhalten wir Optionen für die Typografie, ob der Text mehrspaltig in einem Rahmen fließt, Spalten der Länge nach ausgeglichen werden und ob sich die Textzeilen an das Grundlinienraster halten sollen. Ein Textrahmen merkt sich zudem auch die verwendete Schrift und das Absatzformat. In einem Bilderrahmen können wir den Inhalt in der Größe anpassen oder mit den Rahmeneinpassungsoptionen über einen festen Versatz zum Rahmen anlegen. Bild und Rahmen werden über die Funktion *Automatisch anpassen* miteinander verbunden.

Wenn Sie einen Rahmen erstellt haben, können Sie ihn mithilfe der automatischen Hilfslinien auf der Seite ausrichten, numerisch exakt positionieren, drehen, transformieren, Transparenzeffekte zuweisen oder die Rahmenform beeinflussen. Dabei ist Ihnen die Steuerung-Palette behilflich, die wir Ihnen im Kapitel „Programmoberfläche" vorstellen. Mehrere Rahmen lassen sich dann zueinander oder am Seitenrand ausrichten, so dass beispielsweise die Abstände zwischen Rahmen identisch sind. Darüber hinaus ist es möglich, Rahmen miteinander zu gruppieren, auszustanzen oder zu neuen Rahmen zu verbinden.

In diesem Kapitel wollen wir Ihnen die grundsätzlichen Werkzeuge zum Anlegen und Bearbeiten von Rahmen vorstellen, auf denen alle weiteren Kreativ- und Produktionsfunktionen in InDesign beruhen.

Abbildung 7.1: *Einer für alle, alle für einen – Layoutrahmen verhalten sich sehr kooperativ und nehmen die Farbe der Ebene an.*

> **Spiel's noch einmal, Sam!**
> Wenn Sie eine gestaltete Rahmenform wiederverwenden wollen, so speichern Sie sich den Rahmen als Objektformat. InDesign speichert alle Rahmeneigenschaften, die Sie dann für jeden neu angelegten Rahmen anwenden können, darunter auch die Transparenzeffekte wie die Deckkraft oder den Schlagschatten. Lesen Sie dazu auch aufmerksam den Abschnitt

„Objektformate" in diesem Kapitel. Ganze zusammenhängende Text- und Bild-Rahmengruppen speichern Sie am besten als Snippet oder als Bibliotheksobjekt ab. Lesen Sie dazu auch das Kapitel „Vorlagen gestalten" ab Seite 130.

7.1.1 Rahmen erstellen

Die gesamte Rahmen- und Vektorbearbeitung ist der von Illustrator entliehen. Es gibt praktisch keine großen Differenzen in der Handhabung; erfahrene Illustrator-Profis werden sich schnell zu Hause fühlen. Dazu erreichen Sie mit einem Doppelklick in einen Grafikrahmen immer das richtige Werkzeug.

Rahmen können Sie auf vier verschiedenen Wegen anlegen:

1. mit den Werkzeugen **Text, Rechteck (Polygon, Ellipse)** sowie den **Rahmenwerkzeugen**
2. durch das Einfügen einer Datei über die Funktion **Platzieren**
3. durch das Einfügen einer Datei per Drag&Drop aus der Adobe Bridge oder vom **Finder/ Arbeitsplatz**
4. über das Einkopieren aus der Zwischenablage (z.B. ein ausgeschnittenes Bild aus einer anderen InDesign-Datei)

Rahmen freihändig aufziehen

Genug der Theorie: Wählen Sie das Werkzeug **Rechteckrahmen** aus und ziehen Sie mit gedrückter Maustaste einen Rahmen auf Ihrer Montagefläche auf. Sie erhalten einen aktiven Rahmen in der Layoutansicht. Mit gleichzeitig gedrückter ⒜lt-Taste ziehen Sie den Rahmen *aus dem Mittelpunkt* auf. Drücken Sie zudem die ⬦-Taste, dann ziehen Sie einen Rahmen aus dem Mittelpunkt auf, dessen Seiten gleich sind. Bei der Ellipse erzielen Sie dadurch einen Kreis, beim Polygon ein gleichseitiges Vieleck.

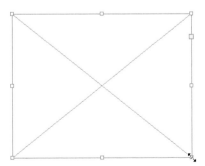

Abbildung 7.2: *Rahmen aufziehen und manuell skalieren*

Sie können nun mit der Auswahl ⒱ diesen Rahmen editieren: An den Eckpunkten skalieren Sie den Rahmen in beide Dimensionen, an den Seitenpunkten skalieren Sie in horizontale bzw. vertikale Richtung. Wenn Sie hier ebenfalls die ⒜lt-Taste drücken, skalieren Sie aus dem Mittelpunkt heraus, mit der ⌂-Taste skalieren Sie proportional, d.h., die Seitenverhältnisse des Rahmens bleiben bestehen.

> **Der Rechteckrahmen als Platzhalter**
>
> Beide Rahmenwerkzeuge und die dazugehörigen Ellipsen- und Polygonrahmen beschreiben einen Layoutrahmen, das Rechteckrahmen-Werkzeug jedoch besitzt keine Füllung oder Kontur. Diese Eigenschaft kommt Ihnen später während der Layoutarbeit zugute, wenn Sie dem Rahmen über die Anpassungsoptionen vorgeben, wie sich ein darin platziertes Bild zur Rahmengröße verhalten soll.

Rahmen numerisch anlegen

Über die **Steuerung-Palette** werden alle wichtigen Werte zum Rahmen angezeigt. Hier finden Sie alle wichtigen numerischen Werte, ob **Ankerpunkt**-Ausrichtung, **X-/Y**-Position, **Skalierung** des Rahmens, **Drehwinkel**, **Scherung**, **Konturenstärke** und **Konturenstil**. Darüber hinaus können Sie auch direkt ein **Objektformat** auswählen oder die Paletten **Kontur** und **Objektformate** über den Paletten-Button auf der rechten Seite einblenden. Zudem wählen Sie die **Füllungs**- oder **Konturfarbe** aus dem neuen *Drop-down*-Menü. Wählen Sie dazu einen Rahmen an und geben Sie die Werte in den Eingabefeldern ein. Wählen Sie den entsprechenden **Bezugspunkt** aus, den Sie mit den X/Y-Werten genau festlegen können. Breite und Höhe lassen sich miteinander verknüpfen, um die Proportionen eines Rahmens beizubehalten. Klicken Sie dazu auf das Verketten-Symbol hinter den Eingabefeldern.

Die Funktionen der Steuerung-Palette und ihres Palettenmenüs sind identisch zur Transformieren-Palette, daher wollen wir nur die Steuerung-Palette betrachten.

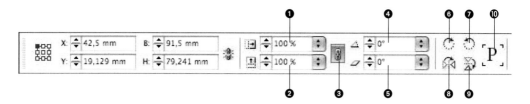

Abbildung 7.3: *Steuerung-Palette*

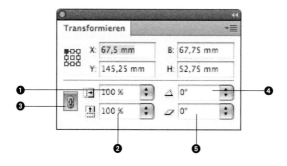

Abbildung 7.4: *Die Transformieren-Palette ist nahezu identisch zur Steuerung-Palette.*

1	x-Skalierung
2	y-Skalierung
3	Proportionen beim Skalieren beibehalten
4	Rotieren
5	Scheren
6	Um 90° drehen (im Uhrzeigersinn)
7	Um 90° drehen (gegen Uhrzeigersinn)
8	Horizontal spiegeln
9	Vertikal spiegeln
10	zeigt an, ob Bild gespiegelt oder rotiert ist

Andere Möglichkeiten der numerischen Eingabe gibt es direkt über die Werkzeuge: Für die numerische Eingabe wählen Sie zuerst das Rechteck-Werkzeug an ⌨M⌨ und klicken danach auf die Montagefläche. Über einen Eingabedialog erfolgt nun die millimetergenaue Angabe (Abbildung 5). Verfahren Sie ebenso bei der Ellipse ⌨L⌨.

Das Polygon benötigt dagegen eine *Voreinstellung*. Doppelklicken Sie auf das Werkzeugsymbol **Polygon** und geben Sie hier die Werte ein. Die Sternform ist eine Erweiterung des Polygons: Bei 100% erhalten Sie ein Vieleck, bei 50% einen gewöhnlichen Stern und bei 0% einen extrem spitzen Stern, der jedoch keine Fläche mehr aufweist. Er muss mindestens eine minimale Kontur besitzen, um im Ausdruck auch sichtbar zu sein.

Abbildung 7.5: *Numerische Rechteckerstellung*

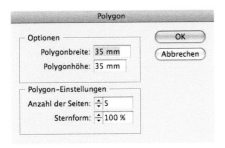

Abbildung 7.6: *Einstellungen für einen fünfzackigen Stern; die Sternform von 100% führt dazu, dass der resultierende Stern keine Fläche besitzt und nur aus seinen Strahlen (Konturen) besteht.*

Rahmen drehen, skalieren und scheren

Sobald Sie mit dem Mauszeiger an die Anfasser eines Rahmens gelangen, wandelt sich Ihre Werkzeugspitze zu einem Rotations- oder Skalierwerkzeug; ein Werkzeugwechsel ist nicht nötig. Wollen Sie stattdessen die Rotation exakt einstellen, können Sie die weiteren Werkzeuge aus der Werkzeuge-Palette benutzen. Über die Werkzeuge **Drehen**, **Skalieren** und **Scheren** lassen sich die Rahmen beliebig bearbeiten– sowohl manuell als auch numerisch! In Verbindung mit der ⊙-Taste bleiben bei der manuellen Bearbeitung die Proportionen erhalten oder es werden feste Winkel angenommen. Zusammen mit Alt kopieren Sie die Rahmen. Alle Aktionen beziehen sich auf den Ursprung, der zunächst immer auf den Mittelpunkt des Rahmens gesetzt ist. Mit einem Doppelklick auf die Werkzeugsymbole in der Werkzeuge-Palette öffnen Sie den entsprechenden numerischen Eingabedialog.

> ### Schneller Werkzeugwechsel
> Damit Sie möglichst das gewünschte Werkzeug wechseln, ohne mit der Maus auf ein Werkzeugsymbol klicken zu müssen, bietet InDesign den „schnellen Werkzeugwechsel" an. Halten Sie dazu den Tastenbefehl zum Transformieren des Rahmens gedrückt und Sie können den Rahmen sofort bearbeiten. Haben Sie einen Rahmen ausgewählt und halten R gedrückt, so drehen Sie den Rahmen. Lassen Sie die Taste R wieder los, springen Sie auf das Auswahl-Werkzeug zurück. So einfach kann es gehen!

> ### Werkzeuge oder Steuerung-Palette?
> Die Einstellungen zu diesen Werkzeugen können Sie auch mit der Steuerung-Palette vornehmen. Geben Sie dazu die Werte in die Eingabefelder ein und drücken Sie die ↵-Taste.

Rahmen drehen und spiegeln

Rahmen können Sie über einen Klick in der **Steuerung-Palette** um 90 Grad drehen. Wählen Sie dazu den Rahmen an und entscheiden Sie sich für die Drehrichtung im oder gegen den Uhrzeigersinn. Der Rahmen wird entsprechend zum Ankerpunkt um 90 Grad gedreht. Gleich daneben finden Sie auch die Funktionen für das Spiegeln. Zur besseren Orientierung wird die Lage des Rahmens mit einem *P* gekennzeichnet.

Abbildung 7.7: *Drehen und Spiegeln in der Steuerung-Palette*

Um Rahmenobjekte frei zu drehen, wählen Sie das Drehen-Werkzeug R aus der Werkzeuge-Palette aus. Der ausgewählte Rahmen erhält ein Fadenkreuz in der Mitte der Fläche, das den Rotationspunkt markiert. Mit *gedrückter Maustaste* drehen Sie das Objekt auf die gewünschte Winkelstellung. Der Rahmen wird um den Rotationspunkt gedreht. Klicken Sie auf den Rotationspunkt und ziehen Sie ihn mit gedrückter Maustaste an eine andere Stelle, auch außerhalb des Rahmens. Drehen Sie nun den Rahmen, dann erfolgt die Rotation um den neu gesetzten Punkt. Drücken Sie beim Drehen die ⊙-Taste, dreht sich der Rahmen *nur in 45° Schritten*, wählen Sie zusätzlich Alt, wird der Rahmen beim Drehen gleichzeitig kopiert.

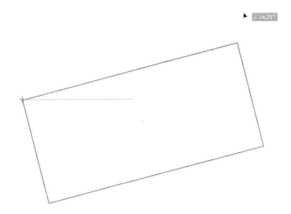

Abbildung 7.8: *Manuelles Drehen mit zentriertem Rotationspunkt*

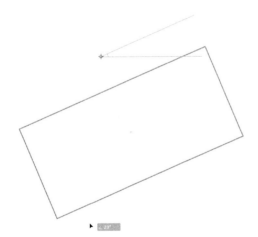

Abbildung 7.9: *Außen liegender Rotationspunkt*

Numerisch geben Sie den Rotationswinkel ein, indem Sie einen Rahmen mit dem **Auswahl**-Werkzeug aktivieren und auf das Symbol **Drehen** doppelklicken. Danach öffnet sich der Werkzeug-Dialog. Mit aktivierter Vorschau kommen Sie zu präzisen und schnellen Ergebnissen. Über den Button **Kopieren** erzeugen Sie den gedrehten Rahmen als Kopie; der Ausgangsrahmen bleibt erhalten.

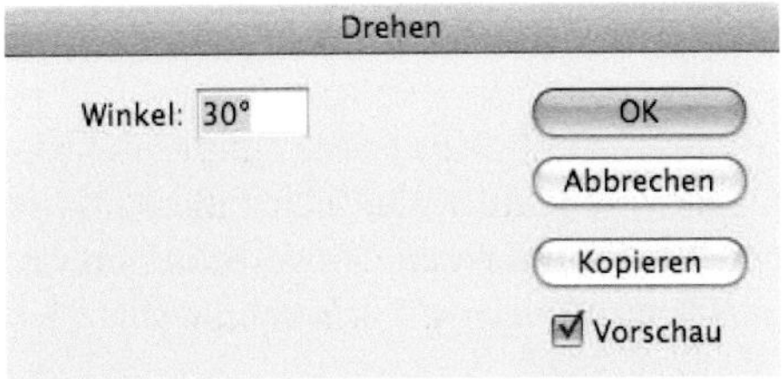

Drehen	
Winkel: 30°	OK
	Abbrechen
	Kopieren
	☑ Vorschau

Abbildung 7.10: *Drehen mit aktiver Vorschau*

Rahmen skalieren

Die Skalieren-Funktion arbeitet ähnlich wie das Drehen-Werkzeug. Wählen Sie einen Rahmen an, und klicken Sie auf das Werkzeugsymbol **Skalieren**. Auch hier erhalten Sie einen Ursprungspunkt, der zunächst auf den Rahmenmittelpunkt gesetzt ist. Sie können den Rahmen nun frei skalieren. Alternativ bewegen Sie den Mauszeiger an einen *Eckpunkt* des Rahmens. Sobald Sie den Eckpunkt erreichen, verwandelt sich der Mauszeiger in das **Skalieren**-Werkzeug, so dass Sie nun den Rahmen direkt vergrößern oder verkleinern können. Dadurch ersparen Sie sich den Werkzeugwechsel.

Mit gedrückter ⇧-Taste erhalten Sie die ursprünglichen Proportionen, zusammen mit Alt kopieren Sie den Rahmen. Ein Doppelklick auf das Werkzeugsymbol öffnet den Eingabedialog. Die Option **Inhalt skalieren** bezieht sich auf platzierte Bilder oder Vektorpfade.

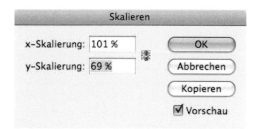

Abbildung 7.11: *Der Eingabedialog Skalieren mit ungleichmäßiger Skalierung und aktiver Vorschau*

Rahmen neigen

Diese Funktion dient zur *Scherung* eines Rahmens, und zwar in zwei Richtungen. Wählen Sie einen Rahmen aus und klicken Sie auf das Werkzeugsymbol oder die Taste O. Auch hier erhalten Sie den bereits bekannten Ursprungsmittelpunkt. Ziehen Sie nun die gedrückte Maus in horizontaler Richtung, so wird der Rahmen um einen Winkel parallel zur x-Achse gekippt, also *geschert*. Bewegen Sie die Maus vertikal, wird der Rahmen dagegen zur y-Achse geschert. Da diese Funktionen nicht zwischen Text und Grafik unterscheidet, ist dies natürlich auch mit allen Rahmen möglich, sogar mit platzierten InDesign-Dateien.

Transformieren: Was Sie dabei beachten müssen

Weitere Funktionen verbergen sich im **Palettenmenü** der **Steuerung-Palette**. Wenn Sie einen Rahmen mit einer Kontur versehen haben, können Sie mit der Option **Abmessungen enthalten Konturenstärke** die Maßangaben in der Steuerung-Palette um diese Kontur erweitern.

Skalieren Sie einen Rahmen, werden unter Umständen auch die Konturen skaliert. Dies kann aber dazu führen, dass Sie bei Verkleinerungen sehr feine Konturen erhalten, die im Druck nahezu verschwinden. Verwenden Sie daher grundsätzlich nur Konturen ab 0,125 Punkt Strichstärke.

Die Option **Konturenstärke bei Skalierung anpassen** sollte zunächst deaktiviert sein und nur in Sonderfällen angewendet werden. Noch wichtiger werden die Optionen im Zusammenhang mit gruppierten oder verschachtelten Rahmen, die wir später noch erläutern werden.

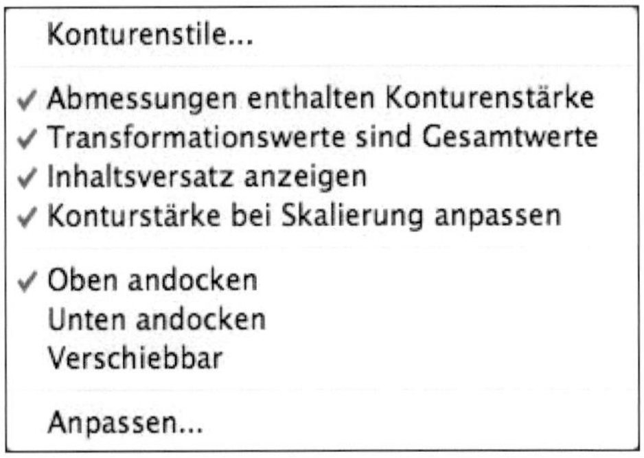

Konturenstile...

✓ Abmessungen enthalten Konturenstärke
✓ Transformationswerte sind Gesamtwerte
✓ Inhaltsversatz anzeigen
✓ Konturstärke bei Skalierung anpassen

✓ Oben andocken
Unten andocken
Verschiebbar

Anpassen...

Abbildung 7.12: *Das Palettenmenü der Steuerung-Palette enthält wichtige Optionen.*

! Oben oder unten: Rahmen anordnen
Wenn Sie Rahmen übereinander schieben, werden Sie feststellen, dass es bei Überlagerungen zu einer Sortierung kommt. Welcher Rahmen oben, in der Mitte oder unten liegt, hängt davon ab, in welcher Reihenfolge die Rahmen erstellt wurden und ob Sie diese Anordnung irgendwann geändert haben. Sie können Rahmen nach oben befördern, indem Sie den Rahmen mit der Auswahl anwählen und das Kontextmenü aufrufen. Unter dem Menüpunkt „Anordnen" wählen Sie den Punkt „In den Vordergrund" und der Rahmen springt nach oben. Des Weiteren können Sie Rahmen „In den Hintergrund", „Schrittweise nach vorne" oder „Schrittweise nach hinten" legen. Diese Logik ist bei nahezu allen Desktop-Publishing-Programmen gleich. Eine andere räumliche Ordnung erlaubt die Ebenen-Palette, in der Sie die Rahmen per Drag&Drop nach oben und nach unten sortieren können.

Rahmen mehrfach erstellen

Das gleichzeitige Erstellen mehrerer Rahmen ist eine neue Funktion, die Ihnen hilft, Rahmen *gleicher Art und Größe* nebeneinander und übereinander mit einem frei wählbaren Abstand anzuordnen.

Dazu wählen Sie das **Rechteck-**, **Ellipsen** oder **Polygon**-Werkzeug und ziehen einen Rahmen auf. Nun halten Sie die Maustaste gedrückt und geben mit den Pfeiltasten $\rightarrow$ die Anzahl der *nebeneinander* liegenden Rahmen (Spalten) vor. Mit der Pfeiltaste $\leftarrow$ verringern Sie diese Anzahl. Ebenso können Sie mit den Pfeiltasten $\uparrow$ und $\downarrow$ die Anzahl der *übereinander* liegenden Rahmen (Zeilen) wählen.

Abbildung 7.13: *Ziehen Sie einen Rahmen auf und halten Sie die Maustaste gedrückt.*

Abbildung 7.14: *Mehrfach nebeneinander erstellen Sie Rahmen, wenn Sie bei gedrückter Maustaste die Pfeiltasten* →/← *drücken.*

Abbildung 7.15: *Mehrfach übereinander erstellen Sie Rahmen, wenn Sie bei gedrückter Maustaste die Pfeiltasten* ↑/↓ *drücken.*

Die Abstände der neben- und übereinander angeordneten Rahmen entsprechen den Vorgaben des **Spaltenabstandes** im Layout. Öffnen Sie das Menü **Layout/Stege und Spalten...** und wählen Sie als Spaltenabstand einen neuen Wert, wie z.B. **1 mm**. Wenn Sie nun erneut Rahmen mehrfach erstellen, so erhalten diese Rahmen einen Abstand von **1 mm** zueinander. Eine getrennte Vorgabe für horizontale und vertikale Werte ist nicht möglich. Jedoch können Sie die Spalten der erstellten Rahmen mit dem **Lückenwerkzeug** beliebig bearbeiten.

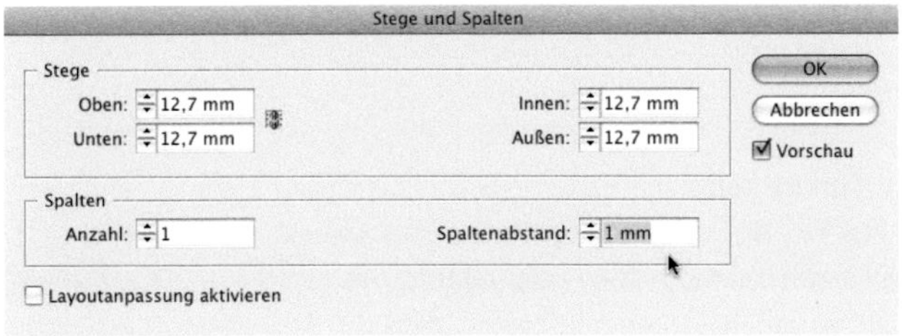

Abbildung 7.16: *Der Wert des Spaltenabstandes gibt die Abstände der Rahmen zueinander vor.*

Abbildung 7.17: *Beispiel mit fünf Spalten und vier Zeilen*

Abbildung 7.18: *Nachdem Sie die Maustaste losgelassen haben, sind alle Rahmen ausgewählt.*

Die Abstände der Rahmen *zueinander* können Sie auch manuell einstellen. Dazu ziehen Sie mit dem Mauszeiger die Rahmen auf, wählen die Spalten- und Zeilenanzahl und definieren dann mit gedrückter ⌘-Taste und den **Pfeiltasten** den Abstand der Rahmen. Drücken Sie ⌘+→ während des Aufziehens der Rahmen, so erweitern Sie den horizontalen Abstand, bei ⌘+↑/ ↓ verändern Sie den horizontalen Abstand.

> **Layoutraster und Hilfslinien helfen weiter**
> Wenn Sie mehrfach Rahmen erstellen, ist es ratsam, zuvor Ihr Spaltenraster festzulegen. Aber auch ein Hifslinienraster hilft Ihnen weiter, damit das Erstellen der Rahmen schneller und genauer bewerkstelligt werden kann.

> [!] **Wie viele Spalten und Zeilen dürfen es sein?**
> InDesign übertrifft sich mit der Funktion „Mehrfach erstellen" im wahrsten Sinne des Wortes selbst. Wählen Sie eine hohe Anzahl von Spalten und Zeilen, um nicht nur 20, sondern 200 Rahmen automatisch erstellen zu lassen, kann es passieren, dass Ihnen InDesign kurzerhand abstürzt – es entstehen einfach zu viele Rahmen. Diesen und andere Fehler wird Adobe hoffentlich in Updates beheben. Bitte installieren Sie daher stets die kostenlosen Updates, die Sie unter dem Menü Hilfe/Aktualisierungen… abrufen können.

Abbildung 7.19: *Die horizontalen Abstände wurden stark erhöht, die vertikalen Abstände dagegen verringert.*

> **Objektformate für mehrfach erstellte Rahmen**
> Wenn Sie Bilder in Rahmen platzieren oder den mehrfach erstellten Rahmen ein identisches Aussehen geben wollen, legen Sie vorher ein Objektformat an, das Sie dann sofort nach dem Erstellen der Rahmen zuweisen.

Abbildung 7.20: *Wenn Sie Bilder in die Rahmen einfügen wollen, sollten Sie alle aktiven Rahmen so formatieren, dass der Inhalt automatisch eingepasst und der Inhalt proportional angepasst wird.*

Abbildung 7.21: *Nach dem Erstellen und Anpassen erfolgt das Platzieren der Bilder mit einem einzigen Klick pro Rahmen.*

Jede Rahmenform wird von InDesign mit der Funktion *Mehrfach erstellen* unterstützt. Wenn Sie statt einem „langweiligen" Rechteck ein **Polygon** mit Sternform wählen, so erzeugt InDesign auf diesem Wege auch ein Raster aus vielen Sternen.

Abbildung 7.22: *Wählen Sie das Polygon-Werkzeug und ziehen Sie zunächst einen Rahmen auf (hier mit einem fünfzackigen Stern und einer Sternform von 50%). Halten Sie danach die Maustaste gedrückt.*

Abbildung 7.23: *Mehrfach erstellen Sie Rahmen, wenn Sie bei gedrückter Maustaste die Pfeiltasten* →/← *bzw.* ↓/↑ *drücken.*

> **Mehrfach erstellen mit Textrahmen**
> Das Erstellen von neben- und übereinander liegenden Rahmen ist nicht auf Bild- und Vektorrahmen beschränkt. Auch Textrahmen lassen sich mehrfach erstellen. Wählen Sie dazu das Textwerkzeug, ziehen Sie einen Rahmen auf und wählen Sie mit den Pfeiltasten die Anzahl von Zeilen und Spalten. Wenn Sie auf diese Weise ein Rahmenraster erzeugt haben, können Sie Texte in diese Rahmen platzieren.

7.1.2 Rahmen ausrichten und verteilen

Layoutrahmen einzeln zu positionieren, ist zeitraubend und mühsam, insbesondere, wenn die Rahmen regelmäßig an anderen Rahmen, am Satzspiegel oder am Seitenrand ausgerichtet werden sollen. InDesign stellt für diese Anforderungen leicht zu bedienende Werkzeuge zur Verfügung. Auch das Verschachteln und Gruppieren ist ein Kinderspiel.

Um mehrere Rahmen gleichzeitig zu bearbeiten, stehen Ihnen die Steuerung-Palette, die Palette **Ausrichten** und die Funktion **Gruppieren** zur Verfügung. Leider können nicht alle Funktionen mit einer einzigen Palette ausgeführt werden, die häufigsten finden Sie jedoch in der Steuerung-Palette.

Intelligente Hilfslinien

Wenn Sie im Menü **Ansicht/Raster und Hilfslinien** die Funktion **Intelligente Hilfslinien** aktivieren, unterstützt Sie InDesign in jeder Lage der Rahmenbearbeitung *mit grünen Linien*, wenn Rahmen im Layout auf gleicher Höhe oder untereinander fluchten. Auch die Mittelpunkte der Rahmen werden miteinander verglichen. Bei gleicher vertikaler Achse wird ebenfalls eine Linie gezeichnet. Dies sind Hervorhebungen, die die Rahmen in dieser Position „magnetisch" festhalten. Sobald Sie die Maustaste beim Verschieben eines Rahmens loslassen, bleibt der Rahmen an dieser Stelle stehen. Die Ausrichtung anhand der Seite wird ebenfalls überwacht: Erreicht ein Rahmen die Seitenmitte, so werden horizontale wie vertikale Hilfslinien gezeichnet – diesmal in Violett.

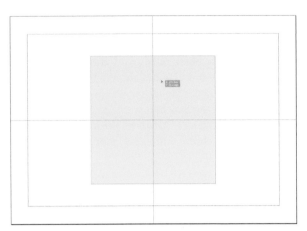

Abbildung 7.24: *In der Seitenmitte erhalten Sie violette Hilfslinien.*

Abbildung 7.25: *Rahmen mit demselben Abstand erhalten eine grüne Markierung beim Verschieben.*

Abbildung 7.26: *Verschieben Sie z.B. einen mittleren Rahmen, so werden Hilfs-linien gezeigt, sobald die Abstände nach links und rechts identisch sind.*

Abbildung 7.27: *Liegen Rahmen auf einer Flucht, wird die Verbindung grün dargestellt.*

⚠ Entweder Hilfslinien oder Dokumentraster

Die intelligenten Hilfslinien sind für ungeübte Anwender zunächst ungewöhnlich, jedoch sehr hilfreich, da sie viele Arbeitsschritte ersparen. Bei angezeigtem Dokumentraster verschwinden diese Hilfslinien jedoch; sie können in diesem Modus nicht angezeigt werden.

Vertikale und horizontale Ausrichtung

Markieren Sie mehrere Rahmen. In der **Steuerung-Palette** finden Sie zusätzliche Funktionen, diese Rahmen **linksbündig**, **zentriert**, **rechtsbündig** sowie **oben**, **mittig** und **unten** auszurichten. Mit einem Klick auf diese Funktionen werden die Rahmen im Layout ausgerichtet. In den Ausrichtungsoptionen – erreichbar über den siebten Button in der Steuerung-Palette – legen Sie fest, ob mehrere Rahmen zueinander innerhalb der Auswahl ausgerichtet werden, oder ob Sie stattdessen die **Stege (Satzspiegelränder)**, das **Seitenformat** oder den **Druckbogen** als Bezugsgrößen verwenden wollen. Diese Alternativen sind sowohl auf mehrere Rahmen, Gruppen oder einzelne Rahmen anwendbar.

Abbildung 7.28: *Die Steuerung-Palette zeigt im linken Bereich sechs Optionen, Rahmen auszurichten. Rechts daneben sehen Sie die sechs Optionen zum Verteilen mehrerer Rahmen.*

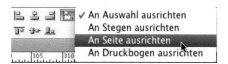

Abbildung 7.29: *Unter den Ausrichtungsoptionen finden Sie die Ausrichtung an der Seite.*

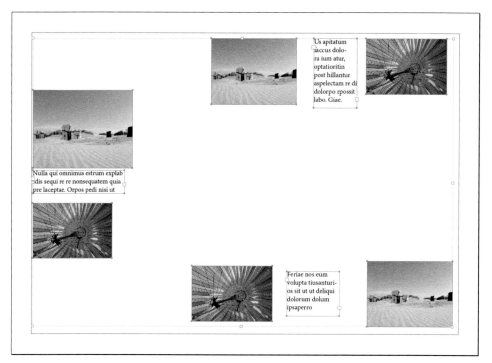

Abbildung 7.30: *Mehrere Rahmen werden linksbündig, zentriert, rechtsbündig, oben, mittig oder unten ausgerichtet.*

Abbildung 7.31: *Einzelne Rahmen lassen sich in InDesign auch am Seiten- oder Satzspiegelrand ausrichten.*

Rahmen gleichmäßig verteilen

Rahmen, die gleichmäßig *nebeneinander* oder *untereinander* liegen sollen, werden in der Steuerung-Palette oder der Ausrichten-Palette mit der zweiten Button-Reihe bedient. Wählen Sie auch hier mehrere Rahmen aus, öffnen Sie die Ausrichten-Palette aus dem Menü **Fenster/Objekt und Layout/ Ausrichten** und klicken Sie auf den entsprechenden Button.

Vor oder nach dem Verteilen können Sie die Rahmen auch noch zueinander ausrichten. Mit zwei Klicks sind somit mehrere Rahmen sauber ausgeglichen.

Abbildung 7.32: *Die Palette Ausrichten bietet viele Funktionen, Objekte zu verteilen.*

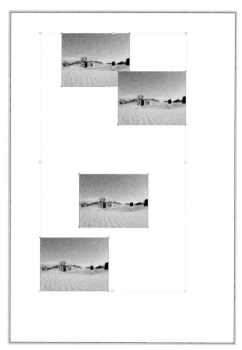

Abbildung 7.33: *Zunächst werden mehrere Rahmen ausgewählt …*

Abbildung 7.34: *… und danach vertikal verteilt, so dass alle Rahmen einen gleichmäßigen Abstand zueinander einnehmen.*

Abbildung 7.35: *Horizontale Rahmen werden ausgewählt …*

Abbildung 7.36: *… und horizontal verteilt.*

Abstand verwenden und Abstand verteilen

Die Eingabe eines Abstands dient dazu, die Verteilung der Kanten bzw. Mitten (je nach Funktion)der angewählten Rahmen zueinander festzulegen. Viel interessanter ist jedoch die Funktion **Abstand verteilen** am Fußbereich der Palette. Zusammen mit einem Abstandswert erhalten die so verteilten Objekte einen einheitlichen Zwischenraum, ideal für den grafischen Aufbau eines Rasters.

7.1.3 Kopieren, duplizieren und versetzt einfügen

InDesign kennt viele Wege, einen Rahmen zu vervielfältigen. Zum Kopieren klicken Sie einen Rahmen an und ziehen ihn mit gedrückter Maus- und ⌥Alt⌫-Taste an eine neue Position. So einfach duplizieren Sie sämtliche Objekte, selbst Hilfslinien. Natürlich können Sie auch mit ⌘+C kopieren und mit ⌘+V einfügen. Über den Befehl **An Originalposition einfügen…** aus dem Menü **Bearbeiten** kopieren Sie Objekte *passgenau* auf ihr jeweiliges Original.

Für das mehrfache Vervielfältigen von Rahmen hingegen stellt InDesign eine besondere Funktion bereit: Wählen Sie einen Rahmen aus und rufen Sie im Menü **Bearbeiten** den Befehl **Duplizieren und versetzt einfügen…** auf. Im nachfolgenden Dialog wählen Sie die **Anzahl der Kopien** und einen **Versatz** von der Position des Originalrahmens.

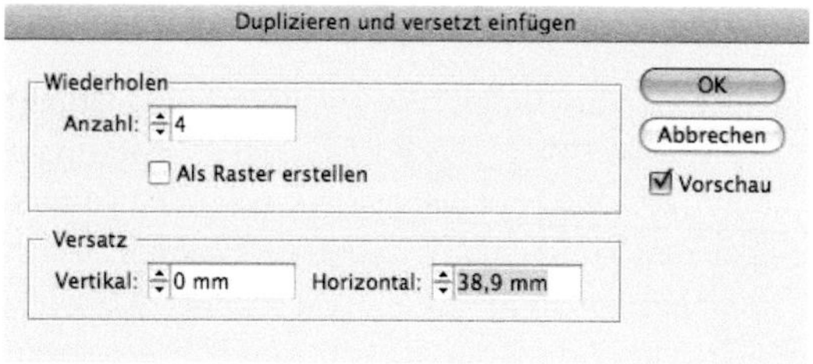

Abbildung 7.37: *Die Eingabe ermöglicht es, in einem Arbeitsschritt mehrere Kopien eines Rahmens anzulegen.*

Objekt erneut transformieren

Nicht nur eine Kopie eines Rahmens ist mit InDesign möglich, sondern auch das Transformieren in mehreren Arbeitsschritten hintereinander! InDesign merkt sich die Transformationen eines Rahmens und kann diese auf eine Kopie wiederholen, vorausgesetzt, Sie wählen dazwischen keinen anderen Rahmen an. Wie geht das? InDesign kennt vier Befehle, einen oder mehrere Transformieren-Arbeitsschritte zu wiederholen:

Erneut transformieren führt den letzten Schritt auf einen Rahmen oder eine Rahmengruppe insgesamt aus, die Gruppe wird dabei als Gesamtrahmen behandelt;

Einzeln wendet den letzten Transformationsschritt auf alle Rahmen einer Auswahl oder einer Gruppe separat an;

Abfolge ruft alle zuvor vorgenommenen Schritte auf;

Abfolge, Einzeln wendet alle Schritte auf alle ausgewählten Rahmen auch innerhalb einer Gruppe einzeln an.

Damit das nicht reine Theorie bleibt, wollen wir anhand eines Workshops zeigen, wie diese Funktionen anzuwenden sind. Leider zeichnet InDesign die Arbeitsschritte nicht als Protokoll wie in Photoshop auf. Hier könnte Adobe durchaus mit diesem bekannten Komfort nachbessern. Alternativ steht Ihnen das Plug-in „History" von DTP-Tools zur Verfügung. Näheres dazu lesen Sie bitte im Kapitel „Plug-ins für Kataloge und Anderes" ab Seite 878.

Abbildung 7.38: *Aus dem Menü Objekt/Erneut Transformieren kann ein einzelner Schritt oder eine Abfolge auf mehrere Rahmen oder eine Rahmengruppe angewendet werden.*

Für eine Grafik über einem Bild wird eine Vektorgrafik angelegt, dupliziert und gleichzeitig verschoben. Danach folgt das Drehen und das Wiederholen der Arbeitsschritte als Abfolge.

7.1.4   Rahmen gruppieren

Mehrere Rahmen gruppieren Sie, indem Sie die Rahmen anwählen und aus dem Menü **Objekt** den Menüpunkt **Gruppieren** auswählen oder den Tastenbefehl ⌘+G verwenden. Die Rahmen werden in einem gemeinsamen Rahmen zusammengefasst und mit einer *gestrichelten Linie* umrandet. Dieser Gruppenrahmen kann ebenfalls mit einzelnen Rahmen oder anderen Gruppenrahmen kombiniert werden. Über die **Transformieren**-Palette oder die Werkzeuge **Drehen**, **Skalieren**, **Scheren** oder **Frei Transformieren** lassen sich die Gruppenrahmen bearbeiten. Farbzuweisungen über die **Farbfelder**, per **Drop-down-Menü** in der Steuerung-Palette sowie die Palette **Farbe** gelten für alle Objekte innerhalb des Gruppenrahmens.

Einzelne Rahmen in der Gruppe wählen Sie mit einem Doppelklick an, um unabhängig von der Gruppe Änderungen vorzunehmen.

Mit dem Tastenbefehl ⌘+⇧+G lösen Sie die Gruppe wieder in Einzelrahmen auf.

> **Gruppen und Ebenen**
> Wenn Sie mehrere Rahmen unterschiedlicher Ebenen gruppieren, werden alle Rahmen dieser Gruppe auf einer Ebene zusammengefasst. Dies kann nicht umgangen werden. Lesen Sie dazu auch das Kapitel „Arbeiten mit Ebenen" ab Seite 460. Wenn Sie mehrere Rahmen verschiedener Ebenen transformieren wollen, sollten Sie diese nur auswählen und verändern. Eine Gruppierung verschiebt evtl. unvorhergesehen Rahmen auf eine andere Ebene.

Abbildung 7.39: *Gruppierte Rahmen werden mit einem gestrichelten Gesamtrahmen angezeigt.*

Gruppen transformieren und skalieren

Für Gruppenrahmen steht im Palettenmenü der **Steuerung-Palette** die Option **Transformationswerte sind Gesamtwerte** zur Verfügung. Die Funktion bewirkt, dass z.B. gedrehte Rahmen in einer wiederum gedrehten Gruppe mit dem aktuell sichtbaren Drehwinkel angezeigt werden. Wenn Sie diese Funktion ausschalten, wird der Winkel des Objekts zur Gruppe angezeigt.

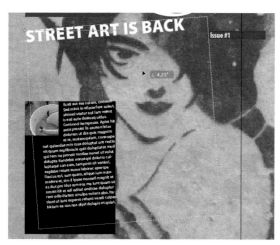

Abbildung 7.40: *Bei gedrehten Objekten in einer Gruppe müssen Sie auf den angezeigten Drehwinkel am Mauszeiger achten.*

Bei einer Skalierung von Gruppen müssen Sie beachten, dass die Kontur zunächst in der Standardeinstellung nicht mitvergrößert wird. Erst wenn Sie die Option **Konturstärke beim Skalieren anpassen** im Palettenmenü der Steuerung-Palette aktivieren, verkleinert oder vergrößert sich auch eine Rahmenkontur beim Skalieren.

> **Sonderfall skalierte Textrahmen**
> Jede Skalierung eines Textrahmens vergrößert oder verkleinert die Schriftgröße. InDesign merkt sich nun im Gegensatz zu früheren Versionen über die Voreinstellungen nicht mehr den Ausgangswert der Skalierung, der bislang in Klammern dargestellt wurde, sondern stellt grundsätzlich den aktuellen Wert dar. Dies hatte bei vielen Anwendern zu Irritationen geführt. Wollen Sie dies dennoch ändern, so rufen Sie in den **Voreinstellungen/Allgemein/ Beim Skalieren/Skalierungsprozentsatz anpassen** auf.

Rahmen verschachteln

Als Alternative zum Gruppieren lassen sich die Rahmen auch ineinander verschachteln. Das bedeutet, dass Sie einen oder mehrere Rahmen in einen anderen Rahmen einfügen können. Legen Sie zwei Rahmen übereinander. Schneiden Sie den oberen Rahmen per ⌘+X aus, klicken Sie den Zielrahmen an, und wählen Sie aus dem Menü **Bearbeiten** die Option **In die Auswahl einfügen**. Der Rahmen wird aus der Zwischenablage direkt in den Zielrahmen hineinkopiert. Es wird eine *Vektormaske* erzeugt. Diese Funktion arbeitet anders als in Illustrator. Dort werden zwei übereinander liegende Rahmen ausgewählt und ein *Beschneidungspfad* wird per Menübefehl erzeugt, der obere Rahmen stellt die Vektormaske dar. Leider unterscheiden sich die Programme in diesem elementaren Punkt; ein wenig mehr Konsistenz wäre wünschenswert.

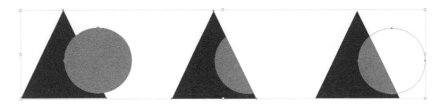

Abbildung 7.41: *So werden Rahmen miteinander verschachtelt; der Kreis wird in das Dreieck eingefügt.*

Mit dem Werkzeug **Direktauswahl** oder mit einem Doppelklick können Sie dieses verschachtelte Objekt nun nachträglich bearbeiten. Die Verschachtelung mittels der Funktion **In die Auswahl einfügen** kann beliebig wiederholt werden, d.h., dieses maskierte Objekt kann nun wiederum in eine neue Maske eingesetzt werden. Somit können sehr komplexe Objektgruppen entstehen, insbesondere Kombinationen von Text- und Bildrahmen, die mit einem Pfad maskiert werden. Mit dieser Funktion sollten Sie sehr sparsam umgehen, da Sie sonst leicht den Überblick verlieren, welcher Rahmen oder welches Objekt denn nun in welchem Beschneidungspfad liegt und wie Sie diese Objekte wieder entfernen können. Als Faustregel für ein nachvollziehbares Arbeiten gilt: immer nur eine Vektormaske für ein Objekt oder eine Objektgruppe.

Als Auswahlhilfe dienen die beiden Funktionen im Menü **Objekt/Auswählen/Container** und **Inhalt**. Farbzuweisungen für die Rahmenkante und die Füllung sollten Sie nur dann machen, wenn Sie zuvor mit der Direktauswahl oder einem Doppelklick den einzelnen Rahmen innerhalb einer verschachtelten Objektgruppe angewählt haben. Alle Farbdefinitionen beziehen sich dann nur auf diesen ausgewählten Rahmen.

Verknüpfte Pfade

Anders als beim Verschachteln bilden verknüpfte Pfade Schnittobjekte. Wählen Sie dazu zwei überlappende Rahmen aus, und rufen Sie den Menüpunkt **Objekt/Pfade/Verknüpften Pfad erstellen** auf.

 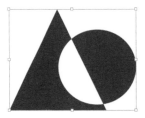

Abbildung 7.42: *Verknüpfte Pfade bilden Schnittobjekte.*

7.1.5 Pathfinder

Den **Pathfinder** kennen Sie aus Illustrator. Mit diesem Werkzeug verschmelzen Sie Rahmen, ziehen Rahmen voneinander ab oder bilden Schnittmengen. Die Palette öffnen Sie über das Menü **Fenster/Objekt und Layout/Pathfinder**.

Abbildung 7.43: *Nicht mehr und nicht weniger als die benötigten Funktionen zum Verschneiden von zwei Objekten bietet der Pathfinder.*

Oft müssen Objekte wie Rechtecke, Kreise oder Polygone früher oder später miteinander verrechnet werden, um ein neues, komplexeres Objekt zu erzeugen. Man spricht auch vom *Boolen*, benannt nach den *booleschen Operationen* aus der Mathematik. Im Pathfinder sind alle wesentlichen Operationen versammelt: **Addieren**, **Subtrahieren**, **Schnittmenge bilden**, **Überlappung ausschließen** und **Hinteres Objekt** abziehen. Diese etwas kryptischen Beschreibungen werden durch die Piktogramme hinreichend erklärt. Werden mehrere Objekte ausgewählt und miteinander verrechnet, werden die Attribute des oberen Objektes für das entstandene neue Objekt übernommen. Das betrifft nicht nur die Farbe der Füllung und der Kante, sondern auch alle anderen Eigenschaften: Transparenz, weiche Kante, Konturenstil und Schattenwurf.

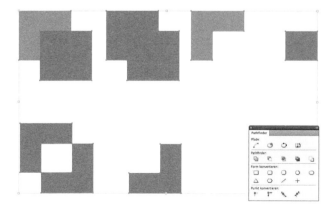

Abbildung 7.44: *Zwei Vektorflächen (oben links) werden miteinander über die fünf Pathfinder-Optionen verrechnet. Beachten Sie dabei die Farbgebung: Nur beim Subtrahieren behält das Hintergrundobjekt die Farbe im Ergebnis.*

Ist das oberste Rahmenobjekt ein platziertes Bild, werden die anderen Rahmen z.B. in der Funktion **Addieren** dem platzierten Bildrahmen hinzugefügt. Das Bild kann nun in diesem neuen Rahmen neu ausgerichtet werden. Liegt das Bildobjekt nicht an oberster Stelle der ausgewählten Rahmen, wird das Bild entfernt und nur der platzierte Rahmen wird mit den anderen verrechnet.

> **Textrahmen und der Pathfinder**
> Wenn Sie einen Schriftzug mit einem Rahmen verrechnen wollen, dann müssen Sie unter Umständen den Text zuerst in Pfade umwandeln: Menü „Schrift/In Pfade umwandeln". Andernfalls wird nur der Textrahmen allein – nicht aber die Schriftvektoren – mit den anderen Rahmen verrechnet. Der Umriss eines Textrahmens lässt sich ebenfalls mit dem Pathfinder beeinflussen: Rahmen, die den Textrahmen überlappen, ergeben nach einer Addition oder Subtraktion im Pathfinder einen neuen Formsatz! Damit arbeiten Sie effizienter, als wenn Sie eine Vektorform zunächst so gestalten, dass später ein Text einfließen kann.

Fläche und Kontur

Der Layoutrahmen ist ein *Bézierpfad*, dem Sie eine farbige Fläche oder eine Kontur in Prozess- und Volltonfarben sowie Verläufe zuweisen können. Auch hier macht InDesign keinen Unterschied, ob es sich bei dem Rahmen um einen Text-, Vektor- oder Bildrahmen handelt.

Im vorangegangenen Abschnitt haben Sie die Erstellung von Rahmen kennengelernt. Mit Hilfe der **Werkzeuge-Palette**, der **Farbfelder-**, der **Farb-** und der **Verlauf-** sowie der **Kontur**-Palette legen Sie nun die Farbfüllung und die Konturbeschaffenheit fest. Die Arbeitsschritte der Farbzuweisung in InDesign sind übrigens identisch zu denen in Illustrator.

Fläche und Kontur einfärben

In der Werkzeuge-Palette finden Sie im unteren Bereich die **Fläche-** und **Kontur**-Symbole. Wenn Sie einen Rahmen erstellt haben und beide Symbole *mit roten Diagonalen* durchgestrichen sind, so weist der Rahmen weder Flächen- noch Konturfarbe auf, ist also für die Ausgabe unsichtbar.

Abbildung 7.45: *Die Fläche- und Kontursymbole in der Werkzeugleiste*

Klicken Sie auf das **Flächen-Symbol** und wählen Sie entweder aus den Farbfeldern oder aus der Palette **Farbe** eine Flächenfüllung aus. In der Werkzeuge-Palette springt das Flächen-Symbol in den Vordergrund und wird mit der ausgewählten Farbe eingefärbt.

Klicken Sie auf das **Kontur-Symbol**, so springt dieses Zeichen nach vorne und Sie legen die Konturfarbe ebenfalls über die Palette **Farbfelder** oder **Farbe** fest.

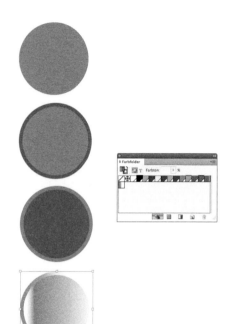

Abbildung 7.46: *Beispiel für Rahmen mit definierter Fläche und Kontur. Die Fläche- und Kontur-Symbole der Werkzeuge-Palette finden Sie in den Farbfeldern in Miniaturform wieder. Das erste Objekt besitzt nur eine Füllung. Das zweite Objekt besitzt Füllung und Kontur, die für das dritte Objekt umgedreht wurden, und zuletzt sehen Sie ein Objekt mit einer Verlaufsfüllung und einer Verlaufskontur.*

> **Farbveräufe einrichten**
> Wie Sie Farben für Verläufe einrichten und als Farbfeld speichern, lesen Sie im Kapitel „Farbwelten" nach.

[!] **Verlauf auf der Kontur**
InDesign beherrscht den Verlauf auf Konturen schon seit jeher und ist damit einzigartig in der DTP-Welt. Beachten Sie allerdings die Stärke der Kontur: Verläufe sollten niemals unter einer Konturenstärke von 1 Punkt angewendet werden.

> **Textrahmen und Verlaufskonturen**
> InDesign kann auch für Textrahmen und deren Inhalt Fläche und Kontur mit Verläufen versehen. Somit kann ein Rahmen einen Verlauf in der Fläche besitzen und die Schrift in diesem Rahmen darüber hinaus eine Verlaufskontur.

Jeder neu erstellte Rahmen hat zunächst eine Standardkontur von einer 1 pt (0,353 mm) starken schwarzen Linie und keiner Flächenfarbe. Wenn Sie diesen Zustand später wiederherstellen wollen, klicken Sie auf das kleine Miniatursymbol **Standardfläche und -kontur** links unterhalb der Fläche- und Kontursymbole oder wählen Sie den Tastenbefehl D.

Um die *Flächen- und Konturfärbung umzukehren*, klicken Sie bitte auf den gebogenen Pfeil **Fläche und Kontur austauschen** oder rufen Sie den Tastenbefehl ⇧ + X auf. Damit wird die Farbzuweisung der Kontur auf die Fläche gelegt und umgekehrt.

Verläufe zuweisen

Ebenso wie Sie der Fläche oder Kontur eines Rahmens zuvor *Volltonfarben*, *Farbtöne* oder *Prozessfarben* zugewiesen haben, können Sie auf die gleiche Weise einen Verlauf anwählen. Klicken Sie dazu auf das mittlere Symbol **Verlauf anwenden** zwischen dem Flächen- und Kontursymbol. Dabei werden Sie nicht auf eine Flächenzuweisung beschränkt, Sie dürfen auch der Rahmenkontur einen Farbverlauf geben. Zu Konturen und Transparenzeffekten gehen wir noch im Kapitel der Transparenzeffekte ein.

Verläufe müssen Sie nicht unbedingt über die Palette **Verlauf** auf Rahmenflächen oder -konturen zuweisen. Intuitiver arbeitet das Werkzeug **Verlauf** G in der Werkzeuge-Palette. Wählen Sie einen Rahmen aus und weisen Sie über die Farbfelder einen Verlauf zu. Aktivieren Sie das Werkzeug **Verlauf** und ziehen Sie eine *Linie mit gedrückter Maustaste* über den Rahmen. Der Punkt, auf den Sie zuerst klicken, ist der *Anfangspunkt* des Verlaufs, der bis zum *Endpunkt* gesetzt wird. Die Linie, die Sie zwischen Anfangs- und Endpunkt ziehen, bestimmt die Richtung des Verlaufs. Die genaue Farbdefinition entnehmen Sie bitte dem Kapitel „Farbe".

7.1.6 Konturen

Jedem Rahmen kann eine Kontur in einer beliebigen Stärke zugewiesen werden. Dabei verteilt sich die Kontur gleichmäßig um den Pfad. Die Einstellungen treffen Sie über die gleichnamige Palette aus dem Menü **Fenster** oder über die Steuerung-Palette.

Die Option **Stärke** legt die Breite der Kontur fest. Hier ist zu beachten, dass es bei Konturenstärken von unter 0,125 pt zu Ausgabeschwierigkeiten kommen kann, d.h., die Kontur könnte nicht zu sehen sein.

Wollen Sie die Ausformung der Ecken des Pfades bestimmen, müssen Sie sich der Optionen für die **Ecke** bedienen. Hier können Sie zwischen **Gehrungsecke**, **abgerundeter Ecke** und **abgeflachter Ecke** wählen. Die Gehrungsecke bezeichnet eine im 90°-Winkel aufgebaute Ecke, sie kann mit der Option **Gehrungsgrenze** noch weiter definiert werden: Hier können Sie mit Werten von 1 bis 500 festlegen, ab welchem Verhältnis von Spitzenlänge zu Linienstärke eine spitze Ecke in eine abgeflachte Ecke geändert wird.

> ⚠️ **Abgerundete Ecken sind keine Eckeneffekte**
> Auch wenn die Funktionen sprachlich sehr ähnlich sind, so handelt es sich bei den abgerundeten Ecken doch nicht um Effekte. Sie beschreiben nur, wie die Kontur über den Knotenpunkt des Pfades hinweg gezeichnet wird. Ein Eckeneffekt hingegen zeichnet den Pfad im Abstand zum Knotenpunkt.

Abbildung 7.47: *Die Kontur-Palette*

Auf einzelne, nicht geschlossene Pfade hat die **Abschlussform** einen Einfluss. Wählen Sie die mittlere Form **Abgerundet** aus, dann enden die einzelnen Linien in einem Halbkreis. Die dritte Option **Überstehend** verlängert Linien über ihren Anfangs- und Endpunkt hinaus um die halbe Konturenstärke. Verwenden Sie bitte diese dritte Funktion in Verbindung mit einer gestrichelten Linie mit Vorsicht, denn sie macht die Lücken zwischen den Kontursegmenten kleiner, als Sie es in der Palette angegeben haben!

Die Optionen für die **Anfangs-** und **Endformen** der Kontur sind selbst erklärend. Hier möchten wir Ihnen raten, die verschiedenen Möglichkeiten einmal durchzuspielen. Die Formen können nicht bearbeitet werden und finden natürlich nur bei offenen Pfaden Anwendung. Ihre Größe wird automatisch proportional zur Konturenstärke berechnet.

Das Palettenmenü weist aber einen interessanten Punkt auf: **Abmessungen enthalten Konturenstärke**. Ist diese Option angewählt, wird mit zunehmender Konturenstärke auch der Rahmen größer. Ist diese Funktion deaktiviert, wächst die Konturenlinie nach innen, die Rahmengröße bleibt gleich.

Unter dem Pull-down-Menü **Typ** verbergen sich zahlreiche Konturenstile – doppelte und dreifache Konturen, gepunktete oder gestrichelte, gewellte und gemusterte. Einige Beispiele dazu finden Sie in den folgenden Abbildungen. Die Option **Gestrichelt (3 und 2)** bedeutet, dass eine Kontur in *drei Teile Linie* und *zwei Teile Lücke* abhängig von der Konturenstärke aufgeteilt wird, wohingegen die Option **Gestrichelt (4 und 4)** eine gestrichelte Kontur erzeugt, deren Segmente genauso lang wie die Lücken sind.

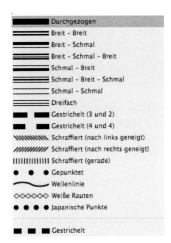

Abbildung 7.48: *Die Konturenstile bieten bereits eine Fülle an Möglichkeiten.*

Die Typfunktion **Gestrichelt** erweitert die Kontur-Palette um weitere Eingabefelder. Darin geben Sie ein, in welchem *Rhythmus* eine Linie gezeichnet wird. Diese Abwechslung von Strich und Lücke dürfen Sie auf bis zu *drei aufeinanderfolgende unterschiedliche* Längen und Lücken ausbauen. Danach wiederholt sich das Muster. Geben Sie nur eine Strichlänge und eine Lücke in Punkt oder Millimetern ein, erhalten Sie ein regelmäßiges Konturenmuster. Die Farbe der Kontur kann sich dann mit der Farbe der Lücke abwechseln, die Sie in der Palette „Kontur" wählen.

Abbildung 7.49: *Breit – schmal – breit; Schmal – breit und Japanische Punkte*

Alle Einstellungen zu diesen Lücken zwischen den Linienabschnitten sind natürlich immer nur dann im Zugriff, wenn Sie einen entsprechenden Linientyp ausgewählt haben.

Ungewöhnlich ist in InDesign, dass Sie die Position der Kontur zum Pfad definieren können. Über die Kontur-Palette können Sie unter **Kontur ausrichten** mit den drei Buttons bestimmen, ob die Kontur **innerhalb des Pfades** liegt oder ob sie **mittig** oder **außerhalb** liegt. Dabei erweitert sich der Rahmen mit der Kontur, der Pfad wird dabei nicht verändert.

Einen Vorteil hat die mittige Anordnung zum Beispiel, wenn Sie zwei Bilder ohne Zwischenraum nebeneinander platzieren wollen und beide mit einer Kontur versehen haben. Liegt die Kontur innerhalb des Rahmens, so bilden beide Konturen nebeneinander eine unerwünschte, doppelt starke Kontur, ebenso wie mit der Position außerhalb des Rahmens. Die mittige Anordnung führt dazu, dass sich die Linien direkt überlagern und somit die Kontur zwischen den Bildern gleich bleibt. Die Grundeinstellung jeder neu angelegten Kontur ist die *mittig ausgerichtete Position* auf dem Pfad. Die Ausrichtung der Kontur auf dem Pfad wird sehr wichtig im Zusammenhang mit Transparenzen. Den Fall einer halbtransparenten Kontur auf dem Rahmen erläutern wir noch im Kapitel „Transparenzeffekte".

⚠ Konturen auf Text

Auch Textrahmen und dem Text selbst können Sie eine Füllung bzw. eine Kontur zuweisen. Diese Kontur liegt jedoch immer hinter dem Text, gleich, welche Stärke Sie der Kontur zuweisen. Andernfalls würde eine starke Kontur um einen Text die Zeichen verdecken. Wollen Sie dies aufheben, müssen Sie den Text in einen Pfad umwandeln. Wählen Sie dazu aus dem Menü „Schrift/In Pfade umwandeln" aus.

⚠ Konturenstile überall

Die Auswahl verschiedenster Konturenarten finden Sie an vielen Orten über das ganze Programm verteilt. Wollen Sie eine Tabelle mit einer speziellen Kontur gestalten, so erhalten Sie auch hier alle zur Verfügung stehenden Konturenstile. So lassen sich zum Beispiel Tabellenzeilen mit einer gestrichelten Linie abwechselnd zu einer geschwungenen Linie voneinander unterscheiden. Auch Absatzformate können mit einer gestrichelten Linie voneinander getrennt werden.

Konturenstile selbst erstellen

Über das Palettenmenü der **Steuerung-Palette** oder der **Kontur**-Palette öffnen Sie mit der Option **Konturenstile...** den **Konturenstile-Editor**. Sie erhalten einen Dialog, in dem Sie die bestehenden Konturenstile sehen können. Um einen neuen Konturenstil anzulegen, klicken Sie auf den Button **Neu...** und wählen einen passenden Namen und einen Formattyp aus: **Streifen**, **Gepunktet** oder **Gestrichelt**.

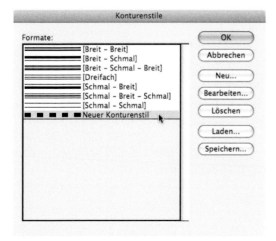

Abbildung 7.50:　*Die bestehenden Konturenstile können als Bibliothek bearbeitet, gespeichert oder geladen werden.*

Im Editor unter dem Typ **Streifen** sehen Sie nun eine Skala von 0 bis 100% der gesamten Strichstärke. Hier können Sie die Linienstärke der Streifen prozentual über die vertikalen Schieberegler einteilen. Wollen Sie einen weiteren Streifen einfügen, so ziehen Sie einfach mit gedrückter Maustaste im Bearbeitungsfenster vertikal einen Streifen auf. Der Streifeneditor verhält sich intelligent: Schieben Sie die Anfangs- und Endpfeile über einen anderen Streifen, so werden die Streifen automatisch verbunden. Zum Löschen eines Streifens klicken Sie auf ihn, halten die Maustaste gedrückt und ziehen den Mauspfeil außerhalb des Bearbeitungsfensters.

> **⚠ Gesamtkontur wird aufgeteilt**
> Die Stärke des Striches legen Sie hinterher in der Kontur-Palette fest. Beachten Sie dabei, dass eine Gesamtkontur durch den Typ Streifen immer aufgeteilt wird und somit sehr feine Linien entstehen. Wählen Sie daher die Gesamtkontur entsprechend, dass keine Linien unterhalb von 0,125 Punkt gedruckt werden.

In der **Vorschaustärke** darunter geben Sie den Wert ein, mit dem Ihr neuer Konturenstil angezeigt werden soll. Wenn Sie die Eingabe beendet haben, wählen Sie den Button **Hinzufügen** an, um den Konturenstil im Layout verfügbar zu machen.

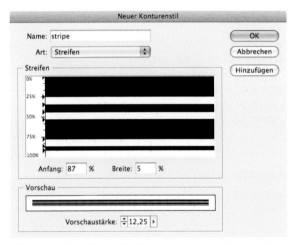

Abbildung 7.51: *Die Streifen können vertikal verteilt werden. Eine numerische Eingabe ist über die Breite und den Anfang ebenfalls möglich.*

Für gepunktete Linien klicken Sie ebenfalls in das Bearbeitungsfenster und schieben einen Punkt an die gewünschte Stelle. Natürlich funktioniert auch das numerisch über das Eingabefenster darunter. Für die Länge des Musters können Sie einen neuen Wert eingeben, um ein umfangreiches Muster aus mehreren nachfolgenden Punkten zu erstellen.

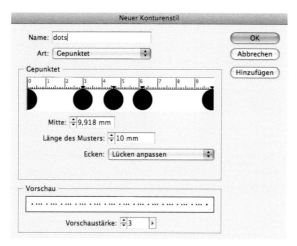

Abbildung 7.52: *Die Punkte schieben Sie einfach auf dem Lineal an die gewünschte Position. In der Vorschau sehen Sie das Endergebnis mit einer frei wählbaren Vorschaustärke.*

Nun zu den gestrichelten Linien. Ähnlich zu den horizontalen Streifen lassen sich auch unterschiedlich lang aufeinanderfolgende Striche anlegen. Dazu klicken Sie ebenso in das Bearbeitungsfenster und ziehen mit gedrückter Maustaste einen neuen Strich auf. Das Löschen eines Striches erfolgt identisch zu den anderen Formatarten: Klicken Sie ein Liniensegment an und ziehen Sie es außerhalb des Bearbeitungsfensters. Wollen Sie das Wiederholungsmuster der Striche erweitern, so legen Sie auch hier einen höheren Musterbereich fest. Den Linienabschluss wählen Sie entweder normal lang vom Anfang bis zum Ende der Linie, abgerundet über diese Punkte hinaus oder erweitert um ein halbes Quadrat.

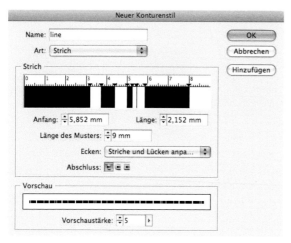

Abbildung 7.53: *Ein neuer gestrichelter Konturenstil lässt sich millimetergenau definieren. Beachten Sie, dass es sich hier nicht um absolute Werte handelt; die Erscheinung wird also je nach Strichstärke mit skaliert oder verkleinert.*

Haben Sie die neuen Stile für gestreifte, gepunktete oder gestrichelte Linien angelegt, so können Sie diese nun jederzeit aus dem Pull-down-Menü der Kontur-Palette oder aus der Steuerung-Palette auf eine beliebige Kontur zuweisen. Die Stärke der Linie legen Sie unabhängig vom Stil fest, der Stil des Wiederholungsmusters wird bei wachsender Linienstärke skaliert. Die Proportionen von Liniensegmenten oder Punkten zu den Lücken bleiben dabei gleich.

Gestrichelte Linien können jederzeit mit einer zusätzlichen Lückenfarbe versehen werden. Eine Anwendung dieser Lücken als Gestaltungsmittel zeigen wir Ihnen im Kapitel „Typografie" innerhalb der Absatzformate.

> **⚠ Gewellt**
> Neben anderen Konturenstilen können Sie auch eine gewellte Linie auswählen. Hier zeigt sich jedoch, dass nicht alles sinnvoll ist, was technisch geboten wird. Die „Dauerwelle" oder auch Sinuskurve kann nicht manuell editiert werden und schwingt einfach nur hin und her. Brauchen Sie also einfach nur eine sehr flach schwingende Welle, können Sie dies nicht einstellen! Auch im Zusammenspiel mit der Position der Kontur zum Pfad erweist sich die Welle als problematisch: Eine gewellte Kontur um ein platziertes Bild legt die Welle entweder direkt auf der Bildkante, innerhalb des Bildes oder außerhalb. Bei der letzten Ausrichtung klebt die Welle jedoch direkt an der Bildkante. Ein Abstandswert einer Kontur zu einem Pfad wäre schön gewesen und eventuell sogar sinnvoller als der gesamte Konturenstil-Editor.

7.1.7   Eckenoptionen

Alle Rahmen – Bilder, Vektorgrafiken oder Texte – können mit Eckenoptionen gestaltet werden. Alle Ecken eines Rahmens werden daraufhin mit einem unterschiedlichen oder identischen Format dargestellt. Häufigste Anwendung findet die abgerundete Ecke. Wählen Sie einen Rahmen aus und rufen Sie die Funktion **Eckenoptionen...** aus dem Menü **Objekt** aus. Weitere Formate stehen zur Verfügung: **Phantasie**, **Abgeflachte Kante**, **Innerer Versatz**, **Nach innen gewölbt** oder **Abgerundet**.

Die Änderung der Eckenoptionen ist jedoch auch per Hand möglich, ohne dass Sie die Werte numerisch eingeben müssen. Dazu klicken Sie in das **kleine gelbe Quadrat** an einem Rahmen oben rechts. Anschließend gelangen Sie in die Bearbeitung der Ecken, indem alle vier Ecken mit **gelben Rauten** gekennzeichnet werden.

Eckenbearbeitung	
Mausklick	Durch Klicken und Ziehen vergrößern oder verkleinern Sie den Eckeneffekt.
⇧-**Klick**	Durch Klicken und Ziehen verändern Sie die Größe der gewählten Ecke.
Alt-**Klick**	Durch Klicken ändern Sie den Effekt auf allen Ecken.
Alt-⇧+**Klick**	Durch Klicken ändern Sie den Effekt der gewählten Ecke.

Abbildung 7.54: Mit einem Klick auf den gelben „Zettel" gelangen Sie in die Eckenbearbeitung.

Abbildung 7.55: Wenn Sie eine Ecke anklicken und mit der Maus nach rechts/links oder oben/unten ziehen, verändern Sie die Größe des Effektes.

Abbildung 7.56: *Alle Ecken werden gleichmäßig um den Wert im grauen Feld eingestellt.*

Abbildung 7.57: *Mit gedrückter ⌂-Taste verändern Sie nur eine Ecke.*

Abbildung 7.58: *Mit* ⌈Alt⌉ *+Klick auf das Ecken-Symbol
werden die Effekte gewechselt.*

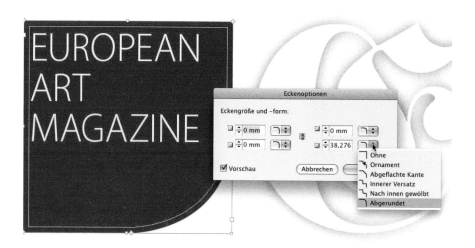

Abbildung 7.59: *Abgerundete Kanten legen Sie über die Funktion Eckenoptionen fest.
Sie können den frei gewählten Wert numerisch ändern oder den Effekt wechseln.*

Wollen Sie die Eckenoptionen später ändern oder entfernen, müssen Sie die Funktion erneut aufrufen und den Effekt auf **Keine** stellen.

> **Eckenoptionen auf Textrahmen**
> Einen Eckeneffekt auf einen Textrahmen anzuwenden, verursachte in früheren Versionen von InDesign Probleme. Nun in CS5 behält der Text seine Ausrichtung bei. Aus den Abständen zum Rand wird jedoch nur ein gleichmäßiger innerer Abstand des Textes zum Textrahmen. Diese Änderungen sind nicht mehr rückgängig zu machen. Lesen Sie bitte hierzu auch das Kapitel „Typografie" ab Seite 252.

Abbildung 7.60: *Text kann trotz Eckeneffekten auch vertikal ausgerichtet werden. Der Abstand des Textes zum Rahmen wird nur durch einen Wert ausgedrückt.*

7.1.8 Pipette

Sie haben verschiedene Rahmen gestaltet und sind mit dem Ergebnis zufrieden. Nun besteht aber Ihre Aufgabe darin, mehrere Rahmen auf dieselbe Weise zu formatieren. Damit Sie nicht jeden einzelnen Rahmen Schritt für Schritt bearbeiten müssen, gibt es in InDesign die Pipette, ein Allroundwerkzeug, das alle grafischen Eigenschaften eines Rahmens „aufsaugt" und auf einen anderen Rahmen überträgt. Klicken Sie doppelt auf das Werkzeug **Pipette** in der Werkzeuge-Palette. Jetzt sehen Sie die Eigenschaften, die Sie übertragen können, in der Liste der **Pipette-Optionen**.

Abbildung 7.61: *Neben den Kontureinstellungen nimmt die Pipette auch die Flächen-, Transparenz- oder Typografieeigenschaften auf.*

Klicken Sie mit dem **Pipetten-Werkzeug** auf einen gestalteten Rahmen. Sie erhalten eine *gefüllte Pipette* als Werkzeugspitze. Danach übertragen Sie alle aufgesogenen Eigenschaften auf einen anderen Rahmen, indem Sie einfach darauf klicken. Der zweite Rahmen übernimmt sofort das Aussehen des ersten Rahmens. Weitere Rahmen können Sie auf dieselbe Weise formatieren. Haben Sie sich verklickt und falsche Eigenschaften aufgenommen, so drücken Sie die [Alt]-Taste und klicken erneut in den ersten Rahmen.

> **Transparenzen einstellen**
> Wie Sie mit Schlagschatten und anderen Effekten in InDesign umgehen, zeigen wir Ihnen im Kapitel „Vektorgrafiken und Transparenzen" ab Seite 409.

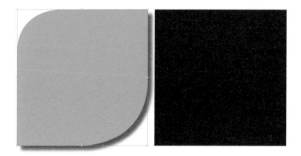

Abbildung 7.62: *Als Ausgangsbasis dienen zwei Rahmen mit und ohne Eckenoptionen und Transparenzen.*

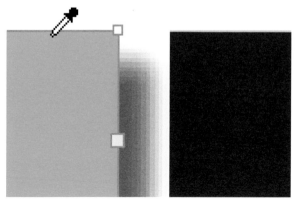

Abbildung 7.63: *Mit dem Pipetten-Werkzeug nehmen Sie die Eigenschaften links auf …*

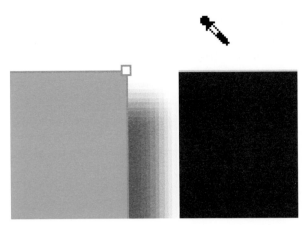

Abbildung 7.64: *… und übertragen diese auf den rechten Rahmen.*

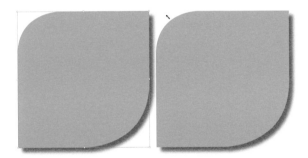

Abbildung 7.65: *Nun besitzen beide Rahmen dieselben Eigenschaften.*

Das Werkzeug eignet sich auch zum Übertragen von Typografie-Eigenschaften, so dass Sie in kurzer Zeit mehrere unformatierte Rahmen per Mausklick gestalten. Wollen Sie dies allerdings in fertigen Formaten speichern, benötigen Sie die **Objektformate** in InDesign.

7.1.9   Objektformate

Alle grafischen Eigenschaften eines Layoutrahmens können Sie als **Objektformat** speichern und später auf einen neuen, unformatierten Rahmen anwenden. Die Eigenschaften **Rahmenform**, **Kontur** oder **Füllung** haben Sie bereits kennengelernt. Darüber hinaus speichern Sie in einem **Objektformat** auch **Transparenzeffekte**, **Eckenoptionen**, **Schattenwurf**, **Textspalten**, **Grundlinienraster**, **Optischen Randausgleich**, **Konturenführung** sowie die Verankerung als Marginalobjekt. Des Weiteren kann ein Objektformat sogar ein **Absatzformat** beinhalten. Wenn Sie Ihre ersten Versuche mit einem Objektformat gemacht haben, sollten Sie dazu auch die Kapitel „Typografie", „Absatz- und Zeichenformate" sowie „Transparenzeffekte" lesen. *Da sich die Objektformate nahezu alles merken können*, was Sie in InDesign mit einem Rahmen anstellen, können wir an dieser Stelle nur die grundlegenden Funktionen bezogen auf grafische Rahmen erläutern. Die weiteren Funktionen entnehmen Sie bitte den genannten Kapiteln dieses Buches. Der folgende Workshop soll Ihnen zeigen, wie Sie am besten mit Objektformaten arbeiten.

Objektformate anlegen und zuweisen

Die einfachste Art und Weise, Objektformate anzulegen, ist es, einen Rahmen zu gestalten und dann ein neues Objektformat aus der gleichnamigen Palette unter dem Menü **Fenster** anzulegen. Danach kann das Objektformat auf weitere Rahmen angewendet werden. Wir arbeiten mit den bekannten Rahmeneigenschaften Füllung, Kontur und Eckeneffekt.

1. **Rahmen anlegen und gestalten**

   Ziehen Sie mit dem Rechteckwerkzeug einen Rahmen auf. Der Rahmen kann eine beliebige Größe einnehmen. Weisen Sie dem Rahmen eine Füllung und eine Kontur zu. Gestalten Sie den Rahmen mit einem Eckeneffekt wie z.B. Ecken abrunden aus dem vorangegangenen Abschnitt.

2. **Neues Objektformat anlegen**

   Wählen Sie den Rahmen mit der Auswahl $\boxed{V}$ aus und öffnen Sie die Palette **Objektformate** aus dem Menü **Fenster/Formate**. Klicken Sie auf das **Blatt**-Symbol. Ein neues Objektformat erscheint in der Palette.

3. **Objektformat benennen und konfigurieren**

   Mit einem Doppelklick auf das neue Format in der Palette **Objektformate** öffnen Sie die **Objektformatoptionen** und vergeben einen Namen. Weitere Einstellungen können Sie hier vornehmen.

4. **Neuen Rahmen erstellen**

   Ziehen Sie mit dem Rechteck-Werkzeug einen neuen Rahmen auf.

5. **Objektformat auswählen**

   Klicken Sie in der **Steuerung-Palette** in das Drop-down-Menü der **Objektformate**. Wählen Sie das neue Format aus. Der Rahmen wird sofort mit den zuvor gespeicherten grafischen Eigenschaften dargestellt.

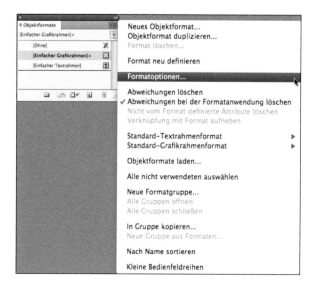

Abbildung 7.66: Die Palette Objektformate und das Palettenmenü geben einen Überblick über die Möglichkeiten. Mit den Formatoptionen öffnen Sie die weiteren Einstellungen.

Objektformatoptionen

Entweder erzeugen Sie ein Objektformat, indem Sie einen Rahmen gestalten und wie im Workshop ein neues Format anlegen. Oder Sie rufen die Palette der **Objektformate** aus dem Menü **Fenster/Formate** auf.

Jedes InDesign-Dokument besitzt zwei festgelegte Objektformate, gekennzeichnet mit eckigen Klammern: einen *Einfachen Grafikrahmen* und einen *Einfachen Textrahmen*. Über das **Blatt**-Symbol am unteren Ende der Palette legen Sie ein neues Objektformat an. Mit einem Doppelklick auf das Format in der Liste oder über das Palettenmenü öffnen Sie die **Formatoptionen**.

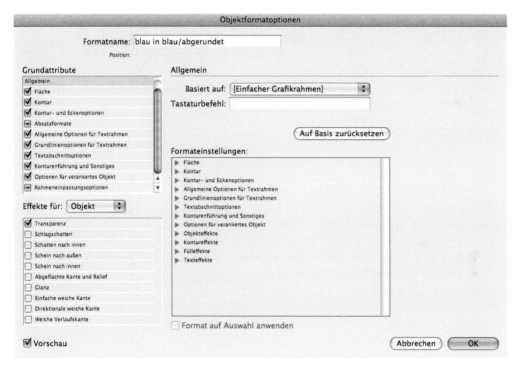

Abbildung 7.67: *In den allgemeinen Optionen legen Sie einen Namen für das Format fest und sehen alle Forma-teinstellungen in der Aufklappliste.*

Eine allgemeine Übersicht ermöglicht es Ihnen, einen Tastenbefehl wie ⌘+Num1 zu vergeben. Ein Klick auf den Button **Auf Basis zurücksetzen** stellt alle Werte auf den *Einfachen Grafikrahmen* zurück, auf dem ein neues Format auch basiert. In der Ausklappliste sehen Sie alle aktuellen Eigenschaften des Formats. Den Rubriken nach können Sie die Einstellungen verändern: **Farbe**, **Fläche**, **Kontur-** und **Eckenoptionen**, **Transparenz** etc.

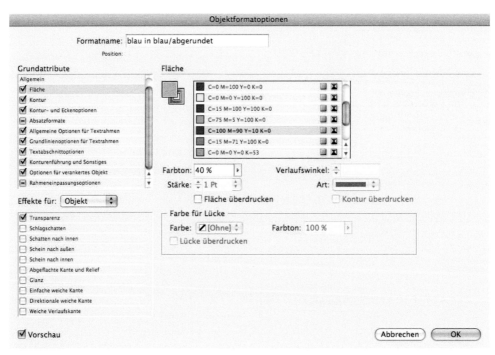

Abbildung 7.68: *Die Farbangaben zur Fläche/Kontur sowie andere Einstellungen nehmen Sie an den Rubriken in der linken Liste vor.*

Objektformat schnell anwenden

Wenn Sie einen Rahmen nach fertigen Objektformaten gestalten wollen, so können Sie den Rahmen mit der Auswahl $\boxed{V}$ anwählen. Über den Tastenbefehl $\boxed{⌘}$+$\boxed{↵}$ rufen Sie die **Schnellauswahl** aller Absatz-, Zeichen-, Tabellen-, Zellen- und Objektformate auf. Im rechten oberen Bereich des Dokumentenfensters erscheint die Liste aller Formate. Entweder klicken Sie auf das gewünschte Format oder Sie bewegen sich mit den Pfeiltasten $\boxed{↑}$ oder $\boxed{↓}$ durch die Liste. Mit der $\boxed{↵}$-Taste bestätigen Sie die Auswahl. Falls Ihr Dokument sehr viele Formate aufweisen sollte, können Sie in der Eingabezeile sogar danach suchen.

Abbildung 7.69: *Die Schnellauswahl ist ein komfortabler Weg, Objektformate auszuwählen.*

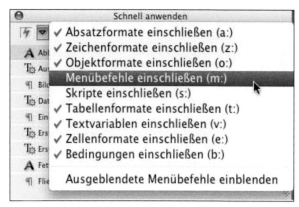

Abbildung 7.70: *Die Menübefehle und Skripten sollten im Drop-down-Menü der Schnellauswahl deaktiviert werden, damit Sie keine endlose Ergebnisliste erhalten.*

Alle abweichenden Eigenschaften vom Objektformat löschen

Ein Objektformat dient natürlich immer nur als Vorlage. Sobald Sie einen Rahmen mit einem Objektformat gestaltet haben, dürfen Sie Änderungen an dem Rahmen vornehmen. Wählen Sie beispielsweise eine andere Farbfüllung, so ist dies eine Abweichung vom Objektformat. Dies sehen Sie daran, dass das Format in der Liste der Palette „Objektformate" mit einem **Plus**-Zeichen gekennzeichnet ist – vergleichbar zu den Absatzformaten. Wenn Sie zur ursprünglichen Formatierung mit dem Objektformat zurückkehren wollen, so klicken Sie auf den Button **Abweichungen löschen** in der Steuerung-Palette rechts unterhalb der Formatwahl. Alternativ dazu finden Sie diesen Befehl auch im **Palettenmenü**.

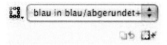

Abbildung 7.71: *Nicht vom Format definierte Attribute löschen oder Abweichungen löschen finden Sie als einzelne Buttons.*

Vom Objektformat lösen

Jeder mit einem Objektformat gestaltete Rahmen ist mit dem Format weiterhin verknüpft. Während der Gestaltung kann es aber vorkommen, dass das Format nicht mehr ausreicht und die Verbindung aufgehoben werden muss, um eventuell ein neues Format anzulegen. Dazu bietet InDesign die Option **Verknüpfung mit Format aufheben** im **Palettenmenü** der Steuerung-Palette oder der Objektformate. Die Formatierung des Rahmens bleibt erhalten, nur das zugewiesene Format lautet nun [**Ohne**].

> **Keine Formate? Im Prinzip schon, aber …**
> Zugegeben, der Umgang mit den Formaten ist etwas verwirrend, da es für InDesign eigentlich keinen Rahmen ohne jedes Format gibt, denn sogar dafür ist der Fall [**Ohne**] vorgesehen. Vergleiche mit dem deutschen Steuerrecht sind rein zufällig und nicht beabsichtigt.

Rahmen zurücksetzen

Haben Sie einen Rahmen so häufig mit einem Format gestaltet und Änderungen vorgenommen, dass Sie nicht mehr wissen, auf welchem Format der Rahmen nun wirklich basiert, dann sollten Sie den Rahmen zurücksetzen, also alle Formatierungen löschen. Dies tun Sie, indem Sie den Rahmen auswählen und mit gedrückter [Alt]-Taste das Objektformat **Einfacher Grafikrahmen** wählen. So erhalten Sie wieder einen schlichten Rahmen ohne Effekte oder Transparenzen mit einer 1 Punkt starken schwarzen Kontur.

> **Gesonderte Objektformate für Grafikrahmen und Textrahmen**
> InDesign unterscheidet für Objektformate grob, ob der Inhalt eine Grafik ist oder ob Text einfließen soll. Daher gibt es auch grundsätzlich die Formate Einfacher Grafikrahmen sowie Einfacher Textrahmen. In diesem Kapitel haben wir ausschließlich die Grafikrahmen behandelt, also die Formate, in denen die Kontur, Farbe, Eckenoptionen etc. definiert sind. Anders verhält es sich aber bei Textrahmen. Lesen Sie dazu auch das Kapitel „Typografie" sowie „Absatz- und Zeichenformate".

Objektformate laden und austauschen

Einzelne oder alle Formate einer anderen InDesign-Datei importieren Sie über das Palettenmenü der Objektformate mit dem Befehl **Objektformate laden**. Wenn Sie Platzhalterrahmen gestalten und diese als Snippets in der Bridge oder auf Ihrem Arbeitsplatz ablegen, so werden auch darin die Formate gespeichert, die Rahmen „merken" sich also ihre Eigenschaften. Lesen Sie dazu auch das Kapitel Buch, Bibliothek und Snippets.

Objektformate gruppieren

Wie bei Absatz- und Zeichenformaten oder bei Mustervorlagen können Sie auch hier Formate als **Gruppe** anlegen und darin die Objektformate verwalten. Dadurch erleichtern Sie sich die Arbeit, wenn Sie erst einmal die Arbeitsweise mit Objektformaten kennen und lieben gelernt haben. Die passenden Befehle finden Sie auch im Palettenmenü der **Objektformate**.

> [!] **Aufeinander basierende Objektformate**
> Nicht alle Funktionen können und sollten in der vollständigen Tiefe ausgereizt werden. So dürfen Objektformate auch aufeinander basieren. Wenn Sie bereits mit Absatzformaten gearbeitet haben, kennen Sie diese Möglichkeit, mit Formaten aufeinander aufbauend zu arbeiten. Was für rein grafische Arbeiten genial ist, kann im Zusammenhang mit Absatzformaten eine undurchschaubare Fülle von Abhängigkeiten und Wechselwirkungen mit sich bringen. Sie sollten diese aufeinander basierenden Formate nur mit Vorsicht genießen, Ihre Reinzeichnerin oder der Chef vom Dienst wird es Ihnen danken!

7.1.10   Vektorbearbeitung

Wie auf den vorangegangenen Seiten schon angedeutet, werden alle Rahmenobjekte in InDesign als *Bézierkurven* behandelt. Das bedeutet, dass Sie zahlreiche einfache Vektorfunktionen im Layout anwenden können. Neben den Rahmenwerkzeugen **Rechteck**, **Ellipse** und **Polygon** verfügt InDesign über weitere Werkzeuge zur Erstellung von vektorbasierten Grafikobjekten: die **Direktauswahl**, den **Zeichenstift**, **Ankerpunkt hinzufügen** und **Ankerpunkt löschen**.

Die Direktauswahl

InDesign unterscheidet, ob Sie nur den Rahmen als Ganzes bearbeiten oder ob Sie den Inhalt editieren wollen. Diese Trennung kommt durch die beiden Werkzeuge **Auswahl** [V] und **Direktauswahl** [A] zum Ausdruck.

Abbildung 7.72: *Auswahl- und Direktauswahlwerkzeug*

Erzeugen Sie mit dem **Polygon**-Werkzeug in der **Werkzeug-Palette** einen Rahmen. Wechseln Sie nun mit einem Doppelklick auf den Rahmen oder mit dem Tastenbefehl [A] auf die **Direktauswahl**. Der Layoutrahmen verschwindet und offenbart die Ankerpunkte des Polygons. Sie sind jetzt in die Vektorenbearbeitung gesprungen. Nun können Sie mit der Direktauswahl- und anderen Pfadwerkzeugen wie dem **Zeichenstift**, **Ankerpunkt hinzufügen**, **Ankerpunkt löschen** und **Richtungspunkt umwandeln** den Vektorpfad bearbeiten. Nach einem erneuten Doppelklick kehren Sie zum Auswahlwerkzeug zurück.

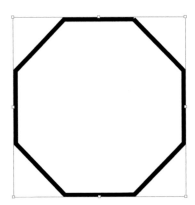

Abbildung 7.73: *Ein Polygonrahmen ist mit dem Auswahlwerkzeug aktiviert, der Layoutrahmen ist sichtbar.*

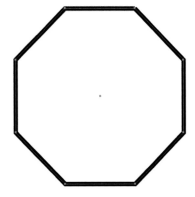

Abbildung 7.74: *Ein Polygonrahmen ist mit der Direktauswahl aktiviert, die Ankerpunkte des Polygons werden gezeigt.*

Ankerpunkte auswählen und verschieben

Wenn Sie die **Direktauswahl** *über den Vektorpfad* bewegen, zeigt das Werkzeug verschiedene Zusätze rechts unterhalb der Werkzeugspitze an. Bewegen Sie sich über einen Pfad, wird zusätzlich eine *Linie* angezeigt. Bewegen Sie das Werkzeug auf einen Ankerpunkt, erhalten Sie ein kleines *Quadrat*. Klicken Sie auf einen Ankerpunkt. Der Punkt wird jetzt *gefüllt* dargestellt. Klicken Sie den Ankerpunkt erneut an und halten Sie dabei die Maustaste gedrückt. Ziehen Sie den Ankerpunkt an eine andere Stelle. Sie sehen bei der Bewegung, welchen Verlauf der ursprüngliche Pfad hat. Lassen Sie den Ankerpunkt los.

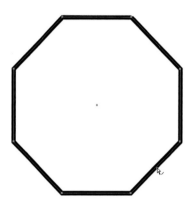

Abbildung 7.75: *Mit der Direktauswahl bearbeiten Sie die Linie.*

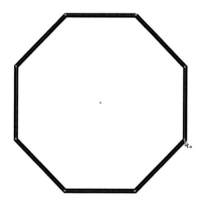

Abbildung 7.76: *Mit der Direktauswahl haben Sie einen Ankerpunkt angeklickt und können diesen nun verschieben.*

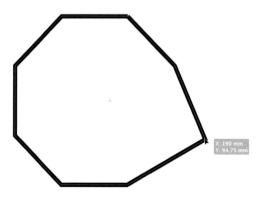

Abbildung 7.77: *Verschieben eines Ankerpunktes mit den Koordinaten am Mauszeiger*

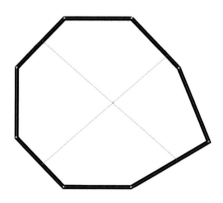

Abbildung 7.78: *Der verschobene Ankerpunkt ist weiterhin ausgewählt.*

Ziehen Sie ein Auswahlrechteck über mehrere Auswahlpunkte. Nun haben Sie diese Ankerpunkte gleichzeitig ausgewählt und können sie verschieben. Halten Sie bei diesen Aktionen ⌥ gedrückt, werden die Ankerpunkte auf einem 45°- oder 90°-Winkel verschoben.

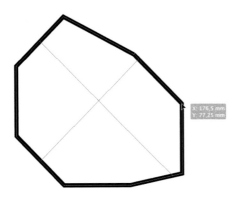

Abbildung 7.79: *Mehrfachauswahl und Verschieben von drei Ankerpunkten*

Ankerpunkte hinzufügen und löschen

Wählen Sie nun das Werkzeug **Zeichenstift** P aus. Bewegen Sie den Zeichenstift über den ausgewählten Vektorpfad. Über dem Vektorpfad erscheint ein kleines *Plus* neben der Stiftspitze, Sie können mit einem Mausklick einen Ankerpunkt zum bestehenden Pfad hinzufügen.

Über einem Ankerpunkt hingegen erscheint ein *Minus*, dieser Ankerpunkt kann mit einem Mausklick gelöscht werden. Dieselben Funktionen erreichen Sie über die Werkzeugauswahl **Ankerpunkt hinzufügen** und **Ankerpunkt löschen** der Werkzeuge-Palette, die auch über die Tastenbefehle + und − aufgerufen werden können.

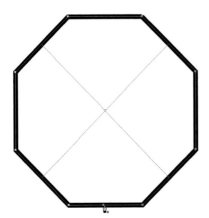

Abbildung 7.80: *Ankerpunkt hinzufügen*

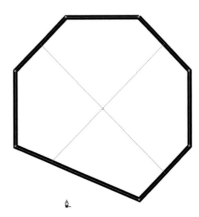

Abbildung 7.81: *Ankerpunkt löschen*

> **Besondere Tastenbefehle**
> Bei ausgewähltem Zeichenstift können Sie mit gedrückter ⌘-Taste temporär auf die Direktauswahl wechseln, um einzelne Ankerpunkte schneller zu verschieben, ohne das Werkzeug wechseln zu müssen.

Richtungspunkt umwandeln

Das Werkzeug mit der etwas irritierenden Bezeichnung zieht bei gedrückter Maustaste auf einen Ankerpunkt einen Eckpunkt als *Tangentenpunkt* auf. Eckpunkte werden durch gerade Linien verbunden, Tangentenpunkte dagegen erzeugen durch Tangenten eine *Bogenform*. Die Länge einer Tangente beeinflusst den Bogen des Vektorpfades.

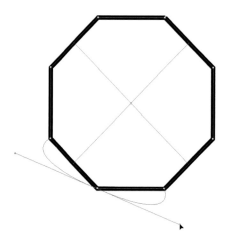

Abbildung 7.82: *Richtungspunkt umwandeln: Aus Eckpunkt wird Tangentenpunkt.*

Tangentenpunkte werden zunächst symmetrisch im rechten Winkel zum Vektorpfad mit gleichen Tangentenlängen angelegt. Nachträglich können nun die Tangenten angepasst werden. Zunächst ziehen Sie einen Kreisrahmen auf und wechseln auf das Werkzeug **Richtungspunkt umwandeln**. Ziehen Sie einen neuen Tangentenpunkt aus dem unteren Ankerpunkt heraus. Danach klicken Sie mit demselben Werkzeug auf einen einzelnen Tangentenpunkt und verschieben diesen. Nun erstellen Sie eine eigene Bogenform, der Kreisbogen läuft nicht mehr symmetrisch durch den Ankerpunkt.

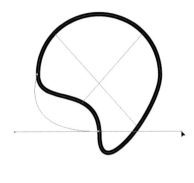

Abbildung 7.83: *Tangentenpunkt neu aufziehen*   **Abbildung 7.84:** *Tangenten einzeln editieren*

Bestehende Tangentenpunkte wandeln Sie wieder in Eckpunkte um, indem Sie mit dem Werkzeug auf den Ankerpunkt klicken.

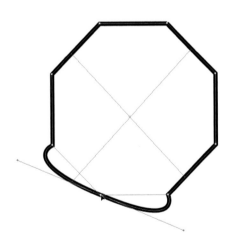

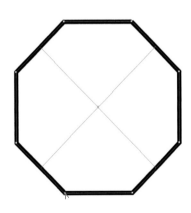

Abbildung 7.85: *Tangentenpunkt in Eckpunkt umwandeln*

Abbildung 7.86: *Tangentenpunkt in Eckpunkt umwandeln*

> **Alternativen für eine neue Form**
> Neben den Vektorwerkzeugen können Sie auch mit vorgegebenen Rahmen- oder Polygonwerkzeugen sowie dem Pathfinder verschiedene Formen erzeugen, ohne die Pfadwerkzeuge bemühen zu müssen. Binnenformen können Sie beispielsweise dadurch erzeugen, dass Sie ein zweites Objekt über den ersten Vektor zeichnen und dann das obere vom unteren ausstanzen.

> **> Ankerpunkte numerisch transformieren**
> Nicht nur Rahmen, sondern auch Ankerpunkte lassen sich numerisch transformieren! Wählen Sie dazu mit der Direktauswahl einen Ankerpunkt an und rufen Sie die Transformieren-Palette auf. Sie erhalten die Koordinaten des Punktes und können sie verändern.

Weitere Werkzeuge: Zeichenstift, Buntstift und Radierer

Sie müssen Vektorpfade nicht unbedingt über Rahmen erstellen. Ihnen stehen dafür die Werkzeuge **Zeichenstift** [P], **Buntstift** [N], **Glätten**, **Radieren** und – natürlich – der **Linienzeichner** ([^] für den PC und [<] für den Mac) zur Verfügung.

Fangen wir mit dem **Zeichenstift** [P] an. Wählen Sie das Werkzeug aus und klicken Sie auf die Seite. Klicken Sie ein zweites Mal und die beiden Punkte werden verbunden. Einen Tangentenpunkt können Sie setzen, wenn Sie die Maustaste gedrückt halten und den Mauszeiger vom Ankerpunkt wegziehen. Setzen Sie weitere Tangentenpunkte und achten Sie auf die Linie, die gezeichnet wird, bevor Sie die Maustaste loslassen.

Abbildung 7.87: *Mit dem Zeichenstift Tangentenpunkte aufziehen*

Abbildung 7.88: *Mit dem Zeichenstift Tangentenpunkte versetzen*

Wesentlich intuitiver arbeiten Sie mit dem **Bleistift**. Bevor Sie nun aber versuchen, damit eine Skizze anzufertigen, benutzen Sie bitte ein Grafiktablett für diese Arbeit; unser krakeliges Beispiel ist mit einer Maus entstanden.

> **[!] Probleme beim Zeichnen**
> InDesign erkennt zwar ein Grafiktablett als Eingabeinstrument, mehr als die Koordinaten werden jedoch nicht unterstützt. Wollen Sie elegante Vektoren zeichnen, die sogar eine Pinsel- oder Federform darstellen, sollten Sie dies mit Illustrator erledigen und als Vektor über die Zwischenablage wieder in InDesign einfügen oder als AI-Datei in das Layout platzieren.

Um diese Unebenheiten auszugleichen, wählen Sie das **Glätten**-Werkzeug und fahren mit der Werkzeugspitze mehrmals über die aktive Zeichenform. Dadurch wird der krakelige Strich auf wundersame Weise schnell zu einer gleichmäßigen Form.

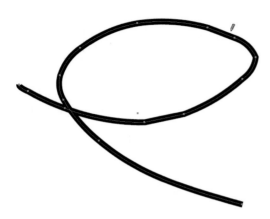

Abbildung 7.89: *Skizzen glätten Sie mit dem gleichnamigen Werkzeug.*

Sie haben zu viel gezeichnet? Nun, dafür haben Sie als letztes Zeichen-Werkzeug den **Radierer** zur Verfügung. Um den Radierer effektiv einzusetzen, sollten Sie zuvor eine Vektorkurve auswählen, aus der Sie Linienabschnitte entfernen.

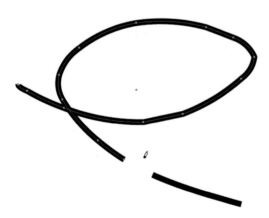

Abbildung 7.90: *Zeichnungen mit dem Radierer entfernen*

> **Besser gleich in Illustrator**
> Die Stiftwerkzeuge gehören eindeutig nicht zu den Highlights von InDesign. Wenn Sie also wieder einmal eine Handzeichnung benötigen, so verwenden Sie bitte gleich von Anfang an Illustrator – oder Sie skizzieren tatsächlich per Hand und scannen die Zeichnung als Bild ein.

7.2 Arbeiten mit Ebenen

Rahmen im Vorder- oder Hintergrund, mehrsprachige Textversionen sowie die genaue Auswahl von einzelnen Rahmen sind mit Hilfe der Ebenenfunktion möglich. Durch komfortable Erweiterungen können besonders komplexe Rahmengruppen bearbeitet werden, ohne die Gruppe auflösen zu müssen.

7.2.1 Neue Ebenensystematik

Die Ebenen in InDesign waren in früheren Versionen hauptsächlich „Layoutebenen", die im gesamten Dokument auf jeder Seite dieselbe Funktion besaßen. Nun wird InDesign an die Ebenensystematik von Illustrator angeglichen. Auf jeder Ebene befinden sich die dazugehörigen Rahmen und können nun auch in der Ebenen-Palette angewählt und bearbeitet werden! Die Ebenen sollen Ihnen helfen, Ihr Layoutdokument übersichtlicher zu strukturieren und kreative Lösungen bei Gestaltungsfragen zu finden.

Die Vorteile von Ebenen können sein:

- Trennung von Text -, Bild- und Vektorebenen in Vorder-, Mittel- und Hintergrund

- Sortierung der Objektreihenfolge

- Separate Objekte von Muster- und Layoutseiten

- Ein- und Ausblenden von Hintergrundmustern

- Mehrsprachige Textversionen in einer Layoutdatei

- Identische Layoutentwürfe mit alternativen Bildmotiven

- Verschiedene Layoutversionen

- Schutz von fertig bearbeiteten Grafiken oder importierten Vorlagen

- Platzieren von interaktiven Objekten, die in der Druckfassung nicht benötigt werden

Vorne, hinten und dazwischen

Unabhängig von den genannten Vorteilen lässt sich jedes Layoutdokument auch ohne Ebenen bearbeiten und ausgeben, da InDesign grundsätzlich schon innerhalb der „Ebene 1" den Unterschied zwischen *vorne* und *hinten* kennt und Sie die *Objektreihenfolge* mit Hilfe des Kontextmenüs ändern können. Dabei geht aber bei komplexen Layoutdokumenten schnell die Übersicht verloren, zudem können die Objekte nicht einfach ausgeblendet werden. Die Arbeit in gruppierten Rahmen ist zudem erschwert.

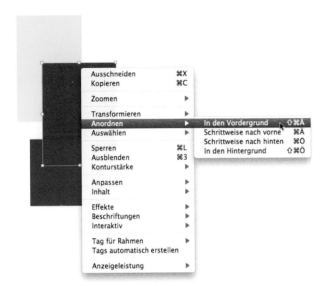

Abbildung 7.91: *Sobald mehrere Layout-objekte übereinanderliegen, können Sie mit dem Kontextmenü „Anordnen" entscheiden, ob ein Rahmen oder eine Rahmengruppe ganz „in den Vordergrund" oder „in den Hintergrund" der aktuellen Ebene gelegt wird.*

Hilfslinien

InDesign ordnet die **Hilfslinien** immer der jeweiligen **Ebene** zu. Das bedeutet für Ihre Arbeit, dass Sie – wenn Sie ausgiebig mit Ebenen arbeiten wollen – genau planen sollten, welche Hilfslinien Sie für alle Ebenen und welche nur für Objekte einer Ebene benötigen. Für den ersten Fall legen Sie sich bitte eine eigene Ebene mit einer treffenden Bezeichnung an, die Sie über allen anderen Objekten platzieren, damit großflächige Rahmen Ihnen nicht die Sicht nehmen. Hilfslinien, die Sie dagegen nur für Objekte in einer Ebene benötigen, brauchen Sie nicht in einer gesonderten Ebene unterzubringen. Die **Spalten-** und **Steghilfslinien**, das **Grundlinienraster** sowie die **Beschnittzugabe** sind von dieser Wahl nicht betroffen, sie sind daher einmal für das gesamte Dokument angelegt.

7.2.2 Die Ebenen-Palette

Unter dem Menü **Fenster** oder am rechten Bildschirmrand rufen Sie die Palette **Ebenen** auf. Zunächst besteht jede Datei, die Sie in InDesign anlegen oder aus anderen Layoutanwendungen importieren, aus der **Ebene 1**, die mit einem hellblauen Quadrat gekennzeichnet ist. Alle Rahmen von Text-, Grafik- oder platzierten Bildobjekten werden entsprechend dieser Ebenenfarbe eingefärbt. Diese Ebene zieht sich durch das gesamte Dokument und alle Musterseiten. Wenn Sie aus dem Menü **Ansicht** die Option **Rahmenkanten einblenden** aktiviert haben, sehen Sie auch die Kanten von nicht aktivierten Rahmen der zugeordneten Ebene eingefärbt.

> **Gestrichelt und gepunktet**
> Entsprechend der Ebene werden alle Rahmen eingefärbt, auch gestrichelte Rahmengrup-pen oder Musterseitenobjekte, die mit einer gepunkteten Umrisslinie gekennzeichnet sind.

Abbildung 7.92: *Die Ebenen-Palette erlaubt das separate Einblenden oder Sperren von Ebenen sowie die farbliche Markierung. Die Ebenenfarbe ist immer auch die Farbe der Layoutrahmen auf dieser Ebene und somit im Layout gut zu unterscheiden.*

Sichtbarkeit und Sperrung

In der Palettenansicht befinden sich zwei Felder vor der Ebene: die **Sichtbarkeit** und die **Sperrung**. Drücken Sie ein Auge zu, verschwinden die Ebenenobjekte in der Dokumentansicht. Durch **Sperren/Entsperren** schützen Sie Ebenen vor ungewollter Bearbeitung. In der Ebenenzeile wird ein Zeichenstift hinter dem Ebenennamen angezeigt, der Ihnen sagt, dass Sie nun alle Objekte bearbeiten können. Wird die Ebene gesperrt, wird auch der Zeichenstift durchgestrichen. Sobald Sie einen Rahmen mit der Auswahl angeklickt haben, erscheint hinter dem Zeichenstift ein kleines Quadrat.

Objekte in der Ebene

Sobald Sie den Pfeil vor einer Ebene anklicken, zeigt die Ebene die darin befindlichen Rahmen auf der aktuellen Seite. Die Rahmen werden, je nach Typ, benannt nach dem Titel des **platzierten Bildes**, nach den ersten Wörtern in einem **Textrahmen** oder nach der Form des **Vektorobjektes**.

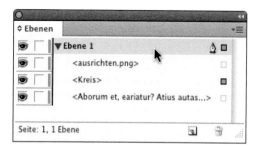

Abbildung 7.93: *Die Ebenen-Palette zeigt nun auch die darin liegenden Rahmen – benannt nach ihrem Inhalt.*

Rahmen verschieben

Rahmen, die auf eine Ebene verschoben werden sollen, müssen Sie zunächst aktivieren. Klicken Sie anschließend auf das **kleine Quadrat** hinter dem Namen des Objektes in der **Ebenen**-Palette und ziehen Sie es auf die gewünschte Ebene nach oben oder nach unten. Lassen Sie die Maustaste los und der Rahmen springt auf die Zielebene. Der Rahmen wird mit der Ebenenfarbe eingefärbt.

> **Rahmen beim Verschieben duplizieren**
> Was Sie schon aus der Rahmenbearbeitung im Layout kennen sollten, können Sie auch in der Ebenen-Palette anwenden. Sie halten die ⌈Alt⌋-Taste gedrückt und verschieben einen Rahmen in der Ebenen-Palette auf eine andere Ebene. Anschließend lassen Sie die Maustaste los und der Rahmen wurde kopiert.

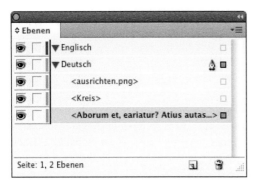

Abbildung 7.94: *Zunächst markieren Sie ein Objekt in der Ebenen-Palette.*

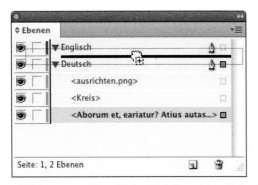

Abbildung 7.95: *Mit gedrückter ⌈Alt⌋-Taste ziehen Sie das Objekt auf die andere Ebene.*

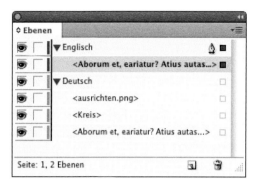

Abbildung 7.96: *Der Rahmen ist nun auf beiden Ebenen vorhanden.*

Wenn Sie einen Rahmen in die Zwischenablage kopieren und auf einer neuen Ebene einfügen wollen, müssen Sie zuvor die entsprechende Ebene anwählen. Der Rahmen wird dann auf dieser Ebene in der Bildschirmmitte eingefügt. Verwenden Sie den Befehl aus dem Menü **Datei/An Originalposition einfügen**, um Rahmen passgenau zu kopieren.

> **Mehrfachauswahl**
> Eine Mehrfachauswahl von Rahmen ist möglich, auch wenn alle Rahmen auf unterschiedlichen Ebenen liegen. Dazu können Sie alle Rahmen mit ⌘+Klick anwählen. Anschließend verschieben Sie die Rahmen auf die gewünschte Ebene.

Gruppen bearbeiten

Haben Sie mehrere Rahmen gruppiert, können Sie in der Ebenen-Palette trotzdem die einzelnen Rahmen anwählen und sogar innerhalb der Gruppenreihenfolge verschieben. Dazu wählen Sie einen Gruppenrahmen im Layout an und klappen die dazugehörige Ebene in der Ebenen-Palette auf. Klicken Sie nun einen der Rahmen in der Gruppe an und ziehen Sie diesen Rahmen an eine andere Position in der Gruppe. Die Gruppe bleibt erhalten, die Reihenfolge wird geändert.

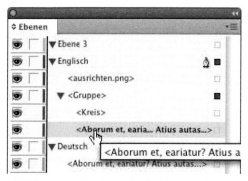

Abbildung 7.97: *Die Gruppe beinhaltet zwei Rahmen.*

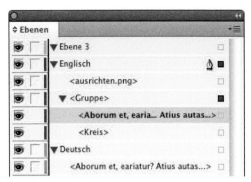

Abbildung 7.98: *Der Textrahmen wurde erfolgreich
über den „Kreis" platziert.*

> **Gruppen auflösen**
> Sobald Sie einen zu einer Gruppe gehörenden Rahmen aus der Gruppe heraus auf die-
> selbe oder eine andere Ebene ziehen, wird dieser folgerichtig aus der Gruppe entfernt. Zie-
> hen Sie aus einer Gruppe von zwei Rahmen einen heraus, wird die Gruppe aufgelöst, da ein
> einzelner Rahmen in einer Gruppe keinen Sinn hat. Schön, dass die Entwickler von Adobe hier
> mitgedacht haben.

Ebenenoptionen

Mit einem **Doppelklick** auf die aktuelle Ebene in der **Ebenen**-Palette öffnen Sie die Optionen,
in denen Sie den **Namen**, die **Farbzuordnung**, die **Sichtbarkeit** der Ebene und die **Sichtbarkeit
der Hilfslinien** definieren können. Alternativ dazu erreichen Sie die **Ebenenoptionen** über das
Palettenmenü.

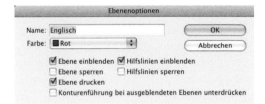

Abbildung 7.99: *In den Ebenenoptionen wählen Sie einen Namen, die Farbe für die Ebenenmarkierung
sowie weitere Optionen. Wichtig ist auch die letzte Funktion: Die Konturenführung von Textrahmen um Bilder
oder Grafiken kann deaktiviert werden, wenn die Ebene mit den zu umfließenden Objekte ausgeblendet ist.*

Geben Sie der Ebene einen neuen Namen und wählen Sie eine andere Farbe aus, z.B. Rot. Die
Farbbezeichnungen sind hier keine druckrelevanten Angaben, Sie dürfen sich somit auch Farben
mit den schönen Namen *Weinrot* oder *Schwefel* aussuchen, ohne einen Nervenzusammenbruch
Ihres Druckdienstleisters zu provozieren.

Ob die Ebene *sichtbar* sein soll oder nicht, können Sie in der Ebenen-Palette selbst einstellen. Wichtig sind auch die Hilfslinien. Wie eingangs beschrieben, sind diese immer ebenenabhängig. Hilfslinien können Sie an dieser Stelle separat ein- oder ausblenden.

> **Geschützte Rahmen oder geschützte Ebenen?**
> Ebenen können in den Ebenenoptionen über „Ebene sperren" vor der Bearbeitung geschützt werden. Dies ist besonders bei fest definierten Gestaltungselementen sinnvoll. Alternativ dazu können Sie aber auch einzelne Rahmen über die Palette der Ebenen schützen, indem Sie auf das Sperrfeld vor dem Objektnamen klicken.

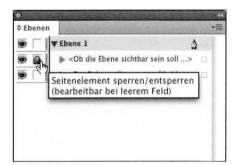

Abbildung 7.100:   *Das Ebenenobjekt wird separat geschützt.*

Ebenen und Textfluss

Wenn Sie eine Ebene ausblenden, auf der ein Rahmen liegt, der von einem Text umflossen wird, bleibt der Textfluss erhalten. Das ist auch gut so, falls Sie z.B. verschiedene platzierte Bilder derselben Größe übereinander angeordnet haben, um herauszufinden, welches Bild am besten mit dem Layout harmoniert. Wollen Sie dagegen Bilder oder Rahmen für das Layout ausblenden, muss der Textfluss neu berechnet werden. Um dies zu ermöglichen, wählen Sie in den Ebenenoptionen **Konturenführung bei ausgeblendeten Ebenen unterdrücken.**

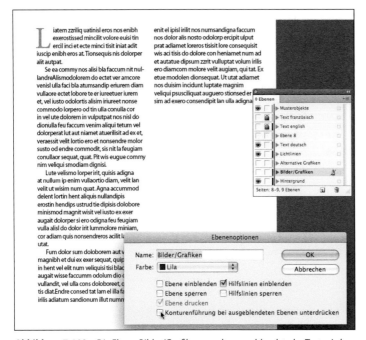

Abbildung 7.101: Ein platziertes Bild auf der Ebene Bilder/Grafiken
verdrängt einen Text der Ebene Text deutsch.

Abbildung 7.102: Die Ebene Bilder/Grafiken wurde ausgeblendet, der Text wird
weiterhin verdrängt. In den Ebenenoptionen für die Bilder/Grafiken können Sie dieses
Verhalten abschalten, so dass der Text normal fließt oder von einem Objekt einer
anderen Ebene verdrängt werden kann.

Ebenen zusammenfügen

Mit gedrückter ⌘-Taste klicken Sie mehrere Ebenen an, die Sie zusammenfügen wollen. Wählen Sie im Palettenmenü die Option **Auf eine Ebene reduzieren** aus, alle betreffenden Rahmen werden so zusammengefügt. Sollten Sie den Wunsch verspüren, alle Ebenen im Dokument zu reduzieren, da Sie mit der Layoutarbeit fertig sind oder keine weitere Ebenenunterteilung benötigen, wählen Sie einfach alle Ebenen aus und wiederholen Sie den Schritt.

Ebenen löschen

Unbenutzte Ebenen, auf denen kein Rahmen mehr liegt, können Sie mit dem Befehl **Unbenutzte Ebenen löschen** im Palettenmenü löschen.

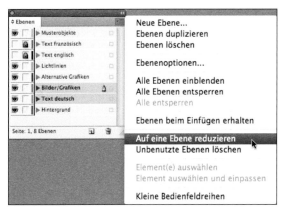

Abbildung 7.103: *Das Palettenmenü der Ebenen bietet auch die Möglichkeit, unbenutzte Ebenen zu löschen oder mehrere Ebenen auf eine zu reduzieren.*

Ebenen beim Einfügen erhalten

Kopieren Sie Rahmen aus anderen Layoutdokumenten, die Sie aus verschiedenen Ebenen angewählt haben, so haben Sie die Wahl, beim Einfügen in ein neues Dokument die Ebenenreihenfolge und -namen zu erhalten (**Ebenen beim Einfügen erhalten**) und damit die kopierten Objekte mit samt ihren Ebenen über der zuletzt aktivierten Ebene im neuen Dokument einzufügen. Dagegen kopieren Sie bei deaktivierter Option alles auf die aktuelle Ebene.

7.2.3   Anwendungsbeispiele

Nachdem Sie die grundlegende Funktionsweise von Ebenen kennengelernt haben, zeigen wir Ihnen nun spannende Anwendungsbeispiele, wie Sie Ebenen in Ihrer alltäglichen Arbeit effizient einsetzen können.

Rahmensortierung

Eine Trennung in Vordergrund und Hintergrund ermöglicht die Trennung in Bild, Text und weitere Grafiken. Legen Sie sich dazu mehrere Ebenen an, die Sie mit sinnvollen Namen versehen.

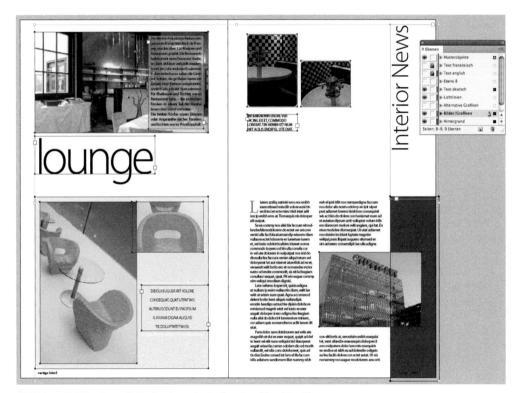

Abbildung 7.104: *Das vollständige Layout mit allen eingeblendeten Ebenen.*

Verteilen Sie nun die Rahmen auf die betreffenden Ebenen. Nun blenden Sie für die Textbearbeitung die Bildebene aus, um schneller im Dokument zu navigieren, da der Grafikprozessor Ihres Computers nicht mehr mit der Zeichnung von platzierten Bilddaten beschäftigt ist. Ebenso verfahren Sie mit der Bearbeitung von Vektorobjekten.

Abbildung 7.105: *Rahmen der Mustervorlage werden auf einer separaten Ebene (grün) platziert. Somit können keine Musterrahmen von anderen verdeckt werden.*

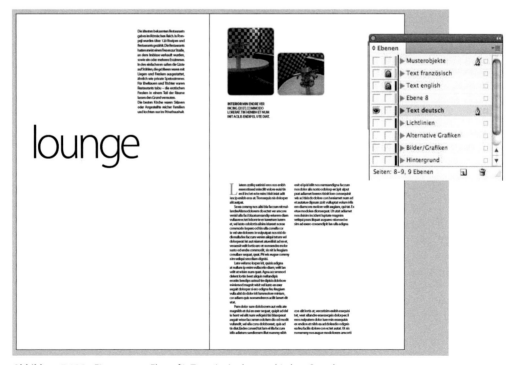

Abbildung 7.106: *Eine separate Ebene für Texte (rot) oder verschiedene Sprachen*

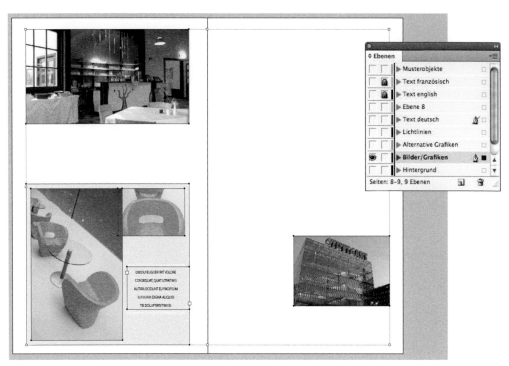

Abbildung 7.107: *Bilder- und Grafikebene (violett)*

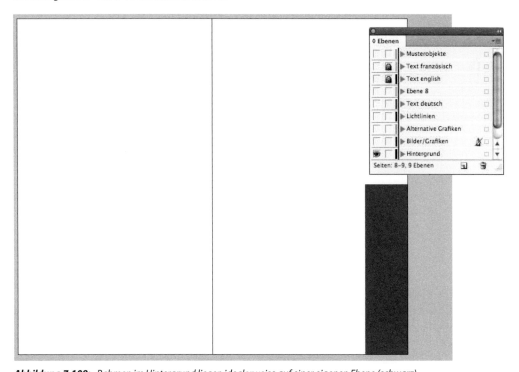

Abbildung 7.108: *Rahmen im Hintergrund liegen idealerweise auf einer eigenen Ebene (schwarz).*

Mehrsprachige Dokumente

Mehrsprachige Dokumente erstellen Sie am besten auf mehreren Ebenen. Legen Sie sich für jede Sprache eine Ebene an, außerdem Ebenen, die Hintergrundgrafiken oder Musterobjekte aufnehmen. Wenn Sie später alle Rahmen der Sprache nach auf den Ebenen abgelegt und bearbeitet haben, können Sie aus dieser Ebenenstruktur eine PDF-Datei exportieren, die alle Ebenen beinhaltet. Ausgeblendete Ebenen können dabei ebenfalls in das PDF-Dokument exportiert werden, wie Sie im Kapitel „PDF-Export" nachlesen können. Später kann der Leser der PDF jederzeit über die Ebenen eine andere Sprache einblenden.

> **❗ Mehrere Ebenen nicht für die Druckausgabe**
> InDesign-Dateien mit mehreren Ebenen können zwar als PDFs mit Ebenen ausgegeben werden, die Belichtung aus diesen PDF-Dateien ist jedoch nur im Format PDF 1.4 sowie mit einer PDF Print Engine als RIP möglich. Wem diese aktuelle Technik noch nicht zur Verfügung steht, sollte grundsätzlich aus InDesign heraus nur PDFs in der Version 1.3 (z.B. nach den Standards X-1a oder X-3) ohne Ebenen exportieren.

Die Aufgabe, mehrsprachige Dokumente anzulegen, stellt zusätzliche Anforderungen an das Layout. So müssen Sie z.B. für ein deutsch-, englisch- oder französischsprachiges Dokument berücksichtigen, dass Französisch und Deutsch längere Texte hervorbringen als das kompaktere Englisch. Das heißt, im Satzspiegel müssen Sie auch kleine Pufferzonen einrichten, die – gleich ob mit Text gefüllt oder nicht – das Gesamtbild des Layouts nicht stören. Darüber hinaus ist es notwendig, dass Sie für jede Sprache eigene Absatzformate anlegen, damit der Text in der jeweiligen Sprache auch korrekt umbrochen wird. Dazu verwenden Sie Absatzformate, die aufeinander basieren und sich nur im Wörterbuch unterscheiden. Lesen Sie dazu bitte auch die Kapitel „Absatz- und Zeichenformate".

Transparenzeffekte: Texte immer nach oben

Als Faustregel und als Hinweis auf die spätere Transparenzreduzierung sollten Sie unbedingt beachten, dass Sie Textebenen nach oben und Grafikebenen nach unten platzieren. Das hat folgenden Hintergrund: Die Transparenzreduzierung dient dazu, transparente Objekte mit Effekten mit dem Untergrund zu verrechnen. Dies betrifft sowohl Textobjekte als auch Vektoren oder platzierte Bilder. Dabei zählen bereits Schatten, die auf einen Schriftzug angewendet wurden, als transparente Objekte, die für eine PostScript-Ausgabe mit dem Hintergrund verrechnet werden müssen. Damit bei diesem Vorgang keine Schriftobjekte unnötigerweise in Pixel oder Pfade umgewandelt werden, sollten Textrahmen immer auf der obersten Ebene platziert werden. Im Kapitel „Vektorgrafiken und Transparenzen" (ab Seite 409) gehen wir noch genauer auf die Arten der Reduzierung und deren Ergebnisse ein.

Ebenen im Einsatz

Wollen Sie Bilder im Druck zusätzlich lackieren, um die Brillanz des Druckbildes zu erhöhen oder die Papieroberfläche zu schützen, empfehlen wir Ihnen, sich mit Ihrer Druckerei abzustimmen, welcher Lack geeignet ist und wie die Farbbezeichnung lauten soll.

> **!** **Lackformen sind keine Transparenzen**
> Transparenzen durch verringerte Deckkraft oder Transfermodi sollten Sie für Lackformen unbedingt vermeiden! Durch eine Transparenzreduzierung in der Ausgabe können die Volltonfarbinformationen verloren gehen und alle übereinanderliegenden Rahmen werden in Prozessfarbobjekte umgerechnet. Lackformen werden grundsätzlich überdruckt und mit Hilfe der Überdruckenvorschau angezeigt.

Ist diese Absprache nicht möglich, empfehlen wir Ihnen folgende Vorgehensweise, damit eine Lackform als zusätzlicher Farbauszug ausgegeben werden kann. Die weitere Bearbeitung der Volltonfarbe und die Überfüllung der Lackformen sollte die Druckerei in der PDF-Datei vornehmen. Führen Sie die folgenden Arbeitsschritte erst dann durch, wenn das Layout feststeht. Ansonsten müssen Sie aufgrund aller veränderter Bildrahmen die Lackformen neu positionieren und anpassen.

1. **Ein neues Farbfeld anmischen**
   Öffnen Sie die Farbfelder-Palette und klicken Sie auf das **Blatt**-Symbol, um eine neue Farbe zu definieren. Mischen Sie die Farbe als **Volltonfarbe** mit einer eigenen Bezeichnung, wie z.B. „UV-Lack".

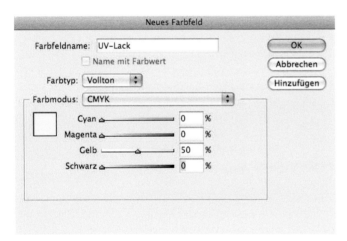

Abbildung 7.109: *Legen Sie dieses Farbfeld an.*

2. **Rahmen auswählen und duplizieren**
   Markieren Sie alle platzierten Bilder oder Grafiken auf einer Doppelseite, die mit einem Lack bedruckt werden sollen. Kopieren Sie auf die zuvor erstellte Ebene, indem Sie in der Ebenen-Palette das farbige Quadrat mit gedrückter ⸤Alt⸥-Taste verschieben.

Abbildung 7.110: *Markieren Sie alle zu lackierenden Bilder.*

3. **Neue Ebene anlegen**
    In der **Ebenen**-Palette klicken Sie nun auf das **Blattsymbol** und legen damit eine neue Ebene „UV-Lack" an. Die neue Ebene „UV-Lack" muss immer über den lackierten Objekten liegen.

Abbildung 7.111: *Die Ebene liegt ganz oben.*

4. **Rahmen an Originalposition einfügen**
    Platzieren Sie nun die kopierten Rahmen auf der Lack-Ebene mit dem Befehl **Bearbeiten/ An Originalposition einfügen.**

5. **Löschen der Grafiken**
    Wechseln Sie auf die Direktauswahl $\boxed{A}$, klicken Sie in die einzelnen Bilderrahmen und löschen Sie die Inhalte mit der $\boxed{\leftarrow}$-Taste.

Abbildung 7.112: *Füllen Sie die Rahmen neu.*

Abbildung 7.113: *Überdrucken aktivieren*

6. **Überdruckenvorschau aktivieren**
    Zur besseren Darstellung können Sie die **Überdruckenvorschau** aus dem Menü **Ansicht** aufrufen. InDesign stellt das Layout so dar, dass die Lackflächen transparent erscheinen.

Abbildung 7.114: *Überdruckenvorschau aktivieren*

7. **Ebene sperren**
Damit die Lackflächen nicht verschoben werden, können Sie als letzten Schritt die Ebene „UV-Lack" sperren, indem Sie in der **Ebenen**-Palette auf das Sperrfeld vor dem Ebenennamen klicken.

> **Mit Objektformaten arbeiten**
> Für die Arbeit mit Lackformen empfehlen wir, mit Objektformaten zu arbeiten. Dazu wählen Sie zunächst einen Bildrahmen aus und erstellen ein neues Objektformat „Lackfläche". Entfernen Sie darin ggf. alle Effekte (aber behalten Sie die Eckenstile) und setzen Sie die Füllungs- und Konturfarbe auf „UV-Lack" und „Überdrucken". Wählen Sie nun alle Rahmen – wie in diesem Workshop gezeigt – aus, kopieren Sie diese und fügen Sie die Rahmen an der Originalposition auf einer neuen Ebene wieder ein. Danach weisen Sie den Rahmen das neue Objektformat „Lackfläche" zu.

7.3 Transparenzeffekte

Licht aus, Spot an: Deckkraft reduzieren, Farben miteinander negativ multiplizieren, Layoutrahmen mit weichen Kanten oder Schattenwürfen gestalten: Transparenzen wenden Sie direkt in InDesign an. Dabei legen Sie genau fest, was Sie an einem Rahmen gestalten wollen: die Kontur, die Fläche, den Text oder einfach den gesamten Rahmen.

Grundlagen der Transparenzen

Für alle Anwenderinnen und Anwender, die bislang noch nie mit Transparenzen im Layout gearbeitet haben, wollen wir vorausschicken, dass sich die Transparenzen zunächst aus der *Deckkraft*, einer *Weichen Kante* oder einem *Schlagschatten* zusammensetzen können. Dabei handelt es sich bis auf wenige Ausnahmen um Effekte, die für die Ausgabe eine *neue Bildberechnung* auf Pixelbasis erfordern. Denn immer dann, wenn sich mindestens zwei Rahmen transparent überlagern, entsteht eine Schnittmenge, die für die Ausgabe in CMYK- oder RGB-Farben von InDesign neu berechnet werden muss.

> **Zielmedium: Druck oder Web?**
> Wie wir Ihnen im Kapitel „Ausgabevorschau" darlegen, berechnet InDesign aus einer Transparenz wieder ein deckendes Objekt, damit ein PostScript-RIP die Druckplatten belichten kann. Dazu wird als Referenz ein Ausgabefarbraum benötigt. Wenn Sie ein neues Dokument anlegen und als Zielmedium „Druck" angeben, verwendet InDesign den voreingestellten CMYK-Ausgabefarbraum. Wählen Sie dagegen „Web", wird der RGB-Farbraum genutzt. Lesen Sie dazu bitte auch das Kapitel „Farbmanagement".

Für die spätere Ausgabe stehen Ihnen die Funktion **Transparenzreduzierung** und die **Reduzierungsvorschau** bereit, die wir noch detailliert beschreiben. Somit werden die Transparenzen auch für alle Designerinnen und Layouter kontrollierbar, die dieser Thematik bisher eher kritisch gegenüberstanden.

Transparenzeffekte können Sie in InDesign auf alle Layoutrahmen anwenden. Ob platzierte Bilder, Vektorobjekte oder Textrahmen – InDesign kennt keine Grenzen in der kreativen Gestaltung – ein wahres Highlight für alle Designer, für die Reinzeichnung und Druckvorbereitung eine anspruchsvolle Aufgabe.

Effekte-Palette

Die Effekte-Palette rufen Sie unter dem Menü **Fenster/Effekte** auf. Ebenso wie in Photoshop oder Illustrator stellen Sie über das Pull-down-Menü der Palette die Füllmethode des Objektes zum Hintergrund ein. Ihnen stehen die bekannten Arten wie **Multiplizieren** oder **Ineinander kopieren** zur Verfügung.

Die **Deckkraft** eines Layoutobjektes wählen Sie mit Hilfe des Schiebereglers oder einer numerischen Eingabe. Wenn Sie bereits in Photoshop oder Illustrator Ihre Erfahrungen mit Transparenzen gesammelt haben, werden Sie sich in InDesign schnell zurechtfinden, da hier dieselbe Technik genutzt wird.

Darüber hinaus stellen Sie in den weiteren Angaben ein, ob das Objekt, die Kontur, die Fläche oder sogar der Text separate Einstellungen bekommen soll. Doch hier wählen wir zunächst immer das gesamte Objekt. Auf die Trennung der Inhalte gehen wir im Abschnitt Objekttrennung ein.

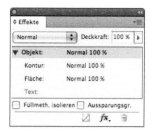

Abbildung 7.115: *Die Effekte-Palette übernimmt alle Transparenzaufgaben.*

Alle Einstellungen, die Sie in der Palette der **Effekte** treffen, rufen Sie auch unter dem Button **fx** in der Steuerungspalette auf, dargestellt als Pull-down-Menü.

Abbildung 7.116: *Das Pull-down-Menü führt alle Effekte in InDesign auf.*

7.3.1   Die Deckkraft

Die nächstliegende Möglichkeit, Transparenzen zu erzeugen, ist natürlich die Verringerung der Deckkraft. In der folgenden Abbildung sehen Sie verschiedene Deckkrafteinstellungen. Über die Effekte-Palette stellen Sie bequem die Deckkraft in Prozentwerten ein – entweder über den Schieberegler oder numerisch über das Eingabefeld.

Abbildung 7.117: *Über die Deckkraft wird die Sichtbarkeit eines Layoutobjektes gesteuert.*

Rahmen überlagern

Mit Hilfe der Deckkraft können Sie natürlich auch Rahmen überlagern, z.B. lassen Sie von zwei Bildern das obere mit einer Deckkraft von 50% auf den Untergrund durchscheinen. Auch die Farben der transparenten Rahmen mischen sich über die Deckkraft.

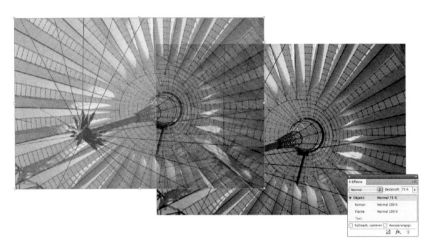

Abbildung 7.118: *Die reduzierte Deckkraft sorgt für Durchblick.*

Legen Sie beispielsweise einen gelb gefüllten Rahmen (Y = 100%) über einem platzierten Bild an und reduzieren die Deckkraft auf 50%, ergeben sich daraus nicht automatisch Farben mit einem höheren Gelbanteil. Die Farbmischung messen Sie, indem Sie die **Separationsvorschau** anschalten. Lesen Sie bitte dazu das Kapitel „Ausgabevorschau".

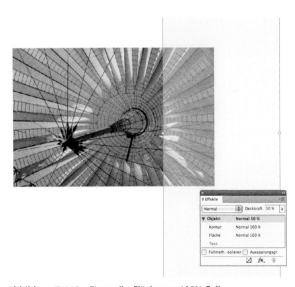

Abbildung 7.119: *Eine gelbe Fläche von 100% Gelb überdeckt mit 50% Deckkraft ein platziertes Bild.*

7.3.2 Die Füllmethoden

Neben zahlreichen Möglichkeiten, Layoutobjekte farblich miteinander zu kombinieren, wollen wir Ihnen an dieser Stelle alle **Füllmethoden** im Einzelnen vorstellen. Bei der Beschreibung gehen wir davon aus, dass Sie ein Bild im Hintergrund und eine Vektorfläche im Vordergrund liegen haben, auf die Sie die Füllmethoden anwenden. Nicht immer lässt sich das Ergebnis der Farbtonberechnung vorhersagen, die zugrunde liegenden Algorithmen sind sehr komplex und können hier nur im Ergebnis beschrieben werden. Eine Vorausberechnung, welche Farbwerte sich zueinander addieren, ist für eine drucktaugliche Ausgabe nicht nötig, dazu haben Sie in InDesign die **Separationsvorschau** zur Verfügung, an der Sie die resultierenden Werte der übereinanderliegenden Farben ablesen können.

> **Transparenzen farbverbindlich darstellen**
> Wenn Sie mit Transparenzen arbeiten und die Farbergebnisse verbindlich anzeigen lassen wollen, so benötigen Sie als Vorgabe den korrekten Transparenz-Füllraum, die Ausgabeprofile für RGB und CMYK, einen hardware-kalibrierten Monitor und die aktivierte Funktion „Farbproof" von InDesign. Lesen Sie dazu bitte die Kapitel „Farbmanagement" und „Ausgabevorschau".

Normal

Die Farbwerte von übereinandergelagerten Objekten werden in der Einstellung **Normal** nicht berechnet, nur eine reduzierte Deckkraft erzeugt die Transparenz. Die Farbmischung führt nicht automatisch zu einer Addition der Farbwerte, sondern kann auch eine Aufhellung zufolge haben.

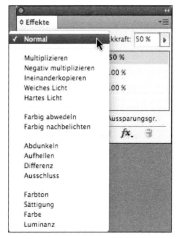

Abbildung 7.120: Mit den Füllmethoden beeinflussen Sie die Berechnung der Farben des transparenten Objektes zum Untergrund.

Multiplizieren

Diese Füllmethode *addiert* überlagernde Farbwerte. Das Ergebnis ist immer dunkler als die Ausgangsfarben, also eignet sich der Effekt u.a. für die Gestaltung von Schatten. Legen Sie einen Rahmen mit der Füllung Cyan 100% über einen Rahmen mit Magenta 100%, so erhalten Sie eine Transparenzfarbe von 100 C und 100 M.

Die Füllmethode **Multiplizieren** findet grundsätzlich im Transparenzeffekt **Schlagschatten** – und ähnlichen Methoden – Anwendung. Gern wird diese Methode auch benutzt, um Graustufenbilder mit einem farbigen Untergrund zu verrechnen. Alle Graustufen des Bildes werden mit der Untergrundfarbe addiert, weiße Partien werden ausgeblendet.

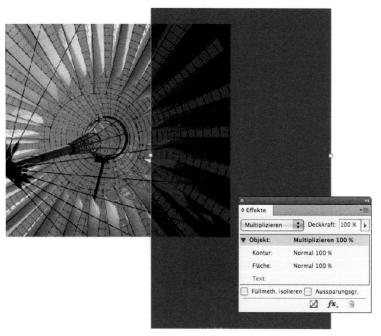

Abbildung 7.121: *Füllmethode „Multiplizieren"*

Negativ multiplizieren

Wie die Bezeichnung schon vermuten lässt, folgt nun das Gegenteil: Die Farbwerte werden voneinander *subtrahiert*, das Ergebnis ist immer heller als die Ausgangswerte. Somit eignet sich diese Option für Lichter oder Glüheffekte. Farbwerte mit jeweils 100% Deckung werden zu 0 subtrahiert, Farbwerte mit 50% Deckung ergeben einen Mischton mit jeweils 25%.

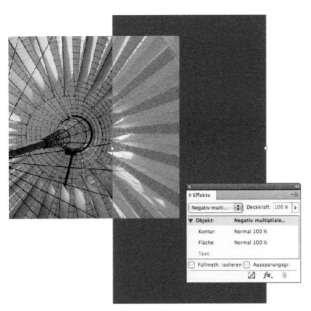

Abbildung 7.122: *Beispiel für die Füllmethode „Negativ multiplizieren"*

Wenn Sie helle Objekte auf dunklen Untergründen platzieren und die Deckkraft reduzieren, ist diese Methode vorteilhaft, da das Vordergrundobjekt den Untergrund aufhellt. Somit ist es möglich, mit Rahmen doppelseitige Bilder zu überdecken, um dort Fließtext zu gestalten.

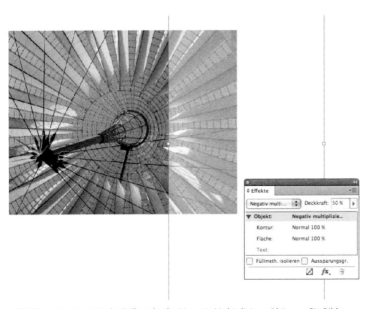

Abbildung 7.123: *Mit der Füllmethode „Negativ Multiplizieren" können Sie Bilder aufhellen; der weiße Rahmen überlagert das Bild mit reduzierter Deckkraft.*

Ineinander kopieren

Die Farben werden je nach Grundfarbe multipliziert oder negativ multipliziert. Im Ergebnis bleibt die *Helligkeit* des darunter liegenden Objektes erhalten. Diese Methode ist u.a. geeignet, wenn Sie Bilder mit Vektorflächen einfärben wollen. In der Abbildung sehen Sie, dass der gelbe Rahmen (100% Y) mit einer Deckkraft von 50% und der Füllmethode **Ineinander kopieren** das Bild nur gelblich färbt. Im Vergleich zur Abbildung 4 wird der Hintergrundfarbton aber nicht aufgehellt.

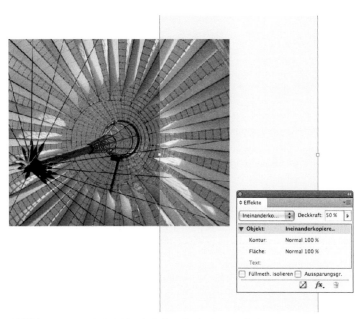

Abbildung 7.124: *Beispiel für die Füllmethode „Ineinander kopieren"*

Weitere Füllmethoden

Für die Anwendung der zahlreichen Füllmethoden ist es zwar technisch zu beschreiben, mit welcher Füllmethode welches Farbadditionsergebnis erreicht wird. Dennoch wird es sinnvoller sein, sich einmal bei einem eigenen Beispiel die verschiedenen Füllmethoden anzuschauen und anzuwenden. Dazu sehen Sie nun noch eine Auswahl dieser Methoden.

Füllmethode	Beschreibung
Weiches Licht	Je nach Angleichungsfarbe werden die Farben aufgehellt oder abgedunkelt. Die Wirkung entspricht dem Anstrahlen des Bildmaterials mit diffusem Scheinwerferlicht. Wenn die Angleichungsfarbe (Lichtquelle) heller als 50% Grau ist, wird das Bildmaterial aufgehellt, als würde es abgewedelt. Ist die Angleichungsfarbe dunkler als 50% Grau, wird das Bildmaterial dunkler, als würde es nachbelichtet. Durch Füllen mit reinem Schwarz oder Weiß wird ein deutlich dunklerer oder hellerer Bereich erzeugt, das Ergebnis ist jedoch kein reines Schwarz oder Weiß.
Hartes Licht	Die Farben werden je nach Angleichungsfarbe multipliziert oder negativ multipliziert. Die Wirkung entspricht dem Anstrahlen des Bildmaterials mit grellem Scheinwerferlicht. Ist die Angleichungsfarbe (Lichtquelle) heller als 50% Grau, wird das Bildmaterial aufgehellt, als würde es negativ multipliziert. Dies ist hilfreich für das Einfügen von Lichtern in Bildmaterial. Ist die Angleichungsfarbe dunkler als 50% Grau, wird das Bildmaterial dunkler, als würde es multipliziert. Dies ist hilfreich für das Einfügen von Schatten in das Bildmaterial. Wenn Sie mit reinem Schwarz oder Weiß füllen, ist das Ergebnis reines Schwarz oder Weiß.
Farbig abwedeln	Die Grundfarbe wird aufgehellt, um die Angleichungsfarbe widerzuspiegeln. Bei einer Angleichung mit Schwarz erfolgt keine Änderung.
Farbig nachbelichten	Die Grundfarbe wird verdunkelt, um die Angleichungsfarbe widerzuspiegeln. Eine Angleichung mit Weiß bewirkt keine Änderung.
Abdunkeln	Je nachdem, welche Farbe dunkler ist, wird die Grundfarbe oder die Angleichungsfarbe als Ergebnisfarbe gewählt. Bereiche, die heller sind als die Angleichungsfarbe, werden ersetzt. Bereiche, die dunkler sind als die Angleichungsfarbe, bleiben unverändert.
Aufhellen	Je nachdem, welche Farbe heller ist, wird die Grundfarbe oder die Angleichungsfarbe als Ergebnisfarbe gewählt. Bereiche, die dunkler sind als die Angleichungsfarbe, werden ersetzt. Bereiche, die heller sind als die Angleichungsfarbe, bleiben unverändert.
Differenz	Es wird entweder die Angleichungsfarbe von der Grundfarbe subtrahiert oder die Grundfarbe von der Angleichungsfarbe, je nachdem, welche der Farben den höheren Helligkeitswert hat. Bei einer Angleichung mit Weiß werden die Werte der Grundfarbe invertiert, bei einer Angleichung mit Schwarz erfolgt keine Änderung.
Ausschluss	Hiermit erzielen Sie eine ähnliche Wirkung wie mit „Differenz", der Kontrast ist jedoch etwas geringer. Bei einer Angleichung mit Weiß werden die Komponenten der Grundfarbe invertiert. Bei einer Angleichung mit Schwarz erfolgt keine Änderung.
Farbton	Erstellt eine Farbe mit der Luminanz und der Sättigung der Grundfarbe und dem Farbton der Angleichungsfarbe.
Sättigung	Erstellt eine Farbe mit der Luminanz und dem Farbton der Grundfarbe und der Sättigung der Angleichungsfarbe. Wenn Sie mit dieser Methode einen Bereich ohne Sättigung (grau) füllen, bewirken Sie keine Veränderung.
Farbe	Erstellt eine Farbe mit der Luminanz der Grundfarbe und dem Farbton und der Sättigung der Angleichungsfarbe. Die Graustufen im Bildmaterial werden hierbei erhalten, was beim Färben von einfarbigem oder schwarzweißem Bildmaterial und beim Tönen von farbigem Bildmaterial nützlich ist.
Luminanz	Erstellt eine Farbe mit dem Farbton und der Sättigung der Grundfarbe und der Luminanz der Angleichungsfarbe. Diese Methode hat die gegenteilige Wirkung der Methode „Farbe".

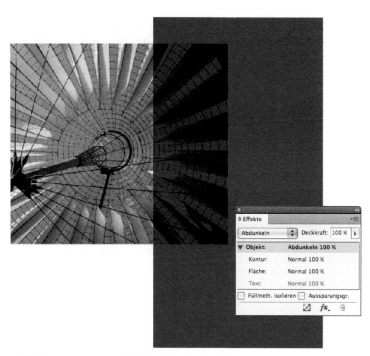

Abbildung 7.125: *Beispiel für die Füllmethode „Abdunkeln"*

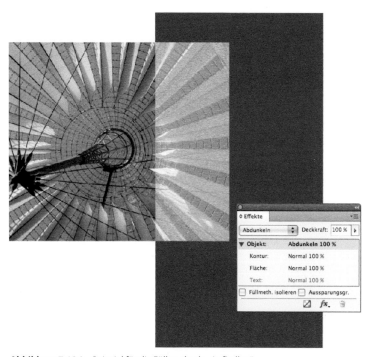

Abbildung 7.126: *Beispiel für die Füllmethode „Aufhellen"*

7.3.3 Sonderfälle und Ausnahmen

Aus der Praxis zeigt sich, dass nicht jede Transparenzfunktion das Design verbessert, wenn für die Ausgabe die Grenzen der Drucktechniken nicht berücksichtigt werden. Anhand einiger Beispiele wollen wir Ihnen zeigen, dass es durchaus Sonderfälle gibt, die häufiger in Ihrer Layoutarbeit auftauchen, als Sie glauben!

Transparenzen in Gruppen

Wenn Sie transparente Objekte mit Füllmethoden gestalten und gruppieren, gibt es zwei Möglichkeiten: die Transparenzeffekte entweder nur auf die Gruppe selbst zu beschränken oder die Füllmethoden nur auf den Hintergrund anzuwenden. Wählen Sie **Füllmethode isolieren** in der Effekte-Palette für eine Gruppe aus, wenn Sie den Hintergrund nicht mit Füllmethoden berechnen lassen wollen. Die **Aussparungsgruppe** hingegen bewirkt das Gegenteil: Die Füllmethoden der Gruppe werden nur auf den Hintergrund, nicht aber auf die Gruppenobjekte untereinander angewendet.

Abbildung 7.127: „Füllmethode isolieren" und „Aussparungsgruppe" in der Effekte-Palette

Die Deckkraft und der Farbauftrag

Für Ihre gestalterische Arbeit beachten Sie bitte, dass alle Objekte, deren Deckkraft Sie verringert haben, die reproduzierbaren Tonwertgrenzen nicht unterschreiten. Im Offsetdruck sind je nach Rasterweite und Papier auch noch Tonwerte von 1% druckbar. Im Flexodruck beispielsweise kann aber alles unter 10% wegbrechen. Sprechen Sie mit Ihrem Druckdienstleister, wenn Sie sich nicht sicher sind.

Ein Beispiel soll dies verdeutlichen: Ein Graustufenbild enthält Partien mit Werten zwischen 10 und 20% Schwarz. Eine Deckkraftverringerung von 50% halbiert diese Werte zu 5–10%, das Bild kann im Druck noch problemlos wiedergegeben werden. Eine Deckkraftverringerung auf 20% aber führt zu Werten zwischen 1 und 6%, von denen die hellsten – je nach Rasterweite und Papier – gegebenenfalls im Druck verschwinden. Wenn Sie also weich modulierte Bilder mit Transparenzeffekten verwenden oder Vektorobjekte mit geringem Farbanteil, beachten Sie die jeweilige Tonwertgrenze.

Abbildung 7.128: *Der weiße Rahmen überdeckt mit 95% das Bild.*

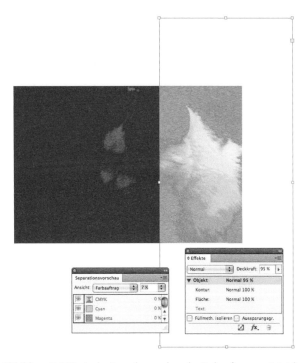

Abbildung 7.129: *In der Ausgabevorschau des Farbauftrages zeigt sich
bei einer Grenze von 7%, dass das Fell keine Zeichnung mehr aufweist (graue Partien).*

Abbildung 7.130: Der blaufarbene Rahmen überdeckt mit 50% das Bild in der Füllmethode Multiplizieren.

Abbildung 7.131: In der Ausgabevorschau des Farbauftrages zeigt sich bei einer Grenze von 320%, dass die Schatten im Hintergrund die maximale Deckkraft erreicht haben.

> **Gesamtfarbauftrag bei Transparenzen und RGB-Bildern**
> Verwenden Sie Transparenzen über oder mit RGB-Bildern, so werden die Ergebnisse der Transparenzreduzierung niemals den Gesamtfarbauftrag des CMYK-Ausgabeprofils übersteigen.

[!] **Gesamtfarbauftrag bei Transparenzen und CMYK-Bildern**
Wenn Sie dagegen Transparenzen über platzierten CMYK-Bildern anwenden, kann es vorkommen, dass der zulässige Gesamtfarbauftrag des CMYK-Ausgabeprofils überschritten wird. Dies tritt dann auf, wenn das platzierte CMYK-Bild für ein anderes CMYK-Ausgabeprofil und somit für einen höheren „GFA" optimiert wurde. Lesen Sie dazu bitte auch das Kapitel „Farbmanagement".

Der Sonderfall für Graustufen

Für den eben beschriebenen Sonderfall des Graustufenbildes gibt es allerdings einen Umweg: Mischen Sie die Hintergrund- und Vordergrundfarbe an, mit denen das Graustufenbild dargestellt werden soll. Färben Sie das Graustufenbild mit diesen Farben ein. Das genauere Vorgehen können Sie im Kapitel „Platzieren" nachlesen.

[!] **Schmuckfarben und Transparenzen**
Verwenden Sie die Füllmethoden „Differenz", „Ausschluss", „Farbton", „Sättigung", „Farbe" und „Luminanz" nach Möglichkeit nicht bei Objekten mit Volltonfarben, da dadurch unerwünschte (Prozess-)Farben in das Dokument aufgenommen werden können.

7.3.4 Schlagschatten

Schattenwürfe dienen für Kataloge oder Magazine als grafischer Allrounder. Lange haben Sie diesen Effekt mit platzierten Bildern aus Photoshop erzeugt oder Sie haben Ihre Layoutsoftware mit Plug-ins erweitert. Diese Schatten gehören jedoch der Vergangenheit an. Da der Schlagschatten zahlreiche Transparenzeigenschaften von InDesign miteinander verbindet, wollen wir für diesen Effekt genauer auf die Details eingehen. Andere Effekte wie der Schatten nach innen bauen auf diesem Schlagschatten auf, so dass Sie dort viele ähnliche Einstellungen finden werden.

> **Nur InDesign-Schatten können den Untergrund abdunkeln**
> Wenn Sie einen Schatten in Photoshop anlegen und die Photoshop-Datei in InDesign platzieren, wird der Schatten nur in seiner Deckkraft transparent umgesetzt. Einen echten Schatten, der mit der Füllmethode „Multiplizieren" den Untergrund abdunkelt, können Sie nur in InDesign direkt erzeugen. Daher platzieren Sie Freisteller als Photoshop-Datei mit Ebenenmasken und gestalten anschließend den Schlagschatten im Layout.

Schatten hinzufügen

Sie fügen beliebigen Objekten wie platzierten Bildern, Vektorgrafiken oder Textrahmen einen Schattenwurf hinzu, indem Sie mit dem Auswahlwerkzeug auf das Objekt klicken und in der Steuerungspalette die Effekte mit dem Button **fx** aufrufen. Alternativ können Sie in der Palette **Effekte** einen Doppelklick auf **Objekt** ausführen und erhalten somit den Effekte-Dialog. In diesem Dialog aktivieren Sie zunächst den Button **Schlagschatten**. Danach aktivieren Sie auch die **Vorschau**, um den gewünschten Schattenwurf gleich beurteilen zu können.

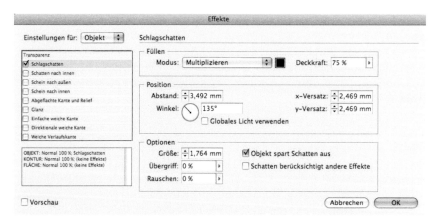

Abbildung 7.132: *Im Effekte-Dialog treffen Sie alle Einstellungen zum Schlagschatten. Dieser Effekt ist eine Kombination aus Füllmethode, Deckkraft und weicher Kante.*

Unter der Rubrik **Füllen** stellen Sie die *Füllmethode* des Schattens ein. Der **Modus** bezeichnet das Farbverhalten des Schattens. Da Schatten nun einmal die Eigenschaft haben, Bereiche abzu-dunkeln – also Farbwerte miteinander zu multiplizieren –, ist die Vorauswahl des Modus immer **Multiplizieren**.

Als **Schattenfarbe** ist zunächst **Schwarz** mit **100% K** ausgewählt. Hier gelangen Sie über das Feld **Farbe** in die Auswahl der **Farbfelder** oder aber in die Anwahl der Farbmodelle **RGB**, **Lab** und **CMYK**, um eigene Farben direkt nur für diesen Schatten anzumischen. Auch Schmuckfarben können für zwei- oder mehrfarbige Layouts ausgewählt werden. Dazu müssen Sie jedoch zuvor in den Farbfeldern diese Farben anlegen oder Mischdruckfarben definieren.

Die **Deckkraft** ist mit **75%** akzeptabel, erzeugt aber stets einen leidenschaftslosen kräftigen Schat-tenwurf. Verwenden Sie leichtere Schatten von **30–50%** bei hellen Untergründen oder höhere Werte bei mittleren bis dunklen Untergründen von **80–100%**. Außerdem können Sie nun einen **Winkel** und einen **Abstand** bestimmen, ganz so, wie Sie es aus Photoshop gewöhnt sind. Der Winkel bestimmt die Richtung der Lichtquelle, die den Schlagschatten wirft. Aktivieren Sie die Funktion **Globales Licht**, so wird für diesen Schlagschatten ein einheitlicher Winkel angenommen, zunächst gibt InDesign **120°** vor. In anderen Effekten können Sie ebenfalls ein **Globales Licht** vorgeben. Wie Sie damit arbeiten, zeigen wir Ihnen im gleichnamigen Abschnitt.

Wer es genauer mag, der kann nach wie vor mit einem **x-Versatz** und einem **y-Versatz** den zwei-dimensionalen Abstand des Schattens vom Objekt bestimmen. Dieser Abstand darf auch negative Werte haben und kann bis zu **1.000 pt oder 352,778 mm** vom Objekt entfernt liegen – falls Sie Großplakate anlegen wollen.

Wie weich die Schattenkante gezeichnet wird, können Sie in den **Optionen** selbst unter **Größe** bestimmen. Zudem spart das Objekt, das den Schatten wirft, zunächst immer den Schatten selbst aus, es sei denn, es handelt sich um ein halbtransparentes Objekt. Dann sollten Sie diese Option deaktivieren. Falls der Schlagschatten mit anderen Effekten zusammenfällt, müssen diese Effekte eventuell für bessere Ergebnisse miteinander verrechnet werden.

> **Gedrehte Rahmen**
> Schatten oder andere Effekte können über einen Winkel oder eine Richtung gesteuert werden. Sobald Sie einen Rahmen drehen, bleiben diese Effekte erhalten und drehen sich nicht mit. Beachten Sie also, dass Sie zunächst die Ausrichtung des Rahmens bestimmen und anschließend die Effekte anwenden.

Interessant und nützlich sind die Erweiterungen der weichen Kante durch den **Übergriff** und das **Rauschen**. Die etwas merkwürdige Bezeichnung des **Übergriffes** beschreibt die Erweiterung der Schattenkante innerhalb der weichen Kante. Wenn Sie z.B. eine **weiche Kante** von **4 mm** und einen **Übergriff** von **50%** angeben, so wird der Schatten um **2 mm** ausgedehnt.

Das **Rauschen** hingegen sollten Sie aus Photoshop kennen: Die weiche Kante des Schattenwurfes wird mit einer Körnung vergleichbar dem fotografischen Runzelkorn versehen. Dadurch wirkt ein Schatten weniger technisch perfekt, sondern mehr analog erzeugt. Verwenden Sie stets ein leichtes Rauschen von **2–3%**.

> **Lebendige Schatten**
> Seit der klassischen Moderne werden Schattenfarben in der Malerei nicht mehr mit Schwarz abgedunkelt, sondern mit Blautönen. Diese Schatten wirken auf den Betrachter lebendiger. Mischen Sie dazu eine eigene Farbe für 4C-Druckjobs mit Schwarz und Cyan an, z.B. 50% C und 80% K, die Sie als Schattenfarbe in den Farbfeldern ablegen. Schon bei einer Anwendung von 50% Deckkraft wird der Schatten als bläulich wahrgenommen.

Praxisbeispiele für den Schattenwurf

Für eine Headline auf einer Doppelseite soll die Schrift einen Schatten erhalten. Mit Hilfe der Schattenfunktion gestalten wir einen geeigneten Schatten.

1. **Schatten auf einen Textrahmen anwenden**
   Wählen Sie den Textrahmen aus und öffnen Sie über das Menü **Objekt/Effekte** den Dialog. Aktivieren Sie die **Vorschau** und wählen Sie die Einstellungen nach der Abbildung. Ein schwarzer Schatten mit weicher Kante macht zunächst einen technischen Eindruck.

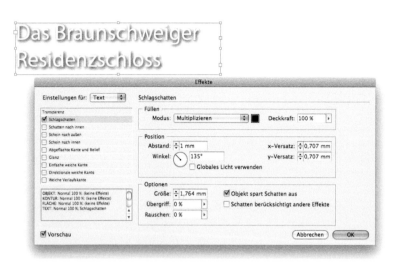

Abbildung 7.133: *Wichtig für einen Schatteneffekt in Verbindung mit Schrift ist, unter Einstellungen für die Option Text einzugeben.*

2.   **Schattenfarbe anwenden**
      Aus Cyan und Black können Sie sich eine geeignete Schattenfarbe anmischen. Der Cyan-Anteil sorgt dafür, dass der Schatten auf dem späteren Hintergrund lebendiger erscheint. Wählen Sie dieses Farbfeld unter **Farbe** aus.

3.   **Übergriff**
      Damit der Schatten kräftiger wird, können Sie mit Hilfe des **Übergriffes** bestimmen, wie weit der Schatten innerhalb der weichen Kante verdickt wird. Wählen Sie eine Einstellung von **30%**.

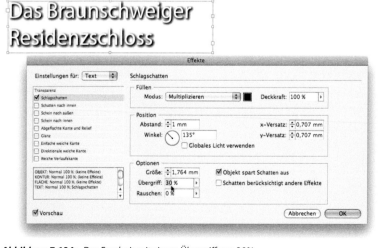

Abbildung 7.134: *Das Ergebnis mit einem Übergriff von 30%*

4. **Rauschen**

Eine Körnung der weichen Kante führt zu einer unregelmäßigen Struktur des Schattens. Als Körnung erhält der Schlagschatten ein **Rauschen** von **15%**.

Abbildung 7.135: *Ein Rauschen von 15% wird eingestellt.*

5. **Ergebnis**

Somit wirkt der Schattenwurf im Ergebnis lebendiger. Er sorgt dafür, dass sich die Headline gut vom unruhigen Hintergrund abhebt.

Abbildung 7.136: *Der Text mit Schatteneffekt wird auf ein Foto gelegt.*

> **Anzeigequalität des Rauschens**
> Das Rauschen im Schlagschatten ist in der normalen Layoutdarstellung sehr einfach und grob und schreckt zunächst ab. Wie gut der Effekt wirklich umgesetzt wird, sehen Sie dann, wenn Sie im Menü „Ansicht" die „Anzeigeleistung/Anzeige mit hoher Qualität" wählen. Das Rauschen wird so fein wie die Druckausgabe dargestellt.

7.3.5 Schatten nach innen

Der Schatten nach innen ist ein Effekt, der ebenso wie der Schlagschatten funktioniert. Wählen Sie einen Rahmen an und klicken Sie aus dem **fx**-Menü auf den **Schatten nach innen**, so dass die Einstellungen sichtbar werden. Die Richtung und die Fläche des Schattens sind jedoch auf den Layoutrahmen beschränkt – kurz gesagt: Sie gestalten mit diesem Effekt Rahmen, die nach innen versetzt erscheinen sollen.

Der Effekt **Schatten nach innen** ist natürlich immer nur dann zu sehen, wenn Sie keinen schwarzen Rahmen damit gestalten, sondern helle oder bunte Objekte. Die Schattenkante wird dann in Richtung der Lichtquelle erzeugt, so dass der Eindruck entsteht, dass der Rahmen tiefer liegt oder geprägt wurde. Diesen Eindruck können Sie jedoch auch mit dem Effekt **Abgeflachte Kante und Relief** entstehen lassen.

> **Schattenfarben**
> Verwenden Sie bei Bildern, auf die Sie diesen Effekt anwenden, eine andere Schattenfarbe als Schwarz. Häufig entstehen harmonischere Eindrücke, indem Sie eine passende dunklere Farbe wählen, die sich im Farbton am Rahmen orientiert.

Abbildung 7.137: *Der Schatten nach innen verhält sich genauso wie der Schlagschatten und trifft hier mit beispielhaften Einstellungen nur auf den Rahmen selbst.*

7.3.6   Schein nach außen

Nach den düsteren Effekten **Schlagschatten** und **Schatten nach innen** wollen wir uns dem **Schein nach außen** widmen. Dieser Effekt lässt Rahmen leuchten! Hierzu wird der **Modus** von InDesign als **Negativ multiplizieren** vorgegeben, damit übereinanderliegende Farben heller berechnet werden als die Ausgangswerte. Verwenden Sie als Leuchtfarbe an dieser Stelle neben dem neutralen Weiß ein Blassgelb oder ein kühles Blau zusammen mit dem **Modus Normal**. Der Gelbton kann einen Sonnenschein imitieren, wenn Sie den CMYK-Wert **0,0,33,0** anwenden. Der Blauton entsteht mit einem leichten Cyan-Wert: **33,0,0,0**. Dazu sollte der Schein auch auf andere Farben in der Umgebung fallen, um die Wirkung zu sehen.

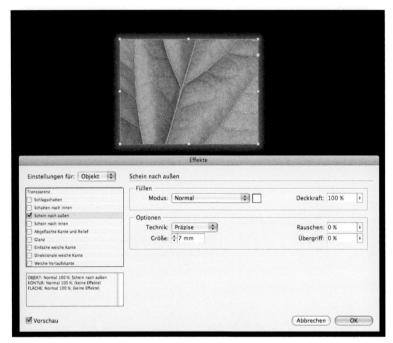

Abbildung 7.138: *Der Schein nach außen mit weißem Schein*

Abbildung 7.139: *Der Schein nach außen mit blassgelber Färbung, Modus Normal*

Entgegen der Schlagschatteneinstellung finden Sie hier keine Richtung des Scheins vor, er verbreitet sich von allen Rahmenkanten aus gleichmäßig mit demselben Wert und kann durch die Technik beeinflusst werden, indem die Einstellung **Weicher** immer einen natürlicheren Schein aufgrund eines exponentiellen Algorithmus erzeugt als die Option **Präzise** mit einem linearen Verlauf innerhalb des Millimeterbereiches.

> **Darstellungsqualität von Schatten und Schein**
> InDesign berechnet alle Effekte auf Basis einer 72-dpi-Vorschau. Wenn Sie in das Dokument hineinzoomen, werden diese Effekte immer pixeliger. Schalten Sie für eine optimale Darstellung die „Anzeigeleistung" im Menü „Ansicht" auf „Anzeige mit hoher Qualität".

7.3.7 Schein nach innen

Der **Schein nach außen** wird mit diesem Effekt einfach **nach innen** auf den Layoutrahmen selbst angewendet. Verwechseln Sie bitte diesen Effekt nicht mit einer weichen Kante, da der Schein nach innen keine transparente Kante erzeugt, sondern nur einen Verlauf von einer deckenden Farbe bis zur Transparenz anwendet. Der Layoutrahmen selbst ist dabei ein deckendes Objekt.

Sie rufen den Effekt wie gewohnt aus dem Pull-down-Menü **fx** auf. Die Einstellungen folgen denen des Scheins nach außen. Jedoch gibt es hier einige Besonderheiten, auf die wir Sie aufmerksam machen wollen.

Als Quelle geben Sie entweder die Kante an, um den Schein zur Mitte hin zu gestalten. Oder Sie wählen die Mitte, von der aus der Schein leuchtet.

Was Sie als Übergriff bereits beim Schlagschatten kennengelernt haben, finden Sie hier als Unterfüllung. InDesign bezeichnet alle Erweiterungen nach außen als Übergriff, nach innen wird dieselbe Methode Unterfüllung genannt, um den Schein-Effekt zu verstärken.

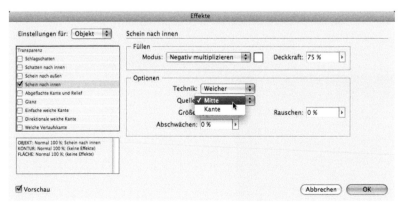

Abbildung 7.140: *Der Schein nach innen mit den üblichen Optionen vergleichbar zum Schein nach außen und der Option zur Ausrichtung des Effektes von der Mitte oder der Kante.*

7.3.8   Abgeflachte Kante und Relief

Während die Schein-Effekte durchaus einfach zu begreifen und anzuwenden sind, wird es bei der abgeflachten Kante und Relief komplexer – kein Wunder, handelt es sich doch hierbei wieder um eine Kombination aus verschiedenen Transparenzwerkzeugen, mehrfach angewendet. Sie wenden den Effekt an, indem Sie einen Rahmen auswählen und aus dem **fx**-Menü den Punkt **Abgeflachte Kante und Relief** anklicken.

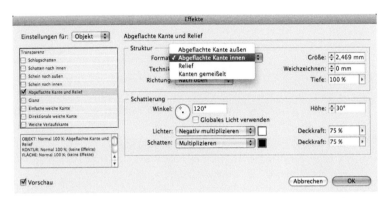

Abbildung 7.141: Der Einstelldialog für den Effekt Abgeflachte Kante und Relief

Der Effekt ist unterteilt in die **Struktur** sowie in Licht und Schatten. Unter der Struktur versteht InDesign die Kantenwiedergabe: Handelt es sich um eine **Abgeflachte Kante innen, außen**, ein einfaches **Relief** oder **Kanten gemeißelt**? In Abbildung XX sehen Sie diese vier Ausprägungen der Kantendarstellung nebeneinander.

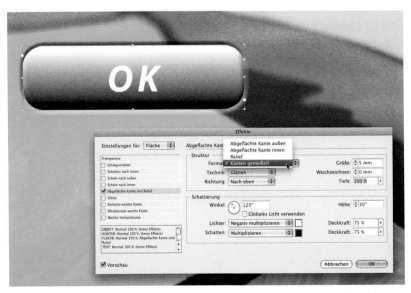

Abbildung 7.142: Die Kantendarstellung kann sehr unterschiedlich ausfallen. Während die Kante nach außen die häufigste Umsetzung darstellen sollte, wirkt ein Relief an allen Kanten wie die Gestaltung eines Buttons für ein Screendesign.

Wenn Sie alle Formate vergleichen, wird Ihnen schnell klar, dass InDesign hier sehr umfangreich den **Schlagschatten**, den **Schatten nach innen** sowie die **Schein**-Effekte anwendet. Die Technik der Formate probieren Sie am Beispiel aus, um sich für eine Möglichkeit zu entscheiden.

Die visuelle Ausprägung kann entweder aus der Fläche heraus **Nach oben** oder in die Fläche hinein **Nach unten** geschehen, um ein Relief entstehen zu lassen. **Größe, Weichzeichnen** und **Tiefe** erklären sich von allein. Die Tiefe können Sie auch als Stärke des Effektes ansehen, je geringer der Wert, desto blasser erscheint eine Kante oder ein Relief.

Voraussetzung für eine gute plastische Wirkung ist der Stand der Lichtquelle, den Sie mit den Optionen **Winkel** und **Höhe** beeinflussen können. Den Winkel kennen Sie ja bereits vom Schlagschatten. Für eine eindeutige Erkennbarkeit sollte die Lichtquelle immer von oben links scheinen, damit wir ein plastisches Bild wahrnehmen können. Die Höhe hingegen bezeichnet den Grad zum Horizont.

Abbildung 7.143: *Morgens, 7 Uhr. Die Schatten sind noch lang, der Höhenwinkel liegt bei 10°.*

Abbildung 7.144: *Vormittag, 11 Uhr. Lichter und Schatten werden kürzer, der Höhenwinkel liegt jetzt bei 60°.*

> **Deckkraft für ein Relief**
> Die Deckkraft sollte für die Lichter mindestens genauso stark – besser höher – gewählt werden wie für die Schatten. Ein Schatten von 66% und Lichter von 100% Deckkraft ergeben in der Regel ein optisch besseres Ergebnis.

Abbildung 7.145: *Zur Mittagszeit sind keinerlei Schatten und Lichter mehr zu sehen, die Sonne steht nun bei 90°.*

7.3.9   Glanz

Der Transparenzeffekt **Glanz** ist ein *Versatz*-Effekt, der dazu führt, dass die Rahmenkanten des Layoutobjektes gegeneinander über einen Winkel *nach innen versetzt*, *weichgezeichnet* und in einer Schattenfarbe mit der Rahmenfläche verrechnet werden. Das klingt schwieriger, als es ist. Wenden Sie den Glanz-Effekt auf einen Layoutrahmen mit dem Pull-down-Menü **fx** an.

Abbildung 7.146: *Der Glanz-Effekt braucht für eine gelungene Anwendung etwas Übung.*

Damit Sie nachvollziehen können, was der Effekt bewirkt, stellen Sie zunächst die **Größe** auf **0 mm**. Nun erkennen Sie bereits einen Versatz, den Sie über die Werte **Abstand** und **Winkel** verändern können.

Abbildung 7.147:   *Ohne eine weiche Kante entzaubern Sie den Effekt.*

In welcher **Farbe** dieser Versatz erscheint und mit welcher **Methode** die Farbe auf den Inhalt des Layoutrahmens berechnet wird, wählen Sie in den oberen Einstellungen des Effekt-Dialoges. Natürlich dient die letzte Einstellung **Umkehren** dazu, den Versatz in die jeweils andere Richtung zu spiegeln.

Abbildung 7.148:   *Wenn Sie den Effekt Glanz auf platzierte Bilder anwählen und dabei den Winkel auf 90° stellen, können Sie bei entsprechender Größe den oberen und unteren Bildbereich wie eine künstliche Vignettierung abdunkeln oder aufhellen, je nach Transparenzmodus und -farbe.*

Abbildung 7.149: Tabakfilter-Beispiel für einen 90°-Winkel mit einer Tönung der oberen und unteren Bildpartien mit einer braunen Farbe und dem Modus „Multiplizieren".

7.3.10 Einfache weiche Kante

Diese Funktion erzeugt eine transparent verlaufende Kante bei allen InDesign-Objekten. Diese Funktion ist bei einem ausgewählten Objekt über das Pull-down-Menü **fx** unter **Einfache weiche Kante** erreichbar.

Abbildung 7.150: „Weiche Kanten" sind einfach in der Anwendung, aber anspruchsvoll in der Ausgabe. Für den Spot dient eine Vektorform, die mit einem leichten Rauschen versehen ist.

Die Methode, wie die Kante berechnet wird, erhalten Sie unter dem Pull-down-Menü **Ecken**. **Verschwommen** bedeutet dabei, dass die Kante mit einem Gaußschen Weichzeichner diffus berechnet wird. Diese Methode kommt auch bei der Schlagschatten-Funktion zum Einsatz. Die grafischen Ergebnisse mit der Einstellung **Spitz**, **Abgerundet** und **Verschwommen** können Sie mit einer einfachen Vektorform schnell nachvollziehen. Aus der Praxis heraus benötigen Sie häufig nur die Methode **Verschwommen**, da die anderen Einstellungen zu eher unfreiwillig hässlichen Ergebnissen führen.

Aus dem Schlagschatten kennen Sie schon das **Rauschen**: Dieser führt dazu, dass eine Körnung – ähnlich dem fotografischen Runzelkorn – hinzugefügt wird. Bei entsprechenden Bildern im Hintergrund führt diese Einstellung dazu, dass sich die weiche Kante mit dem Untergrundmotiv harmonischer überlagert. In der Praxis genügt Rauschen zwischen 3 und 5%, um eine unregelmäßige Struktur zu erzeugen.

7.3.11   Direktionale weiche Kante

Mit einer einfachen weichen Kante gibt sich InDesign nicht zufrieden. Die **Direktionale weiche Kante** ist ein interessantes, wenn auch schwierig einzustellendes Werkzeug. Das Konzept dieses Effektes sieht vor, die weiche Kante vom oberen, unteren, linken und rechten Rand unterschiedlich stark einzustellen. Dabei müssen Sie nicht gleich alle Ränder mit verschiedenen Werten einstellen, es reicht auch eine oder zwei Kanten aus.

Die **Größe** der weichen Kante stellen Sie im oberen Bereich des Dialoges der direktionalen weichen Kante ein, wenn Sie den Effekt einem Rahmen zuweisen, indem Sie unter **fx** das Pull-down-Menü auswählen und den entsprechenden Kanteneffekt anwählen. Mit aktiver **Vorschau** können Sie alle Änderungen vergleichen.

Wenn Sie die Werte **oben/unten** oder **links/rechts** einstellen, so sehen Sie einen Verlauf von transparent zur vollen Deckkraft des Layoutrahmens und an der anderen Kante wieder zu transparent.

Abbildung 7.151: *Der Effekt direktionale weiche Kante am Beispiel oben und unten auf ein Bild angewendet*

Abbildung 7.152: *Unterschiedlich hohe Werte bei diesem Beispiel für die linke und rechte Kante erzeugen ein spannenderes Abbild als identische Werte.*

Doch was passiert, wenn Sie Kanten anwählen, die im rechten Winkel aufeinandertreffen? Diese weichen Kanten werden miteinander verrechnet und es entsteht optisch ein „Knick" oder eine Spitze im Verlaufsbereich. Dies lässt sich nicht beeinflussen, die Art und Weise der Berechnung ist von InDesign vorgegeben.

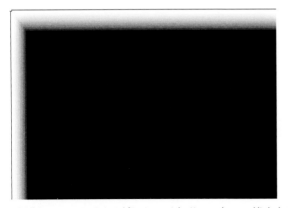

Abbildung 7.153: *Beispiel für eine weiche Kante oben und links bei einem Rahmen mit schwarzer Füllung. Die aufeinanderstoßenden Kanten werden interpoliert. Der Knickbereich wird immer etwas kräftiger wiedergegeben, so dass eine optische „Spitze" innerhalb des Verlaufes sichtbar wird.*

> Weiche Kante unten

Aus der Bildsprache der 3D-Renderings ist es beliebt, Objekte wie Bücher, CDs oder technische Geräte auf einer spiegelglatten Oberfläche zu präsentieren. Dies erreichen Sie, indem Sie ein platziertes Bild duplizieren, vertikal spiegeln und mit diesem Effekt „Direktionale weiche Kante" einen Wert für unten eingeben. Nun müssen Sie nur noch die Deckkraft reduzieren und Ihr Spiegelbild ist fertig.

Die Funktionen **Rauschen** und **Unterfüllen** kennen Sie bereits aus den Schatten- und Scheineffekten. Interessant wird es jedoch bei der Einstellung **Form** und beim **Winkel**.

Abbildung 7.154: *Die Auswahlmöglichkeiten der Einstellung zur Form der Direktionalen weichen Kante*

Wenden Sie den Effekt der *Direktionalen weichen Kante* auf einen Layoutrahmen mit einer farbigen Fläche oder einem platzierten Bild an, so besitzt der Rahmen zunächst immer nur die vier Außenkanten oben, unten usw. Doch was passiert bei Vektorrahmen, die eine *Aussparung* innerhalb des Rahmens besitzen? Wie sieht es bei Streifenobjekten innerhalb eines Rahmens aus? Hierzu wählen Sie in der Form, ob der Effekt nur auf **die erste** *(äußere)* **Kante** des Rahmens oder alle Kanten angewendet wird.

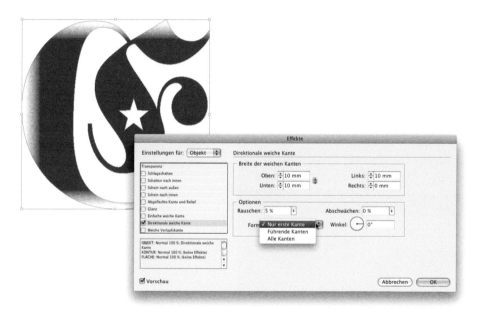

Abbildung 7.155: *Die Option „Nur erste Kante" wendet den Effekt nur auf äußere Kanten an, auch wenn es sich um ein Objekt handelt, das im Inneren mehrere Kanten aufweist.*

Die dritte Option **Führende Kanten** ist sprachlich etwas misslungen. Wenn Sie den Effekt auf diese Kanten anwenden, so versteht InDesign darunter, dass alle erste Kanten, die im äußeren und im inneren Bereich des Rahmens liegen, vom Effekt verändert werden. In Abbildung XX sehen Sie dafür ein Beispiel mit einer Vektorgrafik.

Faszinierend aber zunächst schwer nachvollziehbar ist das grafische Ergebnis, das Sie mit dem Winkel erzeugen können. Setzen Sie zunächst eine weiche Kante am oberen und linken Rand mit wenigen Millimetern ein. Nun wählen Sie anstelle eines Winkels von 0° einen anderen Gradwert, indem Sie mit gedrückter Maustaste den Drehregler verändern. Was passiert mit Ihren Rändern?

InDesign verschiebt diese Ränder nun in Richtung des gewählten Winkels. Dazu entstehen beispielsweise bei 45° auch weiche Kanten rechts und unten, an denen Sie keine Werte eingegeben haben. Bevor Sie versuchen, das Ergebnis wissenschaftlich nachzuvollziehen, sollten Sie sich von den erzielten Effekten beeindrucken lassen. Sie sind es nicht? Dann vergessen Sie diesen Regler und schauen Sie sich einmal den nächsten Effekt an, der Sie sicher mehr beeindrucken wird.

> **Anwendung Gesucht**
> Falls Sie selbst eine sinnvolle Anwendung für den „Winkel" in dem Effekt „Direktionale weiche Kante" finden sollten, schreiben Sie uns! Wir sind sehr daran interessiert, leider ist uns beim besten Willen keine geeignete Anwendung eingefallen.

7.3.12 Weiche Verlaufskante

Kommen wir zum Star unter den Effekten: Die **Weiche Verlaufskante**, mit der Sie jedes deckende Objekt zur Transparenz auslaufen lassen können. Dabei unterscheidet InDesign – wieder einmal – nicht zwischen Text, Vektorgrafik, Bild, platzierter PDF- oder InDesign-Datei. Ergänzend zu diesem Effekt können Sie mit einem eigenen Werkzeug den Verlauf steuern, doch dazu später mehr.

Wenden Sie den Effekt **Weiche Verlaufskante** auf einen Rahmen mit einem Klick in das **fx**-Pulldown-Menü an und stellen Sie alle weiteren Vorgaben im Dialog mit aktiver Vorschau ein.

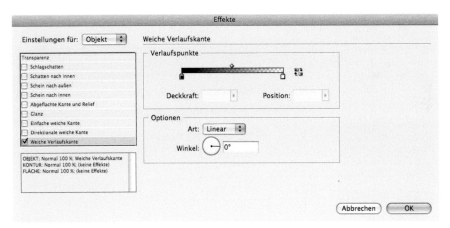

Abbildung 7.156: *Der Dialog für die Weiche Verlaufskante ist unterteilt in den Graustufenverlauf und die Winkel-Optionen.*

Die Bedienung des Effektes ist wesentlich einfacher als im vorherigen Abschnitt. Wichtig für Sie ist der Verlauf, der von **Schwarz** nach **Weiß** dargestellt wird. Dies ist quasi eine Ebenenmaske für den Layoutrahmen, indem Schwarz alles kennzeichnet, was *sichtbar* bleiben soll, und Weiß den *transparenten Bereich* markiert. Den Verlauf stellen Sie wie einen Farbverlauf ein, wie im Kapitel „Farbwelt" bereits beschrieben. Den Schwarz- und Weißpunkt können Sie mit gedrückter Maustaste enger zusammenziehen. Der Mittelpunkt – als kleine Raute über dem Verlauf abgebildet – stellt den Mittelwert (50% Schwarz) dar. Durch Ziehen der Raute nach links oder rechts verschieben Sie diese Mitte. Das führt in den meisten Fällen zu einer harmonischeren Wirkung des Transparenzverlaufes.

> **Verlauf umdrehen**
Über den Winkel können Sie einen Verlauf von deckend zu transparent auch umdrehen, indem Sie ihn auf 180° stellen. Alternativ gibt es rechts neben dem Verlaufsbalken einen Knopf **Verlauf umkehren**, der Ihnen diese Arbeit erleichtert.

Falls Sie es genauer wissen wollen, können Sie auch unterhalb des Farbverlaufes klicken und neue feste Grauwerte einstellen. Diese Werte lassen sich im Eingabefeld **Deckkraft** beeinflussen und sind für die folgenden Anwendungen sinnvoll.

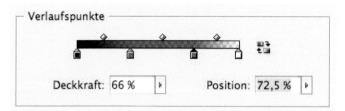

Abbildung 7.157: *Durch ein Verschieben und Austauschen der Grauwerte unterhalb des Farbverlaufes können Sie einen Verlauf von beispielsweise 100% Deckkraft zu 33%, zu 66% und dann zu 0% darstellen.*

Per radialem oder linearem Winkel stellen Sie nun die Richtung des Effektverlaufes ein. Doch dazu können Sie auch das Werkzeug **Weiche-Verlaufskante-Werkzeug** aus der Werkzeugpalette anwenden, damit Sie das gewünschte Ergebnis schneller erzielen. Dazu folgen Sie bitte diesem kleinen Workshop.

Für ein platziertes Bild im Layout wenden Sie das Werkzeug **Weiche Verlaufskante** an und stellen anschließend die gewünschten Werte und den Verlauf ein.

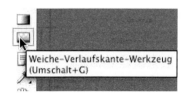

Abbildung 7.158: *Das Werkzeug „Weiche Verlaufskante"*

1.   **Werkzeug auswählen**
Wählen Sie in der Werkzeug-Palette das **Weiche-Verlaufskante-Werkzeug**.

Abbildung 7.159: *Das Werkzeug „Weiche Verlaufskante"*

2. **Verlauf steuern**

Klicken Sie nun mit diesem Werkzeug an die Stelle im Bild, die noch vollständig zu sehen sein soll. Halten Sie die Maustaste gedrückt und ziehen Sie bis zu dem Punkt im Bildmotiv, der vollständig transparent erscheinen soll. Nun können Sie die Maustaste loslassen und der Verlauf wird vom ersten zum zweiten Punkt ausgeführt, wie Sie ihn zuvor angegeben haben.

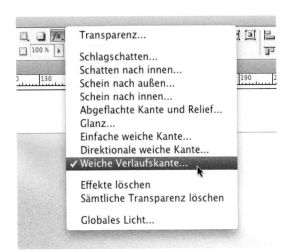

Abbildung 7.160: *Das Werkzeug „Weiche Verlaufskante"*

3. **Effekteinstellungen aufrufen**

Wählen Sie nun in der Steuerungspalette unter dem Symbol **fx** den Effekt **Weiche Verlaufskante** aus. Anschließend öffnen sich die Einstellungen für den Effekt.

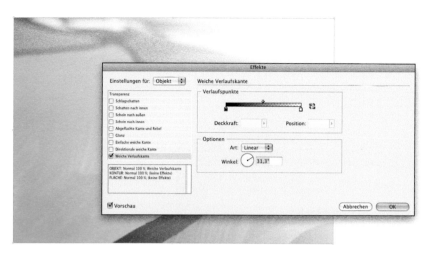

Abbildung 7.161: *Die Effektoptionen für „Weiche Verlaufskante"*

4. Effekt einstellen

Ziehen Sie den Schwarz-Punkt geringfügig nach rechts, damit später mehr vom Bild zu sehen ist. Ebenso verschieben Sie den Weiß-Punkt nach links. Mit aktiver Vorschau sehen Sie sofort das Ergebnis.

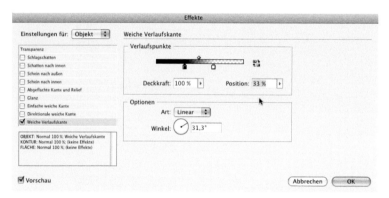

Abbildung 7.162: *Der Verlauf von Schwarz zu Weiß ist nun enger eingestellt.*

> **Effekte aufrufen**
> Über die Palette Effekte sowie über die Steuerung-Palette oder das Menü „Objekt" rufen Sie die Effekte auf. Aber auch mit einem Klick auf einen Rahmen mit der rechten Maustaste sowie mit einem Doppelklick auf das „Weiche-Verlaufskante-Werkzeug" erscheinen die Effekte.

7.3.13 Objekttrennung

Viel effizienter als die Effekte in InDesign ist die Trennung der Effekte auf die Elemente eines Layoutrahmens: *Objekt–Fläche–Kontur–Text*. Das bedeutet, dass Sie einen Rahmen – und alle darin befindlichen Elemente – mit einem Effekt gestalten können, oder Sie wenden die Effekte nur auf einen konkreten Teil des Layoutrahmens an. Damit das nicht zu theoretisch klingt, wollen wir Ihnen zwei Beispiele aufzeigen: ein Textrahmen mit transparenter Fläche und ein Bild mit einer effektvollen Kontur.

Abbildung 7.163: *In den Effekteinstellungen können Sie aus dem Objekt, der Fläche, der Kontur oder dem Text wählen, welchen Bereich Sie mit Effekten gestalten wollen.*

Textrahmen mit transparenter Fläche

Die sicher häufigste Anwendung ist der *Textrahmen mit einer farbigen Fläche*, die ein Bild im Hintergrund überlagern soll. Dabei darf jedoch nur die Fläche des Textrahmens transparent sein, die Schrift muss weiterhin den Hintergrund überdecken.

Wählen Sie einen Textrahmen, der mit einer Farbfläche angelegt wurde und einen Innenabstand des Textes zur Rahmenkante aufweist. Falls Sie dies genauer nachlesen wollen, empfehlen wir Ihnen das Kapitel „Typografie".

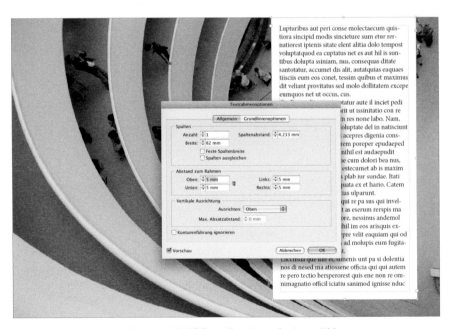

Abbildung 7.164: *Ein Textrahmen mit Farbfüllung über einem platzierten Bild.*

Rufen Sie nun die **Effekte** in der Steuerungspalette auf. Bevor Sie einen konkreten Effekt anwenden, sollten Sie nun das kleine Pull-down-Menü **Einstellungen für** aufklappen. Zunächst sind alle Effekte für den gesamten Rahmen ausgewählt, die Option steht auf **Objekt**.

Wählen Sie stattdessen nun die **Fläche** aus. InDesign schaltet alle Effekte um, so dass die nachfolgenden Einstellungen nur noch für die Fläche gelten. In der Rubrik **Transparenz** können Sie die Deckkraft der Fläche reduzieren. Mit aktiver Vorschau sehen Sie auch, was mit dem Textrahmen passiert.

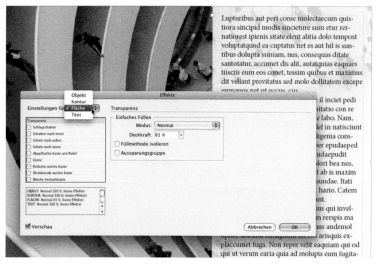

Abbildung 7.165: Nur die „Fläche" des Rahmens wird transparent eingestellt.

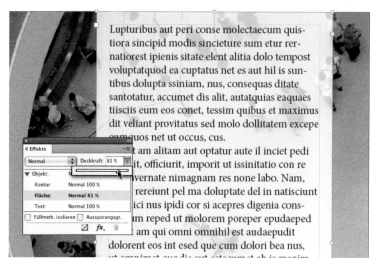

Abbildung 7.166: Nur die Fläche des Textrahmens wird mit der Palette der Effekte in der Deckkraft reduziert.

Damit Sie diese Prozedur für den nächsten Textrahmen nicht noch einmal anlegen müssen, speichern Sie sich am besten gleich ein neues Objektformat. Wie das funktioniert, zeigen wir Ihnen im nächsten Abschnitt.

Platziertes Bild mit transparenter Kontur

Etwas ungewöhnlich, aber grundsätzlich möglich ist die Gestaltung eines platzierten Bildes mit einer transparent verlaufenden Kontur. Dazu gibt es für die Gestaltung zwei Möglichkeiten.

Abbildung 7.167: *Ein platziertes Bild mit einer deckenden Kontur von 5 Punkt*

Abbildung 7.168: *Der Effekt „Weiche Verlaufskante" wird nur auf die Kontur angewendet.*

Wählen Sie ein platziertes Bild mit einer deckenden Kontur von mindestens *2 Punkt Strichstärke* aus. Rufen Sie nun die **Effekte** aus der Steuerungspalette auf. Anstelle der Objekteffekte klicken Sie im Pull-down-Menü **Einstellungen für** auf **Kontur**. Nun aktivieren Sie die **Weiche Verlaufskante**, der Verlauf von deckend zu transparent wird auf die Kontur angewendet, die zunächst links deckend und rechts transparent erscheint.

Bestätigen Sie die Eingabe mit **OK** und schauen Sie sich das Ergebnis genauer an, indem Sie mit der Lupe ⌘+Leertaste eine Kante des Rahmens vergrößern, wo die Kontur halbtransparent zu sehen ist.

Abbildung 7.169: *Die Position der Kontur ist entscheidend für das grafische Ergebnis. Liegt die Kontur auf dem Rahmen, so bilden sich bei transparenten Konturen zwei Konturen – die innere und die äußere.*

Nun wählen Sie die Palette **Kontur** aus dem rechten Monitorbereich aus. Anhand des Punktes **Kontur ausrichten** sehen Sie, wie die Kontur momentan die Rahmenkante überlagert. Grundsätzlich werden Konturen in InDesign zunächst immer auf die **Mitte** der Rahmenkante gelegt. Wenn Sie nun das Ergebnis der Effekte betrachten, überdeckt die Kontur halbtransparent sowohl das Bild als auch den Untergrund. Damit dies später im Druck nicht zu einem vermeintlichen Druckfehler führt, sollten Sie sich nun entscheiden, ob die Kontur innerhalb des Rahmens oder außerhalb liegt. Dies legen Sie mit den beiden weiteren Buttons **Kontur innen ausrichten** und **Kontur außen ausrichten** in der Palette der Kontur fest, damit es keine Unklarheiten in der Ausgabe gibt.

Abbildung 7.170: *Wenn Sie die Position der Kontur auf „außen ausrichten", überlagern sich Bild und Kontur nicht.*

Beachten Sie bitte, dass natürlich auch diese Effekte eine spätere Transparenzreduzierung zur Folge haben, die wir Ihnen noch genauer im Kapitel „Ausgabevorschau" beschreiben.

7.3.14 Effekte als Objektformat speichern

Da alle Effekte mittlerweile mit recht komplexen Einstellungen zu bedienen sind, kann es Ihnen enorme Arbeitszeit sparen, wenn Sie sich die häufigsten Effekte und Effektkombinationen gleich als Objektformat speichern. Dazu erstellen Sie zunächst alle Effekte für einen Rahmen. Nun rufen Sie die Palette der **Objektformate** auf. Klicken Sie hier auf das **Blatt**-Symbol am unteren Rand der Objektformate. Nun wird ein neues Format angelegt, das Sie immer wieder auf andere Rahmen per Drag&Drop anwenden können.

Mit einem Doppelklick in das gewünschte Objektformat sehen Sie auch, welche Inhalte darüber hinaus darin gespeichert werden. Die Trennung in Objekt–Fläche–Kontur–Text ist auch hier sichtbar und Sie können diese Werte Ihren Bedürfnissen anpassen.

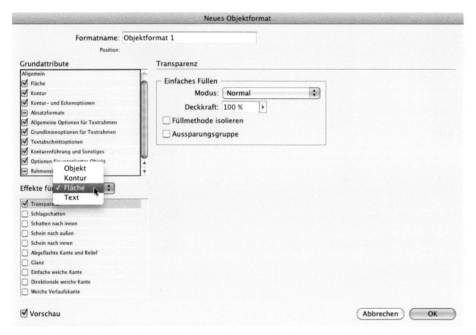

Abbildung 7.171: *Die komplexen Objektstile speichern auch alle Transparenzeffekte, inklusive der getrennten Einstellungen für Objekt, Fläche, Kontur und Text.*

8 Farbwelten

In diesem Kapitel wollen wir Ihnen zeigen, wie Sie in InDesign Farben anmischen oder auf bestehende Bibliotheken zugreifen können. Die Kombination aus Farbfeldern, Farbtonfeldern und Mischdruckfarben ist einzigartig. Dabei bildet das Farbmanagement den technischen Hintergrund, das wir bereits im gleichnamigen Kapitel in den Grundlagen beschrieben haben. Für die Ausgabe von Farben lesen Sie bitte „Die Ausgabevorschau" ab Seite 784.

Ob **Lab**, **CMYK**, **RGB**, **Pantone** oder **HKS** – InDesign bietet Ihnen alles Nötige, um die Welt der Farben zu erobern. Nutzen Sie die **Farbfelder** als Bibliothek für Ihr Layoutdokument, um **Schmuckfarben**, **Prozessfarben**, **Farbtöne**, **Verläufe** oder **Mischdruckfarben** anzulegen. Tauschen Sie die Farben mit anderen Dokumenten aus.

Alle Rahmen können mit einer *Farbfüllung* und einer *Kontur* versehen werden. Ebenso wenden Sie Farben auf *Schriften* an, tauschen das Schwarz in *Graustufen*-Bildern oder färben *Schwarz-Weiß-Bitmaps* an.

8.1   Farben anwenden

Neu in InDesign CS5 ist die Möglichkeit, Farbfelder direkt in der Steuerungspalette auszuwählen. Sobald Sie einen Rahmen mit den Auswahlwerkzeugen angeklickt haben, können Sie die entsprechende **Füllung**, **Kontur**, **Schriftfarbe** oder **Schriftkontur** aus dem Drop-down-Menü aussuchen.

Abbildung 8.1: *In der Steuerungspalette wählen Sie im Drop-down-Menü die Farben direkt aus. Die Palette ist identisch zu den „Farbfeldern".*

Das Drop-down-Menü ist identisch zu der Palette der Farbfelder aufgebaut, die wir Ihnen in diesem Kapitel noch genauer vorstellen. Letztlich ist die eigene Palette der Farbfelder durch das Drop-down-Menü überflüssig geworden. Entscheiden Sie selbst, wie Sie arbeiten möchten: mit ständiger Kontrolle und der permanent angezeigten Palette **Farbfelder** – oder mit der **Steuerung-Palette**, um möglichst wenig Paletten anzuzeigen.

8.2   Der Farbwähler

Die aktuelle **Farbfüllung** und **-kontur** eines Objektes oder Ihres aktuellen Werkzeuges erkennen Sie anhand der **Werkzeugpalette**. Das **Quadrat** und die **Kontur** geben Ihnen immer eine Rückmeldung, welche Farben gerade angemischt sind. Ein **rot durchgestrichenes Quadrat** zeigt Ihnen an, dass keine Füllung bzw. keine Kontur ausgewählt ist. Mit einem Doppelklick auf Füllung oder Kontur öffnen Sie den **Farbwähler**, den Sie sicher schon aus Photoshop kennen.

Abbildung 8.2: *Füllungs- und Konturfarbe werden in der Werkzeugpalette angezeigt.*

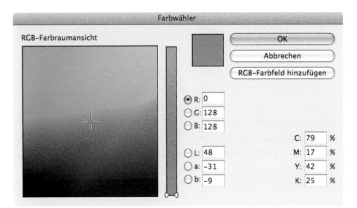

Abbildung 8.3: *Der Farbwähler erleichtert das Anmischen von benutzerdefinierten Farben.*

> **Der Farbkreis und das HSB-Modell**
> Wir kennen den Farbkreis als Farbmodell, um Farben nach dem Winkel auf dem Kreis auszuwählen. Dieses Modell ist in InDesign leider nicht einmal als „Farbstrang" wie in Photoshop vorhanden, daher müssen Sie sich nach Prozesswerten oder Farbbibliotheken richten.

Mit einem Klick in das **Farbspektrum** wählen Sie eine Farbe aus und sehen gleichzeitig die **RGB**-, **Lab**- und **CMYK**-Werte der Auswahl. Mit dem Regler neben dem Spektrum verändern Sie den gerade ausgewählten Wert. Wenn Sie einen der **RGB**-Buttons aktivieren, erscheint das Farbspektrum im RGB-Farbraum und der Regler bestimmt die Werte für jeden Farbkanal von **0** bis **255**. Ein *absolutes Schwarz* wird im RGB-Modus mit **0,0,0** wiedergegeben, ein *Weiß* mit 255,255,255 und ein *neutrales Grau* mit **128,128,128**. Im Lab-Modus hingegen bestimmt der L-Kanal die Luminanz von **0** bis **100%**. Die Werte **a** und **b** sind Achsen durch den Lab-Farbraum, die im Wert **0** einen Grauwert ergeben. Sie lassen sich jeweils von **–127** bis **+127** einstellen.

Da das Anmischen von Farben im Lab-Modus eher ungewöhnlich und das Farbmodell abstrakt und für viele wenig intuitiv für die tägliche Arbeit ist, wollen wir uns stattdessen auf die CMYK-Mischung konzentrieren: Aus **Cyan**, **Magenta**, **Yellow** und **Black** wählen Sie prozentual einen neuen Farbwert.

Dummerweise werden die **CMYK**-Werte aber nicht visuell im Farbwähler angezeigt. Da ein CMYK-Farbraum immer eine Teilmenge von Lab ist, werden die Prozessfarben nur mit dieser Spektrumdarstellung korrekt wiedergegeben. Ist Ihnen dieser Sachverhalt neu oder unklar, sollten Sie sich eingehend mit dem Kapitel „Farbmanagement" beschäftigen.

> **RGB-Farben für das Zielmedium „Web"**
> Haben Sie ein neues Dokument angelegt und als „Zielmedium" das „Web" gewählt, so werden alle Farbfelder, die Sie anlegen, als RGB-Farben behandelt. Die Darstellung erfolgt im Farbraum sRGB. Somit können Sie sichergehen, dass Farben, die Sie für Animationen und interaktive Dokumente verwenden, auch korrekt wiedergegeben werden.

8.2.1 RGB- und CMYK-Farbfelder anlegen

Wenn Sie mit der Maus auf einen RGB-Wert klicken, erhalten Sie als dritten Button die Option **RGB-Farbfeld hinzufügen**. Mit einem Klick legen Sie ein neues Farbfeld an. Sobald Sie ein CMYK-Eingabefeld anwählen, wechselt der Button auf **CMYK-Farbfeld hinzufügen**. Lab-Farbfelder können Sie auf dieselbe Weise anmischen und anlegen.

Das zuvor angezeigte Ergebnis der angelegten Farben entspricht aber nicht der Umsetzung in den Farbfeldern. Je nachdem, wie Ihr Farbmanagement eingerichtet ist, weichen die Werte der Farbfelder um einige Prozent ab. Es bleibt Ihnen also nichts anderes übrig, als die Farbfelder ggf. zu korrigieren oder gleich in der Farbfelder-Palette anzulegen. Wie dies geschieht, lesen Sie im nächsten Abschnitt.

> **!** **Farbquäler**
> So schön das Anmischen von Farben über den Farbwähler auch ist, stellt sich doch die Frage, warum Adobe die Farbvorschau nur im RGB-Modus darstellt. Dadurch wird die Auswahl von Prozessfarben schwer und eine Korrektur der Werte ist in jedem Fall nötig. Auch die Farbumfangswarnung fehlt, wenn die angewählte RGB-Farbe im CMYK-Ausgabefarbraum nicht ausgegeben werden kann. Hier sollte Adobe unbedingt nachbessern.

8.3 Die Farbfelder-Palette

InDesign verwaltet alle anwendungs- und dokumentspezifischen Farben in der Palette **Farbfelder**, zu erreichen über das Menü **Fenster**. Der Aufbau dieser Palette entspricht exakt dem Drop-down-Menü **Farbe** aus der Steuerungspalette.

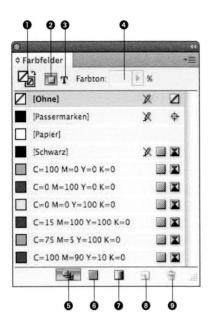

Abbildung 8.4: *Standardansicht: Alle geschützten Standardfarbfelder werden mit einem durchgestrichenen Stiftsymbol gekennzeichnet.*

Im Kopfbereich der Palette sehen Sie:

1   eine Miniatur der Werkzeugpalette Fläche und Kontur

2   Formatierung Rahmen

3   Formatierung Text

4   Farbtoneinstellung

Darunter folgt eine Liste aller im Dokument definierten Farben. Die voreingestellten Farben wie Cyan, Magenta, Gelb, Dunkelrot, Grün und Dunkelblau können Sie jederzeit verändern oder gleich vollständig löschen: Markieren Sie diese Farben und ziehen Sie sie auf das Papierkorbsymbol in der Farbfelder-Palette.

An der unteren Palettenkante finden Sie die folgenden Funktionsbuttons:

5   Alle Farbfelder einblenden

6   Farbfelder einblenden

7   Verlaufsfelder einblenden

8   Neues Farbfeld

9   Farbfeld löschen

8.3.1   Der Palettenaufbau

In der Standarddarstellungsform **Name** werden Ihnen die Farbfelder mit einer genauen Farbbezeichnung aufgelistet, die entweder aus einer Farbbibliothek kommt (z.B. „PANTONE Orange 021 C") oder die Sie selbst definiert haben. In Abbildung 8.5 sehen Sie diejenigen Farben, die InDesign immer zur Verfügung stellt: **Keine**, **Papier (Weiß)**, **Schwarz (100% K)** und **Passermarken (100% C, 100% von jeder auszugebenden Farbe)**.

Die Farbe **Passermarken** dient zur Markierung von *Schnittmarken*, *Falzmarken*, *Passkreuzen* etc., die auf allen späteren Farbauszügen zu sehen sein sollen. Auch bei einer Ausgabe von Sonderfarben wie HKS- oder Pantone-Tönen werden alle Objekte, die mit dieser Farbe definiert sind, auf der Druckplatte mit ausbelichtet. Da Schnittmarken, Passkreuze oder Farbkontrollstreifen generell automatisch mit ausgegeben werden, sollten Sie eigene Marken nur bei außergewöhnlichen Druck- oder Stanzformen anlegen und das vorab mit Ihrem Druckdienstleister besprechen. Solche Marken können im Info-Bereich angelegt werden. Lesen Sie dazu auch das Kapitel „Neues Dokument".

In Abbildung 4 sehen Sie eine Auswahl verschiedener Farben aus den Farbmodi **RGB**, **CMYK**, **HKS K** und **Pantone Solid Coated**. Darüber hinaus werden auch **Verlaufsfelder** angezeigt. Die Farbfeldnamen ergeben sich automatisch aus den Farbwerten der Farbkanäle. Durch die Symbole hinter den Farbnamen erkennen Sie, ob es sich um eine **Schmuckfarbe** handelt (*Waschmaschine* – weißes Quadrat mit grauem Innenkreis) oder ob das Farbfeld als **Prozessfarbe** definiert ist (graues gepixeltes Quadrat). Die zweite Symbolspalte beschreibt den Farbraum, aus dem die ausgewählten Farben stammen.

> **Farben sortieren**
> Die Liste der Farben können Sie sich nach Ihren Bedürfnissen sortieren: Klicken Sie auf ein Farbfeld und ziehen Sie es mit gedrückter Maustaste an eine andere Position.

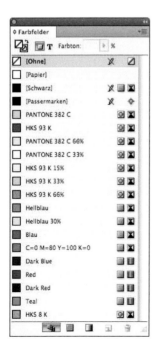

Abbildung 8.5: *Eine Farbauswahl aus den verschiedenen Modi CMYK, RGB, HKS K und Pantone Solid Coated. Die zusätzlichen Icons hinter dem Farbnamen kennzeichnen den Unterschied zwischen Prozess- und Volltonfarbe sowie die verschiedenen Farbmodelle.*

> **Farbfeld-Ansicht**
> Über den Befehl „Großes Farbfeld" im Palettenmenü stellen Sie die Ansicht der Farbfelder um. Hier werden Schmuckfarben mit einem Punkt in der rechten unteren Ecke eines Farbfeldes gekennzeichnet.

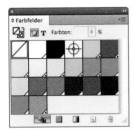

Abbildung 8.6: *Die großen oder kleinen Farbfelder eignen sich für die Kreativarbeit und nehmen deutlich weniger Platz ein als die Listenansicht.*

8.3.2   Das Palettenmenü

Über das Palettenmenü der **Farbfelder** legen Sie mit der Auswahl der ersten Option **Neues Farbfeld** ein Farbfeld an, definieren Verläufe, ändern bestehende Farbfelddefinitionen unter dem Punkt **Farbfeldoptionen** oder verändern die Ansicht der Palette mit der Auswahl zwischen **Name**, **Name (Klein)**, **Kleines Farbfeld** oder **Großes Farbfeld**.

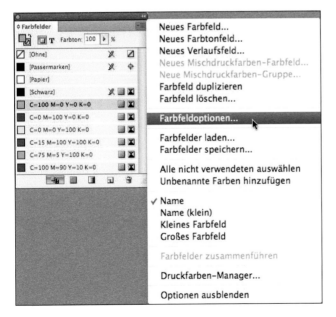

Abbildung 8.7: *Über Farbfeldoptionen können Sie bestehende Definitionen ändern. Sowohl Schmuckfarben als auch Farbtöne und Verlaufsfelder sind auf diese Weise editierbar; Sie erhalten die beschriebenen Auswahldialoge.*

8.4   Farbfelder anlegen und löschen

Rufen Sie die Funktion **Neues Farbfeld** im Palettenmenü auf. Sie erhalten den **Farbfeld-Dialog**, in dem Sie die Farbe nach **Farbtyp**, **Farbmodus** und den **Werten** in den Farbachsen festlegen.

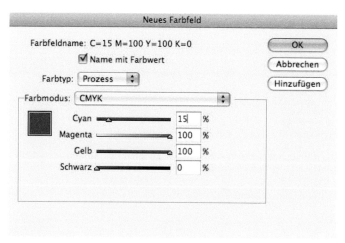

Abbildung 8.8: *Der Auswahldialog „Neues Farbfeld"*

> **Hinzufügen statt OK**
> Wollen Sie gleich zu Beginn mehrere Farben in Ihrem Layout anlegen, so klicken Sie einfach auf „Hinzufügen", so dass die gewählte Farbe in den Farbfeldern erscheint. Der Dialog „Neues Farbfeld" bleibt geöffnet. Nun legen Sie eine weitere Farbe an.

8.4.1   Farbtyp

Die Auswahl des **Farbtyps** richtet sich danach, ob Sie später die Farbe als **Prozessfarbe** im **CMYK**-Farbraum ausgeben wollen oder ob mit **Vollton** ein eigener Farbauszug ausbelichtet wird. Vollton-farben sind alle Sonderfarben wie **HKS**- oder **Pantone**-Farben sowie *Gold*, *Silber* oder *Lack*. Diese Spezialfälle werden im Abschnitt „Vollton" gesondert beschrieben. Eine Wandlung von Vollton- zu Prozessfarben ermöglicht die Funktion **Druckfarben-Manager** (siehe Kapitel „Ausgabevorschau" ab Seite 784).

> **Farben in der Helligkeit ändern**
> Wenn Sie eine Farbe mit Prozessfarben anmischen, können Sie mit gedrückter [Alt]-Taste einen Regler nach links oder rechts schieben. Dadurch werden alle anderen Farben proportional heller oder dunkler. Somit erspart Ihnen InDesign unnötig lange Versuche, den richtigen Prozentwert zu treffen.

8.4.2   Farbmodus

Über den **Farbmodus** greifen Sie auf die InDesign-*Farbbibliotheken* zu, aus denen Sie vordefinierte Farben laden können.

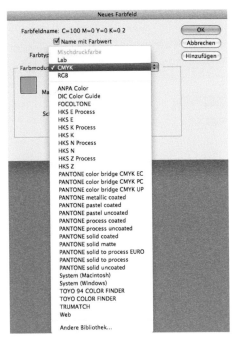

Abbildung 8.9: *Die Grundfarbräume und Farbbibliotheken der Farbmodusauswahl*

Lab	Der Lab-Farbraum ist, wie schon im Kapitel „Farbmanagement" beschrieben, der theoretische Farbraum, der jede sichtbare Farbe enthält. Dies beschränkt sich aber nicht nur auf den druckbaren CMYK-Farbraum, sondern beinhaltet auch die Farbräume RGB oder Hexachrome.
CMYK	Nach den Standarddruckfarben Cyan, Magenta, Yellow und Black mischen Sie in Prozentwerten die Farben an. In der Praxis liegt der maximale Farbauftrag bei ca. 240–330 %. Beachten Sie bitte, dass Sie keine Farben anlegen, die diesen Wert überschreiten. Ein solch hoher Farbauftrag kann dazu führen, dass das Papier nach der Bedruckung wellt, das Druckbild auf andere Bögen ablegt oder die Druckmaschine stoppt.
HKS	Die Standarddruckfarben im deutschsprachigen Raum unterteilen sich in den E-Fächer für Endlosdruck, den N-Fächer für ungestrichene Papiere, den K-Fächer für gestrichene Sorten und den Z-Fächer für den Zeitungsrotationsdruck. HKS-Töne werden grundsätzlich als Vollton-farbe angelegt. Hinzugekommen sind nun auch die HKS-Prozess-Fächer, also Farben, die sich auch durch die Prozessfarben Cyan, Magenta, Yellow und Black wiedergeben lassen.
RGB	Farben im RGB-Modus werden in den Kanälen Rot, Grün und Blau definiert. Pro Farbkanal dürfen Sie aus 255 Farbnuancen auswählen. Sind alle Kanäle auf 0 gestellt, erhalten Sie Schwarz (K), im Gegenzug ergibt sich Weiß aus R = 255, G = 255 und B = 255. RGB-Farben werden von Digitalkameras, Monitoren und Foto-Belichtungsgeräten verwendet. Legen Sie RGB-Farbfelder nur dann an, wenn Sie die Layoutdaten medienneutral aufbauen, später für das Internet verwenden oder auf einem RGB-Belichtungsgerät wie z.B. einem Lambda-Belichter ausgeben wollen. Verwenden Sie RGB-Farben für den CMYK-Druck nur dann, wenn Sie für die automatische Umrechnung für die Ausbelichtung mit Farbprofilen arbeiten, nach denen dann die Farbinformationen von RGB nach CMYK umgerechnet werden.
Pantone	Ein international verbreitetes Farbsystem von Sonderfarben. Auch dieses System ist in unterschiedliche Fächer eingeteilt: Process Coated für gestrichene Papiere, bestehend aus Farben, die sich aus einem Mischungsverhältnis der 4c-Grundfarben ergeben, Solid Coated ebenfalls für gestrichene Papiere, jedoch ohne Mischverhältnis, Solid Matte für mattgestrichene Sorten und Solid Uncoated für ungestrichene Papiere, um nur die gebräuchlichsten zu nennen.

Wie die **HKS**-Töne werden auch diese als **Volltöne** angelegt. Fächer, die mit „*Process…*" beginnen, führen nur Pantone-Farben auf, die sich auch durch die Grundfarben Cyan, Magenta, Yellow und Black mischen lassen. Somit ist die Reproduktion einer solchen Pantone-Farbe auch ohne separate Schmuckfarbe möglich.

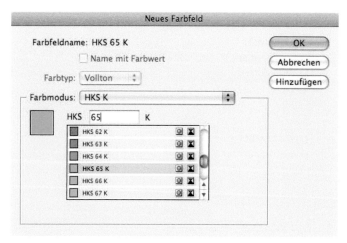

Abbildung 8.10: *Der Auswahldialog zur Anlage einer HKS-Farbe*

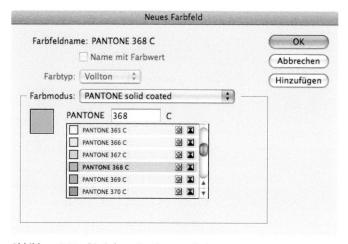

Abbildung 8.11: *Die Anlage einer Pantone-Farbe*

8.4.3 Farbnamen oder -bezeichnungen

Wenn Sie eigene Farben anmischen, empfehlen wir Ihnen, für die frei definierbare Bezeichnung entweder die **Farbwerte** zu verwenden oder die *Verwendung im Dokument* zu betiteln, ähnlich der Bezeichnung der Absatz- oder Zeichenformate. Verwenden Sie eine Farbe z.B. nur für Überschriften oder als gesamte Auszeichnungsfarbe, so finden Sie passende Benennungen „*Rubrik Abenteuer*" oder „*Rubrik Reisen*". Eine schlechte Benennung wäre z.B. *Mausgrau* oder *Aschgrau*, sinnvoll hingegen wäre „*Pantone Cool Gray 5C*" oder *L=51, a=0, b=0*.

8.4.4   Überflüssige Farben löschen

Wählen Sie im Palettenmenü die Option **Alle nicht verwendeten auswählen** an. Klicken Sie danach auf den Button **Farbfeld löschen…**, um unnötige Farbfelder aus dem Dokument zu entfernen. Dies erspart Ihnen in der Weitergabe der Dokumente an die Druckerei oder den Druckvorstufendienstleister Probleme.

Der Weg zum Papierkorb ist ebenfalls nicht weit: Wählen Sie ein oder mehrere **Farbfelder** aus und ziehen Sie diese auf das **Papierkorb**-Symbol am Fuß der **Farbfelder**-Palette. InDesign fragt Sie danach, durch welche Farbe die zu löschende(n) ersetzt werden soll(en). Zunächst wird immer **[Schwarz]** vorgeschlagen. InDesign benötigt unbedingt eine Ersatzfarbe, um eine lückenlose Farbdefinition zu erhalten.

Als Alternative dazu steht Ihnen der **Druckfarben-Manager** zur Verfügung, mit dessen Hilfe Sie durch die **Druckfarbenalias-Funktion** in der Ausgabe mehrere Farben zu einer Volltonfarbe zusammenfügen können. Diese Vorgehensweise finden Sie eingehend im Kapitel „Ausgabevorschau" beschrieben.

Tastenkürzel für die Farbfelder-Palette

	Windows	Mac
Neues Farbfeld aus dem aktuellen Farbfeld erstellen	⎇ Alt + Neues Farbfeld	⌥ + Neues Farbfeld
Neues Volltonfarben-Farbfeld aus dem aktuellen Farbfeld erstellen	Alt + Strg + Neues Farbfeld	⌥ + ⌘ + Neues Farbfeld

8.5   Farbtonfelder

Um Layoutdokumente auch mit wenigen Sonderfarben lebendig zu gestalten, benötigen Sie Abstufungen der Volltonfarben im Tonwert.

Wählen Sie zunächst eine bestehende *Vollton-* oder *Prozessfarbe* in der Palette **Farbfelder** mit einem Mausklick aus. Über das Palettenmenü rufen Sie mit der zweiten Funktion **Neues Farbtonfeld anlegen…** einen **Dialog** auf, der sehr ähnlich zu dem normalen Farbfeld-Dialog aufgebaut ist.

Abbildung 8.12: *Zum Anlegen eines Farbtons wählen Sie in der Farbfelder-Palette im Palettenmenü den Befehl „Neues Farbtonfeld".*

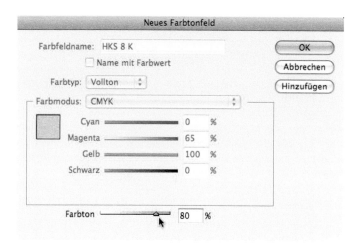

Abbildung 8.13: *Im Dialog „Neues Farbtonfeld" stellen Sie den Tonwert der Farbe ein.*

Sie sehen die **Farbfeld-Bezeichnung**, den **Farbmodus** und die **Farbwerte**. Allerdings sind diese Funktionen ausgeblendet, dafür ist ein **Farbtonregler** hinzugekommen, mit dem Sie den Tonwert eingeben können. Wählen Sie z.B. einen **Farbton** von **35%**. Nach der Bestätigung erscheint der Farbton in Ihrer Farbfeld-Palette.

> ### ! Der Tonwert ist keine Deckkraft
> Der Tonwert gibt an, in welcher prozentualen Helligkeit der Farbton in Bezug zum gewählten Farbfeld gedruckt wird. Es handelt sich also nicht um eine halbtransparente Farbfläche!

Im Eingabefeld des **Farbtons** im Kopf der **Farbfeld**-Palette sehen Sie diesen *ausgewählten Prozentsatz*. Beachten Sie, dass alle Objekte, die im Layout *diesen Farbton* tragen, bei einer *Farbtonänderung* ebenfalls umgefärbt werden.

8.5.1 Abhängige Farbtöne

Haben Sie zunächst einen **Vollton** oder eine **Prozessfarbe** in der Palette der **Farbfelder** ausgewählt und rufen danach den Befehl „Neues Farbtonfeld" auf, so nimmt InDesign als Basis für diesen **Farbton** das **Farbfeld**. Somit werden *Farbe* und *Farbton* unmittelbar miteinander verbunden. Ändern Sie nach dem Anlegen von **Farbtönen** in den Stufen **10, 20, 30%** usw. nun den **Vollton**, werden alle zugehörigen Farbtöne danach umgeschrieben. Ebenso funktioniert das Anlegen von **Verlaufsfeldern** und **Mischdruckfarben**.

8.6 Verlaufsfelder

Ob Sie nun selten oder oft Verläufe als Gestaltungsmittel nutzen – hier zeigen wir Ihnen die zahlreichen Möglichkeiten, diese anzulegen. Beginnen wir mit einem **Volltonverlauf**. Öffnen Sie dazu über das Palettenmenü **Neues Verlaufsfeld…** den **Verlaufsfeld**-Dialog.

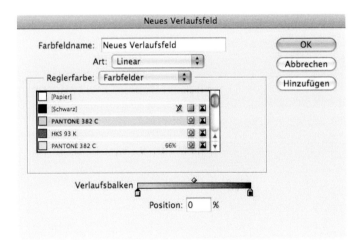

Abbildung 8.14: *Der Auswahldialog Verlaufsfeld*

Geben Sie dem Verlauf einen treffenden Namen und ändern Sie neben der Verlaufsart **Linear** oder **Radial** die **Reglerfarbe** auf **Farbfelder**. Damit stehen Ihnen die bereits angelegten **Farbfelder** und **Farbtöne** zur Verfügung.

Klicken Sie danach auf das **linke Farbfeld** unterhalb des **Verlaufsreglers**. Nun können Sie dieser Farbe ein bestehendes *Farbfeld* oder einen *Farbton* zuweisen. Klicken Sie danach auf das **rechte Farbfeld** und wählen Sie auch hier den *Vollton* aus.

8.6.1   Asymmetrische Verläufe

Die *Positionen* der Farbfelder im Verlauf lassen sich verändern, indem Sie auf die **Farbfelder** unterhalb des **Verlaufsreglers** klicken und diese mit *gedrückter Maustaste* an eine andere Position ziehen. Sie sehen die neue Position in *Prozentwerten* unterhalb des Reglers.

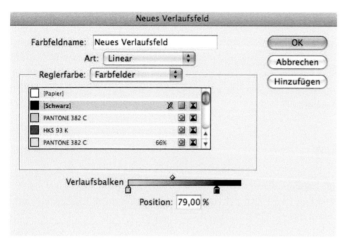

Abbildung 8.15: *Verschiebung der Farbfelder auf dem Verlaufsregler*

Den **Verlaufsmittelpunkt**, der zunächst immer auf neutralen 50% steht, können Sie ebenfalls anklicken und nach links oder rechts ziehen.

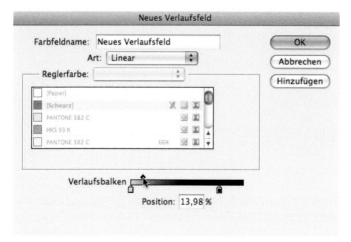

Abbildung 8.16: *Verschieben des Verlaufsmittelpunktes zur Erzeugung eines asymmetrischen Verlaufes*

Diese beiden Arbeitsschritte sind auch *numerisch* möglich, indem Sie zunächst auf **Farbfeld** oder **Verlaufsmittelpunkt** klicken und die gewünschte Position in das Eingabefeld eintragen. Bestätigen Sie die Verlaufseingabe mit **OK** und ein neues Verlaufsfeld erscheint in der Palette **Farbfelder**.

8.6.2   CMYK-Verläufe: Regenbogen

Alternativ zu einem Volltonverlauf können Sie auch einen **CMYK**-Verlauf anlegen. Öffnen Sie den Dialog **Neues Verlaufsfeld…** Klicken Sie auf ein Farbfeld unterhalb des Verlaufsreglers und wählen Sie als **Reglerfarbe CMYK** aus und als **Art Linear**. Definieren Sie die Farbwerte und die Positionen wie folgt. Die Verlaufsmittelpunkte sind jeweils auf 50% gesetzt:

Farbname	CMYK-Werte/Position
„Rot"	0, 100, 100, 0, Position 0%
„Gelb"	0, 0, 100, 0, Position 25%
„Blau"	100, 20, 0, 0, Position 50 %
„Violett"	80, 100, 0, 0, Position 100%

Wenn Sie die Eingabe bestätigen, erhalten Sie in der Farbfeld-Palette das neue **Verlaufsfeld Regenbogen.**

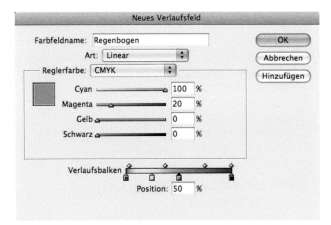

Abbildung 8.17: *Definition eines Regenbogen-Verlaufes*

8.7   Farben suchen und ersetzen

Durch die neue InDesign-Funktion **Suchen/Ersetzen** können alle Objekte identifiziert und mit anderen grafischen Eigenschaften getauscht werden, auch die Farbfelder. Wählen Sie einen Layoutrahmen aus, dessen Fläche mit einer Farbe aus den Farbfeldern gestaltet wurde. Rufen Sie aus dem Menü **Bearbeiten** das **Suchen/Ersetzen** auf. Stellen Sie zunächst im ersten Reiter **Formatoptionen** die Angabe des **Objektstils** ein. Falls Sie keinen konkreten Stil suchen, wählen Sie hier **Alle Objektstile** aus.

Im nächsten Reiter **Objekt** finden Sie die Möglichkeiten, grafische Eigenschaften zu suchen. Klicken Sie in das graue Feld **Objektformat suchen.**

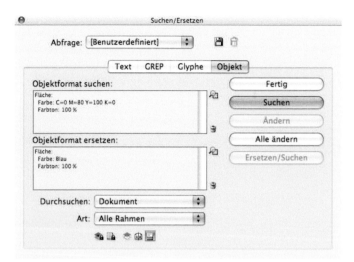

Abbildung 8.18: *Im Dialog Suchen/Ersetzen können Sie alle Eigenschaften eines Layoutrahmens suchen und durch andere ersetzen – darunter auch die Farbfelder.*

Im nachfolgenden Fenster **Optionen für Objektformatersetzung** rufen Sie unter dem Reiter **Fläche** alle Angaben für die Farben auf. Hier werden alle Farbfelder aufgeführt, die Sie mit einem Klick anwählen.

Falls Sie die Farbe einer Kontur suchen und ersetzen wollen, werden Sie im nächsten Reiter **Kontur** fündig.

Der nächste Schritt ist selbst erklärend: Kehren Sie mit **OK** zum **Suchen/Ersetzen**-Dialog zurück und geben Sie auf dieselbe Weise die Farbe für die Fläche an, die anstelle der ersten Angabe eingesetzt werden soll. Starten Sie danach mit **Suchen** und ersetzen Sie die gewünschten Rahmen einzeln mit einem Klick auf **Ändern** oder alle auf einmal, wenn Sie **Alle ändern** anklicken. Wie viele Rahmen gefunden wurden, gibt Ihnen InDesign danach aus.

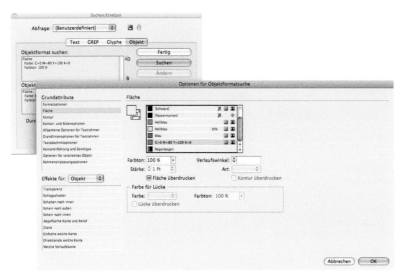

Abbildung 8.19: *Die Optionen für die Suche nach Objektinformationen bietet die Auswahl der Farbfelder an.*

8.8   Farbfelder austauschen

Alle angelegten Farbfelder speichern Sie als eigene Bibliothek und können diese danach in anderen Dokumenten nutzen. Somit können Sie die Farbvorgaben des Corporate Designs eines Kunden einmal in InDesign anlegen und auf anderen Arbeitsplätzen importieren. Darüber hinaus kann die Datei in Photoshop oder Illustrator importiert werden. Ebenso können Sie aus eben diesen Programmen stammende Bibliotheken in InDesign einlesen – Sie sehen, dass Adobe hier viele Brücken und kompatible Formate geschaffen hat.

8.8.1   Farbfelder für Austausch speichern

Haben Sie eine Reihe von Schmuckfarben und Prozessfarben angelegt, so können Sie diese mit ⌘+Klick bzw. Strg+Klick auswählen und über das Palettenmenü mit **Farbfelder für Austausch speichern** exportieren. Die Farbfelder werden als Datei mit dem Kürzel ***.ase** (*Adobe Swatch Exchange*) angelegt. Diese Datei können Sie nun auf Ihrem Computer belassen oder auf andere Arbeitsplätze verteilen.

Der Import erfolgt auf ähnliche Weise: Wählen Sie aus dem Palettenmenü die Option **Farbfelder laden** und rufen Sie die Datei auf. Die importierten Farbfelder erscheinen in der Palette und können problemlos angewandt oder verändert werden. Eine Verknüpfung zu dieser Austauschdatei besteht nicht.

> **ASE-Dateien für Arbeitsgruppen**
> Sobald Sie einmal eine ASE-Datei mit allen wichtigen Farbfeldern definiert haben, können Sie diese auch in anderen Programmen und auf anderen Arbeitsplätzen laden. ASE-Dateien werden auch von Photoshop und Illustrator verstanden.

Abbildung 8.20: *Farbfelder werden zunächst exportiert und später in ein anderes Dokument geladen.*

> **Import-Tipp**
> Der Import von Farbfeldern beschränkt sich nicht allein auf die Austauschdatei. Auch aus anderen InDesign-Dateien, Vorlagen (*.indt) und Illustrator-Dateien (*.ai oder *.eps) lassen sich automatisch die verwendeten Farbfelder auslesen und hier importieren.

8.8.2   Platzierte Farbfelder löschen

Platzierte Dateien, die Schmuckfarben beinhalten, wie eine Mehrkanal-Photoshop-Datei, eine DCS- 2.0-Datei, EPS- oder Illustrator-Dokumente, legen ihre Schmuckfarben automatisch in der Farbfelder-Palette ab. Solange ein solches Dokument platziert ist, kann die Schmuckfarbe nicht gelöscht werden. Erst wenn Sie die Verknüpfung entfernen, ist es auch möglich, die Schmuckfarbe über den Befehl im Palettenmenü **Alle nicht verwendeten auswählen** und mit einem Klick auf den Papierkorb in der Farbfelder-Palette zu löschen.

8.9   Adobe Kuler

Neben den herkömmlichen Weisen, Farben anzumischen, steht Ihnen mit **Adobe Kuler** eine Möglichkeit zur Verfügung, die erstmals in InDesign die Kombination aus *Internet-Community* und *Layoutwerkzeug* gewagt hat. Heraus gekommen ist ein elegantes interaktives Werkzeug zum Anmischen von Farben, besser gesagt: zur Auswahl von *Farbkombinationen* und *-harmonien*. Sollten Sie mit Illustrator vertraut sein, so kennen Sie dort das vergleichbare Werkzeug „Farbhilfe".

> **Nur online ist es „kuler"!**
> Die Auswahl von Farbkombinationen mit dem Werkzeug „Kuler" ist nur möglich, wenn Sie online sind – also einen offenen Internetzugang haben. Dann greift Kuler auf die Internetdatenbank von Adobe zurück.

> **Website von Adobe Kuler**
Wenn Sie sich näher mit Kuler beschäftigen wollen, so empfehlen wir Ihnen die Website kuler.adobe.com, bei der Sie sich anmelden und eigene Farbzusammenstellungen veröffentlichen können.

Im Menü **Fenster/Erweiterungen/Kuler** rufen Sie die Palette auf. Sobald Sie einen Internetzugang geöffnet haben, kann InDesign die Palette mit „Leben" füllen, nämlich der Übersicht der beliebtesten *Farbzusammenstellungen* aus der Community von Adobe Kuler.

Unter dem Reiter **Durchsuchen** können Sie alle Farbzusammenstellungen nach **Bewertung**, **Datum** oder **Häufigkeit** sortieren. Sobald Sie ein Farbschema angewählt haben, können Sie damit im dritten Reiter **Erstellen** diese Kombination von Farben auf einem *Farbkreis* bewundern. Anhand der Regler **Helligkeit** sowie der **Anfasser** der Farben auf dem Farbkreis können Sie das Schema bearbeiten.

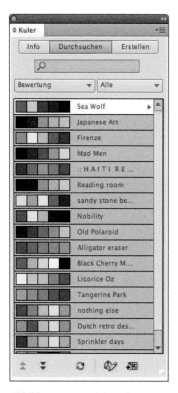

Abbildung 8.21: *Adobe Kuler erscheint als eigene Palette in InDesign.*

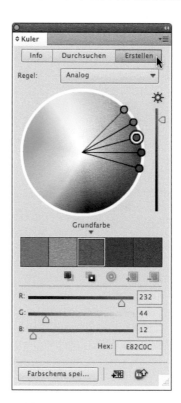

Abbildung 8.22: *Im Reiter „Erstellen" können Sie eigene Kreationen anlegen.*

8.9.1   Farbharmonien und Regeln

Unter dem Drop-down-Menü **Regel** erscheinen zahlreiche Harmonien, nach denen Farben miteinander kombiniert werden können, beispielsweise die **Triade**: **Drei Farben** liegen in identischem Winkel von **120°** auf dem Farbkreis verteilt.

Abbildung 8.23: *Die Triade zeigt drei Farben auf dem Farbkreis, der Winkel der Farben zueinander ist gleich.*

Die Harmonie **Monochromatisch** zeigt fünf Farben auf demselben Farbwinkel, **komplementär** zeigt die Farben in entgegengesetzter Richtung.

> **Kuler-Farben immer RGB**
> Dem Webdesigner zur Freud, dem Layouter zum Leid: Die Farben, die Kuler ermittelt, sind immer RGB-Farben. Sobald Sie jedoch die Farben in den Farbfeldern importiert haben, können Sie die Farben in CMYK-Farben umwandeln.

8.9.2   Farbschema zu Farbfeldern hinzufügen

Die Möglichkeiten mit Kuler sind unendlich, ein Farbschema aus bis zu fünf Farben zu finden. Wenn Sie die Farben nun aber im Layout nutzen wollen, so empfehlen wir Ihnen, das *Farbschema in die Farbfelder zu importieren*, indem Sie in der Palette von Kuler auf den Button mit den **Farbfeldern und dem Plus** klicken. Anschließend erscheinen die neuen Farben in der Palette der **Farbfelder** und können ebenso auch im Drop-down-Menü **Farbe** der **Steuerungspalette** ausgewählt werden. Die Farben werden im Modus **RGB** abgelegt.

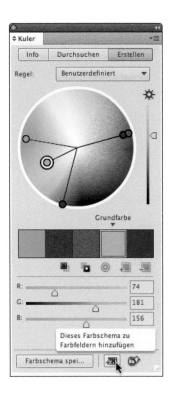

Abbildung 8.24: *Das Farbschema wird über den Button in der Kuler-Palette in die Farbfelder transportiert.*

> **Farbschema als ASE**
> Damit Sie auch in anderen Dateien dieses Farbschema nutzen können, markieren Sie sich diese fünf Farben und exportieren Sie sie als ASE-Datei. Somit bleibt Ihnen das Farbschema auch ohne Internetzugang erhalten!

8.10 Farben frei anmischen in den Paletten Farbe und Verlauf

Die Farbwahl über die Palette **Farbfelder** hat den Vorteil, dass Sie diese definierten Farben jederzeit innerhalb des gesamten Dokumentes einsetzen können. Auch in der Reinzeichnung sind die Farbangaben somit sichtbar, ohne jedes einzelne farbige Objekt überprüfen zu müssen. Wenn Sie jedoch Farben oder Verläufe frei anmischen möchten, so stehen Ihnen die Paletten **Farbe** und **Verlauf** zur Verfügung.

8.10.1 Palette Farbe

Rufen Sie die Palette **Farbe** über das Menü **Fenster** auf. Blenden Sie über das Palettenmenü die **Optionen** ein und wählen Sie abermals aus dem Palettenmenü den Farbmodus **Lab**, **CMYK** oder **RGB** aus. Die Palette zeigt die Farbkanäle an, über die Sie nun eine Farbe anmischen können.

> **Farben mit der Pipette anmischen**
> Am Fuß der Palette können Sie alternativ aus einem Farbspektrum mittels einer Pipette
> die Farbe anwählen. Wenn Sie die Maustaste gedrückt halten und die Pipette über das Spekt-
> rum ziehen, sehen Sie gleichzeitig die CMYK- oder RGB-Farbwerte darüber.

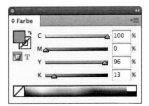

Abbildung 8.25: *Die Palette Farbe*

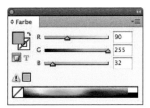

Abbildung 8.26: *RGB-Farben*
können ebenso angemischt werden.

Eine ausgewählte Farbe darf durchaus den Farbfeldern hinzugefügt werden, um im gesamten
Dokument auch andere Objekte damit zu kolorieren. Wählen Sie dazu im Palettenmenü den
letzten Punkt **Den Farbfeldern hinzufügen** aus.

8.10.2 Palette Verlauf

Die Palette **Verlauf** wird ähnlich gehandhabt. Auch hier empfehlen wir, die **Optionen** einzublenden,
da sonst nur ein Farbspektrum zu sehen ist. Hier können Sie ebenso einen Regenbogenverlauf auf
einfache Weise erzeugen: Klicken Sie zunächst auf das Spektrum und mischen Sie genau wie in der
Farben-Palette im CMYK-Modus einen Rotton, danach einen Gelb-, Blau- und violetten Ton an.

Abbildung 8.27: *Mehrfarbverlauf*

Auch hier dürfen Sie die Positionen der Farben und der Verlaufsmittelpunkte numerisch über
Position definieren. Die Eigenschaft, ob es sich um einen linearen oder radialen Verlauf handelt,
wählen Sie im Pull-down-Menü **Art**.

Der Winkel bestimmt die Richtung: 0 Grad ist ein horizontaler Verlauf, 90 Grad ein senkrechter.
Die Gegenwerte wären 180 Grad und 270 Grad, um den Verlauf umzudrehen. Stattdessen klicken
Sie auf den Button **Umkehren**, der die Verlaufssymmetrie spiegelt.

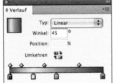

Abbildung 8.28: *Gedrehter Verlauf*

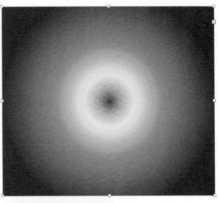

Abbildung 8.29: *Ein radialer Farbverlauf*

8.10.3 Farbverläufe als Verlaufsfelder definieren

Auch einen Verlauf können Sie von hier übernehmen, leider fehlt jedoch dieser Punkt im Palettenmenü. Färben Sie einen Rahmen mit dem Verlauf ein. Klicken Sie danach einfach in der Farbfelder-Palette auf das Blatt-Symbol und der angemischte Verlauf wird sofort als Feld übernommen.

> **Felder als Basis für die Farbmischung**
> Bestehende Vollton- und Prozessfarbfelder, Farbtöne oder Verläufe können als Ausgang für die Farbmischung dienen. Klicken Sie zunächst in der Farbfelder-Palette auf das gewünschte Feld. In der Farbpalette werden die Felder direkt übernommen; Sie können nun einen Farbton auswählen, eine neue Mischfarbe erstellen oder den Verlauf editieren. Das Ausgangsfeld wird dadurch nicht verändert.

Tastenkürzel für die Arbeit mit Farben

	Windows	Mac
Farbe-Palette: Alle Farbregler gleichzeitig verschieben	⇧ + Regler ziehen	⇧ + Regler ziehen
Anderer Farbmodus (CMYK, RGB, Lab)	⇧ + auf Farbbalken klicken	⇧ + auf Farbbalken klicken

8.11   Mischdruckfarben

Wenn Sie zwei Farben miteinander mischen, erhalten Sie in der Regel einen Mischton, der an Leuchtkraft gegenüber den Basisfarben einbüßt. Je mehr Farben Sie miteinander mischen – gleich ob Prozess- oder Sonderfarbe –, desto erdiger wird der Ton.

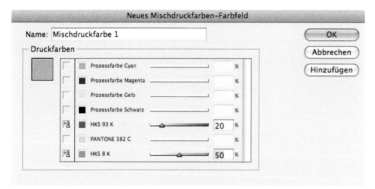

Abbildung 8.30:   *Ein neues Mischdruckfarben-Farbfeld aus zwei Schmuckfarben. Zwei Schmuckfarben können somit zu neuen Tönen gemischt werden, eine interessante Alternative für die Gestaltung von zweifarbigen Layoutdaten.*

8.11.1   Mischdruckfarben anlegen

Zusätzlich zu den herkömmlichen Farbdefinitionen als Farbfelder können Sie mit InDesign sogenannte Mischdruckfarben erzeugen. Was der Name ausdrücken soll: Jede Farbe ist mit jeder anderen mischbar! Theoretisch lässt Ihnen InDesign die Freiheit, eine **Lab**-Farbe, eine **RGB**-Farbe mit einer Sonderfarbe aus dem **HKS**-Fächer sowie einer Prozessfarbe wie Cyan zu mischen. Wie Sie bereits bemerkt haben, liegt die Betonung auf theoretisch, denn wirklich Sinn ergeben nur Mischverhältnisse, die reproduzierbar bleiben. Niemand wird voraussagen können, wie ein soeben beschriebener Mischton separiert wird.

Für einen günstigen zweifarbigen Druck mit Sonderfarben – z.B. mit HKS 3K und HKS 42K – können problemlos Mischtöne erzeugt werden. Dazu rufen Sie die Farbfelder-Palette aus dem Menü **Fenster** auf oder klicken am rechten Bildschirmrand auf diese verkleinerte Palette. Über das Palettenmenü erreichen Sie mit der Option **Neues Mischdruckfarben-Farbfeld** den Mischdialog. Sie sehen alle definierten Farben und können nun über den Prozentregler die Farbtöne miteinander kombinieren.

Abgesehen von diversen Zwischentönen, die durch die Kombination der Werte erreicht werden können, mischen Sie einen Schwarzton aus zwei oder mehreren Sonderfarben mit mehr als 95% Tonwert. Beachten Sie dabei, dass es sich natürlich nicht um ein korrektes Tiefschwarz handelt, sondern dadurch ein „geschönter", sehr dunkler Farbton entstehen kann. Ein tiefes „geschöntes" Schwarz mischen Sie z.B. aus der Prozessfarbe K und einer zusätzlichen Farbe im Blau-, Rot- oder Grünbereich.

> **Farbe und Schrift**
> Wenn Sie diesen Farbton verwenden, um Schriften unterhalb von 12 Punkt Schriftgröße einzufärben, beachten Sie bitte, dass dadurch die Schrift um einen halben Schnitt fetter erscheinen kann, da hier von zwei oder mehr Platten übereinander gedruckt wird. Auch durch die zusätzliche Aufrasterung können die Schriften häufig an den Kanten ausfransen, dann entsteht der Eindruck, dass die Schrift unscharf oder verwackelt ist.

Dies betrifft natürlich auch jeden Farbton, der aus Prozessfarben gemischt wird. Bei leichtem Versatz im Offsetdruck können so Blitzer entstehen. Verwenden Sie daher aus typografischer Weitsicht nur eindeutige Sonderfarben für kleine Punktgrößen oder planen Sie oben beschriebene Phänomene mit ein, indem Sie keine allzu feingliedrige serifenbetonte Antiqua einsetzen.

8.11.2 Mischdruckfarben-Gruppen

Neben der Anlage eines Mischdruckfarben-Farbfeldes können Sie auch gleich eine Gruppe möglicher Kombinationen anlegen. Bis zu 1000 Farbfelder lassen sich in InDesign mit der Funktion **Mischdruckfarben-Gruppe** anlegen, die Sie über das Palettenmenü der Farbfelder-Palette aufrufen.

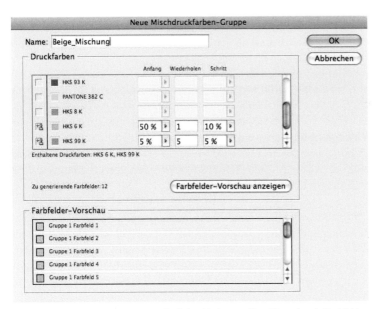

Abbildung 8.31: *Eine Gruppe aus Mischdruckfarben greift auf bestehende Farbfelder zurück. Über Schrittweite, Anfang und Ende lassen sich die Kombinationen ermitteln und in der Vorschau betrachten.*

Wählen Sie zunächst aus den bestehenden Farbfeldern diejenigen aus, welche die Gruppe bilden sollen. Für unser Beispiel dienen die Farbfelder HKS 6K und 99K.

Abbildung 8.32: *Eine Mischgruppe wird entweder als Farbname oder als Miniatur angezeigt.*

Jedes Farbfeld definieren Sie jeweils mit einem Anfangswert 1, einer Wiederholrate 2 und einer Schrittweite 3. Anfang und Schritt werden prozentual wie bei den bereits beschriebenen Farbtonfeldern angegeben. Die Wiederholung gibt an, wie oft das Farbfeld um die Schrittweite erweitert wird.

Für das Beispiel aus den Abbildungen ergeben sich zwei Reihen an Farbfeldern. HKS 6K wird einmal mit 50% und einmal mit 60% gemischt. HKS 99K wird in fünf Abstufungen von 5% bis 30% hinzugemischt.

Zum einen lassen sich alle Felder gleichmäßig mischen, indem alle einen identischen Anfangswert sowie eine identische Wiederholung und Schrittweite besitzen. Mischen Sie beispielsweise ein Gelb mit einem Blau, so erhalten Sie durchgängige Helligkeitsabstufungen desselben Grüntons, da das Mischverhältnis der Farben zueinander immer gleich bleibt.

Verändern Sie jedoch die Schrittweite oder die Wiederholung, erhalten Sie eine scheinbar unregelmäßige Mischung. Somit erzeugen Sie eine Farbgruppe, die Sie hauptsächlich zur kreativen Anwendung nutzen können. In der Farbfelder-Palette stellt sich diese Mischgruppe als Liste dar. Überflüssige Farbmischfelder löschen Sie aus der Palette, ohne dass die anderen Abstufungen davon beeinflusst werden.

8.11.3   Optionen für Mischdruckfarben-Gruppen

Wollen Sie die ausgewählten Farben der Mischung nachträglich ändern? Seit InDesign CS5 wird die Mischgruppe mit einem eigenen Symbol in den Farbfeldern angezeigt. Mit einem Doppelklick darauf gelangen Sie in die Optionen, in denen Sie die Ausgangsfarben ändern oder Schmuckfarben für die Gruppe in Prozessfarben umwandeln können.

Wenn Sie hier anstatt der angegebenen Farbe HKS 3K eine andere wählen, so werden auch alle Mischtöne der Gruppe passend dazu geändert.

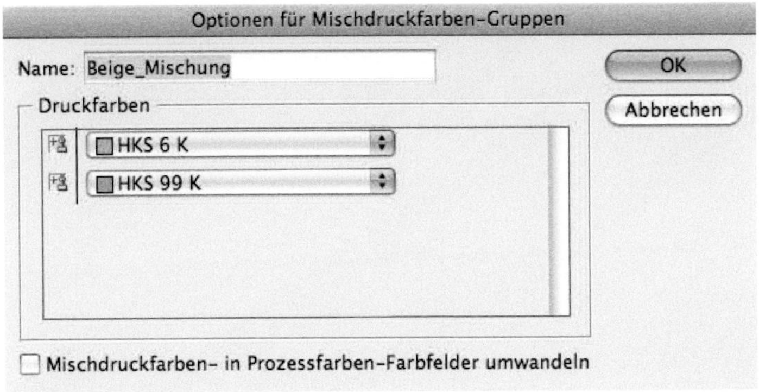

Abbildung 8.33: *Die Druckfarben einer Mischgruppe lassen sich nachträglich ändern.*

9 Tabellen und Tabulatoren

Tabellen- und Zellenformate sorgen für eine geordnete Darstellung von Tabellen. InDesign kennt darüber hinaus Kopf- und Fußzeilen, weiß eine erste linke Spalte von einer letzten rechten Spalte zu unterscheiden und kann auch Inhalte aus einer platzierten Excel-Tabelle aktualisieren. Wer es jedoch klassisch mag, nutzt die Tabulatoren als Alternative.

9.1 Tabulatoren

Ein **Tabulator** ist ein nicht druckbares Steuerzeichen, die Wortbedeutung stammt vom lateinischen Wort *tabula* für *Tafel* ab. Ein **Tabulator** wird durch die Tabulator-Taste ⇥ gesetzt und verschiebt damit den nachfolgenden Text bis zum nächsten Tabulator. Anhand dieser Steuerzeichen im Text können später Zeilenabschnitte vertikal untereinander ausgerichtet werden. Eine Textzeile darf aus beliebig vielen Tabulatoren mit nachfolgenden Texten, Zahlenwerten oder Einheiten bestehen. Geben Sie zunächst immer einen Tabulator ein und schreiben Sie danach direkt nach dem Zeichen den entsprechenden Text.

Mit aktivierter Funktion **Verborgene Zeichen einblenden** im Menü **Schrift** sehen Sie die **Tabulatorzeichen** *als kleine Doppelpfeile* nach rechts. Zum Ende der Textzeile fügen Sie einen Absatz mit der ↵-Taste oder einen harten Zeilenumbruch mit ⇧+↵ ein und fahren mit der zweiten Zeile fort.

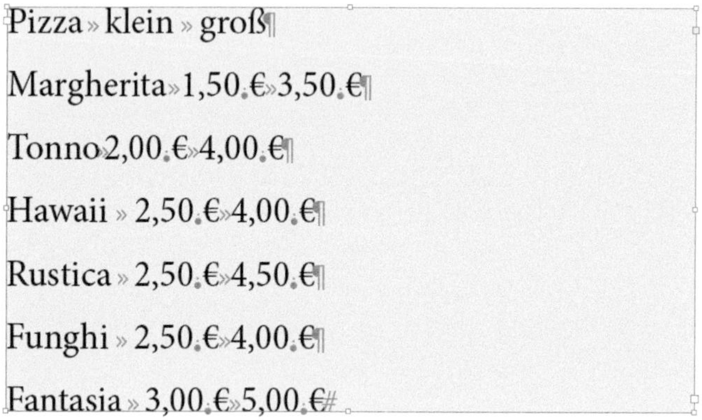

Pizza » klein » groß¶
Margherita » 1,50.€ » 3,50.€¶
Tonno » 2,00.€ » 4,00.€¶
Hawaii » 2,50.€ » 4,00.€¶
Rustica » 2,50.€ » 4,50.€¶
Funghi » 2,50.€ » 4,00.€¶
Fantasia » 3,00.€ » 5,00.€#

Abbildung 9.1: *Unformatierter Textrahmen mit eingegebenen Tabulatoren und eingeblendeten Zeichen. Zwischen Preis und Währung befindet sich ein Viertelgeviert als fester Leerraum (Punkt).*

❗ Verschobenes Tabulatoren-Lineal
InDesign bindet das Lineal über dem tabulatorformatierten Text mit ⌘+⇧+T ein. Achten Sie darauf, dass die obere Textrahmenkante zu sehen ist, auch wenn Sie in einem unteren Abschnitt Tabulatoren formatieren wollen. InDesign richtet anhand der oberen Rahmenkante das Lineal aus. Ist diese Rahmenkante nicht zu sehen, erscheint das Lineal in der Mitte des Bildschirms und steht nicht exakt über dem Rahmen.

❗ Magnetisches Lineal
Wenn Sie die Ansicht während der Formatierung mit dem Tastenbefehl Alt+Leertaste verschieben, wandert das Lineal nicht mit. Drücken Sie danach auf das Magnet-Symbol im Lineal, so dass InDesign dieses wieder an die gewünschte Position verschieben kann. Achten Sie auch hier darauf, dass die obere Rahmenkante sichtbar ist.

9.1.1 Linksbündig, rechtsbündig, zentriert

Wenn Sie nun genug Werte und Zeilen eingetragen haben, rufen Sie die **Tabulatoren** aus dem Menü **Schrift** auf. Über dem Textrahmen, den Sie gerade bearbeiten, erscheint ein Lineal. Zunächst ist die linksbündige Ausrichtung ausgewählt, d. h., alle ersten Tabulatoren richten den nachfolgenden Text linksbündig zu dieser Position aus. Durch Klicken und Ziehen auf die Ausrichtungsmarkierung verschieben Sie den Text, der nun an dieser Markierung klebt.

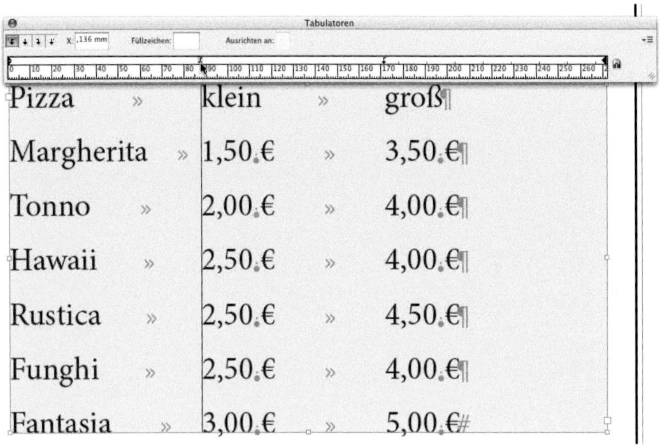

Abbildung 9.2: *Setzen eines linksbündigen Tabulators im Lineal für den markierten Textbereich (dunkelblau)*

Vervollständigen Sie die weiteren linksbündigen Ausrichtungen pro Spalte. Wie Sie feststellen können, lassen sich die Markierungen auch numerisch setzen. Wenn Sie also genau auf dem Abstand von *55 Millimetern* eine linksbündige Ausrichtung setzen wollen, geben Sie diesen Wert in das **X-Feld** ein.

Wählen Sie nun für eine *rechtsbündige Ausrichtung* pro Spalte eine linksbündige Markierung an und klicken Sie unter den Ausrichtungssymbolen an der linken Seite des Tabulatorlineals auf **Rechtsbündig**. Die Werte in der Tabelle richten sich sofort bündig zur rechten Seite an der Markierung aus. Rechtsbündige Markierungen werden besonders bei der Ausrichtung ganzzahliger Werte mit nachfolgender Einheit eingesetzt.

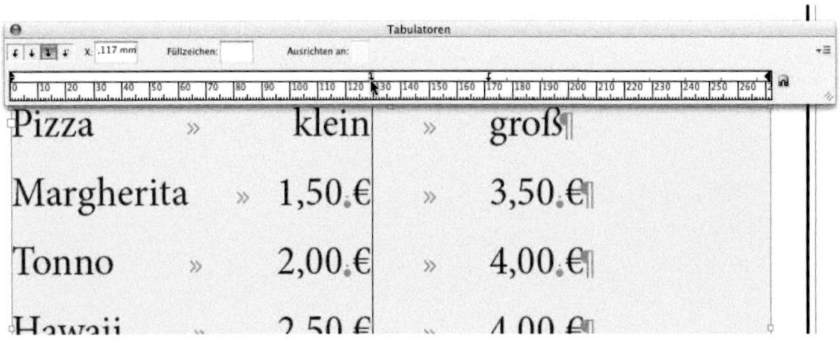

Abbildung 9.3: *Setzen eines rechtsbündigen Tabulators*

Selbstverständlich lassen sich Werte auch nach einer Zentrierungsmarke ausrichten; verfahren Sie bei der Anwendung ebenso wie bei links- oder rechtsbündigen Ausrichtungen.

9.1.2 Dezimaltabulatoren

Die vierte Ausrichtungsart für Tabulatoren ist die *Ausrichtung*. Wenn Werte mit Nachkommastellen verwendet werden, wie z.B. Geldbeträge, Füllmengen oder physikalische Messwerte, so bilden sie ein harmonisches Gesamtbild, wenn alle Kommata untereinander angeordnet sind. Somit lassen sich Werte innerhalb einer Tabelle auch gut vergleichen!

> **!** **Ausrichtung an Nachkommastellen**
> Anhand eines Kommas oder eines Punktes werden Nachkommastellen vertikal ausgerichtet. Ein Dezimaltabulator kann sich pro Spalte und Absatz nur nach einem dieser Zeichen richten. Haben Sie eine Tabelle, die mehrere Werte untereinander in gemischter Schreibweise – mit Punkt oder Komma – ausrichtet, müssen Sie für jeden dieser Absätze ein Absatzformat definieren.

> **>** **Verschiebung zwischen Kopfzeile und Einträgen**
> Damit Sie keine falsche Ausrichtung der Spaltenüberschrift in der Kopfzeile und den nachfolgenden Zeilen erhalten, markieren Sie gesondert die Kopfzeile und geben hier im Tabulatorenlineal andere Werte an, um die Spaltenüberschriften optisch optimal mit den darunter stehenden Werten auszurichten.

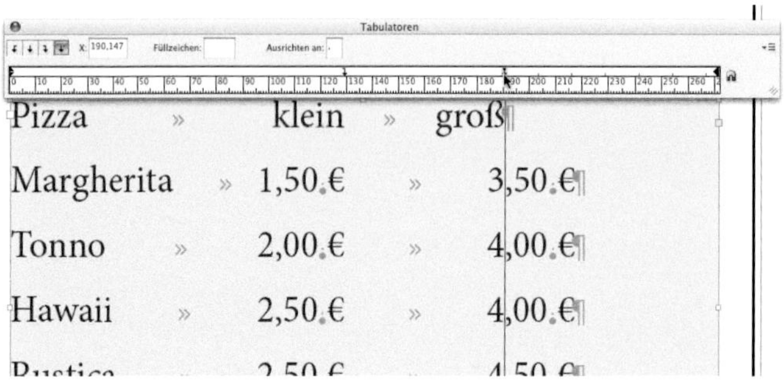

Abbildung 9.4: *Der Dezimaltabulator sorgt für eine vertikale Ausrichtung der Nachkommastellen.*

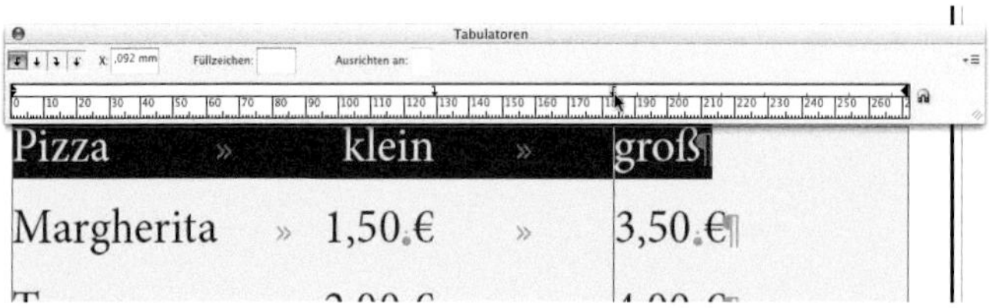

Abbildung 9.5: *Für Kopfzeilen können Sie separate Tabulatoren wählen.*

> **Schreibweisen von langen Geldbeträgen**
> In verschiedenen Sprachen werden Geldbeträge oder andere Werte in Gruppen mit einem Punkt und die Nachkommastellen mit einem Komma abgetrennt, wie z.B. 100.000,00 €. Achten Sie hierbei stets auf das Zeichen, an das sich ein Dezimaltabulator halten soll. In diesem Fall ist es das Komma, in anderen Sprachen kann es jedoch auch ein Punkt als Trennung zu den Nachkommastellen sein!

> **Der Doppelpunkt für Ergebnisse**
> Spieltabellen von Sportveranstaltungen werden gern anhand ihrer Ergebnisse wie z.B. „Werder Bremen 2:1 Hamburger SV" dargestellt. Der Doppelpunkt dient in einer tabellarischen Darstellung mehrerer Ergebnisse als Ausrichtungszeichen für den Dezimaltabulator.

Verwenden Sie daher den *vierten Button* zur Auswahl einer solchen **Dezimalausrichtung**. Befinden sich unter den Werten an einer Stelle keine Nachkommastellen, so wird dieser Wert linksbündig zu den ganzzahligen Werten ausgerichtet. Ob sich der Wert nun an einem Komma orientiert oder ob Sie in fremdsprachigen Texten einen Punkt benutzen – Sie können das entsprechende Zeichen einfach im Tabulatorlineal in das Feld **Ausrichten an** eintragen.

9.1.3   Füllzeichen

Bei besonders breiten Tabellen, in denen sich zwischen den ersten Spalten (z.B. Artikel) und der letzten Spalte (Preis) sehr viel Platz befindet und das Auge der Linie dazwischen nicht mehr folgen kann, übernehmen Füllzeichen in Form eines normalen Punktes oder eines Mittelpunktes diese Funktion, um den Bezug zwischen links und rechts wieder herzustellen.

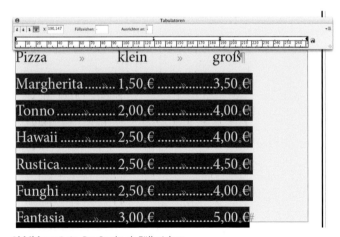

Abbildung 9.6: *Der Punkt als Füllzeichen*

> **Füllzeichen variieren**
> Zur Variation eines Punktes als Füllzeichen können auch ein Punkt und ein nachfolgendes Leerzeichen dienen. Die an einen Textilschnittbogen anmutenden Punktlinien werden so dezenter, obwohl die Grundlinie immer noch zu erkennen ist.

> **Verschachtelte Formate für Füllzeichen**
> Wenn Sie die Tabulatoren in einem Absatzformat definiert haben, können Sie in der Rubrik „Initialen und verschachtelte Formate" ein eigenes verschachteltes Format nur für das Füllzeichen einrichten, indem Sie ein Format [Ohne] bis zu diesem Zeichen (z.B. Punkt) beginnen und anschließend ein zweites Format [Rot] bis zum nächsten Tabulator einrichten. Die genaue Arbeitsweise mit verschachtelten Formaten zeigen wir Ihnen im gleichnamigen Kapitel ab Seite 359.

Artikel	Menge	Volumen/Stärke	Einzelpreise
Pizza	1	28 cm	2,85 Euro
Bluse/Hemd	5	XL	29,95 Euro
Cognac	1	2 cl	6,99 Euro
Katalog	2	300 S.	12,90 Euro
Kaffee, Kännchen			2,95 Euro
Butter	1	500 g	0,79 Euro
Bier, Kasten	1	12 Stk.	8,50 Euro

Abbildung 9.7: *Alternativ zu den Füllzeichen können auch Absatzlinien verwendet werden, um die Zeilendarstellung zu verbessern.*

9.1.4 Tabulatoren wiederholen

Wollen Sie ein und denselben Abstand einer Ausrichtungsmarkierung wiederholen, um eine regelmäßige Tabelle mit identischen Spaltenabständen zu erzeugen, so wählen Sie eine Tabulatormarkierung im Lineal aus und dann im Palettenmenü den Punkt **Tabulator wiederholen**. Der Tabulator wird einmal erneut im gleichen Abstand gesetzt. Danach können Sie natürlich die Abstände wieder ändern.

9.1.5 Tabulatoren löschen

Einzelne Tabulatormarkierungen können Sie entfernen, indem Sie die entsprechende Markierung im Lineal anklicken und nach oben oder nach unten aus dem Lineal herausziehen. Bei dieser Aktion sollten Sie aber bedenken, dass daraufhin Ihr kompletter Tabellensatz verschoben wird, da sich nun alle Textelemente an dieser vertikalen Position eine neue Markierung suchen.

> **Alle Tabs löschen**
> Im Palettenmenü finden Sie den Eintrag „Alle löschen", falls Sie die Übersicht verloren haben oder einfach alle Tabulatoren entfernen wollen, weil der Aufbau einer Tabelle nun doch sinnvoller ist.

9.1.6 Tabulatorenlineal

Über ⌘+⇧+T können Sie das Lineal aus- und auch gleich wieder einblenden. Über das Magnetsymbol richten Sie das Lineal wieder am Rahmen aus, sollten Sie die Ansicht mit der Alt-Taste verschoben haben. Dabei muss jedoch die obere Rahmenkante im Layout sichtbar sein.

Abbildung 9.8: *Die Tabulatoren-Palette*

Abbildung 9.9: *Bei breiteren Textrahmen und schmalerer Darstellung des Tabulatorenlineals verschieben Sie den Ausschnitt mit gedrückter Maustaste.*

> **Lineal zu schmal?**
> Wenn Sie bei laufender Tabulatorbearbeitung mit der Maus auf das „Maßband" klicken, können Sie mit gedrückter Maustaste den Ausschnitt verschieben. So lassen sich auch Tabulatoren in besonders großen Tabellen setzen, ohne dass die Dokumentansicht verschoben werden muss.

Dagegen können Sie über den Anfasser an der rechten unteren Ecke des Textlineals die Ansichtsbreite verkleinern oder vergrößern. Auch hier dient das Magnetsymbol wieder dazu, das Lineal optimal zum Textrahmen zu positionieren.

Alle Formatierungen für Tabulatoren können Sie auch mit einem Absatzformat genauer definieren und so jederzeit die Formatierung zentral ändern.

> **Textmodus für knifflige Formatierungen**
> Wenn Sie Werte in einer bereits gesetzten Tabelle verändern, kann es vorkommen, dass der Text innerhalb einer Tabellenspalte breiter wird als geplant, Textzeilen verrutschen. Daraufhin müssen Sie die Tabellenspalte verbreitern und den betroffenen Tabulator versetzen. Damit Sie nicht vergessen, für Änderungen den gesamten Textinhalt zu markieren, wählen Sie besser den Textmodus. Öffnen Sie dazu den Texteditor über das Menü „Bearbeiten/Im Textmodus bearbeiten" oder mit ⌘+Y.

9.1.7 Absatzbedingte Tabulatoren

Wie in diesem Kapitel beschrieben, können Sie Tabulatoren für jede einzelne Zeile oder einen Absatz anwenden, um bei unterschiedlicher Formatierung durch Tabulatoren zum einen Tabulatoren einzusparen oder auf weitere Textrahmen zu verzichten.

Dieser Vorteil kann sich als Hindernis erweisen, wenn Sie z.B. mehr als zwei Absätze innerhalb Ihres Textrahmens mit unterschiedlichen Tabulatoren formatiert haben. Sobald Sie zu einem späteren Zeitpunkt die Formatierung ändern müssen, erkennen Sie nur graue Tabulatormarkierungen im Textrahmen, d.h., dass sich diese Markierungen nur auf einen Absatz beziehen, nicht aber auf den gesamten Textrahmen. Für andere Mitarbeiter, die Änderungen vornehmen wollen, eine vorprogrammierte Katastrophe, die häufig dazu führt, dass eine Tabelle komplett neu gesetzt werden muss.

Achten Sie daher darauf, Tabulatoren generell in der gesamten Textmenge oder in einem geschlossenen Absatz zu benutzen und gegebenenfalls neue Rahmen zu erzeugen. Somit bleiben die Markierungen transparent und nachvollziehbar.

> **Was ist das Besondere an Tabellen?**
> Tabulatoren waren vor InDesign der einzige Weg, Tabellen in einem Layoutdokument aufzubauen. Vom mühsamen Datenimport einmal abgesehen, sind Tabulatoren jedoch sehr unflexibel; mit einfachen Handgriffen mehrere Unterteilungen vorzunehmen und automatisch farbige Flächen mit der Tabelle zu verknüpfen, ist gar unmöglich. Der Tabellensatz in InDesign ist dagegen deutlich flexibler.

9.2 Tabellen formatieren

Tabellen bestehen aus den *Spalten*, *Zeilen* und den einzelnen *Zellen*. Zusätzlich kommen die Kopf- und Fußzeilen hinzu: wiederkehrende Zeilen zu Beginn und am Ende einer Tabelle, um beispielsweise Spaltenbeschriftungen aufzunehmen. Die erste Spalte von links wird als *„linke Spalte"* bezeichnet, die letzte Spalte dagegen als *„rechte Spalte"*. Die einfachen Zellen innerhalb einer Tabelle werden in InDesign als *„Körperzellen"* bezeichnet. InDesign schlägt eine Brücke zwischen der Funktionalität einer Tabellenkalkulation und den Ansprüchen der PDF-Ausgabe. Sie können entweder Tabellen im Layout aufbauen oder bestehende Tabellen als Excel-Dokumente direkt importieren und anspruchsvoll formatieren.

Der Tabellensatz ist mit dem Textwerkzeug verknüpft; Sie benötigen kein weiteres Werkzeug. Eine Tabelle liegt immer innerhalb eines Textrahmens. Neben der leichten Bearbeitung gibt es dadurch noch einen Vorteil: Tabellen lassen sich mit dem Textfluss umbrechen! Kopf- und Fußzeilen können Sie auch nachträglich formatieren, so dass an jedem neuen Seitenanfang oder in jedem neu verknüpften Rahmen die Kopf- und Fußzeilen erscheinen. Eine linke und rechte Spalte dienen als Zeilenindex oder als Preisspalte. Sie können über die Tabellenformate abweichend zu den übrigen Zellen gestaltet werden.

9.2.1 Tabellen platzieren

Viel einfacher, als eine Tabelle manuell zu erstellen, ist es, bestehende Excel- oder Word-Tabellen zu importieren und schnell zu formatieren.

Liste der 50 höchsten Wolkenkratzer				
Nr	Name	Land	Höhe	Etagen
1	Taipei 101	Taipei	509 m	101
2	Petronas Tower 1	Kuala Lumpur	452 m	88
3	Petronas Tower 2	Kuala Lumpur	452 m	88
4	Sears Tower	Chicago	442 m	108
5	Jin Mao Tower	Shanghai	421 m	88
6	2 International Finance Centre	Hong Kong	415 m	88
7	CITIC Plaza	Guangzhou	391 m	80
8	Shun Hing Square	Shenzhen	384 m	69
9	Empire State Building	New York City	381 m	102
10	Central Plaza	Hong Kong	374 m	78
11	Bank of China Tower	Hong Kong	367 m	72
12	Emirates Office Tower	Dubai	355 m	54
13	Tuntex Sky Tower	Kaohsiung	348 m	85
14	Aon Center	Chicago	346 m	83
15	The Center	Hong Kong	346 m	73
16	John Hancock Center	Chicago	344 m	100
17	Ryugyong Hotel	Pjöngjang	330 m	105
18	Burj Al Arab	Dubai	321 m	60
19	Chrysler Building	New York City	319 m	77
20	Bank of America Plaza	Atlanta	312 m	55
21	US Bank Tower	Los Angeles	310 m	73
22	Menara Telekom	Kuala Lumpur	310 m	55
23	Emirates Hotel Tower	Dubai	309 m	56
24	AT&T Corporate Center	Chicago	307 m	60
25	JPMorganChase Tower	Houston	305 m	
26	Baiyoke Tower II	Bangkok	304 m	85
27	Two Prudential Plaza	Chicago	303 m	64
28	Kingdom Centre	Riyadh	302 m	41
29	First Canadian Place	Toronto	298 m	72
30	Yokohama Landmark Tower	Yokohama	296 m	70
31	Wells Fargo Plaza	Houston	296 m	71
32	311 South Wacker Drive	Chicago	293 m	65
33	SEG Plaza	Shenzhen	292 m	70
34	American International	New York City	290 m	66
35	Key Tower	Cleveland	289 m	57
36	Plaza 66	Shanghai	288 m	66
37	One Liberty Place	Philadelphia	288 m	61
38	Bank of America Tower	Seattle	285 m	76
39	Tomorrow Square	Shanghai	285 m	55
40	Cheung Kong Centre	Hong Kong	283 m	62
41	The Trump Building	New York City	283 m	70
42	Bank of America Plaza	Dallas	281 m	72
43	OUB Centre	Singapore	280 m	63
44	Republic Plaza	Singapore	280 m	66
45	UOB Plaza One	Singapore	280 m	66
46	Citigroup Center	New York City	279 m	59
47	Hong Kong New World Tower	Shanghai	278 m	61
48	Scotia Plaza	Toronto	275 m	68
49	Williams Tower	Houston	275 m	64
50	Wuhan World Trade Tower	Wuhan	273 m	58

Abbildung 9.10: *Eine Excel-Tabelle dient als Vorlage für die Layoutdaten.*

Bevor Sie eine Excel-Datei in das Layout platzieren, sollten Sie sich auch hier wie bei Textdateien fragen, ob dieser Import *einmalig* ist oder ob Sie die platzierte Tabelle von Ihrem Kunden im Layout jederzeit *aktualisieren* müssen. InDesign importiert zunächst immer nur die Inhalte der Tabelle, es wird *keine Verknüpfung* hergestellt. Diese Arbeitsweise ist trotz des „Verlustes" der Datenquelle die häufigste im Layoutalltag und schließt Darstellungsprobleme mit aktivierten Makros in der Excel-Tabelle aus.

! Makros in Excel-Tabellen

Makros können in InDesign nicht interpretiert werden. Sie sollten sich vergewissern, dass Inhalte, die aufgrund von Makros in Excel berechnet oder angezeigt werden, auch beim Platzieren der Tabelle im Layout erscheinen.

Wenn eine Aktualisierung notwendig ist, müssen Sie unbedingt in den Voreinstellungen **Eingabe** und der Rubrik **Verknüpfungen** die Option **Beim Platzieren von Text- und Tabellendateien Verknüpfungen erstellen** aktivieren.

9.2.2 Excel-Datei platzieren

Platzieren Sie nun die Excel-Tabelle wie ein Bild oder eine Grafik. Mit aktivierten **Importoptionen** wählen Sie für eine Excel-Tabelle die betreffende Arbeitsmappe aus – Excel hat in der Regel mindestens drei Arbeitsmappen angelegt, bei einfachen Tabellen befinden sich in der ersten Mappe die gewünschten Inhalte.

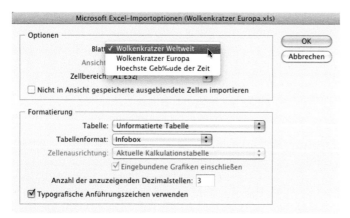

Abbildung 9.11: *In den Importoptionen für eine Excel-Tabelle suchen Sie sich aus mehreren Blättern der Datei die richtige Tabelle heraus.*

Neben der Arbeitsmappe können Sie aus dem **Zellbereich** der Excel-Tabelle einen genauen Ausschnitt importieren. InDesign erkennt automatisch, welche Zellen mit Inhalt gefüllt sind und trägt diesen Zellbereich ein, z.B. „A1:E32".

> **Eine Tabelle mit unterschiedlichen Zellbereichen mehrfach platzieren**
> Wenn Sie eine komplexe Tabelle platzieren müssen, können Sie diese mehrfach platzieren und bei jeder Platzierung in den Importoptionen einen anderen Zellbereich festlegen. Dadurch erleichtern Sie sich die Arbeit bei Änderungen, da nur die Verknüpfung zu einer platzierten Tabelle aktualisiert werden muss.

Danach legen Sie in den **Importoptionen** fest, ob Sie die Tabelle als **unformatierte Tabelle** in InDesign anlegen oder ob auch Gestaltungsattribute aus Excel mit importiert und übernommen werden. Hier sollten Sie stets die Formatierungen aus Excel ignorieren, da Sie ansonsten ungewollte Verweise zu Systemschriften importieren und InDesign diese Schriften bei allen Vorgängen wie Öffnen, Verpacken und Drucken abfragt.

Alternativ zu diesen Einstellungen lässt sich eine Tabelle auch als Textmenge – mit Tabulatoren getrennt – importieren. Rufen Sie dann den Befehl **Unformatierter Text mit Tabulatortrennzeichen** auf. Darüber hinaus können Sie auch eingebundene Grafiken übernehmen.

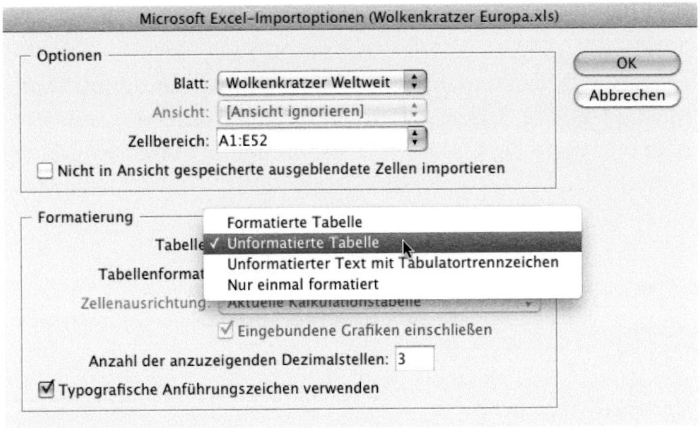

Abbildung 9.12: *Wählen Sie die unformatierte Tabelle für einen optimalen Import in InDesign aus.*

Als nächsten Schritt können Sie bereits hier ein in InDesign angelegtes Tabellenformat zuweisen. Den Umgang mit Formaten erlernen Sie im Abschnitt „Tabellen- und Zellenformate" in diesem Kapitel. Wählen Sie entweder Ihr *eigenes Tabellenformat* oder **Neues Tabellenformat**, falls Sie noch kein Format angelegt haben. Das Einrichten eines Tabellenformates zeigen wir Ihnen im nächsten Abschnitt.

Bestätigen Sie die Auswahl und InDesign legt die Tabelle mit den ausgewählten Werten an. Gestalten Sie die Tabelle nun nach Belieben.

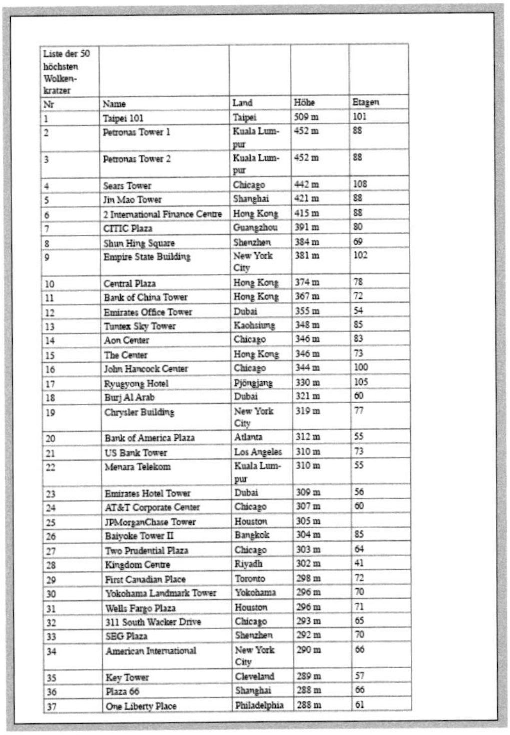

Liste der 50 höchsten Wolkenkratzer				
Nr	Name	Land	Höhe	Etagen
1	Taipei 101	Taipei	509 m	101
2	Petronas Tower 1	Kuala Lumpur	452 m	88
3	Petronas Tower 2	Kuala Lumpur	452 m	88
4	Sears Tower	Chicago	442 m	108
5	Jin Mao Tower	Shanghai	421 m	88
6	2 International Finance Centre	Hong Kong	415 m	88
7	CITIC Plaza	Guangzhou	391 m	80
8	Shun Hing Square	Shenzhen	384 m	69
9	Empire State Building	New York City	381 m	102
10	Central Plaza	Hong Kong	374 m	78
11	Bank of China Tower	Hong Kong	367 m	72
12	Emirates Office Tower	Dubai	355 m	54
13	Tuntex Sky Tower	Kaohsiung	348 m	85
14	Aon Center	Chicago	346 m	83
15	The Center	Hong Kong	346 m	73
16	John Hancock Center	Chicago	344 m	100
17	Ryugyong Hotel	Pjöngjang	330 m	105
18	Burj Al Arab	Dubai	321 m	60
19	Chrysler Building	New York City	319 m	77
20	Bank of America Plaza	Atlanta	312 m	55
21	US Bank Tower	Los Angeles	310 m	73
22	Menara Telekom	Kuala Lumpur	310 m	55
23	Emirates Hotel Tower	Dubai	309 m	56
24	AT&T Corporate Center	Chicago	307 m	60
25	JPMorganChase Tower	Houston	305 m	
26	Baiyoke Tower II	Bangkok	304 m	85
27	Two Prudential Plaza	Chicago	303 m	64
28	Kingdom Centre	Riyadh	302 m	41
29	First Canadian Place	Toronto	298 m	72
30	Yokohama Landmark Tower	Yokohama	296 m	70
31	Wells Fargo Plaza	Houston	296 m	71
32	311 South Wacker Drive	Chicago	293 m	65
33	SEG Plaza	Shenzhen	292 m	70
34	American International	New York City	290 m	66
35	Key Tower	Cleveland	289 m	57
36	Plaza 66	Shanghai	288 m	66
37	One Liberty Place	Philadelphia	288 m	61

Abbildung 9.13: *Fertig importierte, aber unformatierte Excel-Tabelle*

9.2.3 Leere Tabellen anlegen

Anstelle einer inhaltlich ausgearbeiteten Tabelle können Sie selbstverständlich auch leere Tabellen anlegen, um sie später mit Inhalt zu füllen. Ziehen Sie mit dem Textwerkzeug einen Textrahmen auf und wählen Sie im Menü **Tabelle** die Option **Tabelle einfügen…** oder wählen Sie ⌘+Alt+⇧+T. Sie erhalten einen Eingabedialog, in dem Sie die Zeilen- und Spaltenanzahl angeben.

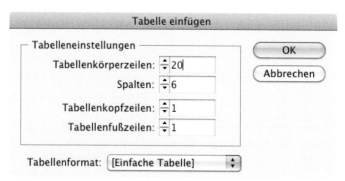

Abbildung 9.14: *Neben den Zeilen und Spalten legen Sie auch fest, ob und wie viele Kopf- und Fußzeilen Sie verwenden wollen.*

> **Kopf- und Fußzeilen**
> Sie definieren an dieser Stelle, ob Sie mit Kopf- und Fußzeilen arbeiten wollen, also Zeilen, die als Titel- oder Anmerkungsbereich eine besondere Rolle spielen, da sie bei sehr umfangreichen Tabellen je nach Einstellung automatisch auf jeder Seite oder in jeder Spalte wiederholt werden. Diese als Überschriften oder Legenden verwendeten Kopf- und Fußzeilen können Sie später noch nachformatieren.

9.2.4 Text eingeben

Die Tabelle wird zunächst in der Breite des Textrahmens angelegt. Als Standardformatierung zieht InDesign um jede Zelle eine *1 Punkt starke schwarze Linie*; die Flächen werden nicht gefüllt.

Klicken Sie nun in eine Tabellenzelle und geben Sie den Text wie in einen Textrahmen ein. Betätigen Sie ⇥ und Sie springen in die nächste Zelle. Gelangen Sie an ein Zeilenende, springen Sie mit ⇥ in die nächste Zeile darunter; am Tabellenende erzeugen Sie bei dieser Gelegenheit eine neue Zeile. Mit ⇧+⇥ springen Sie rückwärts.

9.3   Tabellen- und Steuerung-Palette

Die weiteren Angaben zur gesamten Tabelle lassen sich über die Tabelle-Palette oder über die Steuerung-Palette einstellen.

Abbildung 9.15: *Die Tabelle-Palette kann alternativ zur Steuerung-Palette zur Formatierung verwendet werden.*

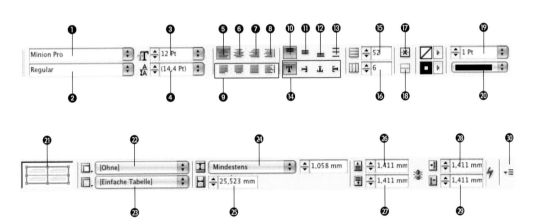

Abbildung 9.16: *Die Steuerung-Palette „Tabelle" bietet alle entscheidenden Werkzeuge an.*

1	Schriftfamilie
2	Schriftschnitt
3	Schriftgröße
4	Zeilenabstand innerhalb einer Zelle
5	Linksbündig
6	Zentriert
7	Rechtsbündig
8	Am Rücken ausrichten
9	Blocksatzmethoden
10	Oben ausrichten
11	Mittig ausrichten
12	Unten ausrichten
13	Vertikaler Keil

14   Text in der Zelle in 90°-Schritten drehen

15   Anzahl der Zeilen

16   Anzahl der Spalten

17   Zellen verbinden

18   Zellverbindung aufheben

19   Tabellenkontur

20   Konturstil

21   Konturgitterauswahl

22   Zellenformate

23   Tabellenformate

24   Zeilenhöhe

25   Spaltenbreite

26   Oberer Zellenversatz

27   Unterer Zellenversatz

28   Linker Zellenversatz

29   Rechter Zellenversatz

30   Palettenmenü

Mit der Zeilenhöhe und der Spaltenbreite darunter legen Sie die Höhe und Breite jeder markierten Zelle fest. Über die Einstellung **Genau** bleiben diese Größen immer fest, **Mindestens** hingegen erlaubt den Zellen, mit ihrem enthaltenen Text zu wachsen.

Eine weitere Option in der **Steuerung-Palette** ist die **Ausrichtung** des Inhaltes innerhalb der Zelle. Die Ähnlichkeit zu den Textrahmenoptionen bei der normalen Textbearbeitung ist hier nicht zu übersehen: Die Ausrichtungen **Oben**, **Zentriert**, **Unten** und **Vertikaler Keil** funktionieren hier ebenso. Eine *Tabellenzelle* ist also vergleichbar mit einem *Textrahmen*. Die Textrichtung innerhalb der Zelle ist in **90°-Schritten** möglich: **horizontal**, **90°** absteigender Text, **180°** auf dem Kopf stehend und **270°** aufsteigend. Der **Zellenversatz** hält den Text vom Zellenrand fern – vergleichbar mit einem *Innenabstand* eines Textrahmens.

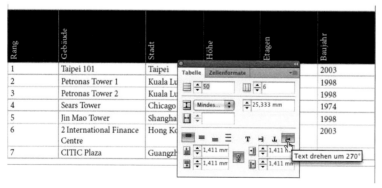

Abbildung 9.17: *Das Drehen von Tabelleninhalten ist in 90°-Schritten möglich.*

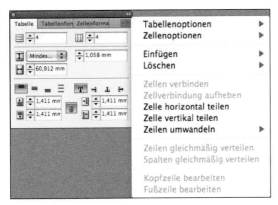

Abbildung 9.18: *Alle genannten und weitere Tabellenoptionen finden Sie übersichtlich im Palettenmenü.*

> **Palette Tabelle**
> Je nach Auswahl der gesamten Tabelle oder einer einzelnen Zelle erhalten Sie in der Palette Tabelle alle Optionen zur Bearbeitung der Texte in den Zellen. Neben der horizontalen Ausrichtung wie linksbündig, zentriert oder rechtsbündig stehen Ihnen auch vertikale Ausrichtungen oder die Drehung des Textes zur Verfügung.

> **Wertvolles und schnelles Kontextmenü**
> Alle Funktionen, die Sie über die Tabelle-Palette einstellen oder aufrufen können, sind für Sie auch über das Kontextmenü erreichbar. Die Handhabung in der Praxis zeigt, dass die Funktionen über das Kontextmenü schneller aufzurufen sind, die Paletten jedoch mehr Übersicht über den Zustand der Einstellungen bieten.

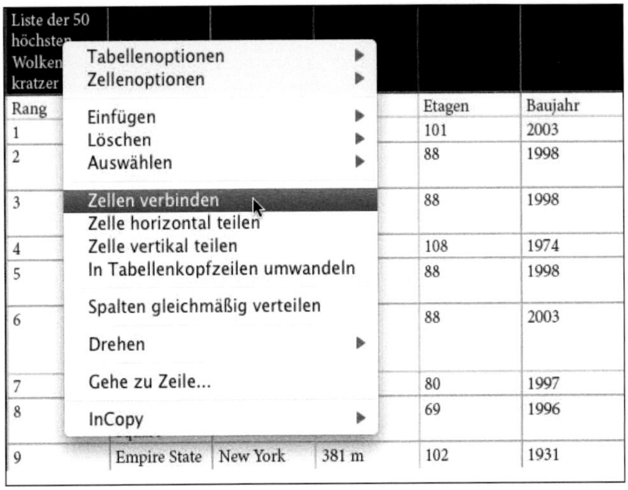

Abbildung 9.19: *Über das Kontextmenü erreichen Sie alle wichtigen Einstellungen, um Zellen zu verbinden oder Kopfzeilen zu markieren.*

9.4   Zellen markieren und bearbeiten

Um eine Tabelle nun zu formatieren, müssen Sie entweder einzelne Zellen, Spalten, Zeilen oder die gesamte Tabelle selbst markieren. Bewegen Sie den Mauszeiger bei angewähltem Textwerkzeug über die Ränder der Zellen und der Tabelle insgesamt.

> **Gehe zu Zeile ...**
> Wenn Sie innerhalb einer umfangreichen Tabelle, die über mehrere Seiten läuft, navigieren möchten, gibt es im Kontextmenü eine schöne Navigationshilfe: den Sprung zu einer beliebigen Zeile nach Zeilennummer.

Wenn Sie sich mit dem Mauszeiger genau auf einer *vertikalen Trennlinie* zweier Zellen befinden, können Sie mit gedrückter Maustaste die **Spaltenbreite** verändern. Auf der horizontalen Trennung verändern Sie die Höhe der Zeilen.

Am Rand hingegen erhalten Sie ein schwarzes **Pfeilsymbol**, das jeweils auf die *Spalte* oder die *Zeile* weist. Klicken Sie in dieser Mausposition einmal auf den **Tabellenrand** und schon haben Sie eine komplette Spalte oder Zeile markiert.

Liste der 50 höchsten Wolkenkratzer					
Rang	Gebäude	Stadt	Höhe	Etagen	Baujahr
1	Taipei 101	Taipei	509 m	101	2003
2	Petronas Tower 1	Kuala Lumpur	452 m	88	1998
3	Petronas Tower 2	Kuala Lumpur	452 m	88	1998
4	Sears Tower	Chicago	442 m	108	1974
5	Jin Mao Tower	Shanghai	421 m	88	1998
6	2 International Finance Centre	Hong Kong	415 m	88	2003
7	CITIC Plaza	Guangzhou	391 m	80	1997
8	Shun Hing Square	Shenzhen	384 m	69	1996
9	Empire State	New York	381 m	102	1931

Abbildung 9.20: *Eine Spalte markieren Sie, indem Sie den Mauszeiger an die obere Spaltenkante bewegen und klicken, sobald sich der Mauszeiger zu einem Pfeil nach unten wandelt.*

Liste der 50 höchsten Wolkenkratzer					
Rang	Gebäude	Stadt	Höhe	Etagen	Baujahr
1	Taipei 101	Taipei	509 m	101	2003
2	Petronas Tower 1	Kuala Lumpur	452 m	88	1998
3	Petronas Tower 2	Kuala Lumpur	452 m	88	1998
4	Sears Tower	Chicago	442 m	108	1974
5	Jin Mao Tower	Shanghai	421 m	88	1998
6	2 Interna-	Hong Kong	415 m	88	2003

Abbildung 9.21: *Wenn Sie eine Zeile markiert haben, werden alle typografischen Änderungen oder Farbangaben auf diese Zellen angewendet.*

Wenn Sie den Mauszeiger auf die **linke obere Ecke** der Tabelle bewegen, weist der Pfeil im 45°-Winkel auf die Tabellenecke. Mit einem Klick markieren Sie alle Zellen gleichzeitig; alle weiteren Formatierungen betreffen alle Zellen bzw. deren Inhalte.

Liste der 50 höchsten Wolken-kratzer					
Rang	Gebäude	Stadt	Höhe	Etagen	Baujahr
1	Taipei 101	Taipei	509 m	101	2003
2	Petronas Tower 1	Kuala Lum-pur	452 m	88	1998
3	Petronas Tower 2	Kuala Lum-pur	452 m	88	1998
4	Sears Tower	Chicago	442 m	108	1974
5	Jin Mao Tower	Shanghai	421 m	88	1998
6	2 Interna-tional Fi-nance Centre	Hong Kong	415 m	88	2003
7	CITIC Plaza	Guangzhou	391 m	80	1997
8	Shun Hing Square	Shenzhen	384 m	69	1996
9	Empire State	New York	381 m	102	1931

Abbildung 9.22: *Alle Zellen einer Tabelle markieren Sie über die linke obere Ecke.*

Das Klicken und Ziehen auf die rechte oder untere Kante bestimmt hingegen die Gesamtgröße der Tabelle. Die Zellengrößen verändern Sie, indem Sie auf die Trennlinie zwischen zwei Zellen klicken und mit gedrückter Maustaste verschieben.

9.4.1 Freihand Zellen markieren

Wenn Sie mit der **Einfügemarke** in ein beliebiges Feld klicken und mit gedrückter Maustaste in horizontale oder vertikale Richtung ziehen, markieren Sie das erste Feld wie auch weitere Felder. Nun können Sie die Felder bearbeiten, Farben zuweisen oder Texte formatieren.

> **Tabelleninhalte formatieren**
> Bei der Tabellenbearbeitung unterscheidet InDesign zwischen den Hintergrundflächen, der Kontur und den Inhalten. Alle Tabelleninhalte können über die Zeichen- und Absatz-Palette formatiert werden bzw. Sie weisen ein Absatz- oder Zeichenformat zu (siehe Kapitel „Typografie").

9.4.2 Farben zuweisen

Markieren Sie die Gesamttabelle oder einzelne Zellen und weisen Sie über die Werkzeuge-Palette und die Paletten **Farbfelder**, **Farbe**, **Kontur** und **Verlauf** der Tabelle Farben zu. Achten Sie darauf, dass InDesign diese Attribute sowohl für einzelne Zellen, Zeilen und Spalten wie auch für die gesamte Tabelle vergibt.

9.4.3 Zellen teilen und verbinden

Benachbarte Zellen fügen Sie zusammen, indem Sie die Zellen zunächst markieren und im Paletten- oder Kontextmenü die Funktion **Zellen verbinden** aufrufen. Die Zellen werden danach zu einer Zelle verbunden, die Inhalte werden direkt mit einem Absatz untereinander aufgeführt, unabhängig davon, ob die Zellen zuvor unter- oder nebeneinander angeordnet waren. Natürlich können verbundene Zellen auch wieder geteilt werden. In unserem Beispiel werden alle Zellen in der ersten Zeile zu einer durchgehenden Zeile zusammengefasst.

Wenn Sie mehrere Zellen verbunden haben, bietet InDesign eine sehr praktische Funktion: Es merkt sich dennoch die Originalzellen vor der Verbindung, so dass Sie über die Funktion **Zellenverbindung aufheben** aus dem Kontextmenü bequem zu diesen zurückkehren können.

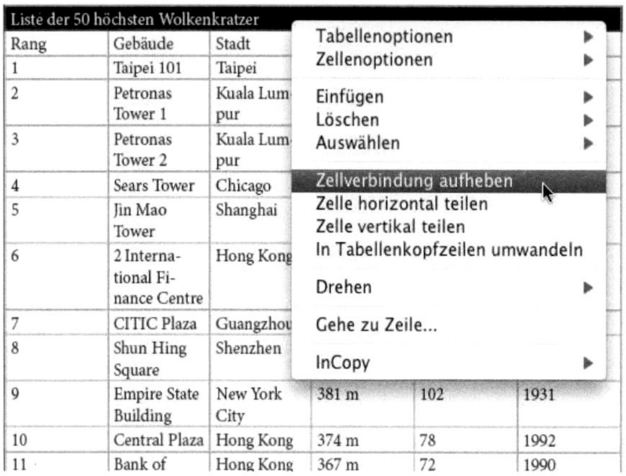

Abbildung 9.23: *Die oberste Zeile wird zu einer durchgehenden Zeile zusammengefasst und kann nachträglich auch wieder aufgelöst werden.*

9.4.4 In Tabellenkopfzeilen umwandeln

Sofern noch nicht von vornherein angelegt können Sie die erste(n) Zeile(n) einer Tabelle in Tabellenkopfzeile(n) umwandeln. Das hat den Vorteil, dass Kopfzeilen bei einem Rahmen-, Spalten- oder Seitenumbruch wiederholt werden, so dass also die Spaltenüberschriften immer oberhalb der Einträge stehen. Dies werden wir auch in den **Tabellenoptionen** noch näher erklären. Dazu markieren Sie die entsprechende(n) Zeile(n) und rufen aus dem Kontextmenü den Befehl auf.

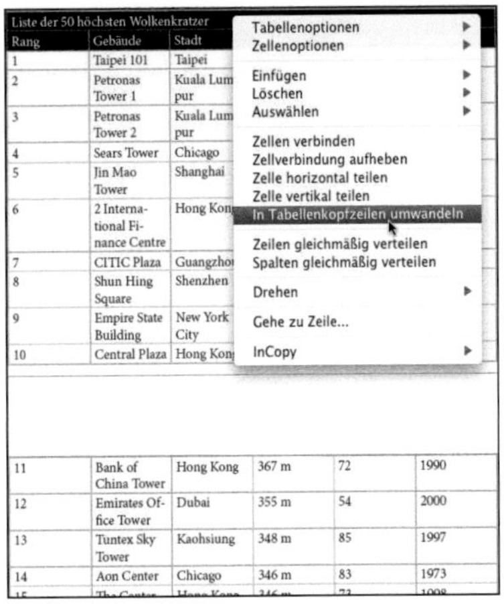

Abbildung 9.24: *Über das Kontextmenü wandeln Sie die ersten Zeilen in Tabellenkopfzeilen um.*

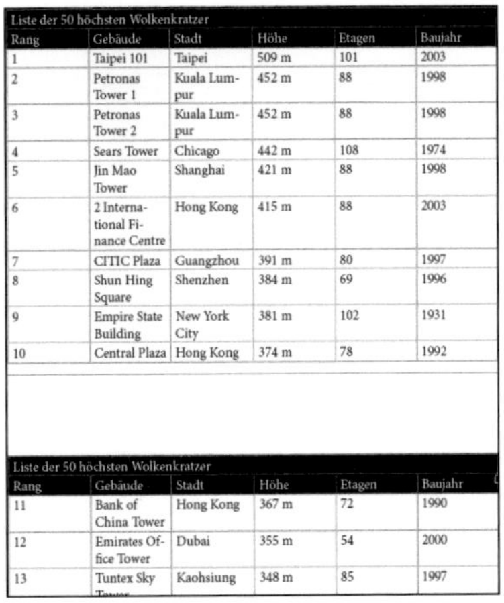

Abbildung 9.25: *Die beiden Tabellenkopfzeilen werden bei einem Umbruch in einen anderen Rahmen, eine Textspalte oder auf eine andere Seite automatisch wiederholt.*

9.4.5 Zellen gleichmäßig verteilen

Wenn Sie mehrere Zeilen, Spalten oder Zellen markiert haben, die eine unterschiedliche Höhe bzw. Breite aufweisen, können Sie mit der Option **Zeilen/Spalten gleichmäßig verteilen** aus dem Paletten- oder dem Kontextmenü die Unterschiede ausgleichen. Diese Funktion ist besonders dann sinnvoll, wenn Sie die gesamte Breite oder Höhe der Tabelle oder einzelne Zeilen verändert haben und nun die Zellen wieder gleich breit bzw. hoch haben wollen.

Abbildung 9.26: *Spalten und Zeilen können auf gleiche Breite bzw. Höhe angeglichen werden.*

Liste der 50 höchsten Wolkenkratzer					
Rang	Gebäude	Stadt	Höhe	Etagen	Baujahr
1	Taipei 101	Taipei	509 m	101	2003
2	Petronas Tower 1	Kuala Lumpur	452 m	88	1998
3	Petronas Tower 2	Kuala Lumpur	452 m	88	1998
4	Sears Tower	Chicago	442 m	108	1974
5	Jin Mao Tower	Shanghai	421 m	88	1998
6	2 International Finance Centre	Hong Kong	415 m	88	2003
7	CITIC Plaza	Guangzhou	391 m	80	1997
8	Shun Hing Square	Shenzhen	384 m	69	1996
9	Empire State Building	New York City	381 m	102	1931
10	Central Plaza	Hong Kong	374 m	78	1992
11	Bank of China Tower	Hong Kong	367 m	72	1990
12	Emirates Office Tower	Dubai	355 m	54	2000
13	Tuntex Sky Tower	Kaohsiung	348 m	85	1997
14	Aon Center	Chicago	346 m	83	1973
15	The Center	Hong Kong	346 m	73	1998

Abbildung 9.27: *Die Bearbeitung von Spalten in derselben Breite erfordert immer die manuelle Markierung.*

9.4.6 Zellen ausrichten

Für alle Tabelleninhalte kann eine Ausrichtung innerhalb der Zelle vorgenommen werden. Horizontal wird der Text wie in einem normalen Textrahmen formatiert: **linksbündig**, **zentriert**, **rechtsbündig**, **am Rücken ausgerichtet** und **am Bund ausgerichtet** stehen dazu in der Steuerung-Palette bereit.

Abbildung 9.28: *Die Funktionen zur Ausrichtung des Tabelleninhaltes liegen in der Tabelle-Palette oder in der Steuerung-Palette kompakt zusammen.*

> **Ausrichtung am Rücken**
>
> Die Ausrichtung am Rücken bzw. am Bund ist sowohl für Absätze wie auch für Tabelleninhalte möglich. Wenn Sie diese Ausrichtung wählen, orientiert sich der Zelleninhalt daran, ob er sich auf einer linken oder rechten Seite befindet. Anschließend wird die Ausrichtung zum Bund oder zur Seitenkante nach Ihrer Wahl vorgenommen.

9.4.7   Tastenbefehle in Tabellen

Tastenkürzel für das Bearbeiten von Tabellen

	Windows	Mac
Tabelle einfügen	`Strg`+`Alt`+`⇧`+`T`	`⌘`+`Alt`+`⇧`+`T`
Zellen-/Textauswahl wechseln	`Esc`-Taste	`Esc`-Taste
Zellenoptionen: Text	`Strg`+`Alt`+`B`	`⌘`+`Alt`+`B`
Zeile in nächstem Rahmen beginnen	`⇧`+`↵`	`⇧`+`↵`
Zeile in nächster Spalte beginnen	`↵`	`↵`
Größe der Zeilen oder Spalten verändern, ohne die Größe der Tabelle zu ändern	`⇧` + inneren Zeilen- oder Spaltenrand ziehen	`⇧` + inneren Zeilen- oder Spaltenrand ziehen
Größe von Zeilen oder Spalten proportional ändern	`⇧`+Tabellenrand ziehen	`⇧`+Tabellenrand ziehen
Tabelle auswählen	`Strg`+`Alt`+`A`	`⌘`+`Alt`+`A`
Spalte auswählen	`Strg`+`Alt`+`3`	`⌘`+`Alt`+`3`
Zeile auswählen	`Strg`+`3`	`⌘`+`3`
Zelle auswählen	`Strg`+`#`	`⌘`+`#`
Zellen darüber auswählen	`⇧`+`↑`	`⇧`+`↑`
Zellen darunter auswählen	`⇧`+`↓`	`⇧`+`↓`
Zellen zur Linken auswählen	`⇧`+`←`	`⇧`+`←`
Zellen zur Rechten auswählen	`⇧`+`→`	`⇧`+`→`
Spalte einfügen	`Strg`+`Alt`+`9`	`⌘`+`Alt`+`9`
Zeile einfügen	`Strg`+`9`	`⌘`+`9`
Zeilen oder Spalten beim Ziehen einfügen	Zeilen- oder Spaltenrand ziehen, dann `Alt` drücken und weiter ziehen	Zeilen- oder Spaltenrand ziehen, dann `Alt` drücken und weiter ziehen
Spalte löschen	`⇧`+`←`	`⇧`+`←`
Zeile löschen	`⌘`+`←`	`⌘`+`←`
Zeilen oder Spalten beim Ziehen löschen	Zeilen- oder Spaltenrand ziehen, dann `Alt` drücken und weiter ziehen	Zeilen- oder Spaltenrand ziehen, dann `Alt` drücken und weiter ziehen
In benachbarte Zelle bewegen	Pfeiltasten	Pfeiltasten
Zur nächsten bzw. vorherigen Zelle gehen	`⇥` bzw. `⇧`+`⇥`	`⇥` bzw. `⇧`+`⇥`
Zur ersten bzw. letzten Zelle in Spalte gehen	`Alt`+`Bild↑`/`Bild↓`	`Alt`+`Bild↑`/`Bild↓`
Zur ersten bzw. letzten Zelle in Zeile gehen	`Alt`+`Pos1` bzw. `Ende`	`Alt`+`Pos1` bzw. `Ende`

9.5   Tabellenoptionen

Unter den **Tabellenoptionen** im **Paletten**- oder im **Kontextmenü** sind alle Formatierungsfunktionen zusammengestellt, welche die gesamte Tabelle betreffen. Es öffnet sich eine Dialogbox mit fünf verschiedenen Reitern: Tabelle einrichten, Zeilen- und Spaltenkonturen, Flächen sowie Tabellenkopf und -fuß.

9.5.1 Tabelle einrichten

Unter den Tabelleneinstellungen legen Sie die Anzahl der Zeilen und Spalten fest. Auch die Anzahl von Kopf- und Fußzeilen stellen Sie entweder hier oder im gleichnamigen Reiter **Tabellenkopf und -fuß** ein. Da sich dieselben Einstellungen an verschiedenen Positionen mehrfach befinden, reicht es aus, nur im letzten Reiter der Tabellenoptionen die Anzahl anzugeben.

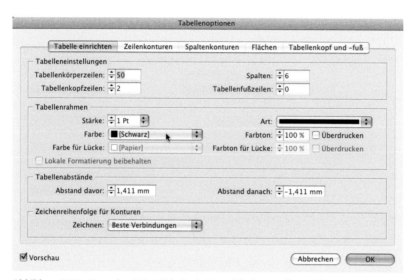

Abbildung 9.29: *Unter dem Reiter „Tabelle einrichten" finden Sie alle grundlegenden Vorgaben.*

Die Stärke und Darstellung des **Tabellenrahmens** bearbeiten Sie darunter. Ebenso wie Sie Konturen festlegen, definieren Sie auch hier die **Konturenstärke**, die **Farbe** und die **Art**. Die Option **Lokale Formatierung beibehalten** schützt die Konturen von Einzelzellen, die Sie unter den Zellenoptionen festlegen. Die **Tabellenabstände** hingegen sind vergleichbar mit den Absatzabständen, die den vorhergehenden oder nachfolgenden Text auf Distanz halten.

Die Reihenfolge der Konturendarstellung treffen Sie in der letzten Option **Zeichenreihenfolge für Konturen.** Dabei können Sie festlegen, ob die senkrechten oder die waagerechten Linien „vorne" liegen, also die jeweils anderen überlagern sollen, was besonders dann von Bedeutung ist, wenn Sie mit [Papier]-farbenen Zellenkonturen gestalten. In der Standardeinstellung **Beste Verbindungen** liegen Zeilenkonturen generell vorne, dafür werden bei Mehrfachlinien die Konturen verbunden, anstatt sie zu überlagern.

9.5.2 Zeilen- und Spaltenkonturen

Für alle Einstellungen der **Kontur** oder **Flächenfüllung** in Tabellen hält InDesign abwechselnde Muster bereit. Darunter wird die automatische Formatierung mit zwei unterschiedlichen Konturen oder Flächen verstanden.

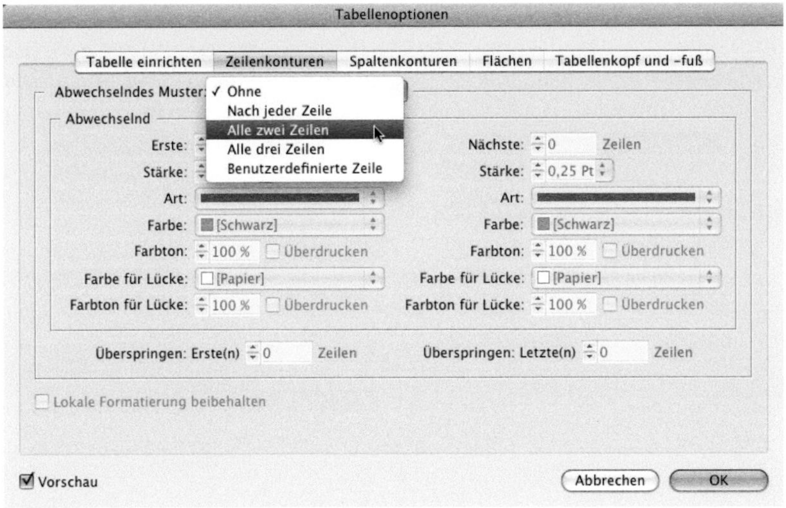

Abbildung 9.30: *Einstellungen für die Zeilenkonturen*

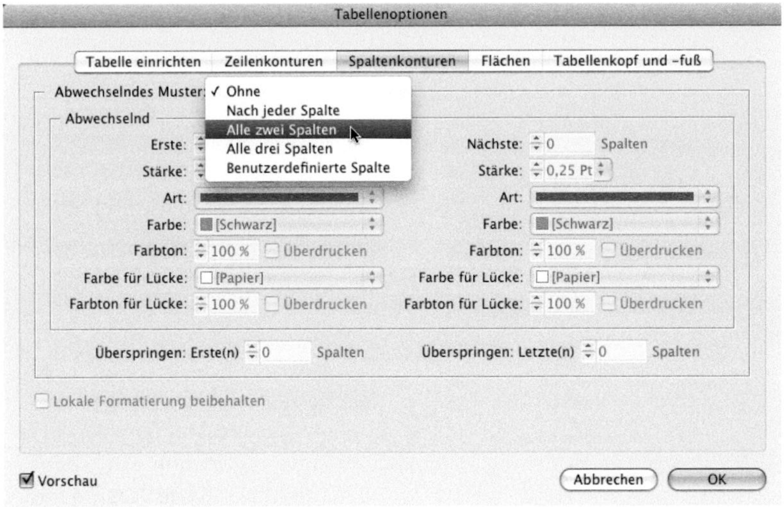

Abbildung 9.31: *Die Kontureneinfassung von Zeilen wie auch Spalten kann einem benutzerdefinierten Muster folgen.*

Wie viele Zeilen oder Spalten auf einmal mit der ersten Einstellung auf der linken Seite und danach mit den Optionen auf der rechten Seite formatiert werden, legen Sie unter **Muster** fest. Einige feste Muster bietet InDesign bereits an: Musterwechsel **nach jeder Zeile**, **alle zwei Zeilen** oder **drei Zeilen**. Die benutzerdefinierte Einstellung lässt Ihnen freie Hand, Sie dürfen hier auch z.B. drei Zeilen mit gleicher Einstellung und danach eine Zeile mit alternativer Einstellung folgen lassen.

Auch hier gibt es wie an jeder Einstellung zur Kontur die Auswahl der Konturenstile sowie Optionen für eine gestrichelte Linie mit Lückenfarbe. Ob Sie diese grafisch-technischen Möglichkeiten wirklich ausschöpfen, bleibt Ihnen überlassen. Mehr zu den Einstellungsmöglichkeiten der **Konturenstärke** oder zur **Art** für die Zeilen oder Spalten lernen Sie im Kapitel „Vektoren und Transparenzen".

9.5.3   Abwechselnde Flächen für Zeilen und Spalten

Auch für die **Flächen** stehen die **abwechselnden Muster** zur Verfügung. Hier gibt es keine separaten Rubriken für Zeilen und Spalten, da nur eines von beiden definiert werden kann. Die Einstellungen hier folgen denen der Zeilen- oder Spaltenkontur.

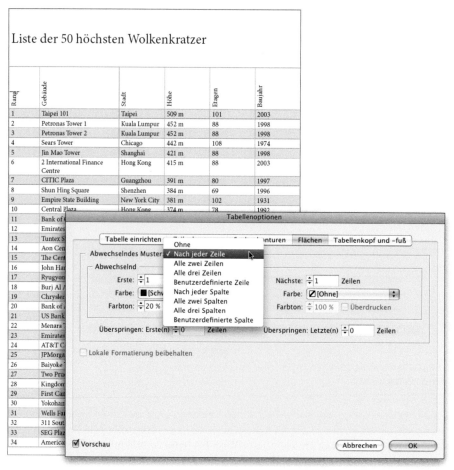

Abbildung 9.32: *Auch Flächen können in unterschiedlichen Mustern auf Zeilen oder Spalten angewendet werden, um besonders umfangreiche Tabellen übersichtlich zu gestalten. Kopf- und Fußzeilen können dabei ausgelassen werden.*

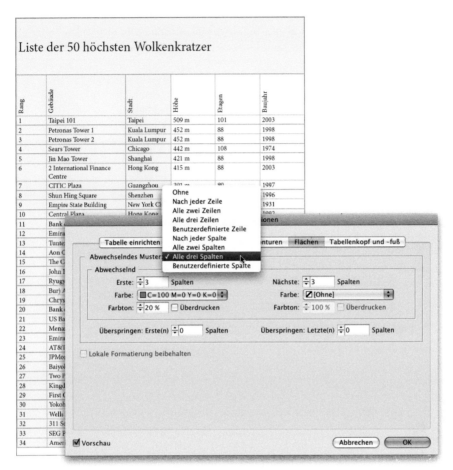

Abbildung 9.33: *Alternierende Füllungen zur Verbesserung der Lesbarkeit von Spalten.*

9.5.4   Tabellenkopf und -fuß

Die schon angesprochenen Kopf- und Fußzeilen für Tabellen finden Sie im letzten Reiter der Tabellenoptionen. So einfach, so genial: Mit der Anzahl der Zeilen geben Sie an, wie groß der Bereich ist, der als fester Bestandteil jedes umbrochenen Tabellenabschnittes wiederholt wird. Zusätzlich definieren Sie darunter, auf welche Weise die Kopf- und Fußzeilen wiederholt werden: pro Textspalte, Textrahmen oder Seite. Achtung: Mit dieser Funktion können Sie neue Kopf-/Fußzeilen hinzufügen bzw. vorhandene löschen. Wenn Sie bereits vorhandene Zeilen in Kopf-/Fußzeilen „umwandeln" möchten, benutzen Sie die bereits besprochene Funktion unter **Tabelle/Zeilen umwandeln/In Tabellenkopf/-fuß**.

Abbildung 9.34: *Wird die Tabelle über mehrere Textrahmen umbrochen, so können Kopf- und Fußzeilen spalten-, rahmen- oder seitenweise wiederholt werden.*

9.6   Zellenoptionen

In den **Tabellenoptionen** legen Sie die Darstellung der *gesamten* Tabelle fest, die **Zellenoptionen** hingegen richten sich nur an diejenigen *Zellen*, die Sie zuvor markiert haben. Dies können sowohl eine einzelne Zelle, eine Zeile, eine Spalte, ein zusammenhängender Zellenbereich oder alle Zellen sein.

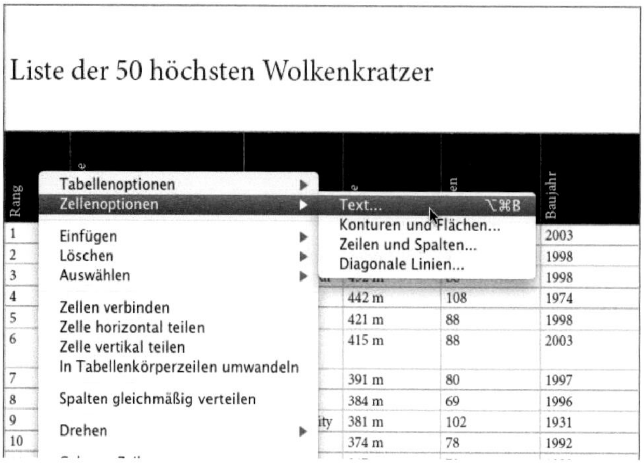

Abbildung 9.35: *Die Optionen für die Formatierung der Zellen finden Sie wie immer im Kontextmenü.*

9.6.1 Text

Die **Textformatierungen** beziehen sich auf den Textfluss innerhalb einer Zelle. Die Einstellungen sollten Ihnen aus den *Textrahmenoptionen* bereits bekannt sein, der *Textabstand* ist hier der **Zellversatz**.

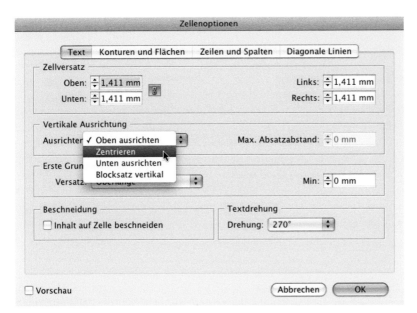

Abbildung 9.36: *Zellenoptionen für die Ausrichtung von Text, vergleichbar mit den Textrahmenoptionen*

Die Beschneidung des Inhaltes auf die Zellengröße ist eine nützliche Funktion, wenn Sie Bilder in eine Zelle importieren. Klicken Sie dazu mit der Einfügemarke in eine Zelle und platzieren Sie wie gewohnt eine Bilddatei. Die Grafik oder das Bild wird dann mit der linken oberen Ecke in die Zelle gesetzt. Wenn die Zelle nicht groß genug ist, ragt das Bild zunächst über die Zelle hinaus und verdeckt benachbarte Tabellenfelder. Wenn Sie diese Option **Inhalt auf Zelle beschneiden** unter den **Zellenoptionen** aktivieren, wird der überlappende Bildbereich ausgeblendet und auf die Zellenfläche begrenzt.

Bei der nächsten Einstellung dreht es sich jedoch wieder um den Text innerhalb der Zelle: **Textdrehung**. In **90°**-Schritten richten Sie den Text in einer Zelle aus. Das spart Ihnen oft Platz, wenn Sie schmale Spalten mit Zahlenwerten anlegen müssen und die Überschrift oder Bezeichnung der Spalte besonders viel Platz einnimmt. Vertikal nach oben laufender Text wird mit der **Drehung** um **270°** erreicht.

> **Gedrehter Text in einer Zelle**
> Leider bietet InDesign keinen Drehwinkel um 45° oder 30° an, um die Spaltenüberschriften lesbarer anzuordnen. Hier hilft Ihnen ein Trick: Erzeugen Sie zunächst einen Textrahmen und drehen Sie ihn um 45 Grad. Schneiden Sie den gedrehten Rahmen aus, klicken Sie mit dem Textwerkzeug in die Tabellenzelle und fügen Sie den Textrahmen aus der Zwischenablage ein. Über die Textausrichtung links- oder rechtsbündig, die vertikale Ausrichtung des Textes innerhalb der Zelle bzw. die Optionen für verankerte Objekte platzieren Sie den Textrahmen genauer.

9.6.2   Konturen und Flächen

Unabhängig von den Tabellenoptionen können Sie einzelne Zellen separat mit einer eigenen Zellenkontur und Zellfläche gestalten, um eine Zelle optisch besonders hervorzuheben. Diese Einstellungen werden unter den Tabellenoptionen als lokale Formatierung geschützt. Achten Sie hier besonders auf die Auswahl der *blauen Linien* im **Konturengitter**. Wenn alle Linien ausgewählt und blau dargestellt werden, stellt InDesign alle Konturen der Tabelle oder der Zellenauswahl entsprechend Ihren Angaben ein. Doch wie können Sie in InDesign nur die Zeilen mit einer Kontur unterstreichen, nicht jedoch die Spalten durch Linien trennen? Und wie entfernen Sie die gesamte Kontur um Zellen und Tabellen?

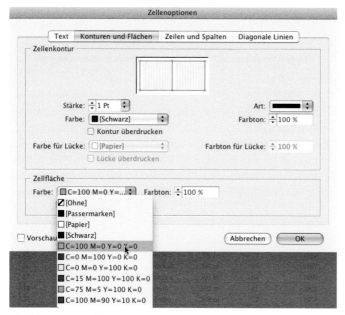

Abbildung 9.37: *Zellenoptionen: Konturen und Flächen*

9.6.3 Die Konturengitterauswahl

Je nach ausgewählten Tabellenzellen haben Sie die Möglichkeit, in der **Konturenauswahl** die Linien *zwischen den Zeilen oder Spalten* festzulegen. Mit einem Klick auf die einzelnen Linien aktivieren oder deaktivieren Sie die Linien, die Sie beeinflussen möchten. Deaktivierte Linien werden grau dargestellt. Dabei gilt, dass die äußeren Linien oben, unten, links und rechts die Gesamtkontur um die Tabelle oder um einen Zellenbereich darstellen. Das **innere Kreuz** beschreibt sämtliche horizontalen und vertikalen Linien zwischen den markierten Zellen.

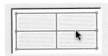

Abbildung 9.38: *Das Auswahlwerkzeug für die Konturen der Tabelle und der Zellen in Form eines Gitters zeigt ausgewählte Konturen als blaue Linien an. Hier sind alle horizontalen Konturen ausgewählt.*

Wollen Sie horizontale **Konturen** zwischen Zellen mit einer Stärke von **1 Punkt** darstellen, so deaktivieren Sie alle anderen Linien außer der horizontalen Linie in der Mitte. Stellen Sie nun die gewünschte Kontur mit aktiver Vorschau ein. Ebenso verfahren Sie bei vertikalen Konturen.

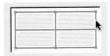

Abbildung 9.39: *Die vertikalen Konturen sind aktiviert und blau dargestellt.*

Wollen Sie nur die innen liegenden Konturen der Zeilen und Spalten formatieren, so deaktivieren Sie die außen liegenden Linien mit einem Klick und wählen mit einem Klick das Kreuz in der Mitte aus, so dass beide kreuzenden Linien blau hervorgehoben sind.

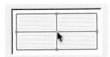

Abbildung 9.40: *Die vertikalen Konturen sind aktiviert und blau dargestellt.*

9.6.4 Zeilen und Spalten

Die genaue **Höhe** und **Breite** von Zeilen und Spalten definieren Sie hier. Schneller jedoch geben Sie die Maße über die Tabelle-Palette oder die Steuerung-Palette ein.

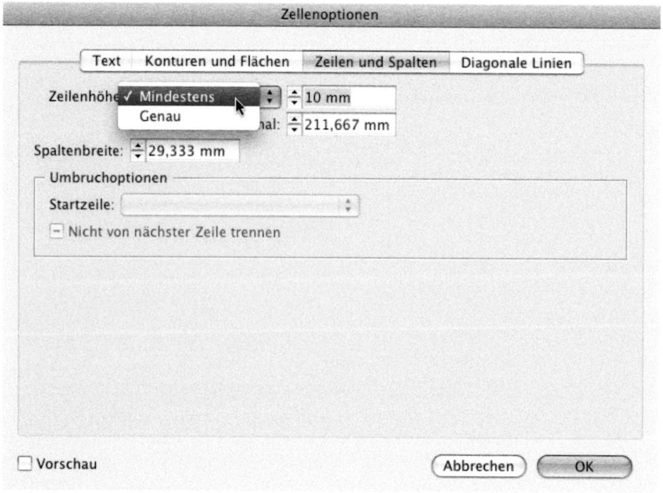

Abbildung 9.41: *Zellenoptionen: Zeilen und Spalten*

Wichtig in diesem Menü sind die **Umbruchoptionen**. Da sich eine Tabelle innerhalb eines Text-rahmens befindet, kann sie auch umbrochen werden. Die Tabelle verhält sich wie normaler Text in verketteten Textrahmen und bricht zeilenweise in den nächsten Textrahmen um. Verkettete Textrahmen beschreiben wir Ihnen genauer im Kapitel „Texte übernehmen".

9.6.5 Diagonale Linien

Zellen einer Tabelle, die nicht gefüllt sind, können mit diesen Einstellungen gekennzeichnet wer-den. Mit diagonalen Linien **aufsteigend**, **absteigend** oder **durchkreuzt** können Sie diese Zellen im Vordergrund oder Hintergrund kennzeichnen. Auch hier wie bei allen Kontureinstellungen innerhalb des Tabellensatzes stehen Ihnen **Stärke**, **Art**, **Farbe** und **Farbton** zur Verfügung.

Abbildung 9.42: *Diagonale Linien markieren entweder fehlende Einträge oder können als Gestaltungsmittel eingesetzt werden. Die Linie wird immer innerhalb der Zelle eingefasst.*

Eine Einschränkung gibt es jedoch: Die Linien werden stets so gezeichnet, dass die Mitte – unabhängig von der Strichstärke – die Zellenecke trifft. Dies kann u.U. zu unschönen Eckendarstellungen führen. Die Form der Eckpunkte wie in der Kontur-Palette können Sie nicht beeinflussen.

Wenn Sie in der durchgestrichenen Zelle auch Inhalte eingefügt haben, so können Sie zusätzlich entscheiden, ob die Diagonale diese Inhalte überlagert oder ob der **Inhalt im Vordergrund** der Zelle steht.

> ### ⚠ Eckeneffekte für Tabellen?
> Die neuen Eckeneffekte mit separaten Einstellungen für jede Ecke sind toll, funktionieren aber bei Tabellen noch immer nicht. Eine Tabelle in InDesign ist weiterhin rechteckig. Wollen Sie die Außenkonturen einer Tabelle abrunden, schneiden Sie den Textrahmen, der die Tabelle enthält, aus und fügen ihn mit „Bearbeiten/In die Auswahl einfügen" in einen Grafikrahmen ein, der beliebige Eckeneffekte haben kann. Alternativ versehen Sie den Textrahmen, in dem sich die Tabelle befindet, mit Eckeneffekten und stellen gegebenenfalls die Außenkonturen Ihrer Tabelle auf 0 pt.

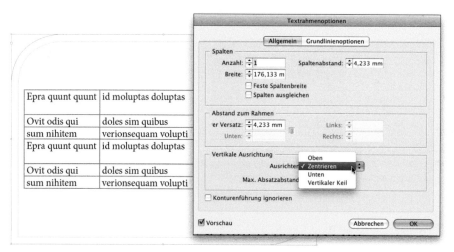

Abbildung 9.43: *Eckeneffekte im Zusammenspiel mit Tabellen können z.B. für den gesamten Textrahmen mit einem Abstand zum Rahmen eingestellt werden.*

9.7   Tabellen- und Zellenformate

InDesign CS5 erlaubt es Ihnen, Tabellen in InDesign auch mit **Tabellen-** und **Zellenformaten** zu gestalten, so wie Sie es mit den **Absatz-** und **Zeichenformaten** in der Typografie gewöhnt sind. Die Formate für die grafische Erscheinung von gesamten Tabellen und deren Zellen verhalten sich ähnlich wie Absatz- und Zeichenformate: Sie dürfen aufeinander basieren, können aus anderen Dokumenten geladen werden, und Zellenformate richten sich immer nach den übergeordneten Tabellenformaten. Diese Formate beschreiben nur die Grafik der Tabelle, also Hintergrundflächen, Konturen sowie die Struktur einer Tabelle, bestehend aus Kopfzeilen, linker und rechter Spalte und den Körperzeilen.

Die Typografie wird jedoch von **Absatz-** und **Zeichenformaten** geregelt. Absatzformate *binden* Sie in die **Zellenformate ein**, damit die Inhalte auch mit einem Klick in der gewünschten Schrift, Schnitt und Größe erscheinen. Also sollten Sie sich klar machen, dass eine Tabelle zunächst mit dem Tabellenformat festgelegt wird. Einzelne Bereiche wie die Kopf- und Fußzeilen werden mit Zellenformaten definiert und die Typografie darin kann mit einem Absatzformat bestimmt werden.

> **Verschachtelte Formate in Tabellen**
> Für die Auszeichnung von Ziffern als „Tabellenziffern" sollten Sie sich ein verschachteltes Format anlegen, das für die Darstellung der Ziffern ein Zeichenformat einbezieht. Die Arbeitsweise erklären wir Ihnen im Kapitel „Verschachtelte Formate" ab Seite 359.

InDesign-Funktion	
Tabellenformat	beschreibt die „Abschnitte" der Tabelle mit Kopfzeile, linke Spalte, rechte Spalte, Körperzeilen und Fußzeile; weist den Abschnitten ein Zellenformat zu; enthält Angaben zur Gesamtkontur um die Tabelle sowie zum Flächen- oder Konturmuster für Zeilen und Spalten
Zellenformat	weist dem Zelleninhalt ein Absatzformat zu; enthält Angaben zum Textinnenabstand, Textausrichtung, Konturen zwischen und um Zellen, Flächen und Diagonalen
Absatzformat	formatiert den Zelleninhalt typografisch, richtet den Text horizontal aus, enthält Tabulatoren für die Ausrichtung von Nachkommastellen, sorgt für die Silbentrennung
Zeichenformat	kann innerhalb eines Absatzformates als verschachteltes Format eingesetzt werden, um beispielsweise Ziffern zu formatieren

9.7.1   Tabellenformate

Öffnen Sie die Palette der **Tabellenformate**, wenn Sie bereits eine Tabelle formatiert oder grob strukturiert haben. Sollten Sie alle grafischen Parameter schon ausgewählt haben, so werden diese Einstellungen im Tabellenformat übernommen und Sie können ggf. Korrekturen daran vornehmen. Daher wollen wir Ihnen im Folgenden die wichtigsten Punkte im Umgang mit Formaten erklären.

> ⚠ **Anzahl der Kopf- und Fußzeilen**
> Das Tabellenformat hat viele Gemeinsamkeiten mit den Tabellenoptionen. Leider fehlt ein gravierendes Detail: Das Tabellenformat kennt nicht die Anzahl von Kopf- und Fußzeilen. Diese müssen Sie in InDesign „per Hand" formatieren. Während Ihnen InDesign ansonsten viel Arbeit abnimmt und beschleunigt, entsteht an dieser Stelle leider neue Arbeit.

Die Palette der **Tabellenformate** ist sinnvoll mit der Palette der Tabelle und den Zellenformaten als Gruppe zusammengefasst, so fällt das Umschalten der Formatierungen leicht. Wie bei **Absatzformaten** finden Sie auch hier das **Blatt-Symbol** zum Anlegen *neuer Formate* sowie den **Mülleimer** zum *Entfernen*. Klicken Sie auf das **Blatt-Symbol** und legen Sie ein **neues Tabellenformat** an. Mit einem Doppelklick darauf erhalten Sie den Eingabedialog für ein neues Tabellenformat, das im Aufbau ebenfalls den Absatzformaten sehr ähnelt. Die Gruppen **Allgemein**, **Tabelle einrichten**, **Zeilenkonturen**, **Spaltenkonturen** und **Flächen** bieten Ihnen nun alle nötigen Optionen.

Abbildung 9.44: Im Dialog „Allgemein" können Sie Tabellenformate auf anderen Formaten basieren lassen und schließen Zellenformate für Tabellenbereiche ein.

> **Zellenformate für Spalten, Kopf- und Fußzeilen einbinden**
> Neben den grundlegenden Angaben wählen Sie Zellenformate, die nur für einen fest definierten Bereich wie die Kopf- oder Fußzeilen gelten sollen. Wenn Sie noch kein Zellenformat angelegt haben, können Sie direkt aus dem Tabellenformat im Pull-down-Menü die Option „Neues Zellenformat" aufrufen.

Unter der Rubrik **Allgemein** geben Sie einen treffenden Namen für das Tabellenformat an. Wie bei Absatzformaten lassen Sie das neue Format auf einem anderen basieren, um nur Abweichungen festzulegen. Sollten Sie nur ein Tabellenformat benutzen, so wählen Sie im Pull-down-Menü **Basiert auf [Kein Tabellenformat]**. Für eine schnelle Formatierung per Tastenbefehl stehen Ihnen nun 30 mögliche Shortcuts zur Verfügung, die Sie nur in Verbindung mit den Ziffern des Nummernblocks wählen können, wie z.B. ⌘+1 oder ⌘+⇧+Alt+9. Geben Sie den gewünschten Befehl im Eingabefeld **Tastenbefehl** ein.

> **!** **Doppelte Tastenbefehle?**
> Falls Sie schon Tastenbefehle für Absatz- oder Zeichenformate vergeben haben, werden Ihnen diese unterhalb des Eingabefeldes für die Shortcuts mit dem Hinweis „Bereits zugewiesen" angezeigt, somit geraten Sie bei der Wahl nicht durcheinander oder belegen Tastenbefehle doppelt.

Die Einstellungen zu den **Zellenformaten** sind alle miteinander verknüpft: Wenn Sie bei allen oberen Gruppen die Wahl **Wie Tabellenkörperzeilen** treffen, so stellen Sie in der letzten Vorgabe **Tabellenköperzeilen** das Zellenformat für alle Zellen ein, das zunächst immer auf **[Ohne]** steht. Wählen Sie hier ein anderes Format, gilt dies auch für alle anderen Rubriken.

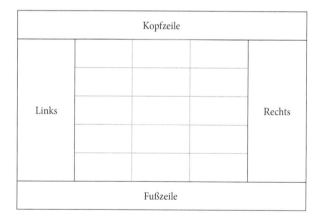

Abbildung 9.45: *Das Schema einer Tabelle ist unterteilt in Kopfzeile, linke und rechte Indexspalten, Körperzeilen und darunter die Fußzeile, die jeweils mit einem eigenen Zellenformat definiert werden können.*

Wie Sie die Zellenformate definieren, zeigen wir Ihnen im nächsten Abschnitt „Zellenformate". Kehren Sie zu dieser Einstellung zurück, wenn Sie diese Bereiche mit eigenen Zellenformaten gestalten wollen.

In der nächsten Rubrik **Tabelle einrichten** finden Sie alle Angaben, die Sie vielleicht schon in den **Tabellenoptionen** vorgefunden haben, wie den **Tabellenrahmen**, die **Tabellenabstände** sowie die **Zeichenreihenfolge** für Konturen. Die einzige Einstellung, die hier leider fehlt, ist die Anzahl der Tabellenkopf- und Fußzeilen, die Sie nur in den Tabellenoptionen unter dem Tastenbefehl ⌘ + Alt + ⇧ + B aufrufen können.

Beachten Sie bitte hier, dass die **Tabellenkontur** nur einmal um die gesamte Tabelle führt und über den Zellenkonturen platziert wird. Wollen Sie Konturen zwischen den Zellen einfügen, so müssen Sie dies über die nächsten beiden Einstellungen tun oder ein **Zellenformat** anlegen.

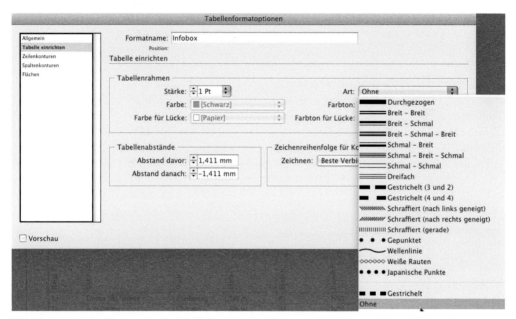

Abbildung 9.46: *Die Konturen um die Tabelle können ausgeschaltet werden, indem Sie als Art „Ohne" wählen.*

Die Einstellungen zu den nächsten beiden Rubriken der Zeilen- und Spaltenkonturen entnehmen Sie bitte dem vorherigen Abschnitt. Die Vorgaben funktionieren nur dann, wenn die gesamte Tabelle auch eine Kontur besitzt. Das erscheint etwas widersprüchlich, ist jedoch aus programmiertechnischer Sicht nicht anderes zu lösen, da die Zeile ein „Kind" der „Mutter" Tabelle ist und nur Eigenschaften auf das Kind vererbt werden, die die Mutter besitzt. Gott sei Dank ist die Natur flexibler! Schön wäre es jedoch, wenn Adobe Ihnen diese Brücke baute und die Kontur der Tabelle automatisch aktivierte, wenn Sie **Abwechselnde Muster** anwenden wollen.

Abbildung 9.47: *Abwechselndes Muster mit Zeilenkonturen*

> **Konturenstile**
> Achten Sie darauf, dass Sie Konturenstile wie Gepunktet oder Wellenlinien nur gezielt einsetzen. Die Effekte werden erst ab einer Linienstärke von 2–3 Punkt sichtbar. Eine schraffierte Linie kann in magerer Dicke von 0,25 Punkt schnell als Druckfehler angesehen werden!

Abbildung 9.48: *Abwechselnde Muster für Spaltenkonturen wählen Sie in dieser Einstellung.*

Abwechselnde Flächen zur Unterstützung der Zeilenbildung sind sicher die häufigsten Gestaltungsmittel, um Tabellen einen grafisch ordnenden Gesichtspunkt abzugewinnen. In der letzten Rubrik **Flächen** stellen Sie die Muster und die verwendeten Farben ein. InDesign nutzt zunächst ein Muster mit **20% Schwarz** und **ohne Füllung**. Im Kapitel „Farben" können Sie lernen, wie Sie eigene Farbtöne anlegen, die aufeinander basieren, so dass Sie Farbänderungen nicht noch einmal in den Tabellenformaten treffen müssen. Falls Sie mit Farbfeldern arbeiten, tauchen diese in den Pull-down-Menüs auf.

> **Nur Farbfelder**
> Leider gibt es hier keine Möglichkeit, die Farbe mit einem Regler auszuwählen. Das zwingt Sie dazu, stets mit Farbfeldern zu arbeiten, obwohl an anderen Stellen jederzeit frei wählbare Farben zur Verfügung stehen.

Abbildung 9.49: *Ein abwechselndes Flächenmuster erleichtert die Orientierung in der Tabelle.*

9.7.2 Zellenformate

Ähnlich wie beim Zusammenspiel der **Absatz**- und **Zeichenformate** legen Sie sich nun **Zellen-formate** an, die für einzeln markierte Zellen oder feste Bereiche wie die Kopfzeilen abweichende Gestaltungen wie eine andere Flächenfarbe oder eine trennende Kontur erhalten sollen. Beachten Sie, dass Sie nur die Abweichungen zum Tabellenformat anlegen, alle anderen Gestaltungsvorgaben haben Sie bereits im Tabellenformat getroffen.

Die Palette der **Zellenformate** finden Sie gleich neben den **Tabellenformaten** oder im Menü **Fenster/Schrift und Tabellen**.

Öffnen Sie für die Gestaltung der Tabellenzellen nun die Palette der **Zellenformate**. Verfahren Sie hier wie bei einem Tabellenformat: Klicken Sie auf das Blatt-Symbol, um ein neues **Zellenformat** anzulegen. Geben Sie einen Namen ein und stellen Sie in den allgemeinen Formatinformationen **Basiert auf [Ohne]** ein. Zudem wählen Sie, welches Absatzformat die Zelleninhalte aufrufen soll. Dazu können Sie auf Ihre bestehenden Formate zurückgreifen oder neue Formate anlegen.

> **Absatzformate einbinden**
> Wie der Inhalt der Zellen formatiert werden soll, legen Sie gesondert in einem Absatzfor-mat fest, das Sie hier in das Zellenformat einbinden können. Auch wenn diese Arbeitsweise auf den ersten Blick umständlich erscheinen sollte, so ist die Verknüpfung von bestehenden Formaten besser zu verwalten und Änderungen können an zentraler Stelle für das gesamte Dokument vorgenommen werden.

> **Neue Absatzformate für jedes Zellenformat**
> Damit Sie gleich von Anfang an bei der Tabellenformatierung mit Absatzformaten arbeiten können, wählen Sie im Drop-down-Menü „Absatzformate" der Zellenformatoptionen ein „Neues Absatzformat" und legen sich ein passendes typografisches Format für die Körperzellen an. Anschließend wiederholen Sie diesen Schritt mit allen anderen Formaten „Kopfzeilen" usw., die Sie benötigen. Somit müssen Sie die Absatzformate nicht extra anlegen.

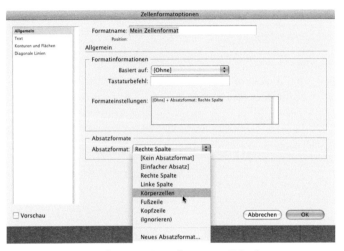

Abbildung 9.50: *Die allgemeinen Einstellungen zum Zellenformat*

Abbildung 9.51: *Optionen zur Ausrichtung von Text innerhalb einer Zelle*

Wie in einem Textrahmen legen Sie über die Optionen **Text** fest, wie sich der Text in einer Zelle verhalten soll. Welcher **Zellversatz** soll von oben, unten, links und rechts eingehalten werden? Wie wird der Text ausgerichtet? Benötigen Sie eine **vertikale Ausrichtung**? Unter der **Beschneidung** legen Sie fest, ob die Größe der Zelle unabhängig von der Textmenge bestehen bleibt oder ob der Text die Größe beeinflussen darf, so dass kein Übersatz entsteht.

> **Tabellen sind „dynamisch mitwachsende" Textrahmen**
> Falls Sie eine Möglichkeit suchen, Texte in einem Rahmen einzufügen, die Größe des Rahmens jedoch an die Menge des Textes anzupassen, sollten Sie zu einer Tabelle mit einer einzigen Zelle greifen. Sobald Sie in diese Text eingeben, wächst die Zelle in der Höhe mit der eingegebenen Textmenge mit!

> **Übersatz in Tabellen**
> In der Layoutdarstellung sehen Sie an einem roten Punkt in einer Zelle, ob sich darin Übersatztext befindet. Damit Sie den Text trotz festgelegter Tabelle ändern können, rufen Sie einfach den Textmodus mit ⌘ + Y auf.

> **❗ Preflight und Übersatz in Tabellen**
> Die Funktion „Preflight" überwacht Ihr Dokument und meldet Layoutfehler wie den Übersatz. Sind ganze Spalten oder Zeilen zu klein, protokolliert Preflight jeweils einen Fehler pro Zelle mit Übersatz. Bei einer umfangreichen Tabelle und einer einzigen zu schmalen Spalte können da schon einmal schnell einige Dutzend Fehler gemeldet werden. Keine Panik: Verbreitern Sie die Spalte und die Fehler verschwinden.

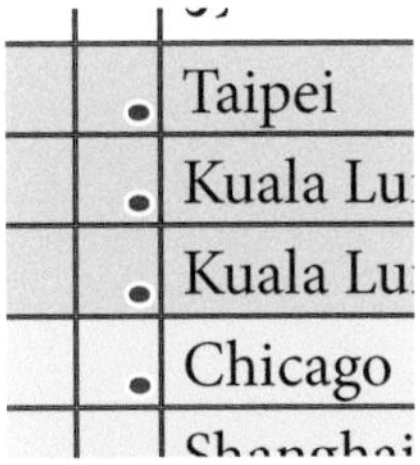

Abbildung 9.52: *Übersatz in Zellen wird mit einem roten Punkt unmissverständlich dargestellt.*

> **Bilder in Zellen einsetzen**
> Falls Sie daran interessiert sind, Bilder in Zellen einzusetzen, sollten Sie beachten, dass Bilder nur in der richtigen Größe verwendet werden können und in den Textfluss als sogenannte Inline-Grafik eingefügt werden. Kopieren Sie eine Grafik über die Zwischenablage, setzen Sie den Textcursor in die Zelle und fügen Sie das Bild an dieser Stelle ein. Die Option „Inhalt auf Zelle beschneiden" sorgt dafür, dass auch Bilder die Zelle nicht vergrößern.

In der Rubrik **Konturen und Flächen** legen Sie fest, ob angrenzende Konturen zum Tabellenrand oder zu anderen benachbarten Zellen abweichend zu Zeilen- und Spaltenkulturen die einzelne Zelle betonen sollen. Für die Auswahl der richtigen **Kontur** dient Ihnen auch hier die Gitterauswahl, deren etwas gewöhnungsbedürftige Bedienung wir schon erläutert haben. *Blaue Konturen* sind *aktiv*, *graue Konturen* sind *inaktiv* und die Änderungen werden entsprechend auf blau markierte Konturen übernommen.

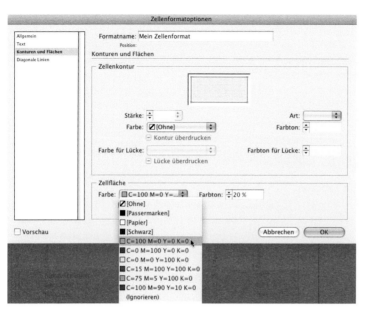

Abbildung 9.53: Die Einstellungen zu Konturen und Flächen für Zellenformate

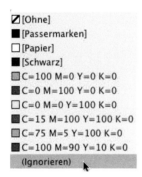

Abbildung 9.54: Soll das Zellenformat keinerlei Flächenangaben enthalten und sich nach den Vorgaben aus dem Tabellenformat für abwechselnde Zeilen- oder Spaltenmuster richten, so wählen Sie „Ignorieren".

> **Konturen in Zellenformaten nur mit Tabellenkontur**
> Wie schon bei den Tabellenformaten erwähnt, funktionieren Konturen in Zellenformaten nur dann, wenn die Kontur für die gesamte Tabelle aktiviert ist! Haben Sie also eine Kontur angelegt, die in der Tabelle nicht sichtbar wird, sollten Sie die Tabelle an der linken oberen Ecke markieren und die Kontur in der Werkzeuge-Palette auf z.B. Schwarz stellen. Danach erscheinen auch alle Konturen, die in Tabellen- oder Zellenformaten angelegt sind.

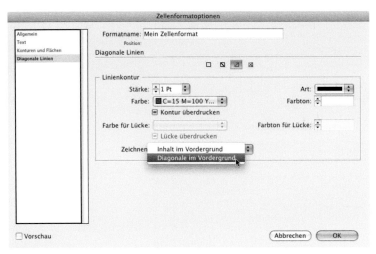

Abbildung 9.55: *Die Einstellungen zu „Diagonalen Linien" für Zellenformate mit einem Beispiel für rot durchgestrichenen Text.*

Die **Zellfläche** ist hingegen eine Vorgabe, die z.B. ein abwechselndes Flächenmuster aus dem Tabellenformat überschreibt. Hier legen Sie wie gewohnt die **Farbe** und den **Farbton** fest.

Ob einzelne Zellen ohne Inhalt leer bleiben, können Sie unter anderem mit der nächsten Rubrik **Diagonale Linien** festlegen. Die Wahl der **Linienkontur**, **Art** und **Lücke** ist selbst erklärend und folgt dem gewohnten Umgang, wichtig ist jedoch hier die Einstellung **Zeichnen**: Haben Sie einen Texteintrag in der Zelle, so ist es unter Umständen von Bedeutung, ob die Durchstreichung im Vordergrund oder im Hintergrund gezeichnet wird.

9.7.3 Formate verwalten

Damit Sie Ihre einmal angelegten Formate auch in anderen Dokumenten verwenden können, laden Sie Tabellen- und Zellenformate aus einem bestehenden Dokument als Quelle. Je mehr Formate Sie verwenden, desto sinnvoller ist eine Gruppierung, mit der Sie in InDesign mehrere Formate zusammenfassen.

Sie können alle Formate aus einer anderen InDesign-Datei hinzuladen, indem Sie in das Paletten-menü der Tabellenformate klicken und die Option **Tabellen- und Zellenformate laden...** aufrufen. Danach wählen Sie Ihre Quelle aus. Nun importiert InDesign zunächst die Formate und vergleicht diese mit schon bestehenden in Ihrem geöffneten Dokument. Sie erhalten nun einen Dialog, in dem Sie entscheiden, welche Formate hinzugeladen werden. Da Zellenformate auch eine Verbindung zu Absatzformaten aufweisen können, erscheinen auch die verwendeten Absatzformate in dieser Aufstellung. Aktivieren Sie einzelne Formate oder klicken Sie auf die Buttons **Alle aktivieren** oder **Alle deaktivieren**.

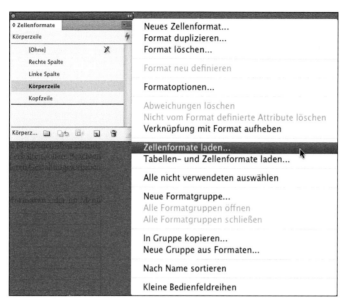

Abbildung 9.56: *Das Palettenmenü der Zellenformate ermöglicht auch das Laden von Zellenformaten aus anderen Dokumenten.*

Falls ein Konflikt mit gleichnamigen Formaten im geöffneten Dokument auftritt, können Sie ein Verhalten festlegen. Im Zweifelsfall wählen Sie im Pull-down-Menü **Autom. umbenennen** aus. Danach erscheinen alle Formate in den entsprechenden Paletten, wenn Sie abschließend auf **OK** klicken.

9.7.4 Formatgruppen anlegen

Absatz-, **Zeichen**-, **Tabellen**- und **Zellenformate** lassen sich auf dieselbe Art und Weise als Gruppen zusammenfassen. Wählen Sie beispielsweise die Palette **Tabellenformate** aus. Klicken Sie nun auf das Ordnersymbol **Neue Formatgruppe erstellen** und es erscheint ein Gruppenordner in Ihrer Palette, in den Sie nun per Drag&Drop die Formate hineinziehen können.

Einen anderen Weg können Sie einschlagen, wenn Sie bereits viele Formate verwenden, die Sie zusammenfassen möchten. Dazu markieren Sie Ihre Formate mit ⌘+Klick und wählen aus dem Palettenmenü **Neue Gruppe aus Formaten** aus.

> **Abweichungen löschen**
> Haben Sie Tabellen mit Formaten gestaltet und später manuell Änderungen vorgenommen, werden Ihnen diese in Form eines Pluszeichens hinter den Formaten in der Palette der Tabellen- und Zellenformate angezeigt. Durch den Klick auf den zweiten Button am Fuß der Paletten **Abweichungen zum Format löschen** heben Sie diese manuellen Änderungen auf.

9.7.5 Verknüpfungen zu Formaten aufheben

Nach der gesamten Formatierungsarbeit haben wir Ihnen noch gar nicht gezeigt, wie Sie Tabellen, Zellen und andere Inhalte auch wieder unformatiert weiterbearbeiten können, sollte Ihnen einmal der Überblick über die Formate abhanden gekommen sein. Wählen Sie dazu die Tabelle oder die Zellen aus und klicken Sie im **Palettenmenü** der **Tabellen-** oder **Zellenformate** auf die Option **Verknüpfung mit Format aufheben**. Somit werden die Tabelleninhalte wieder unformatiert angezeigt.

> **Transparente Tabellen?**
> Ebenso wie ein Textrahmen kann auch eine Tabelle mit den Effekten wie einem Schlagschatten gestaltet werden. Der einzige Unterschied ist jedoch der, dass InDesign nur die Transparenz der gesamten Tabelle steuern kann, nicht jedoch die der einzelnen Zellenflächen! Die Zellinhalte oder der Tabellenhintergrund kennen also keine Transparenz – eigentlich schade, da eine transparente Zellenfläche als Gestaltungsmerkmal unabhängig vom Text wünschenswert wäre.

LoremIpsum
is simply dummy text of the printing
and typesetting industry

LoremIpsum

LoremIpsum

Lorem

Fusce euismod consequat ante. Lorem ipsum dolor sit
amet, consectetuer adipiscing elit. Pellentesque sapien

10 Buchprojekte

Die Verbindung mehrerer Kapitel zu einer Ge-
samtpublikation wird in InDesign als „Buch"
bezeichnet. Dabei handelt es sich nicht nur um
die lose Aneinanderreihung von separaten
Layoutdokumenten, sondern auch um die Ver-
waltung von gemeinsam genutzten Mustervor-
lagen, Absatzformaten und Objektstilen. Die
grundlegende Arbeitsweise sowie die Paginie-
rung zeigen wir Ihnen im Kapitel „Neue Doku-
mente" zu Beginn dieses Buches.

Buchprojekte mit InDesign kommen zum Einsatz, wenn besonders lange Dokumente gestaltet werden müssen. Aber auch das Aneinanderfügen von Doppelseiten als separate InDesign-Dateien für Magazine kann mit der Buchfunktion gelöst werden. Bei technischen Dokumentationen mit Abschnitten und Nummerierungen hilft die Buchfunktion, Formate im Griff zu behalten und die Orientierung zu behalten. Für das Anlegen eines Buches gibt es fünf plausible Gründe, die wir kurz darstellen wollen.

1.   **Übersicht**
     Je größer ein Dokument wird, desto mehr Einschränkungen gibt es für die Bedienung und Übersichtlichkeit. Bei 250 Seiten macht das Navigieren auch über die Seiten-Palette mit einer Seitenvorschau keinen Spaß. Die Aufgabe, Inhalte zu ändern, kommt der Suche nach der Nadel im Heuhaufen gleich. Eine Unterteilung in Kapitel und separate Dokumente ist angebracht.

2.   **Paralleles Arbeiten**
     Sie müssen verschiedene Kapitel eines Buches oder eines Magazins parallel auf verschiedenen Arbeitsplätzen erstellen. Über die Buchfunktion können problemlos mehrere Mitarbeiter an jeweils einem oder an mehreren Kapiteln arbeiten, die zu guter Letzt als Gesamtdokument in Form einer PDF-Datei oder einer Belichtung zusammengeführt werden können.

3.   **Performance**
     Aus den bereits angesprochenen Gründen wie Übersicht und Arbeitsteilung können Sie ein drittes Argument für die Unterteilung als Buch gewinnen: die Performance. Ein 250 Seiten starkes Dokument mit hohem Bildanteil zu öffnen, kann mehrere Minuten dauern, wenn Bildverknüpfungen nicht aktuell sind, Schriften fehlen oder Farbmanagement-Abweichungen erkannt werden.

4.   **Einheitliche Formate**
     Absatz- und Zeichenformate, Mustervorlagen, Farbangaben oder Objektstile werden aus einem zentralen Dokument für alle Buchdateien verwendet. Abweichungen davon können erlaubt oder mit der Formatquelle wieder synchronisiert werden.

5.   **Orientierung**
     Auch die Navigation im Dokument über das Scrollen von Seiten ist keine Stärke von InDesign und bremst Sie zusätzlich aus.

10.1   Ein neues Buch erstellen

Unabhängig davon, welche Einzeldokumente letztlich in das Buch aufgenommen werden sollen, kann gleich zu Beginn einer Projektarbeit über das Menü **Datei/Neu/Buch...** eine neue Buchdatei angelegt und unter geeignetem Namen gesichert werden. Es öffnet sich eine eigene Palette, die den Namen der gespeicherten Buchdatei trägt.

> **Buch mit mehreren Seitenformaten**
> Sobald Sie mehrere InDesign-Dokumente in eine Buchdatei einbinden, achten Sie bitte darauf, dass die Buchdokumente gleichmäßig aus Einzel- oder Doppelseiten bestehen, um die Seitenfolge und die Paginierung zu erhalten.

> **Das InDesign-Buch entspricht nicht dem Medium Buch.**
> Wenn Sie für eine umfangreiche Publikation ein Hardcover mit Rückenbreite erstellen, so ist diese Layoutdatei für das Cover kein Teil des InDesign-Buches, welches lediglich den Buchblock – bestehend aus nachfolgenden paginierten Seiten – umfasst. Eine Buchdatei entspricht in InDesign einer Sammlung von mehreren Kapiteln, während das Medium „Buch" aus verschiedenen Druckerzeugnissen besteht, die unterschiedlich verarbeitet werden. Für die Buchproduktion u.Ä. können aus InDesign separate PDF-Dateien für das Cover und den Buchblock ausgegeben und mittels JDF als „Projekt" beschrieben werden. Näheres dazu lesen Sie bitte im Kapitel „PDF-Export" nach.

10.1.1 Buch auf Knopfdruck

Auf dem Startbildschirm von InDesign erscheint die Möglichkeit, gleich zu Beginn ein Buch anzulegen und darin InDesign-Dateien einzubinden. Dazu klicken Sie auf **Neu erstellen/Buch.**

Über das dazugehörige Palettenmenü erreichen Sie weitere Funktionen, die auf die selektierten Dokumente in der Buch-Palette angewandt werden können. Über die Palette selbst lassen sich nun die gewünschten Dokumente durch einen einfachen Klick auf das **Plus**-Zeichen am unteren Palettenrand hinzufügen.

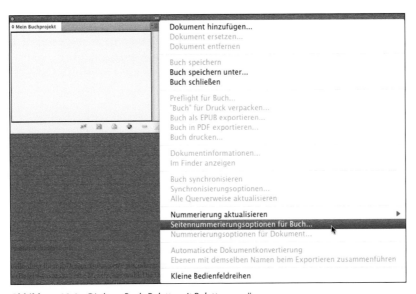

Abbildung 10.1: *Die leere Buch-Palette mit Palettenmenü*

Wählen Sie einfach den Quellordner Ihrer InDesign-Dokumente aus oder treffen Sie mit gedrückter ⬆-Taste oder der ⌘-Taste auch eine Mehrfachauswahl. Die Dokumente erscheinen dann in alphabetisch sortierter Reihenfolge in der Buch-Palette.

Abbildung 10.2: Die gefüllte Buch-Palette mit vier InDesign-Dateien als „Kapitel".

Die aktivierten Dokumente lassen sich genauso einfach wieder aus der Palette entfernen (über das **Minus**-Symbol) oder auch **ausdrucken**. Sie lassen sich zudem durch einen Doppelklick auf das entsprechende Dokument in der Buch-Palette direkt öffnen, ein **Buchsymbol** zeigt dies in der Palette hinter dem Dateinamen an.

> **Buch-Paletten in der Bedienoberfläche verankern**
> Ebenso wie Bibliotheken stellt InDesign auch „Bücher" als Palette dar. Sobald Sie die Palette an einen festen Ort verschieben und diesen Zustand als neuen Arbeitsbereich speichern, „merkt" sich InDesign diesen Ort. Sollten Sie also später einmal den Arbeits-bereich wechseln, können Sie zu diesem Bucharbeitsbereich zurückkehren, die Buch-Palette wird dann an gewohnter Position angezeigt. Lesen Sie dazu bitte das Kapitel „Programmoberfläche".

10.1.2   Automatische Paginierung

Per Drag&Drop ändern Sie die Reihenfolge der einzelnen Streckendokumente innerhalb des Buches. Das Schöne hierbei ist, dass sich eine auf der Mustervorlage definierte *Pagina* automa-tisch anpasst. Wenn Sie die Reihenfolge der Dokumente in der Buch-Palette ändern, werden die Seitenzahlen auf den einzelnen Teildokumenten automatisch entsprechend den Vorgabeoptionen aktualisiert. Sie müssen sich nicht mehr darum kümmern, ob die Seitenzahlen der Einzeldoku-mente richtig gesetzt wurden.

Mein Buchprojekt
01_01_Vorwort 1-4
01_02_NeueFunktionen 5-26
01_03_Programmoberfläche 27-56
01_04_Farbmanagement 57-84

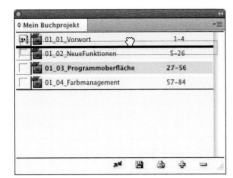

Abbildung 10.3: *Die Reihenfolge der Kapitel legen Sie per Drag&Drop fest. Hier wird das Kapitel 01_03… an die zweite Position verschoben.*

Die Seitennummerierungsfunktionen lassen sich über das Palettenmenü einerseits global für das Buch definieren. Wählen Sie hierzu **Seitennummerierungsoptionen für Buch**. Andererseits ist es aber auch möglich, nur die Seitennummerierung eines Dokumentes zu ändern, und zwar über **Seitennummerierungsoptionen für Dokument**.

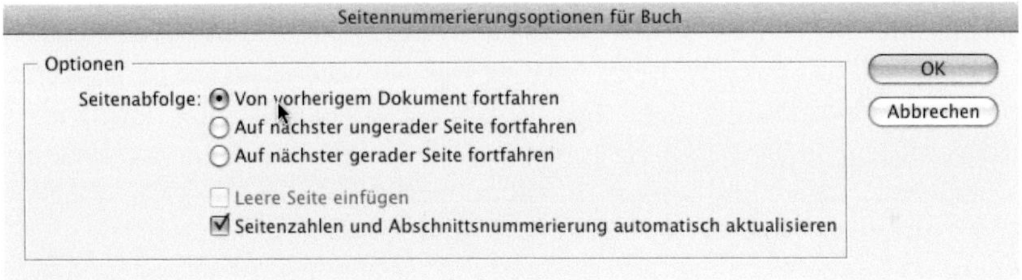

Seitennummerierungsoptionen für Buch
Optionen
Seitenabfolge: Von vorherigem Dokument fortfahren
Auf nächster ungerader Seite fortfahren
Auf nächster gerader Seite fortfahren
Leere Seite einfügen
Seitenzahlen und Abschnittsnummerierung automatisch aktualisieren
OK
Abbrechen

Abbildung 10.4: *Die Paginierungsoptionen für Ihr Buch*

Die Paginierungsvorgaben für ein Dokument lassen sich wesentlich eleganter nach dem Anlegen des Buches vornehmen. Beachten Sie: Wenn Sie die Dokumentpaginierung über die Buch-Palette aufrufen, lädt InDesign das entsprechende Dokument. Sie erkennen ein geöffnetes Dokument in der Buch-Palette am entsprechenden **Icon**.

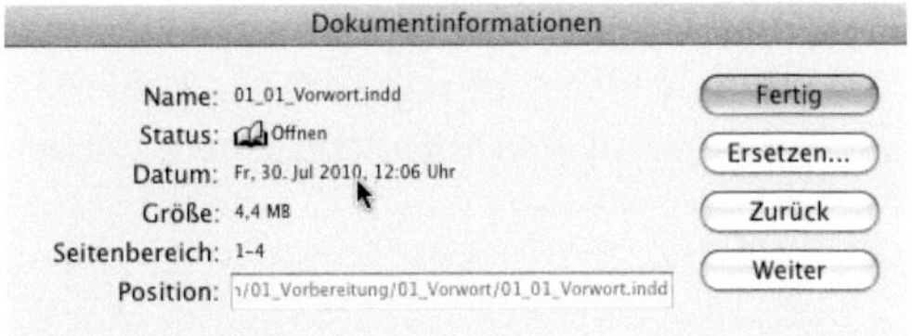

Dokumentinformationen
Name: 01_01_Vorwort.indd
Status: Offnen
Datum: Fr, 30. Jul 2010, 12:06 Uhr
Größe: 4,4 MB
Seitenbereich: 1-4
Position: ı/01_Vorbereitung/01_Vorwort/01_01_Vorwort.indd
Fertig
Ersetzen...
Zurück
Weiter

Abbildung 10.5: *Die Dokumentinformationen erlauben das Ersetzen einer Buchdatei.*

> **Dokumentinformationen**
> Wollen Sie genau erfahren, wo sich eine Ihrer Einzeldateien befindet, oder wollen Sie sie austauschen, so rufen Sie die im Palettenmenü der Buch-Palette die „Dokumentinformationen" auf. Hier wählen Sie über „Ersetzen" eine andere Datei, die an die Stelle der ausgewählten Datei treten soll.

10.1.3 Hierarchische Nummerierung

Wenden wir uns nun der Strukturierung eines umfangreichen Buches zu. Mit der Nummerierung von Überschriften unterteilen Sie Ihr Buchprojekt (wie in diesem Fachbuch). Die Nummerierung wird in einer Buchdatei über mehrere InDesign-Dateien fortgeführt. Darüber hinaus können Sie zudem hierarchische Nummerierungen in Ebenen anwenden, wie z.B. „1.2.3" für eine Überschrift in der dritten Ebene. Die Nummerierung können Sie selbstverständlich auch in einzelnen InDesign-Dateien – unabhängig von einer Buchdatei – anwenden.

Die Nummerierung erfolgt nach arabischen oder römischen Ziffern, es ist aber auch eine alphabetische Ordnung möglich. Wählen Sie dazu als Listentyp **Zahlen** aus und legen Sie die weiteren Formatierungen an. Auch für die Zahlen oder Buchstaben gibt es eine gesonderte Einstellung eines Zeichenformates.

Handelt es sich um eine einfache Nummerierung (1., 2., 3., …) innerhalb eines Absatzes, reichen diese Einstellungen aus. Doch was passiert, wenn noch weitere Nummerierungen im gesamten Dokument fällig werden oder wenn Sie gar hierarchische Nummerierungen wie „1.2" formatieren wollen? Für diesen Fall legen Sie mehrere Absatzformate an, die jeweils eine Ebene formatieren, die Ziffern unterschiedlich darstellen und laufend durchnummerieren.

> **Kapitelnummer und Ebene**
> Im Eingabefeld der Anzahl ist auch die Berücksichtigung der aktuellen Kapitelnummer möglich, sofern Sie diese in der Seiten-Palette oder im Menü „Layout" unter dem Eintrag „Nummerierungs- und Abschnittsoptionen" angegeben haben. Klicken Sie dazu in das Pfeilmenü neben der Eingabe und wählen Sie in den Zahlenplatzhaltern die „Kapitelnummer" aus.

In diesem Workshop zeigen wir Ihnen, wie Sie drei Absatzformate anlegen, um drei Nummerierungsebenen mit durchlaufender Nummerierung und individueller Erscheinung zu ermöglichen. Das gewünschte Ziel ist es, die erste Ebene mit „1., 2., 3." usw. darzustellen. Die zweite Ebene folgt mit „1.1, 1.2, 1.3" und die dritte Ebene wird „1.1.1., 1.1.2" usw. nummeriert. Alle Ebenen nummerieren durchlaufend. Für andere Fälle der Nummerierung empfehlen wir Ihnen, sich dieses Beispiel anzueignen und nachträglich Veränderungen vorzunehmen oder weitere Ebenentiefen zu ergänzen.

1. **Ein neues Absatzformat für die erste Ebene**
   Wählen Sie einen mit mehreren Zeilenumbrüchen strukturierten Text aus und klicken Sie in der Palette **Absatzformate** auf das **Blatt**-Symbol, um ein neues Absatzformat anzulegen. Klicken Sie doppelt auf das Absatzformat. Hier können Sie nun mit **aktiver Vorschau** alle wichtigen typografischen Eingaben machen. Nennen Sie das Format „Ebene 1".

Wählen Sie in der Rubrik **Aufzählungszeichen und Nummerierung** als Listentyp **Zahlen** aus. Auf Basis der Standardliste haben Sie nun *die erste Ebene* aktiviert. Die Anzahl erscheint in kryptischer Reihenfolge, die jedoch die aktuelle Nummer mit einem Punkt und einem nachfolgenden Tabulator formatiert ^#.^t. Achten Sie darauf, dass Sie unter dem Begriff **Modus** die **Nummerierung fortführen**. Klicken Sie nun als Bestätigung auf **OK** .

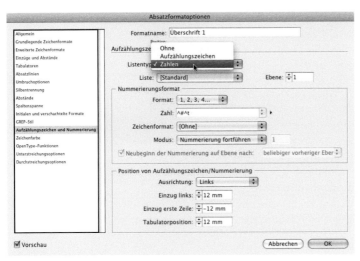

Abbildung 10.6: *Im Absatzformat wählen Sie unter der Rubrik „Aufzählungszeichen und Nummerierung" den Typ „Zahlen" aus.*

2. **Listentyp, Ebene und Erscheinung festlegen**
Markieren Sie nun einen weiteren Absatz und verfahren Sie wie bei Punkt 1, um ein weiteres Absatzformat anzulegen. Nennen Sie das Format „Ebene 2". Achten Sie darauf, dass das Format für die zweite Ebene *auf dem ersten Format basiert*, damit die Typografie übernommen wird.

> **Welche Aufzählungen?**
> Falls Sie hier eine andere Schreibweise wünschen, markieren Sie diesen Eintrag und löschen alles. Danach können Sie aus dem Pfeil-Menü „nach rechts" Zahlen- und Sonderzeichenplatzhalter einfügen.

3. **Absatzformat für die zweite Ebene**
Wählen Sie in der Rubrik **Nummerierung** als Ebene eine **Zwei** aus. Markieren Sie nun den Eintrag bei „Zahl" und löschen Sie ihn. Wählen Sie aus dem Pfeilmenü zunächst einen **Zahlenplatzhalter** für die **Ebene 1** aus. Geben Sie danach einen **Punkt** ein. Nun fügen Sie aus dem Pfeil-Menü als **Zahlenplatzhalter** die **aktuelle Ebene** ein. Abschließend fügen Sie einen **Tabstopp** (im Pfeilmenü Sonderzeichen einfügen) ein.

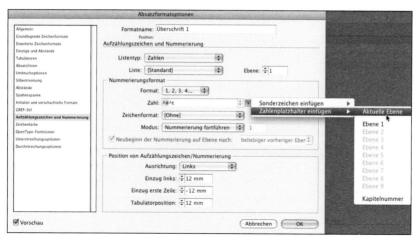

Abbildung 10.7: *So wählen Sie den Zahlenplatzhalter für die aktuelle Ebene.*

4. **Ebene hochzählen und Anzahl eingeben**
   Bevor Sie auch diesen Dialog mit **OK** abschließen, können Sie noch den **Start für die Nummerierung** wählen. Führen Sie im **Modus** die Nummerierung fort.

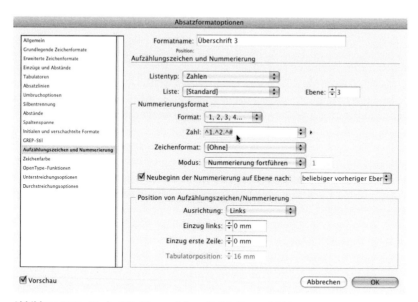

Abbildung 10.8: *Für die dritte Ebene erfolgen die Schritte vergleichbar zu den vorherigen Ebenen.*

5. **Nummerierung beginnen mit 1**

Zu guter Letzt legen Sie sich, wie schon beschrieben, ein **neues Absatzformat** für die *dritte Ebene* an, das auf „Ebene 2" basiert. In der Rubrik der **Nummerierungen** wählen Sie die **dritte Ebene**. Klicken Sie für die genaue Ebenenbezeichnung in das Feld **Anzahl** hinter die ^**1**. Wählen Sie aus dem Pfeil-Menü den **Zahlenplatzhalter Ebene 2**. Danach können Sie wiederum einen **Punkt** eingeben. Führen Sie auch hier die **Nummerierung** fort. Schließen Sie die Eingaben mit einem **OK** ab und formatieren Sie nun Ihren Text mit den Absatzformaten je nach Ebene.

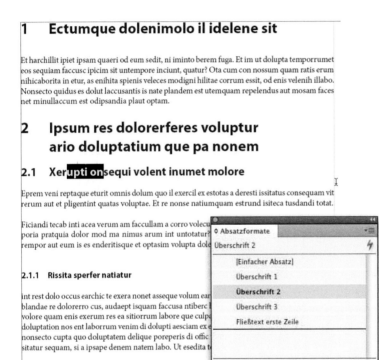

Abbildung 10.9: *Ein Text mit drei nummerierten Ebenen*

> **Nummerierung bis zur neunten Ebene**
> Wollen Sie die Nummerierung erweitern, so stehen Ihnen bis zu neun Ebenen zur Verfügung. Auf diese Weise sind automatische Nummerierungen wie „9.8.7.6.5.4.3.2.1" möglich. Diese Ebenen können Sie aber auch in unterschiedlicher Darstellung mischen. Für jede Ebene legen Sie ein Absatzformat an und definieren dort das Zahlenformat. So entstehen beispielsweise Nummerierungen wie „9.008.G.F.5.04.c.A.1".

10.2 Formatquelle synchronisieren

Eine Buchdatei stellt eine Sammlung von Dokumenten dar, die auf dieselben **Absatz- und Zeichen-formate** und **Farbfelder** zugreifen sollten. Auch gemeinsame **Objekt-** und **Tabellenformate** können Teil des Buches sein. Eines der Dokumente in der Buchdatei ist stets die *Formatquelle*, was an dem kleinen Icon links neben dem Dokumentsymbol in der Buch-Palette zu sehen ist.

Die *Formatquelle* ist zunächst immer das erste Dokument im Buch, aber Sie können jederzeit durch Anklicken der grauen quadratischen Fläche vor dem Dokumentsymbol in der Buch-Palette eine neue **Formatquelle** auswählen, aus der die Farbdefinitionen und Formate entnommen werden sollen. Durch Aktivierung des Palettensymbols **Formate und Farbfelder mit Formatquelle synchro-nisieren** links neben dem Diskettensymbol der Buch-Palette werden u.a. die Absatzformate und Farbfelder der gewählten Formatquelle auf alle weiteren Dokumente der Buch-Palette angewandt, d. h., die jeweiligen Einstellungen aus der Formatquelle ersetzen bzw. ergänzen diejenigen in den anderen Buchdokumenten.

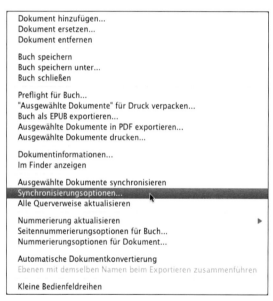

Abbildung 10.10: *Im Palettenmenü der Buchdatei können Sie die Synchronisierungsoptionen aufrufen.*

Der Menüpunkt **Synchronisierungsoptionen** aus dem Palettenmenü gibt Ihnen die Möglichkeit festzulegen, welche Einstellungen bei der Synchronisation aus der Formatquelle übernommen werden und von InDesign automatisch den anderen Dokumenten des Buches zugeführt werden sollen. Neu in InDesign ist die Möglichkeit, auch die Musterseiten von der Formatquelle auf die anderen Buchdateien zu synchronisieren. Diese Funktion ist zunächst deaktiviert, vermutlich als Vorsichtsmaßnahme, weil diese Option bei unterschiedlichen Seitenformaten durchaus zu uner-wünschten Ergebnissen führen kann. Achten Sie also bei jedem Synchronisieren darauf, welche Optionen in diesen Vorgaben aktiviert sind.

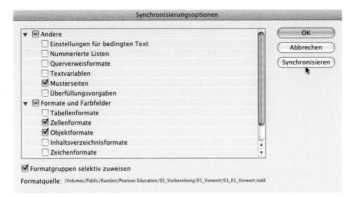

Abbildung 10.11: *Was genau im Buch synchronisiert werden soll, wählen Sie in diesem Dialog aus.*

InDesign öffnet beim Synchronisieren und Neupaginieren im Hintergrund alle zugehörigen Dokumente des Buches und ändert die entsprechenden Stellen gemäß den Vorgaben automatisch ab. Die Änderungen werden gespeichert und das Änderungsdatum der Dateien wird aktualisiert.

10.3   Inhaltsverzeichnisse im Buch

Inhaltsverzeichnisse sind nicht nur für eine einzige InDesign-Datei möglich, sondern auch für alle zusammenhängenden Dokumente in einem InDesign-Buch. Die durchgehende *Paginierung* für das InDesign-Buch wird übernommen und in das Inhaltsverzeichnis als Seitenverweis eingetragen. Sofern Sie in Ihren Buchdateien verschiedene Absatzformate für Überschriften verwenden, müssen Sie alle Formate in den Optionen für das IHV angeben.

> **Mehrere Inhaltsverzeichnisse im Buch?**
> Die Anzahl der Inhaltsverzeichnisse ist nicht beschränkt. Wenn Sie also mehrere Übersichten u.a. als „Abbildungsnachweis" erstellen wollen, so können Sie mehrere Inhaltsverzeichnisse und Verzeichnisformate nacheinander erstellen und auch aktualisieren. Bitte achten Sie darauf, dass Sie pro Verzeichnistyp immer ein Format anlegen.

10.3.1   Inhaltsverzeichnis anlegen und auf das Buch anwenden

Verwenden Sie Überschriften in unterschiedlichen Tiefen wie z.B. 1.1 oder 2.3.4, dann legen Sie sich für jede Tiefe ein Absatzformat an. Die genaue Arbeitsweise mit Überschriften haben wir Ihnen bereits im Abschnitt „Hierarchische Nummerierung" erläutert.

1. **Buchdatei anlegen und Dokumente einbeziehen**
    Legen Sie über **Datei/Neu/Buch** ein neues InDesign-Buch an. Fügen Sie über **Plus**-Button in der unteren Leiste der nun geöffneten Buch-Palette mehrere InDesign-Dokumente als Kapitel zu dem Buch hinzu. Legen Sie auch ein leeres Dokument für das Inhaltsverzeichnis an und gliedern Sie es in das Buch ein.

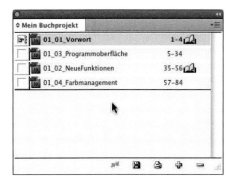

Abbildung 10.12: *Die Buchdatei erfasst mehrere InDesign-Dateien.*
Die geöffneten Dateien erkennen Sie am Buch-Symbol.

2. Datei für das Inhaltsverzeichnis öffnen

Öffnen Sie durch einen Doppelklick auf das Dokument in der Buch-Palette die InDesign-Datei für das Inhaltsverzeichnis.

3. Funktion „Inhaltsverzeichnis" aufrufen

Rufen Sie über **Layout/Inhaltsverzeichnis** die Optionen für das Inhaltsverzeichnis auf. Zur Arbeit mit Inhaltsverzeichnissen lesen Sie bitte auch das Kapitel „Variable Texte".

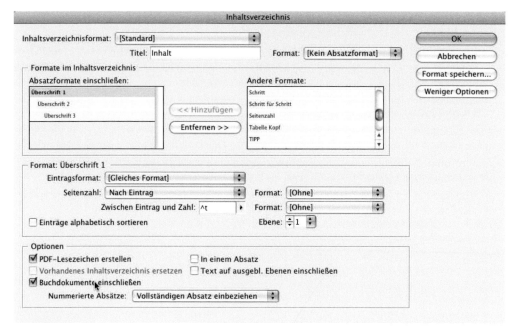

Abbildung 10.13: *In den Optionen zum Inhaltsverzeichnis schließen Sie alle Buchdokumente für die Erstellung des Registers ein.*

4.   „Mehr Optionen" aktivieren
Klicken Sie auf den Button **Mehr Optionen**, um alle Einstellungsmöglichkeiten sichtbar zu machen.

5.   Buchdokumente einschließen
Aktivieren Sie im unteren Bereich die Option **Buchdokumente einschließen**, damit das Inhaltsverzeichnis für das ganze Buch und nicht nur für ein Dokument erstellt wird.

6.   PDF-Lesezeichen erstellen
Wollen Sie später das Buch als PDF mit Lesezeichenleiste exportieren, empfehlen wir Ihnen, in diesem Dialog auch die Option **PDF-Lesezeichen erstellen** zu aktivieren.

7.   Titel wählen und formatieren
Geben Sie dem Inhaltsverzeichnis einen Titel und legen Sie über das Pull-down-Menü **Format** und die Option **Neues Absatzformat** ein Absatzformat für den Inhaltsverzeichnistitel an. Die genaue Formatierung können Sie später vornehmen.

8.   Absatzformate nach Ebene wählen
Wählen Sie unter **Andere Formate** die Absatzformate aus, die Sie für die Überschriften angelegt haben, die im Inhaltsverzeichnis eingetragen werden sollen. Fügen Sie sie nacheinander über den Button **Hinzufügen** zur linken Spalte **Absatzformate einschließen** hinzu. Beginnen Sie dabei mit der höchsten Ebene, also zum Beispiel „Überschrift 1".

9.   Eintragsformat zuweisen
Aktivieren Sie nun nacheinander im Bereich **Absatzformate einschließen** die verschiedenen Absatzformate bzw. Ebenen des Inhaltsverzeichnisses und weisen Sie ihnen im Bereich **Format** jeweils ein Eintragsformat zu. Beginnen Sie für die oberste Ebene mit „Inhaltsverzeichnis-Haupttext" und legen Sie für die unteren Ebenen neue Formate an, die Sie zum Beispiel mit „IHV-Nebentext 1" usw. benennen. Diese Vorarbeit erleichtert es Ihnen, das Inhaltsverzeichnis später über die Formate typografisch zu gestalten. Über das Auswahlmenü **Seitenzahl** bestimmen Sie für die einzelnen Ebenen, ob jeweils die Seitenzahl dazu mit ausgegeben werden soll.

10.   Optional: Zahlen bei nummerierten Absätzen ausschließen
Mit dieser Alternative unterdrücken Sie die Zahlen, stellen somit nur den Textinhalt der Einträge dar und können ggf. mit einer eigenständigen Nummerierung im IHV-Haupttext arbeiten.

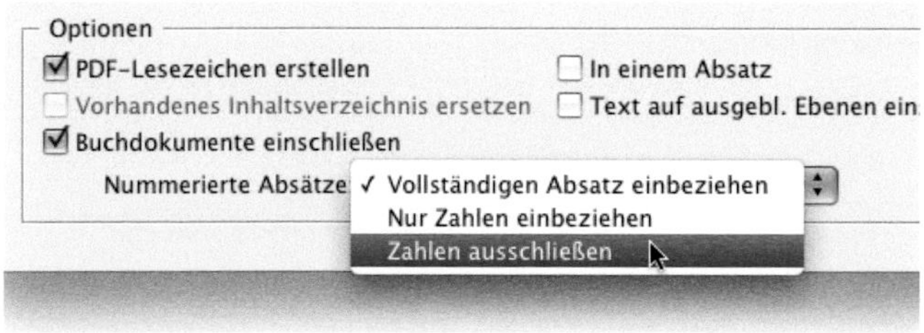

Abbildung 10.14: *Nummerierte Einträge können ohne vorangestellte Ziffer oder Buchstaben in das Inhaltsverzeichnis eingetragen werden.*

11. **Inhaltsverzeichnis platzieren**

Wenn Sie alle Einstellungen getroffen haben, dann bestätigen Sie diese mit OK. Sie erhalten nun einen Platzierungs-Cursor. Klicken Sie damit auf die Seite für das Inhaltsverzeichnis, ggf. in einen vorbereiteten Textrahmen, um das Inhaltsverzeichnis zu platzieren. Anschließend können Sie die Formatierung des Inhaltsverzeichnisses verfeinern.

> **Seitenabschnitte im Buch und im Inhaltsverzeichnis**
>
> Haben Sie in Ihren InDesign-Dateien Abschnitte definiert, die mit einer Abschnittsmarke gekennzeichnet sind, so werden diese Abschnittsmarken wie z.B. „Abs.1" dann in das Inhalts-verzeichnis mit Seitenverweis auf Basis eines Absatzformates übernommen, wenn Sie die Abschnittsmarke im Text auf der Seite darstellen. Dazu fügen Sie während der Texteingabe aus dem Kontextmenü „Sonderzeichen einfügen/Marken/Abschnittsmarke" ein. Anschlie-ßend formatieren Sie diese Marke mit dem Absatzformat, das im Inhaltsverzeichnis aufge-nommen wird.

10.4 Preflight im Buch

Ähnlich wie das Prüfen einer einzelnen Datei über die Funktion **Preflight**, die wir Ihnen im gleich-namigen Kapitel vorstellen, kontrollieren Sie alle Buchdateien. Dabei gibt Ihnen InDesign keine konkrete Liste mit allen Fehlern in den Buchdateien an, sondern stellt lediglich den Status dar. Die Fehler können Sie dann einsehen, wenn Sie die einzelnen Dateien öffnen und die **Preflight**-Palette aufrufen.

Gehen Sie folgendermaßen vor, um den Preflight über alle Buchdateien durchzuführen: Sie öffnen in der **Buch-Palette** das **Palettenmenü** und wählen dort die Option **Preflight für Buch**. Anschließend zeigt Ihnen InDesign nach einer kurzen Denkpause den Status der Dokumente mit einem **roten** oder **grünen Punkt** an. Mit einem Doppelklick öffnen Sie die fehlerhafte Buchdatei (rot) und sehen im unteren Dokumentenfenster ebenfalls diesen roten Punkt. Ein erneuter Doppelklick auf den **roten Punkt** öffnet die Palette **Preflight**.

Abbildung 10.15: *Alle oder ausgewählte Dokumente in der Buch-Palette können im Palettenmenü über den Befehl „Preflight für Buch" geprüft werden.*

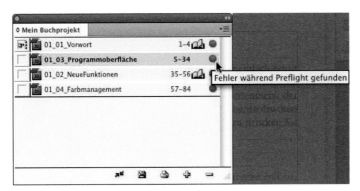

Abbildung 10.16: *Fehlerhafte Dateien werden mit einem roten Punkt markiert.*

> Genaue Seitenanzahl in Buchdateien prüfen

Für die Prüfung von Layoutdateien in Büchern kommt es unter anderem darauf an, dass alle Kapitel eine bestimmte Seitenanzahl oder das Vielfache einer festen Seitenzahl einnehmen, damit die Seitenabfolge der Doppelseiten eingehalten und der Druckbogen optimal genutzt wird. Dazu legen Sie sich ein eigenes Preflight-Profil an, wie wir Ihnen im gleichnamigen Kapitel ab Seite 812 zeigen.

10.5 Bücher drucken oder als PDF exportieren

Die Ausgabe eines gesamten Buches oder von Teilen als Kapitel ist mit InDesign sehr einfach gelöst worden und richtet sich danach, welche Kapitel Sie in der Buch-Palette markieren. Wenn Sie nur ein InDesign-Dokument in der Auswahlliste anklicken und danach das Palettenmenü der Buch-Palette öffnen, erhalten Sie unter anderem die Optionen **Ausgewählte Dokumente drucken** oder **Ausgewählte Dokumente als PDF exportieren**. In den folgenden Schritten drucken Sie automatisch alle Dokumente eines Buches oder exportieren diese als PDF-Datei.

1. **Alle Dokumente wählen**
    Wählen Sie alle Dokumente des Buches in der Buch-Palette aus oder klicken Sie in den grauen Bereich zwischen dem untersten Dokument und der Fußleiste der Palette.

2. **Palettenmenü öffnen: Buch drucken**
    Öffnen Sie über das Palettenmenü die Buch-Palette und wählen Sie darin die Option **Buch drucken**. Diese erscheint nur dann, wenn Sie alle Dokumente ausgewählt haben, sonst lautet sie **Ausgewählte Dokumente drucken**.

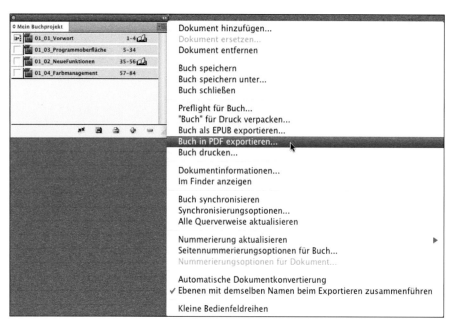

Abbildung 10.17: *Die markierten Dokumente in der Buch-Palette können über das Palettenmenü gedruckt, als PDF oder als EPUB exportiert werden.*

3. **Seitenformat wählen**
    Sie erhalten den üblichen Drucken-Dialog. Wählen Sie Ihren Drucker aus und treffen Sie die nötigen Einstellungen für die Ausgabe. Anschließend klicken Sie auf **Drucken**, um die Ausgabe zu starten. Falls Sie in Ihrem Buch verschiedene Formate (Umschlag, Buchblock, Einleger etc.) verwenden, können Sie die Funktion **Auf Seitengröße skalieren** aktivieren, so dass alle Formate größtmöglich auf der Druckseite erscheinen. Für die Ausgabe auf einem Belichter oder als PDF wählen Sie selbstverständlich das Papierformat **Benutzerdefiniert**, damit alle verschiedenen Formate auch in 100% übergeben werden.

4. **Buch als PDF exportieren**
    Sie markieren alle Dokumente des Buches in der Buch-Palette und gehen im Palettenmenü auf **Buch in PDF exportieren**. Diese Option befindet sich direkt über **Buch drucken**.

5. **PDF-Vorgabe wählen**
    Es öffnet sich nun der übliche PDF-Exportieren-Dialog. Wählen Sie Ihre PDF-Vorgabe, nehmen Sie ggf. weitere Einstellungen vor und speichern Sie dann das Buch als PDF-Datei. Lesen Sie dazu bitte auch das Kapitel „PDF-Ausgabe aus InDesign" ab Seite 851.

[!] Lesezeichen für elektronische Kataloge
Wenn Sie Ihr Buch als PDF exportieren, das als elektronischer Katalog genutzt werden soll, so sollten Sie vor einem Export prüfen, ob in den Inhaltsverzeichnis-Optionen die Funktion „PDF-Lesezeichen erstellen" akiviert ist und ob Sie mit dieser Option auch Ihr Inhaltsverzeichnis erstellt haben. Dazu können Sie den Abschnitt „Inhaltsverzeichnisse im Buch" durcharbeiten oder zur Kontrolle im Menü „Fenster/Interaktiv" die Palette „Lesezeichen" aufrufen. Ist diese Palette bereits mit Einträgen gefüllt, können Sie eine PDF-Datei mit Lesezeichen exportieren. Zeigt die Palette dagegen keine Einträge, so müssen Sie das Inhaltsverzeichnis mit aktivierter Option erneut erstellen.

[>] Und was ist mit EPUBs?
Die Dokumente einer Buchdatei können auch als EPUB exportiert werden. Hierzu gibt es jedoch zahlreiche Einschränkungen und Besonderheiten, beispielsweise sollten Sie die Doppelseiten besser als Einzelseiten anlegen; eine Marginalien-Spalte wird nicht mit exportiert. Weitere Tipps zu diesem Thema lesen Sie im Kapitel „Interaktive Dokumente".

Atmosphere

The earth's atmosphere

sunlight. The more

spectacular sunrises and

it penetrates the

Sunlight also has

The sun is direct

in the summer

desert is so

The atm

are clo

thei

of

11 Interaktive Dokumente

Wollen Sie Ihre Kunden mit animierten Prä-sentationen und interaktiven Magazinen begeistern, so müssen Sie von Anfang an mit anderen Rahmenbedingungen arbeiten. Welches Darstellungsformat hat das Anzei-gegerät? In welchem Dateiformat werden die interaktiven Inhalte gezeigt – PDF oder SWF? In diesem Kapitel lernen Sie, wie Sie Ihr Layout mit Schaltflächen, Animationen und Aktionen aufbereiten. Zudem steuern Sie, wie Filme abgespielt werden oder ganze Layoutpartien sichtbar oder unsichtbar gemacht werden.

Die Fähigkeiten, über *Schaltflächen* Aktionen auszulösen, Internetseiten zu öffnen, E-Mails zu erstellen oder Filme abzuspielen, sind Eigenschaften, die man am wenigsten einem Magazinlayout zutraut. Während Internetseiten genau aus diesem Grund gern und häufig genutzt werden, fristen elektronische Ausgaben von Magazinen bislang ein eher beschauliches Dasein. Dabei bieten ein Adobe Reader oder andere Medienplayer viele Möglichkeiten, interaktive Aktionen zu bedienen – und das schon seit Jahren. Nun gibt es Geräte wie das Apple iPad und vergleichbare Tablets, die per Fingerzeig gesteuert werden können. Hier schlägt die große Stunde von InDesign!

> **Digitale Magazine sind eine neue Medienart**
> Während in der Druckwelt weiterhin Doppelseiten, Anschnitt, Grundlinienraster u.a. wichtig sind, spielen in „Digitalen Magazinen" animierte Inszenierungen, Benutzerführung und Videoeinbindung eine große Rolle. Diese Themen tauchten bislang in der Welt des Desktop Publishing eher am Rande auf.

Die Verbindung von Magazinen und Präsentationen mit dem Internet und anderen Medien hat enorme Vorteile: Wenn eine PDF-Datei über das Internet publiziert wird, können Sie direkt von einem Artikel, einem Bild oder einer Infografik auf eine Website verweisen, die weitergehende Informationen auch in Form einer Animation oder eines Filmes bereithält.

> **Kein Standard für „digitale Magazine"**
> In der Druckwelt stellt das PDF den Standard dar: Ohne PDF geht nichts. Für digitale Magazine hingegen gibt es keine Vorgabe, in welchem Format das Magazin ausgegeben wird. InDesign bietet derzeit das „interaktive PDF" sowie das Flash-Anzeigeformat „SWF" an. Bei der Wahl des Formates sollten Sie sich überlegen, ob die geplanten Anzeigegeräte wie z.B. das iPad diese Formate auch darstellen können.

Aber nicht nur die Verknüpfung über mehrere Ebenen hinweg als *Hyperlink* ist damit möglich, auch Filme und Animationen können erstmals seit der Version Acrobat 6.x eingebunden werden. Diese Filme als Quicktime- oder AVI-Datei erscheinen erst dann, wenn das Interesse des Benutzers geweckt und von ihm eine Schaltfläche aktiviert worden ist. Optional werden diese Medien innerhalb einer PDF-Datei wiedergegeben, sobald eine Seite geöffnet wird.

> **Sind Apps die Lösung?**
> Aus InDesign CS5 können Sie keine „App" exportieren, um ein digitales Magazin über diverse App-Stores zu verkaufen. Die Vorbereitung der Layoutdatei ist jedoch mit InDesign möglich. Software-Hersteller bieten hierzu rund um InDesign komplette Lösungen an, die wir Ihnen am Ende des Kapitels vorstellen.

> **Und was ist mit EPUBs?**
> Das Format für elektronische Bücher EPUB sieht weder Animationen noch die Einbindung von Schaltflächen vor. Hyperlinks sind möglich, auch das Einbinden von Videos, sofern die Reader-Software und das Gerät dies mit entsprechenden Videoformaten unterstützen. Das Seitenlayout wird in einem EPUB jedoch nicht wiedergegeben. Das Format stellen wir Ihnen im Kapitel „Publishing mit XML" ab Seite 745 vor.

Als dritten Vorteil wollen wir die Gestaltung selbst nennen: Durch die Steuerung von sichtbaren und unsichtbaren Flächen in einem digitalen Magazin kann sich der Benutzer die Inhalte auf einer Entdeckungstour erschließen. Die Inhalte werden also nicht nur in optimaler grafischer Form angezeigt, sondern auch nach Interaktion durch den Betrachter wiedergegeben.

Aus diesen drei Vorteilen entstehen natürlich auch Anforderungen für Ihre Gestaltung: Wie erkennt der Benutzer eine interaktive Schaltfläche? Welche Gestaltungsmöglichkeiten eignen sich für die Ergänzung um interaktive Erlebnisse?

11.1 Formate und Funktionen

Damit Sie gleich mit einem neuen Magazin loslegen können, haben wir Ihnen die wesentlichen Funktionen und Interaktionsmöglichkeiten von InDesign zusammengestellt, damit Sie wissen, in welchem Format Sie diese Funktionen auch exportieren können.

Funktion	PDF interaktiv	SWF
Animation	Nein	Ja
Hyperlinks	Ja	Ja
Lesezeichen	Ja	Nein
Medien (Video)	Ja	Ja
Medien (Audio)	Ja	Ja
Objektstatus	Nein	Ja
Schaltflächen	Ja	Ja
Seitenübergänge	Ja, ohne „Aufrollen" der Seiten	Ja, alle

Jede Interaktion per Mausklick oder Fingerdruck wird über eine Schaltfläche gesteuert. Ob das entsprechende Format die Schaltflächen-Aktionen unterstützt, die Sie planen, entnehmen Sie bitte der folgenden Tabelle.

Schaltflächen-Aktionen	PDF	SWF
Gehe zu Ziel (Textanker)	Ja	Ja
Gehe zu erster/letzter Seite	Ja	Ja
Gehe zu nächster/vorheriger Seite	Ja	Ja
Gehe zu Seite X	Nein	Ja
Gehe zu URL	Ja	Ja
Schaltflächen ein-/ausblenden	Ja	Ja
Audio	Ja	Ja
Video	Ja	Ja
Animation	Nein	Ja
Gehe zu Status	Nein	Ja
Gehe zu nächstem/vorherigem Status	Nein	Ja

Schaltflächen-Aktionen	PDF	SWF
Gehe zu nächster/vorheriger Ansicht	Ja	Nein
Datei öffnen	Ja	Nein
Ansichtszoom	Ja	Nein

11.2   Neue Dokumente

Obwohl Sie im Kapitel „Neue Dokumente" bereits erfahren haben, wie Sie ein neues Layout anlegen, wollen wir Ihnen zunächst die wesentlichen Dinge beschreiben, auf die es bei digitalen Magazinen und Präsentationen ankommt. Öffnen Sie dazu über Menü **Datei/Neu…** oder ⌘+N den Dialog zum Anlegen eines neuen InDesign-Dokuments.

11.2.1   Zielmedium und Seitenformat

Die Darstellung im Internet und auf mobilen Geräten erfolgt ausschließlich im Farbmodus *RGB*. Damit Sie alle Transparenzen, die Sie in Ihren interaktiven Layouts verwenden, auch einwandfrei ausgeben können, wählen Sie als Zielmedium **Web**. Somit werden die transparenten Farben im Layout in den **RGB-Arbeitsfarbraum** Ihres Farbmanagements umgerechnet. Dieser sollte auf *sRGB* eingestellt sein. Näheres dazu erläutern wir Ihnen im Kapitel „Farbmanagement" ab Seite 840.

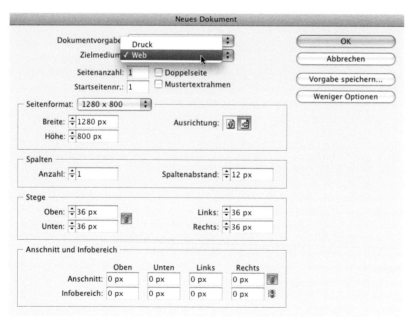

Abbildung 11.1: *Zielmedium und Seitenformat wählen Sie beim Anlegen eines neuen Dokumentes.*

Das Seitenformat ist nun kein *Papierformat*, sondern ein *Monitorformat*. Eine Auswahl an Monitorformaten finden Sie im Auswahlmenü des **Seitenformates**. Welches Format sollen Sie nun verwenden? Da es mittlerweile eine Fülle an Monitorgrößen und -auflösungen gibt, ist diese Frage nicht zu beantworten. Richten Sie sich danach, ob Sie für möglichst viele unterschiedliche Geräte gestalten wollen – dann treffen Sie mit **800 px × 600 px** eine gute Wahl. Wissen Sie bereits von der Auflösung eines konkreten Gerätes, das z.B. eine *Full-HD*-Videoauflösung bietet, so müssen Sie sich im Auswahlmenü des **Seitenformates** ein **benutzerdefiniertes Seitenformat** anlegen und **1920 px × 1080 px** angeben.

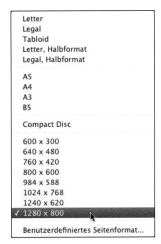

Abbildung 11.2: *In der Formatauswahl finden Sie zahlreiche Monitorauflösungen.*

Abbildung 11.3: *Geben Sie als benutzerdefiniertes Format die Auflösung Ihres Anzeigegerätes ein.*

> **Seitenformat keine endgültige Entscheidung**
> Wenn Sie später eine Datei mit Ihrem Seitenformat als PDF oder SWF exportieren, ist das keine endgültige Entscheidung. Die Darstellung der Datei kann je nach Monitorgröße skaliert werden. Dies übernimmt in der Regel die Reader-Software auf dem Gerät, wie z.B. der Adobe Reader für PDF-Dateien.

Sobald Sie die Eingaben gewählt haben, können Sie den Dialog mit **OK** bestätigen. Das Anlegen eines **Anschnitts** oder **Infobereiches** ist im Gegensatz zu Drucklayouts nicht nötig.

11.2.2   Layoutraster

Mit der Angabe des Ziels **Web** werden alle Einheiten in **Pixeln** dargestellt. Das Layoutraster können Sie nun auf Basis von Mustervorlagen erstellen. Dazu lesen Sie bitte auch das Kapitel „Vorlagen gestalten" ab Seite 97. Im nächsten Schritt erstellen Sie mit Hilfslinien ein Raster. Wählen Sie dazu im Menü **Layout/Hilfslinien erstellen…** aus. Nun können Sie die Anzahl an Spalten und Zeilen mit einem Abstand angeben. Haben Sie im neuen Dokument einen *Rand* definiert, so sollten Sie das Hilfslinienraster an die **Stege anpassen**. Mit aktiver **Vorschau** sehen Sie sofort das spätere Ergebnis.

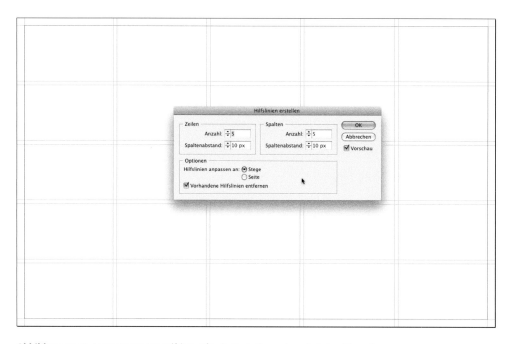

Abbildung 11.4: *Layoutraster mit Hilfslinien für die Gestaltung eines digitalen Magazins*

> **! Schwarzdarstellung**
> Für die Wiedergabe Ihrer Präsentation oder des digitalen Magazins ist es ratsam, die Schwarzdarstellung in InDesign zu korrigieren. Dazu rufen Sie im Menü „InDesign" auf dem Mac oder „Bearbeiten" auf dem PC die Voreinstellungen auf und wählen die Rubrik „Schwarzdarstellung". Hier geben Sie bitte an, dass alle „Schwarztöne als tiefes Schwarz ausgegeben" werden. Somit verarbeitet InDesign ein 100% K für die Ausgabe als interaktives PDF oder SWF als RGB-Schwarz (0,0,0), damit ein maximaler Kontrast erreicht wird.

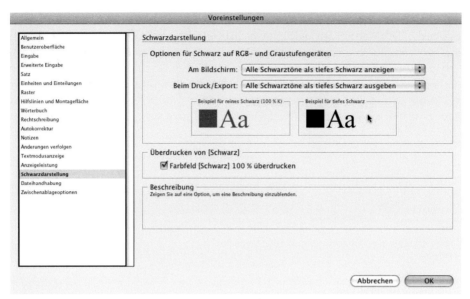

Abbildung 11.5: Die Schwarzdarstellung sollte für das Internet auf „tiefes Schwarz" umgestellt werden.

11.2.3 Inhalte platzieren und gestalten

Die Anordnung und Platzierung von Bildern und Texten für interaktive Dokumente erfolgt ebenso wie bei herkömmlichen InDesign-Dokumenten. Beachten Sie bitte, dass Sie die Schriftgrößen an die lesbare Größe am Monitor anpassen. In der Regel sind dies einige Schriftgrade über den Größen, die für Druckdokumente verwendet werden. Gestalten Sie mit Konturen, so lassen sich die Konturen nun in InDesign CS5 exakt auf die Stärke von **1 Pixel** einstellen. Wird die Darstellung der Datei als SWF oder PDF am Monitor skaliert, so verändert sich auch die Darstellung der Konturen, die dann entweder fetter oder magerer erscheinen.

> **Mustervorlagen als „Folienmaster"**
> Aus PowerPoint oder Apples Keynote werden Sie die Folienmaster kennen, typisch aufgebaute Präsentationsschemata, die Bild-Text-Layout-Kombinationen in breiter Fülle bieten. Über den Nutzen dieser Folienmaster lässt sich vortrefflich streiten, allerdings verfügt InDesign nicht über solche Vorlagen. Daher können Sie die Mustervorlagen als Folienmaster verwenden und sich mehrere Vorlagen anlegen, auf denen Sie dann verschiedene Text- und Platzhalterrahmen einfügen.

11.3 Vorschau

Zum Begutachten eines interaktiven Dokumentes ist es wichtig, alle Interaktionen und Animationen zu prüfen. Zu diesem Zweck hat Adobe InDesign um die **Vorschau** ergänzt. Mithilfe dieser Palette aus dem Menü **Fenster/Interaktiv/Vorschau** erhalten Sie eine Berechnung Ihres Layouts als *Flash-Animation*.

Abbildung 11.6:   *Das Layout erscheint mit Hilfslinien und Hinweisen zu interaktiven Objekten*

> **Alles Unnötige ausblenden**
> Damit Sie eine freie Sicht auf Ihr Layout genießen können, drücken Sie während der Arbeit einfach den Tastenbefehl $\boxed{W}$, um alle Hilfslinien und Hervorhebungen auszublenden.

> **Montagefläche einfärben**
> Wollen Sie bei der Gestaltung von interaktiven Magazinen auch gleich die passende „Umgebung" einblenden, können Sie die Farbe der ansonsten grauen Montagefläche rund um die Druckbögen im Vorschaumodus „W" ändern. Öffnen Sie dazu die „Voreinstellungen" im Menü „InDesign" auf dem Mac oder unter „Bearbeiten" auf dem PC. Wählen Sie anschließend die Rubrik „Hilfslinien und Montagefläche" und geben Sie als „Vorschauhintergrund" die Farbe „Schwarz" an.

11.3.1   Präsentation im Vollbildmodus

Wenn Sie zunächst prüfen wollen, wie groß Schriften auf Monitoren wirken oder wie die gesamte Präsentation im Vollbildmodus dargestellt wird, brauchen Sie nur einen Tastenbefehl aufzurufen: $\boxed{\Uparrow}$+$\boxed{W}$ zeigt Ihnen die InDesign-Datei im **Vollbildmodus**. Mit den Pfeiltasten $\boxed{\rightarrow}$ und $\boxed{\leftarrow}$ blättern Sie durch die Seiten. Mit $\boxed{Esc}$ verlassen Sie den Vollbildmodus wieder. Die Bearbeitung während der *Präsentation* ist nicht möglich.

> **Präsentation auch von Drucklayouts**
> Nicht nur für interaktive Dokumente und Magazine ist die Präsentation möglich, auch bei Entwürfen für gedruckte Broschüren eignet sich dieser Modus, um beim Kunden schnell das Layout zu beurteilen. Somit entfällt die „Präsentations-PDF", die Sie erst exportieren und dann im Vollbildmodus mit dem Adobe Reader oder Acrobat anzeigen.

Abbildung 11.7: Im Vollbildmodus werden alle Paletten und Menüs ausgeblendet.

11.3.2 Druckbogen- und Dokumentvorschau

Sobald Sie die Palette **Vorschau** aufrufen, wird die aktuelle Seite innerhalb der Palette dargestellt, *Animationen werden* abgespielt und *interaktive Schaltflächen* lassen sich anklicken. Wie jede Palette dürfen Sie die Vorschau *als schwebende Palette* verwenden und *vergrößern*, bis Sie nahezu das Originalformat erreicht haben.

Abbildung 11.8: Die Vorschau ermöglicht den Blick auf das interaktive Dokument, bevor es exportiert wird.

Die **Vorschau** zeigt zunächst immer nur den *aktuellen Druckbogen* an. Im Palettenmenü der Vorschau können Sie von der Druckbogenvorschau auf die Dokumentvorschau wechseln, damit alle Seiten sichtbar werden. Zur Navigation durch das Dokument blättern Sie einfach mit den **Pfeiltasten** in der unteren linken Ecke der Palette.

Abbildung 11.9: *Wenn Sie das gesamte Dokument prüfen wollen, so klicken Sie einfach auf den Button mit dem „Blätterstapel" und danach erneut auf „Play".*

11.3.3 Vorschaueinstellungen

Über das Palettenmenü der **Vorschau** erreichen Sie die Option **Voreinstellungen bearbeiten…** und können einsehen, nach welchen Vorgaben InDesign die Vorschau berechnet – auch für die Browser-Ausgabe. Diese Einstellungen sind nahezu identisch mit dem **SWF-Export** aus InDesign. Achten Sie bitte im Reiter **Erweitert** darauf, dass Sie die **Bilder pro Sekunde** auf „30" einstellen, damit Animationen durch den Flash Player flüssig wiedergegeben werden können.

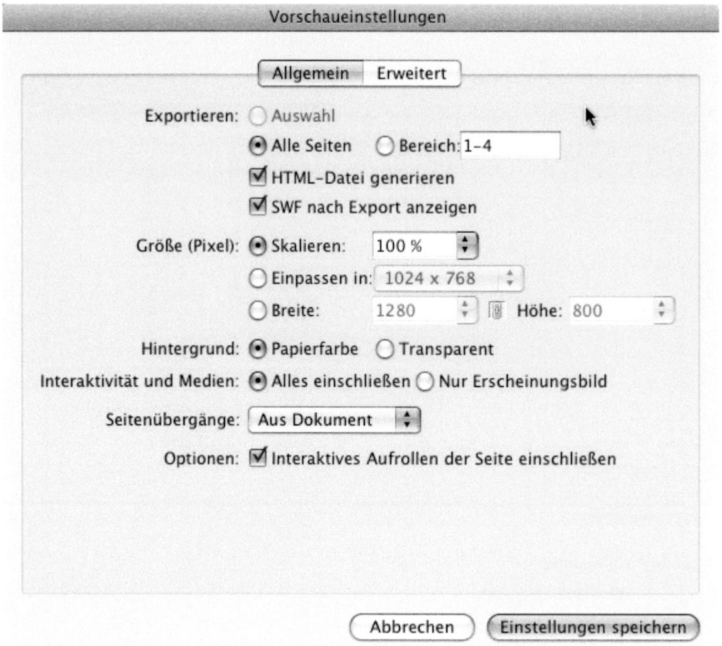

Abbildung 11.10: *Die Voreinstellungen für die Vorschau offenbaren, dass InDesign eine Flash-Darstellung für die Vorschau berechnet.*

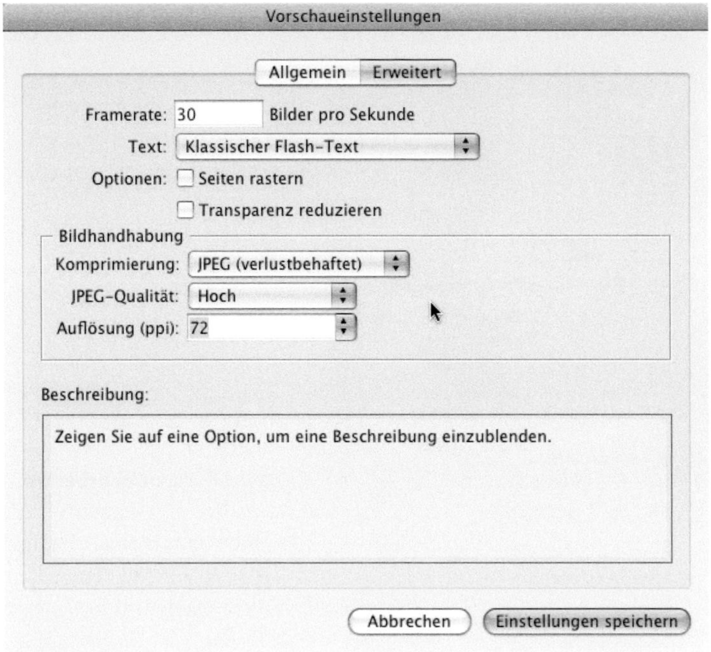

Abbildung 11.11: *Die Framerate sollte für flüssige Animationen auf 30 Bilder pro Sekunde eingestellt werden.*

Wollen Sie nicht nur in InDesign die Datei begutachten, sondern auch im Browser, so rufen Sie im Palettenmenü der Palette **Vorschau** die Option **Im Browser testen...** auf. Sogleich erscheint die Präsentation im Browser. Hierfür wird um die Präsentation eine HTML-Datei erzeugt, die einen grauen Hintergrund beinhaltet.

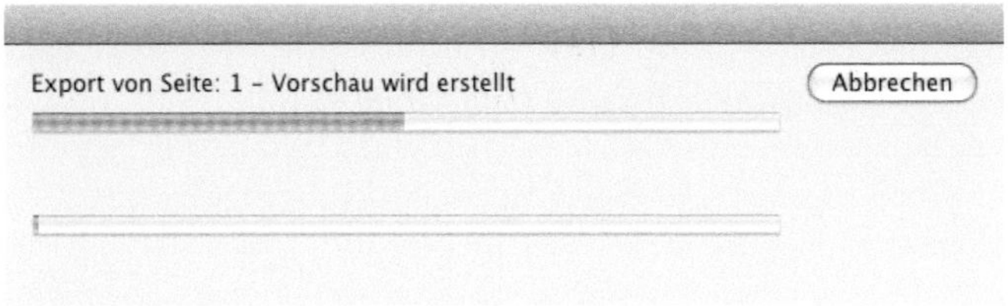

Abbildung 11.12: *Die Vorschau für den Browser wird berechnet, das kann einen Moment dauern.*

> **⚠ Vorschau nicht als Hintergrundprozess**
> Leider hat Adobe die Hintergrundprozesse, die die Aufgaben auf die Prozessoren des Computers verteilen, nur für den PDF-Export eingerichtet. Ein Hintergrundexport für die Vorschau-Berechnung im Browser sowie die SWF-Ausgabe wäre äußerst sinnvoll, denn auch diese Vorgänge können je nach Dokument längere Zeit in Anspruch nehmen.

Abbildung 11.13: *Die Vorschau kann auch direkt im Browser stattfinden, damit Sie Interaktionen noch besser beurteilen können.*

11.4   Hyperlinks und Hyperlinkziele

In diesem Abschnitt erlernen Sie den Umgang mit **Hyperlinks** – *Textverknüpfungen* – und den Zielen, auf die diese Verknüpfungen hinweisen, darunter **URLs**, **Seiten** und **Textanker**.

Die einfachste Form, einen **Hyperlink** für eine PDF- oder SWF-Datei einzubetten, besteht darin, den gesamten **URL** einfach als Text im Layout darzustellen: *www.cogneus.com* verweist automatisch aus einer PDF-Datei auf die gewünschte Website, wenn die PDF-Datei in Adobe Reader oder Acrobat dargestellt wird. Sobald sich der Mauszeiger der Textstelle im Layout nähert, verwandelt sich die Zeigerspitze in den bekannten „Klickfinger". Acrobat und Adobe Reader besitzen beide die Eigenschaft, eine PDF-Datei nach dem Öffnen automatisch nach URLs zu durchsuchen und diese als interaktive Schaltflächen wiederzugeben. Dabei werden auch URLs berücksichtigt, die einfach mit „www" anstelle von „http://…" beginnen.

> **Hyperlinks, die auf Internetseiten mit einem CMS hinweisen**
> Die Nachteile entstehen in der späteren Verwendung: Verknüpfungen über das HTTP-Protokoll müssen statisch in eine PDF festgeschrieben werden. Ein Content Management System (CMS) wie Typo3 oder andere PHP-basierte Redaktionssysteme für Internetauftritte vergeben jeder Unterseite einer Website eine ID mit einer festen Nummer und einer Sprachkennzeichnung. Diese URLs müssen also schon bekannt sein, bevor die PDF-Datei erstellt und exportiert werden kann. Jede Änderung in der Informationsstruktur einer Website kann die statisch vergebenen Hyperlinks aus einer PDF nutzlos machen. Wenn Sie selbst auch die Inhalte auf Internetseiten verwalten, sollten Sie darauf achten, dass die ID eines Artikels im CMS identisch bleibt. Somit ist die Verknüpfung von der PDF-Datei zum konkreten Internetartikel gewährleistet.

11.4.1 URLs in Hyperlinks konvertieren

Hyperlinks werden innerhalb von InDesign wie *Querverweise* behandelt, allerdings liegt die Stelle, auf die Sie verweisen möchten, außerhalb oder innerhalb des Dokuments. Daher verwendet Adobe die Bezeichnung **Hyperlinkziel** für eine *Website*, eine *E-Mail*, ein *Dokument* oder einen *Textanker* innerhalb des Layoutdokuments. Die **Hyerlinks** erscheinen folgerichtig in derselben Palette wie die **Querverweise**. In den folgenden Schritten zeigen wir Ihnen, wie Sie alle **URLs** automatisch in Hyperlinks konvertieren.

1. **Palette Hyperlinks öffnen**
   Im Layout haben Sie bereits einen **URL** mit der Schreibweise „www…" oder „http://…" als Text eingesetzt. Öffnen Sie nun die Palette **Fenster/Interaktiv/Hyperlinks**.

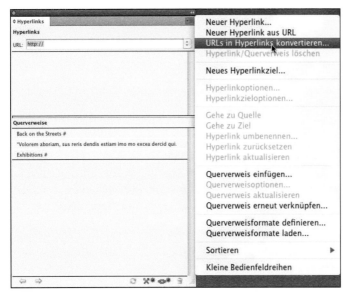

Abbildung 11.14: *Das Konvertieren von URLs aus dem Text ist denkbar einfach.*

2. **In Hyperlink konvertieren**
   Über das **Palettenmenü** und die Option **URLs in Hyperlinks konvertieren…** rufen Sie die „automatische" Funktion von InDesign auf.

3. **Hyperlinktyp auswählen**
   Nun öffnen sich die **Optionen** für den Hyperlink. Wählen Sie als **Typ** *URL* aus. Geben Sie als Ziel die gewünschte *Adresse* im Internet an. Den Hyperlink können Sie mit einem Rahmen kennzeichnen, dies bleibt Ihnen jedoch als Gestaltungsmerkmal überlassen. Bestätigen Sie die Eingabe mit **OK**.

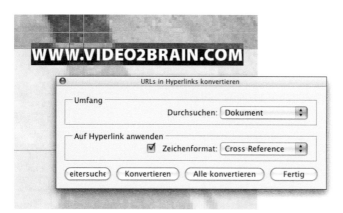

Abbildung 11.15: *Automatisch werden alle Textstellen durchsucht und wahlweise als Hyperlink konvertiert.*

11.4.2 Textanker

Als weitere **Hyperlinkziele** neben den URLs dienen **Seiten** sowie **Textanker**. Während **Seiten** selbst erklärend sind, können Sie mit *Textankern konkrete Stellen im Layout* bezeichnen und somit einen **Hyperlink** auf ein **Hyperlinkziel** *im Layout „zeigen" lassen*.

1. **Neues Ziel anlegen**
    Wählen Sie dazu eine Textstelle im Layout, die als Ziel angegeben werden soll, und rufen Sie im Palettenmenü der Palette **Hyperlinks** die Option **Neues Hyperlinkziel…** auf.

Abbildung 11.16: *Eine markierte Textstelle können Sie als Hyperlinkziel angeben.*

2.   **Als Textanker definieren**
Sobald Sie die Option aufrufen, wird der zuvor markierte Text in den Dialog **Neues Hyper-linkziel** eingetragen und als **Textanker** deklariert.

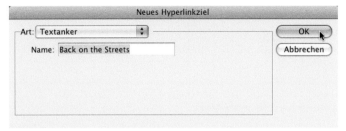

Abbildung 11.17:   *Das Hyperlinkziel erscheint als Textanker.*

3.   **Neuen Hyperlink anlegen**
Bestätigen Sie den Dialog mit **OK** und InDesign erstellt ein neues Ziel. Diese Ziele erscheinen selbst nicht in der Palette der Hyperlinks. Im nächsten Schritt müssen Sie einen **neuen Hyperlink** anlegen, der auf dieses Ziel verweist. Dies erreichen Sie ebenfalls über die Palette **Hyperlinks** und deren Palettenmenü.

Abbildung 11.18:   *Der Hyperlink zeigt auf die Verknüpfung „Textanker".*

4.   **Textanker wählen**
Im Dialog **Neuer Hyperlink** wählen Sie unter **Art Textanker** aus. Danach rufen Sie im Pull-down-Menü den zuvor angelegten **Textanker** auf.

Abbildung 11.19: *Alle Textanker erscheinen in der Auswahl des geöffneten Dokumentes.*

5. **Hyperlink formatieren**

Für die Darstellung des Hyperlinks im Text können Sie ein **Zeichenformat** ergänzen, das beispielsweise den Hyperlink unterstreicht oder mit einer Farbfläche unterlegt. Die Gestaltung mit Zeichenformaten finden Sie im Kapitel „Absatz- und Zeichenformate" beschrieben. Bestätigen Sie anschließend mit **OK**.

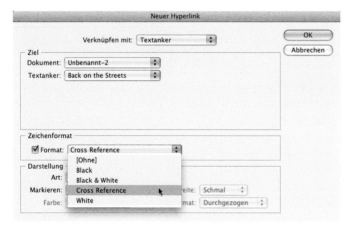

Abbildung 11.20: *Die Darstellung des Hyperlinks im Text übernimmt ein Zeichenformat.*

! **Darstellung von Hyperlinks**
In der Rubrik „Darstellung" können Sie in den Optionen zum Hyperlink die Hervorhebung sehen. Diese Möglichkeiten werden nur für die Darstellung in einem exportierten PDF verwendet.

> **Mailto-Befehle**
Neben den Optionen, einen Hyperlink als Seitenwechsel oder Textanker anzulegen, können Sie als Hyperlink auch eine E-Mail angeben. Dadurch wird in der später exportierten PDF-Datei per Mausklick eine neue leere E-Mail mit Betreffzeile geöffnet. Wählen Sie in den

Optionen für einen neuen Hyperlink „E-Mail" und geben Sie die gewünschte Adresse ein. Auch die Betreffzeile kann eingefügt werden. Die Link-Formatierung erfolgt auch in diesem Fall über ein Zeichenformat.

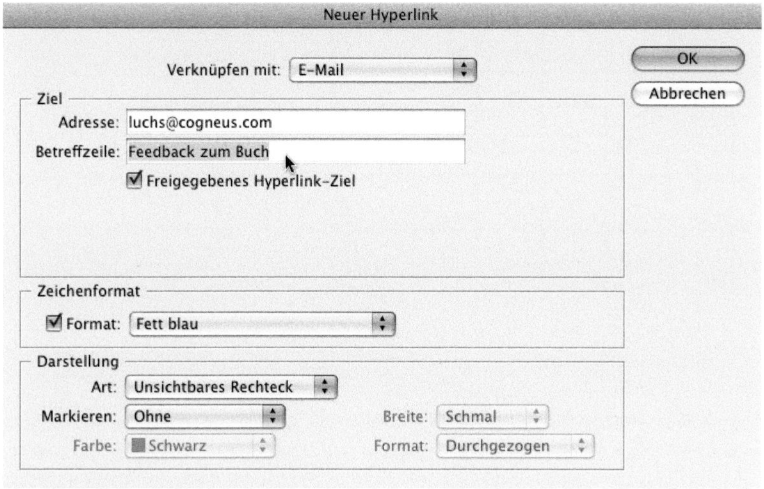

Abbildung 11.21: *Eine gelungene Betreffzeile kann Ihnen weiterhelfen, nützliche E-Mail-Verknüpfungen aus dem Layout anzulegen.*

11.5 Schaltflächen

Nach den Hyperlinks kommen wir zum Kern der interaktiven Werkzeuge: den **Schaltflächen**. Eine Schaltfläche in InDesign kann aus einem Rahmen oder einer Rahmengruppe bestehen, die während der Interaktion die grafische Erscheinung ändern kann. Als fest vorgegebene Zustände können Sie *MouseUp*, *MouseOver* und *MouseDown* nutzen und daran Aktionen anfügen, die aufgrund dieser Ereignisse durch die Maus- oder Fingerinteraktion ausgelöst werden. Beachten Sie bitte, dass es bei Multitouch-Geräten wie SmartPhones oder Tablet-Computern keinen MouseOver-Zustand gibt!

> **Wenn es schnell gehen soll: Beispielschaltflächen**
> InDesign bietet im Palettenmenü der „Schaltflächen" die „Beispielschaltflächen" an, die Sie per Drag&Drop im Layout nutzen können. Darunter befinden sich bereits fertige Buttons nach rechts oder links, die ein Umblättern der Seiten ausführen.

> **Umblättern auf der Mustervorlage**
> Die einfachste und nützliche Aktion in einer interaktiven Präsentation ist das Umblättern auf die nächste oder vorherige Seite. Verwenden Sie Schaltflächen auf Mustervorlagen, damit Sie ein Umschalten Seite vor/zurück gleich für alle Seiten anlegen.

> **Eigene Schaltflächen mit Objektformaten**
> Wenn Sie sich mit der Gestaltung mit Schaltflächen eingehender beschäftigen wollen, so empfehlen wir Ihnen, die Rahmen mit Objektformaten zu gestalten, um mehrere Schaltflächen in Ihrem Layout auf dieselbe Weise zu formatieren.

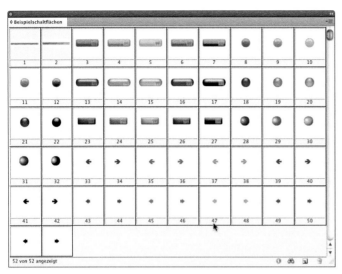

Abbildung 11.22: Die Beispiel-Schaltflächen bieten viele fertige Komponenten, die Sie per Drag&Drop im Layout platzieren können.

11.5.1 Aktionen auf Schaltflächen

Zunächst können Sie jeden Rahmen als Basis nutzen, eine Schaltfläche einzurichten. Dazu wählen Sie den Rahmen oder die Gruppe mit der **Auswahl** an und rufen mit dem **Kontextmenü** den Befehl **Interaktiv/In Schaltfläche umwandeln...** auf. Anschließend wird die Palette **Schaltflächen** eingeblendet und der Rahmen wird mit einer *gestrichelten Umrisslinie* dargestellt.

Abbildung 11.23: Über das Kontextmenü wandeln Sie einen Rahmen in eine Schaltfläche um.

Abbildung 11.24: *Die Schaltfläche kann nun mit Aktionen definiert werden.*

Über die Auswahl **Ereignis** entscheiden Sie sich, bei welcher Interaktion des Benutzers eine **Aktion** ausgeführt werden soll. Diese Zustände entsprechen den üblichen Befehlen, die auch auf Internetseiten verwendet werden.

Ereignis	Vergleichbar mit	Beschreibung
Bei Loslassen	On Mouse Up	**Die Maustaste wird nach dem Drücken wieder losgelassen**
Bei Klicken	On Mouse Down	**Die Maustaste wird heruntergedrückt oder gedrückt gehalten**
Bei Cursor darüber	On Focus	**Der Mauszeiger tritt in den Bereich der Schaltfläche ein**
Bei Cursor weg	On Blur	**Der Mauszeiger fährt aus dem Bereich der Schaltfläche wieder heraus**
Feld aktivieren		**Eine andere Schaltfläche, die zunächst ausgeblendet ist, wird sichtbar gemacht.**
Feld deaktivieren		**Eine andere eingeblendete Schaltfläche wird ausgeblendet.**

Der Benutzer fährt mit dem Mauszeiger über die Schaltfläche. Wenn Sie ein Ereignis ausgewählt haben, können Sie eine oder mehrere Aktionen auf dieses Ereignis anwenden.

Im Wesentlichen dienen Schaltflächen in InDesign zur Navigation. Daher ist es ratsam, dass Sie Schaltflächen für das Blättern durch die Seiten anlegen oder eine Schaltfläche, die zur ersten Seite zurückführt („Home-Button"). Wählen Sie in diesem Fall die Aktion **Gehe zu erster Seite** beim Ereignis **Loslassen**.

> **Animationen auf Klick starten**
> Haben Sie eine Schaltfläche eingerichtet, können Sie damit auch die Animation einer anderen Schaltfläche „starten". Dies zeigen wir Ihnen im Abschnitt der Animationen.

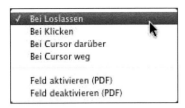

Abbildung 11.25: *Diese Ereignisse werden durch den Benutzer ausgelöst.*

Abbildung 11.26: *Diese Aktionen lassen eine Interaktion mit dem Benutzer zu.*

11.5.2 Zustände der Schaltfläche

Sie können die **Zustände** einer Schaltfläche selbst in InDesign gestalten und während der Interaktion auch die Inhalte ändern. Hierzu wählen Sie im **Erscheinungsbild** anstelle des Zustandes [**Normal**] den neuen Zustand [**Cursor darüber**] aus. Alle Änderungen am Rahmen, die Sie nun in diesem Zustand machen, werden ausdrücklich nur dann sichtbar, wenn der Benutzer später mit dem Mauszeiger über die Fläche fährt.

Die einfachste Form, die Zustände [**Normal**] und [**Cursor darüber**] zu zeigen, ist es, den Rahmen in seiner Deckkraft zu variieren. Für die normale Darstellung können Sie eine **Deckkraft** von **50–60%** wählen und diesen Wert in der **Steuerungspalette** einstellen. Für den weiteren Zustand [**Cursor darüber**] stellen Sie die Deckkraft auf **100%**. Mit der **Vorschau** des Druckbogens am Fuße der Palette der Schaltflächen können Sie gleich sehen, wie die Schaltfläche ihr Aussehen ändert, sobald Sie mit dem Mauszeiger über die Schaltfläche fahren.

Abbildung 11.27: Die Zustände einer Schaltfläche je nach Interaktion lassen sich im „Erscheinungsbild" festlegen.

Abbildung 11.28: Um zu prüfen, ob eine Schaltfläche „funktioniert", also die Erscheinung während einer Interaktion ändert, wählen Sie die Druckbogenvorschau direkt am Fuß der Schaltflächen-Palette.

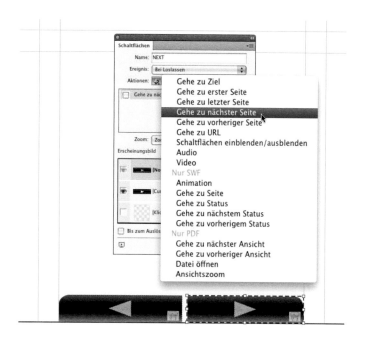

Abbildung 11.29: *Zwei Schaltflächen am Fuße einer Mustervorlage sorgen mit den Aktionen „Gehe zu nächster/vorheriger Seite" dafür, dass der Benutzer durch das Dokument blättern kann.*

> **Eigene Bibliothek oder Snippets für Schaltflächen**
> Wenn Sie die einmal gestalteten Buttons für weitere Dokumente verwenden wollen, erzeugen Sie sich Snippets oder eine eigene Bibliothek für Schaltflächen. Das Anlegen einer Bibliothek und das Speichern von Snippets lesen Sie im Kapitel „Vorlagen gestalten" ab Seite 97.

11.5.3 Konkreter Seitenwechsel für SWFs und PDFs

Wenn Sie mit einer **Schaltfläche** exakt *auf eine konkrete Seite umblättern* wollen, so ist das nur möglich, wenn Sie aus InDesign später eine SWF-Datei exportieren. Wählen Sie dazu eine Schaltfläche aus und rufen Sie in der Palette **Schaltflächen** mit einem Klick auf das **Plus**-Symbol die **Aktionen** auf. Rufen Sie dann die Aktion **Gehe zu Seite** auf und geben Sie anschließend die Seitenzahl unterhalb der Aktionsliste ein.

Aber es gibt auch eine Alternative für PDF-Dateien. Dazu stehen Ihnen die **Querverweise** zur Verfügung, die wir genauer im Kapitel „Varibale Texte" zeigen. Da beim Layout einer Präsentation nie endgültig klar ist, auf welcher Seite der entsprechende Inhalt erscheint, und die Seitenfolge immer wieder umgestellt werden muss, ist ein Querverweis flexibler, denn er verweist auf einen konkreten Inhalt im Dokument, passt sich an Seitenumstellungen automatisch an und erscheint später als interaktives Element in einer exportierten PDF-Datei oder einer SWF-Datei. Anstelle des Querverweises können Sie auch einen **Hyperlink** auf einen **Textanker** definieren, damit erhalten Sie ebenso einen Seitenwechsel auf eine konkrete Seite.

11.6 Medien

Nicht nur simple Seitenwechsel sind mit InDesign, einem PDF und einem SWF möglich, sondern auch das Steuern von platzierten *Filmen oder Sounds* innerhalb des Layouts. Sie können hierzu eine *Quicktime-Datei, eine FLV-Datei (Flash Video)* oder eine *MP3-Datei* im Layout platzieren und anschließend das Abspielen des Filmes oder des Sounds in einem PDF oder SWF per Schaltfläche steuern. Zunächst müssen Sie jedoch eine ideale Darstellung für den Film im Layout wählen, wie wir Ihnen in den nächsten Schritten demonstrieren.

11.6.1 Video platzieren

Rufen Sie die **Platzieren**-Funktion mit dem Shortcut ⌘+D auf. Wählen Sie eine Videodatei im Format **Quicktime** oder **FLV**. Platzieren Sie die Datei wie ein Bild im Layout und skalieren Sie sie anhand des Layoutrasters. Im Layoutmodus erhält das platzierte Video ein **Filmsymbol** zur besseren Unterscheidung von herkömmlichen Bildern. Anschließend öffnen Sie im Menü **Fenster/ Interaktiv** die Palette **Medien**.

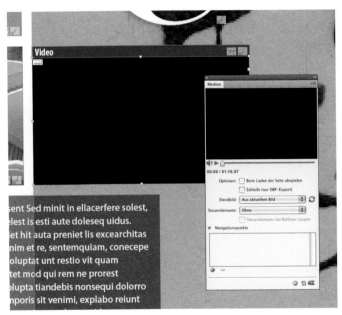

Abbildung 11.30: *Das Video erscheint zunächst mit dem ersten Frame, der meistens schwarz ist.*

Abbildung 11.31: Mithilfe des Reglers suchen Sie eine Position im Video, die als Standbild dienen soll.

Mithilfe des **Reglers** in der **Medien**-Palette können Sie nun eine Vorschau des Videos anschauen und ein geeignetes *Standbild* finden. Klicken Sie in das Optionsmenü **Standbild** und wählen Sie **Aus aktuellem Bild**. So wird dieses Bild in das Layout eingefügt.

In den **Optionen** legen Sie fest, ob das Video bereits **beim Laden der Seite abgespielt** wird und ob dies einmalig oder endlos passiert. Für eine wiederholte Abspielung wählen Sie **Schleife**.

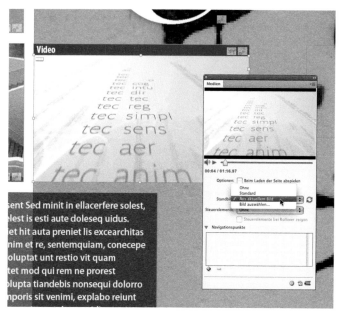

Abbildung 11.32: Alternativ zum Standbild aus der Zeitleiste können Sie auch ein anderes Bild einladen, das anstelle des Videos im Layout gezeigt wird.

Wie erscheint nun das Video in der später exportierten SWF- oder PDF-Datei? Die **Steuerelemente** des Videos wählen Sie ebenfalls in der **Medien**-Palette. Dabei handelt es sich um Flash-Komponenten, die entweder unterhalb des Videos oder direkt auf dem Video Schaltflächen zeigen, die das Starten/Stoppen des Videos ermöglichen oder zeigen, an welcher Stelle sich das Video auf der Zeitleiste befindet.

Abbildung 11.33: Die Auswahl der Steuerelemente für das Video

Wie nun das Video im Layout erscheint, prüfen Sie am besten gleich mit der Vorschau. Dazu rufen Sie im Menü **Fenster/Interaktiv/Vorschau** auf. Wenn Sie die **Vorschau** noch einmal von Anfang an genießen wollen, klicken Sie nach erstmaligem Ablaufen den **Abspiel**-Button links unten an der Palette **Vorschau** erneut.

Abbildung 11.34: Die Vorschau zeigt platzierte Videos im Layout und spielt auch den dazugehörigen Ton ab.

11.6.2 Steuern von Videos per Navigationspunkt und Schaltfläche

Wem das Platzieren und Abspielen von Videos im Layout nicht genügt, der kann mithilfe der Palette **Medien** und **Schaltflächen** genau bestimmen, *welche Schaltfläche* das Video *ab welchem Punkt* abspielt. Hierzu wählen Sie in der **Medien**-Palette zunächst mit dem **Regler** den gewünschten **Zeitpunkt** aus. Anschließend klicken Sie auf das **Plus**-Symbol am unteren Ende der Palette. Nun speichert InDesign diesen Zeitpunkt als **Navigationspunkt** ab. Diese Punkte dienen Schaltflächen als Markierung, vergleichbar mit den *Kapitelmarken* einer *DVD*.

Abbildung 11.35: Mithilfe der Navigationspunkte können längere Videos komfortabel unterteilt werden.

Sobald Sie nun eine Schaltfläche einrichten, können Sie in der Palette **Schaltflächen** die **Aktion Video** aufrufen. InDesign wählt zunächst die Aktion **Abspielen**. Anschließend wählen Sie das platzierte Video in der gleichnamigen Auswahlliste aus. Mithilfe der **Optionen** können Sie nun die Aktion **Wiedergabe ab Navigationspunkt** aufrufen. Sofort erscheint darunter die Liste mit den zuvor gewählten Zeitpunkten.

Abbildung 11.36: Eine Schaltfläche kann ein platziertes Video starten oder ab einem festgelegten Navigationspunkt abspielen.

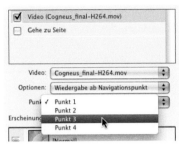

Abbildung 11.37: *Die Auswahl der Navigationspunkte erfolgt in einem Auswahlmenü.*

11.6.3 Weitere Video-Optionen

Die Wiedergabe in einer SWF-Datei ist unproblematisch. Für eine PDF-Datei benötigt InDesign noch weitere Angaben. So ist es möglich, das Video nicht in der platzierten Größe im Layout abspielen zu lassen, sondern als eigenes Fenster im Vollbildmodus. Wählen Sie hierzu im Palettenmenü der Medien die **PDF-Optionen** aus und machen Sie die entsprechenden Angaben.

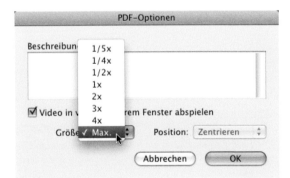

Abbildung 11.38: *Das Video wird für eine PDF-Datei in einem eigenen Fenster in maximaler Bildschirmgröße abgespielt.*

Wenn Sie das Video, das Sie in der späteren PDF- oder SWF-Datei darstellen wollen, nicht einbetten, können Sie im Palettenmenü der **Medien** das **Video per URL** verknüpfen. Anschließend geben Sie im Dialog für das Video den URL an, unter dem die Videodatei abgerufen werden kann. Hierbei sollte es sich unbedingt um ein *Videoformat* handeln, das mit dem aktuellen *Flash-Player* wiedergegeben werden kann.

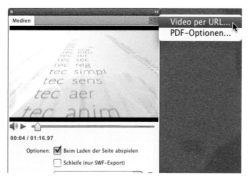

Abbildung 11.39: *Alternativ lassen sich Videos aus dem Internet einbinden.*

11.7   Objektstatus

Eine komplett neuartige Funktion betritt die InDesign-Bühne: der Objektstatus. Doch was sollen Sie nun mit dieser Funktion? Haben Sie sie jemals vermisst? Wir stellen Ihnen eine schöne Anwendung dafür vor: die Umsetzung einer Bildergalerie. Danach wollen Sie diese Funktion garantiert ausprobieren.

1. **Rahmen ausrichten**
    Platzieren Sie mehrere Bilder gleicher Größe im Layout und richten Sie mithilfe der Palette **Ausrichten** die Rahmen so aneinander aus, dass alle Rahmen exakt übereinander liegen.

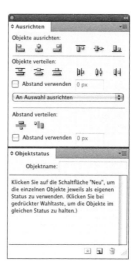

Abbildung 11.40: *Die Bilder liegen versetzt übereinander.*

Abbildung 11.41: *Die Bilder liegen passgenau übereinander.*

2. **Objektstatus erzeugen**

   Haben Sie nun die Rahmen aneinander ausgerichtet und alle markiert, rufen Sie die Palette **Objektstatus** aus dem Menü **Fenster/Interaktiv** auf. Hier klicken Sie nun auf das **Blatt**-Symbol und erzeugen dadurch ein **Objekt mit mehreren Status**.

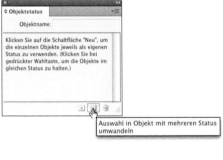

Abbildung 11.42: *Haben Sie alle Bilder ausgewählt, erzeugen Sie einen Objektstatus mit Klick auf das Blatt-Symbol.*

3. **Namen vergeben**

   Benennen Sie den **Objektstatus** sinnvoll, damit Sie später dieses Objekt durchblättern können. Per Klick auf die **Status** in der Palette können Sie den „*Bilderstapel*" testen.

Abbildung 11.43: *Vergeben Sie einen Namen und klicken Sie sich durch den „Stapel" des Objektes.*

4. **Neue Schaltfläche anlegen und formatieren**
   Legen Sie eine **Schaltfläche** an und öffnen Sie die Palette der **Schaltflächen**. Wählen Sie die Aktion **Gehe zu nächstem Status**.

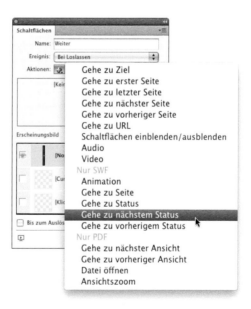

Abbildung 11.44: *Eine Schaltfläche dient nun zum Aufrufen der Status im „Bilderstapel".*

5. **Objekt zuweisen**
   Haben Sie mehrere **Objektstatus** in Ihrem Layout definiert, so wählen Sie anschließend unter **Objekt** Ihren gewünschten aus.

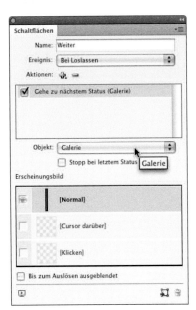

Abbildung 11.45: *Die Auswahl der Objekte mit verschiedenen Status erfolgt in der Schaltflächen-Palette.*

6.   Galerie testen

Abschließend rufen Sie die **Vorschau** auf, indem Sie in den Schaltflächen auf das **Symbol** unten links klicken. Die Vorschau wird geöffnet und zeigt den ersten Objektstatus. Per Klick auf die Schaltfläche blättern Sie nun in den nächsten Status um.

Optional können Sie nun auch noch eine weitere Schaltfläche ergänzen, die das *Zurückblättern* im „Bilderstapel" erlaubt. Beachten Sie bitte, das der Objektstatus ausschließlich in SWF-Dateien exportiert werden kann. Eine andere Ausgabe, etwa als PDF, ist nicht möglich.

11.8   Animationen

Brandneu in InDesign CS5 sind die Animationen. Wer jetzt denkt, dass es sich um komplexe Dialoge mit üppigen Voreinstellungen handelt, den dürfen wir positiv überraschen: InDesign hat die mit Abstand einfachste Bedienung für die Animation von Rahmen in der gesamten Creative Suite! Sogar die Adobe-Programmierer von Flash waren neidisch, dass ihnen InDesign mit diesem Werkzeug um eine Nasenlänge voraus ist. Der Vergleich ist natürlich unfair, schließlich lassen sich in InDesign Animationen nicht programmieren oder in einer Zeitleiste genau abspielen. Dennoch ist es verblüffend, wie gut Sie mit InDesign eine Animation gestalten können. Das Geheimnis: gute Animationsvorlagen – die von Flash „ausgeliehen" wurden – und eine Palette namens **Zeitpunkt**.

> **! Animationen sind nur etwas für das SWF**
> In diesem Abschnitt steht das PDF einmal ausnahmsweise nicht gut da: Animationen können nur als SWF exportiert werden! Animationen im PDF sind ansatzweise als Seitenübergang und per Video möglich.

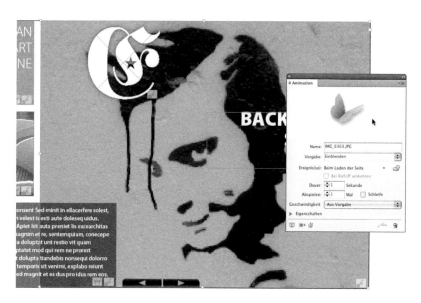

Abbildung 11.46: *Das große Bild im Hintergrund ist ausgewählt und wird per „Einblenden" animiert.*

Da die Animationen in einem Buch nur unzureichend dargestellt werden können, wollen wir Ihnen die wesentlichen Punkte zeigen, damit Sie die Anwendung verstehen. Wählen Sie zunächst die Palette **Animation** aus dem Menü **Fenster/Interaktiv**.

Für die **Animation** müssen Textrahmen und Bilder nicht in Schaltflächen umgewandelt werden, sondern Sie können einfach die Rahmen anwählen, die Sie animieren möchten! Wenn Sie ein Bild wählen, erscheint in der **Animationspalette** zunächt der **Name** der Bilddatei und ein **Schmetterlingssymbol**, das Ihnen die Art der Animation verdeutlichen soll, damit Sie nicht nach jedem Klick die Vorschau aufrufen müssen.

Die Vorgabe bietet alle erdenklichen Animationsarten, unter anderem das **Einblenden** oder **Hereinfliegen**, aber auch so alberne Dinge wie **Galoppieren** oder **Tanzen**. Entscheiden Sie sich für die Anmutung, die Sie erzielen wollen!

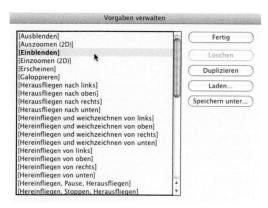

Abbildung 11.47: *Die Effekte können Sie im Palettenmenü der Animationen verwalten.*

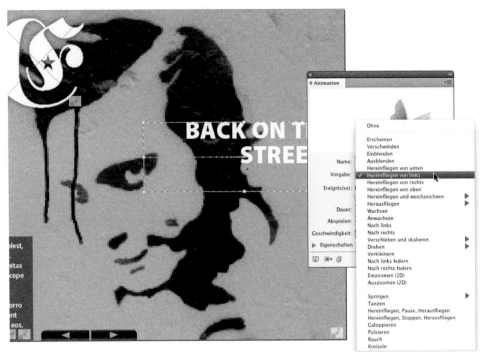

Abbildung 11.48: *Wählen Sie ihren Effekt aus.*

Wenn Sie einen Effekt verwenden, der über einen Animationspfad verfügt, so erscheint dieser mit einer *giftgrünen Vektorlinie*, z.B. beim **Hereinfliegen von links**. Per Doppelklick auf diesen Pfad können Sie die *Länge* bestimmen und die *Knotenpunkte* des Pfades bearbeiten.

Abbildung 11.49: *Per Doppelklick auf den Animationspfad wechseln Sie in die Pfadbearbeitung.*

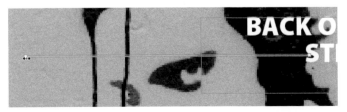

Abbildung 11.50: *Der Animationspfad wird nach links verlängert, so dass die Bewegung in der selben Zeit eine größere Strecke zurücklegt, also schneller wird.*

Bewegungen über den Bildschirm wirken oft eher störend. Damit diese jedoch wie „natürliche" Animationen wirken, können Sie unter der **Geschwindigkeit** in der **Animation**-Palette u.a. das **Abbremsen** einbauen. Dadurch bewegt sich der Rahmen zunächst schneller und zu Ende hin langsamer, als ob der Rahmen bis zur endgültigen Parkposition *abbremste*.

Abbildung 11.51: *Um physikalische Phänomene zu simulieren, gibt es das „Abbremsen" oder „Beschleunigen" von Bewegungen.*

Wenn Sie die Animationszeit (wenige Sekunden) noch für weitere Effekte nutzen wollen, um einen Rahmen zusätzlich zu bewegen, so können Sie die **Eigenschaften** aufklappen. Hier lassen sich während der Animation vom Anfangs- zum Endpunkt ein Skalieren oder ein Drehen einstellen – Ihr Rahmen bewegt sich also nicht nur von links nach rechts über den Bildschirm, sondern dreht sich noch einmal um die eigene Achse und vergrößert sich bis zum Endpunkt.

> **Bis zur Animation ausblenden**
>
> Damit keine störenden Effekte beim Abspielen einer SWF entstehen, sollten Sie bereits hier darauf achten, dass alle animierten Objekte, die zuvor unsichtbar sind, auch in der Sichtbarkeit auf „Bis zur Animation ausblenden" stehen. Das bedeutet, dass der Flash-Player diese Rahmen schon geladen hat, aber erst zum richtigen Zeitpunkt darstellt.

Abbildung 11.52: *Unter den Eigenschaften finden Sie weitere Optionen zum Animieren.*

Abbildung 11.53: *Alle Effekte im Überblick.*

11.8.1 Zeitpunkt wählen

Für das richtige „Timing" bei Animationen bietet InDesign mit der Palette **Zeitpunkt** Einstellungen an, um die *Reihenfolge* der animierten Rahmen einzustellen und mehrere Rahmen *gleichzeitig animieren* zu lassen. Zudem können Sie wählen, ob eine Animation grundsätzlich zu Beginn – beim Aufblättern der Seite – abgespielt wird, oder ob ein Mausklick die Aktion „Abspielen" auslöst.

Haben Sie mehrere Rahmen auf der Seite animiert, erscheinen diese in der Palette **Zeitpunkt**. Die Benennung erfolgt so, wie die **Schaltflächen**, **Bilder** und **Textrahmen** benannt sind. Textrahmen werden aus den ersten Wörtern ihres Inhaltes benannt – clever!

Wollen Sie mehrere Rahmen gleichzeitig animieren, so markieren Sie diese Rahmen in der Liste mit ⌘+Klick. Anschließend rufen Sie mit einem Klick auf das **Verketten**-Symbol **Gemeinsam abspielen** am unteren Rand rechts die Verbindung dieser Rahmen auf. Eine **eckige Klammer** um die verbundenen Rahmen erscheint.

Abbildung 11.54: *Die Effekte werden abgespielt, wenn Sie mit der Maus darüber fahren.*

Abbildung 11.55: *Um mehrere animierte Rahmen gleichzeitig abzuspielen, markieren Sie die Rahmen in der Liste und klicken Sie auf das Kettensymbol.*

Abbildung 11.56: *Rahmen werden entweder beim Aufruf der Seite (Beim Laden) animiert oder erst dann, wenn der Benutzer auf die Seite klickt.*

Die Reihenfolge der Rahmen legen Sie dagegen per *Drag&Drop* fest: Ziehen Sie einen Rahmen in der Liste von oben nach unten und lassen Sie ihn zwischen zwei anderen Rahmen fallen. So sortieren Sie ganz intuitiv die **Reihenfolge** der Animationen.

Abbildung 11.57: *Per Drag&Drop verschieben Sie die Reihenfolge der animierten Rahmen.*

Wenn Sie nun die Animation testen, indem Sie auf den unteren linken Button **Vorschau** klicken, können Sie anschließend in der Palette **Zeitpunkt** auch noch einige *Pausen* einbauen. Wählen Sie dazu den betreffenden Rahmen aus und geben Sie bei der **Verzögerung** den gewünschten Pausenwert ein. Schon geringe Werte unter einer Sekunde werden als Unterbrechung wahrgenommen!

11.9   Seitenübergänge

Das *Umblättern* in einer PDF-Datei ist ein einfaches Umschalten auf die nächste Seite. Doch so uncharmant muss eine Präsentation nicht sein, wie Sie in den nächsten Schritten sehen werden. Es geht auch mit weichen Übergängen und Effekten. Dazu bietet allein Acrobat mehrere Stile an. Auch InDesign kennt diese für die Präsentation von PDF- und SWF-Dateien. Die Seitenübergänge sind für jede einzelne Seite möglich; wir zeigen Ihnen, wie Sie einen Stil für alle Seitenübergänge verwenden. Bis auf eine Ausnahme können alle Stile sowohl für PDFs als auch für SWFs angewendet werden.

11.9.1   Seitenübergänge zuweisen

Wenn Sie mehrere Seiten angelegt haben, stellen Sie über die **Seiten**-Palette oder die Palette der **Seitenübergänge** die **Effekte** zum Umblättern der Seiten ein. Die Palette der **Seitenübergänge** ist an sich wenig funktional, da alle relevanten Funktionen auch in der **Seitenpalette** und im **Kontextmenü** erreicht werden können. Einzig die **Geschwindigkeit** und die **Richtung** des Effektes können Sie darin noch individuell einstellen. Die verschiedenen Effekte sind in der Vorschau des Druckbogens in einer Animation sichtbar.

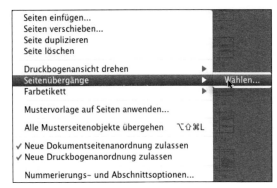

Abbildung 11.58: *Über das Kontextmenü der Seitenpalette können Sie die Seitenübergänge direkt auswählen.*

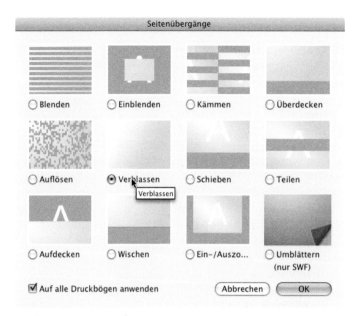

Abbildung 11.60: Das Umblättern ist mit Abstand die beliebteste Funktion.

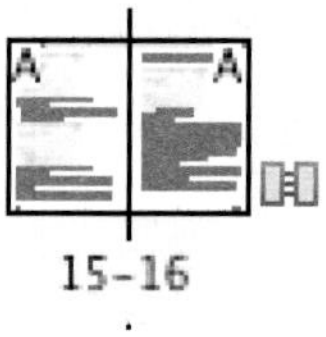

Abbildung 11.61: Der Druckbogen erhält das Zeichen mit einem Seitenübergang.

Abbildung 11.59: Die Effekte werden abgespielt, wenn Sie mit der Maus darüber fahren.

11.9.2 Seitenübergänge für SWF-Dateien

Alle Effekte der **Seitenübergänge** sind für später exportierte SWF-Dateien verfügbar. Der Effekt **Umblättern** ist exklusiv nur für Flash-Animationen möglich. Für diesen netten grafischen Spaß lohnt es sich, ein klassisches Printlayout im doppelseitigen Format mit diesem Effekt *umblättern* zu lassen. Das Umblättern einer einzelnen Seite wird dann wie in einem Magazin dargestellt. Exportieren Sie Ihr Layout als gesamten Druckbogen in das SWF-Format, wie Sie im folgenden Abschnitt sehen werden.

Abbildung 11.62: In der Palette der Seitenübergänge wählen Sie ggf. die Geschwindigkeit der Effekte.

Abbildung 11.63: Im Palettenmenü der Seitenübergänge wenden Sie einen Effekt auf alle Druckbögen an.

11.10 SWF-Export

Der Export in das **SWF**-Format („Shockwave") ist der Standard für animierte Grafiken aus InDesign, das ähnlich einer PDF- oder einer EPS-Datei ein geschlossenes Dateiformat darstellt. Die Inhalte – Bilder, Vektoren, Schriften, Texte, Skripte – liegen in *komprimiertem* Zustand vor. Somit ist eine SWF-Datei handlich wie ein PDF, jedoch nicht weiter editierbar, falls grafische Änderungen vorgenommen werden sollen. Hierzu bietet InDesign neben dem SWF-Format das **FLA**-Dateiformat an. Damit können Sie InDesign-Inhalte so exportieren, dass Sie in Flash ein neues Animationsprojekt öffnen und nachträglich die Inhalte – insbesondere Texte – ändern können. Da das **FLA**-Dateiformat nur einer Weitergabe der Layoutdaten für Flash darstellt, wollen wir den Fokus auf die Ausgabe als SWF-Datei legen.

> **Typografie und Schriftdarstellung in SWFs**
> Für die typografischen Formate in InDesign bedeutet eine Konvertierung in das SWF-Format eine erhebliche Umrechnung, da die Darstellung von Schriften im SWF-Format technisch anders umgesetzt wird. Diese Unterschiede der Text-Engine des Flash-Players gleicht InDesign beim Export der SWF-Datei allerdings mit Bravour aus. Auch viele feintypografische Details werden umgesetzt. Dabei steht es Ihnen frei, ob die InDesign-Texte in Flash-Texte übersetzt werden, oder ob daraus stattdessen Vektorpfade oder Rastergrafiken (Bitmaps) entstehen. Das Vektorisieren von Texten können wir Ihnen nicht empfehlen, da zum einen die Darstellung einer SWF-Datei am Monitor leidet, zum anderen wird die SWF-Datei unnötig groß, da vektorisierte Texte aus einem Vielfachen an Knotenpunkten bestehen. Werden Schriften verwendet, liegt jeder Buchstabenvektor nur einmal vor; die SWF-Datei wird entsprechend kleiner. Wenn Sie die Dateigröße unbedingt so klein wie möglich halten wollen, kann es vorteilhaft sein, wenn Sie alle Seiten bei der SWF-Ausgabe rastern, also in Bitmaps umwandeln. Damit werden keine Vektoren und Schriftangaben in die SWF-Datei übernommen.

Für die Ausgabe der SWF-Datei öffnen Sie das Menü **Datei/Exportieren...** und wählen im nachfolgenden Dialog das Format **Flash Player (SWF)**. In den nachfolgenden Dialogen stellen Sie die Ausgabe ein.

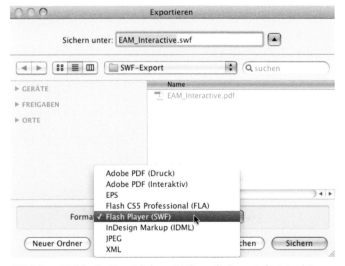

Abbildung 11.64: *Der Exportdialog zeigt Ihnen die Formate für interaktive Animationen.*

Die einzelne SWF-Datei wird durch das Programm Flash Player wiedergegeben. Dieses Programm ist jedoch hauptsächlich innerhalb der Internet-Browser als Erweiterung eingebaut, um Flash-Inhalte wiederzugeben. Daher können Sie im Exportdialog bereits eine HTML-Datei generieren, die letztlich nur eine Hülle für die SWF-Datei erzeugt.

Die Größe der SWF-Datei richtet sich zunächst nach dem Seitenformat. Wollen Sie mehrere Größen für unterschiedliche Anzeigegeräte und Monitorformate ausgeben, können Sie die Auflösung unter der Auswahl **Einpassen** selbst eingeben oder den **Skalierungsfaktor** wählen.

Die Seitenübergänge, die Sie im Layout definiert haben, werden für den Seitenwechsel mit exportiert. Zusätzlich kann das **interaktive Aufrollen der Seite eingeschlossen** werden, so dass der Benutzer mit gedrückter Maustaste die Seiten umblättern kann. Den Effekt sehen Sie in den nächsten Abbildungen.

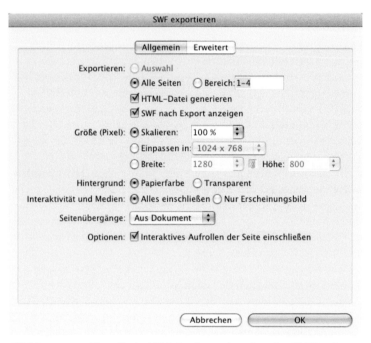

Abbildung 11.65: Wenn Sie eine HTML-Datei exportieren, kann Ihre SWF-Datei anschließend im Browser wiedergegeben werden.

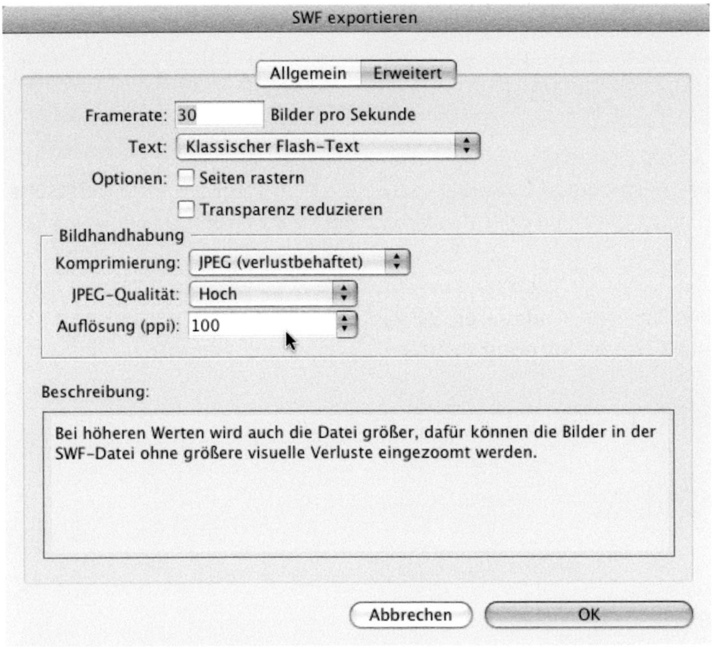

Abbildung 11.66: *Die Framerate können Sie höher als den InDesign-Standard von „24" wählen, ebenso die Auflösung.*

Unter der Rubrik **Erweitert** verstecken sich neue aber sehr wichtige Vorgaben. Diese Einstellungen sind mit denen der **Vorschau** weitestgehend identisch. Die **Framerate** – also die Anzahl der abgespielten Einzelbilder pro Sekunde – sollten Sie für die Wiedergabe möglichst flüssiger Animationen auf **30** einstellen.

> **Die Framerate ist ein Anhaltswert für den Flash Player**
> Anders als bei Videoproduktionen ist die Framerate die Optimalvorgabe für den Flash Player. Sind Animationen zu komplex und belasten den Grafikprozessor des Computers, so lässt der Player die Berechnung von Einzelbildern aus, damit der zeitliche Ablauf der Animation erhalten bleibt. Es kann dabei zu kurzen Unterbrechungen kommen. Je nach Performance der Animation schwankt also die Framerate.

Die **Auflösung** der SWF-Datei richtet sich an die *Bilder*, die für das SWF neu berechnet, komprimiert und eingebettet werden. Wählen Sie eine zu hohe Qualität, leidet die Abspielgeschwindigkeit darunter, zudem ist die SWF-Datei unnötig groß. Verwenden Sie daher für die **JPEG-Komprimierung** eine **hohe Qualität** und eine Auflösung von ca. **100 ppi**. Sollte die SWF-Datei zu groß sein, können Sie diese Werte nach Bedarf herabsetzen. Die exportierte Datei erscheint anschließend im geöffneten Browser, wenn Sie eine HTML-Datei mit exportieren. Tun Sie dies nicht, so müssen Sie die SWF-Datei „zu Fuß" mit einem geeigneten Programm öffnen.

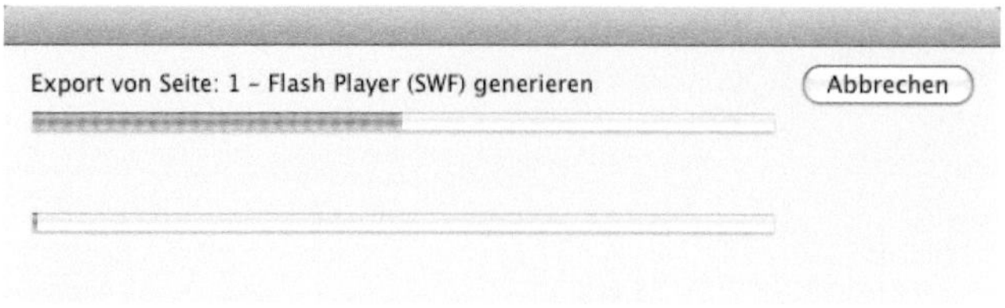

Export von Seite: 1 – Flash Player (SWF) generieren   (Abbrechen)

Abbildung 11.67: *Der Flash-Export als SWF ist kein Hintergrundprozess.*

Abbildung 11.68: *Das interaktive Aufrollen funktioniert an allen Ecken der SWF-Datei.*

Abbildung 11.69: *Interaktives Aufrollen auch unten rechts am Dokument.*

Abbildung 11.70: *Während der Wiedergabe können Sie in das Dokument einzoomen oder die Qualität einstellen.*

> **Hintergrund: Komprimierung**
>
> Für das Flash-Format werden nicht nur die Bildinhalte, vergleichbar zum PDF-Export, komprimiert, es können auch Vektoren so verrechnet werden, dass die Dateigröße schrumpft. Wie geschieht das? Da Vektoren auflösungsunabhängig sind, kann nur die Anzahl an Knotenpunkten reduziert werden. Für eine Monitordarstellung reichen diese vereinfachten Darstellungen aus. Die Dateigröße wird damit allerdings nur dann verringert, wenn im InDesign-Layout besonders viele komplexe Vektorgrafiken vorliegen.

11.10.1 Wiedergabe von SWF-Dateien

Im Web-Browser, im eigenständigen Flash Player sowie in der Adobe Bridge können SWF-Dateien dargestellt werden. Haben Sie im Exportdialog die Option **HTML-Datei generieren** angewählt, erstellt InDesign einen „HTML-Mantel", in dem die SWF-Datei geöffnet wird. Viele Browser benötigen diesen Mantel und können keine SWF-Datei einzeln wiedergeben. Für die Qualität der SWF-Datei ist die HTML-Datei jedoch nicht verantwortlich. Durch das auf Ihrem Computer installierte Flash-Browser-Plug-in können die SWF-Inhalte wiedergegeben werden. Wollen Sie eine SWF-Datei ganz ohne Browser für eine Präsentation erstellen, gibt es nun mehrere Möglichkeiten: Der Adobe Flash Player ist ein eigenständiges Programm, vergleichbar zu einem Film-Player auf dem Computer, und spielt Ihre SWF-Datei auch im Vollbildmodus ab, wenn Sie sie damit öffnen und dann den Tastenbefehl ⌘ + F aufrufen. Den „Standalone Player" oder „Projector" können Sie von Adobe.com herunterladen und anschließend installieren: **www.adobe.com/support/flash/downloads.html**.

SWF-Dateien werden auch in der Adobe Bridge dargestellt. Rufen Sie in der Bridge das Verzeichnis auf, in dem eine SWF-Datei liegt. Im Bereich **Vorschau** der Bridge wird die SWF-Datei bereits wiedergegeben. Im Präsentationsmodus jedoch erscheint keine weitere SWF-Darstellung oder Animation.

11.10.2 FLA-Export für Flash CS5 Professional

Für die spätere Verarbeitung der Animationen mit Flash CS5 Professional bietet InDesign den FLA-Export an, also die Ausgabe in das native Dateiformat für Flash. Dazu wählen Sie in den Exportvorgaben als **Format Flash CS5 Professional** aus.

Die Vorgaben für den Export ähneln im Wesentlichen den Einstellungen für das SWF-Format und bestimmen die **Größenanpassung** sowie die Textumwandlung. Neu in Flash CS5 ist der **TLF-Text**. Damit können Sie aus InDesign *ganze Textrahmen als Textobjekt* in Flash konvertieren, inklusive Umbruch der Textzeilen. Das erleichtert die nachträgliche Textkorrektur in Flash enorm.

Da Flash die **InDesign-Druckbögen** nicht kennt, werden die Seiten als **Bibliotheksobjekte** gespeichert. So bleibt die Seitensemantik für das Animationsprogramm erhalten. Animationen aus InDesign sind kompatibel mit Flash und werden direkt in Flash-Animationen umgewandelt. Alle *interaktiven Elemente* aus InDesign werden zu **Movieclips** exportiert.

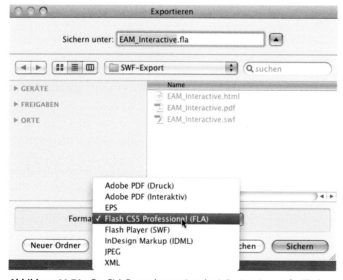

Abbildung 11.71: Der FLA-Export konvertiert das InDesign-Layout für Flash.

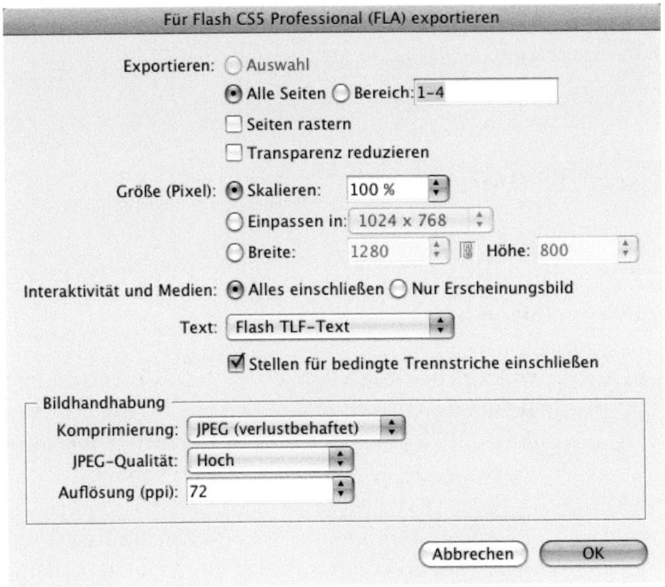

Abbildung 11.72: *Die Exporteinstellungen für die FLA-Datei ähneln denen beim SWF-Export.*

11.11 PDF-Export interaktiv

Die Ausgabe für interaktive Dokumente *ohne Animation* ist auch im Format **PDF** möglich. Dazu verwendeten Sie in früheren Fassungen den gleichen PDF-Export wie für Druckdokumente. Nun erlaubt InDesign CS5 den Export als **Adobe PDF (Interaktiv)**. Hierbei werden viele Einstellungen des herkömmlichen Dialogs überflüssig, da beispielsweise der Ausgabefarbraum grundsätzlich *sRGB* ist und selbstverständlich alle *Lesezeichen und Hyperlinks* mit exportiert werden sollen.

Rufen Sie im Menü **Datei/Exportieren…** den Dialog auf und wählen Sie das Dateiformat **Adobe PDF (Interaktiv)**. Nun erhalten Sie ähnliche Einstellungen wie beim SWF-Export.

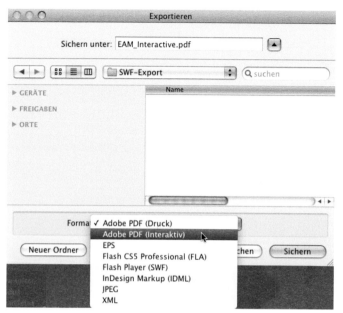

Abbildung 11.73: *Alternativ zum SWF-Export zeigt das PDF interaktive Inhalte an.*

Die Einstellungen sind übersichtlich und größtenteils selbsterklärend. Wenn Sie eine Präsentation im Vollbildmodus starten wollen, so aktivieren Sie die Option **Im Vollbildmodus öffnen**. Alternativ können Sie auch ein automatisches Umblättern nach einigen Sekunden einstellen, indem Sie die Option **Seiten wechseln nach** anklicken. Die Einstellungen zur Bildhandhabung sollten vergleichbar zur SWF-Datei gewählt werden, also sollten Sie eine **hohe JPEG-Qualität** für die Komprimierung wählen und die Auflösung auf **100 ppi** setzen. Niedrigere Auflösungen und Qualitäten führen zwar zu kleineren PDF-Dateien, führen jedoch zu einer schlechteren Wiedergabe der Datei.

> **Sicherheit im PDF**
> Wenn Sie sensible oder vertrauliche Daten präsentieren, können Sie über den Button „Sicherheit" Passwörter zum Öffnen und Ändern der Datei eingeben. Diese Sicherheit kann auch in Acrobat nachträglich eingestellt werden, damit die Datei vor unerlaubtem Zugriff geschützt wird.

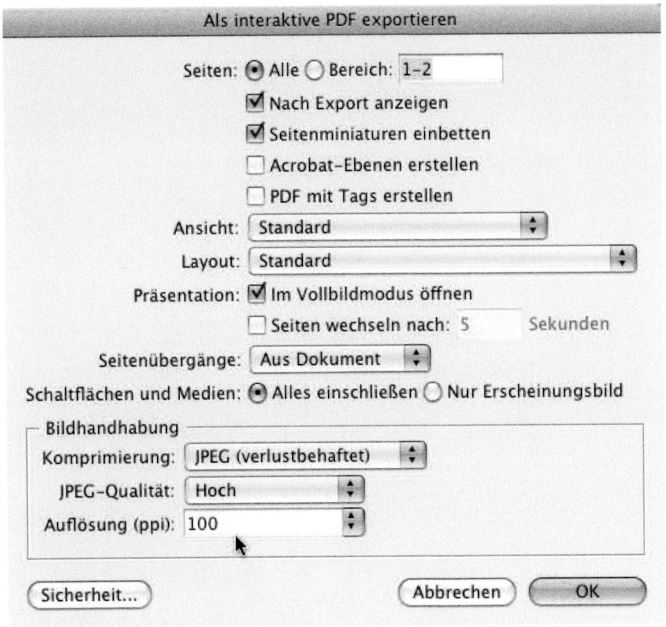

Abbildung 11.74: *Die PDF-Datei wird später im Vollbildmodus geöffnet.*

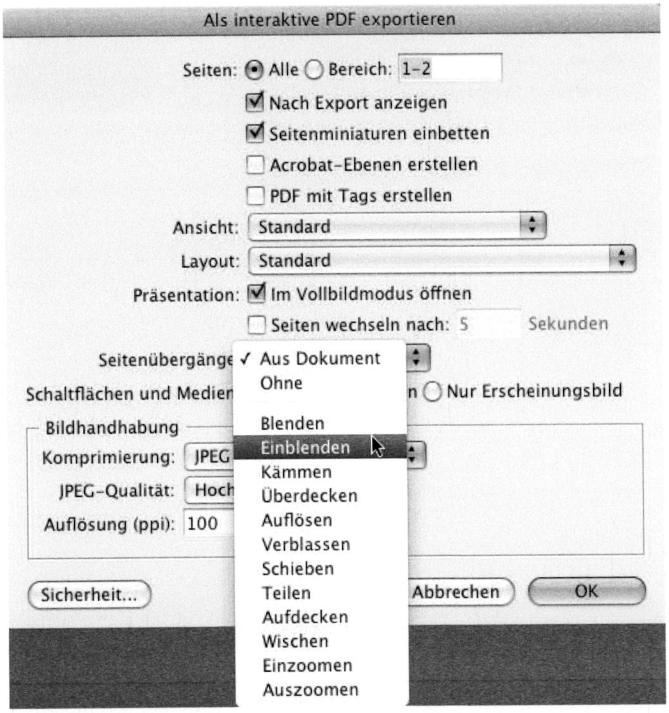

Abbildung 11.75: *Die Seitenübergänge können nachträglich zugewiesen werden.*

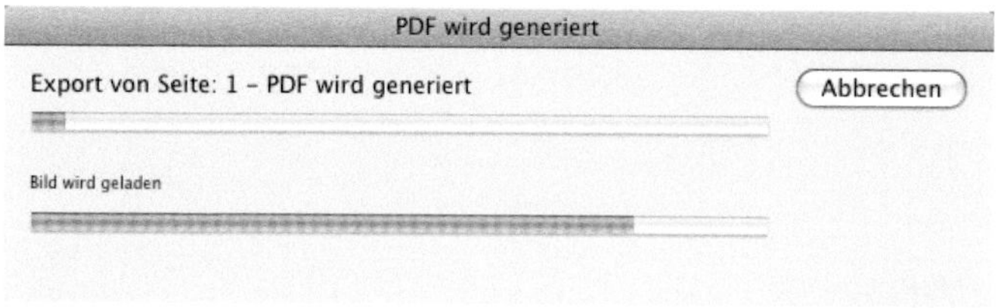

Abbildung 11.76: *Der Export für interaktive PDFs erfolgt nicht im Hintergrund.*

Abbildung 11.77: *Beim Öffnen des PDFs fragt en Acrobat oder Reader, ob die Datei im Vollbildmodus dargestellt werden soll.*

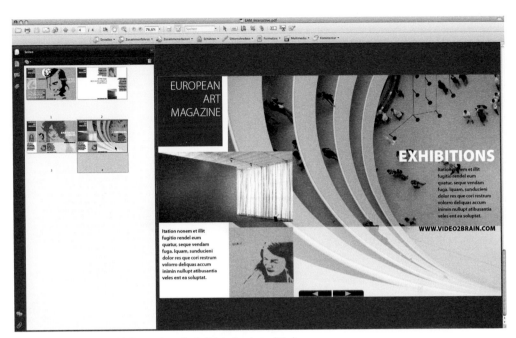

Abbildung 11.78: Das PDF ist auch nachträglich in Acrobat editierbar.

12 Redaktions-Workflow mit InCopy

Die Layoutabteilung eines Magazins gestaltet das Layout nach flexiblen Vorlagen, platziert Bilder, lässt Texte der Redaktion einfließen und stimmt die Korrekturen mit den Redakteuren ab. Diese hingegen arbeiten mit InCopy, einem Werkzeug nur für Textredakteure. Diese Software ist auch geeignet für Übersetzer, technische Redakteure oder Marketingabteilungen, die damit in den Textabschnitten des InDesign-Layouts arbeiten können.

> **Wozu InCopy?**
> Eine Magazinredaktion setzt sich aus Redakteuren, Layoutern, Fotografen und System-
> administratoren zusammen. Aufgrund dieses heterogenen Redaktionsteams entstehen für
> die redaktionelle Arbeit an einer Zeitung viele parallele Vorgänge. Gerade diesen Bedarf, den
> ein Layoutprogramm wie InDesign nicht allein bedienen kann, erfüllt Adobe InCopy. InCopy
> kann in unterschiedlichen Umgebungen eingesetzt werden, um entweder die Arbeit in
> einem kleinen Netzwerk zu ermöglichen oder aber ganze Zeitungs- und Magazinredaktionen
> zusammen mit einem Redaktionssystem wie Smart Connection von Woodwing oder K4 von
> vjoon zu verbinden.

InCopy wurde als *Textverarbeitungsprogramm* für Redaktionen entwickelt und beruht auf demselben Programmkern wie InDesign. Da InDesign modular aufgebaut ist, d.h. alle Werkzeuge
und Funktionen aus Plug-ins bestehen, die über den Programmkern angesteuert werden, wurden
für InCopy eigene Werkzeuge entwickelt. Die *Darstellungsqualität* von *Typografie* und *Farbe* ist
in beiden Programmen völlig identisch. Sowohl das Layout als auch die redaktionelle Arbeit
können parallel entstehen. Wir wollen Ihnen in diesem Kapitel zeigen, wie Sie die Dateien für
InCopy vorbereiten, wie die wesentlichen Schritte in InCopy aussehen und wie Sie die Inhalte in
InDesign wieder aktualisieren.

12.1   Begriffe und Dateiformate

Bevor wir in die Tiefen des Programmes und der Vorbereitung einsteigen, möchten wir Ihnen
einige Begriffe vermitteln, die ausschließlich im Zusammenhang mit Redaktionssystemen sowie
InCopy auftreten.

Begriff	Erläuterung
Textabschnitt	Aus mehreren Absätzen bestehender und zusammenhängender Textartikel, der sich in einem oder mehreren miteinander verketteten Textrahmen befindet
Aufgabe	Beschreibung einer Text- oder Layoutänderung für inhaltlich zusammenhängende Text- und Bildrahmen; der Aufgabe werden Textabschnitte zugeordnet
Aufgabenpaket	Exportierte Aufgabe inklusive der Textabschnitte und Seitenvorschauen als Dateipaket
Auschecken	Manueller Vorgang durch den Benutzer; ein Textabschnitt wird zur Bearbeitung ausge-checkt, erst danach ist die Bearbeitung möglich.
Einchecken	Manueller oder automatischer Vorgang durch den Benutzer oder InCopy; ein Textabschnitt wird nach der Bearbeitung wieder eingecheckt.
Verfügbar	Zustand eines eingecheckten Textabschnittes; Textabschnitt ist für alle Benutzer verfügbar; Inhalte des Textabschnittes können im Layout aktualisiert werden.
In Bearbeitung	Zustand eines ausgecheckten Textabschnittes; ein gleichzeitiges Bearbeiten desselben Textabschnittes durch einen anderen Benutzer ist während dieses Zustandes nicht möglich.
Veraltet	Ein Textabschnitt oder das Layout wurde bearbeitet, die Darstellung des Textinhaltes oder der Seitenvorschau ist nicht mehr aktuell.

Auf der technischen Seite des Redaktions-Workflows mit InDesign und InCopy werden Dateien erzeugt, die nur für diesen Zweck angelegt werden und nur mit InDesign oder InCopy bearbeitet werden können.

Dateiformat	Bezeichnung	Erläuterung
INDD	InDesign-Datei	Die InDesign-Datei mit den Layoutangaben, Absatzformaten und Verknüpfungen
ICML	InCopy-Markup-Language	Textabschnitt
ICMA	InCopy-Markup-Assignment	Aufgabendatei
ICAP	InCopy-Assignment-Package	Aufgabenpaket für InCopy
IDAP	InDesign-Assignment-Package	Aufgabenpaket für InDesign

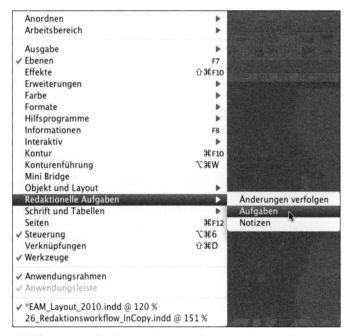

Abbildung 12.1: *Alle Paletten im Zusammenhang mit InCopy werden unter der Rubrik „Redaktionelle Aufgaben" zusammengefasst.*

12.2 Aufgaben definieren

Zu Beginn des Workflows gehen wir davon aus, dass es ein formatiertes InDesign-Layout mit Platzhaltertext oder bereits platzierten Texten gibt. In den ersten Schritten legen Sie **Textabschnitte** als **Aufgaben** für die Bearbeitung mit InCopy an. Diese Aufgaben können nachträglich um weitere Textabschnitte ergänzt werden.

1. **Textabschnitt einer Aufgabe hinzufügen**
   Wählen Sie zunächst markierte Rahmen aus und fügen Sie diese im Menü **Bearbeiten/InCopy** als Aufgabe hinzu.

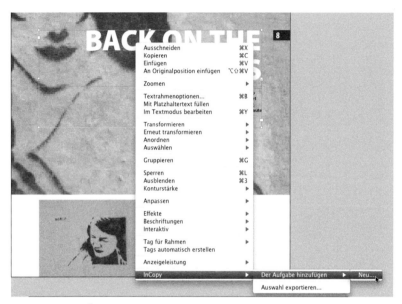

Abbildung 12.2: *Über das Kontextmenü fügen Sie die markierten Rahmen einer neuen Aufgabe hinzu.*

2. **Satzdatei speichern**
   Damit InDesign alle Dokumente inklusive Status verwalten kann, müssen Sie die Datei vor dem Anlegen der Aufgaben speichern.

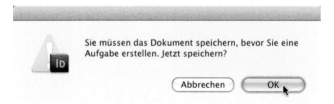

Abbildung 12.3: *Bevor die Aufgabe erstellt wird, muss InDesign speichern, damit der Status der Dokumente verwaltet werden kann.*

3. **Optionen für neue Aufgabe vergeben**
   Nachfolgend öffnet sich der Dialog für die **Neue Aufgabe**, in dem Sie einen Aufgabennamen festlegen. An dieser Stelle sehen Sie unter dem **Speicherort**, wo die **Aufgabendatei (*.icma)** und die dazugehörenden **Textabschnitte** abgelegt werden können. Die Ansicht der **zugewiesenen Druckbögen** wird in die Aufgabendatei übernommen.

Neue Aufgabe

Optionen

Aufgabenname: Doppelseite Titelstory

Zugewiesen:

Farbe: ☐ Hellblau

Speicherort für Aufgabendatei: (Ändern...)

Public:Kunden:Pearson Education:12_Text-Layout-
Workflow:demodateien:EAM_Layout_2010
Aufgaben:Doppelseite Titelstory.icma

Einschließen:
◯ Platzhalterrahmen
◉ Zugewiesene Druckbögen
◯ Alle Druckbögen
☑ Verknüpfte Bilddateien beim Verpacken

(Abbrechen) (OK)

Abbildung 12.4: *Die neue Aufgabe bezeichnen Sie mit einem geeigneten Namen. Das Feld „Zugewiesen" lassen Sie frei.*

! Aufgabenname

Bitte verwenden Sie für den Aufgabennamen keine Endlosbezeichnungen wie „Das ist die Aufgabe für Rudi Redakteur, also die von gestern nach dem Meeting". Auch Sonderzeichen wie z.B. „/" sollten Sie nicht verwenden, denn dieser Name wird später zu einem Dateinamen für das Aufgabenpaket und dort sind die Anzahl der Zeichen sowie die Auswahl der erlaubten Glyphen begrenzt.

! Zugewiesen: Nicht definierbar

Im Feld „Zugewiesen" legen Sie den Mitarbeiter oder das Ressort fest, der oder das die Aufgabe erhalten soll. In einem Redaktionssystem sind alle Benutzerinnen und Benutzer angemeldet und einem Ressort zugeteilt. Haben Sie keinen Server mit Redaktionssystem zur Verfügung, können Sie auch nichts eintragen bzw. Ihre Angaben in diesem Feld sind überflüssig.

4. Aufgaben-Palette verwalten

    Die angelegte Aufgabe erscheint nun in der Aufgaben-Palette. Wenn Sie die Aufgabe aufklappen, sehen Sie darin die zugewiesenen Textabschnitte.

> Textabschnitte nachträglich ergänzen

Wenn Sie später der Aufgabe weitere Textrahmen hinzufügen möchten, können Sie dies per Drag&Drop tun: Ziehen Sie einfach die Textrahmen aus dem Layout in die geöffnete Aufgaben-Palette. Anschließend meldet InDesign, dass die Aufgabe nicht mehr aktuell sei. Sie können diesen Zustand beheben, indem Sie im Palettenmenü der Aufgaben-Palette die Option „Alle Aufgaben aktualisieren" aufrufen.

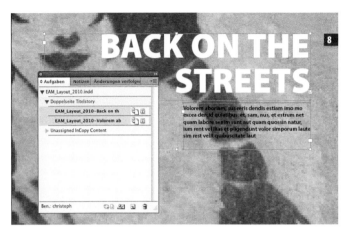

Abbildung 12.5: *Die Textabschnitte liegen nun in der Aufgaben-Palette vor.*

Abbildung 12.6: *Der Status der Textabschnitte ist nun „verfügbar", alle können auf den Textabschnitt im Netzwerk zugreifen.*

5. **Verknüpfungen prüfen**
    Öffnen Sie die Palette **Verknüpfungen**. Dort erscheinen die beiden Textabschnitte als ***icml**-Dateien. Somit ist klar, dass InDesign die Textabschnitte als Dateien auslagert, damit diese parallel zur geöffneten InDesign-Datei bearbeitet werden können.

> **Aufgabendatei und Textabschnitte in einem eigenen Ordner**
> Sobald Sie den Pfad für eine neue Aufgabe angeben, wird unter diesem Verzeichnis nicht nur die Aufgabendatei *.icma gespeichert, sondern auch in einem Unterverzeichnis die Textabschnitte *.icml. Wenn Sie also mehrere Aufgaben in einem Ordner speichern, werden die Textabschnitte in Ordnern sortiert und bleiben somit übersichtlich.

Abbildung 12.7: *In der Palette „Verknüpfungen" erscheinen die ausgelagerten Textabschnitte.*

> **Textabschnitte im Netzwerk bearbeiten**
> Die Schritte 1 bis 5 dienen dazu, Text und Layout voneinander zu trennen. Das Layout wird durch die InDesign-Datei beschrieben, die Textrahmen durch die Textabschnittsdateien. Wenn Sie mit anderen Mitarbeiterinnen und Mitarbeitern im Netzwerk arbeiten, können Sie jetzt mit InCopy direkt auf die Aufgabendateien oder die gesamte InDesign-Datei zugreifen. Beachten Sie dabei, dass die Aufgaben im Netzwerk an einem Ort abgelegt sind, auf den alle im Team zugreifen können.

12.3 Aufgabenpaket für InCopy

Sobald Sie die Aufgaben erstellt und die Textabschnitte zugewiesen haben, können Sie mit den nachfolgenden Schritten Aufgabenpakete für InCopy schnüren. Dabei haben Sie auch die Wahl, ob Sie das Paket als einzelne Datei „zu Fuß" an den Redakteur übermitteln oder stattdessen den E-Mail-Transfer bevorzugen.

1. **Aufgabe für InCopy verpacken**
   Sobald Sie alle Aufgaben angelegt und Textabschnitte hinzugefügt haben, können Sie die Aufgabe **für InCopy verpacken**, indem Sie über der Aufgabe das **Kontextmenü** aufrufen.

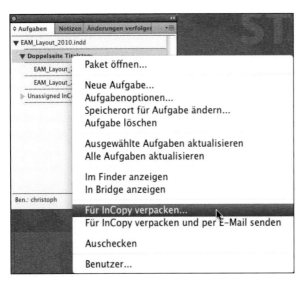

Abbildung 12.8: *So verpacken Sie die gewählte Aufgabe in der Aufgaben-Palette für InCopy.*

2. **Dateiort festlegen**

Speichern Sie das **Aufgabenpaket** (*.icap) unter einem geeigneten Ordner. Das Paket wird normalerweise wie die Aufgabe benannt. Sollten Sie Sonderzeichen im Aufgabennamen verwendet haben, so entfernen Sie diese bitte.

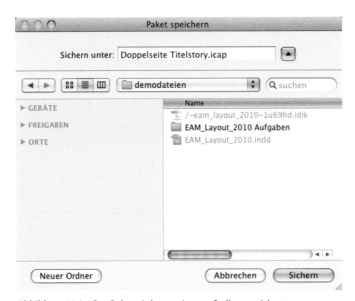

Abbildung 12.9: *Das Paket wird an geeigneter Stelle gespeichert.*

3. Status prüfen

Abschließend erkennen Sie in InDesign in der **Aufgaben**-Palette anhand des **Paket**-Symbols, dass die Aufgabe verpackt wurde. Darunter zeigen die **durchgestrichenen Bleistift**-Symbole an, dass Sie im Layout nicht mehr an den Textabschnitten arbeiten können.

Abbildung 12.10: *Die Aufgabe ist verpackt und verschickt.*

> **Aufgaben verpacken und per E-Mail versenden**
> Damit Ihre Aufgabe nicht nur verpackt, sondern auch gleich per E-Mail versendet wird, gibt es den passenden Eintrag im Paletten- und Kontextmenü der Aufgaben-Palette. Wählen Sie diese Option, so öffnet sich Ihr E-Mail-Programm mit der Paketdatei als Dateianhang.

Der Transport der Paketdatei (*.icap) ist Ihnen überlassen. Das Paket kann nun unabhängig von der InDesign-Datei verschoben, kopiert oder per Datenleitung transportiert werden. Bis zur Rückkehr der Paketdatei von InCopy bleiben die Textabschnitte im Layout gesperrt.

> **❗ Dieselbe InCopy-Version wie InDesign!**
> Um Inkompatibilitäten zwischen den Programmversionen und damit Abstürze zu vermeiden, sollten Sie immer darauf achten, in InDesign und in InCopy mit der aktuellen Update-Version zu arbeiten.

12.4 Textabschnitte auschecken

Nun können Ihre Übersetzerinnen und Redakteure dieses Aufgabenpaket mit InCopy öffnen. Das Aufgabenpaket lässt sich ganz einfach auf dem Arbeitsplatz oder Finder per Doppelklick in InCopy öffnen.

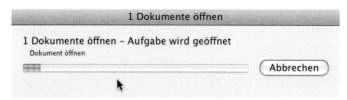

Abbildung 12.11: *Das Paket wird mit InCopy geöffnet.*

1. **Aufgabenpaket öffnen**
   Öffnen Sie das Aufgabenpaket mit einem Doppelklick und InCopy wird gestartet.

2. **Ansichten umschalten**
   Damit Sie sich gleich in InCopy orientieren, können Sie das geöffnete Aufgabenpaket in drei Ansichten umschalten. Die **Reiter oben links** in der Programmoberfläche von InCopy bieten die Darstellung als **Textabschnitt**, **Druckfahne** und **Layout**.

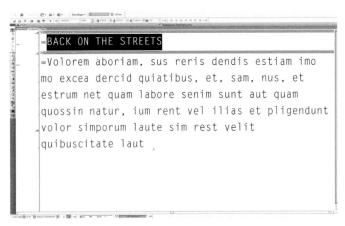

Abbildung 12.12: *Die Darstellung des Textabschnittes*

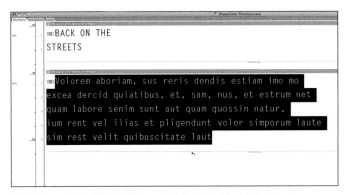

Abbildung 12.13: *Die Druckfahne zeigt die Umbrüche wie im Layout an.*

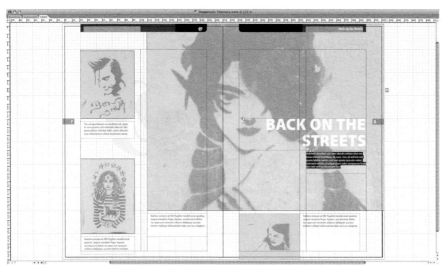

Abbildung 12.14: *Die Darstellung „Layout" zeigt alle gesperrten Rahmen in blasser Darstellung.*

3. **Aufgaben-Palette anzeigen**
Rufen Sie vergleichbar zu InDesign die Palette **Aufgaben** aus dem Menü **Fenster** auf.

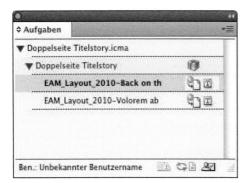

Abbildung 12.15: *Die Textabschnitte in der Aufgabe sind in InCopy „verfügbar".*

4. **Textabschnitt auschecken**
Wählen Sie die entsprechenden Abschnitte aus und klicken Sie rechts unten an der Ecke der Palette **Aufgaben** auf das Symbol **Auswahl auschecken**.

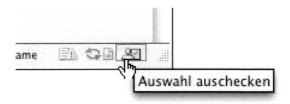

Abbildung 12.16: *Mit einem Klick werden die markierten Abschnitte ausgecheckt.*

5. **Optional: Auschecken provozieren**
   Alternativ zum vorherigen Schritt können Sie auch den Text in der Darstellung des Textabschnittes markieren und die **Entfernen**-Taste drücken. Nachfolgend fragt Sie InCopy, ob Sie
   den Abschnitt auschecken und anschließend bearbeiten wollen.

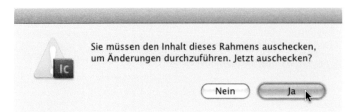

Abbildung 12.17: *Die „rabiate" Methode sieht vor, den Text im Textabschnitt
löschen zu wollen. Somit erhalten Sie gleich die Möglichkeit, den Text auszuchecken.*

6. **Benutzernamen eingeben**
   Anders als InDesign lässt InCopy erst dann eine Textänderung zu, wenn Sie sich als Benutzer
   zu erkennen gegeben haben.

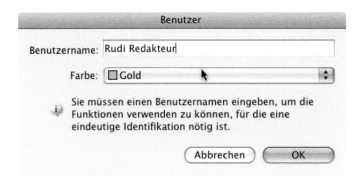

Abbildung 12.18: *Ihre echte E-Mail-Adresse ist anstelle eines besonders
witzigen Synonyms besser geeignet.*

7. **Text bearbeiten**
   Nach den vorherigen Schritten können Sie nun nach Herzenslust den Text in InCopy bear-
   beiten. Dazu stehen Ihnen umfangreiche Werkzeuge wie die **Änderungsverfolgung** zur
   Verfügung, die wir Ihnen bereits im Kapitel „Texte übernehmen" vorgestellt haben. Den
   Status der Bearbeitung erkennen Sie in der **Aufgaben**-Palette anhand des **Bleistifts**.

Abbildung 12.19: *Die einfachen Symbole sind größtenteils selbst erklärend – hier der Status der Bearbeitung eines Textabschnittes.*

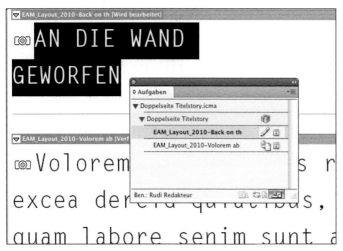

Abbildung 12.20: *Der neue Text wird eingegeben.*

8. **Bearbeitung abschließen**

Sobald Sie mit der Änderung des Textes fertig sind, können Sie den Abschnitt wieder einchecken. Dazu haben Sie zwei Möglichkeiten: Entweder klicken Sie auf das **Symbol** unten rechts an der Aufgaben-Palette **Auswahl einchecken** oder Sie rufen das **Palettenmenü** auf und wählen die Option **Alle einchecken**.

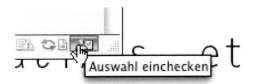

Abbildung 12.21: *Änderungen werden übernommen und wieder eingecheckt.*

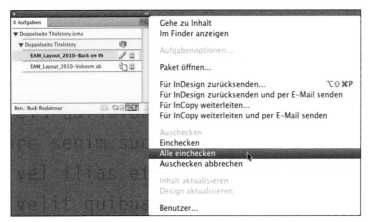

Abbildung 12.22: *Schnell und einfach dient dagegen die Methode „Alle einchecken"
dazu, auch andere noch ausgecheckte Abschnitte wieder einzuchecken.*

Die Arbeiten am Text können Sie nun in InCopy weiter fortführen. Dazu checken Sie immer
zunächst den Textabschnitt aus und anschließend wieder ein.

12.4.1 Übersatz erkennen

Während der Textbearbeitung in InCopy können Sie auch die typografischen Formate zuweisen, die in InDesign bereits angelegt worden sind. Dazu öffnen Sie die Palette **Fenster/Formate/
Absatzformate**.

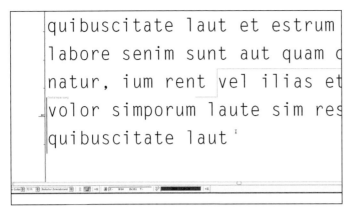

Abbildung 12.23: *Übersatz wird mit roten Markierungen entlang der Zeilen hervorgehoben.*

Den *Übersatz* während der Textbearbeitung erkennen Sie in jeder der drei Darstellungsarten Textabschnitt, Druckfahne und Layout anhand eines **grünen, violetten** oder **roten Anzeigefeldes. Violett** bedeutet, dass der Textrahmen weitere Textzeilen und Glyphen aufnehmen kann – er hat „*Untersatz*". **Rot** dagegen erscheint das Anzeigefeld, wenn zu viele Zeichen im Textrahmen erscheinen – es entsteht „*Übersatz*". **Grün** stellt den Zustand dar, wenn der Text den Rahmen komplett ausfüllt.

> **Weitere Funktionen von InCopy**
> Nicht alle Werkzeuge von InCopy finden Platz in diesem Buch. Daher empfehlen wir Ihnen, dass Sie sich eingehend mit dem Programm beschäftigen. Viele Werkzeuge funktionieren identisch zu InDesign, besonders die Änderungsverfolgung, die Anwendung von Absatz- und Zeichenformaten, die Verwaltung von Verknüpfungen und das Angeben von Metadaten. Näheres dazu finden Sie in der Programm-Hilfe von InCopy und im Internet im Video-Kanal von Adobe tv.adobe.com/de, in dem InDesign-Produkt-Manager Michael Ninness eine umfangreiche Einführung zeigt.

12.5   Aufgabenpaket für InDesign

Sind die Änderungen in InCopy abgeschlossen, so können Sie nun – vergleichbar mit InDesign – ein Aufgabenpaket aus InCopy für InDesign exportieren. Dieses Aufgabenpaket wird an InDesign „zurückgesendet", damit die Textänderungen im Layout aktualisiert werden können.

Alternativ dazu gibt es auch die Möglichkeit, das Aufgabenpaket nicht für InDesign, sondern für einen weiteren InCopy-Arbeitsplatz „weiterzuleiten". Somit entsteht eine ganze Korrekturkette mit InDesign und InCopy.

1. **Aufgabenpaket zurücksenden**
    In der **Aufgaben**-Palette von InCopy wählen Sie die Aufgabe aus und rufen das **Kontextmenü** auf. Hier finden Sie die Option **Für InDesign zurücksenden…**, mit der Sie ein InDesign-Aufgabenpaket als ***.idap** speichern.

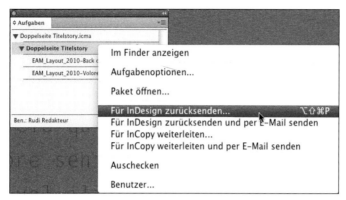

Abbildung 12.24: *Das Kontextmenü bietet wieder einmal hilfreiche Funktionen für die Zusammenarbeit mit InDesign.*

2. **Paket speichern**
   Anschließend können Sie den Ort des Paketes und den Namen festlegen. Hier sollten Sie jedoch keinen anderen Namen als den vorgeschlagenen eingeben.

Abbildung 12.25: *Das InDesign-Paket wird als *.idap gesichert.*

Sobald Sie die Schritte vollzogen und ein Paket gespeichert haben, wird Ihr aktuelles Aufgabenpaket geschlossen. Dies ist eine Vorsichtsmaßnahme von InCopy, denn wenn Sie schon ein Aufgabenpaket für InDesign verpacken, ist das vermutlich ein endgültiger Arbeitsschritt.

> **⚠ Aufgabenpakete erneut öffnen**
> InCopy schließt zwar ein Aufgabenpaket, sobald ein InDesign-Paket zurückgesendet wird, damit keine Änderungen mehr vorgenommen werden können, doch das erste Aufgabenpaket für InCopy kann nach wie vor mit InCopy erneut geöffnet und als Aufgabenpaket für InDesign gespeichert werden. Dies sollten Sie definitiv nicht tun, da Ihr Workflow einen klaren Bruch erhält und nicht mehr nachvollzogen werden kann, welches InDesign-Paket auf Basis welcher InCopy-Änderungen basiert. Halten Sie die Schritte von InDesign zu InCopy und wieder zurück streng ein, sofern Sie kein Redaktionssystem mit diesen Sicherheitsaufgaben betrauen.

12.6   Inhalte aktualisieren

Die letzten Schritte in InDesign sind nun einfach und erinnern an das Aktualisieren verknüpfter Bilder. Sie öffnen das InDesign-Aufgabenpaket *.idap mit InDesign. Anschließend sucht das Aufgabenpaket nach der gewünschten InDesign-Datei. Die geänderten Textabschnitte können anschließend aktualisiert werden, so dass das Layout wieder auf dem neuesten Stand ist.

1.   **Aufgabenpaket öffnen**
     Rufen Sie die Paketdatei *.idap mit InDesign auf. Anschließend öffnen Sie die **Aufgaben**-Palette in InDesign. Die Textabschnitte werden als **veraltet** dargestellt.

Abbildung 12.26:   *Die geänderten Textabschnitte werden in den Aufgaben markiert.*

2.   **Verknüpfungen öffnen**
     Parallel zur Aufgaben-Palette können Sie in der Palette der **Verknüpfungen** anhand der **gelben Dreiecke** sehen, dass die Textabschnittsdateien (*.icml) aktualisiert werden müssen.

3.   **Inhalte aktualisieren**
     Rufen Sie in der Palette **Aufgaben** mit einem Klick auf das Symbol **Inhalt aktualisieren** die neue Fassung des Textes auf. Anschließend werden die neuen Textinhalte im Layout dargestellt.

Abbildung 12.27: *Das Paket wird an geeigneter Stelle gespeichert.*

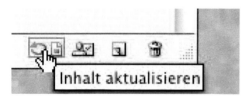

Abbildung 12.28: *Mit einem Klick werden die Textinhalte aktualisiert.*

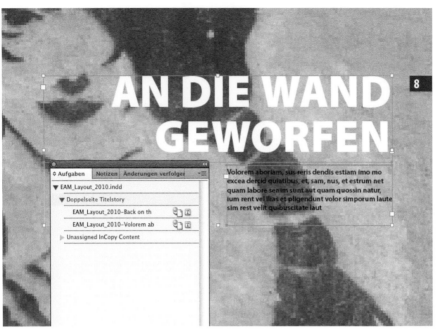

Abbildung 12.29: *Der neue Inhalt wird angezeigt.*

Die Schritte, ein Aufgabenpaket für InCopy zu exportieren, mit InCopy zu bearbeiten und an InDesign wieder zurückzusenden, können nun endlos wiederholt werden. Bei der Erstellung von Aufgabenpaketen ist jedoch ein wenig Sorgfalt sinnvoll: Löschen Sie nach jedem Aktualisieren der Aufgabenpakete die **Paketdateien *.idap** und ***icap**.

12.7 Verknüpfungen aufheben

Wollen Sie den Austausch mit InCopy beenden, so ist es nicht mehr nötig, weiterhin die Textabschnitte als externe Aufgabendateien zu verwalten. Sie können die Verknüpfungen zu den Textabschnittsdateien aufheben und die Aufgaben löschen.

Rufen Sie dazu die **Aufgaben**-Palette auf und wählen Sie über der aktuellen Aufgabe aus dem Kontextmenü **Aufgabe löschen**. Somit wird die definierte Aufgabe entfernt. Dabei wird auch die erstellte Aufgabendatei ***.icma** aus dem angegebenen Verzeichnis entfernt.

Die *Verknüpfungen* zu den externen Textabschnitten ***.icml** löschen Sie, indem Sie ebenfalls in der Aufgaben-Palette die Textabschnitte markieren und aus dem Kontextmenü die **Verknüpfung mit Inhalt aufheben**. Dabei werden die ausgelagerten Dateien im Format *.icml* nicht gelöscht, sondern sie bleiben an ihrem Platz. Wir empfehlen Ihnen, auch diese Dateien manuell zu entfernen, damit Sie keine alten „Datenreste" produzieren.

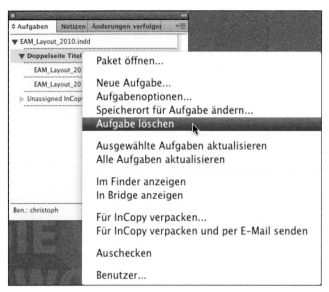

Abbildung 12.30: *Abgeschlossene Aufgaben können über das Kontextmenü gelöscht werden.*

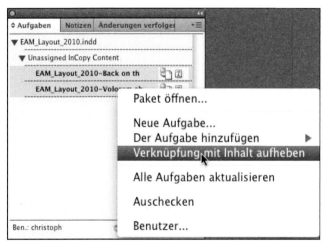

Abbildung 12.31: *Ausgelagerte Textabschnitte (*.icml) für InCopy können nachträglich wieder als Text in das Layout integriert werden, dabei wird die Verknüpfung vom Text zur Abschnittsdatei aufgehoben.*

> **InCopy-Plug-in „CtrlCrossTalk"**
> Wenn Sie die Arbeitsweise in InCopy verbessern und das Einchecken und Auschecken vermeiden wollen, so bietet das InCopy-Plug-in „CtrlCrossTalk" diese Funktionalität. Mehr zu diesem kostenpflichtigen Plug-in finden Sie auf der Internetseite des deutschen Distributors Impressed: www.impressed.de.

12.8 Redaktionssysteme auf Basis von InDesign und InCopy

Die Verwaltung der InDesign- und InCopy-Daten sowie die Freigabe auf Server-Verzeichnisse und andere Aufgaben erledigt ein *Redaktionssystem*. Von einer einfachen Netzwerkverwaltung bis hin zu einem komplexen Content-Management-System mit Definition und Verfolgung der Arbeitsprozesse sind Lösungen erhältlich. Zudem wurden diese Redaktionssysteme für die Ausgabe auf mobilen Geräten wie dem *iPad* erweitert, so dass Sie mit InDesign Layouts erstellen, die später direkt auf dem iPad als „App" wiedergegeben werden können.

12.8.1 Woodwing Smart Connection Enterprise

Die Datenablage zwischen InDesign und InCopy kann über einen File-Server erfolgen. Die Übergabe der Dateien vom Server zu InDesign oder InCopy erfolgt über das Plug-in *Woodwing Smart Connection*, das in einer Pro(fessional)- und einer Enterprise-Version erhältlich ist. Die Pro-Version stellt in Verbindung mit InDesign und InCopy ein vollständiges Redaktionssystem dar. Die Enterprise-Version ist als datenbankgestützte High-End-Lösung für große Redaktionen gedacht, mit der Redakteurinnen und Redakteure über das Internet auf die Daten im Redaktionssystem zugreifen und in einem Webeditor Änderungen vornehmen können. Darüber hinaus ist es sogar möglich, eine Vorschau der neuen Fassung über das Internet zu berechnen, so dass also eine Textbearbeitung für kurze Nachrichten mit InCopy fast überflüssig wird.

SmartConnection installiert eine neue Palette in der Oberfläche von InDesign, über die Sie den Status der aktuellen Layoutdokumente abfragen können. Auch eine rein visuelle Darstellung der einzelnen Seiten ist möglich. Ist ein Dokument in einem Arbeitsschritt fertig, stellen Sie nur den Status um, und der nächste Arbeitsplatz, der beispielsweise die Textkorrektur durchführt, wird über das Redaktionssystem benachrichtigt.

SmartConnection wird weltweit eingesetzt; im deutschsprachigen Raum arbeiten beispielsweise die Verlagshäuser Axel Springer, Ringier Print sowie Delius Klasing mit dieser Lösung.

Weitergehende Informationen und einen Vergleich der Funktionen dazu erhalten Sie im Internet unter www.woodwing.com, www.woodwing.com/smartconnect.htm. Die Internetseite www.scenterprise.de bietet zudem eine deutschsprachige Anleitung, Beispiele aus der Praxis sowie die Benutzung eines Live-Servers in Verbindung mit InDesign und InCopy, so dass Sie selbst mit einer Demoversion von InDesign, InCopy und SmartConnection Enterprise das Zusammenspiel testen können.

Distributor für Deutschland, Österreich und Schweiz ist die Impressed GmbH, Hamburg: www.impressed.com. Systemintegratoren übernehmen die Aufgabe der Projektumsetzung beim Kunden vor Ort. Nähere Informationen dazu erhalten Sie beim Distributor.

12.8.2 vjoon K4 Crossmedia Plattform

Für die typischen Anforderungen im Redaktionsalltag hat die Hamburger Softwarefirma vjoon (vormals Softcare) das K4- und das K2-Redaktionssystem entwickelt, die ebenso mit InDesign als Layout-Tool und InCopy als Texteingabe zusammenarbeiten. In den wesentlichen Funktionen unterscheiden sich die Lösungen von Woodwing und vjoon nicht, jedoch arbeiten beide Systeme mit einer grundverschiedenen Software-Architektur.

K4 wird u.a. in den Redaktionen der Magazine Capital, Focus und Playboy eingesetzt. Alle Dokumente werden auch hier zentral auf einem Server verwaltet und für Veränderungen ausgecheckt, d.h., die Bearbeitung erfolgt nur an einem Arbeitsplatz.

Die aktuelle Ausgabe von K4 unterstützt die Zusammenarbeit von InDesign und InCopy, zeigt einen Dokumentstatus nicht nur für Layoutdateien, sondern auch für Bilder oder Anzeigen an. Zusätzlich können auch Office-Dokumente aus Microsoft Word und Excel eingebunden werden. Infos unter www.vjoon.de/produkte/vjoon-k4-crossmedia-plattform. Leider wird von K4 keine Demoversion angeboten.

Über die K4-Systemintegratoren werden eine Anpassung sowie die Schulung an die Bedürfnisse von Verlagshäusern oder Redaktionen durchgeführt. Näheres erfahren Sie direkt vom Hersteller.

12.9 Texte aus Buzzword platzieren

Sollen Texte im Layout platziert und durch eine Redakteurin oder einen Übersetzer korrigiert werden, so verwenden Sie entweder das **Platzieren** und **Verknüpfen** von Word-Dateien oder Sie definieren **Textabschnitte** für InCopy. Als Alternative können Sie mit InDesign CS5 Ihre Textabschnitte für die Internetapplikation **Buzzword** exportieren, so dass eine Bearbeitung des Textes über das Internet möglich wird.

Dazu benötigen Sie und Ihr Redakteur jeweils einen Zugang zum Internetdienst **Adobe CS Live**, über den Sie die Textabschnitte miteinander austauschen. Entweder legen Sie unter Ihrem Zugang eine neue Textdatei in Buzzword an oder Sie exportieren die Textabschnitte für Buzzword aus InDesign. Anschließend geben Sie die Texte, dann unter Ihrem Zugang, den anderen Teilnehmern frei. Wir wollen uns in diesem Abschnitt auf den – mit InCopy vergleichbaren – Arbeitsprozess konzentrieren, die Textabschnitte zunächst zu exportieren und anschließend zu aktualisieren.

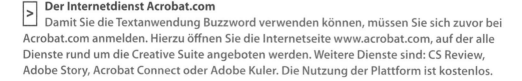

> **Der Internetdienst Acrobat.com**
> Damit Sie die Textanwendung Buzzword verwenden können, müssen Sie sich zuvor bei Acrobat.com anmelden. Hierzu öffnen Sie die Internetseite www.acrobat.com, auf der alle Dienste rund um die Creative Suite angeboten werden. Weitere Dienste sind: CS Review, Adobe Story, Acrobat Connect oder Adobe Kuler. Die Nutzung der Plattform ist kostenlos.

> **Was ist Buzzword?**
> Buzzword ist eine reine Online-Anwendung, die nur innerhalb der Plattform Acrobat.com und CS Live aus InDesign zu erreichen ist. Buzzword ist eine Flash-Applikation, die in einer Flex-Umgebung geladen wird. Vergleichbar zu anderen Online-Programmen wie Google Docs kann Buzzword nicht unabhängig von CS Live betrieben werden. Adobe versucht auf diese Weise, nützliche Dienste kostenlos anzubieten, die die Creative Suite ergänzen. Für den nordamerikanischen Raum werden auch kostenpflichtige Dienste angeboten.

12.9.1 Einige CS-Live-Dienste der Plattform Acrobat.com im Überblick

Dienst	Verwendungszweck	geeignet für...
Browser Lab	Simulation von Browsern unterschiedlicher Generation für die Darstellung einer Internetseite	Webdesigner
CS Review	Online-Kommentierung von Bild- und Videodateien	Kleine vernetzte Arbeitsgruppen
Acrobat Connect	Konferenztechnik zum Präsentieren von PDFs für maximal drei Teilnehmer (wer Konferenzen mit mehreren Teilnehmern durchführen möchte, benötigt einen kostenpflichtigen Zugang)	Kleine vernetzte Arbeitsgruppen
Adobe Kuler	Austausch von Farbzusammenstellungen (nur RGB) in Illustrator, Photoshop, Flash und InDesign	Illustratoren, Webdesigner
Adobe Story	Textanwendung für die Erstellung von Drehbüchern, die in Premiere Pro und AfterEffects verwendet werden	Video und Motion Designer

12.9.2 Adobe CS Live-Zugang einrichten

Für einen Zugang bei CS Live müssen Sie nichts weiter tun, als sich auf der Internetseite www.acrobat.com anzumelden. Klicken Sie auf „Konto einrichten" und folgen Sie den weiteren Anweisungen. Dabei geben Sie einen Benutzernamen – in der Regel Ihre E-Mail-Adresse – sowie ein Passwort an. Anschließend erhalten Sie eine E-Mail, die Sie bestätigen müssen. Anschließend können Sie die CS Live-Dienste nutzen.

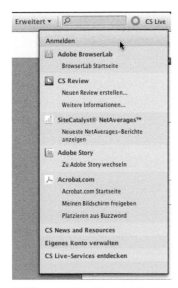

Abbildung 12.32: *Direkt in InDesign finden Sie die CS Live-Dienste am oberen rechten Rand des Programmfensters.*

> **Adobe ID nutzbar**
>
> Sofern Sie sich schon einmal auf der Website von Adobe.de angemeldet haben, um eine Demoversion u.a. von InDesign herunterzuladen, wurden Sie aufgefordert, eine Adobe ID einzurichten. Diese Zugangsdaten können Sie auch auf Acrobat.com nutzen.

> **Verwirrende Bezeichnung**
>
> Adobe ist nicht nur bekannt für professionelle Software, sondern auch für die Erfindung von Worthülsen aus der Marketingabteilung. Darunter fallen auch „Acrobat.com" und „CS Live". Was hat nun Acrobat mit Internetdiensten zu tun? Adobe versucht, sich über das besonders im Geschäftsumfeld beliebte Produkt für Bezahldienste ins Spiel zu bringen, bei denen man u.a. auch PDF-Dateien aus Office-Dateien über das Internet erstellen kann. Während „Acrobat.com" die Plattform darstellt, auf der Sie Dienste wie eine Online-Konferenz mit Flash-Technik nutzen können, beschreibt CS Live die direkte Einbindung in die Creative Suite. Wir sind der Meinung, dass es keine weitere Worthülse für die sinnvollen Techniken gebraucht hätte.

12.9.3 Textabschnitt exportieren

Nach der Anmeldeprozedur beschreiben wir Ihnen, wie Sie aus dem Layout Textabschnitte exportieren, die dann von Ihnen in Buzzword freigegeben und von anderen korrigiert werden können. Wechseln Sie dazu auf das Textwerkzeug und markieren Sie dazu bitte einen Textabschnitt, den Sie exportieren wollen. Nur der markierte Text wird als Textabschnitt von InDesign verwendet!

Öffnen Sie das Menü **Datei/Exportieren in/Buzzword**. Anschließend werden Sie aufgefordert, sich bei CS Live anzumelden. Klicken Sie auf **Anmelden** und geben Sie Ihre E-Mail-Adresse und Ihr Passwort für Acrobat.com ein.

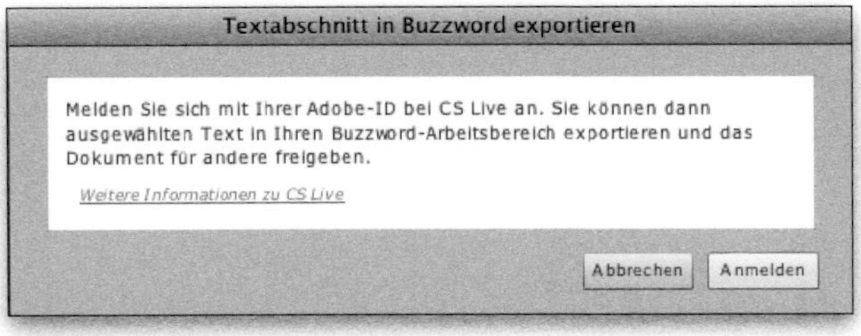

Abbildung 12.33: *Um einen Textabschnitt zu exportieren, müssen Sie sich zunächst bei CS Live anmelden.*

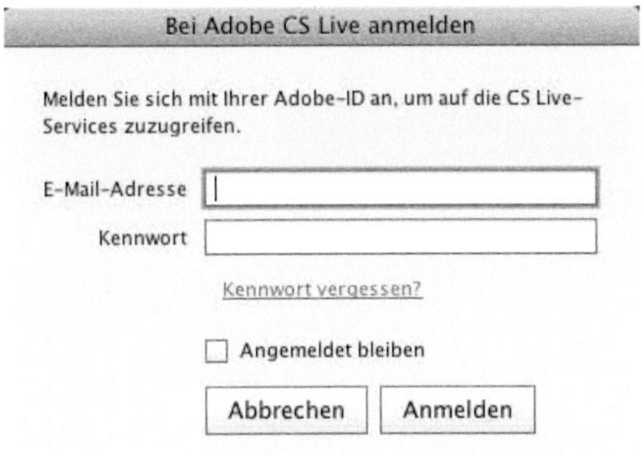

Abbildung 12.34: *Melden Sie sich mit Ihren Zugangsdaten an.*

Nun können Sie Ihren Textabschnitt benennen und in Ihren Bereich unter Acrobat.com hochladen. Sobald Sie die Namensvergabe abgeschlossen haben, wird Ihr Standard-Browser geöffnet, die Plattform Acrobat.com aufgerufen und der Anmeldevorgang durchgeführt.

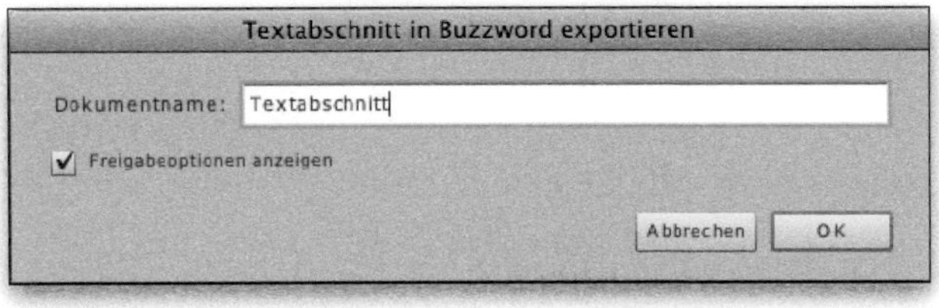

Abbildung 12.35: *Geben Sie einen Dateinamen für den Textabschnitt ein, der für Buzzword exportiert werden soll.*

12.9.4 In Buzzword bearbeiten

Den hochgeladenen Textabschnitt finden Sie auf **Acrobat.com** in der Ansicht **Dateien** wieder. Die Ansicht können Sie nach den Kriterien **Änderungsdatum**, **Dateiname** oder **Dateityp** sortieren. Darin öffnen Sie den Text mit Buzzword und geben diese Datei für andere Anwender frei. Dazu klicken Sie rechts neben dem Dateinamen in das Drop-down-Menü und rufen **Öffnen** auf. Der Textabschnitt wird nun in **Buzzword** dargestellt.

> **Arbeitsbereich einrichten und freigeben**
>
> Wenn Sie in Projekten arbeiten, in denen mehrere Dateien ausgetauscht werden müssen, empfehlen wir die Erstellung eines „freigegebenen Arbeitsbereiches". Diesen Arbeitsbereich mit allen darin hochgeladenen Dateien können Sie insgesamt für andere Nutzer freigeben. So entfällt das Freigeben einzelner Dateien. In Ihrem Zugang bei Acrobat.com können Sie nur einen kostenfreien Arbeitsbereich anlegen.

> **Mehr als einen Arbeitsbereich nutzen**
>
> Wollen Sie weitere Arbeitsbereiche nutzen, so benötigen Sie einen kostenpflichtigen Zugang zu Acrobat.com. Um diesen bei Adobe zu „abonnieren", müssen Sie einen Wohnsitz in Nordamerika angeben. Das ist kein Scherz! Leider bietet Adobe die Dienste nicht für den Rest der Welt an, schade!

Abbildung 12.36: In der Ansicht greifen Sie auf alle Dateien zu, öffnen Textdateien oder geben Dateien für andere Nutzer frei.

Buzzword ist eine sehr einfache Textverarbeitung, die im Vergleich zu InDesign keine Absatzformate o.Ä. kennt. Der Textabschnitt wird als Textdokument ähnlich zu Word wiedergegeben. Für die korrekte Rechtschreibung wird Ihr Text durch eine dynamische Rechtschreibprüfung untersucht und fehlerhafte Wörter werden rot unterlegt. Das zugrunde liegende Wörterbuch ist zunächst **English USA**. Damit Sie auch deutsche Texte verarbeiten können, wählen Sie in Buzzword im Bereich rechts unten mit einem Klick auf die rot unterlegte Ziffer (die Anzahl der fehlerhaften Wörter) das aktuelle Wörterbuch und öffnen so die Voreinstellung für die Rechtschreibprüfung.

Abbildung 12.37: In Buzzword bearbeiten Sie Texte wie in einer Textverarbeitung wie Word oder TextEdit. Rot hervorgehoben werden alle fehlerhaften Wörter im Vergleich zum aktiven Wörterbuch.

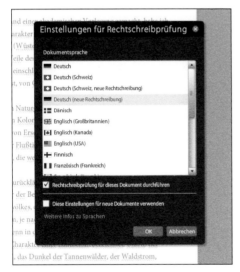

Abbildung 12.38: Die Rechtschreibprüfung ist auch für andere Sprachen außer English verfügbar.

Die Formatierung des Textes erfolgt über die Werkzeugleiste und das *Hauptmenü*. Da dieses etwas unscheinbar gestaltet wurde, sollten Sie einmal über die Begriffe **Datei**, **Bearbeiten**, **Einfügen** und **Hilfe** fahren, damit Sie die weiteren Funktionen von Buzzword entdecken. Unter anderem können Sie auch Bilder, Tabellen oder Kommentare in das Dokument einfügen.

Die Möglichkeiten der Typografie sind übersichtlich: Sie können Texte markieren, einige wenige Fonts anwenden, Auszeichnungen wie **fett**, **kursiv** und **unterstrichen** anwenden oder die Ausrichtung wechseln.

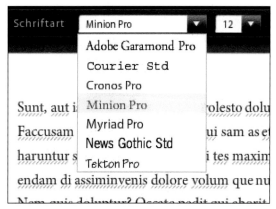

Abbildung 12.39: *Für die Typografie stehen in Buzzword diese Fonts zur Verfügung. Ein Einbetten von Fonts in den Textabschnitt zur identischen Darstellung im Layout ist nicht möglich.*

> **Textabschnitt exportieren**
> Neben der einfachen Textbearbeitung stehen Ihnen auch andere Möglichkeiten offen. Sie exportieren den Textabschnitt über das Menü „Dokument/Exportieren" in die Dateiformate PDF, Word (*.DOC und *.DOCX), RTF oder gar EPUB. Anschließend erhalten Sie einen Download der Datei aus Buzzword, so dass Sie die Datei lokal weiterverwenden können.

12.9.5 Für andere Teilnehmer freigeben

Wollen Sie im weiteren Schritt Ihren Textabschnitt nun für andere Teilnehmer freigeben, so klicken Sie entweder in der Ansicht **Dateien** in **Acrobat.com** auf das Drop-down-Menü oder Sie wählen in Buzzword links unten den Befehl **Datei freigeben** aus. Wählen Sie die Option **Für eine Einzelperson freigeben**. Anschließend geben Sie die E-Mail-Adresse Ihres Empfängers, eine Betreffzeile und eine Nachricht ein, die dann per E-Mail an ihn versendet wird. Der Empfänger wird als **Koautor** verwaltet, er darf also in vollem Umfang Änderungen am Text vornehmen. Wollen Sie den Empfänger stattdessen nur als **Überprüfer** (darf nur Kommentare vergeben) oder als **Leser** (keine Änderungen erlaubt) adressieren, so ändern Sie den Status im Drop-down-Menü **Erstellen**.

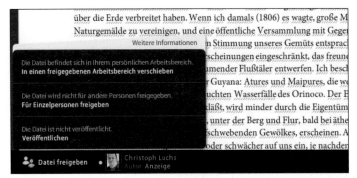

Abbildung 12.40: So geben Sie Ihren Textabschnitt für andere Benutzer frei.

Abbildung 12.41: Geben Sie die E-Mail-Adresse des Empfängers,
seinen Status „Koautor" und einen erläuternden Text an.

Abbildung 12.42: Eine E-Mail lädt den Adressaten als „Koautor" ein, den Text zu
redigieren.

Abbildung 12.43: Den Status der Freigabe erkennen Sie am linken unteren Rand.

Abbildung 12.44: Der „Koautor" öffnet den Link aus der E-Mail und wird aufgefordert, sich anzumelden.

Die weiteren Schritte in der Bearbeitung des Textes sind klar: Der Koautor ändert die Textdatei und Sie können die Änderungen oder seine Kommentare einsehen. Anschließend platzieren Sie den Textabschnitt wieder im Layout in InDesign.

12.9.6 Aus Buzzword im Layout platzieren

Zurück zu InDesign: Mit dem einfachen Menübefehl **Datei/Aus Buzzword platzieren…** rufen Sie aus InDesign nun Ihren Textabschnitt auf. Anschließend werden Sie wieder aufgefordert, sich bei CS Live anzumelden. Danach erscheint eine Liste Ihrer Dateien, die Sie in InDesign platzieren können. Es werden verständlicherweise nur Buzzword-Dateien angezeigt, Bilder oder PDFs, die auch unter Ihrem Zugang bei Acrobat.com liegen, sind nicht verfügbar.

Abbildung 12.45: Speziell für Buzzword-Dokumente rufen Sie im Menü „Datei" den Befehl „Platzieren" auf.

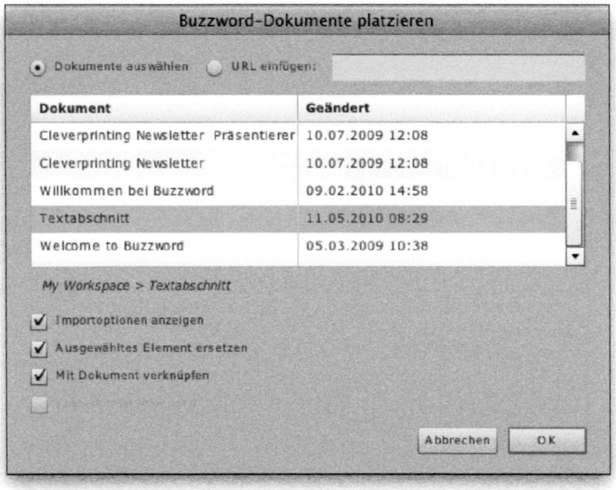

Abbildung 12.46: *Aus Buzzword platzieren Sie Ihre Textabschnitte, die Sie unter Ihrem Zugang bei CS Live angelegt haben.*

In der Auswahl der Dateien befinden sich wertvolle Optionen: Die Importoptionen sollten Ihnen schon aus dem Platzieren von anderen Textdateien bekannt sein. Die dritte Option **Mit Dokument verknüpfen** bedeutet, dass beim Platzieren die *Verknüpfung zum Buzzword-Dokument* hergestellt wird. Somit können Sie also später eine bearbeitete oder redigierte Fassung des Textabschnittes aktualisieren, vorausgesetzt, dass Sie gerade einen Online-Zugang nutzen.

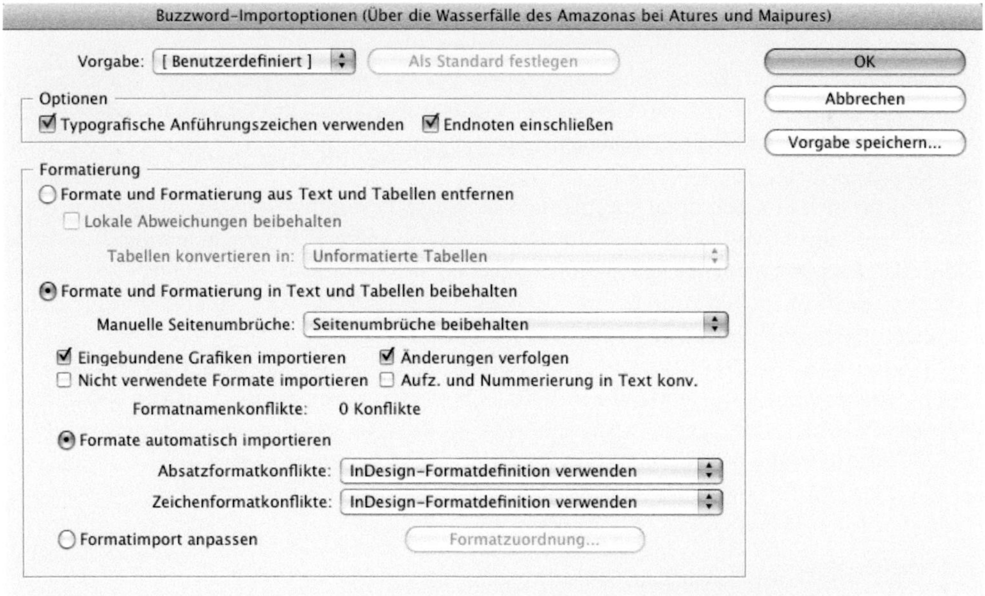

Abbildung 12.47: *Die Importoptionen entsprechen genau den Möglichkeiten, eine Word- oder RTF-Datei zu platzieren.*

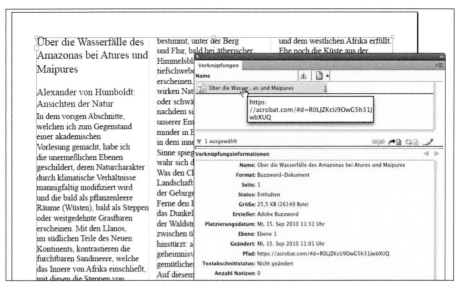

Abbildung 12.48: *Wenn Sie den Textabschnitt platziert haben, erscheint in den Verknüpfungen die URL zur Buzzword-Datei.*

12.9.7   Fazit: Buzzword

Buzzword ist noch ein sehr junges „Kind" aus der Programmfamilie von Adobe. Die Ansätze sind vielversprechend. Ganz bestimmt wird der Anteil der Online-Anwendungen steigen, da Internetverbindungen immer stabiler werden und größere Datenübertragungen zulassen. Somit erfährt auch Buzzword eine größere Aufmerksamkeit von Werbetextern, Übersetzerinnen oder Redakteuren, die eine unkomplizierte Art suchen, Texte aus dem InDesign-Layout heraus zu korrigieren.

Ob Buzzword sich in Verbindung mit InDesign als Workflow durchsetzen kann, ist fraglich, denn die Geschwindigkeit von Buzzword ist stark von Ihrem Internetzugang abhängig: Buzzword erfordert einen permanenten Zugang! Zudem gliedert sich Buzzword in die Umgebung Acrobat. com ein, eine für manchen Anwender doch allzu umfassende Plattform, auf die sensible Daten nur ungern oder überhaupt nicht hochgeladen werden.

Zudem wird sich Buzzword mit anderen Lösungen messen lassen müssen, die einen einfachen Webeditor mit Formatierungsfunktionen anbieten, um Texte über das Internet zu bearbeiten. Hier muss Adobe sicher die Funktionalität nachbessern, denn ohne Absatz- und Zeichenformate ist der Workflow mit InDesign und Buzzword noch recht holprig.

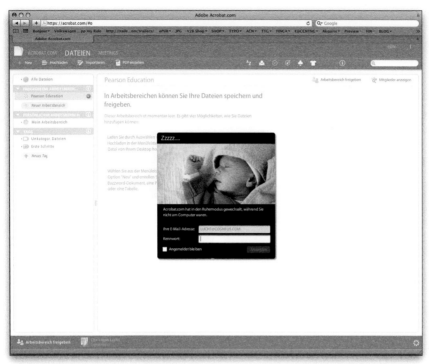

Abbildung 12.49: *Wenn Sie für eine Weile keine Eingaben tätigen, schläft Buzzword einfach ein und erwacht erst nach dem erneuten Log-in.*

13 Automatisierung

Auf Knopfdruck einen Katalog zu erstellen und viele Arbeitsschritte auszuführen, für die Sie mehrere Stunden benötigen, davon träumen alle Gestalterinnen und Layouter. InDesign CS5 bietet hierzu viele Techniken an, die wenig intuitiv sind und umfangreiche Vorbereitung erfordern, wie zum Beispiel die Suchanfragen mit regulären Ausdrücken (GREP), die Daten-zusammenführung, Skripte und den XML-Export. In den nächsten Kapiteln helfen wir Ihnen, diesen Traum Schritt für Schritt zu ver-wirklichen! Darüber stellen wir den Export von elektronischen Büchern im Format EPUB vor.

13.1 Suchen und Ersetzen mit GREP

> **Woher kommt GREP?**
> GREP ist ursprünglich ein UNIX-Kommandozeilenprogramm für die Suche in Textdateien. Es hat eine sehr alte Tradition. Die erste Implementierung von Ken Thompson stammt bereits aus dem Jahre 1968 und ist damit sogar älter als das eigentliche UNIX-Betriebssystem.

13.1.1 Einleitung

Typische Aufgaben von *GREP* in der UNIX-Welt sind etwa die Suche in Programmquellen bei der Software-Entwicklung oder in Log-Dateien bei der Systemadministration.

In InDesign ist GREP an zwei Stellen eingebaut. Bei **Suchen und Ersetzen** wird es als Alternative zur normalen Textsuche angeboten. GREP unterscheidet sich dabei von der normalen Textsuche durch stärkere Ausdrucksmöglichkeiten beim Formulieren des Suchmusters und der Möglichkeit, sich beim Ersetzen auf Teile des Suchergebnisses zu beziehen. Weiterhin kann man es verwenden, um innerhalb eines Absatzformates ein automatisches Zeichenformat, einen sogenannten GREP-Stil, festzulegen. Damit wird im Prinzip eine ständige Überprüfung auf ein Suchmuster mit automatischer Formatierung eingerichtet. Beide Stellen werden in den folgenden Abschnitten anhand von Beispielen ausführlich erläutert.

> **Was wollen Sie suchen und ersetzen?**
> Bevor Sie GREP selbst in Ihren Projekten einsetzen, sollten Sie sich klar machen, welche konkreten Textstellen Sie suchen. Daraufhin prüfen Sie die Regel und die Ausnahmen, die GREP abdecken soll. Anschließend können Sie anhand der hier aufgeführten Erläuterungen die Aufgabe angehen.

Übersicht über die Features und einführende Beispiele

GREP verwendet sogenannte *erweiterte reguläre Ausdrücke* zum Spezifizieren des Suchmusters. Neben den üblichen *Platzhaltern* für einzelne Zeichen kann man sehr genaue Angaben zur *Wiederholung von Mustern* machen und es steht eine *Oder*-Verknüpfung zur Verfügung, um damit *alternative Muster* festzulegen. Für die gesuchten Zeichen stehen verschiedene vordefinierte und auch frei definierbare Zeichengruppen und -klassifizierungen (Worte, Ziffern, Leerräume, ...) zur Verfügung. Weiterhin kann man das Suchmuster in *Gruppen* zusammenfassen und beim Ersetzen gezielt auf diese Gruppen zugreifen.

Die Notation der Metazeichen ist jedoch ein wenig gewöhnungsbedürftig und unterscheidet sich zudem noch von der normalen Textsuche. Bei ersten eigenen Experimenten sollte man daher die Auswahl aus dem Menü verwenden und dabei das resultierende Suchmuster beobachten. Dieses Menü kann über einen *Button jeweils rechts neben dem Suchmuster- und dem Ersetzenfeld* geöffnet werden. Es bietet strukturierten Zugriff auf die häufigsten Elemente und fügt die nötigen Metazeichen an der aktuellen Stelle im Eingabefeld ein. Ein ausführliches Beispiel hierzu folgt im nächsten Abschnitt.

Zum Abschluss dieser Einleitung nur noch ein paar kommentierte Beispiele von einfachen GREP-Suchmustern und -Metazeichen.

Adobe TM – ein fester Text als Suchmuster.

A...e – ein Text mit drei Metazeichen, die für ein beliebiges Zeichen stehen können. Dieses Muster passt zum Beispiel auf „Adobe", aber auch auf „Amore".

[bnea]+ – ein Zeichenbereich (in eckigen Klammern „[]") aus den Zeichen „b", „n", „e" und „a", die beliebig oft wiederholt werden können. Der Bereich muss aber mindestens ein Zeichen umfassen (Wiederholungsmetazeichen: +). Dieses Muster passt auf „a", „ab", „eben", „banane", „abneeeenan" und alle anderen aus diesen Buchstaben zusammengesetzten Wörter.

[0-9][0-9][0-9][0-9] – vier Zeichenbereiche, die jeweils alle Ziffern enthalten. Das Muster passt auf alle vierstelligen Ziffernfolgen, wie zum Beispiel 1984, 2010, 0000 … . In Zeichenbereichen können auch mehrere Bereiche angegeben werden. Alle alphanumerischen Zeichen der deutschen Sprache könnte man zum Beispiel wie folgt angeben: **[0-9a-zA-ZäÄöÖüÜß]**.

Die Zeichen **. , ? ( ) [ ] { } \ ^ $ | *** und + haben eine *Sonderbedeutung* im GREP-Suchmuster. Die Verwendung der meisten dieser Zeichen wird in der folgenden Tabelle erläutert. Will man tatsächlich nach einem dieser Zeichen suchen (und nicht dessen Sonderbedeutung verwenden), muss man ihm das Zeichen \ (Backslash) voranstellen, also etwa „\." zum Suchen eines Punktes oder „\\" zur Suche eines Backslash.

Tabelle der GREP-Metazeichen

Name	Metazeichen	Erläuterung
Null oder ein Mal	?	Das vorstehende Muster darf nicht oder nur einmal vorkommen, dieses Muster nennt man auch „optional".
Null oder mehrere Male	*	Das vorstehende Muster darf nicht oder beliebig oft wiederholt vorkommen.
Ein oder mehrere Male	+	Das vorstehende Muster darf beliebig oft wiederholt vorkommen, mindestens aber einmal.
Absatzanfang	^	Das nachfolgende Suchmuster muss am Absatzanfang beginnen.
Absatzende	$	Das vorstehende Suchmuster muss am Absatzende stehen.
Gruppe	()	Das Suchmuster in den Klammern kann beim Ersetzen referenziert werden. Es ist zu beachten, dass für die meisten Operationen in Suchmustern, wie etwa die Wiederholungen, Klammern gesetzt werden müssen. Ansonsten bezieht sich die Operation lediglich auf das unmittelbar vorhergehende Zeichen.
Zeichenbereich	[]	Alle im Zeichenbereich angegebenen Zeichen werden gefunden. Es können nur Zeichen angegeben werden, die Einzelzeichen repräsentieren. Die Zeichen können auch als Bereiche, durch Verbinden mit „-" angegeben werden, etwa „0-9" für alle Ziffern.
Oder	|	Oder-Verknüpfung für alternative Suchmuster. Zum Beispiel dient „(John|Paul|George|Ringo)" zum Auffinden eines der Beatles.

Name	Metazeichen	Erläuterung
Leerraum	\s	Alle einen Leerraum repräsentierenden Zeichen, wie etwa Leerzeichen und Tabulatoren, werden gefunden.
Ziffer	\d	Alle Ziffern werden gefunden. Entspricht dem Zeichenbereich „[0-9]".
Kleinbuchstabe	\l	Alle Kleinbuchstaben werden gefunden.
Großbuchstabe	\u	Alle Großbuchstaben werden gefunden.
Wortbestandteil	\w	Alle Zeichen, die als Teil eines Wortes betrachtet werden können, werden gefunden. Dazu gehört neben den Buchstaben und Ziffern auch noch der Unterstrich „_".
Gefundener Text	$0	Dieses Metazeichen ist zur Verwendung im Ersetzenfeld gedacht und repräsentiert den gesamten gefundenen Text.
Gefundene Textgruppe	$1, ..., $9	Dieses Metazeichen ist zur Verwendung im Ersetzenfeld gedacht und repräsentiert den Text des ersten, zweiten ... bzw. neunten geklammerten Ausdruckes im Suchmuster.

>>> Bitte beachten Sie, dass die Aufstellung in dieser Tabelle und auch die folgenden Beispiele nur eine Einführung in GREP darstellen. Eine umfangreichere Tabelle der Metazeichen finden Sie in der InDesign-Hilfe im Kapitel „Text" unter der Überschrift „Metazeichen für die Suche" im Abschnitt „Suchen und Ersetzen".

13.1.2 Suchen und Ersetzen

Die Suche mit GREP ist im Dialog **Suchen und Ersetzen** unter dem zweiten Reiter **GREP** zu finden.

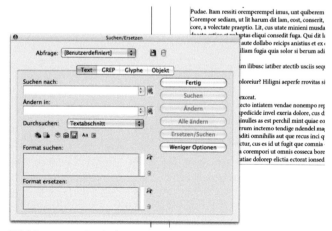

Abbildung 13.1: *Der Suchen-und-Ersetzen-Dialog, an zweiter Stelle der Reiter GREP*

Im normalen Suchdialog gibt es zwei zusätzliche Schaltflächen zum Aktivieren der Unterscheidung von Groß- und Kleinschreibung und für die Wortsuche. Dies wird bei **GREP** über das Suchmuster gesteuert. Im GREP-Modus sind dafür die Menüs zum **Suchmuster-** und **Ersetzen-Feld** um GREP-spezifische **Einträge** erweitert. Diese wurden in der Einleitung bereits erwähnt und erlauben das Zusammenstellen der gängigsten Suchmuster durch Auswahl entsprechender Einträge des Menüs.

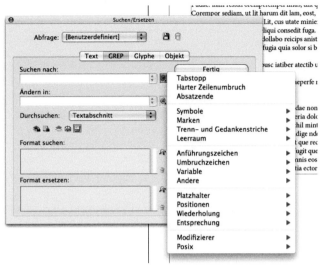

Abbildung 13.2: *Das Menü für das Suchen-Feld. Die letzten sechs Einträge dienen zur Auswahl der wichtigsten GREP-Metazeichen.*

Das Menü des **Suchen**-Feldes bietet **GREP-Metazeichen** aufgeteilt auf die sechs Untermenüs **Platzhalter**, **Positionen**, **Wiederholung**, **Entsprechung**, **Modifizierer** und **Posix** an. Das Menü des **Ersetzen**-Feldes bietet stattdessen das Untermenü **Gefunden** an.

Abbildung 13.3: *Das Untermenü „Platzhalter" bietet Zugriff auf Metazeichen, die bestimmte Gruppen von Zeichen im Suchmuster darstellen können.*

Die auswählbaren Metazeichen im Menü **Platzhalter** dienen im Suchmuster zum Ersetzen von gewissen Gruppen von Zeichen. **Beliebige Ziffer** steht für eine der Ziffern **0** bis **9**. Ein beliebiger Buchstabe ist mit dem Eintrag **Beliebiger Buchstabe** darstellbar, wobei es auch Einträge gibt, die nur Kleinbuchstaben (**Alle Kleinbuchstaben**) oder nur Großbuchstaben (**Alle Großbuchstaben**) repräsentieren können, sowie alle Zeichen, die Teil eines Wortes sein können (**Alle Wortzeichen**). Weiterhin gibt es noch Einträge für alle Arten von Leerzeichen (**Alle Leerräume**) und **Beliebiges Zeichen**, welches als Platzhalter für jedes mögliche Zeichen dient.

Abbildung 13.4: *Das Untermenü „Positionen" enthält Metazeichen, um Angaben zur Position eines Suchmusters zu machen.*

Das Menü **Positionen** bietet *Metazeichen* für das Fixieren eines Suchmusters an Wortenden (**Wortanfang**, **Wortende** und **Wortgrenze**) und an Absatzenden (**Absatzanfang** und **Absatzende**). Die **Wortgrenze** kann dabei der Anfang oder das Ende des Wortes sein.

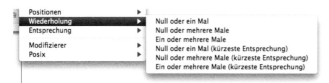

Abbildung 13.5: *Das Untermenü „Wiederholung" bietet Zugriff auf Metazeichen, die die Anzahl möglicher Wiederholungen des vorangehenden Suchmusters festlegen.*

Die Einträge im Menü **Wiederholung** teilen sich in zwei Gruppen: Die ersten drei Einträge versuchen, den *längstmöglichen Teil* eines Textes zu finden, während die zweiten drei Einträge eine *kürzestmögliche Entsprechung* suchen. Es gibt jeweils Einträge für **Null** oder **eine Entsprechung**, **Null** oder **beliebig viele Entsprechungen** und **eine oder mehr Entsprechungen**. Alle diese Muster beziehen sich auf das vorhergehende Suchmuster. Soll das Suchmuster mehr als ein Element umfassen, muss es in runde Klammern gesetzt werden.

Abbildung 13.6: *Das Untermenü „Entsprechung" enthält verschiedene Einträge, um Suchmuster zu gruppieren oder zu verknüpfen.*

Die ersten beiden Einträge im Menü **Entsprechung** dienen zur Klammerung des Suchmusters. Der Eintrag **Markierter Unterausdruck** erlaubt es dabei, einen Bezug im Feld **Ersetzen** herzustellen, der Eintrag **Unmarkierter Unterausdruck** nicht. Der Eintrag **Zeichensatz** fügt die Klammern für einen Zeichenbereich im Suchmuster ein ([]). Dieser ist jedoch leer und muss erst noch mit den gewünschten Zeichen gefüllt werden (z.B. [0-9] passt auf alle Ziffern). Zum Formulieren von alternativen Suchmustern – oder Teilen davon – dient der Eintrag **Oder**. In der Regel müssen die Alternativen geklammert werden.

Die restlichen vier Einträge benötigt man nur beim *Ersetzen* oder *Zuweisen eines Formates*. Hiermit kann man zusätzliche Muster angeben, die aber nicht mit ersetzt werden beziehungsweise denen kein Format zugewiesen wird. Sie dienen nur als Rahmen für das eigentliche Suchmuster, welches verarbeitet werden soll. Zum Beispiel sollen Referenzen auf Tabellen der Form **Tabelle nn** fett gesetzt werden, wobei jedoch nur „Tabelle" fett erscheinen soll, die nachfolgende Zahl aber nicht. Ebenso sollen natürlich einzeln stehende Wörter „Tabelle" ohne folgende Zahl nicht fett gesetzt werden, da diese keine Referenz darstellen. Dazu gibt man das Muster für die Zahl als **Positives Lookahead** an. Nun wirkt sich das Ersetzen oder die Formatzuweisung nicht auf die gefundenen Zahlen und ebenso wenig auf die Stellen ohne Zahlen aus. **Lookahead** sind dabei *nachfolgende Muster* und **Lookbehind** sind *vorhergehende*. Ein **Positives** Muster bedeutet, dass dieses Muster voranstehen beziehungsweise nachfolgen muss, damit ein Text insgesamt als Treffer betrachtet wird. **Negativ** heißt dementsprechend, dass ein solches Muster nicht voranstehen beziehungsweise nachfolgen darf.

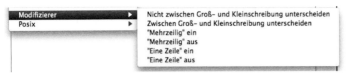

Abbildung 13.7: *Das Untermenü „Modifizierer" bietet Zugriff auf Metazeichen, die verschiedene Betriebsarten der Suche umschalten können.*

Die Einträge des Menüs **Modifizierer** dienen zum Umschalten von *Betriebsarten* der Suche. Im Unterschied zur normalen Suche gelten sie jeweils erst ab der Stelle, an der sie eingefügt sind. Die ersten beiden Einträge schalten die Unterscheidung von Groß- und Kleinschreibung an beziehungsweise aus. **Mehrzeilig aus** ändert die Bedeutung von Absatzanfang und -ende (Metazeichen ^ und $). Bei **Mehrzeilig aus** wird mit ^ nur der *Textanfang* und mit $ nur das *Textende* gefunden, sonst jeder Absatzanfang, beziehungsweise Absatzende. **Einzeilig ein** ändert die Bedeutung des Metazeichens für ein beliebiges Zeichen (.). Bei **Einzeilig ein** ist ein *beliebiges Zeichen auch ein Zeilenumbruch*, sonst nicht.

Die *Standardeinstellung* für die GREP-Suche, wenn man also *keines* dieser Metazeichen verwendet, ist, Groß- und Kleinschreibung zu unterscheiden; ^ und $ finden jeden *Absatzanfang und -ende* und . findet zwar ein beliebiges Zeichen, jedoch *keinen Zeilenumbruch*.

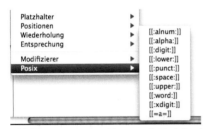

Abbildung 13.8: *Das Untermenü „Posix" enthält weitere Einträge, mit denen Muster für Zeichenbereiche festgelegt werden können.*

Der **Posix**-Standard hat eine alternative beziehungsweise erweiterte Form für *Zeichenbereiche* definiert. Die meisten der Einträge haben eine Entsprechung im Menü **Platzhalter**. Zusätzlich gibt es die Metazeichen [[:xdigit:]], welches eine *hexadezimale Ziffer* repräsentiert (d.h. außer Ziffern werden auch die Buchstaben **A** bis **F** und **a** bis **f** erfasst), sowie [[=a=]], welches auch alle diakritischen Variationen des angegebenen Buchstabens erfasst, also hier neben a auch ä, à, á, â und so weiter.

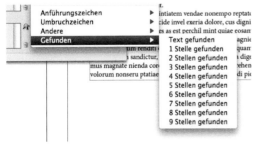

Abbildung 13.9: *Das Untermenü „Gefunden" des Ersetzen-Feldes erlaubt den Zugriff auf den gesamten gefundenen Text oder einen festgelegten Teil, eine markierte Gruppe, davon.*

Das Menü **Gefunden** bietet *Metazeichen* zur Verwendung im **Ersetzen**-Feld an. Mit den Einträgen kann ein Bezug zum gefundenen Text hergestellt werden. **Text gefunden** repräsentiert dabei die gesamte gefundene Textstelle, während die anderen Einträge jeweils einen Bezug zu einer Gruppe (geklammerter Ausdruck im Suchmuster) herstellen. Zum Beispiel fügt **4 Stellen gefunden** beim Ersetzen den *gefundenen Text der vierten Gruppe* in den Text ein.

> **!** **Unklare Übersetzung der Anweisungen**
> Die Bezeichnungen unter „Gefunden" wie z.B. „3 Stellen gefunden" sind nicht eindeutig. Richtig müsste es heißen: „Dritte Fundstelle". Es werden also nicht „3 Stellen" eingesetzt, sondern die dritte gefundene Stelle!

Eine einfache Suchaufgabe

Einige der eben vorgestellten Elemente sollen nun bei einer Suchaufgabe in der Praxis erprobt werden. In dem lateinischen Platzhaltertext, der von InDesign zur Verfügung gestellt wird, sollen Verbindungen von zwei Wörtern mit „et" gesucht werden. Im weiteren Verlauf dieses Abschnittes wird die Aufgabe dann noch erweitert, um die speziellen Fähigkeiten von GREP beim Ersetzen zu demonstrieren.

Beginnen Sie mit dem Aufbau des Suchmusters für ein Wort. Ein Wort besteht aus **Beliebigen Buchstaben**. Wählen Sie aus dem **Menü** des **Suchen**-Feldes und dem Untermenü **Platzhalter** den Eintrag **Beliebiger Buchstabe** aus. Im **Suchen**-Feld wird **[\l\u]** eingefügt. Genauer betrachtet, bedeutet dieses Suchmuster: „Ich suche ein Zeichen aus einem Zeichenbereich („[]") und zwar entweder einen Kleinbuchstaben („\l") oder einen Großbuchstaben („\u").

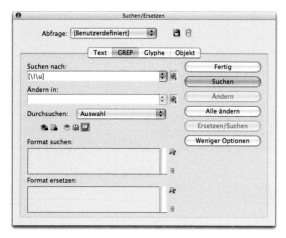

Abbildung 13.10: *Das Suchmuster für einen beliebigen Buchstaben*

Ein Wort besteht aber aus einem oder mehreren beliebigen Buchstaben. Ergänzen Sie daher nun das Suchmuster durch die Auswahl von **Ein oder mehrere Male** aus dem Untermenü **Wiederholung**. Es wird nun **[\l\u]+** als Suchmuster angezeigt.

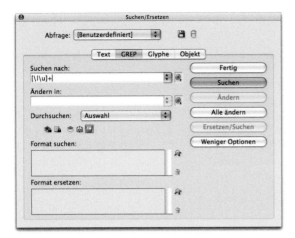

Abbildung 13.11: *Das Suchmuster für ein Wort, das heißt, einen oder mehrere beliebige Buchstaben*

Um ein Wort von einem anderen Wort abzutrennen, ist ein Leerraum notwendig. Hier ist die Auswahl von **Alle Leerräume** im Untermenü **Platzhalter** zu sehen.

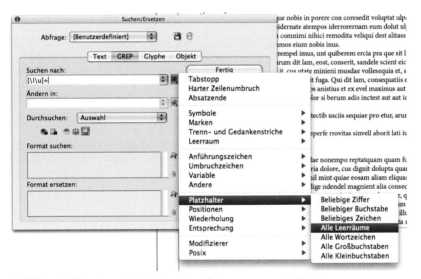

Abbildung 13.12: *Auswahl des Metazeichens für Leerraum aus dem Menü*

Durch die Wahl dieses Menüpunktes wird **\s** im Suchmuster ergänzt. Fügen Sie nun den Text „et" am Ende der Suche ein. Es ergibt sich insgesamt **[\l\u]+\set** als Suchmuster. Damit deckt das Suchmuster jetzt ein Wort und – durch Leerzeichen getrennt davon – „et" ab.

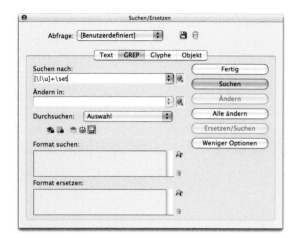

Abbildung 13.13: *Das Suchmuster mit dem ergänzten Leerraum und „et"*

Nach Ergänzung eines weiteren Leerraumes testen Sie das Suchmuster durch Drücken der Schaltfläche **Suchen**. Der Anfang einer Verbindung zweier Wörter mit „et" (bis zum Leerraum hinter „et") wird im Text markiert.

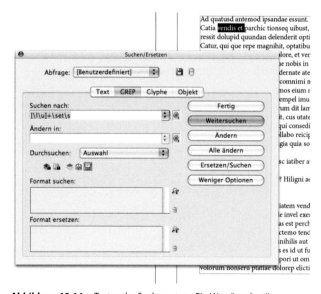

Abbildung 13.14: *Testen des Suchmusters „Ein Wort" und „et"*

Um das gesamte Muster zu finden, fehlt noch ein *zweites Mal* das Suchmuster für ein Wort. Statt es erneut aus dem Menü herauszusuchen, kopieren Sie einfach den entsprechenden Teil **[\l\u]+** noch einmal an das Ende des Musters. Es sollte sich nun **[\l\u]+\set\s[\l\u]+** als gesamtes Suchmuster ergeben. Testen Sie auch dieses Muster durch Drücken der Schaltfläche **Suchen**.

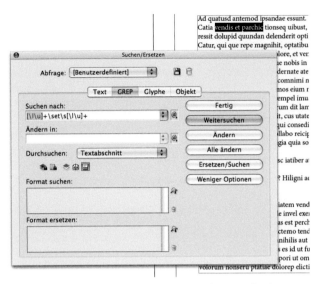

Abbildung 13.15: *Erstellung des gesamten Suchmusters durch Kopieren des ersten Teiles*

Nachdem Sie die einfache Suchaufgabe erfolgreich absolviert haben, sollen Sie nun eine erweiterte **Ersetzen**-Aufgabe erledigen. Es sollen jetzt die beiden Wörter vertauscht und mit einem *Komma* statt mit „et" verbunden werden. Dies macht einen Zugriff auf die gefundenen Wörter im **Ersetzen**-Feld notwendig. Dazu müssen Sie das Suchmuster noch einmal abändern und die Worte „markieren", damit ein solcher Bezug möglich ist. Die Metazeichen zur Markierung eines Wortes erfahren Sie, indem Sie das Muster für **Markierter Unterausdruck** aus dem Untermenü **Entsprechung** auswählen.

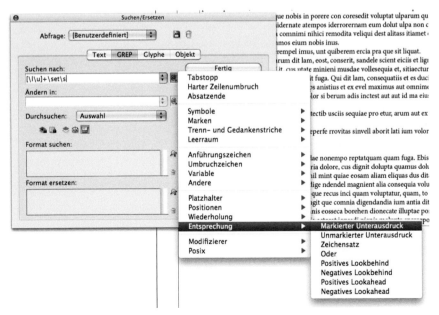

Abbildung 13.16: *Das Suchmuster wird im nächsten Schritt um Markierungen erweitert.*

Wie Sie sehen, wurden einfache Klammern an das Suchmuster eingefügt. Diese müssen nun noch um die passenden Unterausdrücke herum gesetzt werden, um sich auf die Wörter beziehen zu können. Fügen Sie nun Klammern um das erste und zweite Wortsuchmuster **[\l\u]+** herum.

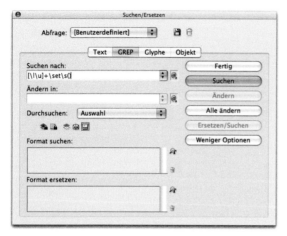

Abbildung 13.17: *Das Suchmuster mit den Metazeichen zum Markieren eines Musters*

Insgesamt ergibt sich nun **([\l\u]+)\set\s([\l\u]+)** als Suchmuster. Die eigentliche Suche bleibt durch diese Änderung unbeeinflusst, wie Sie leicht durch Ausprobieren der Suche testen können. Die Treffer werden nicht beeinflusst.

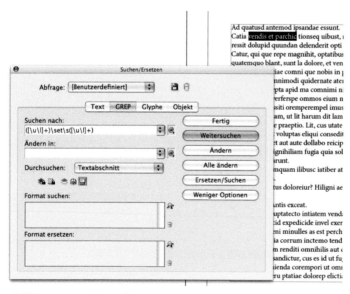

Abbildung 13.18: *Das Suchmuster mit markierten Unterausdrücken*

Es gilt nun, das Muster im **Ersetzen**-Feld aufzubauen. Dazu werden Bezüge auf die beiden *gefundenen* und *markierten* Wörter benötigt. Wählen Sie dazu im **Menü** des **Ersetzen**-Feldes zunächst den Eintrag **1 Stelle gefunden** im Untermenü **Gefunden** aus.

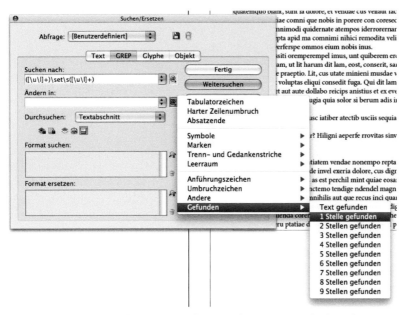

Abbildung 13.19: *Auswahl des Bezuges auf einen markierten Unterausdruck aus dem Menü des Ersetzen-Feldes*

Wie Sie sehen, wird im **Ersetzen**-Feld **$1** eingefügt. Entsprechend fügen die anderen Einträge **$n** ein, wobei **n** die Nummer der gewünschten Stelle ist. Der gesamte gefundene Text kann durch den Menüeintrag **Text gefunden** (Metazeichen: **$0**) beim Ersetzen verwendet werden.

Abbildung 13.20: *Metazeichen für ersten gefundenen Text im Ersetzen-Feld*

Wählen Sie nun **2 Stellen gefunden** aus dem Menü aus oder fügen Sie die Metazeichen **$2** manuell ein. Trennen Sie dann die beiden Bezüge durch ein *Komma* und ein *Leerzeichen*. Es ergibt sich das Ersetzen-Muster **$1, $2**. Dies ersetzt ein „et" zwischen zwei Wörtern durch ein Komma. Dieser Effekt wäre natürlich auch einfacher durch direktes Ersetzen von **„et"** durch „**,**" zu erreichen.

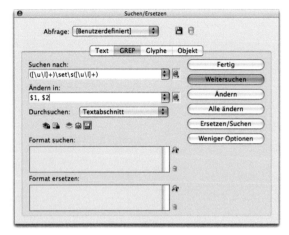

Abbildung 13.21: *Ersetzen-Muster zum Ersetzen von „et" durch ein Komma*

In der nebenstehenden Abbildung ist das Ersetzen durchgeführt. Um die erweiterte Ersetzen-Aufgabe, also das *Tauschen der Wörter,* zu erledigen, brauchen Sie nur noch **$1** und **$2** im Ersetzen-Muster zu tauschen.

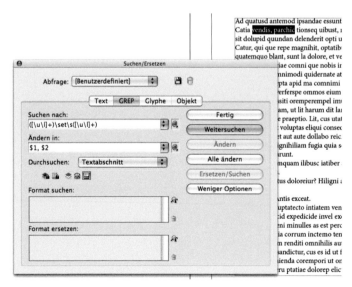

Abbildung 13.22: *Fundstelle mit Ersetzung von „et" durch Komma*

Machen Sie zunächst die erfolgte Ersetzung rückgängig. Vertauschen Sie dann **$1** und **$2** im **Ersetzen**-Feld. Wenn Sie nun den **Ändern**-Schaltknopf drücken, wird nicht nur „et" durch ein Komma ersetzt, sondern es werden auch die beiden gefundenen Wörter getauscht.

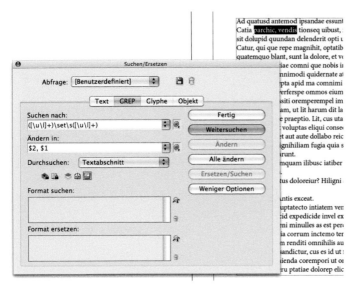

Abbildung 13.23:   *Fundstelle mit vertauschten Wörtern und Ersetzung von „et" durch Komma*

Dieser Abschnitt sollte Ihnen einen Überblick über die *einfache Suche* von Textstellen geben. Der nächste Abschnitt behandelt, wie man GREP zum *Suchen*, *Ersetzen* und *automatischen Formatieren* einsetzen kann.

13.1.3   GREP-Stile

Das „Suchen und Ersetzen" ist ein manueller Vorgang, den Sie unter Umständen nach jeder Textänderung neu durchführen müssten. Beim Zuweisen von Formatierungen gibt es jedoch eine automatisierbare Alternative: GREP-Stile.

Mit einem **GREP-Stil** können Sie innerhalb eines **Absatzformates** ein **Zeichenformat** automatisch Texten zuweisen, die einem vorgegebenen Muster entsprechen. Diese Zuweisung wird außerdem bei Textänderungen jederzeit angepasst, muss also nicht manuell erneut ausgeführt werden.

Öffnen Sie zum Anlegen eines GREP-Stiles das **Absatzformat** „StandardAbsatz" zum Bearbeiten. Stattdessen könnten Sie natürlich auch ein neues Absatzformat anlegen und dieses für die Experimente mit GREP-Stilen verwenden.

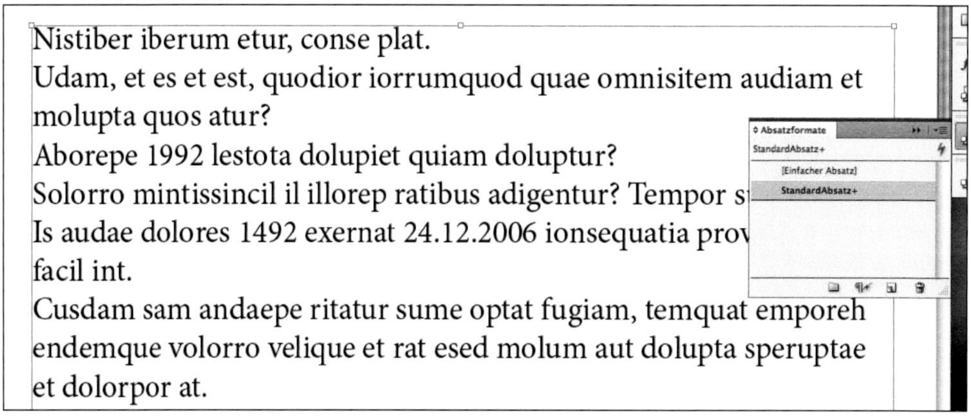

Nistiber iberum etur, conse plat.
Udam, et es et est, quodior iorrumquod quae omnisitem audiam et molupta quos atur?
Aborepe 1992 lestota dolupiet quiam doluptur?
Solorro mintissincil il illorep ratibus adigentur? Tempor s
Is audae dolores 1492 exernat 24.12.2006 ionsequatia prov
facil int.
Cusdam sam andaepe ritatur sume optat fugiam, temquat emporeh endemque volorro velique et rat esed molum aut dolupta speruptae et dolorpor at.
Absatzformate
StandardAbsatz+
[Einfacher Absatz]
StandardAbsatz+

Abbildung 13.24: *Absatzformat „StandardAbsatz" bearbeiten*

Wählen Sie dann in den **Absatzformatoptionen** die Rubrik **GREP-Stil** aus. Im Ursprungszustand ist diese Rubrik leer und man hat lediglich die Option, einen neuen GREP-Stil anzulegen: Klicken Sie auf den Button **Neuer GREP-Stil**.

Absatzformatoptionen
Allgemein
Grundlegende Zeichenformate
Erweiterte Zeichenformate
Einzüge und Abstände
Tabulatoren
Absatzlinien
Umbruchoptionen
Silbentrennung
Abstände
Spaltenspanne
Initialen und verschachtelte Formate
GREP-Stil
Aufzählungszeichen und Nummerierung
Zeichenfarbe
OpenType-Funktionen
Unterstreichungsoptionen
Durchstreichungsoptionen
Formatname: StandardAbsatz
Position:
GREP-Stil
Klicken Sie auf "Neuer GREP-Stil", um einen GREP-Stil zu erstellen.
Neuer GREP-Stil
Löschen
Vorschau
Abbrechen
OK

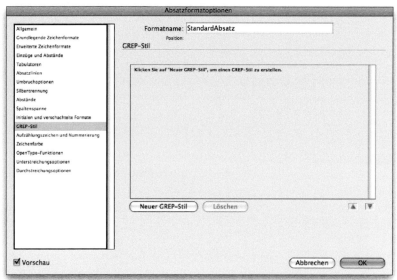

Abbildung 13.25: *Die Seite „GREP-Stil" in den Absatzformatoptionen*

Ein neuer GREP-Stil wird zunächst ohne zugewiesenes Zeichenformat angelegt und das GREP-Suchmuster wird auf **\d+** gesetzt, also auf alle Zahlenfolgen.

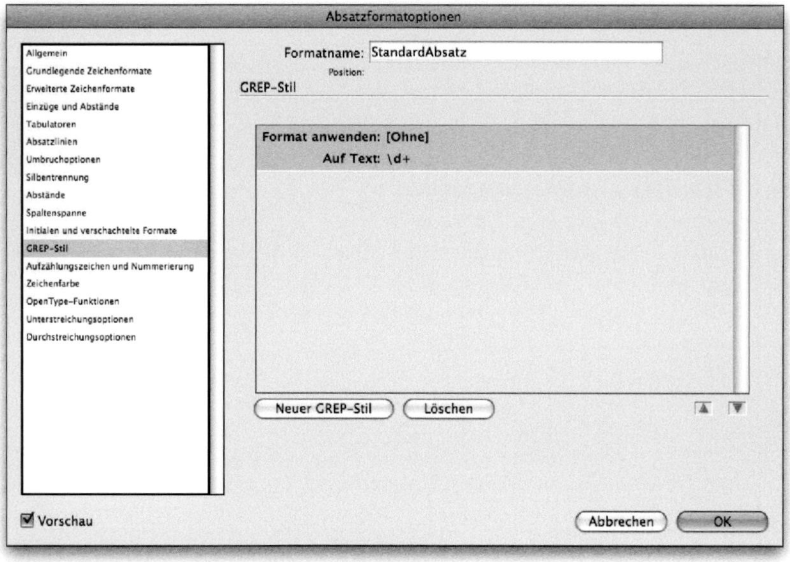

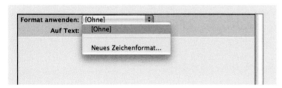

Abbildung 13.26: *Anlegen eines neuen GREP-Stiles*

Zum Festlegen eines anderen Zeichenformates klicken Sie auf das gegenwärtig ausgewählte, bei einem neu angelegten Stil also auf **[Ohne]**. Es öffnet sich eine Auswahlbox mit den vorhandenen Zeichenformaten. Wenn Sie noch kein Zeichenformat vorbereitet haben, bietet das Menü auch das Anlegen eines **neuen Zeichenformates** an.

Abbildung 13.27: *Auswahl eines Zeichenformates im GREP-Stil*

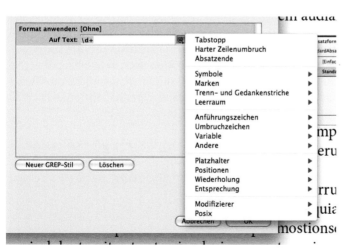

Abbildung 13.28: *Festlegen des GREP-Suchmusters eines GREP-Stiles*

Entsprechend kann das Suchmuster durch Mausklick zum Bearbeiten geöffnet werden. Es entspricht dann dem **Suchen**-Feld im **Suchen-und-Ersetzen**-Dialog und bietet auch dasselbe Menü zur Auswahl der *Metazeichen* für die Suche an.

Anwendungsbeispiel: Nummern automatisch färben

Als einfachen Einstieg erläutert dieser Abschnitt das automatische Einfärben von Ziffern durch einen GREP-Stil im Absatzformat.

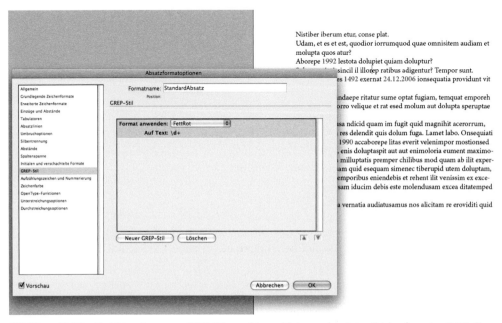

Abbildung 13.29: *Einrichten eines neuen GREP-Stiles und Auswahl eines vorbereiteten Zeichenformates „FettRot"*

Öffnen Sie wieder die **Absatzformatoptionen** eines im Text verwendeten Absatzformates und dort die Rubrik **GREP-Stil**. Erstellen Sie einen **neuen GREP-Stil** durch Klicken der gleichnamigen Schaltfläche. Wählen Sie ein **Zeichenformat** oder erstellen Sie ein neues Format, welches die *Schriftfarbe in Rot* ändert und die *Zeichen fett* setzt. Nach Aktivieren der Option **Vorschau** sollten Sie bereits sehen, dass alle Zahlen im Text automatisch das neue Zeichenformat erhalten haben. Sollte Ihr Beispieltext keine Ziffern enthalten, versuchen Sie einfach, einige einzugeben. InDesign passt die Zeichenformate automatisch an, sobald es eine neue Zahl im Absatz entdeckt.

Im Beispieltext der Abbildung ist auch ein *Kalenderdatum* enthalten. Wenn Sie es genau betrachten, werden Sie sehen, dass die *Punkte* des Datums nicht gefärbt werden. Dies liegt daran, dass das vorgegebene Standardmuster lediglich *einfache Zahlen* abdeckt. Um gleichzeitig auch Kalenderdaten zu erfassen, muss das Suchmuster erweitert werden.

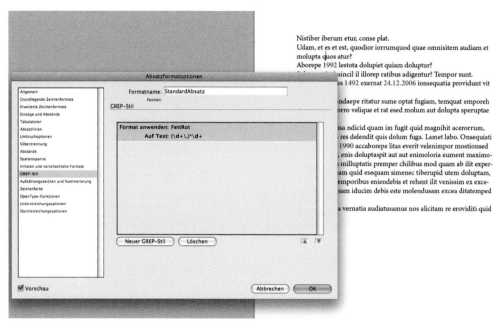

Abbildung 13.30: *Erweiterung des Suchformates, um auch Kalenderdaten zu färben*

> **GREP arbeitet viel genauer**
> Wie Sie im Kapitel „Verschachtelte Formate" nachlesen können, ist eine Formatierung von Zeichen im Text auch möglich, indem ein verschachteltes Format bei Ziffern beginnt und bei Buchstaben endet. Dies ist jedoch eine sehr ungenaue Angabe. Die Suchmuster in GREP sind deutlich präziser!

Im Unterschied zu einer normalen Zahl besteht ein Datum aus mehreren Zahlen, die durch Punkte getrennt sind. Fügen Sie daher am Anfang des Feldes die Metazeichen für eine weitere Zahl ein (\d+), gefolgt von einem Punkt (\.). Dem Punkt muss ein Backslash vorangestellt werden, da ein einzelner Punkt sonst als Metazeichen für ein beliebiges Zeichen interpretiert wird. Solche mit Punkt vorangehenden Zahlen sind optional oder können mehrfach vorkommen (bei einem Datum genau zweimal). Verwenden Sie dazu das Metazeichen * (*Null oder mehrere Wiederholungen*). Damit es sich auf die Gruppe von Zahl und Punkt bezieht, muss diese Gruppe geklammert werden. Insgesamt ergibt sich also (\d+\.)*\d+ als Suchmuster. Dieses Muster deckt etwas mehr ab als nur Kalenderdaten, erfüllt aber seinen Zweck.

Anwendungsbeispiel: Artikelnummern

In diesem Anwendungsbeispiel sind in einer Tabelle an verschiedenen Stellen *Artikelnummern* untergebracht. Sie beginnen mit vier oder fünf Ziffern, gefolgt von einem Kennzeichen „A", „C" oder „F" und einer weiteren Gruppe aus drei Ziffern, einem Bindestrich „-" und zwei Großbuchstaben. Die Artikelnummern können einzeln oder in Gruppen allein in einem Feld der Tabelle stehen und sich auch in normalem, fortlaufendem Text befinden. Egal, an welcher Stelle sie stehen, sollen sie im Zeichenformat **Artikelnummer** gesetzt werden.

Nach dem Einrichten eines neuen GREP-Stiles und eines passenden Zeichenformates für die Artikelnummern werden wegen des Standardsuchmusters \d+ gleich automatisch alle Zahlen mit dem neuen Zeichenformat versehen. Dies umfasst neben Teilen der tatsächlichen Artikelnummern auch die Zahlen in den Preisen und eventuelle andere vorhandene einzeln stehende Zahlen im Text.

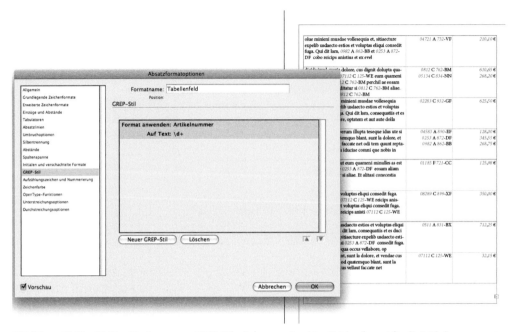

Abbildung 13.31: Richten Sie einen neuen GREP-Stil mit dem gewünschten Zeichenformat für die Artikelnummern ein.

Schwache und starke Suchmuster

Häufig hat man den Fall, dass das Suchmuster zu stark ist, also nicht alle gewünschten Texte gefunden werden. Es gibt, wie hier im Artikelnummernbeispiel eben gesehen, aber auch den Fall, dass ein Suchmuster zu schwach sein kann, also zu viele Textstellen gefunden werden. Beim manuellen „Suchen und Ersetzen" macht das wenig aus, da ja an jeder betroffenen Stelle eine Sichtkontrolle erfolgen kann. Beim Einrichten eines GREP-Stiles muss man besondere Sorgfalt walten lassen, da alle Formatierungen automatisch erfolgen. Insbesondere sind auch zu schwache Suchmuster zu vermeiden, da in diesem Fall unbeabsichtigt Textstellen formatiert werden.

Ergänzen Sie zunächst den *Leerraum nach der Zahl*, indem Sie \s eingeben oder den entsprechenden Eintrag aus dem Menü auswählen. Das nächste Element einer Artikelnummer kann einer der Buchstaben „A", „C" oder „F" sein. Drücken Sie dies im Suchmuster durch den Zeichenbereich [ACF] aus. Sobald dies ergänzt ist, sollten auch die Zahlen in den Preisen der Tabelle nicht mehr von der Formatierung betroffen sein.

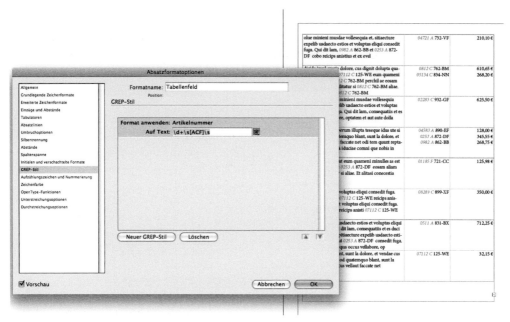

Abbildung 13.32: *Erweitern Sie das Suchmuster nun, um nur Artikelnummern abzudecken.*

Die weiteren Teile einer Artikelnummer sind: ein weiterer *Leerraum*, dann *drei Ziffern*, ein *Bindestrich* und zum Abschluss *zwei Großbuchstaben*. Wählen Sie diese Elemente nacheinander aus dem Menü aus oder geben Sie sie von Hand ein. Insgesamt ergibt sich als Suchmuster für eine gesamte Artikelnummer also **\d+\s[ACF]\s\d\d\d-\u\u**. Überprüfen Sie mit der **Vorschau**, ob alle Artikelnummern gefunden werden und auch keine anderen Textstellen fälschlicherweise für eine Artikelnummer gehalten werden.

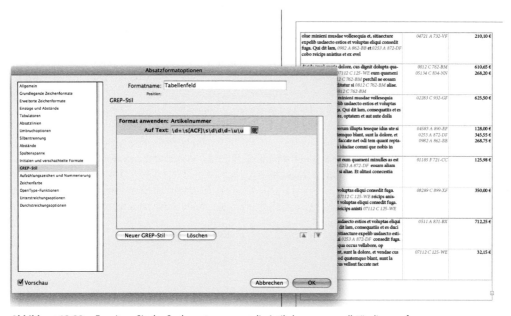

Abbildung 13.33: *Erweitern Sie das Suchmuster nun, um die Artikelnummern vollständig zu erfassen.*

> **GREP-Definition mit Vorschau testen**
> Aktivieren Sie während des Aufbaus des Suchmusters immer die Vorschau und beobachten Sie genau die formatierten Textstellen. Falls das Zeichenformat nur schwer vom anderen Text zu unterscheiden ist, wählen Sie für das Experimentieren gegebenenfalls ein deutlicheres Zeichenformat und stellen Sie das endgültige Format erst ein, wenn der Aufbau des Suchmusters für den GREP-Stil abgeschlossen ist.

Damit auch die erste Zahl einer Artikelnummer eindeutig erkannt wird, tauschen Sie noch den Anfang des Suchmusters **\d+** (*eine oder beliebig viele Ziffern*) gegen **(\d\d\d\d|\d\d\d\d\d)** (*vier oder fünf Ziffern*) aus. Nun ist das Suchmuster auch für die erste Zahl genau eingestellt. An den Treffern im Beispiel ändert dies nichts.

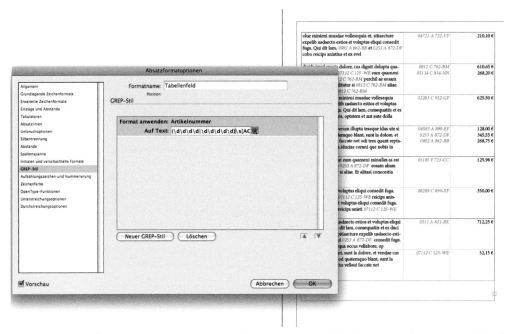

Abbildung 13.34: *Ändern Sie das Suchmuster noch so, dass auch die erste Zahl eindeutig getroffen wird (vier oder fünf Ziffern).*

Damit Sie ein Gefühl für den Automatismus eines GREP-Stils bekommen, probieren Sie verschiedene Eingaben in einem der Textfelder Ihres Beispieles aus. Wenn Sie zum Beispiel lediglich eine Zahl eingeben, wird diese noch nicht formatiert.

it, optatibus, con perum illupta teseque idus ute si dero to est od 05693quatemquo blant, sunt la dolore, et vendae cus vellaut faccate net odi tem quunt reptatu sandusa dolupta iduciae comni que nobis in	*04583 A 890-EF* *0253 A 872-DF* *0982 A 862-BB*	128,00 € 345,55 € 268,75 €
doluptatium qui aut eum quameni minulles as est perchil mint quiae *0253 A 872-DF* eosam aliam eliquas dus ditatur si aliae. Et alitasi conecestia	*01185 F 721-CC*	125,98 €

Abbildung 13.35: *Testen Sie das Suchmuster durch Eingeben von richtigen und falschen Artikelnummern in der Tabelle.*

Setzen Sie die Eingabe fort und vervollständigen Sie eine Artikelnummer nach den angegebenen Mustern. Sobald die Nummer nach dem Format abgeschlossen ist, erhält sie die Formatierung wie alle anderen Artikelnummern.

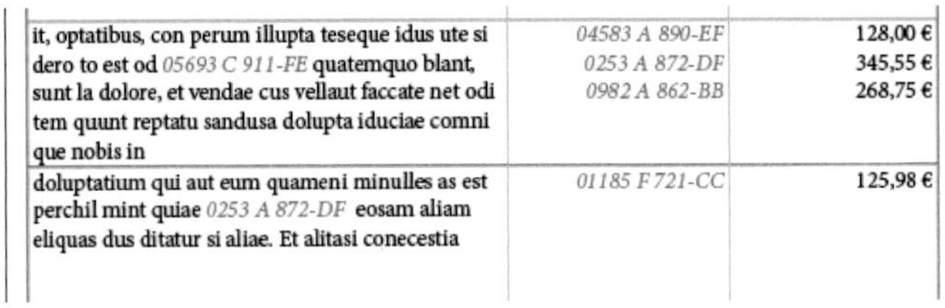

| it, optatibus, con perum illupta teseque idus ute si dero to est od *05693 C 911-FE* quatemquo blant, sunt la dolore, et vendae cus vellaut faccate net odi tem quunt reptatu sandusa dolupta iduciae comni que nobis in | *04583 A 890-EF* *0253 A 872-DF* *0982 A 862-BB* | 128,00 € 345,55 € 268,75 € |
| doluptatium qui aut eum quameni minulles as est perchil mint quiae *0253 A 872-DF* eosam aliam eliquas dus ditatur si aliae. Et alitasi conecestia | *01185 F 721-CC* | 125,98 € |

Abbildung 13.36: *Eine vollständig und korrekt eingegebene Artikelnummer wird automatisch formatiert.*

Probieren Sie auch verschiedene *Falschschreibweisen* aus oder verändern Sie eine bestehende Artikelnummer. Beobachten Sie, wie dabei jeweils die Formatierung ergänzt beziehungsweise entfernt wird.

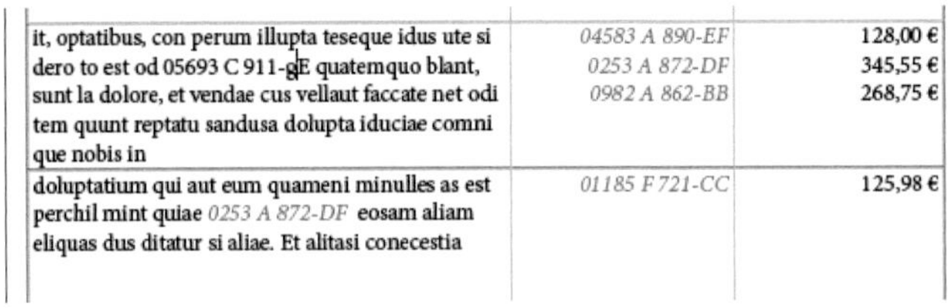

| it, optatibus, con perum illupta teseque idus ute si dero to est od 05693 C 911-gE quatemquo blant, sunt la dolore, et vendae cus vellaut faccate net odi tem quunt reptatu sandusa dolupta iduciae comni que nobis in | *04583 A 890-EF* *0253 A 872-DF* *0982 A 862-BB* | 128,00 € 345,55 € 268,75 € |
| doluptatium qui aut eum quameni minulles as est perchil mint quiae *0253 A 872-DF* eosam aliam eliquas dus ditatur si aliae. Et alitasi conecestia | *01185 F 721-CC* | 125,98 € |

Abbildung 13.37: *Eine fehlerhaft eingegebene Artikelnummer mit Kleinbuchstaben wird nicht als Artikelnummer formatiert.*

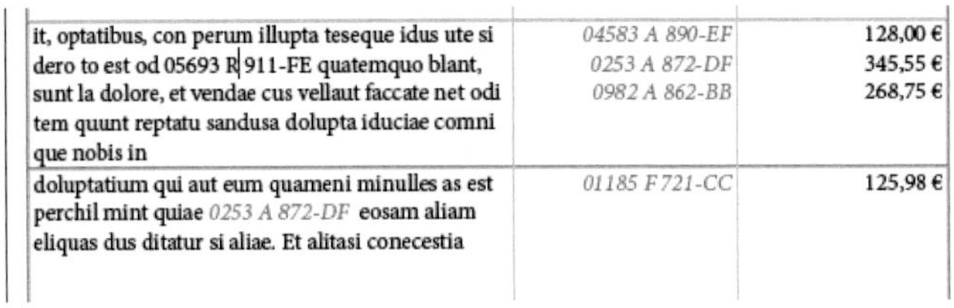

| it, optatibus, con perum illupta teseque idus ute si dero to est od 05693 R 911-FE quatemquo blant, sunt la dolore, et vendae cus vellaut faccate net odi tem quunt reptatu sandusa dolupta iduciae comni que nobis in | *04583 A 890-EF* *0253 A 872-DF* *0982 A 862-BB* | 128,00 € 345,55 € 268,75 € |
| doluptatium qui aut eum quameni minulles as est perchil mint quiae *0253 A 872-DF* eosam aliam eliquas dus ditatur si aliae. Et alitasi conecestia | *01185 F 721-CC* | 125,98 € |

Abbildung 13.38: *Hier noch ein zweites Beispiel einer falsch eingegebenen Artikelnummer: Diese hat einen fehlerhaften Kennbuchstaben.*

13.1.4 Fazit: GREP in InDesign

Ideal ist der Einsatz von GREP dort, wo vielerlei Texte für zwei Aufgaben im Layout zusammenkommen: Orthografie und Typografie. Zum einen erscheinen die Texte falsch oder orthografisch unterschiedlich, z.B. bei Telefonnummern, die je nach Land und Region sehr unterschiedlich niedergeschrieben werden. So wird eine Telefonnummer hierzulande in alter Schreibweise im Schema (05 31) 9 66 75 44 oder 05 31 - 966 75 44 dargestellt, während die neue standardisierte Schreibweise ein +49 (0) 531 9667544 empfiehlt. Die typografischen Leerräume klammern wir bei dieser Betrachtung jetzt einmal aus, damit es nicht zu komplex wird. Wenn Sie alle alten Schreibweisen zu einer neuen Schreibweise vereinheitlichen wollen, so benötigen Sie ein Suchmuster, das beide Fälle erfasst und die bereits korrekten Schreibweisen ignoriert. Anschließend werden die Suchergebnisse nach neuem Schema umgestellt. Zum anderen benötigen Sie GREP, wenn diese Fälle auch typografisch mit einem eigenen Zeichen- oder Absatzformat wiedergegeben werden sollen.

GREP ermöglicht dabei als einzige Lösung – im Vergleich zum *manuellen Suchen und Ersetzen* sowie zu *Verschachtelten Formaten* – einen hohen Grad der Automatisierung sowie auch das Umstellen der gefundenen Inhalte in Echtzeit! Eine andere Alternative zu GREP stellt nur noch das Skripten dar, in dem vergleichbare Suchmuster umgesetzt werden können. Das Skript ist jedoch keine permanente Suchen-Ersetzen-Funktion, sondern muss immer initiiert werden.

Wenn Sie GREP im Rahmen großer Datenbestände und umfangreicher typografischer Formatierungen verwenden wollen, machen Sie sich anhand *kleiner überschaubarer Aufgaben* klar, welche Metazeichen und welche Ausnahmen oder Betriebsarten Sie am besten verwenden. Teilen Sie ggf. die speziellen Suchanfragen auf mehrere Absatzformate auf, damit die Suchanfragen von Fall zu Fall per zugewiesenem Absatzformat angewendet werden können – um bei den Beispielen dieses Kapitels zu bleiben, legen Sie sich ein Absatzformat „Fließtext Ziffern" und „Fließtext Artikelnummern" mit separaten GREP-Mustern an. Komplexer kann die Suchanfrage dann immer noch werden!

13.2   Datenzusammenführung

Database Publishing kann so einfach sein: Wenn Sie einen Serienbrief, Visitenkarten, Namensschilder oder ganze Kataloge erstellen wollen, muss es nicht gleich eine XML-Lösung sein. Mit der Funktion „Datenzusammenführung" erreichen Sie mit einfachen Bordmitteln von InDesign ohne Programmierung Ihr Ziel.

Wer gleich an XML denkt, sobald variable Inhalte aus einer Datenbank in ein Layoutdokument übernommen werden sollen, wird überrascht sein, wie unspektakulär und einfach auch für Einsteiger ein *Database Publishing* mit InDesign möglich ist, ohne auf eine komplexe Lösung wie einen XML-Import zurückgreifen zu müssen: Sie importieren eine Datenquelle und tauschen einen *Platzhaltertext* im Layout mit den gewünschten Inhalten aus.

Wenn Sie dasselbe Layoutdokument mit einem Text in verschiedenen Fassungen gestalten wollen, z.B. für einen Serienbrief mit austauschbaren Adressen, bietet InDesign mit der Funktion **Datenzusammenführung** eine einfache Lösung an, die jeder in kurzer Zeit erlernen kann. Leider ist die Dokumentation dieser Funktion spärlich, daher wollen wir Ihnen anhand eines fortgeschrittenen Projektes die Datenzusammenführung vorstellen. Sollten Sie diese Funktion bereits kennen, wird es Sie vielleicht interessieren, welche Datenquellen für InDesign genutzt werden können und wie Sie Bilder und andere Dokumente als austauschbare Inhalte für eine „Layout-Schablone" einbinden.

13.2.1   Die Datenquelle: eine einfache Tabelle

Als Quelle Ihrer Inhalte dient eine Tabelle, die Sie aus einer Tabellenkalkulation wie Excel exportieren können.

Die Tabelle muss so strukturiert sein, dass die erste Zeile jeweils die Überschrift oder Beschreibung für die Datenspalte enthält. Jede weitere Zeile ist ein Datensatz wie „InDesign CS5 Grundlagen". In jeder Spalte stehen die unterschiedlichen Datenfeldinhalte. Sollte es zu einem Datenfeld keine Informationen geben, so lassen Sie die entsprechende Zelle in der Tabelle einfach leer.

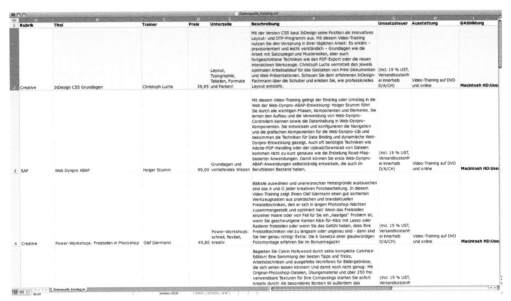

Abbildung 13.39: *Eine simple Excel-Tabelle dient als Datenvorlage.*

Bildquellen

Neben den Textinformationen kann die **Datenzusammenführung** auch *Bilder* automatisch platzieren. In der Datenquelle muss dafür eine Spalte vorhanden sein, deren Überschrift mit einem @-Zeichen beginnt: „@Bilder".

@Abbildung
Macintosh HD:Users:id:Desktop:InDesign Automatisieren:Rohdaten:Produktkatalog:Produktbilder:ID_GL_CS4.jpg
Macintosh HD:Users:id:Desktop:InDesign Automatisieren:Rohdaten:Produktkatalog:Produktbilder:web_dynpro.jpg
Macintosh HD:Users:id:Desktop:InDesign Automatisieren:Rohdaten:Produktkatalog:Produktbilder:PS_PW_Freistellen Kopie.jpg
Macintosh HD:Users:id:Desktop:InDesign Automatisieren:Rohdaten:Produktkatalog:Produktbilder:calvinize_bundle.jpg
Macintosh HD:Users:id:Desktop:InDesign Automatisieren:Rohdaten:Produktkatalog:Produktbilder:D5000.jpg
Macintosh HD:Users:id:Desktop:InDesign Automatisieren:Rohdaten:Produktkatalog:Produktbilder:SnowLeopard.jpg
Macintosh HD:Users:id:Desktop:InDesign Automatisieren:Rohdaten:Produktkatalog:Produktbilder:cinema4d_115.jpg
Macintosh HD:Users:id:Desktop:InDesign Automatisieren:Rohdaten:Produktkatalog:Produktbilder:final_cut_studio.jpg

Abbildung 13.40: *Bildquellen werden in einer eigenen Spalte (@Abbildung) aufgeführt. Der Pfad wird auf Mac und PC unterschiedlich dargestellt.*

> **Das @-Zeichen in Excel**
> Tabellenkalkulationen wie Excel erlauben kein @-Zeichen als Texteingabe, sondern vermuten sofort dahinter eine Funktion oder einen Link. Um diesen Programmen die Eingabe trotzdem beizubringen, müssen Sie vor das @-Zeichen einen Apostroph setzen: ´@Bilder.

Als Eintrag in dieser Spalte dient der *absolute Pfad zu der Bilddatei*. Die Schreibweise variiert je nach Computersystem. Verwenden Sie auf einem Macintosh-Rechner die folgende Schreibweise:

Macintosh HD:User Ich:Bilder:Beispiel.jpg

Für einen Windows-PC müssen Sie dagegen dieses Pfadschema verwenden:

C:\Eigene Dateien\Beispiel.jpg

> **Jeder Pfad ist möglich**
> Die hier gezeigten Beispiele sind keine Angaben für Verzeichnisse, in die Sie die Bilder hineinkopieren müssen, sondern lediglich einfache Schemata, damit Sie die Schreibweisen verstehen. Setzen Sie zwischen der Festplattenkennung und dem Dateinamen den Pfad ein, den das Bild tatsächlich besitzt.

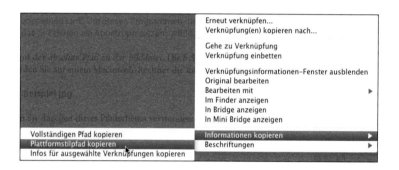

Abbildung 13.41: *Im Kontextmenü über der Palette „Verknüpfungen" rufen Sie dieses Untermenü auf, um die Pfadangaben zu der platzierten Bilddatei zu kopieren.*

Erlaubte Dateiformate

Neben den üblichen Verdächtigen wie TIFF oder JPEG können Sie auch alle anderen Formate nutzen, die InDesign platzieren kann, darunter das EPS-, PDF-, INDD- oder PSD-Format. Für diese Formate gelten jedoch immer wieder andere Bedingungen für die Verwendung. So kann ein EPS einen Freistellpfad enthalten, den Sie in InDesign nutzen wollen, oder ein Photoshop-Dokument besitzt Ebenen oder Ebenenkompositionen. Lesen Sie dazu auch das Kapitel „Bilder und Grafiken platzieren".

InDesign kann diese Formate nur mit der *Standardeinstellung* importieren. Die Importoptionen lassen sich nicht öffnen und nicht bei der Datenzusammenführung auswählen – eine Funktion, die für automatisierte Prozesse auch keinen Sinn hat. Daher müssen Sie die Bilder so vorbereiten, dass InDesign diese in einem Arbeitsschritt platzieren kann, vergleichbar dem Platzieren von Bildern aus der Bridge per Drag&Drop.

Ein Freisteller beispielsweise kann nur dann als Photoshop-Dokument mit einer freigestellten Bildebene ohne Hintergrundebene platziert werden, wenn diese Bildebene tatsächlich mit einer Ebenenmaske versehen ist. Hier orientiert sich InDesign an der Sichtbarkeit der Photoshop-Ebenen im gespeicherten Zustand.

Mehrseitige Dateien in die Datenquelle einbinden

Natürlich können auch PDF- und InDesign-Dateien in die Datenquelle eingebunden werden. Geben Sie dazu einfach den Pfad zur betreffenden Datei ein. Wenn Ihre Datei jedoch mehrere Seiten hat, die Sie nacheinander für jeden Datensatz abbilden wollen, platziert InDesign bei jedem Datensatz immer nur die erste Seite. Hier enden die Möglichkeiten der Datenzusammenführung.

Für PDF-Dateien gibt es einen Umweg: Wenn Sie Acrobat ab der Version 7.x nutzen, können Sie in der Palette **Seiten** über das Flyout-Menü die Funktion **Seiten entnehmen...** aufrufen. Geben Sie die betreffenden Seiten ein und aktivieren Sie die Funktion **Seiten als einzelne Dateien entnehmen**. Dann erzeugt Acrobat aus jeder Seite der ursprünglichen PDF-Datei eine neue PDF-Datei und hängt die Seitenzahl an den Dateinamen an. So werden aus einer mehrseitigen PDF-Datei „Beispiel.pdf" die einseitigen Dokumente „Beispiel1.pdf", „Beispiel2.pdf" usw.

Diese Dateinamen und -pfade müssen Sie in der Datenquelle angeben, dann wird jedem Datensatz eine einzelne PDF-Seite – als separate Datei – zugewiesen.

Export der Datenquelle

Die Zusammenstellung der Datenquelle erfolgt vermutlich in *Excel* oder einer ähnlichen Tabellenkalkulation wie *OpenOffice* oder *Numbers*. Aus diesen Programmen exportieren Sie sie als **Textdatei (Tabs getrennt)** mit dem Kürzel ***.txt** oder als kommaseparierte Liste ***.csv**.

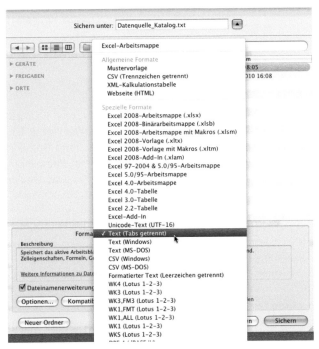

Abbildung 13.42: *Von den zahlreichen Exportformaten können Sie nur den „Text (Tabs getrennt)" oder das CSV-Format wählen.*

Die exportierte Datei kann selbstverständlich auch später noch nachbearbeitet werden. Dazu öffnen Sie die Datei in einem Texteditor oder importieren sie in eine Tabellenkalkulation. Durch Tabs getrennte Dateien eignen sich dabei besser als die etwas unübersichtlichen kommaseparierten CSV-Dateien, die jedoch in der Regel aus Datenbanken exportiert werden können.

> **Ein Komma in kommaseparierten Dateien**
> Wollen Sie innerhalb einer kommaseparierten Datei das Satzzeichen „Komma" innerhalb eines Datenfeldes nutzen, müssen Sie dies in Anführungsstriche setzen. Somit wird das Komma nicht als Trennung zum nächsten Datenfeld, sondern als reine Textinformation erkannt. Wenn für Visitenkarten „Manager Central Europe, Africa and Middle East" als Titel verwendet wird, so muss der Text in der CSV-Datei lauten: „Manager Central Europe", „Africa and Middle East".

13.2.2   Die Layoutvorlage

Jedes Layout eignet sich als Vorlage, um die Inhalte aus der Datenquelle einfließen zu lassen. Bedenken Sie jedoch, dass Sie Textrahmen groß genug aufziehen, damit Texte unterschiedlicher Länge (Doppelnamen) oder Titel wie „Dipl.-Ing. Dr. phil. Dr. h.c." oder „Senior Account Manager Central Europe" auch hineinpassen.

Die Darstellung und Formatierung werden einzig und allein in InDesign vorgenommen. Beachten Sie bei der Gestaltung des Layouts, dass die Datenzusammenführung grundsätzlich am besten auf *Einzelseiten* funktioniert. Zudem sollte so viel Platz im Layout vorgesehen werden, dass auf einer Seite mehrere Datensätze angelegt werden können. Das Spaltenraster ist ein guter Anhaltspunkt dafür, wie viele Datensätze nebeneinander auf eine Seite passen.

Das Layout können Sie anlegen und mit Platzhaltern befüllen, um das Aussehen zu überprüfen. Die Formatierung mit Absatz- und Zeichenformaten sowie verschachtelten Formaten und Objektformaten ist sehr zu empfehlen, jedoch keine Voraussetzung.

> **Flattersatzausgleich**
> Für den Import von unterschiedlich langen Texten eignet sich als Formatierung des dafür vorgesehenen Textrahmens der InDesign-eigene Flattersatzausgleich. Die Funktion sorgt dafür, dass alle Zeilen innerhalb eines Textrahmens möglichst gleichmäßig in der Länge der Zeilen umbrochen werden. Bei kurzen wie langen Texten, die als unterschiedliche Datenfelder in diesen Textrahmen importiert werden, sorgt der Flattersatz für den Umbruch. Die Funktion ist im Kapitel „Typografie" genauer beschrieben.

! **Objektformate für Bilder unnötig**
Wenn Sie für Bildplatzhalter ein Objektformat definieren, in dem die Skalierung und Anpassung des Bildes enthalten ist, wird diese Angabe durch die spätere Datenzusammenführung ignoriert. In den Optionen für diesen Vorgang erhalten Sie Gelegenheit, die Bilder mittig oder linksbündig auszurichten sowie in der Größe proportional anzupassen.

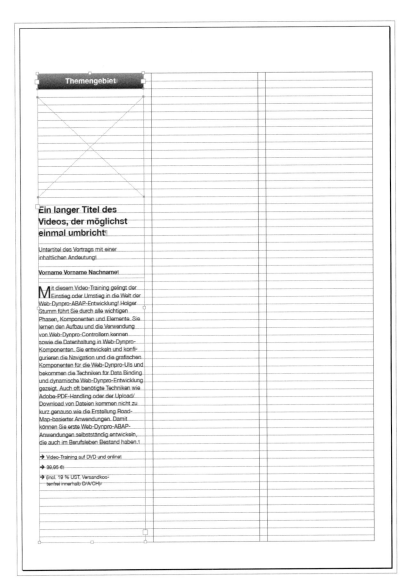

Abbildung 13.43: *Die Grundseite eines Produktkataloges ist dreispaltig angelegt, so dass drei Produkte auf einer Seite wiedergegeben werden können. Die „Befüllung" der Datei erfolgt immer von links nach rechts und von oben nach unten.*

13.2.3   Die Datenzusammenführung

Unter dem Menü **Fenster/Hilfsprogramme/Datenzusammenführung** rufen Sie die Palette auf. Ein kurzer Erklärungstext gibt Ihnen schon einen Hinweis, was Sie nun tun müssen: Rufen Sie aus dem Palettenmenü die Option **Datenquelle auswählen** auf und wählen Sie Ihre TXT- oder CSV-Datei.

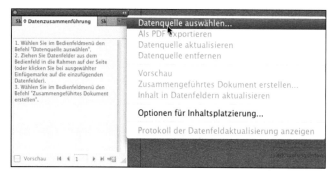

Abbildung 13.44: *Mit der Palette der Datenzusammenführung wählen Sie Ihre Datenquelle aus.*

Die Datenfelder werden nun ausgelesen und erscheinen als Liste in der Palette. Jetzt folgt die Zuweisung zum Layout: Klicken Sie in einen Textrahmen, in dem später der betreffende Inhalt erscheinen soll. Wenn Sie vorher Platzhaltertext angelegt haben, so markieren Sie diesen (z.B. Daniel) und klicken dann auf das Datenfeld „@Abbildung". So wird nun das Datenfeld mit der Bezeichnung in doppelten Tag-Klammern, z.B. <<@Abbildung>>, eingesetzt. Wenn Sie keinen Platzhaltertext angelegt haben, reicht es auch, jetzt einen Textrahmen anzulegen und durch Klick die Felder einzufügen.

Abbildung 13.45: *Die Datenfelder erscheinen in der Palette der Datenzusammenführung.*

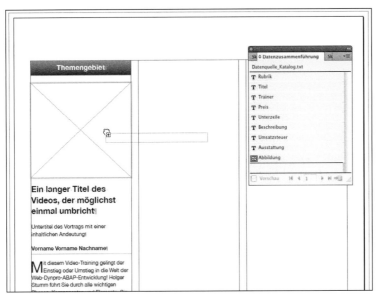

Abbildung 13.46: Die Platzhalter werden markiert und dann per Drag&Drop aus der Palette der Datenzusammenführung gezogen.

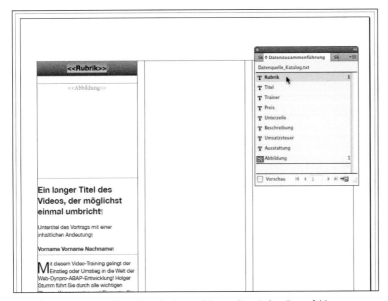

Abbildung 13.47: Markierte Texte im Layout können Sie mit dem Datenfeld durch Klick zuweisen.

Ebenso verfahren Sie mit den anderen Datenfeldern und weisen allen Feldern eine Position im Layout zu. Die Tag-Klammern << >> dürfen dabei nicht gelöscht werden, da sonst die Verbindung zur Datenquelle verloren geht und die entsprechenden Datenfelder nicht importiert werden.

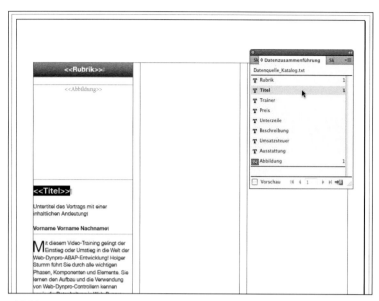

Abbildung 13.48: *Fahren Sie mit dem Zuweisen der Datenfelder fort.*

> **Feintypografie**
> Für den Ausgleich von Ziffern wie bei Telefonnummern können Sie die Zahlengruppen nicht anhand des Platzhalters oder Datenfeldes manuell spationieren, denn beim späteren Import der Datenquelle geht diese Formatierung verloren. Nur mit einer optimalen Vorbereitung der Texte und einer automatischen Spationierung und Unterschneidung nach der Datenzusammenführung erklimmen Sie den typografischen Olymp, indem Sie alle Telefonnummern nach demselben Schema erfassen und nachträglich im Layout ausgleichen. Lesen Sie dazu auch die Kapitel „Typografie" und „GREP".

Vorschau

Sobald die Datenquelle importiert ist und die Felder dem Layout zugeordnet sind, können Sie überprüfen, ob die Datenzusammenführung Ihren Vorstellungen entspricht: Klicken Sie auf den **Vorschau**-Button in der Palette. Danach erscheinen die Inhalte der Datenquelle im Layout. Dies ist noch keine endgültige Befüllung des Layouts; Sie können also hier zunächst prüfen, ob alle Textinformationen in die dafür vorgesehenen Textrahmen passen. Mit den Pfeilbuttons in der Datenzusammenführung nach rechts und links blättern Sie durch die Datensätze.

Abbildung 13.49: *Die Vorschau zeigt Ihnen die Inhalte anstelle der Datenfelder an.*

> ### Textlängen prüfen und Gestaltung anpassen
> An dieser Stelle können Sie mit aktivierter Vorschau weiterhin Ihre Gestaltung verfeinern. Passen Texte beispielsweise nicht in die Rahmen hinein, können Sie die Formate anpassen und mit der Vorschau prüfen, bei welchem Zeilenabstand etc. alle Texte passen.

Optionen für die Inhaltsplatzierung

Über das Palettenmenü der **Datenzusammenführung** wählen Sie die Platzierungsoptionen, wie mit den Inhalten verfahren werden soll. Wenn Sie einen Katalog erstellen wollen, so rufen Sie im Drop-down-Menü **Datensätze pro Dokumentseite** die Funktion **Mehrere Datensätze** auf. Anschließend erhalten Sie die Möglichkeit, eine **Vorschau** für alle Seiten zu erstellen. Mit den Pfeiltasten blättern Sie durch das spätere Dokument.

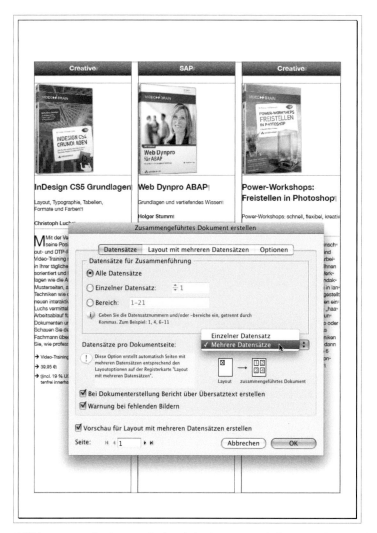

Abbildung 13.50: *Die Optionen für die Inhaltsplatzierung sind allgemein gehalten und beziehen sich nur auf die Bildplatzierung und Leerzeilen anstelle von leeren Feldern.*

> **Bilder anpassen**
> Grundsätzlich sind alle Einstellungen, die InDesign hier bietet, sinnvoll. Bilder werden proportional in den Platzhalterrahmen angepasst, also in der Größe so weit skaliert, dass das Bild vollständig im Rahmen zu erkennen ist.

Unter dem Reiter **Layout mit mehreren Datensätzen** stellen Sie die **Stege** ein, die aus Ihrer Mustervorlage und der aktuellen Seite übernommen werden. Wenn Sie die Werte verändern und die **Vorschau** aktivieren, sehen Sie unmittelbar die Auswirkungen auf die spätere Seite. Ebenso wählen Sie den **Abstand** der **Spalten** und **Zeilen** zwischen den Datensätzen.

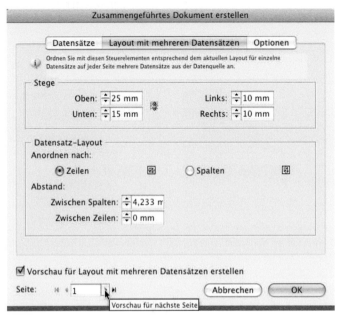

Abbildung 13.51: *In der Rubrik „Layout mit mehreren Datensätzen" können Sie die Stege des Satzspiegels abweichend zur Mustervorlage ändern, ebenso den gewünschten Abstand der Datensätze neben- und übereinander.*

Nun können Sie mit dem dritten Reiter **Optionen** die Vorgaben für die *verknüpften Bilder* einstellen. Wenn Sie unter der Option **Anpassen** die Funktion **Proportional anpassen** wählen, so ist es je nach Layout von Vorteil, dass Sie die Bilder auch gleich **Im Rahmen zentrieren**. Diese Funktion benötigen Sie, wenn Sie Bilder unterschiedlicher Seitenformate als Datenquelle verwenden. In einem quadratischen Platzhalterrahmen werden mit dieser aktiven Einstellung z.B. das Hoch- und das Querformat horizontal wie vertikal zentriert eingesetzt. Mit deaktivierter Option platziert InDesign die unterschiedlichen Formate immer oben links in den Layoutrahmen. Die weiteren Auswahlmöglichkeiten kennen Sie schon aus dem Kapitel „Bilder und Grafiken platzieren".

⚠ Auflösung der Bilder
Beachten Sie hierbei, dass die Bilder eine geeignete Auflösung besitzen. Wenn Sie ein zu niedrig aufgelöstes Bild verwenden, könnte es sein, dass es durch diese Einstellung übermäßig in einem Layoutrahmen vergrößert wird und die Auflösung unterhalb von 300 dpi sinkt. Befassen Sie sich bitte mit dem Kapitel „Platzieren", falls Ihnen diese Problematik noch nicht bekannt ist.

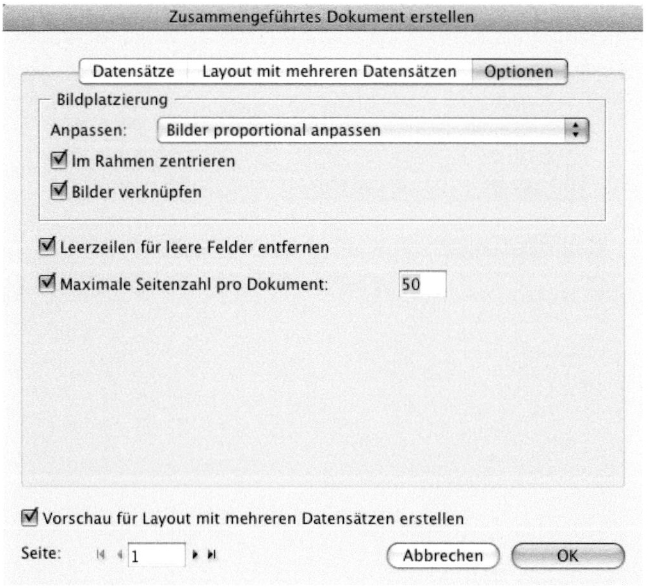

Abbildung 13.52: *Bilder unterschiedlicher Formate aus der Datenquelle müssen eventuell angepasst werden. Damit sich das Höhen- und Seitenverhältnis nicht ändert, wählen Sie „Bilder proportional anpassen" und lassen Sie die Bilder je nach Layout im Rahmen zentrieren.*

Sobald die Bilder platziert sind, ist es sinnvoll, dass Sie für das Layoutdokument die **Bilder verknüpfen**. Nach der Datenzusammenführung erscheinen diese dann in der Palette **Verknüpfungen**.

> **Rahmenanpassungsoptionen**
> Platzhalterrahmen können Sie in InDesign auch gleich beibringen, wie ein Bild im Rahmen skaliert wird. Dazu wählen Sie den Platzhalterrahmen an und rufen unter dem Menü **Objekt/ Anpassen** die Rahmeneinpassungsoptionen auf.

> **Leerzeilenproblem lösen**
> Wenn in der Datenquelle einzelne Felder leer sind, so wie z.B. bei unserem Katalogbeispiel ein <<Autor>> fehlt, setzt InDesign an diese Stelle kein weiteres Zeichen, eine Textzeile bleibt leer. Jedoch können dadurch in einem automatisierten Layout unschöne Leerzeilen entstehen. Entweder tolerieren Sie diese oder Sie entscheiden sich für „Leerzeilen für leere Felder entfernen".

> **Maximaler Datensatz**
> Bis zu 9.999 Datensätze können theoretisch für den Import von InDesign verarbeitet werden. Das sollte zunächst für die meisten Anwendungen ausreichen. Bedenken Sie bitte, dass im Extremfall die Anzahl der dadurch entstehenden Seiten oder Dokumente die Leistungsfähigkeit Ihres Rechners überfordert. Teilen Sie in diesem Fall die Inhalte in zwei oder mehrere TXT- oder CSV-Dateien auf und starten Sie erst dann die Datenzusammenführung mit separaten InDesign-Dateien, die Sie später zu einem „Buch" zusammentragen. Haben Sie jedoch umfangreichere Inhalte zu layouten, so sollten Sie sich über weiterführende Möglichkeiten durch Plug-ins von Drittanbietern informieren. Lesen Sie hierzu das Kapitel „Plug-ins" am Ende des Buches.

Sobald Sie nun diesen Dialog **Zusammengeführtes Dokument erstellen** mit **OK** bestätigen, legt Ihnen InDesign ein neues Dokument mit den zusammengeführten Daten an. Für unseren Produktkatalog ergeben sich aus 21 Datensätzen 7 Einzelseiten. Dieses InDesign-Dokument besitzt nun keine weitere Verbindung mehr zur Datenquelle, so dass Sie hier Feinheiten layouten oder die Datei als PDF exportieren können.

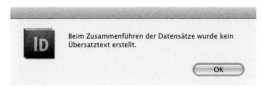

Abbildung 13.53: *Falls Textinhalte aus den Datensätzen nicht in die dafür vorgesehenen Textrahmen passen sollten, erhalten Sie eine anders lautende Warnmeldung.*

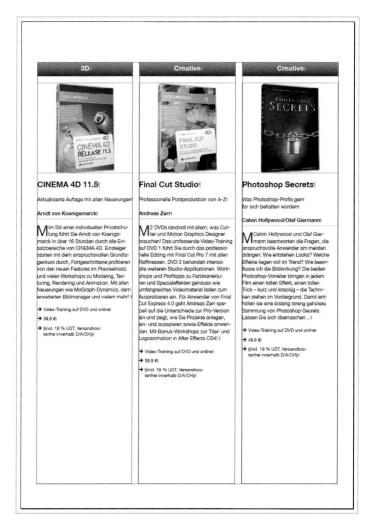

Abbildung 13.54: *Das erstellte Dokument erscheint als neue Datei mit Einzelseiten.*

Doppelseiten und Kopfzeilen

Wie wir bereits eingangs hervorgehoben haben, ist die Datenzusammenführung nur bei *Einzelseiten* anzuwenden. Daher können Sie nun anschließend das Dokument zu einem *doppelseitigen* machen, indem Sie **Datei/Dokument einrichten...** aufrufen und im nachfolgenden Dialog die Funktion **Doppelseiten** aktivieren.

Abbildung 13.55: *Verändern Sie die Vorgaben für das Dokument.*

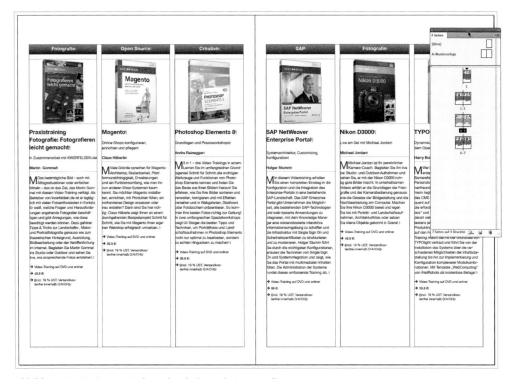

Abbildung 13.56: *Automatisch werden die Doppelseiten erstellt.*

Als sinnvolle Ergänzung für unser Beispiel dienen *Lebende Kolumnentitel* im Kopfbereich. Diese legen Sie sich bitte auf der *Mustervorlage* an, so dass die Rubriken oder die Produktnamen aus den Absatzformaten ausgelesen und im oberen Seitenbereich – oder an anderer Stelle – eingefügt werden. Diese *Variablen* erklären wir Ihnen im Kapitel „Variable Texte".

> **Satzspiegel anpassen**
Die Umwandlung eines einseitigen Dokumentes in ein doppelseitiges führt noch nicht zu einem schönen Layout. Rufen Sie daher im Menü „Layout/Stege und Spalten…" auf. Mit aktiver Layoutanpassung verändern Sie einfach den Abstand innen und außen.

Abbildung 13.57: *Verändern Sie die Vorgaben für das Dokument.*

13.3   Skripte

Eine besondere Form der Automatisierung von einzelnen Arbeitsschritten bis hin zu komplexen Abläufen stellt das Skript in InDesign dar. InDesign kann per JavaScript, AppleScript auf dem Mac und Visual Basic Skript auf dem PC konkrete wiederholbare Aufgaben automatisch ausführen. Wofür Sie die Beispielskripte in InDesign verwenden können, erklären wir Ihnen in diesem Kapitel.

13.3.1   Was bewirken Skripte im Layout?

An dieser Stelle wollen wir Ihnen die Skripte vorstellen, die InDesign bereits mit der Grundinstallation mitbringt. Das Thema Skripten ist komplex: Soll ein Skript eine konkrete Aufgabe im Layout übernehmen, benötigen Sie Grundkenntnisse in Programmiersprachen wie JavaScript. Skripte sind immer ein einfaches *ablaufendes Programm*, das aufgrund von Bedingungen und Abfragen Arbeitsschritte ausführt, die mit eindeutigen Ergebnissen vorgegeben sind. Dazu kann man per Skript auch einen *Eingabedialog* öffnen und die Daten, die Sie als Benutzer eingeben, auslesen, auch *Warnungen* und einfache *Abfragen* der eingegebenen Daten – wie z.B. eine Verifizierung – sind möglich.

Die Skripte, die mit InDesign zusammenarbeiten, basieren auf den Sprachen JavaScript, AppleScript oder Visual Basic. Alle Skriptsprachen sind jedoch eng verwandt. Wir wollen uns den plattformübergreifenden JavaScripts widmen, die Sie in InDesign aufrufen können.

[!] **Do you speak English?**
Skripte werden in der Syntax der Programmiersprache verfasst, die aus englischen Befehlen und Begriffen zusammengesetzt ist. Daher ist es auch möglich, mit Grundkenntnissen der englischen Sprache die Skripte im Quellcode zu lesen. Die Eingabeaufforderungen und Dialoge sind ebenfalls in Englisch verfasst, eine Übersetzung der Begriffe ist möglich, wenn Sie selbst ein Skript bearbeiten und nur die Einträge der Text-„Labels" verändern. Machen Sie dann zuvor unbedingt eine Sicherungskopie. Aufgrund der einfachen Editierbarkeit eines Skripts per Editor können sich schnell Unsauberkeiten oder Codefehler einschleichen, so dass ein Skript nicht mehr einwandfrei abläuft.

>   **Abfragen**
In der Regel beginnt jedes ordentlich verfasste Skript damit, die Eingangsdaten zu prüfen. Kann ein Skript nur mit Textabschnitten arbeiten, müssen andere Objekte abgelehnt und eine Warnung angezeigt werden. Dies trifft auch auf Zahlenformate, Dateitypen, Zeichenlängen oder Maße zu.

13.3.2   Skripte-Palette

Öffnen Sie ein Layoutdokument und rufen Sie im Menü **Fenster/Hilfsprogramme/Skripte** auf. InDesign blendet Ihnen die **Skripte**-Palette ein, die sehr einfach aufgebaut ist und auf die wir nicht näher eingehen wollen. Interessant ist, dass InDesign die Skripte in Unterordnern angelegt hat. So finden Sie unsere Beispiele im Verzeichnis **Anwendung/Samples/JavaScript**. Mit einem Doppelklick rufen Sie die Skripte auf. Um ein Skript wirksam auszuführen, erwarten viele Skripte, dass Sie schon einen Rahmen ausgewählt haben. Andere Skripte greifen auf eine Datenquelle zurück, um beispielsweise eine Bildergalerie anzulegen. Nutzen Sie daher Testdateien, um die Funktionsweise nachzuvollziehen.

Abbildung 13.58: *Die Skripte-Palette zeigt alle Beispiele und eigene Skripte, unterscheidet jedoch nicht nach einfachen Programmhilfen und komplexen Verarbeitungen – hierzu legen Sie sich Ordner an.*

[!]   **Erst ausprobieren**
Bevor Sie Skripte direkt in Ihrem Layout anwenden, sollten Sie die Vorgehensweise des Skripts anhand eines Beispieldokumentes verstehen, um keine Fehlbedienung zu verursachen. Erst dann sollten Sie ein Skript auch in Ihrem Layout einsetzen.

Hilfslinien um ein Objekt erzeugen: AddGuides.jsx

Für dieses erste Skript wählen Sie einen Rahmen oder eine Rahmengruppe mit dem Auswahl-werkzeug aus und rufen mit einem Dopppelklick das Skript **AddGuides.jsx** auf. Nun erhalten Sie einen kurzen Eingabedialog, ob Sie Hilfslinien um den gesamten Rahmen herum anlegen wollen. Interessant ist hierbei die untere Option: **Add Guides Based On: Visible Bounds**. Wenn Sie diese Funktion wählen, erkennt das Skript auch Freisteller, deren Rahmen natürlich größer angelegt ist als das freigestellte Motiv an sich. Hierzu gibt es auch einen Abstandswert horizontal und vertikal.

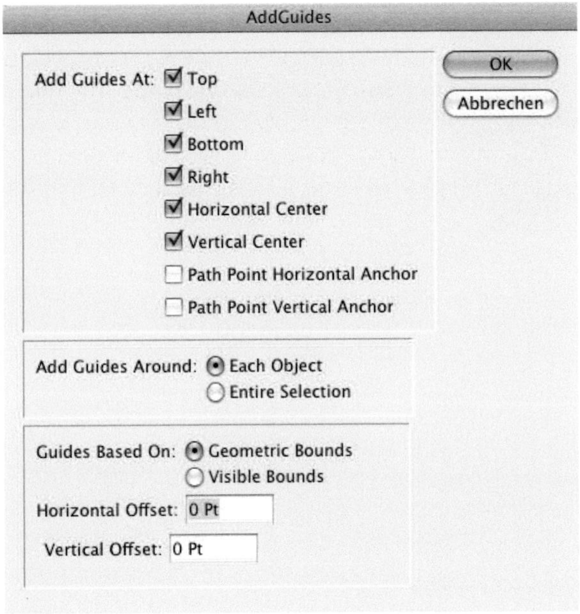

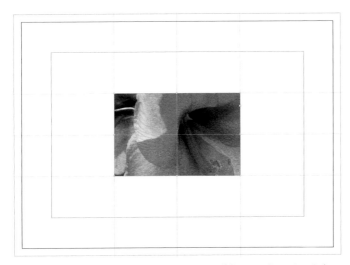

Abbildung 13.59: Nach Aufruf des Skriptes „AddGuides" erscheint ein Eingabedialog.

Abbildung 13.60: Mit AddGuides erzeugen Sie Hilfslinien entlang eines Rahmens oder eines Freistellers.

> ⚠ **Kein Schritt zurück für ein gesamtes Skript**
> Skripte werden als Arbeitsschritte von InDesign protokolliert und können somit auch wieder rückgängig gemacht werden. Beachten Sie jedoch bitte, dass ein ausgeführtes Skript Hunderte von Arbeitsschritten enthalten kann!

Knotenpunkte verdoppeln: AddPoints.jsx

Wählen Sie eine Vektorgrafik aus und klicken Sie den Pfad mit der Direktauswahl **A** an. Rufen Sie nun das Skript **AddPoints.jsx** auf. InDesign erzeugt zwischen allen bestehenden Ankerpunkten weitere Punkte in der Mitte der Pfadabschnitte. Je häufiger Sie das Skript aufrufen, desto mehr Punkte entstehen.

Abbildung 13.61: *Ein Kreis dient als Ausgangspunkt für das Skript „AddPoints".*

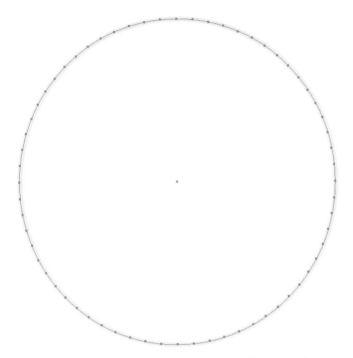

Abbildung 13.62: *Das Skript „AddPoints" wurde viermal hintereinander angewendet und hat bei jedem Schritt Knotenpunkte zwischen die bestehenden Knotenpunkte gesetzt.*

Objekte auf linken und rechten Seiten verschieben: AdjustLayout.jsx

Je nachdem, ob ein Rahmen auf einer linken oder rechten Seite eines Layouts liegt, können Sie alle Rahmen jeweils um einen konkreten Wert verschieben. Das ist besonders bei langen Dokumenten mit einer Klammerheftung sinnvoll, deren Seiten stark in den Bund laufen. Hierzu können Sie das Skript auch auf einen Seitenbereich reduzieren.

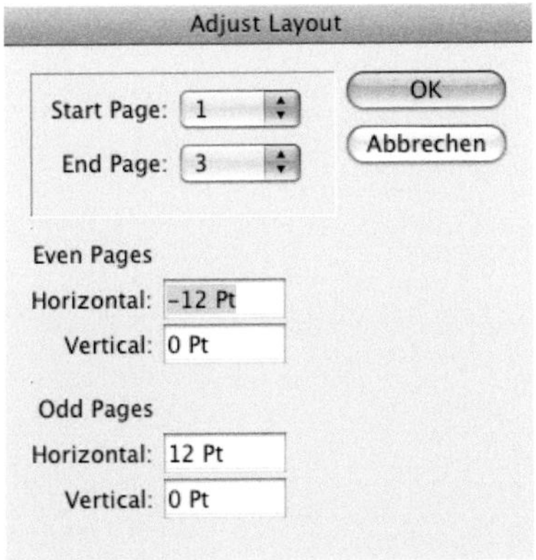

Abbildung 13.63: *Die Optionen des Skripts AdjustLayout.jsx*

Rahmen an Seitenrändern ausrichten: AlignToPage.jsx

Dieses Skript entspricht der Möglichkeit, mehrere Rahmen auszuwählen und per Ausrichten-Palette auf der gesamten Seite linksbündig, oben, zentriert, unten oder rechtsbündig anzuordnen. Dabei können auch die Seitenränder des Satzspiegels berücksichtigt werden.

Das Skript war in früheren Versionen von InDesign sehr sinnvoll, jedoch können Sie mittlerweile mit der Ausrichten-Palette die markierten Rahmen ebenfalls am Seitenrand oder an den Stegen ausrichten.

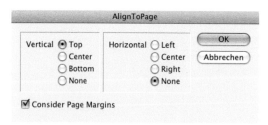

Abbildung 13.64: *Mit dem Skript „AlignToPage.jsx" richten Sie alle markierten Rahmen auf der Seite aus.*

Verkettete Textrahmen trennen: BreakFrame.jsx

Sie kennen das sicher schon: Sie wollen *einen* Textrahmen aus einer Verkettung so lösen, dass der Textinhalt zwar bestehen bleibt, die Verkettung jedoch an diesem Rahmen vorbeiläuft. Dazu sind normalerweise mehrere Handgriffe nacheinander nötig, die Ihnen das Skript **BreakFrame. jsx** abnimmt. Wählen Sie einen Textrahmen aus, der mit anderen verkettet ist, und rufen Sie das Skript auf. Allerdings gibt es für **BreakFrame.jsx** eine Einschränkung: Es funktioniert nicht mit umbrechenden Tabellen. Wollen Sie hingegen alle Rahmen unterbrechen, so verwenden Sie das Skript **SplitStory.jsx**.

> **Textverkettungen einblenden**
> Machen Sie die Textverkettungen sichtbar, indem Sie im Menü „Ansicht/ Extras/Textverkettungen einblenden" aufrufen.

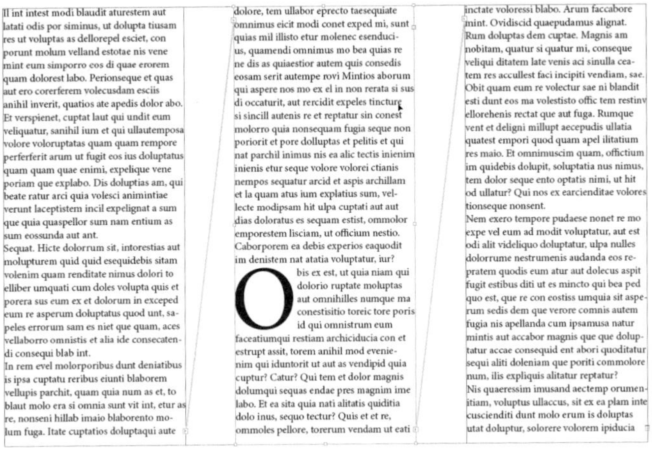

Il int intest modi blaudit aturestem aut latati odis por siminus, ut dolupta tiusam res ut voluptas as dellorepel esciet, con porunt molum velland estotae nis vene mint eum simporro eos di quae erorem quam dolorest labo. Perionseque et quas aut ero coererferem volecusdam esciis anihil inverit, quatios ate apedis dolor abo. Et verspienet, cuptat laut qui undit eum veliquatur, sanihil ium et qui ullautemposa volore voloruptatas quam quam rempore perferferit arum ut fugit eos ius doluptatus quam quam quae enimi, expelique vene poriam que explabo. Dis doluptias am, qui beate ratur arci quia volesci animintiae verunt laceptistem incil expelignat a sum que quia quaspellor sum nam entium as sum eossunda aut ant.

Sequat. Hicte dolorum sit, intorestias aut moluppturem quid quid esequidebis sitam volenim quam renditate nimus dolori to elliber umquati cum doles volupta quis et porera sus eum ex et dolorum in exceped eum re asperum doluptatus quod unt, sa-peles errorum sam es niet que quam, aces vellaborro omnistis et alia ide consecaten-di consequi blab int.

In rem evel moloroporibus dunt deniatibus is ipsa cuptaty reribus eiunti blaborem vellupis parchit, quam quia num as et, to blaut molo era si omnia sunt vit int, etur as re, nonseni hillab imaio blaboronto mo-lum fuga. Itate cuptatios doluptaqui aute

dolore, tem ullabor eprecto taesequiate omninus eicit modi conet exped mi, sunt quias mil illisto etur molenec esenduci-us, quamendi omnimus mo bea quias re ne dis as quiaestior autem quis consedis eosam serit autempe rovi Mintios aborum qui aspere nos mo ex el in non rerata si sus di occaturit, aut rercidit expeles tincture si sincili autenis re et reptatur sin conest molorro quia nonsequam fugia seque non poriorit et pore dolluptas et pelitis et qui nat parchil inimus nis ea alic tectis inienim inienis etur seque volore volori ctianis nempos sequatur arcid et aspis archillam et la quam atus ium explatius sum, vel-lecte modipsam hit ulpa cuptati aut aut dias doloratus es sequam estist, ommolor emporestem lisciam, ut officium nestio. Caborporem ea debis experios eaquodit im denistem nat atatia voluptatur, iur?

O bis ex est, ut quia niam qui dolorio ruptate moluptas aut omnihilles numque ma conestisitio toreic tore poris id qui omnistrum eum faceatiumqui restiam archididucia con et estrupt assit, torem anihil mod evenie-nim qui iduntorit ut aut as vendipid quia cuptur? Catur? Qui tem et dolor magnis dolumqui sequas endae pres magnim ime labo. Et ea sita quia nati alitatis quiditia dolo inus, sequo tectur? Quis et et re, om-moles pellore, torerum vendam ut eati

inctate voloressi blabo. Arum faccabore mint. Ovidiscid quaepudamus alignat. Rum doluptas dem cuptae. Magnis am nobitam, quatur si quatur mi, conseque veliqui ditatem late venis aci sinulla cea-tem res acculest faci incipiti vendiam, sae. Obit quam eum re volectur sae ni blandit esti dunt eos ma volestisto offic tem restinv ellorehenis rectat que aut fuga. Rumque vent et deligni millupt accepudis ullatia quatest empori quod quam apel ilitatium res maio. Et omnimuscim quam, offictium im quidebis dolupit, soluptatia nus nimus, tem dolor seque ento optatis nimi, ut hit od ullatur? Qui nos ex earcienditae volores tionseque nonsent.

Nem exero tempore pudaese nonet re mo expe vel eum ad modit voluptatur, aut est odi alit videliquo doluptatur, ulpa nulles dolorrume nestrumenis audanda eos re-pratem quodis eum atur aut dolecus aspit fugit estibus diti ut es mincto qui bea ped quo est, que re con eostiss umquia sit aspe-rum sedis dem que verore comnis autem fugia nis apellanda cum ipsamusa natur mintis aut accabor magnis que que dolup-tatur accae consequid ent abori quoditatur sequi aliti doleniam que poriti commolore num, ilis expliquis alitatur reptatur?

Nis quaeressim imusand aectemp orumen-itiam, voluptus ullaccus, sit ex ea plam inte cusciendti dunt molo erum is doluptas utat doluptur, solorere volorem ipiducia

Abbildung 13.65: Textrahmen sind miteinander verkettet.

Il int intest modi blaudit aturestem aut iatati odis por siminus, ut dolupta tiusam res ut voluptas as dellorepel esciet, con porunt molum velland estotae nis vene mint eum simporro eos di quae erorem quam dolorest labo. Perionseque et quas aut ero coererferem volecusdam esciis anihil inverit, quatios ate apedis dolor abo. Et verspienet, cuptat laut qui undit eum veliquatur, sanihil ium et qui ullautemposa volore voloruptatas quam quam rempore perferferit arum ut fugit eos ius doluptatus quam quam quae enimi, expelique vene poriam que explabo. Dis doluptias am, qui beate ratur arci quia volesci animintiae verunt laceptistem incil expelignat a sum que quia quaspellor sum nam entium as sum eossunda aut ant.

Sequat. Hicte dolorum sit, intorestias aut moluppturem quid quid esequidebis sitam volenim quam renditate nimus dolori to elliber umquati cum doles volupta quis et porera sus eum ex et dolorum in exceped eum re asperum doluptatus quod unt, sa-peles errorum sam es niet que quam, aces vellaborro omnistis et alia ide consecaten-di consequi blab int.

In rem evel molorporibus dunt deniatibus is ipsa cuptaty reribus eiunti blaborem vellupis parchit, quam quia num as et, to blaut molo era si omnia sunt vit int, etur as re, nonseni hillab imaio blaboronto mo-lum fuga. Itate cuptatios doluptaqui aute

dolore, tem ullabor eprecto taesequiate omninus eicit modi conet exped mi, sunt quias mil illisto etur molenec esenduci-us, quamendi omnimus mo bea quias re ne dis as quiaestior autem quis consedis eosam serit autempe rovi Mintios aborum qui aspere nos mo ex el in non rerata si sus di occaturit, aut rercidit expeles tincture si sincili autenis re et reptatur sin conest molorro quia nonsequam fugia seque non poriorit et pore dolluptas et pelitis et qui nat parchil inimus nis ea alic tectis inienim inienis etur seque volore volori ctianis nempos sequatur arcid et aspis archillam et la quam atus ium explatius sum, vel-lecte modipsam hit ulpa cuptati aut aut dias doloratus es sequim estist, ommolor emporestem lisciam, ut officium nestio. Caborporem ea debis experios eaquodit im denistem nat atatia voluptatur, iur?

O bis ex est, ut quia niam qui dolorio ruptate moluptas aut omnihilles numque ma conestisitio toreic tore poris id qui omnistrum eum faceatiumqui restiam archididucia con et estrupt assit, torem anihil mod evenie-nim qui iduntorit ut aut as vendipid quia cuptur? Catur? Qui tem et dolor magnis dolumqui sequas endae pres magnim ime labo. Et ea sita quia nati alitatis quiditia dolo inus, sequo tectur? Quis et et re, om-moles pellore, torerum vendam ut eati

inctate voloressi blabo. Arum faccabore mint. Ovidiscid quaepudamus alignat. Rum doluptas dem cuptae. Magnis am nobitam, quatur si quatur mi, conseque veliqui ditatem late venis aci sinulla cea-tem res acculest faci incipiti vendiam, sae. Obit quam eum re volectur sae ni blandit esti dunt eos ma volestisto offic tem restinv ellorehenis rectat que aut fuga. Rumque vent et deligni millupt accepudis ullatia quatest empori quod quam apel ilitatium res maio. Et omnimuscim quam, offictium im quidebis dolupit, soluptatia nus nimus, tem dolor seque ento optatis nimi, ut hit od ullatur? Qui nos ex earcienditae volores tionseque nonsent.

Nem exero tempore pudaese nonet re mo expe vel eum ad modit voluptatur, aut est odi alit videliquo doluptatur, ulpa nulles dolorrume nestrumenis audanda eos re-pratem quodis eum atur aut dolecus aspit fugit estibus diti ut es mincto qui bea ped quo est, que re con eostiss umquia sit aspe-rum sedis dem que verore comnis autem fugia nis apellanda cum ipsamusa natur mintis aut accabor magnis que que dolup-tatur accae consequid ent abori quoditatur sequi aliti doleniam que poriti commolore num, ilis expliquis alitatur reptatur?

Nis quaeressim imusand aectemp orumen-itiam, voluptus ullaccus, sit ex ea plam inte cusciendti dunt molo erum is doluptas utat doluptur, solorere volorem ipiducia

Abbildung 13.66: Der mittlere Rahmen wurde markiert und das Skript wurde ausgelöst. Nun ist der Rahmen isoliert und die Verkettung fließt vom linken Rahmen in den rechten Rahmen.

CornerEffects.jsx

Wie das Skript **AlignToPage.jsx** imitieren die **CornerEffects.jsx** eine inzwischen serienmäßige Funktion in InDesign: die Eckenoptionen. Je nach Wahl des Effektes und der Größe des Eckenradius erscheint ein Rahmen mit neuer Kontur. Dabei werden die Konturen jedoch in echte Ankerpunkte umgerechnet; ein erneutes Anpassen des Eckenradius ist nicht möglich.

Diesen Effekt erreichen Sie natürlich auch, wenn Sie die neuen Eckenoptionen anwenden und daraus ein Objektformat speichern. Doch der Clou dieses Skripts liegt im Pull-down-Menü **Pattern**: Hier wählen Sie, welche Punkte tatsächlich verändert werden. Jeder Bézierpfad besitzt eine Pfadrichtung, folglich gibt es einen ersten und einen letzten Punkt. Wählen Sie ein Rechteck aus und wenden Sie einen Effekt an, so wird der linke obere Ankerpunkt als erster Punkt mit der Option **First Point** verändert. Die weiteren Punkte zählt InDesign gegen den Uhrzeigersinn. Nutzen Sie stattdessen **Odd Points** oder **Even Points**, wird nur jeder zweite Punkt mit dem Effekt verändert, je nachdem, ob es sich um einen Punkt mit einer ungeraden oder geraden Nummer handelt. Probieren Sie die Möglichkeiten einmal aus und Sie werden schnell ein Gespür für die Arbeitsweise erhalten.

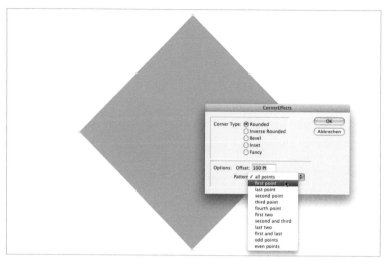

Abbildung 13.67: *Bei einem Rechteck wird bei allen Ankerpunkten mit gerader Nummer ein abgerundeter Eckeneffekt angewendet, wenn Even Points ausgewählt wurde.*

Abbildung 13.68: *Hier wurde „Rounded" auf den ersten Punkt angewendet.*

Ein neues Zeichenformat anlegen: CreateCharacterStyle.jsx

Wählen Sie einen Text aus, den Sie wie gewünscht formatiert haben, und klicken Sie doppelt auf das Skript **CreateCharacterStyle.jsx**, um ein neues Zeichenformat anzulegen. Dazu müssen Sie nur noch einen Namen eingeben. Diese Funktion erreichen Sie auch, indem Sie die Palette **Zeichenformate** aufrufen und mit gedrückter ⎇Alt-Taste auf das **Blatt**-Symbol **Neues Zeichenformat** klicken. Sogleich öffnet sich der Dialog **Zeichenformatoptionen**.

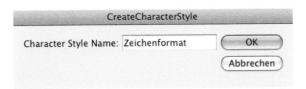

Abbildung 13.69: *"CreateCharacterStyle" legt aus einer markierten Textstelle ein neues Zeichenformat an.*

Schnittmarken hinzufügen: CropMarks.jsx

Haben Sie eine Anzeige oder eine Visitenkarte gestaltet, die konkret aus InDesign ausbelichtet werden soll, so können Sie Schnittmarken und Passkreuze ergänzen. Wählen Sie einen Rahmen oder eine Rahmengruppe aus und rufen Sie mit einem Doppelklick das Skript **Cropmarks.jsx** auf. Nun fragt das Skript nach Größe und Abstand der Marken und setzt diese anschließend um den Rahmen herum. Diese Arbeitsweise gilt heute als veraltet, da Sie in InDesign das Nettoformat und den Anschnitt anlegen und diese Formate als PDF ausgeben. Somit werden Schnittmarken im Layout überflüssig.

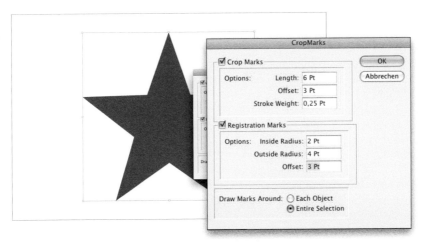

Abbildung 13.70: *Schnittmarken werden vom Skript angelegt.*

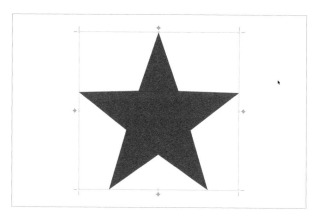

Abbildung 13.71: *Die Schnittmarken und Passkreuze erscheinen rund um die Auswahl.*

Texte exportieren: ExportAllStories.jsx

Wenn Sie alle Texte Ihres Layoutdokuments als einzelne Textdateien benötigen, um diese in ein anderes Layout einfließen zu lassen, so rufen Sie das Skript Export **AllStories.jsx** auf. Danach werden Sie gebeten, das entsprechende Format zu wählen. Wenn Sie hier das Tagged-Text-Format wählen, bleiben alle typografischen Auszeichnungen von InDesign erhalten. Das Ergebnis sind übrigens einzelne Dateien je Textabschnitt; verkettete Textrahmen werden als eine Textdatei exportiert.

Abbildung 13.72: *Zur Wahl stehen Text-, RTF- und Tagged-Text-Format.*

FindChangeByList.jsx

Aufgrund einer externen Textdatei **FindChangeList.txt** im Skripte-Verzeichnis von InDesign können vorgegebene Suchen ausgeführt und durch vordefinierte Texte oder Zeichen ersetzt werden. Näheres entnehmen Sie bitte der PDF-Dokumentation und den Kommentaren in der Textdatei.

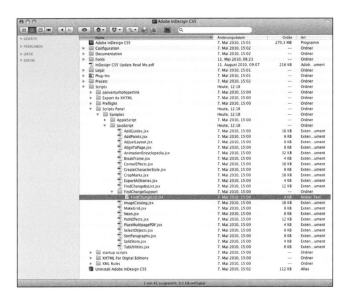

Abbildung 13.73: In diesem
Verzeichnis finden Sie die Textdatei
mit den Einträgen, die gesucht
und ersetzt werden sollen.

Bilder als Kontaktabzug: ImageCatalog.jsx

Eines der interessantesten Skripte aus grafischer Sicht ist wohl das Skript **ImageCatalog.jsx**, das mit einem Doppelklick aufgerufen erst einmal nach einem Bilderverzeichnis fragt. Geben Sie hier einen Testordner mit einfachen Dateien an. Nun liest das Skript die Anzahl der möglichen Bilder aus und bietet ein Muster an, wie die Bilder als Kontaktabzug in das Layout eingepasst werden sollen. Für den Anfang können Sie mit **3** Spalten und **4** Zeilen arbeiten.

Die Beschriftung der platzierten Bilder ist natürlich auch möglich: Unter der Rubrik **Labels** legen Sie die maximale Höhe des Textrahmens der Beschriftung fest. Darüber hinaus erzeugt das Skript gleich ein neues **Absatzformat**, damit typografische Änderungen ein Kinderspiel sind. Auch eine eigene **Ebene** hierfür kann das Skript auf Wunsch erzeugen.

> **!** **Skript überflüssig?**
> Anhand der Funktionen „Mehrfach Platzieren" und „Beschriftung" ist es möglich, die Arbeitsschritte, die das Skript „ImageCatalog.jsx" ausführt, in zwei manuellen Arbeitsgängen zu erledigen. Das Ergebnis ist deutlich komplexer und flexibler. Die Funktionen beschreiben wir Ihnen ausführlich im Kapitel „Bilder und Grafiken platzieren" sowie in den „Variablen Texten".

> **>** **Ebene mit Metadaten**
> Für einen Bilderkatalog werden für die Auswahl der Motive nur die Bilder selbst benötigt. Aber an welchem Speicherort liegt die Datei oder welche Schlagwörter sind vergeben? Diese Metadaten können auf einer eigenen Ebene angelegt werden, wenn Sie in der letzten Auswahl des **Layers** die Option Layer 1 wählen. Sie können sich dann immer entscheiden, ob Sie nur die Bilder ausdrucken wollen.

Beachten Sie bitte die Option **Label Type**: Hier wählen Sie entweder den Namen, den gesamten Pfad auf dem Computer oder die XMP-Metadaten für die Beschreibung oder den Autor aus – Informationen, die in nahezu jeder digital aufgenommenen Bilddatei enthalten sind.

Abbildung 13.74: *Ein Bilderordner wird ausgewählt.*

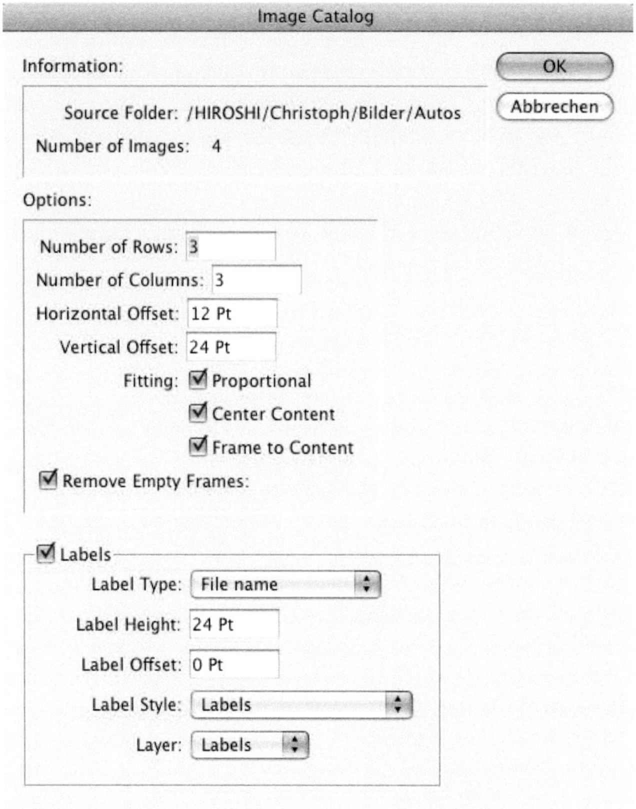

Abbildung 13.75: *Die Optionen für die Darstellung des Kataloges*

Rahmen als Raster aufteilen: MakeGrid.jsx

Dieses amüsante Skript teilt einen Rahmen im Layout in mehrere Rahmen auf. Das hört sich zunächst nicht sehr spektakulär an. Doch wählen Sie ein platziertes Bild und rufen Sie das Skript **MakeGrid.jsx** mit einem Doppelklick auf. Im Dialog stellen Sie nun die Anzahl der resultierenden Rahmen in Zeilen und Spalten ein. Der Abstand zwischen den späteren Rahmen kann auch hier horizontal wie vertikal angepasst werden.

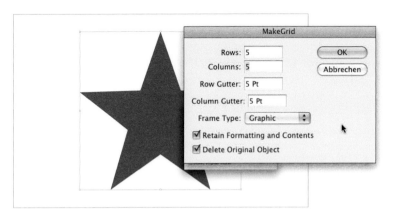

Abbildung 13.76: *Die Optionen für das Raster*

Das Ergebnis ist überraschend: Der Rahmen wird tatsächlich in ein Raster aus mehreren Rahmen zerschnitten. Auch diese Funktion können Sie durch einen anderen Trick umgehen: Ziehen Sie einen Rahmen (z.B. Stern) auf und halten Sie die **Maustaste** gedrückt. Nun bedienen Sie die Pfeiltasten ←/→ sowie ↑/↓. Sofort wird Ihr gesamter Rahmen in mehrere Rahmen unterteilt. Weitere Tricks verraten wir Ihnen im Kapitel „Layoutrahmen".

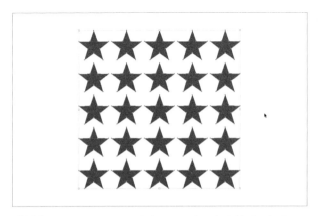

Abbildung 13.77: *Aus einem Rahmen werden vier, inklusive der Kontur und Eckenoptionen.*

> „MakeGrid" auch bei Textrahmen
Für Textrahmen funktioniert dieses Skript ebenfalls: Aus einem ersten Rahmen werden mehrere kleine Rahmen. Doch hier ist das Skript nicht „intelligent" genug, denn der Textfluss wird unterbrochen; jeder kleinere Rahmen ist eine Kopie des ursprünglichen Rahmens.

Neoneffekte als Rahmenkontur: Neon.jsx

Der Name ist Programm, das Skript legt einen Farbverlauf in Form übereinander gezeichneter Konturen einer Schmuckfarbe an. Definieren Sie zuvor eine Schmuckfarbe als Farbfeld. Wählen Sie nun einen Rahmen aus und rufen Sie das Skript auf. Zunächst werden zwölf Konturen angelegt. Die Schmuckfarbe erscheint im Pull-down-Menü **Stroke Color**. Beginnen Sie nun mit einer mageren Kontur von 0,25 Punkt und einer Rasterung (Stroke Tint) von 100%. Nun geben Sie das Ende der Konturen mit einer Stärke von 12 Punkt und 10% Rasterung an.

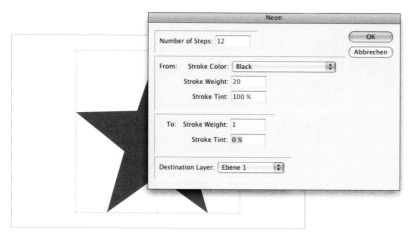

Abbildung 13.78: Die Eingabe des Neon-Effektes

Abbildung 13.79: Das Ergebnis des Neon-Effektes

Nachdem Sie die Eingabe bestätigt haben, wird Ihnen das Skript einen wunderschönen Neon-Rahmen zeichnen, sofern Sie auch eine entsprechend leuchtende Schmuckfarbe gewählt haben. Das Ergebnis ist übrigens eine *Rahmengruppe* aus einzelnen Konturen, das fertige Objekt lässt sich somit nur noch schwer nachbearbeiten.

PathEffects.jsx

Falls Sie die Verzerren-Optionen aus Illustrator kennen, um eine Rahmenform zu gestalten, werden Sie sich für dieses Skript erwärmen, denn es imitiert eine Reihe dieser Verzerrungen anhand eines Prozentsatzes für die Stärke des Effekts. Die englischen Bezeichnungen sind wenig selbst erklärend, daher hier eine kurze Übersicht der Basiseffekte:

Funktion	Beschreibung
Punk	Zusammenziehen
Bloat	Aufblasen
Twirl	Wirbel
RetractAll	Kurven glätten
MakeRectangle	Rechteck erzeugen
MakeOval	Ellipse erzeugen

Abbildung 13.80: *Die verschiedenen Effekte zum Verzerren eines Pfades*

> **Zurück bei Pfadeffekten**
> Da die Pfadberechnung der PathEffects offenbar nur einen Arbeitsschritt darstellt, kann InDesign diesen Effekt auch in einem Schritt rückgängig machen.

Mehrseitige PDF-Dateien platzieren: PlaceMultipagePDF.jsx

Das Platzieren einer PDF-Datei mit mehr als einer Seite stellt Sie gelegentlich vor Herausforderungen. Dieses Skript erleichtert Ihnen die Arbeit, indem es automatisch ein neues Dokument anlegt und jede einzelne PDF-Seite fortlaufend platziert. Legen Sie sich daher zunächst eine InDesign-Datei mit dem richtigen Seitenformat an, falls die PDF-Datei nicht im A4-Format vorliegt. Rufen Sie nun das Skript mit einem Doppelklick auf und wählen Sie eine PDF-Datei aus. Wenn Sie ein benutzerdefiniertes Format benötigen, können Sie jetzt im nächsten Dialog wählen, ob die PDF-Dateien in dieses bereits geöffnete Layout platziert werden.

Die Verknüpfungen werden übrigens einzeln zu den Seiten erstellt, wie Sie in der gleichnamigen Palette sehen können.

Objekte nach Inhalt auswählen: SelectObjects.jsx

Dieses Skript sorgt dafür, dass Sie auf Ihrer Layoutseite nur bestimmte Arten von Rahmen auswählen. Hier fehlt leider die Option, auch platzierte InDesign-Dateien separat wählen zu können.

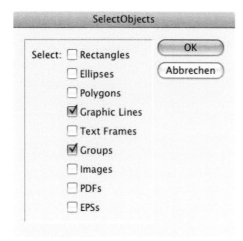

Abbildung 13.81: *Die Auswahl des Objekttyps erfolgt per Klick.*

Absätze alphabetisch sortieren: SortParagraphs.jsx

Für ein Wörterbuch oder ein Glossar eignet sich dieses Skript mit der Einschränkung, dass Sie nur nacheinanderfolgende einzelne Absätze als Beschreibung eines Sachverhaltes nutzen. Rufen Sie das Skript für einen zuvor markierten Text auf und InDesign tauscht Ihnen die Abschnitte anhand der alphabetischen Reihenfolge aus.

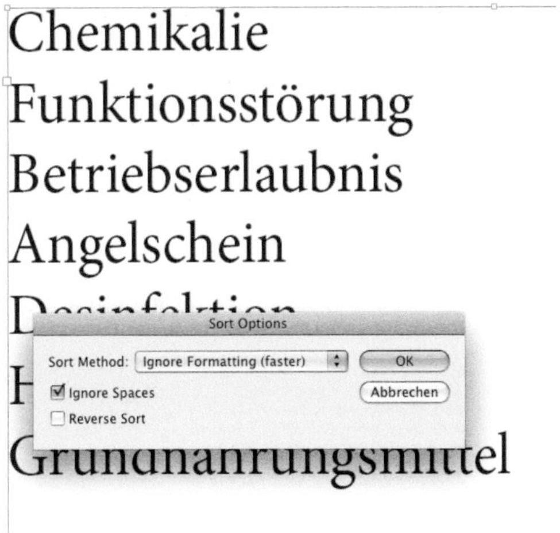

Chemikalie
Funktionsstörung
Betriebserlaubnis
Angelschein
Desinfektion
...
Grundnahrungsmittel

Abbildung 13.82: *Die Sortierung erfolgt aufgrund der Anfangsbuchstaben der Absätze.*

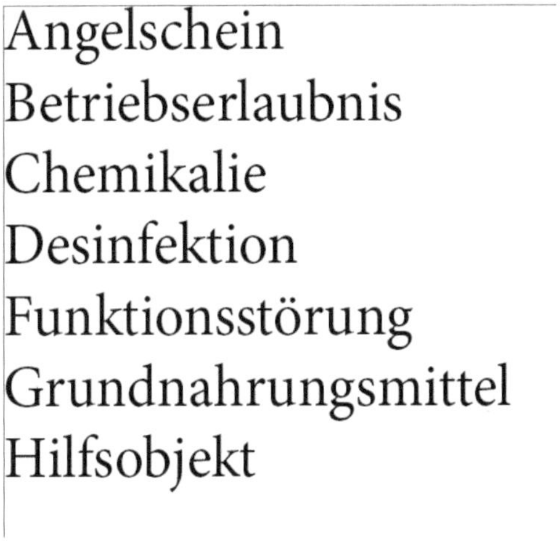

Angelschein
Betriebserlaubnis
Chemikalie
Desinfektion
Funktionsstörung
Grundnahrungsmittel
Hilfsobjekt

Abbildung 13.83: *Perfekt sortiert dank Skript*

Textverkettungen aufheben: SplitStory.jsx

Wenn mehrere Rahmen miteinander verkettet sind, damit der Text als geschlossener Abschnitt umbrochen wird, so können Sie anhand dieses Skripts die Verkettungen aufheben. Das Skript sorgt dafür, dass sich der Textumbruch nicht ändert, nur die Verknüpfungen der Textrahmen zueinander werden aufgehoben. Blenden Sie sich auch hier die **Textverkettungen** im Menü **Ansicht** ein. Im Gegensatz zum Skript **BreakFrames.jsx** trennt **SplitStory.jsx** alle Verkettungen auf.

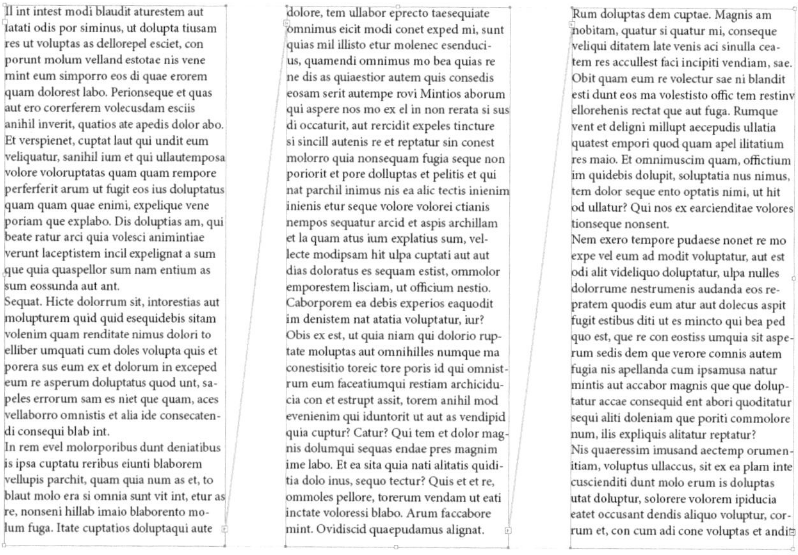

Abbildung 13.84: *Der Textabschnitt (Story) fließt durch alle drei Rahmen.*

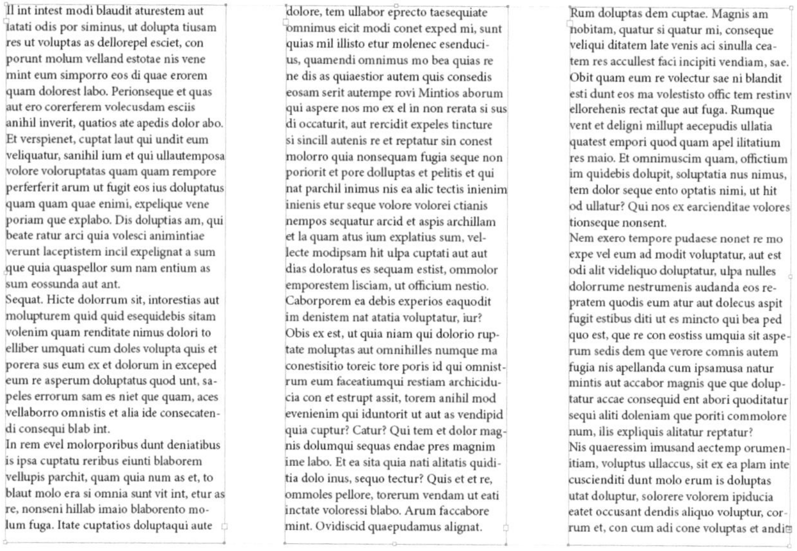

Abbildung 13.85: *Der Textabschnitt ist nach Aufruf von „SplitStory.jsx" in separate Rahmen geteilt.*

Tabulatoren und Einzüge einfügen: TabUtilities.jsx

Dieses Skript ergänzt einen Textabschnitt durch Tabulatoren und Einzüge in Abhängigkeit von linkem bzw. rechtem Rand oder Cursorposition. Diese Funktionalität bekommen Sie jedoch auch über Absatzformate, wie wir Ihnen im Kapitel „Absatz- und Zeichenformate" erläutern.

Skripte selbst schreiben?

Falls Sie selbst Aufgaben per Skript lösen und diese Skripte nicht von Grund auf neu schreiben wollen, können Sie dies auf drei Wegen tun: ein vordefiniertes Skript anpassen, nach bekannten dokumentierten Skripten suchen oder externe Spezialisten beauftragen.

ExtendScript Toolkit

Adobe hat der Creative Suite eine Skript-Werkzeugsammlung beigefügt, so dass Sie JavaScripts bearbeiten können. Dazu wählen Sie in der Palette ein Skript aus und rufen im **Kontextmenü** die Option **Skript bearbeiten** auf. Alternativ dazu rufen Sie mit dem Befehl **Im Finder anzeigen** die einzelne Datei im Unterverzeichnis von InDesign auf, um sie dann in einem Editor wie ExtendScript Toolkit zu bearbeiten. Natürlich stehen Ihnen auch andere Editoren zur Verfügung, hierzu genügen schon einfache Texteditoren wie WordPad oder TextEdit. Die Skripteditoren verfügen jedoch über ein sogenanntes Syntax-Highlighting, also eine farbliche Trennung der Code-Elemente sowie eine automatische Unterstützung beim Schreiben von Befehlen. Näheres erfahren Sie auch auf der Website von Adobe: **http://www.adobe.com/de/products/indesign/scripting/**

13.4   Publishing mit XML

Form und Inhalt fließen im Layout zusammen: XML – die Extensible Markup Language – ist eine Metasprache zur Beschreibung und Strukturierung beliebiger Dokumente. Layoutdokumente erhalten in InDesign durch XML-Tags eine zusätzliche Datenstruktur, die sowohl von InDesign als auch von anderen XML-fähigen Anwendungen verstanden wird. Eine Anwendung von XML in InDesign verlangt ein Mindestmaß an Informatik-Grundkenntnissen. Wollen Sie XML innerhalb von InDesign einsetzen, so sollten Sie immer anhand eines konkreten Falles die Funktionsweise erlernen.

13.4.1   Was kann man mit XML erreichen?

Stellen Sie sich vor, Sie müssen mit variablen Inhalten aus Datenbanken identische Layoutdokumente gestalten. Zusätzlich wird von Ihnen gefordert, die formatierten Inhalte aus der Layoutdatei so vorzubereiten, dass sie später auf einer Website oder wiederum in eine Datenbank eingebunden werden können. Das Austauschformat muss nur die Inhalte transportieren und für den Kunden leicht zu lesen sein. Die XML-Integration in InDesign ermöglicht diese Trennung von Form und Inhalt, so dass Text- und Bildinhalte in unterschiedliche Layoutformen einfließen können.

Die Möglichkeiten, XML in InDesign einzusetzen, sind umfangreich und verlangen von Ihnen, sich zunächst intensiv mit dem Thema XML und Skriptsprachen auseinanderzusetzen. Da die Anwendungen für XML und InDesign sehr unterschiedlich ausfallen, konzentrieren wir uns in diesem Kapitel auf die Grundlagen und wollen gleich auf die Alternativen hinweisen, bevor Sie selbst mit XML-, DTD- und InDesign-Dateien arbeiten.

Soll man wirklich auf XML zurückgreifen?

Denken Sie zuallererst *lösungsorientiert*, auch wenn die technischen Möglichkeiten verlockend sind. Häufig dauern die manuelle Vorbereitung und die Durchführung eines XML-Workflows wesentlich länger und verschlingen zusätzliche Arbeitszeit durch Fehlersuche und -beseitigung, die Sie durch den Erwerb einer fertigen Softwarelösung nicht aufwenden müssen.

Wir wollen Ihnen die oben beschriebene Funktionalität verständlicher und anwendungsbezogener näher bringen, als das viele Programmierhandbücher tun. Die Entscheidung, ob Sie XML als Austauschformat einsetzen wollen, diskutieren wir noch einmal abschließend am Ende des Kapitels.

> **Datenzusammenführung als Alternative**
> Wenn Sie als Praxisbeispiel jetzt an einen Serienbrief mit austauschbaren Adressen denken, ist die Lösung über XML-Inhalte möglich, aber eher umständlich. Dazu kann InDesign mit der Funktion „Datenzusammenführung" einfache Inhalte als tabulator- oder als kommaseparierten Text einlesen. Ebenso ist das Einbinden von Bildern als Datenquelle für ein flexibles Layout möglich. Lesen Sie dazu bitte das Kapitel „Datenzusammenführung", in dem wir Ihnen mit Hilfe eines Workshops die Arbeitsweise erklären. Die Datenzusammenführung erzeugt auf Wunsch auch neue Seiten, was Sie mit XML nur in Verbindung mit Skripten erreichen. Die technologische Grenze der Datenzusammenführung liegt darin, nur einseitige Dokumente zu erstellen, eine Doppelseitenerstellung ist erst mit fertig erzeugten Dokumenten möglich.

> **Automatisierte Katalogerstellung**
> Auch die Katalogproduktion aus Datenbankinhalten ist über die XML-Funktionalität möglich, jedoch haben hier schon viele Plug-in-Hersteller Lösungen entwickelt, die gegenüber einer eigenen Planung und Umsetzung kostengünstiger und produktionssicherer sind. Zudem sind die Plug-ins ausreichend dokumentiert und die Hersteller können für eventuelle Anpassungen eine gute Hilfestellung bieten. Importoptionen bieten Schnittstellen zu bekannten Datenbanken an. Lösungen und Adressen finden Sie im Kapitel Plug-ins.

13.4.2 Einführung

XML hat in den letzten Jahren als Austauschformat zwischen Anwendungen weite Verbreitung gefunden. Viele Datenbanken und Büroanwendungsprogramme erlauben inzwischen den Im- und Export von Daten in diesem Format. Die Idee von XML ist, die reinen Daten und ihre Struktur *von der Darstellung zu trennen*.

Wir wollen diese Idee und ihre Verwendung in InDesign anhand einer Visitenkarte darstellen und dabei die wichtigsten Merkmale von XML erläutern. Gleichzeitig werden die beiden wichtigsten Werkzeuge zur XML-Bearbeitung in InDesign vorgestellt.

Abbildung 13.86: *Die Visitenkarte ist mit InDesign gestaltet.*

Welche Teile dieser Visitenkarte sehen Sie als *Daten* und welche Teile als *Darstellung* an? Wie sind die enthaltenen Daten *strukturiert*? Sicher sind die Vektorgrafiken, die verwendeten Fonts sowie die Anordnung der Texte auf der Karte lediglich als *Darstellung* einzustufen.

Die weitere Beurteilung ist jedoch subjektiv. Wir wollen im Folgenden den Blickwinkel einer Mitarbeiterdatenbank annehmen. Dann zählen nur die Texte, die den Mitarbeiter identifizieren, als Daten. Alle anderen Texte wie etwa „Fax" oder „European Art Magazine" dienen lediglich als Rahmen.

Auch ist zu erkennen, dass in diesem Fall die Daten nicht hierarchisch strukturiert sind. Die Angaben zum Namen, zur Position, zur Telefonnummer stehen gleichberechtigt nebeneinander. Als Beispiel stärker strukturierter Daten sei ein Brief genannt. Er enthält unter anderem eine Adresse und gegebenenfalls eine Anlagenliste. Beide Elemente enthalten andere Daten, die Adresse „Name", „Straße" und so weiter, während die Anlagenliste aus einer Liste von Anlagennamen besteht.

Wir haben eben die Daten anhand von Namen – den *Tags* – identifiziert. Dies ist neben der Struktur die einzige Zusatzinformation, die in XML den Daten zugeordnet wird, wobei XML den Namen keine Bedeutung zuordnet. Die Bedeutung wird bei einem Datenaustausch zwischen zwei Applikationen allein von diesen festgelegt und steckt nicht im XML-Format selbst.

```xml
<?xml version="1.0" encoding="utf-8"?>

<verzeichnis>
 <mitarbeiter>
  <titel>Dipl.-Des.</titel>
  <name>Christoph Luchs</name>
  <position>Chef vom Dienst</position>
  <strasse>Beispielstraße 123</strasse>
  <stadt>65432 Musterstadt</stadt>
  <telefon>+49 123 45 67 89</telefon>
  <fax>+49 123 45 67 85</fax>
  <email>luchs@eam.com</email>
 </mitarbeiter>
</verzeichnis>
```

Quelltext von:

Abbildung 13.87: *Daten einer Visitenkarte als XML-Datei; die Inhalte sind schwarz dargestellt und werden durch die Struktur-Tags hier im Browser Firefox violett eingeklammert.*

In der entsprechenden XML-Darstellung sind die Inhalte und ihre Tags (Bezeichnungen, Namen) leicht wiederzufinden. Die Abbildung stammt aus Firefox, der für XML-Daten nicht nur eine strukturierte Ansicht, sondern in der Quellansicht auch eine farbliche Syntaxhervorhebung anbietet. Damit eignet er sich gut zur Ansicht von XML-Daten, ohne dass man gleich auf einen spezialisierten XML-Editor ausweichen müsste. Als Alternative steht Dreamweaver zur Verfügung, der ebenfalls eine automatische Syntaxerkennung der Struktur und die farbliche Hervorhebung bietet.

In der ersten Zeile ist die Identifikation der XML-Version und der verwendeten Zeichenkodierung für die Inhalte zu erkennen. Die Tags sind an den spitzen Klammern zu erkennen. Die Form **<name>** leitet ein Element ein (Start-Tag) und die Form **</name>** (End-Tag) schließt es ab. Alles zwischen Start- und End-Tag Befindliche sind die *Inhalte*, die mit dem Tag benannt worden sind. Der Titel des Mitarbeiters zum Beispiel ist **Dipl.-Des.** und ist zwischen den Tags **<titel>** und **</titel>** zu finden.

Wir verwenden in unserem XML-Beispiel per Konvention nur Tags in Kleinschreibung. Es ist aber auch Großschreibung möglich und muss dann beachtet werden. Die Groß- und Kleinschreibung bei Tags ist also relevant.

Die äußeren Tags **verzeichnis** und **mitarbeiter** dienen zur Strukturierung. **mitarbeiter** gruppiert die Daten eines Mitarbeiters. Die zusätzliche Ebene **verzeichnis** wird im späteren Verlauf dazu dienen, in derselben Struktur auch die Daten mehrerer Mitarbeiter aufzunehmen.

Es gibt im Wesentlichen zwei Stellen in InDesign, an denen mit XML gearbeitet wird. Ein Fenster **Strukturansicht** dient zur Visualisierung der XML-Struktur, die im Dokument eingebettet ist. Es wird über den Menüpunkt **Ansicht/Struktur/Struktur einblenden** geöffnet. Die **Tags**-Palette wird zur Erzeugung von Tags und ihrer Zuweisung an Inhalte benutzt. Sie ist unter **Fenster/Hilfsprogramme/Tags** zu finden.

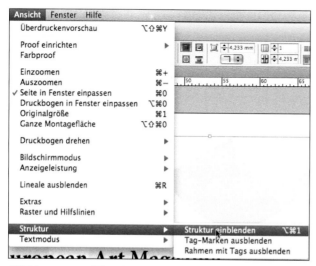

Abbildung 13.88: *Öffnen der Strukturansicht und Anzeigeoptionen für Tags*

Verwendet man keine der XML-Funktionen in InDesign, ist dennoch standardmäßig wenigstens ein Wurzelknoten namens „Root" angelegt. Weitere Struktur entsteht in einem InDesign-Dokument erst durch Zuweisen von Tags an Inhalte.

Abbildung 13.89: *Der Wurzelknoten „Root" des Visitenkartendokuments in der Strukturansicht.*

Dazu müssen erst einmal Tags erzeugt werden. Dies geschieht in InDesign in der Palette **Tags**. Zwei Buttons am unteren Rand der Palette erlauben das manuelle Erzeugen und Löschen von Tags.

Abbildung 13.90: *Neuanlegen von Tags in der Tags-Palette*

Abbildung 13.91: *Die Tag-Palette. Die Tags „titel" und „name" wurden manuell angelegt.*

Liegt eine XML-Datei vor, deren Daten verwendet werden sollen, können die Tags aus dieser geladen werden. Die entsprechende Funktion **Tags laden...** ist über das Palettenmenü zugänglich. Um die Daten aus der XML-Datei verwenden zu können, ist einige Sorgfalt bei der Vergabe der Tags notwendig.

Abbildung 13.92: *Die Tags-Palette mit den Tags der XML-Beispieldatei.*

Laden Sie nun die Tags aus der Beispieldatei. Damit die Strukturen der XML-Datei passend in InDesign aufgebaut werden, müssen Sie die Tags in der Reihenfolge ihres Auftretens in XML zuweisen. Dieses einführende Beispiel ist so konstruiert, dass die Struktur der XML-Datei auf naheliegende Weise im InDesign-Dokument nachgebildet werden kann. In konkreten Anwendungssituationen ist dazu eine sorgfältige Planung und Abstimmung notwendig.

> **Vereinfachung der Strukturen**
> Unter Umständen sind die Strukturen nicht in Übereinstimmung zu bringen. In solchen Fällen können zu verwendende XML-Dateien extern oder beim Import in InDesign mit einer Technik namens *XSLT* so transformiert werden, dass sie anschließend in die Dokumentstruktur passen.

Das Wurzelelement im XML trägt das Tag **verzeichnis**. Zum Zuweisen dieses Tags an das *Root*-Element im Dokument wählen Sie das *Root*-Element in der Strukturansicht aus und klicken anschließend auf das Tag **verzeichnis** in der Palette **Tags**.

Abbildung 13.93: *Auswahl des Tags „verzeichnis" als Root-Element*

Selektieren Sie nun den Textrahmen, der die anderen Texte enthält, und weisen Sie diesem das Tag **mitarbeiter** zu, indem Sie dieses Tag in der Palette anklicken.

Abbildung 13.94: *Zuweisen des Tags „mitarbeiter" an den Textrahmen*

> **Ansicht der Rahmen mit Tags**
> Falls der Rahmen danach nicht mit der Tag-Farbe markiert sein sollte, überprüfen Sie, ob Sie sich in der Normalansicht befinden. Dies ist Voraussetzung, um überhaupt die Tag-Markierungen sehen zu können. Weiterhin befinden sich im Menü **Fenster/Struktur** noch zwei weitere Schalter, mit denen die Markierungen getrennt für Rahmen und Textstellen ein- und ausgeblendet werden können. Tags für Textstellen werden durch farbige Klammern angedeutet.

Setzen Sie das Tagging im Textrahmen durch Markieren der Textstelle „Dipl.-Des." und Anklicken des Tags **titel** in der Tags-Palette fort.

Abbildung 13.95: *Zuweisen des Tags „titel" an selektierten Text*

Überprüfen Sie Ihre Arbeit immer anhand der Strukturansicht. Es muss dort dieselbe Struktur wie im XML entstehen. Setzen Sie dann die Zuweisung der Tags mit den anderen Textstellen auf der Visitenkarte fort.

Abbildung 13.96: *Die Strukturansicht und Anzeige nach Zuweisung einiger Tags*

Nach Zuweisung aller Tags sollten alle Textstellen markiert sein, die wir zu Beginn des Abschnitts als Daten (aus Sicht der Mitarbeiterdatenbank) identifiziert hatten.

Abbildung 13.97: *Die Visitenkarte mit vollständiger Zuweisung aller Tags*

Auch in der Strukturansicht sollte die XML-Struktur vollständig abgebildet sein. In dieser Form kann jetzt das InDesign-Dokument als Template benutzt werden und die Dateninhalte können leicht mittels Import anderer XML-Dateien gleicher Struktur ausgetauscht werden.

Abbildung 13.98: *Die resultierende Struktur in der Strukturansicht nach Abschluss der Vergabe aller Tags*

Die XML-Importfunktion ist zugänglich über den Menüpunkt **Datei/XML importieren...** oder über **XML importieren...** im Palettenmenü der Strukturansicht. Wählen Sie die XML-Datei eines anderen Mitarbeiters aus.

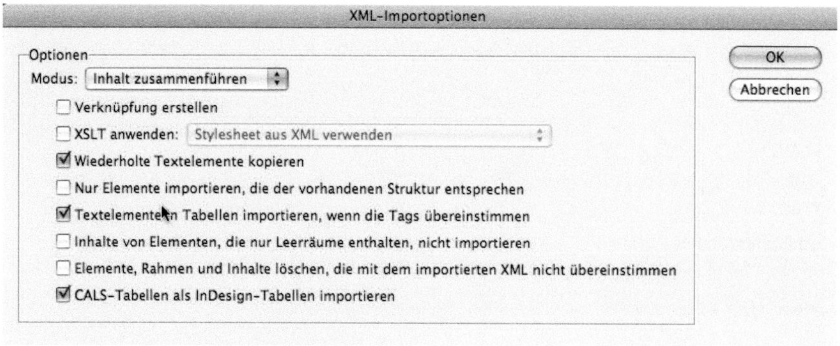

Abbildung 13.99: *Dialog der XML-Importoptionen*

Im anschließenden Dialog kann man den XML-Import durch einige Optionen beeinflussen. Der Importmodus (Zusammenführen oder Anfügen) entscheidet, ob InDesign versucht, importierte Elemente in die bestehende Struktur einzupassen und so auch die Inhalte auszutauschen, oder ob die XML-Struktur einfach an die bestehende Struktur angefügt wird. Beim Anfügen erfolgt auch kein Abgleich mit der bestehenden Struktur und es werden keine Inhalte ausgetauscht. Dieser Modus dient dafür, neue Strukturen in ein Dokument einzufügen und diese erst dann mit einem Layout zu versehen.

Dieses Vorgehen hätte man also z.B. alternativ beim Erstellen der Visitenkarte wählen können. Dann hätte man mit einem weitgehend leeren Layout begonnen, die XML-Datenvorlage importiert und anschließend die Inhalte Schritt für Schritt im Layout platziert und mit Formaten versehen.

Die Option „Verknüpfung erstellen" funktioniert wie bei den Grafiken; die importierte XML-Datei kann, wenn sie geändert wird, über das Bedienfeld **Verknüpfungen** aktualisiert werden. Auf die Option **XSLT anwenden** hatten wir früher schon hingewiesen. Mit ihr kann eine XML-Struktur direkt beim Import mit Hilfe eines XSLT-Stylesheets an die dokumentinternen Strukturen angepasst werden.

Die Optionen, die Tabellen betreffen, können in diesem Fall ignoriert werden, da das Layout keine enthält. Auch die Option **Wiederholte Textelemente kopieren** ist nicht anwendbar, da unsere XML-Datei keine Liste enthält. Außerdem ist diese Option nur sinnvoll, wenn den Tags auch Formate zugeordnet worden sind.

Die Option zum Löschen von Elementen und Rahmen sollten Sie dagegen ausschalten, da dies hier nicht beabsichtigt ist. Diese Option findet Verwendung, wenn ein Layout respektive eine XML-Struktur optionale Elemente enthält. Demgegenüber sollte die Option, die sich auf Elemente ausschließlich mit Leerräumen bezieht, immer angeschaltet sein. Diese Option verhindert den Import überflüssiger Elemente.

Abbildung 13.100: *Visitenkarte mit den ausgetauschten Inhalten nach dem Import der XML-Datei.*

Sie haben bis hierher eine kurze Einführung in das XML-Format und die beiden wichtigen InDesign-Bedienelemente für XML erhalten. Eine Visitenkarte wurde so mit Struktur versehen, dass ihre Inhalte leicht durch den Import anderer XML-Dateien gleicher Struktur ausgetauscht werden konnten. Das gezeigte Verfahren kann vielfältig eingesetzt werden und ist z.B. auch bei der Internationalisierung, also der Publikation eines Dokumentes in mehreren Sprachen, anwendbar.

Zum Abschluss dieser Einführung soll nun noch das Beispiel so erweitert werden, dass die Visitenkarte als Template für die Mitarbeiter einer ganzen Abteilung dient. Dazu haben wir eine XML-Datei vorbereitet, die die Daten von neun Mitarbeitern als Liste enthält. In dieser ist die Struktur von **<mitarbeiter>** bis **</mitarbeiter>** neunmal wiederholt, enthält aber jedes Mal andere Daten.

> **! Datenstruktur je nach Workflow unterschiedlich**
> Je nach Anwendung kann entweder neunmal eine einzelne XML-Datei mit unterschiedlichem Inhalt eingelesen werden oder Sie haben eine XML-Datei mit neun Wiederholungen pro Mitarbeiter zur Verfügung. Beide Ausgangslagen führen zu demselben Ergebnis, jedoch sind die Arbeitsweisen unterschiedlich. Daher zeigen wir Ihnen, wie Sie mit der Wiederholung arbeiten, auch wenn es weitere mögliche Wege gibt.

Ausgangspunkt der weiteren Arbeit ist die fertig mit Tags versehene Visitenkarte. Ob das Dokument noch die ursprünglichen Daten enthält oder ob durch XML-Import die Inhalte bereits ausgetauscht wurden, ist unerheblich. Der Import der kompletten Mitarbeiterliste wird diese Daten sowieso wieder überschreiben.

Markieren Sie dazu zunächst sämtliche Layoutelemente und kopieren Sie sie. Erzeugen Sie dann eine neue Seite mit **Layout/Seiten/Seite hinzufügen** und fügen Sie anschließend das Template mit **Bearbeiten/An Originalposition einfügen** wieder ein.

Dabei kann man beobachten, dass InDesign die aufgebaute Struktur jeweils mit kopiert und die Strukturansicht entsprechend aktualisiert. Wiederholen Sie den Vorgang, bis Sie die Struktur in neunfacher Kopie, also passend zur vorbereiteten Mitarbeiterliste, vorliegen haben.

Abbildung 13.101: *Strukturansicht nach Vervielfachung des Templates der Visitenkarte*

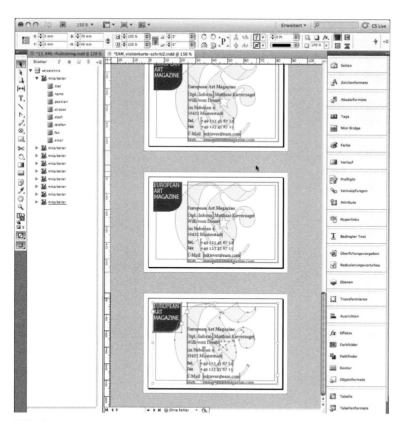

Abbildung 13.102: *Gesamtansicht des Templates nach der Vorbereitung für den XML-Import*

Wie bei dem einfachen Datenaustausch ist das Template jetzt, da es die passende Struktur hat, bereit für den Import der XML-Daten.

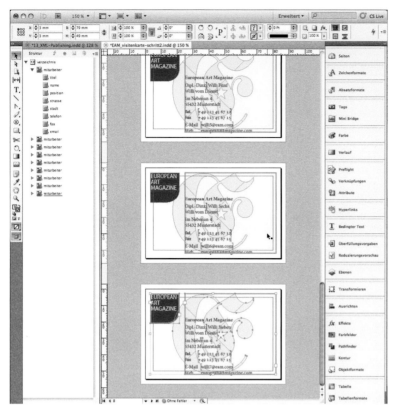

Abbildung 13.103: *Gesamtansicht nach Import der Mitarbeiterdaten*

Wenn Sie die XML-Mitarbeiterliste importiert haben, sind die Visitenkarten für die gesamte Abteilung fertiggestellt.

13.4.3 XML importieren

Die einfachste Arbeit, gleich auf Basis einer bestehenden XML-Struktur im Layout zu arbeiten, ist der *Import* einer XML-Datei. Dazu kann auch eine XML-Datei dienen, in der nur Platzhaltertexte oder -bilder als Inhalt enthalten sind.

Für unser Beispiel nutzen wir eine fertige XML-Datei, die wir in Dreamweaver öffnen und verändern können. Alternativ stellt auch ein Webeditor (wie z.B. die kostenlose Software „Textwrangler" von Barebones) den XML-Code dar.

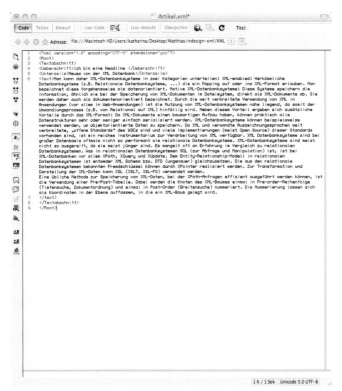

Abbildung 13.104: *Die Quelle ist eine XML-Datei, die im Browser oder in einem Webeditor wie Dreamweaver angezeigt und bearbeitet werden kann.*

Nun können Sie die Tags mit den Pfeilsymbolen aufklappen und sehen die Verschachtelung. Bei unserem Beispiel klammert das Tag **Artikel** die weiteren Tags und deren Inhalte ein. Wird der Name des Tags geändert, verändert sich auch automatisch das Schlusstag der XML-Datei. Diese Strukturdarstellung und Bearbeitung ist auch mit kostenpflichtigen XML-Editoren möglich.

Kehren wir wieder zu InDesign und einem vorbereiteten Layoutdokument mit Absatzformaten zurück: Rufen Sie das Palettenmenü der Strukturansicht auf und wählen Sie den Punkt **XML importieren** aus. Danach wählen Sie die entsprechende XML-Datei und aktivieren die Importoptionen.

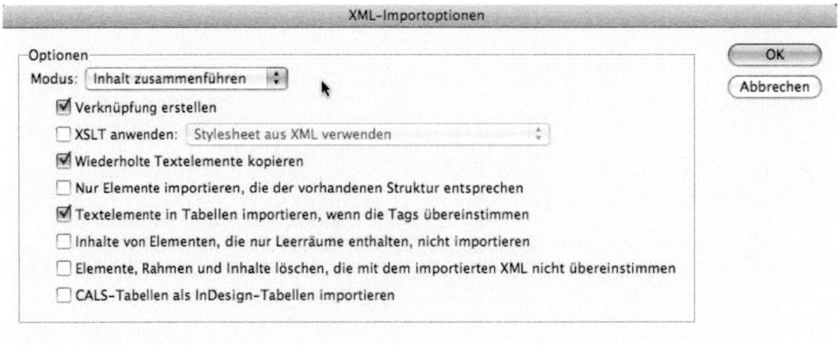

Abbildung 13.105: *Die XML-Datei wird mit dem Layout zusammengeführt.*

Wählen Sie **Verknüpfung erstellen** aus, damit die XML-Datei wie jede andere platzierbare Datei in der Verknüpfungen-Palette erscheint und zu jedem beliebigen Zeitpunkt aktualisiert werden kann.

Hier wählen Sie den Modus **Inhalt zusammenführen** und klicken auf **OK**, damit die XML-Struktur in das Layout geladen wird. InDesign legt dann entsprechend der Struktur die Tags in der richtigen Reihenfolge in der Strukturansicht an.

Abbildung 13.106: *Das InDesign-Layout besitzt bereits fertige Absatzformate und die XML-Datei wurde in die Struktur-ansicht importiert.*

Tag-Vorgabeoptionen

Haben Sie bereits eine XML-Datei importiert und werden die Tags in der gleichnamigen Palette angezeigt, so können Sie den Layoutelementen in InDesign gleich „beibringen", welche Tags – und deren Inhalte – durch welches Layoutelement wiedergegeben werden können. Rufen Sie dazu in der XML-Strukturansicht das Palettenmenü auf und wählen Sie den letzten Punkt **Tag-Vorgabeoptionen** aus. Sofern Ihre XML-Datei entsprechende Tags mitbringt, können Sie nun den typischen Objekten wie Textrahmen, Tabelle oder Bild ein entsprechendes Tag zuordnen. Somit legt InDesign beim Platzieren dieser Elemente im Layout auch die entsprechenden Rahmen an.

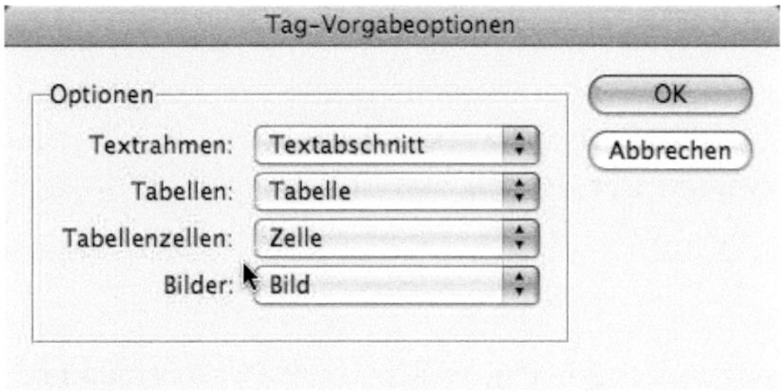

Abbildung 13.107: *Die Vorgabeoptionen regeln die Zuordnung zwischen den verschiedenen Layoutobjekten und den XML-Elementen.*

XML-Inhalte platzieren

Nun wird die XML-Datei in das Layout platziert. Ziehen Sie einfach mit gedrückter Maustaste das Tag **Artikel** auf die Layoutseite. Danach platziert InDesign einen eingefärbten Textrahmen auf Breite einer Textspalte. Der Rahmen verhält sich nun wie jeder andere Textrahmen; Sie können sowohl die Textrahmenoptionen bearbeiten als auch die Farbgebung oder die Form des Rahmens beeinflussen.

Wenn Sie unter dem Menü **Ansicht/Struktur/Rahmen mit Tags einblenden** anwählen, werden Ihnen alle bereits mit Tags versehenen Rahmen farbig hervorgehoben, passend zu den Tag-Farben in derselben Palette.

InDesign stellt nun die einzelnen Textabschnitte, die durch Tags in der XML-Datei markiert werden, durch farbige eckige Klammern im Layout dar. Die Farben werden von InDesign zufällig ausgewählt. Der gesamte Textrahmen ist in unserem Beispiel violett eingefärbt. Die Farbwahl gewinnt garantiert keinen Schönheitspreis – wie auch bei Hilfslinien oder Ebenenfarben dient sie nur zur Unterscheidung. Sobald Sie in den Vorschaumodus **W** wechseln, verschwinden alle farbigen Markierungen.

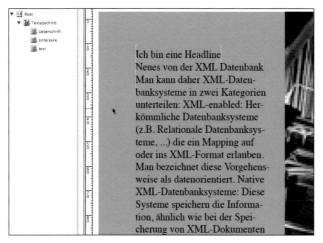

Abbildung 13.108: *Die XML-Inhalte wurden platziert und die Tags werden durch farbige eckige Klammern angezeigt.*

Tags und Formate zuordnen

Die Inhalte sind nun platziert, aber den Textabschnitten müssen noch die Absatz, Zeichen- oder Tabellen- oder Zellenformate im Layout zugewiesen werden. Wichtig ist, dass Ihre Layoutdatei sauber aufgebaut ist und alle Texte und Tabellen durch Formate definiert sind (siehe Kapitel Absatz- und Zeichenformate und Tabellen).

Rufen Sie die Palette **Tags** aus dem Menü **Fenster** auf. Wählen Sie nun aus dem Palettenmenü der Tag-Palette die Option **Tags zu Formaten zuordnen...** aus.

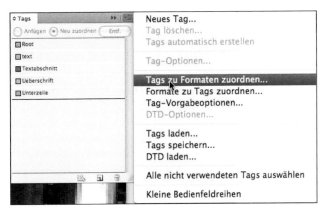

Abbildung 13.109: *Tag-Palette mit definierten XML-Tags*

Sie erhalten eine Liste Ihrer Tags, die Sie nun über die Auswahlfelder den bestehenden Formaten für Absätze, Zeichen, Tabellen und Zellen zuordnen können.

Abbildung 13.110: *Die Tags werden einem Absatzformat zugeordnet und der Inhalt wird umformatiert.*

Wählen Sie die entsprechenden Formate aus. Mit aktiver Vorschau sehen Sie gleich im Hintergrund, dass sich Ihr Layoutdokument ändert. Tags, denen Sie kein Absatzformat zuordnen können, weil der Inhalt nicht verwendet wird oder der Inhalt ein Bild ist, lassen Sie frei.

> **Nach Name zuordnen**
> Diese Option im Dialog der Zuordnung von Tags zu Formaten ermöglicht es, gleichnamige Tags und Formate mit einem Klick auszuwählen. Dazu müssen diese aber auch identisch inklusive Groß- und Kleinschreibung benannt werden.

Formate zu Tags zuordnen

Der andere Weg, die bestehenden Absatzformate jeweils einem Tag zuzuordnen: Öffnen Sie die Funktion **Formate zu Tags zuordnen...** im Palettenmenü der **Strukturansicht** oder der **Tags-Palette**. Eine Vorschau ist jedoch nicht möglich. Über die Option **Laden...** können Sie eine Tag-Format-Zuordnung auch aus einem vorherigen InDesign-Dokument übernehmen.

> **! Beide Anwendungen sind nicht sinnvoll**
> Wenn Sie bereits Tags zu Formaten zugeordnet haben, hat die andere Arbeitsweise, die Formate den Tags zuzuordnen, keinen Sinn, denn die Verbindung besteht bereits. Grundsätzlich empfehlen wir immer, die Tags den Formaten zuzuordnen.

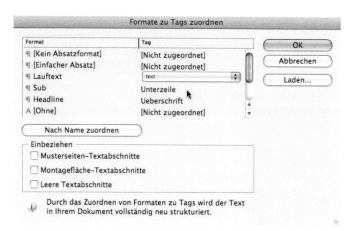

Abbildung 13.111: *Die Formate können auch den Tags zugeordnet werden.*

13.4.4 XML-Quelle aktualisieren oder tauschen

Die verknüpfte XML-Datei ist wie ein Bild oder eine PDF-Datei mit dem Layout verknüpft. Wenn Sie die XML-Datei ändern oder verschieben, sollten Sie danach auch die Verknüpfung wieder aktualisieren. Über die Palette **Verknüpfungen** ist dies spielend möglich, wie Sie im Kapitel „Texte übernehmen" nachlesen können.

Da Sie mit InDesign eine XML-Datei platzieren können und InDesign die Verknüpfung zur Originaldatei beibehält, können Sie nun zwei Wege einschlagen, um Ihr Layout mit anderen Inhalten durch eine XML-Datei gleichen Aufbaus zu befüllen: Entweder über die Funktion XML importieren, die wir schon beschrieben haben, oder Sie setzen die Verknüpfung der ersten XML-Datei auf die zweite XML-Datei.

Abbildung 13.112: *Ausgangspunkt ist der deutsche Text der Datei artikel.xml.*

In der **Verknüpfungen**-Palette klicken Sie doppelt auf die alte XML-Datei. Im nachfolgenden Verknüpfungen-Dialog wählen Sie die Option **Erneut verknüpfen…** und wählen als Quelle nun die neue XML-Datei.

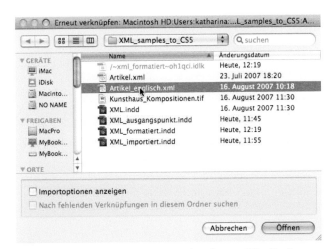

Abbildung 13.113: *Im Dialog Erneut verknüpfen … wählen Sie die neue Datei aus.*

Sobald Sie die neue XML-Datei auswählen, tauscht InDesign auf Basis der Strukturinformationen die Inhalte und formatiert den neuen Text mit den identischen Absatzformaten.

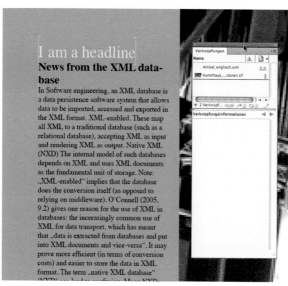

Abbildung 13.114: *Der Inhalt wird ausgetauscht.*

> **Mehrsprachige Dokumente**
> Natürlich müssen Sie beachten, dass mehrsprachige Dokumente wie unser Beispiel auch mit einem entsprechenden Wörterbuch umbrochen werden. Legen Sie pro Sprache gesonderte Absatzformate an, in denen Sie die entsprechenden Wörterbücher verwenden und die Tags den Formaten zuweisen.

13.4.5 XML exportieren

Wenn Sie nun die Inhalte der InDesign-Datei für eine andere Anwendung im Internet nutzen wollen, so wählen Sie im Dateimenü den Punkt **Exportieren**. Geben Sie als Format im nachfolgenden Dialog XML an und bestätigen Sie mit dem korrekten Dateinamen, den Sie vergeben möchten, die Auswahl. Ihnen werden nun die XML-Exporteinstellungen gezeigt.

Alternativ zum Exportieren-Dialog ist es auch möglich, in der Struktur-Ansicht in das **Paletten-menü** zu klicken und den Eintrag XML exportieren aufzurufen.

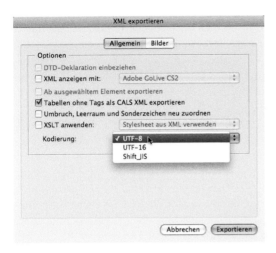

Abbildung 13.115: Die Kodierung
sollte auf UTF-8 gestellt werden.

Allgemein

Unter **Allgemein** können Sie den Browser auswählen, mit dessen Hilfe die XML-Datei nach dem Export angezeigt wird **1**. Um eine reibungslose Übergabe der Inhalte im XML-Format zu gewährleisten, stehen Ihnen drei Kodierungen zur Verfügung. Die ersten beiden, **UTF-8** und **UTF-16**, sind Unicode-Transformierungsformate als 8- oder 16-Bit-Code. Davon gilt das 8-Bit-Format als universell einsetzbar. Das dritte Format, **Shift-JIS**, ist ein asiatisches Format. Außerdem können Sie hier die **DTD** angeben, sofern Sie zuvor eine DTD im Layout eingebunden haben, auf der Ihre XML-Datei basiert. Weitere Hilfestellungen dazu finden Sie auch in der Programmhilfe.

Bilder

Unter dem zweiten Reiter **Bilder** legen Sie die Bildumwandlung fest. Unter **Bildoptionen/In Unterordner kopieren** werden verknüpfte Originalbilder bei aktivierter Option in einen Unterordner **Bilder** gelegt; die Verknüpfungen zum InDesign-Dokument bleiben dabei erhalten.

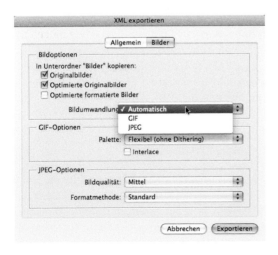

Abbildung 13.116: XML-Exporteinstellungen Bilder

Mit den nächsten beiden Optionen definieren Sie, ob und wie die platzierten Bilder neu berechnet werden. Wollen Sie nur den Inhalt von einem Dokument in ein anderes Layout einfügen, deaktivieren Sie bitte diese Punkte, um die Feindaten zu erhalten. Wenn Sie die Inhalte jedoch für das Internet aufbereiten wollen, aktivieren Sie den ersten Punkt **Optimierte Originalbilder**. **Optimierte formatierte Bilder** hingegen behalten ihre Informationen zur Platzierung und Skalierung bei.

Die **Bildumwandlung** bietet JPEG oder GIF als Ausgangsformat an. Lesen Sie bitte im Kapitel „Bilder platzieren" nach, welche Qualitäten für welches Zielmedium angewendet werden.

Wenn Sie die Eingaben und den Export bestätigen, erzeugt InDesign eine XML-Datei, die im ausgewählten Browser angezeigt wird. Beachten Sie hier die Tags in der Datei. Untergeordnete Elemente wie eine Zwischenüberschrift werden im Textfluss markiert. Wie Sie ebenso erkennen können, werden in der XML-Datei weder Formatierungen angezeigt noch Zeilen- oder Spaltenumbrüche integriert. Somit kann der Inhalt in einer anderen InDesign-Datei vollständig neu formatiert werden.

13.4.6 Weiterführende Themen

Wie stelle ich sicher, dass die XML-Daten zu meinem Dokument passen? Was mache ich, wenn XML-Daten und InDesign-Dokument *strukturell* nicht zusammenpassen? Wie kann ich abhängig von den XML-Daten das Layout anpassen beziehungsweise den Daten automatisch Formate zuweisen?

Diese Fragestellungen behandeln wir kurz in den folgenden drei Abschnitten, wir können Ihnen jedoch im Rahmen dieses Buches nur allgemeine Hinweise geben. Alle genannten Themen benötigen Programmierkenntnisse und Spezialwissen, so dass Sie in der Regel dabei nicht ohne externe Sachkundige auskommen.

DTD und Validierung

Beim Empfänger müssen die Tags verstanden werden, das bedeutet für Ihre Arbeit, dass die Tags in ihrer Bezeichnung und der Hierarchie genau vereinbart werden müssen. Wenn dies nicht der Fall ist und in der Datei statt des erwarteten Tags **<head>** ein Tag namens **<headline>** die Titelzeile markiert, werden sowohl das Tag als auch sein Inhalt ignoriert!

In einer XML-Umgebung wird die Überprüfung einer XML-Struktur auf Basis einer *DTD – Document Type Definition* – vorgenommen, in der die Struktur hinterlegt ist. Dieser Vorgang wird als *Validierung* bezeichnet. Während der Validierung werden der Aufbau und die Hierarchie der XML-Datei mit der vorgegebenen Struktur verglichen. Stimmt die Struktur der XML-Datei mit der DTD überein, wird das Dokument akzeptiert. Weist die Datei dagegen Abweichungen auf, wird das Dokument zunächst abgelehnt.

Diese Validierung können Sie in InDesign mittels einer importierten DTD durchführen. Diese Validierung findet nicht durch eine Aktion statt, sondern eine XML-Datei aus einer Datenbank wird mit der Referenz auf die DTD abgespeichert. Im Gegensatz zur „wohlgeformten" XML-Datei ohne DTD-Referenz arbeiten Sie also mit einer vorgegebenen Struktur, die Sie in InDesign als externe Datei importieren können.

Über das Palettenmenü der **Strukturansicht** (die Sie öffnen, indem Sie auf den linken Seitenrand Ihres Dokumentes doppelklicken) importieren Sie die DTD entsprechend Ihrer XML-Datei. Erst dann kann InDesign permanent im Hintergrund überprüfen, ob die Struktur mit der DTD übereinstimmt.

Abbildung 13.117: *Über das Palettenmenü der Strukturansicht importieren Sie die DTD.*

Da sich die Arbeit mit einer DTD immer nach der Komplexität der XML-Struktur richtet, können wir Ihnen an dieser Stelle keine allgemein gültigen Vorgehensweisen empfehlen. Daher sollten Sie sich zum Thema XML immer mit der Struktur der XML-Daten aus Ihrer Datenbank beschäftigen und bei Bedarf einen Programmierer hinzuziehen, der eventuelle Transportprobleme in das Layoutdokument durch eine Umformung der XML-Datei beheben kann.

XML-Transformation mit XSLT

Wie bereits angesprochen, können XML-Daten in InDesign beim Import automatisch angepasst werden. Dazu dienen sogenannte *XSLT-Dateien – Extensible Stylesheet Language Transformations*. Am Namen kann man ablesen, dass sie im XML-Bereich auch zur Darstellung von XML-Dateien verwendet werden. Auf den ersten Blick ähnelt das Format sehr einer XML-Datei.

Auch das Erstellen passender XSLT-Dateien ist, wie schon bei DTDs angemerkt, eher die Aufgabe eines Programmierers. Zudem hängen die Details, ob man etwa ein externes Programm zur Transformation verwendet oder die eingebauten Optionen in InDesign benutzt, von den konkreten Eigenschaften des Verarbeitungsprozesses ab.

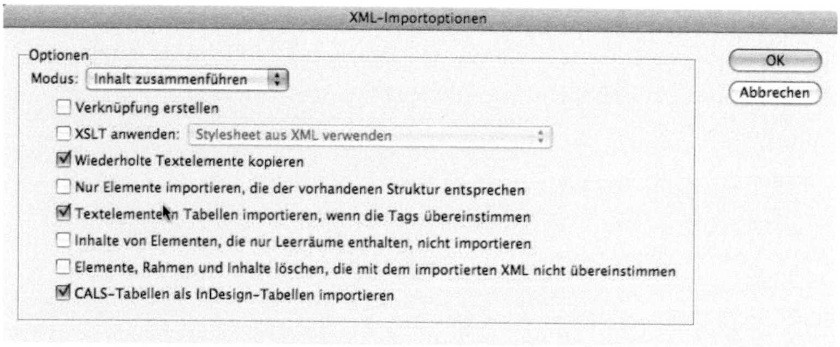

Abbildung 13.118: *Auswahl eines XSLT-Stylesheets beim XML-Import*

Notwendig beziehungsweise sinnvoll wird eine automatische Strukturanpassung mit XSLT dann, wenn ein Angleichen der Strukturen von XML-Daten und Dokument gar nicht oder nur mit unvertretbarem Aufwand möglich ist. Wenn zum Beispiel die XML-Daten eine zu tief verschachtelte Struktur aufweisen, kann man ein XSLT-Stylesheet zur Vereinfachung beziehungsweise zur Extraktion der wesentlichen Inhalte definieren und in InDesign dann mit der entsprechend vereinfachten Struktur arbeiten. Ein anderes Beispiel stellen Tabellenlayouts dar, zu denen die Daten im XML nicht in der passenden Reihenfolge stehen. Auch eine solche Umsortierung der XML-Struktur ist relativ einfach per XSLT zu realisieren.

XML-Regelsätze

Neben der eigentlichen Datenquelle im XML-Format, der DTD und dem Tagging im Layout bietet InDesign eine weitere Möglichkeit, über das reine Zuweisen von XML-Inhalten zu Layoutobjekten und das Tagging hinaus konkrete Regeln festzulegen. Wenn in der XML-Struktur beispielsweise auf eine Überschrift ein Absatzelement folgt, kann festgelegt werden, wie mit dieser Bedingung verfahren werden soll. Werden Überschrift und Absatz konkreten Absatzformaten zugewiesen? Werden für andere Bedingungen Platzhalterrahmen mit vorgegebenen Rahmeneinpassungsoptionen angelegt?

Ob eine konkrete Reihenfolge vorliegt, wird in einem *Skript* in der Sprache JavaScript, AppleScript oder VBScript abgefragt. Trifft die Bedingung zu, so wird durch das Skript eine Aktion wie das Zuweisen eines Absatzformates ausgeführt.

Ein anderer klassischer Fall der Anwendung von Skripten ist die unterschiedliche Länge von Texten oder die Anzahl von Bildern. Was passiert, wenn Sie ein Layout vorbereitet haben und der Inhalt benötigt mehr Seiten, als im getaggten Layout vorhanden sind? Ein Skript muss den Umfang der Daten aus der Quelle ermitteln und ab einer definierten Grenze neue Seiten zum Layout hinzufügen, die auf einer konkreten Mustervorlage und gegebenenfalls Bibliotheksobjekten basieren. Hier kommen Sie mit reinen Bordmitteln von InDesign nicht weiter; diese komplexen Aktionen können nur durch Skripte gelöst werden.

> **Weiterführende Informationen**
> Da das Thema der Regelsätze ein umfangreiches Wissen über XML-Strukturen, InDesign-Technologien und Skriptsprachen erfordert, das wir an dieser Stelle unmöglich beschreiben können, wollen wir Sie unbedingt auf die Buch-DVD hinweisen, auf der Sie Tutorials,

Handbücher und Beispielskripte von Adobe in englischer Sprache finden. Des Weiteren wollen wir Sie auf das Internet verweisen: Unter der Adresse www.adobe.com/go/learn_id_ XMLrules_de sowie www.adobe.com/go/learn_id_XMLscript_de finden Sie weitergehende Informationen und Kontakte zu Entwicklern.

13.4.7   Wer braucht XML?

Bei kritischer Betrachtung werden Sie sicher auch den erhöhten Aufwand und die Notwendigkeit von Kontrollen der XML-Struktur sehen, die über die Gestaltungsarbeit hinausgehen. Für den täglichen Gebrauch von grafischen Layoutinhalten für ständig wechselnde Gestaltungsaufgaben eignet sich XML daher nicht.

Wenn die Layoutinhalte jedoch aus einer Datenbank stammen, regelmäßig erneuert in mehreren Sprachen ausgegeben oder parallel für das Internet aufbereitet werden sollen, lohnt sich die XML-Integration und bietet auch für den Kunden einen enormen Mehrwert. Die Daten können sehr schnell ausgetauscht und aktualisiert werden, die Fehlerquote durch Copy-Paste-Arbeit und mehrere Dokumente, die den Inhalt bereitstellen (Word, Excel, externe Bilddaten etc.), entfällt vollständig und das Publizieren auf verschiedenen Plattformen findet immer mit *identischem Inhalt* statt.

Nur über eine sinnvolle Verwendung von DTDs und XML-Dateien, die auf diese DTDs referenzieren, ist ein inhaltlich *fehlerfreies* Publizieren über InDesign möglich. Für ein umfangreiches XML-Publishing lohnt sich daher die Zusammenarbeit mit *externen Systemintegratoren*, die fehlende Schnittstellen schaffen oder Lücken bei der Datenübergabe auf XML-Basis schließen können und mit regelbasierten Skripten fehlende Funktionalitäten ergänzen. Alternativ dazu ermöglichen Plug-ins von Drittanbietern die Datenübergabe zwischen Datenbanken und Layout; wir gehen im Kapitel „Plug-ins" noch genauer hierauf ein.

13.5   XHTML und EPUB-Export

InDesign bietet als moderne Layout-Software das Format XHTML für den Export von Layoutelementen für Internetseiten an. Elektronische Bücher werden als EPUB für Anzeigegeräte wie Amazons Kindle oder Apples iPad ausgegeben. Beide Ausgabeformen produzieren einen „linearisierten" Inhalt – aus einzelnen Seiten wird ein gesamter „Inhaltsstrang". Beide Exportformate ähneln sich bis auf wenige Details sehr.

13.5.1   XHMTL-Export

Als moderne Layoutsoftware beherrscht InDesign den Export als XHTML-Datei. Das bedeutet, dass Sie Ihre Layoutelemente für einen beliebigen Webeditor exportieren können. Selbstverständlich ist es auch möglich, die XHTML-Dateien in Dreamweaver zu importieren und mit Cascading Stylesheets (CSS) zu formatieren. Von dem Menüeintrag **Datei/Exportieren in/Dreamweaver** sollten Sie sich jedoch nicht irritieren lassen, es handelt sich grundsätzlich um einen neutralen XHTML-Export.

Öffnen Sie den Exportdialog. Nachdem Sie einen Platz auf der Festplatte angegeben haben, wo InDesign die XHTML-Datei ablegen soll, bekommen Sie die **Exportoptionen** angezeigt.

Grundsätzlich sollten Sie zuvor diejenigen Rahmen markieren, die Sie exportieren wollen. Anschließend können Sie im Export-Dialog die **Auswahl** markieren. Exportieren Sie stattdessen das Dokument, so entsteht u.U. eine riesige XHTML-Datei.

Den Umgang mit der **Seitensortierung** und mit **Listen** erläutern wir Ihnen im nächsten Abschnitt EPUB-Export.

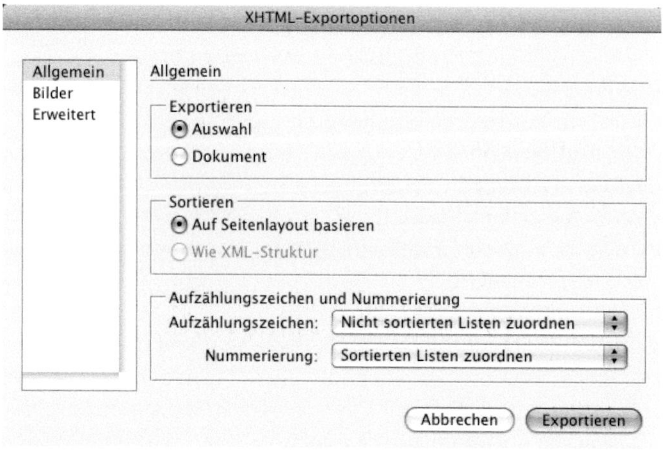

Abbildung 13.119: *Die Exportoptionen für den XHTML-Export*

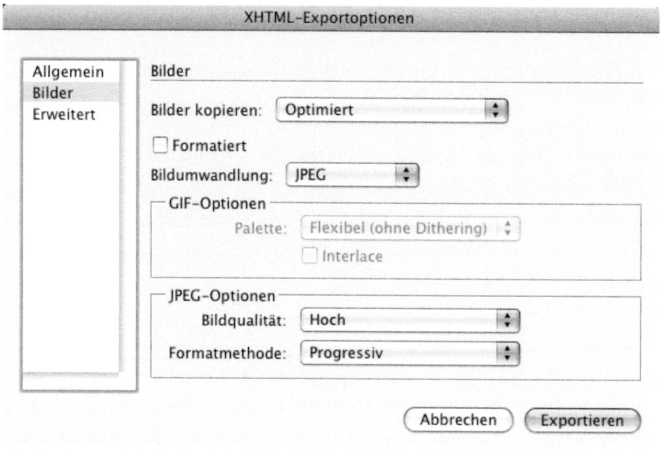

Abbildung 13.120: *Die Exportoptionen für Bilder*

Die Ausgabeeinstellungen für Bilder geben die Qualität im Internet vor. Dabei werden die Originalbilder umgerechnet und in einem eigenen Verzeichnis neben der XHTML-Datei angelegt.

Abbildung 13.121: Die Exportoptionen für den XHTML-Export

Damit Sie später die XHTML-Datei und die CSS-Befehle nachbearbeiten können, gibt es die Option, eine **Eingebettete CSS** zu erstellen. Alternativ wählen Sie die **Externe CSS-Datei**, wenn Sie bereits über eine bestehende *CSS-Datei* Ihrer Website oder eines *Content Management Systems* verfügen. Auch eine **externe JavaScript-Datei**, die für besondere ausführbare Aktionen bei Aufruf der XHTML-Datei mit einem Webbrowser verantwortlich ist, kann verknüpft werden.

Sobald Sie **Exportieren** anklicken, erstellt InDesign die XHTML-Datei und speichert die Bilder in einem eigenen Verzeichnis ab.

Abbildung 13.122: Die
XHTML-Datei kann später
mit Dreamweaver geöffnet
und bearbeitet werden. Hier
sehen Sie die Anzeige der
exportierten CSS-Befehle.

13.5.2 Der EPUB-Export

Wenn Sie mit den Layoutqualitäten von InDesign vertraut sind, müssen Sie für die Ausgabe eines EPUB komplett umdenken. Während eine PDF-Datei eine Seite mit den Objekten, deren absolute Position und deren grafische Eigenschaften beschreibt, stellt eine EPUB-Datei etwas völlig anderes dar. EPUB-Dateien machen aus einer mehrseitigen Layoutdatei einen *zusammenhängenden Textfluss*, der *einspaltig* pro Kapitel anstelle von Absatz- und Zeichenformaten mit einer *CSS-Datei* formatiert werden kann. Der Textinhalt besteht aus einer oder mehreren *XHTML-Dateien*. Die Struktur des Inhalts wird in zwei weiteren Dateien exportiert, die keine grafischen Anweisungen enthalten. Wir zeigen Ihnen, welche Dinge Sie beachten müssen, damit eine InDesign-Datei erfolgreich in das EPUB-Format exportiert wird.

Datenstruktur

Eine EPUB-Datei ist ein ZIP-Archiv, in dem mehrere einzelne Dateien für die Beschreibung der Struktur, der Inhalte und der Darstellung verantwortlich sind. Die wesentlichen Dateien stellen wir Ihnen in diesem Abschnitt vor.

Datei	Beschreibung
beispielbuch.epub	Buchdatei als komprimiertes ZIP-Archiv
OEBPS	Verzeichnis u.a. mit XHTML-Inhalten
kapitel.xhtml	Inhalt beschrieben im Dateiformat XHTML
template.css	CSS-Datei mit den Stylesheets zur Darstellung der Absätze
toc.ncx	Beschreibung des Inhaltsverzeichnisses (Table of Content)
content.opf	Beschreibung der Datenstruktur der Kapiteldateien

> ⚠ **Rahmen neben der Textspalte**
> Marginalspalten und einzeln platzierte Rahmen werden beim Export aus InDesign in das EPUB-Format ignoriert. Bilder müssen sich entweder als Inline-Grafik oder als verankertes Objekt im Textabschnitt befinden, um exportiert zu werden. Inline-Grafiken sind Bilder, die direkt in einen Text aus der Zwischenablage eingefügt wurden, verankerte Objekte hingegen sind Grafikrahmen, die über eine Markierung im Text mit dem Textrahmen verbunden sind.

Das Buch-Cover

Ganz entgegen der üblichen Verfahren im PDF-Export, das Buch-Cover einfach mit zu exportieren, müssen Sie für eine EPUB-Datei den kompletten Buchtitel zunächst als Bilddatei im Format JPEG auf der ersten Seite platzieren, damit der EPUB-Export dieses Bild als Cover übernimmt. Dazu legen Sie ein Dokument an oder rufen die erste Seite Ihres Dokumentes auf und wählen unter **Datei/Exportieren** das **JPG-Format**.

Abbildung 13.123: *Exportieren Sie die erste Seite als Bilddatei.*

In den nachfolgenden Einstellungen wählen Sie den **Seitenbereich** mit der **Seite 1** sowie die Qualität des Bildes. Die Qualitätseinstellungen sind mit **hoher** Qualität und einer Auflösung von **72 ppi** optimal. Bilder werden innerhalb von EPUBs selbstverständlich im Farbraum **RGB** dargestellt. Damit die Farben des Bildes möglichst brillant erscheinen, können Sie in den **Optionen** das **Farbprofil einbetten**, die **Kanten glätten** sowie das **Überdrucken simulieren**. Die letzte Option ist dafür verantwortlich, dass transparente Elemente auf dem Cover wie z.B. weiche Kante optimal in das Bild umgerechnet werden.

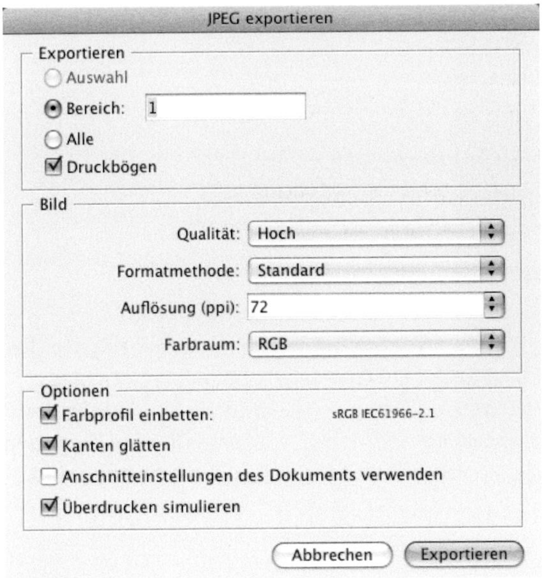

Abbildung 13.124: *Wählen Sie die hohe Qualität, aber eine niedrige Auflösung.*

Sobald Sie das Bild exportiert haben, können Sie nun ein neues Dokument mit einer Seite als Kapitel „Cover" anlegen und dort das Bild platzieren. Wenn Sie anschließend diese Datei als Kapitel in das Buch einladen und das gesamte Buch als EPUB exportieren, wird das Bild als Cover übernommen.

> **Umständlich und kompliziert**
> Wenn Sie einmal die Prozedur vollzogen haben, das Cover als Bild zu exportieren, um es anschließend wieder als erste Seite zu platzieren, werden Sie diesen Weg beim zweiten Mal etwas einfacher durchführen können. Diese Prozedur ist angesichts von 20 Jahren DTP-Software und 10 Jahren InDesign unvorstellbar umständlich. Hoffentlich werden die Werkzeuge für die Erzeugung von EPUBs zukünftig einfacher!

Abbildung 13.125: *Das Bild zeigt das gestaltete Cover für die erste Seite des Buches.*

Metadaten

Wer der **Autor** des EPUB ist und wie das Buch heißt, geben Sie in den Metadaten der InDesign-Datei an, die als erste im Buchprojekt liegt. Öffnen Sie in der Buchdatei das erste Dokument und rufen Sie unter dem Menü **Datei/Dateiinformationen** die Metadaten auf.

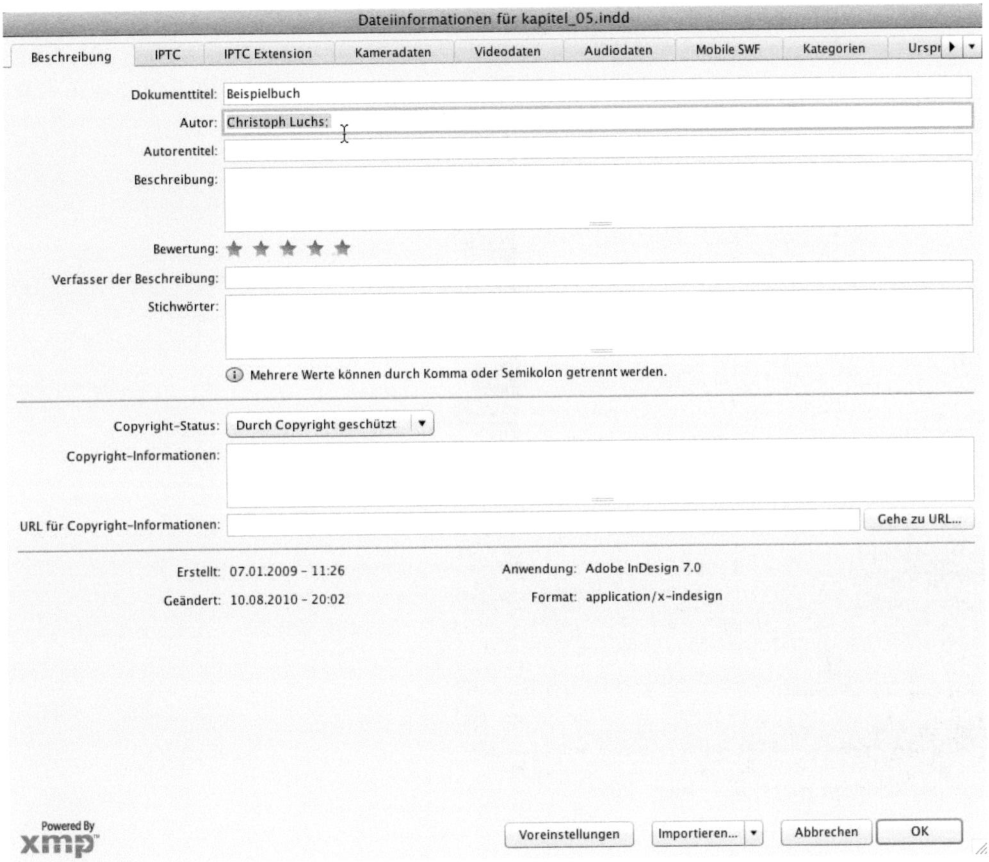

Abbildung 13.126: *In der ersten Datei des Buches geben Sie die Metadaten ein. Sicherheitshalber können Sie das auch in allen anderen Dokumenten tun, falls Sie später die Reihenfolge der Kapitel im Buch ändern wollen.*

Buchdateien

Wenn Sie eine EPUB-Datei mit Kapiteln erstellen wollen, so benötigen Sie aus InDesign unbedingt eine **Buchdatei** *mit einer Datei pro Kapitel*. Die erste Datei besteht aus einer Seite und das Cover wird als Bild auf dieser Seite platziert. Wie Sie Buchdateien anlegen und verwalten, zeigen wir Ihnen ausführlich im Kapitel „Buchprojekte".

In den Buchdateien können Sie mit Absatz- und Zeichenformaten arbeiten, um den Text zu formatieren. Die Seitennummerierung ist für den Export der EPUB-Datei unwichtig, da die Seiten aufgelöst werden und der Buchinhalt „linearisiert" wird. Die einzelnen Textrahmen in einer InDesign-Datei werden also miteinander zu einem Textfluss verbunden. Die einzige Unterbrechung dieses Textflusses stellt das *Kapitelende* dar.

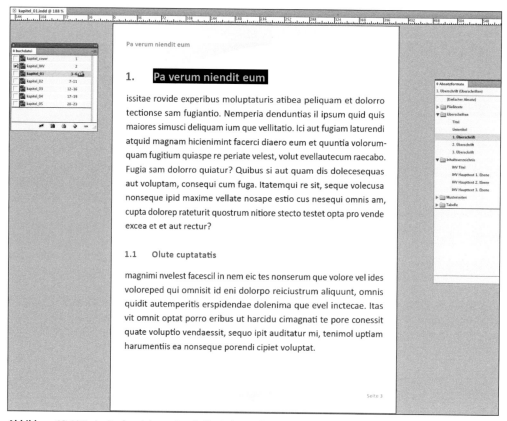

Abbildung 13.127: *Im Buchprojekt werden die Kapitel verwaltet.*

EPUB-Exportoptionen

Öffnen Sie im **Palettenmenü** der **Buchdatei** die Funktion **Buch als EPUB exportieren…** und legen Sie den Speicherort der EPUB-Datei fest. Anschließend geben Sie die Art und Weise an, wie das EPUB ausgegeben wird.

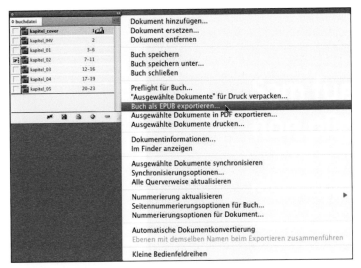

Abbildung 13.128: *Im Palettenmenü exportieren Sie das Buch als EPUB.*

Abbildung 13.129: *Wählen Sie den Ort der EPUB-Datei.*

Unter den Vorgaben **Allgemein** tragen Sie den Verlag ein. Anschließend definieren Sie die Sortierung der Umwandlung: InDesign geht von oben nach unten durch die Seiten und erzeugt daraus Abschnitte in der späteren XHTML-Datei.

> **XML als Alternative für die Strukturvorgabe**
> Wie wir Ihnen im Kapitel „XML" erläutern, können Sie dem Layout in InDesign mithilfe von Tags eine Struktur vorgeben, beispielsweise taggen Sie anhand der Absatzformate Ihr Layout, so dass eine „Überschrift1" mit dem Tag „h1" markiert wird. Wenn das gesamte Dokument auf Basis dieser Tags strukturiert wurde, können Sie dies im Bereich „Sortieren" im EPUB-Export angeben.

> **Konvertierung von Listen**
> Auch hier zeigt sich, dass ein EPUB kein „Layoutdokument" im eigentlichen Sinne ist. Entweder stimmt die Struktur des EPUB in Bezug auf Nummerierungen oder Aufzählungen oder das Design wird ansatzweise erhalten. Beides ist nicht möglich!

Wie wollen Sie mit **Aufzählungszeichen** und **Nummerierungen** umgehen? Wenn Sie die Gestaltung erhalten wollen, wählen Sie in den Drop-down-Menüs **In Text umwandeln** aus. Andernfalls konvertieren Sie beide Arten in **unsortierte** bzw. **sortierte** Listen, damit diese einwandfrei als Listenelemente im EPUB erscheinen.

Unter dem Reiter **Bilder** stellen Sie die Vorgabe für die **Bildqualität** ein. Verfahren Sie hier ebenso wie beim Export des Covers.

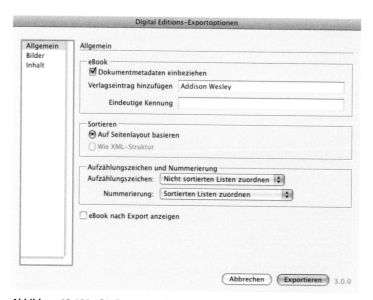

Abbildung 13.130: *Die Exportvorgaben „Allgemein" für ein elektronisches Buchdokument*

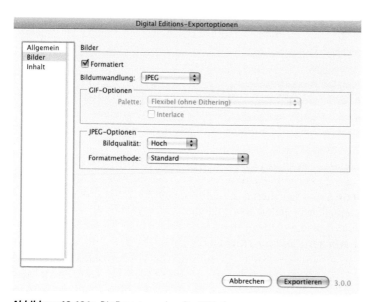

Abbildung 13.131: *Die Exportvorgaben für „Bilder"*

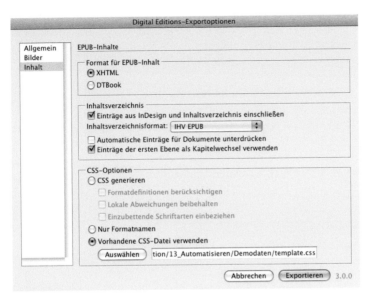

Abbildung 13.132: Unter „Inhalt" geben Sie die Kapitelstruktur und die CSS-Angaben ein.

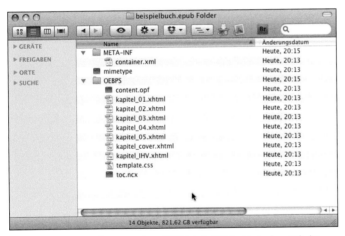

Abbildung 13.133: Das exportierte EPUB ist ein ZIP-Archiv, in dem sich die Kapitel als XHTML-Datei befinden.

Nun wechseln Sie in die Rubrik **Inhalt**, denn hier kommen wir zu den wesentlichen Einstellungen. Wenn Sie zuvor ein Inhaltsverzeichnis erstellt und dabei ein **Inhaltsverzeichnisformat** gespeichert haben (z.B. „IHV EPUB"), können Sie dies direkt anwählen, damit die Struktur des Inhaltsverzeichnisses auch als Kapitellesezeichen erstellt wird.

Die **CSS-Optionen** sind nicht trivial. Es gibt zwei Strategien, wie Sie zu einem hochqualitativen EPUB gelangen: Entweder Sie erzeugen beim Export von InDesign **nur Formatnamen**. Damit wird eine CSS-Datei „template.css" in der EPUB-Datei erzeugt, die aus einer Reihe von Namen für jedes Absatzformat besteht. Anschließend können Sie selbst diese CSS-Datei mit Stylesheet-Angaben zur Größe oder Auszeichnung der Schrift ergänzen. Oder Sie binden eine bereits **vorhandene**

CSS-Datei ein – nachdem Sie den ersten Weg gegangen sind. Beschäftigen Sie sich mit der Formatierung von XHTML-Text über CSS zu den genauen Befehlen. Näheres erfahren Sie auch in der Programmhilfe des Programmes *Dreamweaver*.

ZIP-Archiv

Die exportierte **EPUB**-Datei ist tatsächlich ein **ZIP**-Archiv, indem sich die Kapitel als einzelne XHTML-Dateien befinden. Damit Sie die Datei „*template.css*" mit Dreamweaver bearbeiten können, müssen Sie die EPUB mit einem *Extrahierungsprogramm wie z.B. StuffIt Expander* entpacken. Anschließend öffnen Sie die CSS-Datei mit einem Texteditor oder einem Programm wie Dreamweaver.

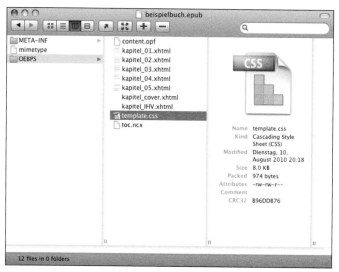

Abbildung 13.134: *Die Formatierungen für Schrifttyp, -größe, Zeilenabstand und Farbe werden in der CSS-Datei „template.css" festgelegt.*

> **Springy hilft**
> Die EPUB-Datei zu extrahieren und anschließend wieder zu verpacken, birgt das Risiko, dass die Komprimierung nicht der standardisierten Form entspricht. Zudem sind es zwei Arbeitsschritte, die sich vermeiden lassen. Daher können Sie das Programm „Springy" verwenden, um das ZIP-Archiv des EPUB zu öffnen. Anschließend können Sie die CSS-Datei aufrufen, ohne das ZIP-Archiv zu entpacken. Sobald Sie das Archiv mit Springy wieder schließen, erhalten Sie wieder den komprimierten Archivzustand. Das Programm erhalten Sie unter www.springyarchiver.com.

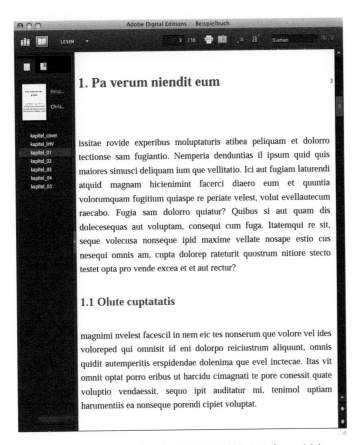

Abbildung 13.135: *Die Wiedergabe des EPUB mithilfe der Software Adobe Digital Editions*

Adobe Digital Editions

Um zu überprüfen, ob alle Inhalte wie gewünscht in die EPUB-Datei exportiert wurden, können Sie die kostenlose Software **Adobe Digital Editions** von der Website von Adobe herunterladen. Es handelt sich dabei um XHTML-Reader mit Flash-Komponenten.

> **Adobe Digital Editions im Internet**
> Sie finden das Programm unter www.adobe.com/products/digitaleditions. Des Weiteren können Sie sich auch auf der Website von Adobe über das Konzept des EPUB informieren.

> **Ausgabe auf dem Amazon Kindle**
> Amazon unterstützt nicht das EPUB-Format, sondern erwartet das Format *.mobi, damit Bücher im Amazon-Store für das Anzeigegerät „Kindle" angeboten werden können. Mithilfe des Programmes „Calibre" können Sie die EPUB-Datei ins Format MOBI umwandeln. Die Software sowie die Anleitung erhalten Sie unter calibre-ebook.com.

16 Punkt
18 Punk
20 Pun
22 Pun
24 Pu
26 Pu
28 Pu
30Pu

5 Punkt
17 Punk
19 Pun
21 Pu
23 P
25 P
27
29
31

3

12

11

6

14 Preflight und Druckvorstufe

Die Reinzeichnung und das Prüfen der Lay-outdaten vor der Ausgabe erfordern präzise Angaben, wie z.B. ein RGB-Bild in den CMYK-Ausgabefarbraum umgerechnet wird und ob es die nötige Auflösung besitzt. Diese Informationen liefert InDesign mit der Ausgabevorschau und der Preflight-Palette. Transparente Grafiken kontrollieren Sie mit der Reduzierungsvorschau, inwiefern die Transparenzreduzierung durchgeführt wird. Somit erhalten Sie schon vor dem PDF-Export die Gewissheit, dass Ihr Layout einwandfrei gedruckt wird.

14.1 Die Ausgabevorschau

> **Arbeitsbereich Druckausgabe und Proofs**
Damit Sie schneller auf Paletten der Vorschaufunktionen für Separation und Transparenz-reduzierung zugreifen können, wechseln Sie doch einfach unter dem Menü Fenster/Arbeits-bereich/Druckausgabe und Proofs die Paletten- und Menüanordnung.

Bevor eine Layoutdatei geprooft oder ausbelichtet werden muss, können Sie mit der **Separations-vorschau** anzeigen und ausmessen, wie die *Farbauszüge* mit den aktuellen Einstellungen belichtet werden. Dadurch erkennen Sie potenzielle Fehler und vermeiden teure Nachkorrekturen. Beson-ders effektiv arbeiten Sie mit der Separationsvorschau für Sonderfarben, die in Prozessfarben ausgegeben werden sollen. Zusätzlich lässt sich auch die Überschreitung des **Gesamtfarbauftrages** (GFA) anzeigen.

Mit der **Separationsvorschau** wird gleichzeitig auch die **Überdruckenvorschau** aktiviert, damit Sie erkennen können, wie sich *überdruckte* oder *ausgesparte Objekte* separiert in der Ausgabe darstel-len. Gleichzeitig wird Text immer möglichst genau abgebildet, egal, welchen Vergrößerungsfaktor Sie eingestellt haben.

Fehler, die in der Separationsvorschau sichtbar werden, können Sie in der Regel mit dem **Druck-farben-Manager** oder mit einer Farbkonvertierung platzierter Bilder beheben.

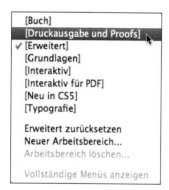

Abbildung 14.1: *Falls Sie den Arbeitsbereich unter dem Menü „Fenster" auf „Druckausgabe und Proofs" umschalten, werden Ihnen alle Ausgabefunktionen als Paletten präsentiert und Menüs zeigen druckrelevante Einstellungen in grüner Markierung an.*

> **Separationen und Farbmanagement**
Die Vorschauen für die Farbauszüge und den Farbauftrag arbeiten Hand in Hand mit dem Farbmanagement von InDesign zusammen. Dabei beeinflussen alle Farbprofile und Umrech-nungsrichtlinien das Ergebnis. Innerhalb der Farbprofile werden Informationen zum Gesamt-farbauftrag, dem Schwarzaufbau oder dem Tonwertzuwachs gespeichert. Wenn Sie das Kapi-tel „Farbmanagement" überschlagen haben sollten, so empfehlen wir Ihnen, dies vor diesem Kapitel nachzuholen, da Sie sonst Ergebnisse erhalten, die für Sie nicht aussagekräftig sind.

Die Separationsvorschau aufrufen

Über das Menü **Fenster/Ausgabe/Separationsvorschau** rufen Sie diese Funktion auf. Sie erhalten eine neue Palette, die mit der **Transparenzreduzierungsvorschau** gekoppelt ist. Alternativ rufen Sie die Palette mit dem Tastenbefehl ⌥ + F6 auf.

Abbildung 14.2: *Die Palette „Separationsvorschau" mit Sonderfarben*

Die Palette ist unterteilt in einen Kopfbereich, in dem Sie den Modus der Vorschau wählen. Die Option **Separationen** zeigt Ihnen die einzelnen Farbauszüge an, der Modus **Farbauftrag** hingegen markiert diejenigen Stellen, die oberhalb des angegebenen maximalen Farbauftrages liegen. Und im Palettenmenü finden Sie den praktischen Eintrag **Druckfarben-Manager**.

14.1.1 Separationen anzeigen

Beginnen wir mit den *Separationen*: Wenn Sie aus dem Drop-down-Menü der Palette die Separationen ausgewählt haben, schaltet InDesign in den *Vorschaumodus* um. Dabei werden alle Farbauszüge errechnet, die nach den aktuellen Angaben für die Ausgabe im Druckfarben-Manager entstehen. Gleichzeitig aktiviert InDesign die **Überdruckenvorschau**. Neben Objekten, die überdruckt werden sollen, wird auch ausgegrauter Text in der bestmöglichen Auflösung dargestellt.

In der Separationsvorschau werden zunächst alle gewünschten Farbauszüge angezeigt. Fahren Sie mit der Maus über einzelne Bildpartien im Layout und Sie erhalten in der Auszugsliste die genauen Farbwerte zu dieser Stelle.

Abbildung 14.3: *Links wird ein Soft-Proof dargestellt. Auf der rechten Seite werden dagegen nur die Auszüge Cyan und Schwarz angezeigt.*

Wählen Sie stattdessen nur einen einzelnen Auszug aus, indem Sie direkt in die Liste auf den Farbauszugsnamen (z.B. **Magenta**) klicken, so wechselt die Separationsvorschau in den Graustufenmodus. Die Farbwerte der anderen Auszüge lassen sich für einen gewünschten Punkt im Layout dennoch ablesen.

Abbildung 14.4: *Korrekte Darstellung in Graustufen für den Auszug Yellow*

Zu diesem Auszug können Sie nun beliebig die anderen Auszüge über einen Klick auf das **Auge** in der Liste sichtbar machen, vergleichbar mit der Ebenen-Palette oder den Kanälen in Photoshop; die Graustufendarstellung der einzelnen Druckplatten wird durch die Farbmischung mehrerer Auszüge ersetzt.

Zusätzlich finden Sie im Palettenmenü die Option **Einzelplatten in Schwarz anzeigen**. Anstelle der Bezeichnung **Platte** verwenden wir zum besseren Verständnis jedoch den Begriff **Auszug**. Haben Sie nur einen Auszug zur Ansicht ausgewählt, so wird dieser in Graustufen abgebildet, um die Vorschau besser beurteilen zu können. Diese Funktion sollte immer aktiviert sein. Die Vorschauergebnisse werden dadurch nicht beeinflusst, die Separationswerte sind mit oder ohne diese Funktion identisch.

> **Schwarz-Sättigung verringern**
> Die Vorschau für die Separationen beinhaltet auch im Palettenmenü die Option, dass Sie die Farbe „Schwarz" niedriger gesättigt anzeigen lassen können. Das hat den Vorteil, dass Sie erkennen, ob Elemente mit der Farbe „Tiefschwarz" oder als „Passermarken" angelegt sind.

Abbildung 14.5: *Die sinnlose Einfärbung des einzelnen Farbauszuges sollten Sie vermeiden.*

Objekte auf ausgeblendeten Ebenen werden nicht in die Separationsvorschau einbezogen. Daher machen Sie zur Überprüfung der Farbauszüge alle Ebenen sichtbar, die für die Ausgabe wichtig sind.

> **Mehrfachansicht**
> Wie mit allen anderen Vorschaufunktionen können Sie auch gleichzeitig eine Mehrfach-ansicht wählen, indem Sie unter dem Menü **Fenster/Anordnen/Neues Fenster** mehrere Ansich-ten desselben Layoutdokumentes öffnen und dort ebenfalls die Separationsvorschau aktivie-ren, wie Sie in Abbildung 6 sehen können.

Abbildung 14.6: *Mehrfachansicht der Farbauszüge. Obere Reihe: Softproof und Schmuckfarben; untere Reihe: Cyan und Magenta sowie Yellow und Black*

Farbmanagement in der Separationsvorschau

Auch das Farbmanagement kann gleichzeitig per Softproof in die Separationsvorschau integriert werden, um die *Farbauszüge in Abhängigkeit vom Ausgabeverfahren* zu zeigen. Die Arbeitsweise mit den Farbprofilen und die Simulation am Monitor beschreiben wir ausführlich im Kapitel „Farbmanagement". Die Farbwerte jedoch verändern sich nicht, da es sich nur um eine Simulation am Bildschirm handelt, nicht um eine Farbkonvertierung. Ein Softproof wird erst dann nötig, wenn der Ausgabefarbraum vom eingestellten Ausgabeprofil abweicht.

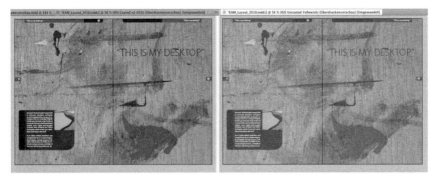

Abbildung 14.7: *Links ISO Coated v2 und rechts ISO Uncoated Yellowish, jeweils mit Simulation des Papierweiß*

Tastenkürzel für die Separationsvorschau-Palette

	Windows	Mac
Palette Separationsvorschau öffnen	⇧ + F6	⇧ + F6
Überdruckenvorschau aktivieren	Strg + Alt + ⇧ + Y	⌘ + ⌥ + ⇧ + Y
Alle Druckplatten anzeigen	Strg + Alt + ⇧ + `	⌘ + ⌥ + ⇧ + `
Cyan-Auszug anzeigen	Strg + Alt + ⇧ + 1	⌘ + ⌥ + ⇧ + 1
Magenta-Auszug anzeigen	Strg + Alt + ⇧ + 2	⌘ + ⌥ + ⇧ + 2
Gelb-Auszug anzeigen	Strg + Alt + ⇧ + 3	⌘ + ⌥ + ⇧ + 3
Schwarz-Auszug anzeigen	Strg + Alt + ⇧ + 4	⌘ + ⌥ + ⇧ + 4
1. Volltonfarben-Auszug anzeigen	Strg + Alt + ⇧ + 5	⌘ + ⌥ + ⇧ + 5
2. Volltonfarben-Auszug anzeigen	Strg + Alt + ⇧ + 6	⌘ + ⌥ + ⇧ + 6
3. Volltonfarben-Auszug anzeigen	Strg + Alt + ⇧ + 7	⌘ + ⌥ + ⇧ + 7
4. Volltonfarben-Auszug anzeigen	Strg + Alt + ⇧ + 8	⌘ + ⌥ + ⇧ + 8
5. Volltonfarben-Auszug anzeigen	Strg + Alt + ⇧ + 9	⌘ + ⌥ + ⇧ + 9

14.1.2 Druckfarben-Manager: Schmuckfarbenfehler beseitigen

Wenn Sie Sonderfarben wie **HKS**- oder **Pantone**-Farben verwenden, vergewissern Sie sich, ob im Druckfarben-Manager alle Angaben korrekt getroffen sind. Den **Druckfarben-Manager** erreichen Sie über das Palettenmenü der **Separationsvorschau**-Palette.

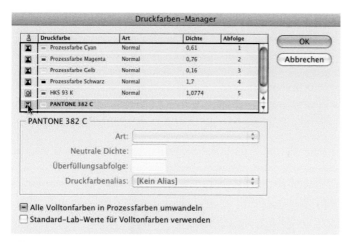

Abbildung 14.8: *Der Druckfarben-Manager ermöglicht die sofortige Umwandlung aller Schmuckfarben in die Prozessfarben.*

Sonderfarben umwandeln

Haben Sie Sonderfarben im Layout verwendet, wollen jedoch wie z.B. für den Digitaldruck alles in Prozessfarben ausgeben, so aktivieren Sie den unteren Button **Alle Volltonfarben in Prozessfarben umwandeln**. Somit wird die Sonderfarbe für die Ausgabe und für die Vorschau in Prozessfarben umgerechnet. Wollen Sie stattdessen die Sonderfarben als eigenen Farbauszug belichten, dann lassen Sie diese Option deaktiviert.

> **Welche Basis dient zur CMYK-Umwandlung?**
> Schmuckfarben werden über den Druckfarben-Manager nicht konvertiert, sondern nur für die Ausgabe gekennzeichnet. Erst in der PDF-Ausgabe oder im Druck werden die Schmuckfarben in Prozessfarben umgewandelt. Dabei nutzt InDesign die CMYK-Hinterlegung jeder Schmuckfarbe, die der Hersteller mitliefert.

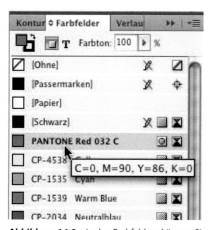

Abbildung 14.9: *In den Farbfeldern können Sie mit der Maus über die Farbfelder fahren und erhalten einen gelben Zettel, der Ihnen die Prozessfarben verrät, die der Hersteller definiert hat.*

> **Eigene CMYK-Farben anstelle der Schmuckfarbe**
> Gefallen Ihnen die CMYK-Definitionen für Ihre Schmuckfarben durch den Hersteller nicht, können Sie sich eine eigene Umwandlung anlegen. Hierfür öffnen Sie die Schmuckfarbe mit einem Doppelklick und wechseln in den Farbfeld-Optionen den Farbmodus auf „CMYK". Anschließend können Sie eigene Werte definieren. Achten Sie darauf, dass Sie den Farbnamen nicht überschreiben, wenn der Farbauszug als fünfte oder sechste Farbe wirklich exportiert werden soll.

Alternativ können Sie auch eine einzelne Schmuckfarbe mit einem Klick in die vordere Spalte des Druckfarben-Managers in die entsprechende **Prozessfarbe** konvertieren. Beachten Sie bitte, dass die Schmuckfarben im Layout erhalten bleiben. Erst wenn Sie eine PDF-Datei exportieren oder einen PostScript-Druck starten, nutzt InDesign diese Vorgabe und konvertiert die Schmuckfarben.

Doppelte Schmuckfarben vermeiden

Falls zwei identische, aber unterschiedlich benannte Schmuckfarben verwendet werden, wie z.B. **HKS 40** und **HKS 40 K**, können Sie eine der Schmuckfarben im Druckfarben-Manager auch durch die andere wiedergeben, so dass nur ein HKS-Farbton ausgegeben wird. Dadurch sparen Sie unnötige Farbauszüge ein.

> **!** **Doppelte Schmuckfarben bei platzierten EPS-, AI-, INDD- und PDF-Dateien**
> „Falsche" oder doppelte Schmuckfarben werden Sie selbst sicher nicht anlegen. Sie können diese bei Gelegenheit auch gleich in den Farbfeldern löschen und durch die richtige Schmuckfarbe austauschen. Bei platzierten Dateien, die eine „falsche" Schmuckfarbe verwenden, ist dies jedoch anders. Hier kann das Farbfeld nicht entfernt werden, es bleibt nur die Möglichkeit, die Farbe als „Druckfarbenalias" zu tauschen.

Wählen Sie dazu die „falsche" Farbe **HKS 40** in der Liste der Farben aus und klicken Sie auf das Drop-down-Menü **Druckfarbenalias**. Nun wählen Sie die andere „richtige" Schmuckfarbe **HKS 40 K** als Ausgabefarbe.

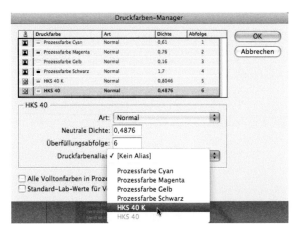

Abbildung 14.10: *Der Druckfarben-Manager ist ein hilfreiches Werkzeug, um doppelte oder falsche Schmuckfarben zu unterdrücken.*

Natürlich können Sie somit auch eine Schmuckfarbe wie **HKS 40** durch den einzelnen Prozessfarb-ton **Cyan** oder durch eine alternative **Pantone**-Schmuckfarbe ersetzen. Dazu müssen Sie jedoch zuvor eine geeignete Pantone-Farbe in den **Farbfeldern** anlegen.

> ⚠ **Prozessfarben durch Schmuckfarben austauschen**
> Das in der Verpackungsindustrie häufige Ersetzen der Prozessfarben durch hochpigmen-tierte Schmuckfarben, die auf bestimmten Materialien wie Kunststoff oder Getränkekartons eine qualitativ bessere Farbwiedergabe ermöglichen, ist mit dem Druckfarben-Manager und der Separationsvorschau leider nicht möglich. Die Prozessfarben sind im Druckfarben-Mana-ger vor einem Austausch geschützt. Das hat den Hintergrund, dass InDesign Farben nur dann einwandfrei mit dem Farbmanagement darstellen und verarbeiten kann, wenn alle Prozess-farben beibehalten werden. Ebenso verfährt Acrobat, wenn Sie eine PDF-Datei aus InDesign exportieren.

> ▷ **Was geschieht mit RGB- oder Lab-Farben?**
> Je nach Einstellung des Farbmanagements werden die RGB- oder auch Lab-Farben für die Ansicht in der Separationsvorschau in Prozessfarben umgerechnet. Dabei kommen den Arbeitsfarbräumen und der Umrechnungspriorität eine entscheidende Rolle zu. Der RGB-Arbeitsfarbraum beschreibt die genaue Position der RGB-Farbe innerhalb dieses beschriebe-nen Farbraumes. Die Umrechnungsmethode – z.B. Relativ farbmetrisch – konvertiert nun bei aktiver Separationsvorschau diesen RGB-Ton in eine Prozessfarbe in den Ausgabefarbraum. Wie die Methode Relativ farbmetrisch Farbwerte umrechnet, entnehmen Sie bitte dem Kapi-tel „Farbmanagement".

14.1.3   Gesamtfarbauftrag

Der **Gesamtfarbauftrag** bezeichnet den maximalen Wert an *prozentualer Deckkraft* der Druckfarben C, M, Y, und K sowie der Schmuckfarben. Wie im Kapitel „Farbmanagement" bereits ausführlich erläutert, richtet sich der *Gesamtfarbauftrag (GFA)* nach der Druckart und der Papiersorte. Er liegt mit Ausnahmen zwischen **240%** (Zeitungsrotation, Flexodruck etc.) und ***330%*** (Offsetdruck nach **ISO Coated v2**). Wird also ein *Tiefschwarz* mit allen Prozessfarben gedruckt, sollten die Farbauszüge insgesamt keinen Farbauftrag oberhalb dieses Wertes erzeugen, da sonst die Druckfarbe nicht schnell genug trocknen kann.

Um diesen Gesamtfarbauftrag zu überprüfen, wählen Sie aus dem Drop-down-Menü der Palette **Separationsvorschau** die Option **Farbauftrag**. Nun errechnet InDesign aus den Farbwerten und der vorgegebenen Grenze diejenigen Bereiche, die oberhalb dieses Wertes liegen, und hebt sie *rot markiert* hervor. Auch nun können Sie wieder mit der Maus über die roten Bereiche wandern und die Prozentwerte der Druckplatten in der Palette ablesen.

Praxisanwendung des GFA

Die Anzeige des *GFA* im Layout ist für Sie nur dann relevant, wenn Sie Bilder platziert haben, die bereits im *CMYK-Modus* vorliegen und für einen CMYK-Ausgabefarbraum *umgewandelt* wurden. Ein Beispiel: Sie gestalten ein Dokument, in dem das Ausgabeprofil mit **ISO Newspaper 26v4** ein-gestellt wurde. Daher geht InDesign davon aus, dass der GFA für dieses Dokument bei **260%** liegt.

Nun platzieren Sie jedoch eine CMYK-Datei, die für **ISO Coated v2 (330% GFA)** vorbereitet ist. Somit übersteigen Bilderpartien dieser platzierten Datei den GFA der Layoutdatei um bis zu **70%**. Daher ist anzuraten, diese Bilder zuvor in Photoshop zu öffnen und mit aktiver Ausgabevorschau in das neue Profil umzurechnen. Dabei wählen Sie auch die Umrechnungsmethode für das beste Bildergebnis. Lesen Sie ausführlich das Kapitel „Farbmanagement" ab Seite 69.

> **ISO Coated v2**
> Wie wir im Kapitel Farbmanagement beschrieben haben, veröffentlicht die ECI regelmäßig neue Farbprofile. Auf das Profil ISO Coated folgte das ISO Coated v2-Profil, das im Gegensatz zum Vorgänger mit einem maximalen Farbauftrag von 330% aufwartet. Verglichen zum vorherigen Wert von 350% werden nun sicher mehr Druckereien mit den Druckdaten zufrieden sein.

Abbildung 14.11: *Farbauftrag: Rot dargestellte Bereiche haben einen zu hohen Farbauftrag.*

> **!** **Eigene Begrenzungswerte sind sinnlos**
> Der Wert für die Begrenzung ist frei konfigurierbar. Aus der Auswahlliste rechts neben dem Begrenzungswert finden Sie vorgegebene Schritte von 280 bis 400 Prozent. Diese Auswahl hat keinen Sinn, denn Sie stellen im Farbmanagement das CMYK-Arbeitsprofil ein und somit auch den GFA. Wählen Sie also keinen anderen Wert als denjenigen, den InDesign bei aktivierter Ausgabevorschau vorschlägt.

14.1.4 Transparenzreduzierung und -vorschau

Was wären die Transparenzfunktionen in InDesign wert, wenn man sie nicht vernünftig ausgeben könnte? InDesign stellt eine Funktion bereit, die Transparenzen während der Ausgabe in das PostScript- oder PDF-Format umrechnet: die Transparenzreduzierung, auch *Flattening* genannt.

Seit einigen Jahren können Sie in verschiedenen Programmen mit Transparenzen arbeiten. Die Bildumrechnung auf eine Hintergrundebene in Photoshop oder die Erzeugung von Schnittobjekten in FreeHand für die Ausgabe waren jedoch lange der einzige Weg, bis erstmals Illustrator Transparenzen sowohl mit Pixelobjekten als auch mit Vektoren ermöglichte. Mit InDesign wenden Sie Transparenzen wie die Deckkraft oder Füllmethoden auf Layoutrahmen an und wandeln diese mit der Transparenzreduzierung für die PostScript- oder PDF-Ausgabe um.

14.1.5 Die Aufgabe

„Transparenzen können nicht gedruckt werden", so lautet die weit verbreitete Aussage. Das ist richtig, die Ausgabesprache PostScript kennt keine Transparenzbefehle und entsprechende Druckgeräte oder RIPs können mit Transparenzen nichts anfangen. Daher müssen sie für die Ausgabe reduziert werden. Der englische Begriff dafür lautet „Flattening" – also eine Verflachung, was den Prozess eindeutig beschreibt: Übereinanderliegende transparente Rahmen werden so zu nebeneinander liegenden Objekten verrechnet, dass das Abbild des Layouts erhalten bleibt, aber keine Transparenzen mehr vorhanden sind. Wir unterscheiden in InDesign zwei Methoden: die vektororientierte und die pixelorientierte Reduzierung. Im Praxiseinsatz kommt die vektororientierte Methode für die Ausgabe zur Anwendung. Doch dazu später mehr.

Vektororientierte Reduzierung

„Vektororientiert" bedeutet, dass Vektorgrafiken, Beschneidungspfade oder Schriftvektoren nach einer Transparenzreduzierung möglichst erhalten bleiben sollen. InDesign bietet dazu mehrere Grundeinstellungen an, die unter dieser Methode zusammengefasst werden können.

Die Auswirkungen einer vektororientierten Reduzierung zeigen sich ganz einfach am Beispiel. Überschneiden sich zwei transparente Vektorgrafiken, so wird die Schnittmenge als drittes Vektorobjekt umgewandelt und bekommt eine eigene Füllung.

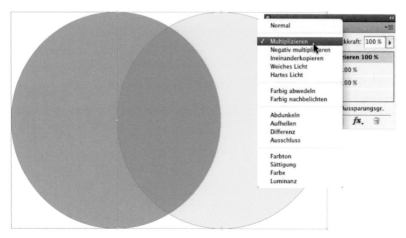

Abbildung 14.12: *Zwei übereinanderliegende transparente Vektorobjekte ergeben für die Transparenzreduzierung eine Schnittmenge, die zu einem dritten V ektorobjekt umgewandelt wird.*

Liegen zwei platzierte Bilder übereinander, so ergeben sich nach der Reduzierung drei Bilder. Auch hier wird die Schnittmenge als drittes Bild behandelt und alle drei erhalten einen Beschneidungspfad.

> **Reduzierungsfarbraum**
> Für die Umrechnung der neuen Farbe oder der Pixelinformationen in den Schnittflächen benötigt InDesign einen Referenzfarbraum, den Reduzierungsfarbraum. Der ist für Druckdokumente auf CMYK eingestellt, während Webdokumente RGB verwenden. Konkret wird dann der im Farbmanagement eingestellte Arbeitsfarbraum verwendet.

Abbildung 14.13: *Beispiel für eine vektor- und pixelbasierte Transparenzreduzierung: Ein übereinanderliegendes Bild und ein Vektorobjekt (Kreis) ergeben nach der Reduzierung ein drittes Objekt (Mitte). Die Bildteile erhalten einen eigenen Beschneidungspfad.*

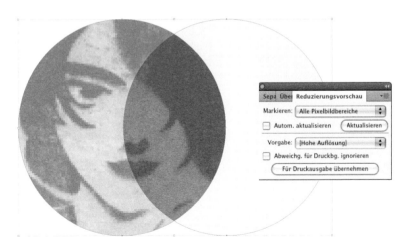

Abbildung 14.14: *Mithilfe der Reduzierungsvorschau können Sie die Pixelbilder mit Beschneidungspfad rot hervorheben.*

Pixelorientierte Reduzierung

Für das Internet geeignet ist die pixelorientierte Reduzierung. Überlagern sich zwei oder mehrere Grafiken, so versucht InDesign, daraus ein einziges Pixelbild zu errechnen. Vektorgrafiken, Beschneidungspfade oder Schriften werden hierfür vollständig in Pixelgrafiken umgewandelt. Dazu benötigt InDesign eine Basisauflösung für die Umrechnung in den Vorgaben.

Immer dann, wenn Sie Effekte wie Schlagschatten, weiche Kanten, Reliefs, Deckkraftänderungen oder die Füllmethoden auf Objekte anwenden, arbeiten Sie mit Transparenzen, die beim Export in eine PDF-Datei oder direkt bei der Druckausgabe das Flattening (Transparenzreduzierung) erforderlich machen. Auch eine Photoshop-Datei mit transparentem Hintergrund oder halb deckenden Ebenen wird für die Druckausgabe umgerechnet.

> **Sind Überdrucken oder Aussparen auch Transparenzen?**
> Farben können überdruckt oder ausgespart werden. Dabei beziehen sich diese Formen der Transparenz – deckend und nicht deckend – weniger auf die Verrechnung übereinanderliegender Objekte, als vielmehr auf das Verhalten der Druckfarben in der Ausgabe. PostScript erkennt die Anweisungen Deckend/Aussparend und setzt diese um, InDesign muss diese Art der Transparenz nicht zuvor umrechnen.

14.1.6 Transparenzreduzierung

Anhand von Modellbeispielen zeigen wir Ihnen, wie sich die Standardeinstellungen von InDesign bei unterschiedlichen Objekten auswirken. InDesign wendet bei jeder Druckausgabe eine interne Funktion an, die alle Objekte, die Transparenzen enthalten, vor der Ausgabe an den Belichter oder den Drucker entsprechend der auswählbaren Transparenzreduzierungsvorgaben in neue Pixelbilder umwandelt oder auch neue Vektorobjekte errechnet. Dabei werden, je nach ausgewählter Transparenzreduzierungsvorgabe, die Objektdaten miteinander verrechnet und somit die am Bildschirm dargestellten Informationen ausgabegerecht umgewandelt.

Sie können es selbst für einzelne Layoutseiten leicht prüfen, indem Sie Ihr InDesign-Dokument in eine PostScript-Datei mit den entsprechenden Reduzierungsvorgaben drucken und diese PostScript-Datei mit Adobe Illustrator öffnen. Das soll für Sie nur eine Möglichkeit darstellen, die Vorgänge in InDesign nachzuvollziehen. Generell sollten Sie diesen Arbeitsschritt jedoch nicht als Kontrollinstanz in Ihren Ausgabe-Workflow einbauen.

14.1.7 Transparenzreduzierungsvorgaben

InDesign bietet Ihnen drei interne Voreinstellungen für Transparenzreduzierungsvorgaben an, mit denen sich, je nach Ausgabegerät, sehr gute Ergebnisse erzielen lassen.

Über das Menü **Bearbeiten/Transparenzreduzierungsvorgaben** rufen Sie das Fenster auf, in dem die Standardvorgaben **Niedrige Auflösung**, **Mittlere Auflösung** und **Hohe Auflösung** hinterlegt sind. Wenn Sie mit transparenten Objekten arbeiten und den Druckdialog starten, sollten Sie für hochwertige Ausgaben auf einen Belichter immer mit der hohen Auflösung arbeiten.

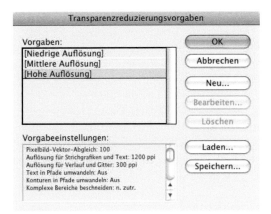

Abbildung 14.15: Der Dialog Transparenzreduzierungsvorgaben

Die jeweiligen Einstellungen bestimmen die Ausgabequalität und die Ausgabegeschwindigkeit der Reduzierung. Sie hängen also vom gewünschten Verwendungszweck ab.

Niedrige Auflösung	Diese Vorgabe eignet sich für die Ausgabe schneller Probedrucke auf einfachen Schwarz-Weiß-Laserdruckern und für Dokumente, die im Web veröffentlicht werden sollen.
Mittlere Auflösung	Die mittlere Auflösung eignet sich für Dokumente, die für Probedrucke bei Bedarf auf PostScript-Farbdruckern gedruckt werden. Um qualitativ hochwertige Belichtungen zu ermöglichen, ist diese Einstellung nicht geeignet. Ähnlich verhält es sich mit der PDF-Exportvorgabe [Qualitativ hochwertiger Druck], die ebenfalls nur für Farblaserdrucker geeignet ist.
Hohe Auflösung	Diese Vorgabe eignet sich für die Ausgabe auf einem Belichter und für hochwertige Proofs wie separationsbasierte Farbproofs, beispielsweise auf Thermosublimationsdruckern.

Eigene Vorgaben anlegen

Mit der Vorgabe **Hohe Auflösung** erzeugen Sie für den Offsetdruck oder andere qualitativ hohe Druckverfahren optimale Dateien. In einzelnen Fällen ist es sinnvoll, die Auflösungseinstellungen zugunsten der Verarbeitungsgeschwindigkeit oder der Druckqualität zu verändern. Dazu stimmen Sie sich unbedingt mit Ihrem Druckdienstleister ab, der seinerseits Testreihen in InDesign anlegen und ausbelichten sollte, um einen anderen optimalen Wert zu ermitteln. Nachfolgend wollen wir Ihnen die Werte für eine eigene Vorgabe erläutern, falls dies nötig sein sollte.

Um eine eigene Transparenzreduzierungsvorgabe zu erstellen, klicken Sie im Menü **Bearbeiten/Transparenzreduzierungsvorgaben...** auf die Schaltfläche **Neu**. Tragen Sie im nun erscheinenden Dialog einen sinnvollen Namen, wie beispielsweise den Belichternamen, für die zu erstellende Vorgabe ein.

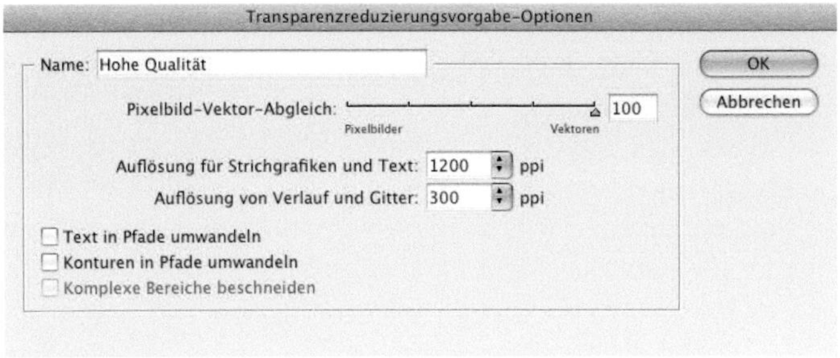

Abbildung 14.16: *Eigene Transparenzreduzierungsvorgaben für die Ausbelichtung sollten auf Basis der hohen Auflösung getroffen werden.*

Pixelbild-Vektor-Abgleich

Der Schieberegler ermöglicht eine Verlagerung mehr zum Pixelbild oder mehr zur Vektorisierung hin. Die Orientierung zum Pixelbild bewirkt, dass die Pixelobjekte, die sich mit anderen Objekten überlagern, nicht in einen eigenen Beschneidungspfad gesetzt werden. Auf ein gesamtes Layoutdokument bedeutet dies, dass eventuell die Dateigröße geringer ausfallen wird, da weniger Pfadobjekte in der ausgegebenen PostScript-Datei oder PDF-Datei vorhanden sind. Aber dadurch können auch unsaubere Bildkanten entstehen. Der Regler sollte für die Ausbelichtung für den Offsetdruck oder ein vergleichbares Druckverfahren immer auf der rechten Position bei 100 stehen.

Auflösung

Eine Reduzierungsauflösung 1 von 1200 dpi ist in der Regel für die Umrechnung von Bilddaten und Texten angebracht, auch wenn hier Werte von bis zu 2400 dpi möglich sind. Je nach maximaler Rasterweite des Belichters lässt sich die notwendige und optimale Bildauflösung berechnen. Natürlich ist die Umrechnung von der Qualität der ursprünglichen Bilddaten abhängig. Zu hohe Werte werden die Dateigröße unnötig aufblähen und keine qualitative Verbesserung mehr erzielen können. Niedrigere Werte unterhalb von 600 ppi tragen dazu bei, dass Strichgrafiken und Texte nach der Reduzierung pixelig erscheinen. Die Verlaufsauflösung wird getrennt von der Bildauflösung eingestellt. Hier reichen üblicherweise Werte von 300 dpi aus.

Weitere Optionen

Daneben können Sie weitere Einstellungen über die Checkboxen vornehmen, welche die Dateigröße allerdings gravierend beeinflussen können. Die Option **Komplexe Bereiche beschneiden** ist in der Vorgabe **Hohe Auflösung** deaktiviert. Erst wenn Sie den Abgleichregler nach links auf 75% schieben, wird dieser Punkt frei. Komplexe Bildbereiche werden über den Pixelbild-Vektor-Ausgleich idealerweise in Vektorobjekte gewandelt, wobei InDesign dafür sorgt, dass nicht Teile eines zusammenhängenden Pfades in Pixel umgewandelt werden, während andere Teile desselben Objektes Vektoren bleiben. Da Sie den Abgleichregler immer bei 100 verwenden sollten, ist diese Funktion in der Regel deaktiviert.

Die Option **Text in Pfade umwandeln** bedeutet, dass Text im Bereich transparenter Objekte in allen relevanten Bereichen in Pfade umgewandelt wird, auch wenn er an einigen Stellen als Text erhalten bleiben könnte. Die Umwandlung von Text in Pixel, die für Überlagerungen von Pixelbildern und Text erforderlich sein kann, wird davon nicht beeinflusst.

Diese Einstellung wird weitgehend überflüssig, wenn Sie darauf achten, dass Textrahmen immer im Vordergrund liegen. Schon ein winziger Bereich eines überlagernden Schlagschattens würde ausreichen, die betroffenen Zeichen für die Reduzierung in Pfade oder gar Pixel umzuwandeln. Dadurch entstehen unnötig große Dateien.

Ebenso lassen sich während der Transparenzreduzierung auch **Konturen in Pfade umwandeln**. Das heißt, es werden von der Transparenz beeinflusste Pfade mit einer Kontur zwingend in Vektorobjekte mit einem Umriss und einer Füllung konvertiert. Auch hier sollten Sie die Finger davon lassen, da nur unnötige Knotenpunkte entstehen und nachträgliche Konturänderungen in Acrobat nicht mehr möglich sind.

Transparenzfarbraum zuweisen

Über das Menü **Bearbeiten/Transparenzfarbraum** weisen Sie den Arbeitsfarbraum für die Transparenzreduzierung zu. Wählen Sie für eine Druckausgabe immer die Einstellung **Dokument-CMYK**. InDesign benutzt bei aktiviertem Farbmanagement den CMYK-Arbeitsfarbraum als Referenz für die farbliche Transparenzreduzierung, wie z.B. ISO Coated v2.

Die Option **Dokument-RGB** wählen Sie bei der Ausgabe von Dokumenten für das Web oder eine PDF-Bildschirmpräsentation, aber auch bei einer medienneutralen Ausgabe für den Offsetdruck. Auch hier wird der eingestellte Arbeitsfarbraum in InDesign benutzt, optimal ist das ECI-RGB v2.

Obwohl Sie gleichermaßen **RGB**-, **Lab**- wie **CMYK**-Daten in das Layout platzieren oder in diesen Farbmodellen Farbfelder definieren können, kann die Transparenzreduzierung nur in den RGB- oder CMYK-Arbeitsfarbraum erfolgen. RGB-Farbinformationen werden also bei ausgewähltem Dokument-CMYK für die reduzierte Ausgabe in CMYK-Werte umgesetzt und somit auch konvertiert. Das ist durchaus sinnvoll: Legen Sie ein RGB-Bild und ein CMYK-Bild per reduzierter Deckkraft oder Transfermodus wie Multiplizieren transparent übereinander, muss das Ergebnis in der Ausgabe zwangsläufig ein CMYK- oder RGB-Objekt sein.

Vorgaben anwenden

Bei der Druckausgabe weisen Sie im Druckdialog unter der Option **Erweitert** die gewünschte Transparenzreduzierungsvorgabe zu. Ebenso kann die Reduzierungsvorgabe im PDF-Export ausgewählt werden.

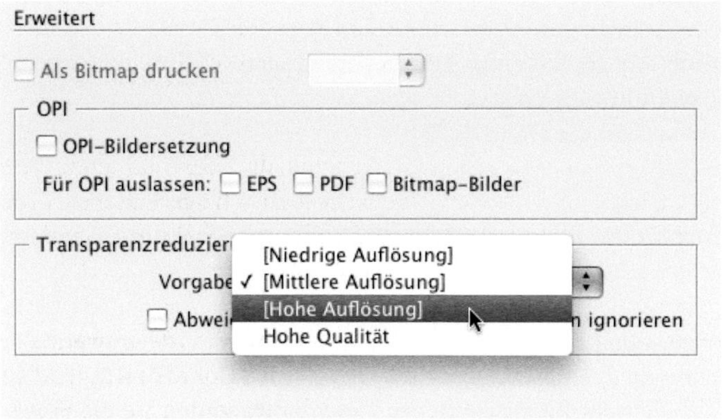

Abbildung 14.17: *Zuweisen der Transparenzreduzierungsvorgabe bei der Druckausgabe*

Abweichende Einstellungen auf Druckbögen

Wieder einmal zeigt InDesign, was Technik möglich macht, aber den Anwender überfordern kann: Pro Druckbogen können Sie auch eine abweichende Einstellung für die Transparenzreduzierung wählen. Dieser Sonderfall ist dann praktisch, wenn Anzeigen auf einzelnen Seiten platziert werden und diese mit einer niedrigeren Auflösung reduziert werden können als die übrigen Seiten eines Magazins. Dazu wählen Sie den entsprechenden Druckbogen in der Seitenpalette und rufen aus dem Palettenmenü die Option **Druckbogenreduzierung/Benutzerdefiniert** auf. Wenden Sie diese Möglichkeit aber erst dann an, wenn ein Andruck eine schlechte Qualität aufweist und Sie wissen, dass die Änderung der Transparenzreduzierung die einzige Möglichkeit darstellt.

> **Keine Reduzierung für die Formate ab Adobe PDF 1.4**
> Adobe hat das Portable Document Format ab der Version 1.4 (ab Acrobat 5) dahingehend weiterentwickelt, dass Sie Objekte mit Transparenzen, weichen Kanten und Schlagschatten in das Format einbetten können, ohne die Transparenzen zu reduzieren. Zusätzlich erlauben die Formate ab 1.5 die Verteilung auch von transparenten Objekten auf mehreren Ebenen, die im PDF-Dokument separat ein- und ausgeblendet werden können. Daraus entstehen kleinere Dateien, da z.B. transparente Vektorobjekte nicht zuvor in speicherhungrige 300-dpi-Rasterauflösungen umgerechnet werden müssen. PDF-Dateien in der Version 1.4 können von den neuen RIPs mit der Bezeichnung „PDF Print Engine" ausgegeben werden. Verfügen Sie selbst über diese RIP-Technik oder verwendet die Druckerei einen RIP dieser Art, exportieren Sie aus InDesign die PDF im Format 1.4 inklusive Transparenzen.

> **Transparenzreduzierung mit PDF/X**
> Die ISO-Standardformate PDF/X-3 und X-1a erlauben keine Transparenzen im PDF-Dokument, also müssen diese verflacht werden. Dazu bietet InDesign die direkte Ausgabe als PDF/X-3 an, in der „Hohe Auflösung" als Vorgabe definiert ist. Das ISO-Format PDF/X-4 erlaubt hingegen die Existenz von Transparenzen und Ebenen im PDF-Dokument. Lesen Sie dazu auch das Kapitel „PDF-Ausgabe".

14.1.8   Typische Transparenzfälle

Da sich die Transparenzreduzierung und ihr Ergebnis immer sehr stark am Motiv orientieren, wollen wir Ihnen einige Grundmodelle aufzeigen, die in der Reduzierung auftreten können. Dabei berücksichtigen wir ausschließlich die Vorgabe **Hohe Auflösung**.

Vektorobjekt überlagert Vektorobjekt

Unproblematisch ist die Transparenzreduzierung dann, wenn es sich bei den transparenten Objekten ausschließlich um Vektorobjekte handelt, die eine einheitliche Füllfarbe aufweisen und sich per reduzierter Deckkraft oder Füllmethode überlagern. Nach der Vorgabe **Hohe Auflösung** werden beide Objekte so verrechnet, dass die Schnittmenge ein neues Vektorobjekt ergibt.

> **Datenmengen**
> Je größer ein transparentes Objekt ist, umso größer ist auch die Datenmenge, die bei der Transparenzreduzierung erzeugt wird. Wenn Sie also wirklich auf die Idee kommen sollten, z.B. einen vektorbasierten Architekturplan von A0 als Vektorobjekt vollständig mit Schlagschatten oder weichen Kanten zu gestalten, sollten Sie zuvor bedenken, dass alle weichen transparenten Übergänge in der Transparenzreduzierung Pixeldaten in 300 dpi erzeugen. Dies könnte zu Dateigrößen von 800 Mbyte und mehr führen.

Pixelobjekt überlagert Pixel- oder Vektorobjekt

Sich überlagernde Pixelbilder, die eine reduzierte Deckkraft oder eine spezielle Füllmethode aufweisen, stellen ebenfalls kein Problem bei der Transparenzreduzierung dar. Schnittbereiche werden nach der Reduzierungsvorgabe **Hohe Auflösung** zu neuen Pixelobjekten umgewandelt und mit einem Beschneidungspfad versehen, so dass die Überlappungs- oder Bildkanten erhalten bleiben.

Textrahmen überlagert Vektor- oder Pixelobjekt

Ein in der Deckkraft reduzierter oder per Füllmethode gestalteter Textrahmen überdeckt ein Vektorobjekt. Ähnlich wie das Verhalten zwischen Vektorobjekten werden im Schnittbereich die Pfade der Schrift in Vektorobjekte gewandelt. Wenn Textrahmen Pixelobjekte überlagern, so wird die in Beschneidungspfade umgewandelte Schrift mit dem resultierenden Pixelobjekt gefüllt. Dabei kann es jedoch sein, dass nicht betroffene Buchstaben oder Wörter nach wie vor echte Textobjekte bleiben. Der Unterschied zwischen diesen und den in Pfade oder Pixel umgerechneten Texten ist in vielen Fällen deutlich sichtbar, da bei Fonts durch das sogenannte Hinting ein „Zulaufen" von Gehrungen und engen Rundungen bei kleinen Schriftgraden vermieden wird – ein an sich winziger Unterschied, der bei der Umwandlung von Text aber verloren geht und diesen dann merklich fetter aussehen lässt.

Abbildung 14.18: *Ein häufiger Fall in der Reduzierung: transparenter Schriftzug auf Pixelobjekten mit reduzierter Deckkraft. Bei der Vorgabe Hohe Auflösung wird die Schrift in Vektorobjekte umgewandelt und mit den resultierenden Flächen aus dem Bild gefüllt.*

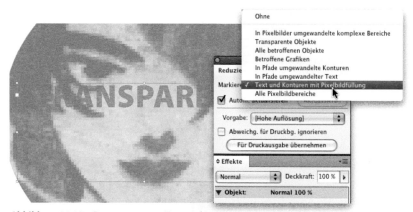

Abbildung 14.19: *Der transparente Text wird in Konturen umgewandelt und mit einem Pixelbild gefüllt.*

Wichtigste Regel im Umgang mit Textobjekten und Transparenzen: Textobjekte gehören immer in der Objektanordnung in den Vordergrund oder auf eine obere Ebene. Egal, wie kreativ Sie auch InDesign verwenden möchten, Sie sollten stets Textrahmen über andere Objekte legen, damit diese nicht versehentlich in Pixelobjekte verrechnet werden. Dadurch könnte das Schriftbild durch die niedrigere Auflösung der Pixelobjekte in der Reduzierungsvorgabe ausfransen oder fetter wirken als beabsichtigt.

Weiche Kanten und Schattenwürfe

Die Transparenzfunktionen **Weiche Kante** sowie **Schlagschatten** erzeugen für die Transparenzreduzierung immer eine Pixelgrafik. Fällt der Schatten auf einen Textrahmen, werden die betroffenen Bereiche des Textes in Beschneidungspfade mit einer Pixelbildfüllung umgerechnet. Diese Problematik beleuchten wir im Abschnitt „Reduzierungsvorschau".

Volltonfarben und die Transparenz

Die Verwendung von Volltonfarben mit Transparenzen ist nur dann möglich, wenn Sie übereinanderliegende Vektorobjekte mit Volltonfarben im Dokument maximal mit der Reduzierung der Deckkraft auf **Transparent** stellen. Wenn dagegen eine Volltonfarbe auf eine Prozessfarbe trifft, wird das Mischungsergebnis automatisch als Prozessfarbe errechnet. Dieser Nachteil tritt insbesondere bei Schlagschatten auf, die auf eine Volltonfarbe fallen. Die Transparenz durch die Deckkraft einer Volltonfarbe zu einem weißen Untergrund ist dadurch natürlich nicht betroffen.

> **！ Blitzer im PDF?**
> Wenn Sie eine reduzierte PDF-Datei in Acrobat anzeigen, kann es vorkommen, dass Sie am Monitor vermeintliche Blitzer entdecken. Wenn Sie sehr stark in das Dokument hineinzoomen, verschwinden diese Fehler bzw. verändern ihre Breite von einem Monitorpixel nicht proportional zum Zoomfaktor. Das liegt an der Kantenglättung von Vektorobjekten in Acrobat. Da transparente Objekte häufig in Beschneidungspfade mit Pixelbildfüllung umgewandelt werden, ergeben sich daraus Vektorobjekte im PDF, die auf diese Weise angezeigt werden. Die Darstellung können Sie abschalten, indem Sie in Acrobat unter den Grundeinstellungen/Seitenanzeige die Option Vektorgrafiken glätten deaktivieren.

14.1.9   Reduzierungsvorschau

Der Einsatz von Transparenzen erfordert die Reduzierung auf eine Bildebene pro Druckplatte für die Ausgabe. Wie InDesign Transparenzen verflacht, sehen Sie in der Reduzierungsvorschau je nach Vorgabe. Der besondere Clou liegt auf der *Hervorhebung* von Objekten, die in die spätere Transparenzreduzierung einbezogen werden; eine Situation, die Sie während der Layoutarbeit nicht abschätzen können, InDesign Ihnen aber sichtbar macht. Anhand eines typischen Beispieles wollen wir Ihnen zeigen, wie Sie Druckfehler mit Hilfe der **Reduzierungsvorschau** vermeiden können. Dabei kommt es darauf an, die rot hervorgehobenen Bereiche der Reduzierung richtig zu deuten und Änderungen vorzunehmen.

Fallbeispiel: Ein Schlagschatten fällt auf einen Textrahmen

Probleme können dann auftreten, wenn Sie Schlagschatten oder weiche Kanten als Gestaltungsmittel anwenden, die sich transparent auf darunter liegende Objekte auswirken. Alle Schatten und weichen Kanten wandeln die darunter liegenden Objekte in Vektor- und Pixelobjekte, unabhängig von der Herkunft. Fällt also ein Schatten auf eine schwarze Schrift (K = 100%), so werden die betroffenen Buchstaben in Vektor- oder Pixelobjekte umgewandelt. Dabei wird das Objekt zunächst in die Bereiche mit und ohne Schattenauswirkungen zerschnitten. Die nicht betroffenen Zeichen bleiben unter Umständen schwarze Textobjekte. Somit erhalten Sie unterschiedliche Darstellungen der Schrift durch die Pixelung und Auflösungsdifferenzen zu Vektoren in der Ausgabe.

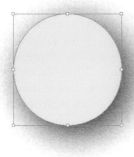

Bearum fugiaepta dolorpor sequi blaut pe conseque
voluptatiis plabore rsperspd que moluptae. Uda di
sequas aute dellenis est, vitem laceaquas eossumque
evenita postoreri ipitam que nimus.

Hicil ius si conet omnit delibusdae dolumque perit,
fuga. Itate volorum quaspic tem aut laborep udicia
et, con nonet et repero odia est re, omnihillam aut c
perum eosam corem volut labore id maio. Ut utam
liquis doluptatiam es escia sum evelese quissimi, off
apienis erum ut qui atus aut fuga. Aliquatin nempo
optur, et voluptatate repudiatem inctia qui recus ad
siti cus et quaerum sit dolorro vente aligenem fuga.
onectem as rerum il esernamus aut ditio berectibus

Abbildung 14.20: *Alltägliche Situation – ein Rahmen wirft einen Schlagschatten.*
Ein Textrahmen liegt neben dem Objekt.

Einstellungen in der Reduzierungsvorschau

Die Reduzierungsvorschau rufen Sie unter dem Menü **Fenster/Ausgabe/Reduzierungsvorschau**
auf. Die Vorschaupalette unterteilt sich in den Markierungsbereich und die Vorgabe zur Reduzierung. Mit aktivierter Aktualisierung wird jede Veränderung im Layout sofort in der Vorschau
berücksichtigt. Wenn Sie die Reduzierungsvorgaben für einzelne Druckbögen zuweisen sollten,
können Sie mit der Option **Abweichung für Druckbögen ignorieren** die Vorgabe des Druckbogens
überschreiben und eine Reduzierung auf Basis der aktuellen Vorgabe erzwingen.

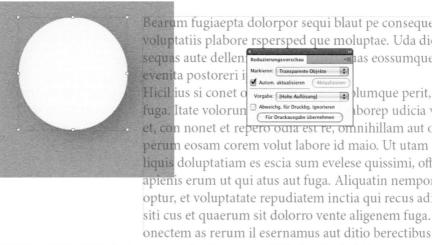

Abbildung 14.21: *Mit der Reduzierungsvorschau „Transparente Objekte" werden der Schlagschatten*
und sein Umraum hervorgehoben.

Bearum fugiaepta dolo...
voluptatiis plabore rsp...
sequas aute dellen...
evenita postoreri i...
Hicil ius si conet o... plumque perit,
fuga. Itate volorun... aborep udicia
et, con nonet et repero odia est re, omnihillam aut c
perum eosam corem volut labore id maio. Ut utam
liquis doluptatiam es escia sum evelese quissimi, off
apienis erum ut qui atus aut fuga. Aliquatin nempor
optur, et voluptatate repudiatem inctia qui recus ad
siti cus et quaerum sit dolorro vente aligenem fuga.
onectem as rerum il esernamus aut ditio berectibus

Abbildung 14.22: *Die Vorgabe „In Pfade umgewandelter Text" markiert die Textbereiche, die durch die Transparenzreduzierung zu Pfaden mit Pixelbildfüllung konvertiert werden.*

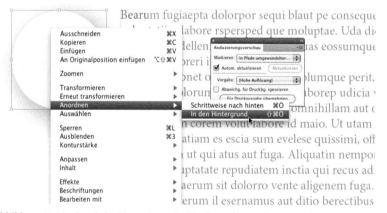

Abbildung 14.23: *Durch das Umsortieren der Objekte auf einer Ebene wird das Problem behoben.*

Bearum fugiaepta dolorpor sequi blaut pe conseque
voluptatiis plabore rspersped que moluptae. Uda di
sequas aute dellen... as eossumque
evenita postoreri i...
Hicil ius si conet o... plumque perit,
fuga. Itate volorun... aborep udicia
et, con nonet et repero odia est re, omnihillam aut c
perum eosam corem volut labore id maio. Ut utam
liquis doluptatiam es escia sum evelese quissimi, off
apienis erum ut qui atus aut fuga. Aliquatin nempor
optur, et voluptatate repudiatem inctia qui recus ad
siti cus et quaerum sit dolorro vente aligenem fuga.
onectem as rerum il esernamus aut ditio berectibus

Abbildung 14.24: *Der Textrahmen liegt nun über dem Schlagschatten und wird nicht mehr rot markiert.*

Markierungen

Unter **Markieren** können Sie sich die gewünschten Objekte anzeigen lassen. Darunter suchen Sie die passende Anzeige aus, um gezielt nach Fehlern zu suchen. Anhand unseres Fallbeispieles wollen wir die wichtigsten Punkte genauer erklären.

In Pixelbilder umgewandelte komplexe Bereiche	Wenn in den Vorgabeoptionen zur Transparenzreduzierung die Option **Komplexe Bereiche beschneiden** aktiviert ist und der Schieberegler auf der Seite der pixelorientierten Reduzierung steht, werden dort, wo besonders große Vektor- und Pixelobjekte zusammentreffen, diese Bereiche markiert. In der Vorgabe **Hohe Auflösung** sollte dies eher selten der Fall sein. In der **Niedrigen Auflösung** hingegen tritt dieser Fall sehr häufig auf.
Transparente Objekte	Diese Markierung zeigt alle Objekte an, auf die eine Transparenz angewendet wurde. Ein Schlagschatten oder eine weiche Kante können einen sehr großen Umraum einnehmen. Innerhalb dieses Umraumes werden alle darunter liegenden Rahmen in die Reduzierung einbezogen.
Alle betroffenen Objekte	Wenn Sie ein Dokument generell nach Transparenzen durchsuchen und überprüfen möchten, eignet sich diese Option als erste Vorschaumethode. Abbildung **10** zeigt, dass neben dem Schlagschatten auch die benachbarten Bildrahmen und der darunter liegende Text vom Schlagschatten überdeckt werden.
Betroffene Grafiken	Überlagert eine Transparenz eine platzierte Grafik, so wird diese zur Verdeutlichung hervorgehoben. Allerdings ist diese Option wenig sinnvoll, da bereits in der vorhergehenden Anzeige **Alle betroffenen Objekte** auch die Grafiken rot eingefärbt werden.
In Pfade umgewandelte Konturen	Konturen, die von einem Schlagschatten oder einer weichen Kante überdeckt werden, müssen in der Transparenzreduzierung in Pfadflächen konvertiert werden. Mit dieser Option markieren Sie diese Konturen wie in Abbildung **11**: Der Schlagschatten überdeckt die rot hervorgehobenen Konturen der beiden Bilder.
In Pfade umgewandelter Text	Wie bei der beschriebenen Überlagerung von Vektor- und Pixelobjekten werden auch Texte in Vektoren gewandelt, um Konturen zu erhalten und gleichzeitig die transparente Darstellung wiedergeben zu können. Grundsätzlich ist ein in Pfade konvertierter Text keine Problemstelle für die Druckausgabe. Jedoch können bei der Pfadkonvertierung von Schrift Effekte im Zusammenhang mit Gehrungen an Ankerpunkten auftauchen, die in der Fontdarstellung vermieden werden. Wird der umgewandelte Text mit einem Pixelbild gefüllt, kann dies zu ungewollten Druckfehlern führen, wie im nächsten Schritt erläutert wird.
Text und Konturen mit Pixelbildfüllung	Wie in der folgenden Abbildung zu sehen ist, werden Texte und Konturen gleichsam in Konturen umgewandelt und mit Pixelbildern gefüllt, wenn sich im Layout ein Schlagschatten darüber befindet. Problematisch sind hier die beiden Konturen rechts neben dem Schatten und die ersten beiden Textzeilen des Textrahmens. Die Objektreihenfolge muss unbedingt geändert werden, wenn der Textrahmen nicht zerschnitten und die oberen Textzeilen mit einer Prozessfarbe gefüllt werden sollen. Um dieses Problem zu umgehen, stellen Sie die Objektreihenfolge um, indem Sie die Textebene über die Bildebene positionieren.
Alle in Pixelbilder umgewandelten Objekte	Mit der Vorgabe **Niedrige Auflösung** werden Schriften oder Pfade in Pixelobjekte umgerechnet. Schriften, die nur teilweise in Pixelobjekte aufgerastert werden, „verfetten" optisch um etwa einen halben Schriftschnitt. So kann es durchaus vorkommen, dass Zeichen als Schriftvektoren neben aufgerasterten Pixelbuchstaben stehen. Diese Katastrophe können Sie zwar durch die hohe Auflösung als Vorgabe abmildern, dennoch müssen Sie unbedingt darauf achten, dass sich Textobjekte immer auf einer höher gelagerten Objekt- oder Layoutebene befinden.

Zusammenfassung: Transparenzreduzierung

Anhand des Fallbeispieles sehen Sie, dass es unbedingt darauf ankommt, wie die transparenten Objekte *in der Reihenfolge zueinander* stehen. Die **Reduzierungsvorschau** zeigt Ihnen anhand der roten Markierung, welche Rahmen und Grafiken von der Reduzierung betroffen sind und für die PostScript- oder PDF-Ausgabe umgewandelt werden. Da diese Optionen vielfältig und auf den ersten Blick schwer verständlich sind, achten Sie bitte immer auf diese Punkte:

- Textrahmen sollten stets auf einer eigenen Textebene oberhalb von transparenten Rahmen liegen.

- Konturen sollten erst ab einer Stärke von mindestens 1 Punkt mit Transparenzeffekten gestaltet werden, damit die Transparenzreduzierung die Konturen in Vektorflächen umwandelt, ohne dabei filigrane – nicht druckbare – Vektorobjekte zu erzeugen.

- Schatten, weiche Kanten oder transparente Verlaufskanten besitzen einen großen Transparenz-umraum, der durch die Einstellung **Alle betroffenen Objekte** in der Reduzierungsvorschau sichtbar wird.

- Schmuckfarbenobjekte werden durch Transparenzen unter Umständen in Prozessfarben kon-vertiert; die Separationsvorschau zeigt dieses Problem an.

- Vektorkanten der Beschnittobjekte in einer reduzierten PDF-Datei werden in Acrobat nur durch eine Voreinstellung fehlerhaft als Blitzer dargestellt.

14.2 Preflight vor der Ausgabe

Eine der wichtigsten Funktionen für die Ausgabe ist der „Preflight" für die permanente Prüfung des Layouts. Wenn Sie den Preflight geschickt konfigurieren und täglich einsetzen, erreichen Sie schon in der Layoutphase präzise Dokumente mit höchster Ausgabequalität. In diesem Kapitel zeigen wir Ihnen, wie Sie diese Funktion für Ihre eigene Arbeit einsetzen.

InDesign CS5 prüft bereits beim Öffnen eines Dokumentes alle *Verknüpfungen*, *Farbprofile* und *Fonts*. Sobald Sie ein Dokument drucken, testet InDesign zudem das Layout auf *Übersatz*. Doch was ist mit der **Auflösung** von Bildern im Layout, **fehlerhaften Unterschneidungen** oder unzulässigen **Schmuckfarben** in platzierten Dateien?

14.2.1 Dokumente testen

Öffnen Sie Ihr fertiges Layoutdokument, um einen **Preflight** durchzuführen. Sofort erkennen Sie am **roten** oder **grünen Symbol** im Dokumentenfenster unten links, ob und gegebenenfalls wie viele Fehler auftreten.

Abbildung 14.25: *Preflight zeigt den Status immer im Dokumentenfenster links unten an.*

Abbildung 14.26: *Mit einem Doppelklick auf die Statusmeldung rufen Sie die Preflight-Palette auf.*

Öffnen Sie die Preflight-Palette entweder über **Fenster/Ausgabe/Preflight** oder noch einfacher mit einem Doppelklick auf das Anzeigefeld unten links im Dokumentfenster.

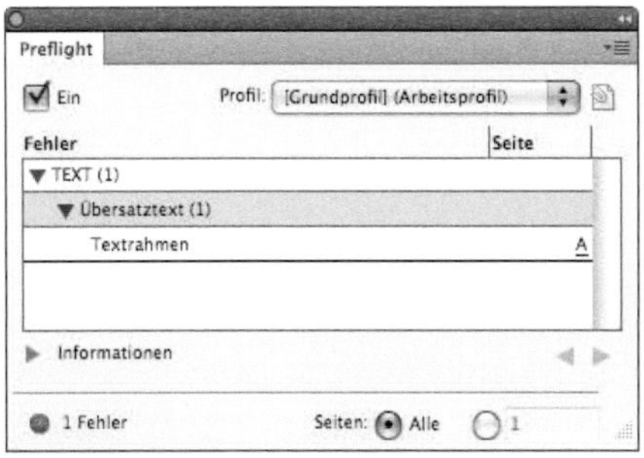

Abbildung 14.27: *Die Preflight-Palette warnt vor Übersatz*

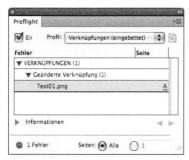

Abbildung 14.28: InDesign zeigt fehlende und geänderte Verknüpfungen unmissverständlich an und öffnet auf Mausklick die Verknüpfungen.

Abbildung 14.29: Geänderte Verknüpfungen können in der Palette der Verknüpfungen auf Knopfdruck aktualisiert werden.

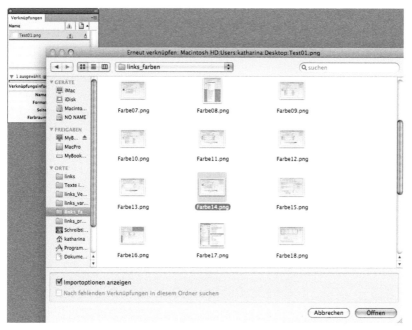

Abbildung 14.30: Fehlende Verknüpfungen müssen manuell neu zugewiesen werden.

14.2.2 Übersatz korrigieren

Textrahmen enthalten oftmals mehr Text, als im Rahmen dargestellt werden kann. Es entsteht also ein sogenannter *Übersatz*. Auch beim Platzieren von Text in vorbereitete Textrahmen kann der Text aus den Rahmen „herausfließen".

Übersatz erkennen und entfernen

In der Preflight-Palette werden alle Probleme mit Übersatztext unter dem Oberbegriff **„Text"** aufgelistet. Einen Textrahmen mit Übersatztext erkennt man an dem **roten Plus**-Zeichen im Ausgang des Textrahmens.

Abbildung 14.31: *InDesign zeigt Ihnen eine Empfehlung, wie Sie Übersatz auflösen.*

Die betroffenen Textrahmen aufzufinden, ist über die Preflight-Palette sehr einfach. Klicken Sie auf die **kleine blaue Seitenzahl** ganz rechts, um im Dokument genau an die Stelle des Textrahmens zu springen.

Nun beseitigen Sie den Übersatztext, indem Sie den Textrahmen vergrößern oder Text löschen oder einen neuen Textrahmen hinzufügen, den Sie mit dem ersten verketten.

14.2.3 Fehlende Schriften erkennen

In drei Fällen können Schriftenprobleme auftauchen: Fonts werden im Layout benötigt, sind auf dem Computer aber *nicht geladen*; aktivierte Fonts sind auf dem System *fehlerhaft* und können von InDesign nicht zur Anzeige verwendet werden; *platzierte Dokumente* wie PDF, EPS, AI oder andere InDesign-Dokumente verwenden *nicht vorhandene Schriften*.

> **！ Fehlt die Familie oder nur der Schnitt?**
> InDesign unterscheidet in der Verwaltung von Fonts nicht zwischen Schriftfamilien und Schnitten. OpenType-Fonts liegen immer als einzelne Datei pro Schnitt vor, ebenso TrueType-Fonts. InDesign zeigt bei diesen Formaten also alle fehlenden Schnitte an. PostScript-Fonts können hingegen mit einem „Font-Koffer" als Familie verwaltet werden.

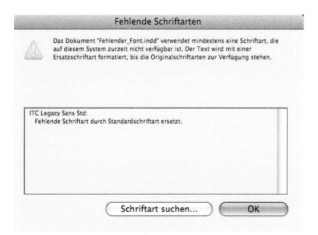

Abbildung 14.32: *Die Fehlermeldung, dass eine Schriftart fehlt oder fehlerhaft ist, kann bereits beim Öffnen eines Dokumentes auftauchen.*

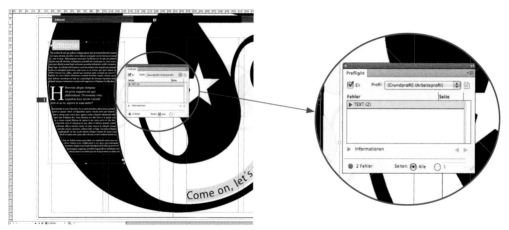

Abbildung 14.33: *Die Fehlerwarnung können Sie auch der Preflight-Palette entnehmen.*

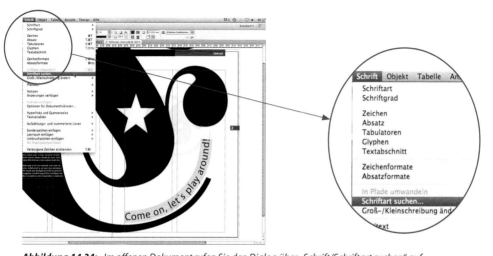

Abbildung 14.34: *Im offenen Dokument rufen Sie den Dialog über „Schrift/Schriftart suchen" auf.*

! **Fontaktivierung immer im System**
Die Aktivierung eines Fonts sollte immer außerhalb von InDesign durch das Schriftenverwaltungsprogramm auf Ihrem Mac oder PC geschehen.

Abbildung 14.35: *Die Fehlermeldung des Preflight weist auf die fehlende Schrift und die daraus verwendeten Zeichen hin.*

Dokumenten-Fonts

Sobald eine InDesign-Datei aus InDesign CS5 verpackt wird, speichert InDesign neuerdings die Fonts in einem Verzeichnis *„Document fonts"* ab. Die darin abgelegten Fonts spielen eine besondere Rolle. Wenn die Layoutdatei aus diesem verpackten Ordner auf einem anderen System geöffnet wird, auf dem die verwendeten Fonts nicht verfügbar sind, aktiviert InDesign für die Dauer der Bearbeitung der Layoutdatei diese **Dokumentenfonts**. Wird die Datei wieder geschlossen, so werden die Fonts wieder deaktiviert. Diese zeitweilige Aktivierung von Fontdateien ist nur in InDesign möglich!

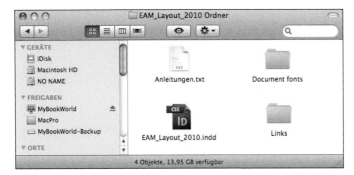

Abbildung 14.36: *Verpackte InDesign-Dateien haben nun einen Ordner „Document fonts".*

14.2.4   Preflight-Profile einrichten

Ausgehend vom Grundlagen-Profil bietet InDesign weitaus mehr Möglichkeiten. Sehen Sie, wie Sie ein detailliertes Preflight-Profil für die Prüfung von Druckdateien einrichten, speichern und als eigenständige Datei exportieren. Dabei können Sie ohne Weiteres einmal alle Optionen aktivieren und bestehende Layoutdokumente prüfen. Sie werden staunen, welche Fehlerquellen InDesign entdecken kann. Die Bewertung, inwiefern ein erkannter Fehler auch ein Fehler in der Druckausgabe ist, müssen natürlich Sie selbst treffen. Wir erklären Ihnen die einzelnen Prüfschritte in den nachfolgenden Abschnitten.

1. **Preflight-Palette öffnen**
   Öffnen Sie die Preflight-Palette per Doppelklick auf den Preflight-Button unten in der Dokumentleiste oder über **Fenster/Ausgabe/Preflight.**

2. **Neues Profil auf Basis des Grundprofils anlegen**
   Öffnen Sie über das Palettenmenü der Preflight-Palette die Option **Profile definieren** und fügen Sie über den **Plus**-Button im linken Bereich des Dialogfensters ein neues Profil hinzu. Im rechten Bereich können Sie anschließend, wie in den weiteren Punkten beschrieben, alle Einstellungen vornehmen.

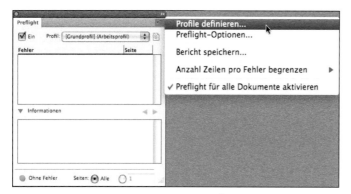

Abbildung 14.37: *Im Palettenmenü rufen Sie die Übersicht der gespeicherten Profile auf.*

Abbildung 14.38: *Mit Klick auf das Plus-Symbol unten links erzeugen Sie ein neues Profil.*

3. **Rubriken „Verknüpfungen" bis „Dokument" aufrufen und Einstellungen treffen**
   Welche Einstellungen für die Druckausgabe relevant sind, erläutern wir Ihnen im folgenden Text.

4. **Preflight-Profil speichern**
   Wenn Sie mit Ihren Einstellungen zufrieden sind, dann klicken Sie auf **Speichern**.

5. **Dialog bestätigen**
   Bestätigen Sie den Dialog mit **OK**. Alle eingerichteten Profile sind anschließend über das Auswahlmenü **Profil** in der Preflight-Palette zu erreichen.

Einstellungen für fehlende oder geänderte Verknüpfungen

Die Vorgaben für die Überprüfung von **Verknüpfungen** sind einfach: Ist die Verbindung zu einem platzierten Bild oder Objekt im Layout *aktiv*, *geändert* oder *unterbrochen*? Diesen Status erkennen Sie auch, indem Sie die Palette **Verknüpfungen** aufrufen und den Status anhand der bekannten Symbole **Warndreieck** oder **Stoppschild** feststellen.

Vorgaben für Farben

Von den Vorgaben für die **Farbe** hängt es ab, ob ein **Transparenzfüllraum** erforderlich wird. Dieser kommt dann zum Einsatz, wenn Sie eine PostScript-Datei drucken oder PDF-Datei ausgeben, die eine *Transparenzreduzierung* erfordern.

Die Einstellungen **RGB** und **CMYK** ermöglichen eine optimale *Transparenzreduzierung* entweder auf Basis des *RGB-Arbeitsfarbraumes* für die Ausgabe im Internet oder auf Basis des *CMYK-Arbeitsfarbraumes* für die Druckausgabe.

> **Web oder Print?**
> Haben Sie ein neues Dokument für das „Zielmedium" „Print" angelegt, so beschreibt In-Design den Transparenzfüllraum automatisch mit dem CMYK-Arbeitsfarbraum (ECI ISO Coated v2 300%). Für das Medium „Web" wird natürlich der RGB-Arbeitsfarbraum verwendet (sRGB). Die Einstellung prüfen Sie nachträglich im Menü „Bearbeiten/Transparenzfüllraum…".

Wenn Sie hier die **Checkbox** aktivieren und die Ausgabe anhand einer der beiden Optionen wählen, wird Ihnen sofort eine Warnung angezeigt, sollten Sie in Ihrem Dokument Transparenzen verwenden, *die eine Farbumrechnung in der Ausgabe erfordern*. Dies erinnert Sie daran, dass Sie den eingestellten Transparenzfüllraum im Menü **Bearbeiten** vor der Ausgabe kontrollieren.

Eine sinnvolle Einstellung für die Druckvorstufe ist natürlich **CMYK**; Sie erhalten eine Warnung, wenn ein RGB-Bild platziert oder eine RGB-Farbe angemischt wird.

> ⚠ **Warnung bei RGB-Bildern?**
> InDesign beherrscht das medienneutrale Colormanagement sowohl mit RGB- als auch CMYK-Farbräumen. Dennoch erscheinen in InDesign an unterschiedlicher Stelle Warnungen, wenn Sie RGB-Bilder für die Druckausgabe verwenden. Dies ist kein Fehler! Mit dem korrekt eingestellten Colormanagement werden die RGB-Bilder einwandfrei in den CMYK-Ausgabefarbraum umgerechnet.

Druckplatten C, M und Y sind nicht zulässig

Für Dokumente, die nur *zweifarbig* mit **Schwarz** und einer **Schmuckfarbe** ausgegeben werden – oder ausschließlich mit Schmuckfarben arbeiten –, sollten alle anderen Farben natürlich unterdrückt werden. Diese Funktion warnt Sie vor jeglichen verwendeten Prozessfarben im Layout.

Unzulässige Farbräume und -modi

Etwas weiter geht die folgende Funktion, die **Farbräume** und **-modi** ausschließt. Wählen Sie ggf. **RGB**, **Lab** sowie **Volltonfarbe**, wenn Sie Dokumente für den *Digitaldruck* aufbereiten. Alle anderen Kombinationsmöglichkeiten sind denkbar, wenn Sie Ihre Dokumente medienneutral inklusive Schmuckfarben aufbereiten.

Volltonfarbeinrichtung

Die **Anzahl der erlaubten Volltonfarben** können Sie hier beschränken. InDesign kann bis zu *32 Volltonfarben* verwalten. Dabei werden auch *Schmuckfarben* in platzierten EPS, PDF-, InDesign-, Illustrator- oder Photoshop-Dokumenten geprüft – davon werden nur die für die Ausgabe relevanten Schmuckfarben abgefragt. Werden also Volltonfarben in den Farbfeldern verwaltet, aber nicht im Layout angewendet, so erscheint keine Warnung im Preflight.

Alle Schmuckfarben können grundsätzlich nicht direkt im Layout wiedergegeben werden. Sie benötigen entweder eine **CMYK**- oder eine **Lab-Definition**. Welche Definition verwendet wird, hängt von den Herstellern (wie z.B. Pantone) ab, die *Referenzwerte* als *CMYK* oder *Lab* liefern. Für diese Einschränkung dient die zweite Option unter der **Volltonfarbeinrichtung**.

Überdrucken in InDesign angewendet

Diese Einstellung sollten Sie dann aktivieren, wenn Sie bewusst einen Druckjob anlegen, in dem keine Farbe überdruckt werden soll. InDesign überdruckt generell die Prozessfarbe **[Schwarz] 100% K** als Grundeinstellung. Dies ist für kleine Schriftgrade in [Schwarz] sinnvoll für mindestens 95% aller Druckaufträge. Für die restlichen 5% können Sie sich ein eigenes Schwarz mit 100% K als Prozessfarbe anlegen, das nicht überdruckt werden soll.

Passermarken-Farbe angewendet

Diese Option prüft, ob das **Farbfeld [Passermarken]** im Layout zum Einsatz kommt. Diese Farbe sollten Sie nur für eigene Schnittmarken oder Falzmarken verwenden.

14.2.5 Bilder und Objekte testen

Es folgen nun die Prüfschritte, in denen alle platzierten Bilder und sonstigen Objekte getestet werden. Dabei ist nicht nur die physikalische *Auflösung skalierter Bilder* im Layout wichtig, sondern auch die Verwendung von *Konturen* oder *interaktiven Objekten*.

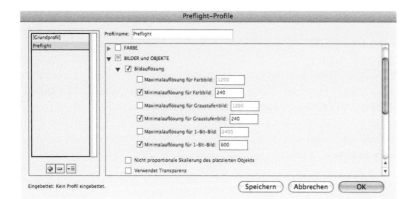

Abbildung 14.39:
Im Reiter „Bilder und Objekte" wählen Sie die Minimal- und Maximalauflösungen für Ihr Preflight-Profil.

Bildauflösung

Für die Prüfung setzen Sie im Preflight-Profil die Mindestauflösungen für Farb-, Graustufen- oder Strichbilder (1-Bit) ein. Als Standardwerte für eine **Minimalauflösung** dienen hier **240 dpi** für Farb- und Graustufenbilder. Strichgrafiken sollten mindestens in der Auflösung von **600 dpi** vorliegen. Maximalwerte begrenzen zudem auch nach oben die verwendeten Dateien. Haben Sie ein hochauflösendes Bild von 100 Mbyte als Miniatur im Layout auf eine Größe von 5% verkleinert, so werden dennoch diese 100 Mbyte bei jedem PDF-Exportvorgang umgerechnet. Der Druck- oder Ausgabeprozess wird unnötig verzögert. Daher können Sie die Prüfung auf eine maximale Auflösung erweitern, um diese Bilder im Layout aufzuspüren und bei Bedarf in eine kleinere Bildfassung umzurechnen. Als Standardwerte für den Offsetdruck sollten die Maximalwerte mit **600 dpi** für Farb- und Graustufenbilder sowie **2400 dpi** für Strichgrafiken angegeben werden.

> **⚠ Bildauflösung 300 dpi**
> Wer heute noch glaubt, dass Bilder im Layout unbedingt auf 300 dpi und für die physikalische Fläche umgerechnet werden müssen, arbeitet nach den alten „Standards", die nicht mehr zeitgemäß sind. InDesign kann skalierte Bilder selbstständig für die PDF-Ausgabe umrechnen. Dazu ist eine Mindestauflösung von 240 dpi im Offsetdruck notwendig – in manchen Katalogproduktionen werden auch deutlich niedrigere Auflösungen (180 dpi) für kleine Abbildungen im Layout verwendet. Die Qualitätsunterschiede zu den 300 dpi sind je nach Papier und Druckraster auch für den Profi kaum zu erkennen.

Nicht proportionale Skalierung

Bilder und Grafiken, die nicht im *gleichen Verhältnis von Höhe zu Breite* skaliert wurden, werden mit dieser aktiven Option **Nicht proportionale Skalierung** gefunden. Diese Funktion sollten Sie immer aktivieren, da auch Bilder in einer Rahmengruppe ungewollt nicht proportional verkleinert oder vergrößert worden sein können.

Verwendet Transparenz

Sobald ein Bild oder eine Grafik in der Deckkraft reduziert oder mit einem Effekt gestaltet wurde, wird das Bild für die Ausgabe u. U. nicht nur neu berechnet, es ändern sich auch die Farben.

ICC-Profil des Bildes

Alle Einstellungen zum ICC-Profil eines platzierten Bildes werden auch in den Farbeinstellungen des Dokumentes abgefragt, insofern Sie diese Optionen gewählt haben. Unter dem Menü **Bearbeiten/Farbeinstellungen…** in der Rubrik **Farbmanagement-Richtlinien** können Sie entsprechende Einstellungen nachholen, so dass eine Warnung erscheint, wenn platzierte Bilder mit fehlenden oder abweichenden Farbprofilen importiert werden. Einzig die Option **Profileinstellung kann CMYK-Umwandlung zur Folge haben** ist hier besonders sinnvoll.

Abweichungen von Ebenensichtbarkeit

Platzierte Photoshop- oder TIFF-Dokumente können Ebenen enthalten, die je nach Vorgabe sichtbar oder unsichtbar in das Layout platziert werden. Sobald Sie jedoch einzelne Ebenen nachträglich ein- oder ausblenden, verzeichnet InDesign diesen Vorgang als **Abweichung von der Ebenensichtbarkeit.**

Mindestkonturstärke

Konturen unterhalb einer Stärke von **0,125 Punkt** können im Offsetdruck nicht einwandfrei wiedergegeben werden. Daher sollten Sie diese Option für alle Konturen aktivieren. Verwenden Sie Farbverläufe auf Konturen, so beschränken Sie mit der zweiten Option die Mindestkontur auf diese Verläufe oder weiße Konturen.

Interaktive Elemente

In dieser Rubrik werden alle interaktiven Objekte geprüft, die InDesign CS5 bietet, darunter Schaltflächen, platzierte **Videos**, **Audio**-Dateien, **Animationen** oder **Objekte mit mehreren Status**.

> **Inkompatibel mit Flash Player**
> Hinter dieser Option in der Rubrik der interaktiven Elemente versteckt sich die Prüfung, ob die Interaktionen, die Sie im Layout vorgesehen haben, auch einwandfrei mit dem Flash Player dargestellt werden können. Lesen Sie hierzu auch das Kapitel „Interaktive Dokumente".

Schaltflächen können Sie die Eigenschaft verleihen, zunächst als *„nicht sichtbar"* im Dokument vorzuliegen. Erst bei einer Aktion wie einem Klick auf eine andere Schaltfläche wird diese erste sichtbar. Somit können Sie tolle MouseOver-Effekte erzielen oder Drop-down-Menüs erstellen. Doch für den Druck sind Schaltflächen ungeeignet. Prüfen Sie Ihr Dokument für den Druck, so sollten keine unsichtbaren oder ausgeblendeten Elemente enthalten sein.

Probleme beim Anschnitt/Zuschnitt

Randabfallende Rahmen prüfen Sie mit der nachfolgenden Option und geben dabei die Größe der Toleranz zum Zuschnitt an. Befinden sich also beispielsweise der Textrahmen näher als 6,25 mm an einem Seitenrand, so gibt InDesign eine Warnung aus. Sie können den Abstand zum Bund bei doppelseitigen Layouts mit einbeziehen, indem Sie die Option **Auf Objekte in der Nähe des Rückens prüfen** aktivieren.

14.2.6 Textrahmen überwachen

Neben den Bildern und Objekten kann InDesign auch umfangreiche Prüfungen für Textrahmen und Schriftformatierung durchführen.

Übersatztext

Mit dieser ersten Option gibt InDesign – seit der Version CS3 auch bei jedem Druck- oder Export-Vorgang – eine Warnung aus, wenn sich im Layout Übersatztext befindet.

Absatz- und Zeichenformatabweichungen

Wenn Sie zunächst Textabschnitte mit Absatz- und Zeichenformaten definiert, jedoch später manuelle Formatierungen getroffen haben, so protokolliert InDesign mit dieser aktiven Option die Abweichungen zu den Vorgaben aus dem Absatz- oder Zeichenformat. Welche Sonderfälle dabei ignoriert werden dürfen, entscheiden Sie mit den vier Zusätzen, beispielsweise mit der sinnvollen Option **Abweichungen bei Kerning/Laufweite ignorieren**, wenn Sie manuell einzelne Wörter oder Zeilen enger oder weiter spationiert sowie Zeichenpaare unterschnitten haben.

Schriftart fehlt

Ist ein Font nicht geladen, der für die Darstellung der InDesign-Datei benötigt wird, so gibt InDesign bei jedem Öffnen dieser Datei eine Warnung aus. Auch der Druck- oder Exportvorgang warnt bei fehlenden Schriften. Im Layout sehen Sie die fehlenden Fonts anhand von **rosafarbenen Unterlegungen**. Eine Prüfung mit dieser Option ist in jedem Fall sinnvoll.

Glyphe fehlt

Jedes einzelne Zeichen eines Fonts wird als **Glyphe** bezeichnet. Wenn Sie für Symbole oder Sonderzeichen aus einem anderen Font solche Glyphen gewählt haben, jedoch nachträglich eine andere Schrift zuweisen, so kann diese Glyphe im neuen Font fehlen. Auch diese Option ist lebensnotwendig für die Prüfung auf Drucktauglichkeit. Ansonsten könnte sich schnell ein Währungssymbol in ein Fragezeichen verwandeln.

> **Fehlende Glypen**
> Lesen Sie zu diesem Thema bitte auch das Kapitel „Typografie" ab Seite 252, in dem wir Ihnen ausführlich darstellen, wie man fehlende Glypen auch ohne Preflight-Funktion erkennt.

Dynamische Rechtschreibprüfung meldet Fehler

Für die deutsche Sprache sind alle Wörterbücher in InDesign grundsätzlich nicht ausreichend bestückt. So fehlen u.a. Fachwörterbücher für die Finanz- oder Medizinwelt. Das Ergebnis der dynamischen Rechtschreibprüfung ist daher immer mit Vorsicht zu genießen. Prüft InDesign die Schreibweise, enttäuscht das Ergebnis: So werden alle Punkte, die als Abkürzung verstanden werden, immer als Satzende analysiert. Nach einem Punkt wird Großschreibung erwartet. Dies ist Unsinn. Verwenden Sie diese Option nur bei der Analyse textlastiger Dokumente.

Unzulässige Schrifttypen

Folgende Fonttypen sollten Sie in einem Preflight-Profil als unzulässig kennzeichnen: **Bitmap, Type1 Multiple Master** und **ATC**, die entweder gar nicht oder nur eingeschränkt von einem RIP verarbeitet werden können.

Nicht proportionale Schriftenskalierung

Während es für Schriftästheten einen Fauxpas bedeutet, Schrifttypen unproportional in die Breite zu skalieren oder zusammenzupressen, kann ein geübter Setzer auf diese Weise in minimalen Prozentschritten damit einen deutlich angenehmeren Blocksatzausgleich herbeiführen.

Mindestschriftgröße

Je nach Druckverfahren und -raster sollten Sie keine Schriftgrößen unterhalb von **4 Punkt** anwenden. Winzige Schriftgrößen ergeben sich nicht nur durch unsachgemäße Typografie, sondern auch durch skalierte Gruppenrahmen. Befindet sich in einer Gruppe auch ein Textrahmen, wird selbstverständlich der Inhalt – also die Schriftgröße – je nach Skalierung vergrößert oder verkleinert. Diese Option sollten Sie immer aktivieren.

Sie können zudem mit der zweiten Option der **Mindestschriftgröße** ähnlich der Konturenstärke diese Prüfung von InDesign auf die Verwendung von farbigen oder weißen Texten beschränken. Darunter fallen auch Texte, die mit einem Farbverlauf dargestellt werden.

Itation nonem et illit fugitio rendel eum quatur, seque vendam fuga. Iquam, sunducieni dolor res que cori restrum volorro deliquas accum inimin nullupt.

Abbildung 14.40: *Schriften können beim Skalieren eines Textrahmens oder einer Rahmengruppe so stark verkleinert werden, dass keine einwandfreie Wiedergabe im Druck möglich ist.*

Querverweise

Arbeiten Sie mit Querverweisen, so sollte ein druckfertiges Dokument auch über aktuelle Verweise verfügen. InDesign kennt zwei Arten von Querverweisen, in denen dies nicht zutrifft: **Veraltete Verweise** beziehen sich auf einen inzwischen geänderten Text; **ungelöste Verweise** haben keinen Bezug mehr zur Textquelle. Beide können Sie mit den Optionen in dieser Rubrik prüfen.

Kennzeichen für bedingten Text werden gedruckt

Wenn Sie einen bedingten Text verwenden, der nur dann erscheint, wenn Sie eine globale Bedingung aktivieren, markiert InDesign auf dem Bildschirm z.B. mit einer Wellenlinie, wo ein Text einer solchen Bedingung unterliegt. Auch im Druck ist dies möglich, sollte jedoch für Druckdateien ausgeschlossen werden. Ob diese **Kennzeichen** im Druck sichtbar sind, prüfen Sie mit aktiver Option.

14.2.7 Prüfung des Dokumentes

Die folgenden Schritte in einem Preflight-Profil beziehen sich weniger auf die Objekte im Layout als vielmehr auf Formate, Umfänge und den Anschnitt. Diese Prüfungen sind nicht für alle Dokumente sinnvoll und müssen von Fall zu Fall als eigene Prüfung angelegt werden.

Seitenformat und Ausrichtung

In dieser Option geben Sie das gewünschte **Seitenformat** in Millimetern oder einer anderen Einheit an. Zudem kann die **Ausrichtung** ignoriert werden. Weicht das geprüfte Dokument vom erwarteten Format ab, erscheint ein Fehlereintrag im Preflight-Protokoll.

> ⚠ **Unterschiedliche Seitenformate**
> Obwohl Sie mit InDesign verschiedene Seitenformate aufbauen können, ist es im Preflight nicht möglich, alle diese Formate zu prüfen, sondern nur ein Format.

Anzahl erforderlicher Seiten

Sofern Sie eine Mindest- oder Maximalanzahl von Dokumentenseiten abfragen möchten, so geben Sie in dieser Prüfoption die Seitenzahl als Begrenzung ein. Auch eine exakte Seitenzahl fragen Sie mit dem Drop-down-Menü vor der Eingabe und der Option **genau** ab.

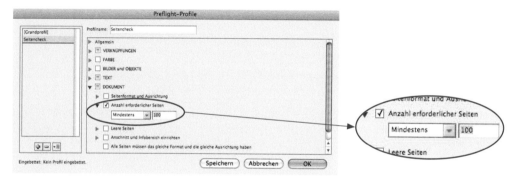

Abbildung 14.41: *Die Anzahl der Seiten prüft auf Wunsch das Preflight-Profil.*

Viel sinnvoller ist zudem noch die vierte Option **Vielfaches von**: Hiermit legen Sie die Seitenzahl fest, die ein Druckbogen aufnehmen kann. Gestalten Sie eine Broschüre mit Doppelseiten und Heftung/Klammerung, so benötigen Sie immer ein **Vielfaches von 4 Seiten**.

Leere Seiten

Für InDesign ist eine Seite nicht einfach nur leer: *Mustervorlagen* beinhalten Rahmen, die auf den zugewiesenen Seiten sichtbar sind. Befinden sich auf der Bearbeitungsseite keine weitere Rahmen, so können Sie mit der ersten Option diese Seiten ebenfalls als *leer* gelten lassen.

In der Palette der Attribute oder auf einer Ebene legen Sie fest, ob einzelne Rahmen oder alle Rahmen auf einer Ebene als nicht druckend gelten. Sie sind also im Layout sichtbar, werden jedoch für die Ausgabe und den Export ausgeblendet. Für diesen Fall bietet Ihnen InDesign die zweite Option, leere Seiten allein durch die Verwendung von nicht druckenden Rahmen festzulegen.

Anschnitt und Infobereich einrichten

Ob Ihr Layout mit randabfallenden Bildern und Grafiken auch mit einem Anschnitt definiert ist, prüfen Sie in diesem letzten Schritt. Dabei ist es sinnvoll, einen Mindestwert für den Anschnitt anzugeben. Geben Sie für die **Erforderliche Größe des Anschnitts** die Option **Minimal** ein. Wählen Sie einen Wert von 3 mm im ersten Feld **Oben**. Ist das Verkettungssymbol hinter den Einträgen gedrückt, wird der Wert in alle anderen Felder eingetragen.

Neben einem Mindestanschnitt können Sie auch einen Infobereich für die Platzierung von Datei-pfaden oder Farbkeilen wählen, für den ebenso eine Mindestgröße erforderlich sein kann. Die Eingabe erfolgt wie beim Anschnitt. Beachten Sie bitte, dass der Wert des **Infobereiches** immer einige Millimeter größer ausfallen sollte als der **Anschnitt**, damit im Infobereich z.B. das Ausga-bedatum angegeben oder ein Farbkeil als PDF platziert werden kann.

> **Unterschiedliche Seitenformate sollen erkannt werden**
> Wenn Sie ein Dokument danach prüfen, ob auch alle Seiten dasselbe Seitenformat auf-weisen, um keine bösen Überraschungen nach dem Ausschießen zu erleben, testen Sie Ihr Dokument mit der Option „Alle Seiten müssen das gleiche Format und die gleiche Ausrich-tung aufweisen".

14.2.8 Preflight-Optionen

Wenn Sie sich ein eigenes **Preflight-Profil** angelegt oder eine Datei mit dem **Grundprofil** geprüft haben, können Sie nun einen **Bericht** als PDF speichern. Doch zuvor wollen wir Ihnen zeigen, wie Sie InDesign veranlassen, jede Datei mit Ihrem persönlichen Profil zu testen.

Profil laden und exportieren

Damit Sie das **Profil** auch als externe Datei speichern und an Ihre Kollegen weitergeben können, finden Sie im Palettenmenü unter **Profile definieren…** im nachfolgenden Dialog links unten im Drop-down-Menü hinter dem **Listensymbol** die Optionen, externe **Profile zu laden** oder zu **speichern.**

Abbildung 14.42: *Sie laden Profile oder speichern Ihre Preflight-Einstellungen als externe Datei.*

Das exportierte Format ist – wie viele Dateiformate, die mit InDesign zu tun haben – eine XML-basierte Datei mit der Endung *.idpp* für **InDesign Preflight Profile**.

> **Qualitätskontrolle in der gesamten Agentur**
> Die eingestellten Preflight-Standards können Sie als externe Datei weitergeben, so dass alle Teilnehmer an einem Projekt mit denselben Qualitätsmaßstäben arbeiten können. Individuelle Prüfungen und individuelle Fehler gehören somit der Vergangenheit an.

Arbeitsprofil einstellen

Wählen Sie im Palettenmenü der **Preflight**-Palette die **Preflight-Optionen** aus. Im Drop-down-Menü des **Arbeitsprofils** suchen Sie Ihr persönliches Profil aus, mit dem Sie jedes InDesign-Dokument testen wollen. Diese Einstellung ist übrigens unabhängig vom aktuell geöffneten Dokument.

> [!] **Profil einbetten**
> Preflight-Profile können in die InDesign-Datei eingebettet werden. Dies ist jedoch eher nachteilig. Zum einen kann das eingebettete Profil nicht geändert werden – um die Vorgaben für den Preflight strenger oder toleranter zu wählen. Zum anderen kann das eingebettete Profil nicht mehr gelöscht werden.

Zudem können Sie Regeln und Ausnahmen treffen: Wenn Sie die zweite Option **Beim Öffnen von Dokumenten das Arbeitsprofil verwenden** ausgewählt haben, hält sich InDesign strikt an Ihr vorgegebenes Profil. Bei der zweiten Möglichkeit **Eingebettetes Profil verwenden** sucht InDesign nach einem Profil in der zu öffnenden Datei.

Abbildung 14.43: *Aus dem Drop-down-Menü der verfügbaren Profile suchen Sie das gewünschte Arbeitsprofil aus.*

Optionen einschließen

Schließen Sie **alle Ebenen** auch mit ausgeblendeten Objekten ein, wenn Sie eine Datei für die Reinzeichnung prüfen. Natürlich sollten in einer Datei für die Ausgabe gar keine ausgeblendeten Ebenen mehr auftauchen, es sei denn, Sie haben verschiedene Textversionen eines Layouts mit mehreren Ebenen angelegt.

Objekte auf der Montagefläche können mit einbezogen werden. Auch hier gilt für die Reinzeichnung: In einer druckfertigen Datei liegen keine irrelevanten Rahmen auf der Montagefläche!

Preflight-Bericht speichern

Öffnen Sie im Palettenmenü der **Preflight**-Palette die Option **Bericht speichern...**, um eine PDF-Datei mit einem ausführlichen Bericht zu exportieren. Die Darstellung eines Berichtes können Sie leider nicht beeinflussen, auch grafische Hinweise als Überlagerung im Layout wie bei einem Report aus *Acrobat 9.x* sind nicht möglich. Diese Funktion wird sich Adobe sicher für eine nächste Version offen halten.

Der Vorteil eines Exportes ist die klare Beschreibung, zum Beispiel für einen Übersatztext auf einer konkreten Seite mit einer Handlungsanweisung, um den Fehler zu beheben. Dies ist auch für Preflight-Anfänger eine hervorragende Möglichkeit, Fehlerquellen zu identifizieren und zu beheben.

14.2.9 Fazit

Jeder Prüfschritt ist bis auf wenige Ausnahmen für alle Layoutdokumente sinnvoll und erspart eine zeit- und kostenintensive Suche nach Fehlerquellen oder Korrekturen nach Fehldrucken.

Neben den Angaben von möglichen Konflikten ist auch die Relevanz interessant. Führt ein Fehler unweigerlich zu schlechten Druckergebnissen? Für diesen Fall bieten bekannte Preflight-Tools (wie z.B. der Preflight in Acrobat Professional) einen Status an: Eindeutige Fehler werden rot markiert, Probleme dagegen mit Gelb hervorgehoben. Bei diesen Problemen sollte im Einzelfall geprüft werden, ob eine Korrektur der Satzdatei nötig ist. Dieser Status wäre eine hervorragende Verbesserung für die Anzeigequalität des hilfreichen Preflight-Tools von InDesign.

> **Grundprofil ist gut, eigene Profile sind besser**
> Das „Grundprofil" bietet nur sehr grundlegende Fehlerkontrollen. Definieren Sie sich wie in diesem Workshop beschrieben ein eigenes Profil für die Reinzeichnung oder die permanente Kontrolle.

15 Drucken

PostScript für Drucker und RIPs ausgeben – für die Kontrolle des Druckergeb-nisses legen Sie für jedes Ausgabeverfahren die richtigen Einstellungen an und speichern sie dann als Druckvorgaben, um jederzeit Dokumente mit vordefinierten Einstellungen auf einem Post-Script-Drucker oder -RIP auszugeben.

15.1   PostScript-Ausgabe

Der Aufruf des Druckbefehles mit ⌘+ℙ öffnet ein umfangreiches Menü. Der Druckdialog ist in einfache Rubriken **Allgemein, Einrichten, Marken und Anschnitt** etc. unterteilt. Hier geben Sie die *Seitenfolge* an, fassen *Doppelseiten zu Druckbögen* zusammen, legen fest, in welchem *Farbraum* die Ausgabe stattfindet und ob Sie *Druckmarken* ausgeben. Darüber hinaus können Sie alle Seiten als *Miniaturen* auf einem Druckbogen ausgeben, um beispielsweise eine Layoutstrecke zu beurteilen.

> **Aneinanderhängende Seitenformate als Druckbogen**
> InDesign CS5 erlaubt das Montieren von mehreren Seitenformaten auf einem Druckbogen, um so z.B. Ausklappseiten zu realisieren. Der Drucken-Dialog unterstützt diese Seitenmontage und ergänzt die Übergänge der Seiten mit Falzmarken.

> **PDF via PostScript**
> Neben der Ausgabe auf Papier mit Ihrem Drucker ist es auch möglich, eine PostScript-Datei zu erzeugen, die später über den Acrobat Distiller in eine PDF-Datei umgewandelt wird. Diese veraltete Technik zur Erzeugung einer PDF-Datei stellen wir Ihnen im Kapitel „PDF-Ausgabe" vor.

> **PPD**
> „PostScript Printer Definition", Druckerbeschreibungsdatei für PostScript-Drucker – in dieser sind die gerätespezifischen Informationen wie Auflösung, Papierformat und verfügbare Papierschächte gespeichert und werden vom Druckertreiber gelesen und dann im Dialogfenster angezeigt.

Die Druckerbeschreibungsinformationen werden dabei mit dem Druckdialog auf intelligente Weise verknüpft. So werden Sie nicht mit separaten Einstellungen für das *Papierformat* und den *Druck* abgelenkt. **PostScript**-Drucker im Netzwerk können ebenso wie **Nicht-PostScript**-Drucker angesprochen werden, jedoch stehen Ihnen dann technisch bedingt nur eingeschränkte Druckoptionen zur Verfügung.

15.1.1   Druckvorgaben

Um diese Einstellungen bei wiederkehrenden Druckjobs nicht immer wieder von vorne überprüfen zu müssen, legen Sie sich Druckvorgaben an, in denen alle Ausgabeeinstellungen als Voreinstellung ähnlich wie Dokumentvorlagen, Objektformate oder Absatzformate gespeichert werden. **Druckvorgaben** lassen sich bei Bedarf auch aus externen Dateien laden. So können Sie auf Druckereinstellungen zugreifen, die Ihnen von Ihrem Dienstleister bereitgestellt werden.

> **Druckjobs für alle**
> Standardeinstellungen für häufig wiederkehrende Kundenjobs lassen sich, einmal korrekt angelegt, speichern und auf weitere InDesign-Arbeitsplätze übertragen. Der Ausgabeprozess wird damit sicherer und leichter reproduzierbar. Auch hier ist es sinnvoll, die Druckvorgaben auf einem Server zu hinterlegen.

Zwei Wege gibt es, diese Druckvorgaben anzulegen oder zu bearbeiten: Zum einen rufen Sie unter dem Menü **Datei/Druckvorgaben/Definieren...** die Einstellungen auf. Zum anderen können Sie aus dem **Druckdialog** heraus die Angaben als Druckvorgabe speichern, sinnvoll besonders dann, wenn Sie nachvollziehen wollen, mit welchen Angaben Sie die Layoutdaten gedruckt oder belichtet haben.

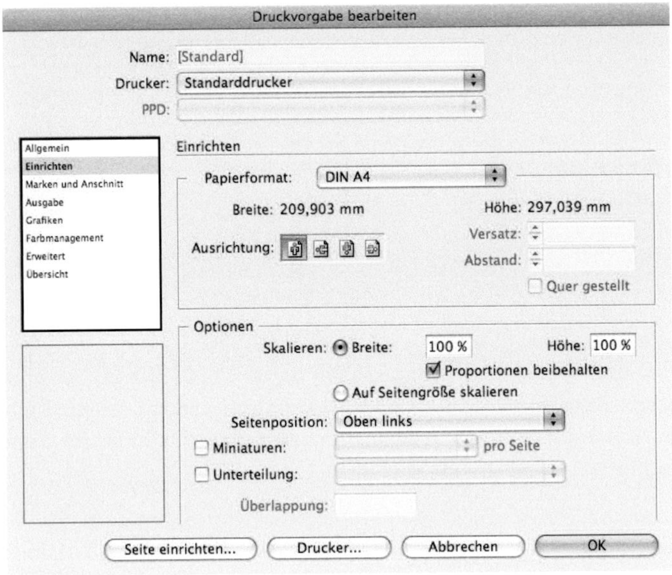

Abbildung 15.1: *Druckvorgaben definieren Sie für verschiedene Ausgabegeräte oder Methoden.*

Wählen Sie für die Druckvorgaben einen sinnvollen Namen, je nach den im Format vorgenommenen Einstellungen, beispielsweise für „Probedruck" oder „Miniaturen".

15.2   Der Druckdialog

Wird der Befehl **Drucken** über das Menü **Datei** aufgerufen oder mit ⌘+P, kommen Sie direkt in den Dialog **Drucken**, in dem Sie zahlreiche Einstellungsoptionen logisch gegliedert vorfinden und die vorgenommenen Einstellungen als Druckvorgabe abspeichern können. In diesem Druckdialog erscheinen die folgenden Menüpunkte, die je nach Selektion ein anderes Fenster zeigen: **Allgemein**, **Einrichten**, **Marken und Anschnitt**, **Ausgabe**, **Grafiken**, **Farbmanagement**, **Erweitert** und **Übersicht**.

15.2.1   Allgemeine Einstellungen

Unter **Allgemein** können Sie aus bereits angelegten Vorlagen wählen. Befindet sich keine brauchbare darunter, wählen Sie unter **Drucker** einen lokalen oder einen im Netzwerk zur Verfügung stehenden Drucker aus und weisen die entsprechende *PPD* für das jeweilige Ausgabegerät zu, falls das nicht bereits automatisch geschehen ist. Vergewissern Sie sich, dass Sie auch die aktuelle *PPD*-Datei verwenden. Die *PPD* wird in der Regel mit dem Druckertreiber installiert.

PPD	PostScript Printer Description
Erklärung	Der Druckertreiber erzeugt für die Grafik- und Textausgabe allgemein gültige PostScript-Anweisungen, die mit Hilfe der gerätespezifischen PPD um den notwendigen Ansteuerungsbefehl für das gewählte Ausgabegerät ergänzt werden. In der PPD sind betriebssystemübergreifend die speziellen Eigenarten des Gerätes wie unterstützte PostScript-Version, Papierformate und vorhandene Schriften sowie die Ansteuerung von Sonderfunktionen als PostScript-Code gespeichert.
Praxis	Wir haben in der Praxis die Erfahrung gemacht, dass es sehr sinnvoll ist, alle im Betrieb benötigten PPD-Dateien zentral auf einem Serverlaufwerk zu pflegen und bei Bedarf bzw. bei der Installation lokal auf einem Client-Rechner abzulegen. Standardmäßig werden von Apple zahlreiche PPD-Dateien mit installiert, die unter Umständen bei der Auswahl der gerade benötigten PPD dann eher für Irritationen sorgen. Ein Großteil von Ausgabefehlern liegt im Zuweisen einer falschen oder fehlenden PPD-Datei begründet. Die Pflege und Ordnung sollte den Systemadministratoren überlassen werden, die auch überflüssige PPDs entfernen sollten.
Hinweis	Bei der Installation von PostScript-Druckertreibern werden grundsätzlich PPD-Dateien installiert. Die richtige PPD wird dadurch jedoch nicht automatisch aktiviert, erst in den Druckereinstellungen im Print-Center des Mac OS oder in den Systemeinstellungen unter Windows XP wählen Sie die PPD aus.

Erscheint in der Liste der Drucker auch das „Gerät" **Adobe PDF 9.0**, so ist auf Ihrem Computer eine Lizenz von Acrobat 9 installiert. Dieses „Gerät" ist der *virtuelle Drucker*, über den eine PDF ausgegeben werden kann. Dieses Verfahren ist jedoch heute nicht mehr zeitgemäß. Lesen Sie dazu bitte auch das Kapitel „PDF-Ausgabe aus InDesign" ab Seite 851.

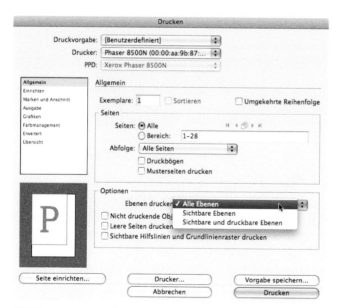

Abbildung 15.2: Einstellungen „Allgemein", mit der Option „Alle Ebenen", „Sichtbare Ebenen" oder „Sichtbare und druckbare Ebenen" ausgeben

Hier können Sie auch die Ausgabe in eine **PostScript-Datei** wählen, um diese manuell mit dem *Adobe Acrobat Distiller* in eine PDF-Datei zu konvertieren. Unter **Allgemein** legen Sie Grundeinstellungen wie **Anzahl der Kopien**, zu druckende **Seiten** und **Seitenabfolgen** fest. Wird das Optionsfeld **Druckbögen** aktiviert, bedeutet das, dass ein *doppelseitiges Dokument* als *Montage* zusammengefasst im *Querformat* ausgegeben wird. Auch *Seiten unterschiedlicher Formate*, die miteinander auf einem Druckbogen montiert wurden, werden dabei als zusammenhängender Druckbogen ausgegeben.

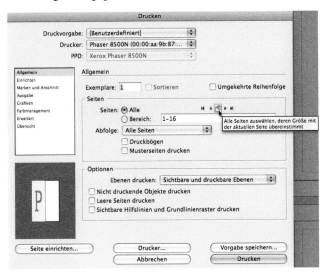

Abbildung 15.3: *Damit Sie verschiedene Seitenformate miteinander ausdrucken können, wählen Sie die entsprechenden Symbole oberhalb des Eingabefensters des Seitenbereiches.*

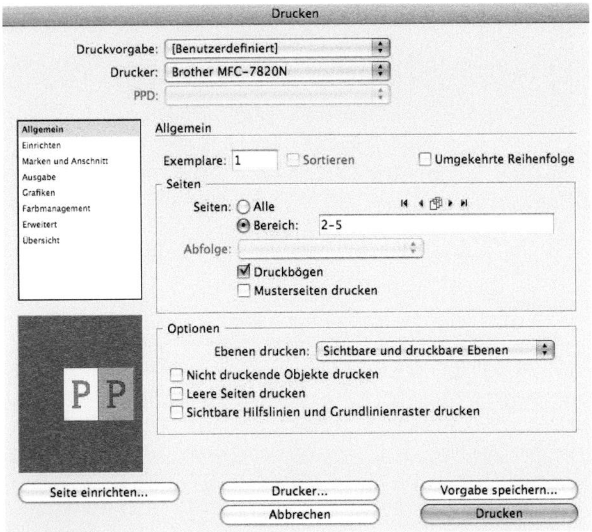

Abbildung 15.4: *Wenn Sie in den Einstellungen „Allgemein" die Druckbögen aktiviert haben, erscheint in der Seitenvorschau unten links die symbolisierte „Doppelseite".*

Unter den **Optionen** finden Sie weitere Layoutelemente wie **Hilfslinien** oder das **Grundlinienraster**, das Sie für einen *Korrekturabzug* mitdrucken können.

> **Korrekturabzug mit Hilfslinien auch im PDF**
> Auch beim PDF-Export können Hilfslinien und Grundlinienraster mit ausgegeben werden. Die Linien werden dann als Vektorgrafik in die PDF-Datei übernommen. Lesen Sie dazu bitte auch das Kapitel „PDF-Ausgabe aus InDesign" ab Seite 851.

15.2.2 Vorschaufenster

Interessant ist das **Vorschaufenster**, denn es zeigt Ihnen unmittelbar die Auswirkungen der einzelnen Optionen an. Sie erkennen direkt, ob das Dokument auf das gewählte Ausgabeformat passt. Wenn Sie während der Einstellung im Druckdialog auf das Seitensymbol klicken, so wechselt InDesign die Ansicht der Vorschau auf die genauen Seitenmaße bzw. die Darstellung des Anschnittes.

Abbildung 15.5: *Die normale Seitenminiatur sehen Sie im Drucken-Dialog unten links.*

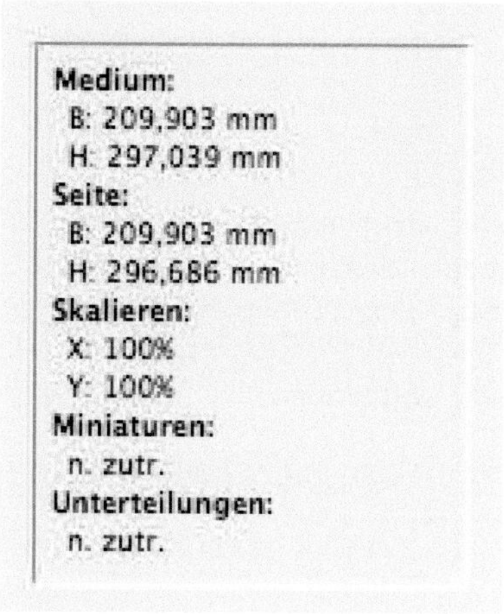

Abbildung 15.6: *Sobald Sie einmal auf die Seitenminiatur klicken, erhalten Sie alle wichtigen Angaben zum Seitenformat in Zahlenform.*

> **Welche „Farbe" ist in der Ausgabe gewählt?**
> In der dritten Darstellung des Seitensymbols unten links erscheint ein Zeichen, ob die Ausgabe als Composite-CMYK, Composite-RGB oder -Grau erscheint. Eine gute Rückmeldung, damit Sie über die verschiedenen Dialoge hinweg nicht die Übersicht verlieren.

Abbildung 15.7: *Ein weiteres Mal klicken Sie auf das Seitensymbol und Sie sehen die Vorschau der Nettoseite, des Anschnittes und weiterer druckrelevanter Angaben (Composite-CMYK).*

15.2.3 Unterschiedliche Seitenformate ausgeben

Haben Sie ein Dokument mit *unterschiedlichen Seitenformaten* gestaltet, wie wir im Kapitel „Neue Dokumente" beschrieben haben, erleichtert Ihnen InDesign CS5 mit einer kleinen, feinen Hilfe die Arbeit. Oberhalb des Eingabefensters des **Seitenbereiches**, in dem Sie die gewünschte Seite oder einen Seitenbereich eingeben können, befinden sich mehrere **Buttons**, die an eine Videosteuerung erinnern.

Button	Funktion
1	Ersten Bereich gleich großer Seiten auswählen
2	Vorherigen Bereich gleich großer Seiten auswählen
3	Alle Seiten auswählen, deren Größe mit der aktuellen Seite übereinstimmt
4	Nächsten Bereich gleich großer Seiten auswählen
5	Letzten Bereich gleich großer Seiten auswählen

Ausgehend von der Seite, die im Seitenbereich eingegeben ist, können Sie mithilfe der Buttons zusammenhängende Seitenbereiche wählen. Gehen wir von einem Dokument aus, das doppelseitig angelegt ist (*Seite 2 und 3 ff.*)und links wie rechts Ausklappseiten aufweist (*Seite 1 und 4*), so besteht der **erste Bereich zusammenhängender Seiten** gleichen Formates allein aus der *Seite 1*. Der **nächste Bereich gleich großer Seiten** besteht aus *Seite 2 und 3*.

Haben Sie ein langes Dokument angelegt, in dem Sie mehrere Seitenformate über das gesamte Dokument hinweg als Ausklapp- oder Sonderseiten montiert haben, so können Sie einfach mit einem Klick auf den mittleren Button **Alle Seiten auswählen, deren Größe mit der aktuellen Seite übereinstimmt** die Seitenfolge in das Eingabefenster des Seitenbereiches eintragen lassen: **„2-3,6-7,10-11,14-15".**

⚠ Übersicht behalten

Wenn Sie in einem langen Dokument mit unterschiedlichen Seitenformaten arbeiten, so müssen Sie sicherstellen, dass die Seitenzahlen der Ausklappseiten nicht als Paginierung erkannt werden! Sie können dann die Paginierung für diese Seite überspringen. Dazu müssen Sie in den Nummerierungs- und Abschnittsoptionen vor und nach jeder Ausklappseite einen neuen „Seitenabschnitt" einrichten. Wählen Sie unbedingt für Ausklappseiten oder andere Sonderformate in Ihrem Dokument eine eigene Mustervorlage mit einer Nummerierung, die sich von der regulären Paginierung „1, 2, 3,…" unterscheidet, wie z.B. „A, B, C,…", damit Sie die regulären Seiten und die Ausklappseiten auseinanderhalten können.

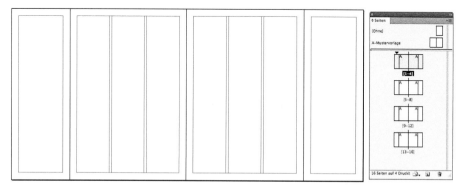

Abbildung 15.8: Ein Dokument wurde so angelegt, dass Ausklappseiten einen Altarfalz ergeben. Die Seitenpalette zeigt Ihnen die Seitenformate und die Paginierung an.

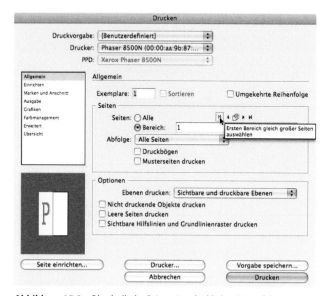

Abbildung 15.9: Oberhalb der Seiteneingabe klicken Sie auf das Pfeilsymbol ganz links, um zur ersten Seite zu gelangen. Alternativ wählen Sie das letzte Symbol, um zur letzten Seite zu springen.

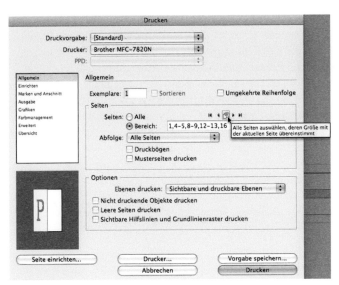

Abbildung 15.10: *Mit einem Klick auf das mittlere Seitensymbol wählen Sie alle gleichgroßen Seitenformate aus; die Seitenabfolge wird Ihnen anschließend im Eingabefenster darunter angezeigt.*

15.2.4 Einrichten

Unter dem Menüpunkt **Einrichten** legen Sie das Ausgabeformat fest. Wie in der Abbildung zu sehen ist, wird das **Papierformat** in der Regel von der *PPD-Datei* übernommen, damit der Drucker eine exakte Wiedergabe gewährleisten kann. Eigene Papierformate sollten Sie an dieser Stelle nicht anlegen.

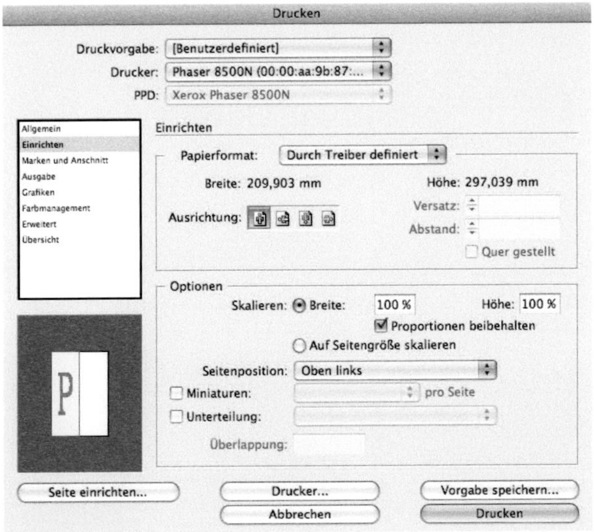

Abbildung 15.11: *Menüpunkt „Einrichten"*

Benutzerdefinierte Formate
Bei einem benutzerdefinierten Papierformat können Sie für Endlosformate einen Film- oder Fotobelichter angeben und über die Einstellungen „Versatz" und „Abstand" die Nutzen auf dem Format genau positionieren. Der Versatz bestimmt die Entfernung des Nutzens zur Formatkante und der Abstand gibt den Zwischenraum der Nutzen an. Wenn Sie „Quer ge- stellt" darunter aktivieren, so wird der Nutzen auf dem Endformat um 90° gedreht. Bei einem günstigen Verhältnis von Nutzen und Ausgabeformat können Sie Letzteres so besser aus- nutzen.

Möchten Sie ein *Überformat* auf dem Drucker ausgeben, so muss der Ausdruck skaliert werden. Bei aktiver Einstellung **Proportionen beibehalten** bleibt das Seiten- und Höhenverhältnis bestehen. Sollten Sie ein *A4-Format* auf einem *A4-Drucker inklusive der Schnittmarken* ausdrucken wollen, so wählen Sie stattdessen **Auf Seitengröße skalieren**. In der Vorschau links unten sehen Sie die daraus resultierende Verkleinerung. Die Seitenposition geben Sie mit dem Drop-down-Menü **Seitenposition** an.

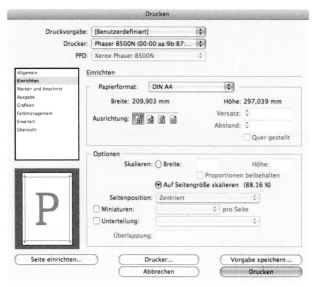

Abbildung 15.12: *„Proportional skalieren" Sie Ihre Seite auf das Drucker- format, wenn Sie zusätzlich Schnittmarken und Anschnitt ausgeben möchten, die in der Originalgröße des Druckers nicht wiedergegeben werden können.*

Über das Optionsfeld **Miniaturen** können Sie ein mehrseitiges Dokument verkleinert ausdrucken lassen, um beispielsweise für ein Magazin oder eine Broschüre eine Übersicht zu erhalten.

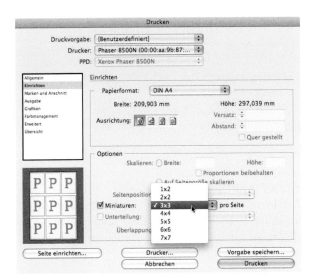

Abbildung 15.13: *Miniaturen und Druckseiten*

Herkömmliche Druckertreiber können hier nur gerade Anzahlen von Seiten auf einer Seite ausdrucken, wie **2 x 2**, **4 x 4** oder **8 x 8**. InDesign hingegen gibt eine Vielzahl von Zwischenstufen von **1 x 2** bis **7 x 7** Seiten aus. Eine höhere Anzahl ist nicht sinnvoll, weil dann die verkleinerten Miniaturen so minimal abgebildet würden, dass viele Details völlig verloren gingen, zudem würde der Druckvorgang unnötig verlangsamt.

Jede Einzelseite wird im Ausdruck mit einer schwarzen Seitenkante als stilisiertem Schatten aus einer Vektorform versehen. Benutzen Sie diese Option nur für Probedrucke für Korrektur- oder Präsentationszwecke.

> **! Layoutstrecke drucken**
> Um Doppelseiten als Druckbögen nebeneinander als Strecke auszugeben, gibt es im Drucken-Dialog keine Möglichkeit. Dazu müssen Sie sich eine eigene InDesign-Datei im Druckseiten-Format anlegen und die Einzelseiten Ihres InDesign-Layouts als Strecke darauf platzieren. Über die Verknüpfungen lassen sich auf diese Weise die Seiten auch aktualisieren. Diese zweite InDesign-Datei dient somit als Dummy bzw. Ablaufmuster.

Über die Option **Druckseiten** geben Sie ein *Überformat* auf *mehreren Einzelseiten* aus, wie beispielsweise ein *A0-Plakat* auf einem *A4-Drucker*. Den Bereich, in dem sich die Teilseiten überlappen sollen, geben Sie im darunter liegenden **Textfeld** an. Je nach Ausgabeformat und Drucker ist der **Mindestbereich** für die **Überlappung** unterschiedlich. Wollen Sie die Einzelseiten nach dem Ausdruck anschneiden und auf Stoß auf einen Untergrund kaschieren, so reicht ein **Überlappungsbereich** von ca. **10 mm**. Auch hier ist die **Vorschau** sehr hilfreich, um einen Eindruck von dem zu erwartenden Resultat zu bekommen.

> **> Anzahl der ausgegebenen Seiten**
> Die exakte Anzahl der gedruckten Seiten für ein Überformat mit Überlappung wird auf den ersten Blick nicht angezeigt. Wenn Sie jedoch einmal auf das Seitensymbol links unten klicken, erhalten Sie die Angabe der „Unterteilung". Bei einem A0-Poster und einer Überlappung von 10 mm erhalten Sie die 5 x 5 = 25 Seiten.

Abbildung 15.14: Ein DIN-A0-Poster wird in mehrere Einzelseiten mit Überlappung
aufgeteilt; die Vorschau zeigt das spätere Ergebnis der zahlreichen Druckseiten an.

Marken & Anschnitt

Hier haben Sie die Möglichkeit, alle druckrelevanten Parameter wie **Schnittmarken**, **Beschnitt-zugabemarken**, **Passermarken**, **Farbkontrollstreifen** und die **Standardseiteninformationen** zu setzen. Auch hier sehen Sie in der Vorschau direkt die Auswirkungen der aktivierten Funktionen und auch, ob die Marken auf das ausgewählte Papierformat passen.

> **Beschnittzugabe und Infobereich**
> Fehlender Anschnitt kann über die vier Eingabefelder auch nachträglich in das Dokument aufgenommen werden. Im Normalfall allerdings sollte man bereits beim Anlegen des Dokumentes auf den Anschnitt von 3 mm achten, um im Anschnitt liegende Objekte auch jederzeit vernünftig ausgeben zu können.

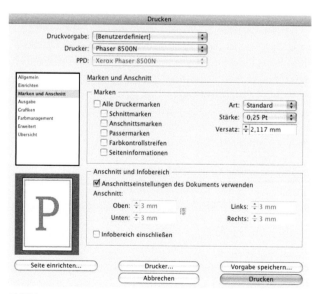

Abbildung 15.15: Druckdialog „Marken und Beschnittzugabe" mit rosafarbener
Hervorhebung des Anschnittes, der mit auf das Papierformat (P) ausgedruckt wird.

Ist Ihr Dokument ein doppelseitiges Dokument, so erhalten Sie statt der Werte **Links** und **Rechts** die Bezeichnungen **Innen** und **Außen**. Die Innen-Werte liegen im *Bund*. Bei einzelseitigen wie doppelseitigen Dokumenten müssen Sie alle Werte gleichmäßig mit **3 mm** angeben.

Wenn Sie bereits beim *Einrichten des Layoutdokuments* den **Anschnitt** definiert haben, dann wählen Sie ihn mit der Checkbox **Beschnittzugabe des Dokuments verwenden** aus. Dann werden die Werte ausgegraut und können nicht verändert werden.

> **!** **Kein Anschnitt?**
> Sollten Sie die „Beschnittzugabe des Dokuments verwenden" und anschließend erscheint eine „0" in den Anschnitt-Informationen, haben Sie u.U. den Anschnitt ausgelassen. Spätestens hier sollten Sie den Drucken-Dialog abbrechen und den Anschnitt einmal richtig anlegen, denn damit erleichtern Sie sich alle zukünftigen Druck- und Export-Einstellungen.

> **>** **Info-Bereich**
> Auch der Info-Bereich für die Kennung des Print-Jobs oder zur Ablage eines Farbkeils kann mit ausgedruckt werden. Dabei wird jedoch auch hier neben den Schnittmarken das Nutzenformat auf dem Papierformat immer kleiner.

15.2.5   Ausgabe

Der Menüpunkt **Ausgabe** ermöglicht es Ihnen, das Dokument als **CMYK-Composite** zu drucken oder zu separieren und die einzelnen Farbauszüge zu erstellen.

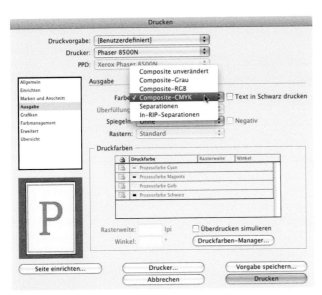

Abbildung 15.16: *Separierte Ausgabe: Entweder wird die Separation von InDesign durchgeführt oder über „In-RIP-Separation" direkt im angeschlossenen RIP.*

Farbe	Beschreibung
Composite unverändert	Alle Farbinformationen wie Prozessfarben, RGB- und Lab-Werte sowie Schmuckfarben werden unverändert an den Drucker oder den RIP weitergegeben.
Composite-Grau	Alle Farbwerte werden in Prozentwerte von Schwarz umgesetzt. Diese Funktion eignet sich gut für die Ausgabe auf Schwarz-Weiß-Laserdruckern, da hier die Farbhelligkeit erhalten bleibt und der Drucker die Farben nicht erst umrechnen muss.
Composite-RGB	Geben Sie direkt auf einen Fotobelichter für ein „Citylight-Poster" oder auf einen Tinten- oder Farblaserdrucker ohne eigenen RIP aus, dann wählen Sie diese Option, um die Farben in den RGB-Arbeitsfarbraum zu konvertieren. Auch Prozessfarben und Schmuckfarben werden danach umgerechnet.
Composite-CMYK	Im Gegensatz zu „Composite unverändert" werden alle Farbtöne – auch Schmuckfarben – in den CMYK-Ausgabefarbraum umgewandelt. Eine Option, die für die Ausgabe auf Belichtern und Farblaserdruckern mit vorgeschaltetem RIP geeignet ist, da diese über eigene oder über nicht ausreichende Definitionen der Schmuckfarben verfügen.

Beim Aktivieren des Popup-Menüs **Farbe/Separationen** eröffnen sich weitere Optionen wie die **Überfüllung** und das Festlegen der **Rasterweiten** sowie Optionen für das **Spiegeln** der Dokumente, was ausschließlich bei der Belichtung auf Film oder Platte notwendig ist.

> ### > Überfüllung
> Die Einstellung „Anwendungsintegriert" im Menü „Überfüllung" bedeutet, dass die Separationen nach den Werten erfolgen, die in InDesign in den Überfüllungsvorgaben angegeben sind. Mit der Einstellung Adobe In-RIP hingegen berechnet der Ausgabe-RIP pixelgenau die Überfüllungen. Dazu ist ein PostScript-Level-3-RIP notwendig. Zur In-RIP-Separation sollten Sie sich mit Ihrem Druckdienstleister oder dem RIP-Hersteller in Verbindung setzen.

Die Option **Text in Schwarz drucken** bedeutet, dass Text immer mit **100% K** gedruckt wird, unabhängig davon, ob es sich um farbigen oder weißen Text handelt, das Layoutdokument mit CMYK- oder RGB-Farben angelegt wurde. Diese Angabe ist für *Textkorrekturauszüge* sinnvoll. Dazu sollten dann auch die *Bilddaten für die Ausgabe deaktiviert* werden. Dies stellen Sie im nächsten Reiter **Grafiken** ein.

Die Angaben unter **Rastern** sind Voreinstellungen, die nur bei angewählten **Separationen** aktiviert sind. Daraus lassen sich Auflösungen zwischen **72** und **4000 dpi** sowie Rasterweiten von 60 bis 200 lpi (ca. **24er**- bis **80er**-Raster) anwählen. Durchschnittliche Auflösungen liegen zwischen **1200** und **2400 dpi** je nach Belichtungsgerät.

Den Druckfarben-Manager können Sie an dieser Stelle aufrufen, um Schmuckfarben einzeln oder sämtlich in CMYK-Werte zu konvertieren. Die Vorgehensweise zeigen wir Ihnen ausführlich im Kapitel „Ausgabevorschau".

⚠ **Farbabweichung auf Bürodruckern?**
Trotz PostScript-Unterstützung von hochwertigen Farblaserdruckern und teuren Papieren entspricht das Druckergebnis im Modus „Composite-CMYK" nicht immer der besten Qualität und es kommt zu Farbverschiebungen. Als Alternative wählen Sie „Composite unverändert" und überlassen es den Vorgaben des Druckers, die Farben bestmöglich auszugeben.

⚠ **Schmuckfarben in Composite-CMYK oder unverändert ausgeben?**
Besonders bei der Ausgabe von Schmuckfarben können beide Wege begangen werden: Entweder schicken Sie an den Drucker reine CMYK-Werte oder Sie überlassen es dem Drucker, die Schmuckfarbe auszugeben. Wenn Sie Composite-CMYK wählen und im Druckfarben-Manager die Schmuckfarbe als CMYK-Farbe umwandeln, nutzt InDesign die CMYK-Referenzwerte aus der InDesign-eigenen Pantone- oder HKS-Farbbibliothek. Wenn Sie stattdessen die Schmuckfarbe belassen und im Modus „Composite unverändert" an den Drucker weitergeben, nutzt dieser seine eigenen CMYK-Referenzbibliotheken. Das Ergebnis kann jeweils völlig unterschiedlich sein! Falls der Drucker ICC-Profile bearbeiten kann und Sie ein solches erstellen können, lässt sich diese unerwünschte Bandbreite deutlich einschränken.

15.2.6 Grafiken

In den nächsten Einstellungen geben Sie die **Auflösung** *für platzierte Bilder* sowie die Eigenschaften für verwendete **Schriften** im Layout vor. Die Auflösung für Grafiken gibt es in vier Qualitätsstufen: **Alle**, **Auflösung reduzierten**, **Bildschirmversion** und **Ohne**.

Qualität	Beschreibung
Alle	Für hochauflösende Darstellungen und Belichtungen; verwendet die native Auflösung der platzierten Bilder und Grafiken, die dann im Drucker oder im RIP in die Ausgabeauflösung umgerechnet wird.
Auflösung reduzierten	Eignet sich für Probedrucke und verkleinerte Ausgabe; verwendet eine mittlere Auflösung von 150 ppi – somit wird der Druckprozess bei akzeptabler Qualität beschleunigt, da der Drucker die Bilddaten nicht umrechnen muss.
Bildschirmversion	Eignet sich nur für verkleinerte Darstellungen und als Seitenminiatur auf der Druckseite; verwendet eine niedrige Auflösung von 72 ppi, die die reine Monitorqualität wiedergibt.
Ohne	Die Bilder werden nicht ausgedruckt, stattdessen gibt der Drucker graue Flächen als Platzhalter aus.

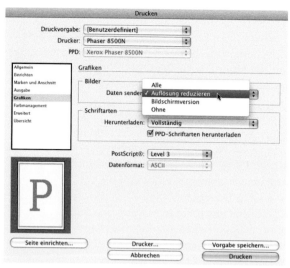

Abbildung 15.17: *Senden Sie beim Druck nur so viele Daten wie erforderlich; ein Probedruck benötigt nur die „reduzierte Auflösung".*

Beim Ausdruck entscheiden Sie auch, ob die **Schriften vollständig**, gar nicht (**Ohne**) oder nur teilweise entsprechend der tatsächlich im Dokument benutzten Zeichen als **Untergruppe** an das Ausgabegerät geschickt werden. Geben Sie an dieser Stelle für eine bestmögliche Ausgabe **Schriften herunterladen: Vollständig** an.

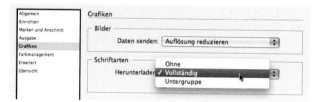

Abbildung 15.18: *Schriften sollten immer vollständig heruntergeladen werden.*

Durch Aktivieren der Schaltfläche **PPD-Schriftarten herunterladen** lassen sich häufige Fehler bei Ausgabegeräten vermeiden, die bereits Schriften installiert haben, denn es werden alle im Dokument benutzten Schriften erneut heruntergeladen. Typische Fehler mit unterschiedlichen Schriftarten wie Times und Helvetica lassen sich so vermeiden.

> **PostScript und Datenformat**
> InDesign wählt den PostScript-Level des jeweiligen Ausgabegerätes selbstständig. Für die bestmögliche Ausgabe von Farbverläufen und OpenType-Fonts sollte grundsätzlich „PostScript Level 3" eingestellt sein. Die Kodierung der Ausgabe als „ASCII" ist der Standard für diesen Level.

15.2.7 Farbmanagement

Die hier zu treffenden Einstellungen richten sich nach den *Grundeinstellungen* für das Farbmanagement. Lesen Sie das Kapitel „Farbmanagement" aufmerksam durch, bevor Sie hier abweichende Einstellungen vornehmen.

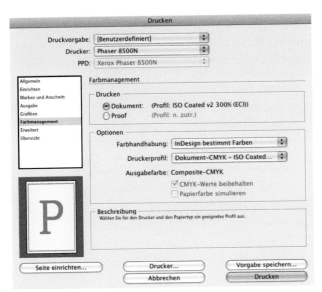

Abbildung 15.19: *Die Farbmanagement-Einstellungen erlauben das Einbinden eines Druckerprofiles für die Ausgabe. CMYK-Werte werden nicht in den Ausgabefarbraum konvertiert.*

Findet der Ausdruck nicht auf dem vorgesehenen **Ausgabefarbraum** der Offsetmaschine statt, sondern auf einem **Farblaserdrucker**, so können Sie die Farbwerte in den Farbraum des Laserdruckers umrechnen, sofern Sie einen *eingemessenen Ausgabefarbraum* zur Verfügung haben, indem Sie das entsprechende Profil hier auswählen. Als Standardausgabefarbraum verwenden Sie **ISO Coated v2 300%**.

> **Wer rechnet was um?**
> InDesign kann selbstständig RGB-Werte in den Ausgabefarbraum umrechnen, CMYK-Werte werden nur dann umgerechnet, wenn Sie dies so wünschen. Die Einstellungen treffen Sie in den „Farbeinstellungen", die wir Ihnen im Kapitel „Farbmanagement" erläutern. Das „PostScript-Farbmanagement" besagt, dass Farbtransformationen nicht von InDesign, sondern erst im Drucker oder im RIP berechnet werden. Diese Funktion sollten Sie für die einfache Druckausgabe definitiv nicht anwählen, da die Umrechnungen nicht zu kontrollieren sind.

> **Proof**
> Für einen Digitalproof können Sie anstelle des Probedruckes einen „Proof" einrichten, um eine farbverbindliche Darstellung vor dem Druck zu erhalten. Anders als der Soft-Proof am Monitor mit InDesign drucken Sie direkt auf ein Proof-Gerät, das geeignet ist, einen möglichst großen Farbraum abzubilden und spezielle Ausgabesituationen zu simulieren. Hierzu benötigen Sie auch ein Ausgabeprofil, das auf dem konkreten Auflagenpapier –oder zumindest auf einem ähnlichen Papier derselben Papierklasse – eingemessen wurde. Als kostengünstige Proof-Lösungen können PostScript-fähige Tintenstrahldrucker oder Farblaserdrucker im Zusammenspiel mit einem Software-RIP eingesetzt werden.

 Formproof

Verwechseln Sie einen „Farbproof" nicht mit einem „Formproof". Dieser ist nur dazu da, die Passgenauigkeit des Layouts zu prüfen und den aufgebauten Druckbogen für spätere Verarbeitungsschritte wie Stanzen oder Falzen zu beurteilen. Die farbliche Genauigkeit ist hier unwichtig.

Wollen Sie einen **Proof** direkt aus InDesign ausgeben, hält InDesign spezielle Einstellungen für Sie bereit. Im Register **Farbmanagement** des Druckdialoges wechseln Sie auf die **Proof**-Einstellungen. Danach schaltet InDesign die Optionen für die **Papierfarbe** frei. Ein Proof soll das spätere Druckergebnis bestmöglich darstellen. Findet der Proof auf einem neutralen Papier statt, so können Sie die **Papierfarbe simulieren**, damit das Papierweiß – von Papier zu Papier eher *gelblich, bläulich* oder *hellgrau* – im Farbdruck simuliert wird. Wenn Sie jedoch auf einem Papier proofen, das dem späteren *Auflagenpapier* ähnelt, sollten Sie die Funktion deaktivieren.

Abbildung 15.20: *Ist die Option „Proof" aktiviert, so ist die Wahl des Druckerprofiles und die Simulation der Papierfarbe möglich.*

15.2.8 Erweiterte Druckereinstellungen

Für die Ausgabe auf Druckern *ohne PostScript-Unterstützung* wie beispielsweise einfachen Tintenstrahldruckern zählt nur das *optisch brillante Ergebnis*. Aus Bild-, Vektor- oder Schriftinformationen von InDesign macht ein Tintenstrahldrucker nichts anderes, als mit eigenen Mitteln eine *Bilddatei* zu berechnen und auszudrucken. Dies kann je nach Gerät unterschiedlich lange dauern. Was liegt also näher, diese Methode gleich in InDesign zu integrieren, um die Bildumrechnung dem schnelleren Computer zu überlassen?

 Fonts und Auflösungen

Beachten Sie bitte beim Druck „als Bitmap", dass auch die Fonts auf die eingestellte Auflösung umgerechnet werden. Bei einer niedrigen Auflösung sieht das Schriftbild sehr bescheiden aus. Verwenden Sie daher für Probedrucke mindestens eine Auflösung von 150 ppi.

Hierfür hat Adobe in InDesign in der Rubrik **Erweitert** die Möglichkeit geschaffen, das Layoutdokument als **Bitmap** zu drucken. Dafür stehen Ihnen Auflösungen zwischen **72 dpi** für einen Probedruck und **600 dpi** für einen hochauflösenden Druck zur Verfügung. Diese Option ist nur interessant, wenn Sie auf Druckern ohne PostScript-Unterstützung ausgeben.

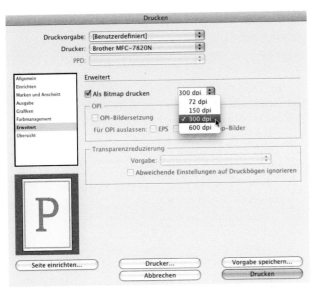

Abbildung 15.21: *Als Bitmap drucken Sie Ihre Layouts für Tintenstrahldrucker ohne PostScript-Unterstützung.*

Falls Sie also die Option **Als Bitmap drucken** aktivieren, werden andere Bereiche wie die **Transparenzreduzierung** ausgegraut. Somit ist klar, dass eine Reduzierung von Transparenzen stattfindet und diese in jedem Fall *pixelorientiert* verläuft.

> **OPI**
> OPI (Open Prepress Interface) ist eine Technologie, die zu Beginn der 90er Jahre entwickelt wurde. Ziel war es damals, die Druckausgabe komplexer Satzdateien erheblich zu beschleunigen, indem die rechenintensiven Prozesse auf den OPI-Server verlagert werden. Der Layouter arbeitet am Bildschirm mit niedrig aufgelösten Grobdaten, die erst bei der Druckausgabe durch den OPI-Server gegen die hochaufgelösten Feindaten ausgetauscht werden. Damit der OPI-Server auch weiß, welche hochaufgelösten Bilddaten ersetzt und ausgegeben werden sollen, wird von der Anwendung ein sogenannter OPI-Kommentar anstelle des Bildes zum Server geschickt. In diesen Kommentaren stehen die entsprechenden Informationen. Diese Technik kommt heute nur noch sehr vereinzelt bei älteren Bildarchivsystemen zum Einsatz.

Bei der Ausgabe können Sie direkt auf die angelegten **Transparenzreduzierungsformate** zugreifen, die festlegen, wie die transparenten und gegebenenfalls mit Schlagschatten versehenen Objekte der Satzdatei für die Ausgabe in eine Bitmap-Datei verrechnet bzw. *verflacht* werden.

Bitte verwenden Sie für Probedrucke auf einem Farblaserdrucker die Einstellung [**mittlere Auflösung**]. Bei hochauflösenden Drucken, bei Proofs und bei Belichtungen verwenden Sie dagegen immer die [**hohe Auflösung**], damit Sie die bestmögliche Druckqualität in InDesign erreichen.

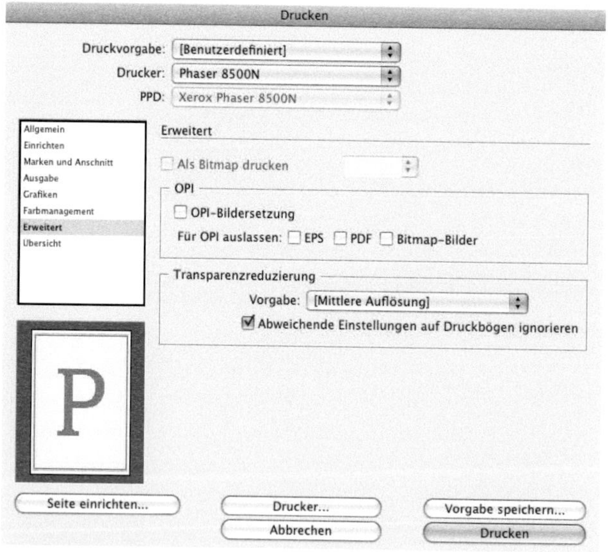

Drucken

Druckvorgabe:	[Benutzerdefiniert]
Drucker:	Phaser 8500N
PPD:	Xerox Phaser 8500N

Allgemein
Einrichten
Marken und Anschnitt
Ausgabe
Grafiken
Farbmanagement
Erweitert
Übersicht

Erweitert

☐ Als Bitmap drucken

OPI

☐ OPI-Bildersetzung

Für OPI auslassen: ☐ EPS ☐ PDF ☐ Bitmap-Bilder

Transparenzreduzierung

Vorgabe: [Mittlere Auflösung]

☑ Abweichende Einstellungen auf Druckbögen ignorieren

Seite einrichten...   Drucker...   Vorgabe speichern...
Abbrechen   Drucken

Abbildung 15.22: *Für Probedrucke verwenden Sie die „mittlere Auflösung", bei Belichtungen die „hohe Auflösung".*

Die Option **Abweichende Einstellungen auf Druckbögen ignorieren** sollten Sie *aktivieren*, wenn Sie auf eine *seitengenaue Transparenzreduzierung* verzichten. InDesign benutzt dann immer die globalen Einstellungen. In der Regel werden keine abweichenden Einstellungen vorgenommen.

15.2.9 Übersicht

Alle im Druckmenü vorgenommenen Einstellungen werden in einer **Übersicht** zusammengefasst, die sich als Textdatei, quasi als Report, abspeichern lässt. Der Bericht kann mit den Daten archiviert werden und erlaubt bei späteren Nachdrucken einen schnellen Abgleich der Ausgabesituation.

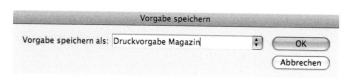

Vorgabe speichern

Vorgabe speichern als: Druckvorgabe Magazin   OK
Abbrechen

Abbildung 15.23: *Übersicht erstellen*

15.3 Druckvorgaben speichern

Die gesamte *Druckvorgabe* speichern Sie als externe Datei: Sie wählen im **Drucken**-Dialog die Option **Vorgabe speichern...** und geben anschließend einen Namen ein. Diese Vorgabe können Sie nun immer im **Auswahl**-Menü im oberen Bereich des **Drucken**-Dialoges aufrufen, um nicht alle Voreinstellungen noch einmal durchgehen zu müssen.

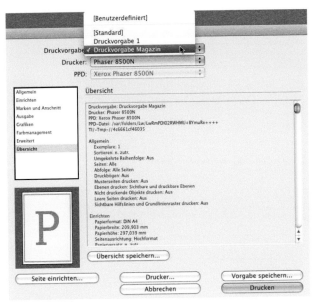

Abbildung 15.24: *Im Drucken-Dialog wählen Sie im oberen Bereich die Vorgabe aus.*

15.4 Broschüre drucken

Die Ausgabe einer **Broschüre** aus InDesign ist als *Druck* möglich, Sie können die Seiten einer Broschüre ausschießen und sofort an den angeschlossenen Drucker senden. Anhand des klassischen Falles einer *zwölfseitigen Broschüre* wollen wir Ihnen die Handhabung demonstrieren.

> **Was ist Ausschießen, was Montieren?**
> Das Ausschießen beschreibt den Vorgang, einzelne Dokumentenseiten in der richtigen Reihenfolge und Ausrichtung für den Druckbogen zu sortieren. Die Montage ist die passgenaue Fixierung auf dem gesamten Druckbogen. Dabei ist es wichtig, je nach Größe des Druckbogens und späterer Verarbeitung wie Schneiden, Binden, Klammern, Heften, Falzen oder Stanzen die Seiten in der richtigen Position und Ausrichtung zu platzieren, so dass das Endprodukt – ein gebundenes Buch – die richtige Seitenfolge erhält.

Unser Beispiel: Eine Broschüre hat das Endformat A4 und wird digital gedruckt. Die Druckbögen werden einmal gefalzt und durch eine Klammerheftung gebunden. Die Layoutmotive liegen im Anschnitt.

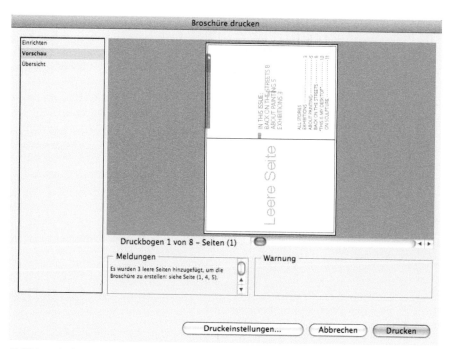

Abbildung 15.25: *Das Ausgangsdokument für eine Rückendrahtheftung in zwei Nutzen muss aus einem Vielfachen von vier Seiten bestehen. Unvollständige Dokumente werden von InDesign auf das nächst passende Seitenschema mit leeren Seiten ergänzt.*

Schmuckfarben unterdrücken

Bevor Sie das Layoutdokument ausschießen, sollten Sie noch beachten, dass der Digitaldruck eventuell Schmuckfarbeninformationen nicht korrekt verarbeiten kann. Falls Sie einen solchen Dienstleister gewählt haben, überprüfen Sie am besten Ihr Dokument mit dem Druckfarben-Manager: Öffnen Sie die Farbfelder-Palette und wählen Sie die Funktion aus dem Palettenmenü aus. In der Übersicht des Druckfarben-Managers sehen Sie auf einen Blick, ob Sie Schmuckfarben im Layout verwenden. Aktivieren Sie die Funktion „Alle Volltonfarben in Prozessfarben umwandeln". Dadurch bleibt Ihre Schmuckfarbe im Layout erhalten, wird aber für die Ausgabe in eine Prozessfarbe konvertiert. Bestätigen Sie die Eingabe mit OK. Den entsprechenden CMYK-Farbwert erhalten Sie über die Separationsvorschau.

15.4.1 Broschürendruck

Über das Menü **Datei** rufen Sie die Funktion **Broschüre drucken...** auf. In den folgenden Einstellungsdialogen geben Sie alle Parameter an, damit InDesign aus Ihrem Dokument die Druckbögen erstellt und an den angeschlossenen Drucker weitergibt.

PDF-Datei ausgeben
Zunächst erscheint es so, dass Sie in InDesign eine Broschüre nur als Druck ausgeben können. Wenn Sie sich jedoch zuvor eine Druckvorgabe für den virtuellen Drucker „Adobe PDF 9.0" angelegt haben, können Sie im Dialog „Broschüre drucken" diese Vorgabe auswählen, das Layout drucken und im Anschluss über den Distiller eine PDF-Datei erzeugen.

Wählen Sie zunächst den unteren Punkt **Druckeinstellungen** aus, um die Vorgaben des Ausgabegerätes anzupassen. Folgen Sie dazu den Angaben, die wir in diesem Kapitel in den oberen Abschnitten gemacht haben. Wichtig ist dabei, dass Sie das Papierformat Ihres Druckers wählen. Bei randabfallenden Bildern benötigen Sie auch die Schnittmarken oder andere Angaben wie Passkreuze oder Farbkeile, die Sie in der **Druckervorgabe** einstellen.

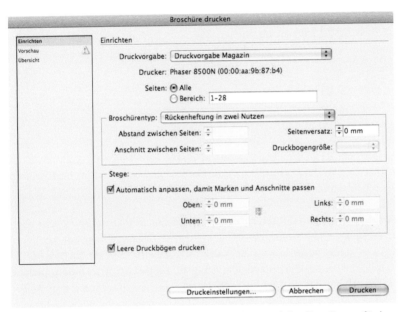

Abbildung 15.26: *In der Rubrik „Einrichten" legen Sie die wesentlichen Einstellungen für den Druckvorgang inklusive Ausschießen fest.*

> **Layout per Skript ausschießen**
Verschiedene Skripte erzeugen beispielsweise ausgeschossene Seiten als PDF-Dateien, die in einem neuen InDesign-Dokument angelegt werden. Lesen Sie bitte dazu auch das Kapitel »Plug-ins«.

15.4.2 Einrichten

Wenn Sie die Druckereinstellungen getroffen haben, können Sie nun mit den folgenden Angaben fortfahren: Im Dialog **Einrichten** wählen Sie den verfügbaren Drucker aus und geben den **Seitenbereich** an. In der Regel werden Sie für ein zwölfseitiges Dokument für den Digitaldruck auch alle Dokumentenseiten in InDesign angelegt haben und verwenden daher die Auswahl **Alle**. Besitzt Ihr Dokument nur elf Seiten, so wird eine leere letzte Seite auf dem äußersten Druckbogen angelegt.

> **!** **Bücher sind keine Broschüren, meint Adobe**
> Leider können über die Funktion „Broschüre drucken" keine Buchdateien ausgeschossen werden. Sie müssten daher alle einzelnen Dokumente des Buches zu einer neuen InDesign-Datei zusammenfügen, damit die Seiten in der richtigen Reihenfolge ausgegeben werden können.

Der Broschürentyp bietet Ihnen die verschiedenen Schemata, Ihr Layoutdokument auszuschie-ßen: **Rückenheftung in zwei Nutzen** ist die Einstellung für unser Beispielprojekt. Ein Druckbogen wird also aus zwei Nutzen aufgebaut und entspricht einer Doppelseite im Layout, jedoch in der richtigen Seitenanordnung. Danach wird die **Seite 1** aus dem Layout mit der **Seite 12** auf einen Druckbogen montiert, die **Seite 2** mit **11** usw. Es gibt immer einen Druckbogen für die Vorderseite (Schöndruck) und die Rückseite (Widerdruck) eines Papierbogens.

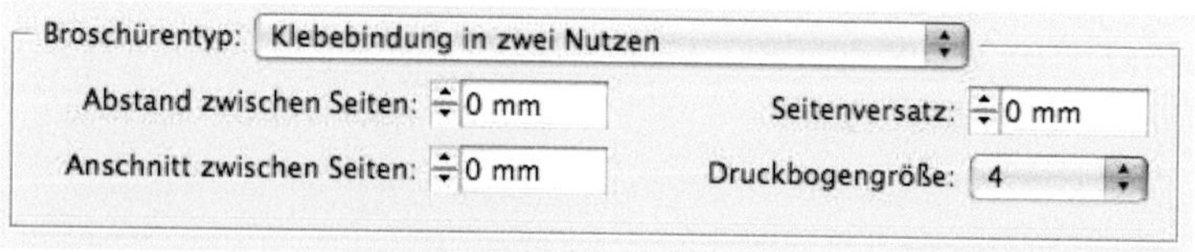

Abbildung 15.27: In den Einrichten-Vorgaben wählen Sie Typ, Abstände und Ränder aus.

Der **Seitenversatz** wird dann benötigt, wenn aufgrund einer hohen Papiergrammatur und eines großen Seitenumfanges die gefalzten Druckbögen eine Verschiebung der innen liegenden Seiten bilden und somit ein späterer Anschnitt schwierig wird. Der „Seitenversatz" ist in Druckereien auch als *Seitenverdrängung* bekannt.

Das zweite Schema **Klebebindung in zwei Nutzen** dient zum Anlegen von Druckbögen, die nach dem Druck am Rücken angefräst und verleimt werden. Die weiteren Schemata **Fortlaufend** bieten Vorlagen für Seiten, die direkt aufeinander folgen. Die Nutzen werden also von links nach rechts auf einem Druckbogen verteilt, die Seitenzahlen werden aufsteigend ausgeschossen. Diese Schemata eignen sich bei Klappseiten im Wickelfalz oder als Leporello.

Die Ränder bezeichnen irrtümlicherweise nicht den Anschnitt um das Druckbild des Bogens, sondern beziehen auch *Schnittmarken, Passkreuze und Farbkeile* mit in den Rand ein.

15.4.3   Vorschau

Haben Sie alle Einstellungen getroffen, so können Sie in der Rubrik **Vorschau** die Druckbögen anschauen. Mit Hilfe des **horizontalen Scrollbalkens** blättern Sie zum nächsten Druckbogen und suchen sich den gewünschten Bogen aus. Welche Seiten auf diesem Druckbogen montiert sind, sehen Sie zusätzlich neben dem Druckbogentitel.

Nach den Vorgaben und dem Kontrollieren der Druckbögen in der Vorschau können Sie nun den Druckvorgang starten.

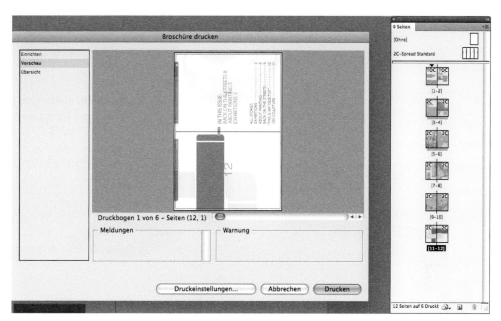

Abbildung 15.28: *Die letzte und erste Seite (12, 1) werden für die Rückendrahtheftung aneinander montiert.*

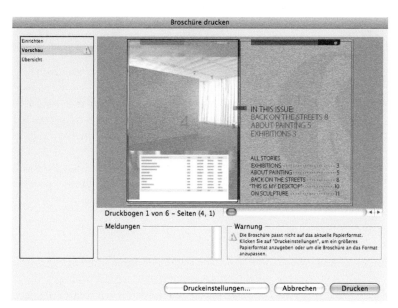

Abbildung 15.29: *Falsche Druckvorgaben durch ein zu kleines Papierformat oder einen ungeeigneten Drucker werden als rote Bereiche sichtbar.*

> Papierformat zu klein?

Wenn Sie einen Drucker ausgewählt haben, der das gewünschte Ausgabeformat nicht in Originalgröße wiedergeben kann, werden Ihnen die nicht druckenden Bereiche des Druckbogens rot markiert.

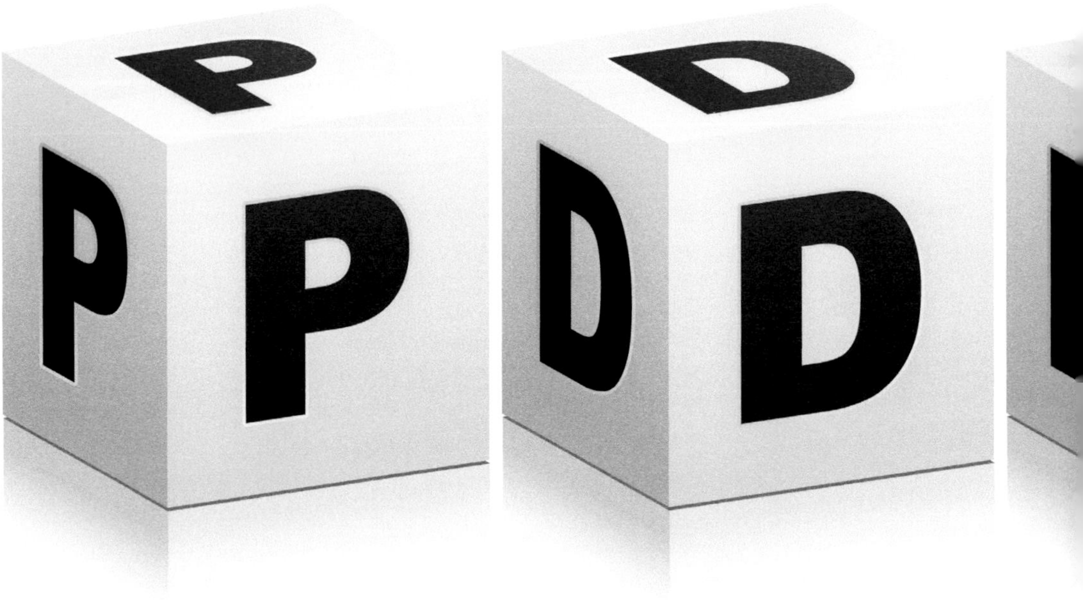
P
P
P
D
D
D

16 PDF-Ausgabe aus InDesign

Der direkte Weg, eine PDF-Datei aus InDesign zu exportieren, hat sich als Standard etabliert und bietet im Gegensatz zum veralteten Weg über PostScript-Datei und Distiller ungleich mehr Möglichkeiten, auch aktuellsten Anforderungen gerecht zu werden. Je nach Ausgabesituation und Verwendung der PDF-Datei können Sie individuelle Vorgaben machen. Dadurch ist es möglich, aus einer Layout-Datei eine PDF für den Offsetdruck, den Digitaldruck, die Kundenkorrektur sowie die Verwendung als Digitales Magazin zu exportieren. Damit Sie beim Exportieren keine Zeit verlieren, exportiert Ihnen InDesign die PDF-Datei „im Hintergrund".

16.1 PDF-Exportvorgaben

InDesign ermöglicht mit der eingebauten PDF-Library den direkten Export und schreibt PDFs nach allen gängigen Standards, die mittlerweile von allen eingesetzten RIPs interpretiert werden können. Das direkt erzeugte PDF ist qualitativ sehr hochwertig,

> **Interaktive PDF-Dateien**
> In diesem Kapitel wollen wir uns ausschließlich mit PDF-Dateien beschäftigen, die Sie für die Korrektur mit dem Kunden und für die Ausbelichtung anfertigen. Interaktive PDF-Dateien als Präsentation sind mit InDesign auch möglich, werden jedoch in einem eigenen Format „PDF (Interaktiv)" exportiert. Lesen Sie dazu bitte das Kapitel »Interaktivität«.

> **Alter RIP?**
> Die direkte PDF-Ausgabe führt in vielen Druckumgebungen nicht zuletzt aufgrund der 2-Byte-CID-codierten Fonts (Character Identifier) zu Ausgabeproblemen. Erst RIPs ab der PostScript-Version 3011 interpretieren diese CID-Fonts einwandfrei. In diesem Fall empfehlen wir, den Weg nach wie vor über den PostScript-Druckdialog via Distiller zur PDF-Erstellung zu beschreiten, um auch in älteren Produktionsumgebungen eine sichere Ausgabe zu gewährleisten.

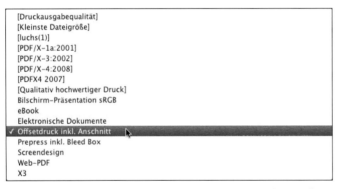

Abbildung 16.1: *Die Standard-PDF-Vorgaben (Joboptions) aus dem Distiller sind in eckige Klammern eingefasst.*

> **Adobe-Vorgaben**
> Die Vorgaben, die InDesign für den PDF-Export anbietet und in eckigen Klammern darstellt, erwecken den Eindruck, dass damit hochqualitative Druckergebnisse erzielt werden. Dies stimmt nicht. Die Einstellungen sind nicht nur ungenau, sondern sogar technisch unzureichend. Daher verwenden Sie bitte immer Ihre eigenen Vorgaben!

Über das Menü **Datei** oder mit ⌘+E rufen Sie den Befehl **Exportieren** auf. Sie werden aufgefordert, den *Speicherort* der PDF-Datei anzugeben und der zu speichernden Datei einen Namen zu geben. Ist Ihr InDesign-Dokument bereits benannt, wird automatisch der Dokumentname mit der jeweiligen Export-Dateiendung benutzt. Unter der Option **Formate** wählen Sie **Adobe PDF (Druck)** aus. In den nachfolgenden Rubriken des Export-Dialoges stellen Sie alle weiteren Optionen ein.

Bevor Sie beginnen, wollen wir Ihnen die verschiedenen Anwendungsgebiete und die jeweils bestmögliche Vorgabe vorstellen. Anschließend können Sie sich selbst eine Vorgabe einrichten, speichern oder auf einem anderen Arbeitsplatz importieren.

> **Buch exportieren**
Aus InDesign heraus können Sie grundsätzlich einzelne InDesign-Dokumente in PDF-Dateien exportieren oder aber über die Buch-Palette mehrere selektierte Dokumente gemeinsam. Über das Palettenmenü der Buch-Palette aktivieren Sie die Funktion „Buch in PDF exportieren" oder „ausgewählte Dokumente als PDF exportieren".

Für die verschiedenen Ausgabeformen wie **Offsetdruck**, **Digitaldruck**, **Korrektur-PDF** und **digitale Magazine** mit Interaktionen haben wir Ihnen Empfehlungen zusammengestellt. Im Folgenden wollen wir Ihnen zu diesen unterschiedlichen Ausgabesituationen einige Hinweise geben.

16.1.1 PDF-Vorgabe für den Offsetdruck

Wollen Sie eine PDF-Datei für den Offsetdruck ausgeben, so ist es wichtig, mit der Druckerei zuvor abzustimmen, ob die Druckerei eine **PDF-Print-Engine** als **RIP** einsetzt oder herkömmliche Techniken verwendet. Eine Print-Engine ist eine *RIP-Technik*, die das PDF-Format nativ verarbeitet, *Transparenzen verflacht* und *Farbkonvertierungen durchführt*. In diesem Fall kann die **Version** der PDF auf **1.4** gesetzt und die *Transparenzreduzierung* dadurch *deaktiviert* werden. Hat die Druckerei *keine Print-Engine,* sondern ein herkömmliches **PostScript-3-RIP**, so verwenden Sie bitte die in der Tabelle aufgeführten Informationen. **Schnittmarken** werden insgesamt für PDF-Dateien nicht mehr verwendet.

Vorgaben für den PDF-Export	Offsetdruck	Digitaldruck	Korrektur-PDF für den Kunden	Interaktive PDFs und Magazine
Standard	Ohne*	Ohne*	Ohne	Ohne
Kompatibilität	PDF 1.3*	PDF 1.3*	PDF 1.6, 1.7	PDF 1.6, 1.7
Druckbögen	–	–	Ja	–
Seitenminiaturen einbetten	Ja	Ja	Ja	Ja
PDF mit Tags erstellen	–	–	–	Ja
Acrobat-Ebenen erstellen	–	–	Ja**	Ja
Lesezeichen	–	–	–	Ja
Hyperlinks	–	–	–	Ja
Nicht druckende Objekte	–	–	–	Ja
Sichtbare Hilfslinien und Raster	–	–	Ja	–
Interaktive Elemente	–	–	–	Ja
Auflösung Farbbilder und Graustufen (ppi)	300		72	150
Komprimierung JPEG	Maximal		Hoch	
Auflösung einfarbige Bilder	1200		300	
Komprimierung CCITT Group 4	Ja	Ja	Ja	Ja
Text und Strichgrafiken komprimieren	Ja	Ja	Ja	Ja

Vorgaben für den PDF-Export	Offsetdruck	Digitaldruck	Korrektur-PDF für den Kunden	Interaktive PDFs und Magazine
Bilddaten auf Rahmen beschneiden	Ja	Ja	Ja	Ja
Alle Druckermarken*	–	–	–	–
Anschnitteinstellungen des Dokuments verwenden	Ja	Ja	–	–
Infobereich einschließen	–	–	Ja**	–
Farbkonvertierung: In Zielprofil konvertieren (Werte beibehalten)	Ja	Ja	Ja	Ja
Ziel	ISO Coated v2 300%		sRGB	sRGB
Berücksichtigung der Profile	–	–	–	–
Druckfarbenmanager: Alle Schmuckfarben in Prozessfarben umwandeln	–	Ja***	–	Ja
Schriften teilweise laden, wenn Anteil kleiner als	10%	10%	10%	10%
Transparenzreduzierung	Hohe Auflösung		Mittlere Auflösung	
Kennwort zum Öffnen	–	–	Ja**	Ja**
Kennwort zum Bearbeiten			Ja**	Ja

*) sofern nicht anders mit der Druckerei vereinbart; wenn eine PDF-Print-Engine die Belichtung durchführt, darf die Version 1.4 inkl. Transparenzen verwendet werden; Schnittmarken sind nicht mehr üblich

**) in Abstimmung mit dem Kunden (z.B. mit Ebenen als Sprachebenen, Infobereich für Zusatzinformationen, Passwörter bei sensiblen Informationen)

***) in Abstimmung mit der Druckerei; u.U. verwendet die Druckerei die in der PDF enthaltenen Schmuckfarben, um diese in eigene CMYK-Werte – entsprechend der Druckcharakteristik – umzuwandeln.

16.1.2 PDF-Vorgaben für den Digitaldruck

Die Unterschiede zum Offsetdruck liegen hauptsächlich darin, dass *keine Schmuckfarben* verwendet werden können. Daher rufen Sie im **Export**-Dialog den **Druckfarben-Manager** auf und konvertieren – sofern noch nicht eingestellt – alle **Schmuckfarben** in **Prozessfarben**. Die Arbeitsweise zeigen wir Ihnen im Kapitel der „Ausgabevorschau". In Abstimmung mit der Druckerei ist es jedoch möglich, dass Sie die PDF *inklusive Schmuckfarben* ausgeben und die Druckerei die Umwandlung in CMYK-Werte – basierend auf eigenen Erfahrungen – übernimmt.

> **! Schnittmarken ade!**
> Das Einsetzen von Druckermarken am Rand der PDF ist nicht mehr üblich. Wenn Sie die „Anschnittinformationen des Dokuments" verwenden und dort einen Anschnitt von mindestens 3 mm eingestellt haben, wird diese Anschnittinformation neben dem Seitenformat (Trim Box) als Bleed Box in das PDF exportiert. Dieser Wert wird von der Druckerei durch ein Prüfprofil in der PDF-Datei abgefragt. Ein Ausschießprogramm montiert anschließend die Einzelseiten inkl. Anschnitt auf dem Druckbogen und ergänzt den gesamten Druckbogen durch Schnittmarken, Passermarken oder Farbkontrollstreifen bzw. Farbkeile.

16.1.3 Vorgaben für das Korrektur-PDF

Das „Korrektur-PDF" ist technisch weniger strikt eingeschränkt als ein PDF für den Offsetdruck. Hierbei kommt es darauf an, dass der Kunde, der das PDF erhält, den bestmöglichen Eindruck von der späteren Druckqualität erhält. Daher kann es im Ausnahmefall besser sein, anstelle des internettauglichen Farbprofiles **sRGB** besser das **ISO Coated v2 300%** zu verwenden, damit die Farben im PDF im **CMYK**-Farbmodus vorliegen. Ein Anschnitt muss nicht mit exportiert werden, denn der Kunde möchte das „Endformat" sehen. Je nach Inhalt kann die Verwendung von **Ebenen** sinnvoll sein, z.B. für die Verwendung mehrerer Sprachfassungen. Die Hauptebenen von InDesign werden dann zu Acrobat-Ebenen im PDF konvertiert. Im Umgang mit der Sichtbarkeit von Ebenen in einer PDF-Datei sollte der Kunde gegebenenfalls zuvor instruiert werden!

16.1.4 Digitale interaktive Magazine

Der Unterschied zu den anderen Exportformaten ist offensichtlich: **Schaltflächen** bieten Interaktivität in der PDF-Datei, **Lesezeichen** entstehen aus einem **Inhaltsverzeichnis**, **Hyperlinks** verweisen auf andere Textstellen oder Internetseiten, **Videos** und **Audio**-Dateien können eingebettet werden. Beachten Sie hier, dass interaktive Elemente nur dann eingebettet werden können, wenn Sie als PDF-Version mindestens **PDF 1.6** wählen. Zudem werden auch Seitenübergänge in die PDF-Datei exportiert, sofern Sie diese angelegt haben.

16.2 PDF-Exportvorgaben speichern und laden

In diesem Abschnitt zeigen wir Ihnen, wie Sie Ihre Vorgaben machen. Wählen Sie zuvor eine Ausgabesituation aus der **Tabelle** für die **PDF-Exportvorgaben** aus. Anschließend können Sie Ihre Exportvorgabe speichern und als externe Datei speichern. Diese Vorgabe können Sie wiederum anderen Mitarbeiterinnen und Mitarbeitern zur Verfügung stellen.

1. Vorgaben neu anlegen
    Wählen Sie in InDesign den Befehl **Datei/Adobe PDF-Vorgaben/Definieren...** und klicken Sie auf **Neu...**.

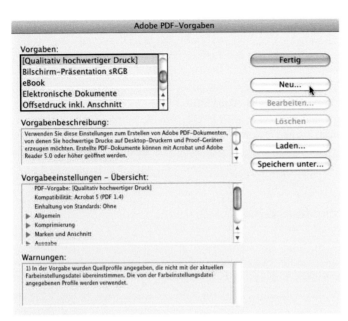

Abbildung 16.2: *Aus dem Dialog der „PDF-Exportvorgaben" können Sie die*
Vorlagen neu anlegen.

2. **Vorgaben einrichten**
   Machen Sie hier gemäß der Tabelle unter 16.1.1 Ihre Einstellungen und klicken Sie anschließend auf **OK**.

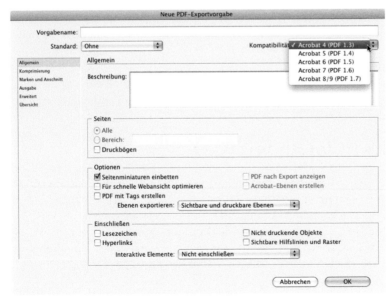

Abbildung 16.3: *Im Dialog „Neue PDF-Exportvorgabe" wählen Sie die verschiedenen*
Einstellungen, wie wir sie Ihnen in der Tabelle aufgestellt haben.

3. **Vorgaben speichern**

Nun kehren Sie automatisch zur Übersicht Ihrer Einstellungen zurück. Klicken Sie auf **Speichern unter** und geben Sie einen geeigneten Namen ein. Die Vorgabe wird mit der Endung „***.joboptions**" gespeichert.

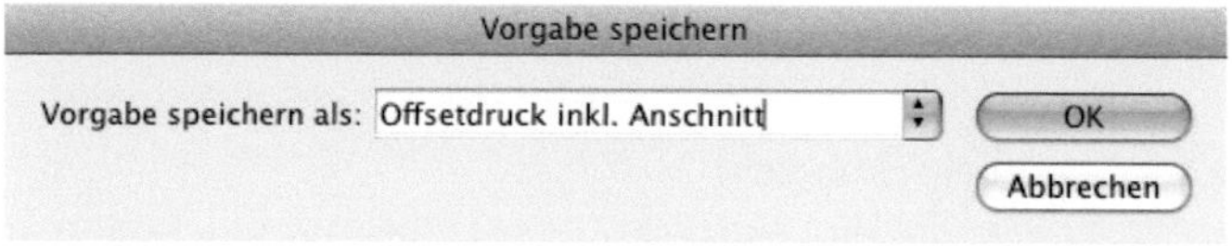

Abbildung 16.4: *Geben Sie der Vorgabe einen sinnvollen Namen.*

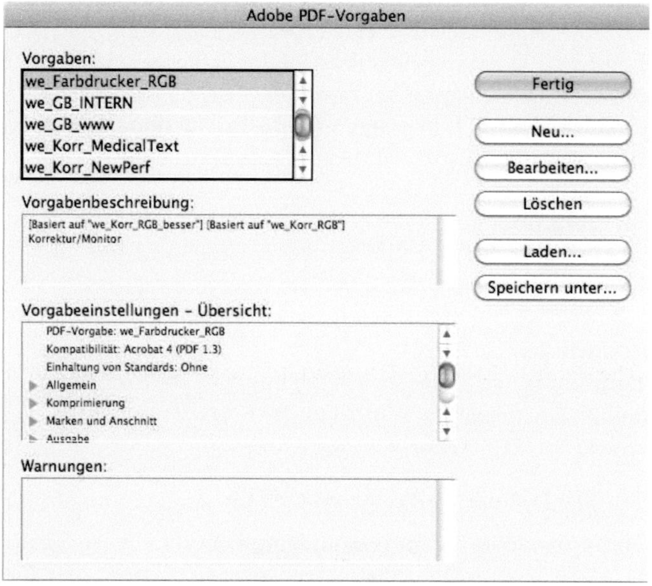

Abbildung 16.5: *Ihre Vorgaben können Sie in den Vorgaben verwalten, exportieren oder laden.*

16.3 PDF-Export im Hintergrund

Wenn Sie ein PDF aus InDesign exportieren, hat sich InDesign dabei in früheren Fassungen viel Zeit genommen und das Programm so lange blockiert, bis die PDF-Datei fertiggestellt war. Dank 64-Bit-Multiprozessorsystemen kann InDesign jetzt *PDFs im Hintergrund exportieren*. Während der Export noch läuft, bearbeiten Sie schon das nächste Dokument oder Sie schicken einen zweiten Export für eine andere Ausgabeart hinterher. Wir wollen Ihnen zeigen, was Sie während des Exportes machen können und wie Sie nachvollziehen, womit sich InDesign gerade „beschäftigt".

> **Was sind Hintergrundprozesse?**
> Ihr Computer ist mit einem Dualprozessor oder einem Multiprozessorsystem ausgestattet. Wenn Sie mit InDesign arbeiten, wird davon nur ein Prozessor beschäftigt, die anderen erhalten Aufgaben des Betriebssystems und der Netzwerkkommunikation. Um diese „angezogene Handbremse" wenigstens an manchen Stellen des Arbeitsablaufes zu lockern, beschäftigt InDesign mit dem PDF-Export einen weiteren Prozessor, während Sie „im Vordergrund" parallel weiterarbeiten können.

! **Nur der direkte PDF-Export wird parallel ermöglicht**
! Nur die PDF-Ausgabe für den Druck kann im Hintergrund durchgeführt werden. Andere Ausgaben wie „PDF (interaktiv)" oder „SWF" oder auch das Drucken werden leider nicht als Hintergrundprozesse verarbeitet.

Sobald Sie ein PDF exportieren, startet InDesign automatisch einen Hintergrundprozess, ohne dass Sie dazu etwas besonders einstellen müssen. Sie sehen den Fortschritt des Exportes anhand einer kleinen **animierten Balkenanzeige** in der **Anwendungsleiste**. Wenn Sie etwas genauer zuschauen wollen, was passiert, so können Sie aus dem Menü **Hilfsprogramme** die Palette **Hintergrundaufgaben** öffnen und so die Exportarbeit mitverfolgen.

> **Palette „Hintergrundaufgaben" vergrößern**
> Die interessante Darstellung der Prozesse, die InDesign parallel verarbeitet, sehen Sie dann am besten, wenn Sie die Palette der Hintergrundaufgaben deutlich vergrößern.

! **Abgeschlossene Prozesse verschwinden**
! Hintergrundprozesse, die fertiggestellt wurden, werden leider aus der Palette entfernt. Ein erneutes Exportieren mit denselben Einstellungen ist nicht möglich. Dazu müssen Sie wieder den Export-Dialog aufrufen und Ihre PDF-Exportvorgabe wählen.

1. **Hintergrundaufgaben-Palette öffnen**
   Rufen Sie im Menü **Fenster/Hilfsprogramme** die **Hintergrundaufgaben** auf. Ziehen Sie die Palette auf die doppelte Breite, damit Sie mehr Informationen darstellen können.

2. **Export-Dialog öffnen**
   Rufen Sie im Menü **Datei/Exportieren…** auf und wählen Sie das Format **Adobe PDF**. Geben Sie anschließend einen sinnvollen Namen ein.

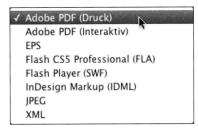

Abbildung 16.6: *Im Export-Dialog wählen Sie als Format „Adobe PDF (Druck)".*

3. **PDF-Exportvorgabe aussuchen**
Rufen Sie nun im **PDF-Export**-Dialog Ihre gespeicherte **Exportvorgabe** aus.

4. **Export starten**
Nehmen Sie ggf. Änderungen an den Einstellungen vor. Bestätigen Sie den Export mit **Exportieren**.

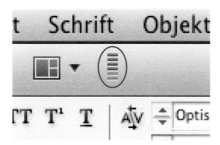

Abbildung 16.7: *Während des Exportes einer PDF-Datei sehen Sie in der Anwendungsleiste die animierte Balkenanzeige.*

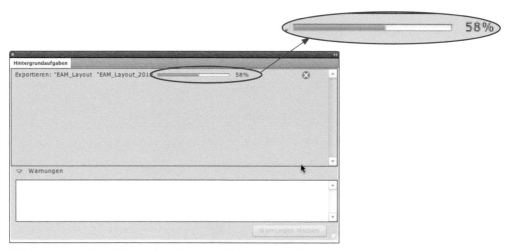

Abbildung 16.8: *Die geöffnete Palette „Hintergrundaufgaben" zeigt Ihnen den Fortschritt des Exportvorganges.*

5. **Zweiten Export starten**
Gehen Sie erneut die Schritte **2 bis 4** mit einem weiteren Export der Datei mit einer anderen **PDF-Exportvorgabe** und einem anderen **Dateinamen** durch und starten Sie den Export.

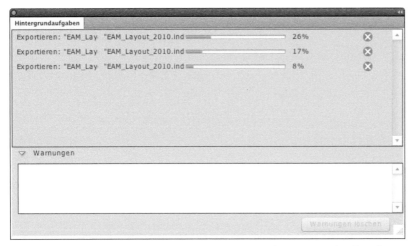

Abbildung 16.9: *Sobald Sie mehrere Exportprozesse starten, erkennen Sie auch in der Palette „Hintergrundaufgaben", wie weit jeder einzelne fortgeschritten ist.*

! Exportiertes Dokument schließen
Wenn Sie Ihr Layout auf diese Weise exportieren, können Sie das Dokument selbstverständlich nicht schließen, solange noch Hintergrundprozesse laufen. Versuchen Sie dies dennoch, erhalten Sie eine Warnung. Wenn Sie diese Warnung geöffnet lassen, versucht InDesign nach Beenden des Exportes automatisch, Ihre Datei zu schließen.

> Warnungen bei Exportfehlern
Sollte das PDF nicht erstellt werden können, weil ein Exportprozess fehlgeschlagen ist, so erhalten Sie in der Hintergrundaufgaben-Palette eine entsprechende Warnung.

16.4 Ausführliche Erklärung der Einstellungen

16.4.1 Allgemeine Einstellungen

In den **allgemeinen** Exporteinstellungen legen Sie fest, mit welcher Acrobat-Version Ihre PDF-Datei kompatibel ist. Sie geben somit auch an, welche Techniken wie *Transparenzen* oder *Ebenen* im PDF verwendet werden. Da dieser Zusammenhang nicht sofort ersichtlich ist, wollen wir Ihnen empfehlen, sich mit den PDF-Versionen und den unterstützten Techniken auseinanderzusetzen. Näheres dazu finden Sie auch am Ende des Buches.

> ISO-Formate und PDF
Bei den Exportvorgaben können Sie unter dem Auswahlmenü „Standard" aus fünf verschiedenen Standards bei der PDF-Ausgabe wählen. Der technische Hintergrund ist teilweise trivial. So ist der Unterschied zwischen X-3:2002 und X-3:2003 der, dass im ersten Format nur PDF-1.3-Dateien verarbeitet werden dürfen. X-3:2003 akzeptiert auch 1.4-Dateien, die jedoch denselben technischen Eigenschaften entsprechen müssen. Wir empfehlen die Arbeit ohne Standards mit eigenen Vorgaben – die technisch derselben Qualität entsprechen.

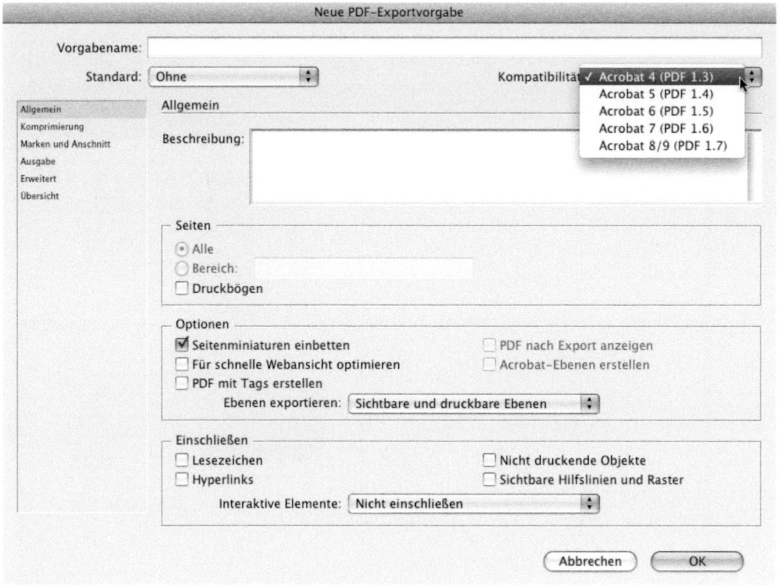

Abbildung 16.10: *Allgemeine Einstellungen für den PDF-Export*

Mit aktiver Funktion **Druckbögen** werden Doppelseiten gemeinsam exportiert. Aktivieren Sie die Funktion **Druckbögen** nicht, wenn die Ausgabe der PDF-Datei durch eine Druckerei erfolgen soll, denn die Seiten können dann nicht mehr als Einzelseiten ausgeschossen werden.

Sie sehen im Feld für die **Optionen**, dass zusätzliche Parameter gesetzt werden können. Durch Aktivieren der Schaltfläche **Seitenminiaturen einbetten** können Sie dafür sorgen, dass *Seiten-Thumbnails* angelegt werden, die Ihnen beim Navigieren in der PDF-Datei in Acrobat eine Vorschau liefern. Bedenken Sie aber, dass die PDF-Datei durch die Miniaturen zusätzlichen Speicherbedarf benötigt.

Die Option **Für schnelle Webansicht optimieren** sorgt dafür, dass die ersten Seiten eines PDFs, die über eine Internetseite oder über ein Netzwerk geladen wird, rascher angezeigt werden. Diese Option führt u.U. dazu, dass das exportierte PDF in seiner Dateigröße erhöht wird. Dabei wird die Datei neu strukturiert und so für seitenweises Laden (Byte-Serving) durch Webserver vorbereitet. Texte werden dabei komprimiert und die Komprimierungseinstellungen, die Sie vorgenommen haben, werden überschrieben.

> **Byte-Serving**
> Das Laden einer PDF-Datei über einen Web-Browser ist heute sehr komfortabel. Wenn Sie eine umfangreiche PDF-Datei laden, wird Ihnen zunächst die erste Seite angezeigt und im Hintergrund werden weitere Seiten geladen. Den Fortschritt dieses „Byte-Serving" durch den Webserver sehen Sie dann an einem Verlaufsbalken.

Als sehr praktisch erweist sich die Schaltfläche **PDF nach Export anzeigen**. Gleich nach der Konvertierung in ein Adobe-PDF wird der Adobe Reader oder Acrobat gestartet, um die Datei am Bildschirm anzuzeigen.

Abbildung 16.11: *Das fertige PDF wird in Acrobat geöffnet, wenn Sie in den Exporteinstellungen „PDF nach Export anzeigen" aktiviert haben.*

> **Korrektur-PDFs für den Kunden**
> Die Option „Sichtbare Hilfslinien und Raster" eröffnet Ihnen hervorragende Korrektur-möglichkeiten in Abstimmung mit Ihren Kunden oder Kollegen. Das Grundlinienraster, die Spalten und Hilfslinien werden als sichtbare Vektoren in das PDF übernommen, so dass das Gestaltungsraster auch in der PDF erhalten bleibt.

Sie können beim PDF-Export aus InDesign Lesezeichen und Hyperlinks mit ausgeben, um die Dokumentnavigation zu verbessern, vorausgesetzt, Sie haben in Ihrem Layoutdokument auch entsprechende Markierungen vorgenommen. Im Kapitel »Interaktivität« erfahren Sie, wie Sie Lesezeichen und Hyperlinks anlegen und exportieren.

> **Exportieren, Prüfen und Versenden**
> Wenn Sie Ihr Layout fertig gestaltet haben und Ihrem Kunden eine Korrektur zuschicken wollen, legen Sie sich eine PDF-Vorgabe »Korrektur« an und exportieren Sie eine PDF-Datei mit der Option **Nach dem Export anzeigen**. Sobald das fertige PDF in Acrobat geöffnet wird, können Sie mit den Preflight-Tools die Datei prüfen und danach auf den E-Mail-Button in der Acrobat-Oberfläche klicken. Dann öffnet sich Ihr E-Mail-Programm mit der angehängten PDF-Datei und dem Dateinamen in der Betreffzeile. Einfacher geht es nicht!

16.4.2 Komprimierung

Im nachfolgenden Reiter **Komprimierung** können Sie die Bildqualität und die Dateigröße beeinflussen.

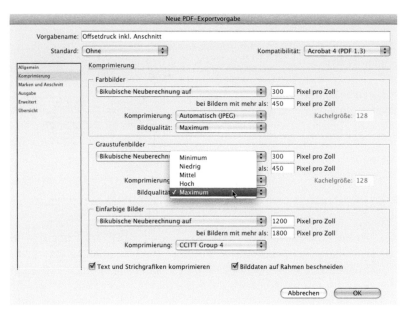

Abbildung 16.12: *Die Kompressionseinstellungen für den PDF-Export einer drucktauglichen Datei*

> **Bilddaten auf Rahmengröße beschneiden**
> Die Option „Bilddaten auf Rahmen beschneiden" ist unheimlich nützlich. Dabei werden beim PDF-Export alle Bildinformationen entfernt, die außerhalb der Bildrahmen liegen. Diese Funktion reduziert daher die Ausgabezeiten und Dateigrößen.

Sie können in InDesign die **Auflösung** eines Bildes bestimmen, um die Bilddaten auf die für ein Ausgabegerät erforderliche Menge *zu reduzieren*. Das Neuberechnen empfiehlt sich, wenn Bilder wesentlich mehr Daten enthalten, als das Ausgabegerät verwenden kann.

> **! 300 dpi ist nur eine Zielauflösung für Bilder mit höherer Auflösung**
> Die Angabe der Auflösung bezieht sich nur auf platzierte Bilder und Grafiken mit einer hohen Auflösung. Ist die Auflösung dagegen deutlich niedriger, wird die Grafik von InDesign überhaupt nicht berechnet und bleibt auch in der PDF-Datei in der Auflösung, wie sie im Layout platziert und skaliert wurde.

Durch eine *Bildneuberechnung* werden die Pixelmaße eines Bildes geändert. Beim Neuberechnen durch die *Auflösungsverringerung* auf den eingetragenen **Pixelwert** werden tatsächlich Bilddaten gelöscht. Auch in InDesign wie im Acrobat Distiller gilt ein Standardgrenzwert von **1,5**, was bedeutet, dass die *Bildneuberechnung* erst dann erfolgt, wenn eine Bildauflösung den hier angegebenen Wert um mehr als das **1,5-Fache** übersteigt. Ansonsten findet keine Neuberechnung statt. Der zweite Wert **bei Bildern mit mehr als** wird daher auf das **1,5-Fache** der Zielauflösung eingestellt. Sollten Sie diese Berechnung selbst beeinflussen wollen, können Sie den Schwellenwert der Auflösung *heraufsetzen*.

16.4.3 Interpolationsmethoden

Anhand der gewählten Interpolationsmethode geben Sie an, mit welchem Algorithmus die Bilder in die PDF-Datei gerechnet werden.

Die besten Ergebnisse lassen sich in jedem Fall mit der **bikubischen Neuberechnung** erzielen. Hierbei wird eine Pixelfarbe anhand eines gewichteten Durchschnittes bestimmt. Die bikubische Neuberechnung liefert deutlich bessere Ergebnisse als die **durchschnittliche Neuberechnung**. Das Verfahren dauert zwar im direkten Vergleich etwas länger, ist aber dafür präzise und ergibt die glattesten Tonabstufungen.

16.4.4 Marken und Anschnitt

Wie bereits im Kapitel „Drucken" ausführlich beschrieben, haben Sie die Möglichkeit, beim Exportieren Ihres InDesign-Dokumentes **Druckmarken** zu setzen und die jeweiligen Informationen direkt in das PDF schreiben zu lassen. Die Marken müssen jedoch nicht mehr exportiert werden. Dagegen ist der **Anschnitt** für die Druckausgabe unabdingbar. Verwenden Sie stets die **Anschnitteinstellungen des Dokuments**.

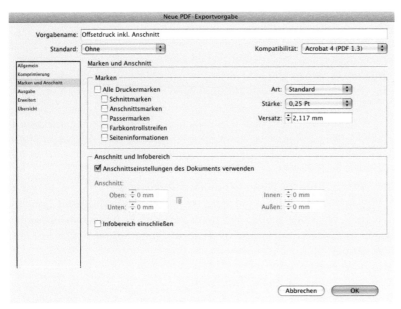

Abbildung 16.13: Die Schnittmarken sollten gar nicht, der Anschnitt dagegen immer ausgegeben werden. Wenn Sie eine Datei mit dieser Vorgabe exportieren, wird der Anschnitt (3–5 Millimeter) in diesem Dialog sichtbar.

> **Seitenformat + Anschnitt = PDF-Seitengröße**
> InDesign geht dabei von den Dokumentmaßen aus und erweitert das Dokument um die voreingestellten Maße des Anschnittes, um alle Informationen im PDF unterbringen zu können.

16.4.5   Ausgabe

In dieser Rubrik der Exporteinstellungen entscheiden Sie, ob Farben für den Export der PDF-Datei in ein **Zielprofil** umgewandelt oder beibehalten werden. Dazu sollten Sie durch einen Preflight in Erfahrung bringen, ob Sie beispielsweise Bilder in einem RGB-Farbraum platziert haben. Verwenden Sie gemischte RGB- und CMYK-Farbräume im Layout, sollten Sie an dieser Stelle **In Zielprofil konvertieren (Werte beibehalten)** wählen und als Ausgabefarbprofil **ISO Coated v2 300%** oder ein entsprechendes ECI-Profil wählen.

Mit der Einstellung **In Zielprofil konvertieren (Werte beibehalten)** werden nur Bilder umgewandelt, die mit einem Profil versehen sind, das nicht dem Zielprofil entspricht. Andere Objekte wie Vektorflächen und Schriften, die keine abweichenden Profile besitzen und im selben Basisfarbraum (RGB oder CMYK) vorliegen, werden nicht umgewandelt, ihre *Farbwerte werden beibehalten*.

> **Noch Unklarheiten?**
> Sollten Sie nicht wissen, was für Ihre Layoutdatei das Beste ist, so sollten Sie sich das Kapitel „Farbmanagement" und unsere Empfehlungen für die CM-Einstellungen durchlesen.

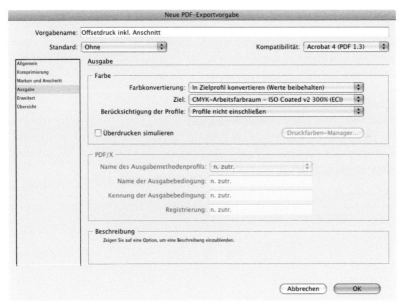

Abbildung 16.14: *Die Ausgabe bietet die Optionen zur Farbkonvertierung.*

Für das Internet können die Farben auch in den **sRGB**-Farbraum konvertiert werden. Das Profil *(Standard-RGB)* ist der übliche im Internet verwendete Farbraum und wird auch zur Wiedergabe von *Flash-Grafiken* in einer *SWF-Datei* verwendet. Eine Umwandlung an dieser Stelle hat den Vorteil, dass die Farben bei der Betrachtung am Monitor in einem Browserfenster, im Adobe Reader oder in Acrobat brillanter erscheinen als die CMYK-Farbwerte oder Schmuckfarben. Zudem genügen auch nur die drei RGB-Farbwerte, um eine Farbe zu beschreiben, die PDF-Datei wird also bis zu **25%** kleiner als ein vergleichbares PDF mit CMYK-Bildern.

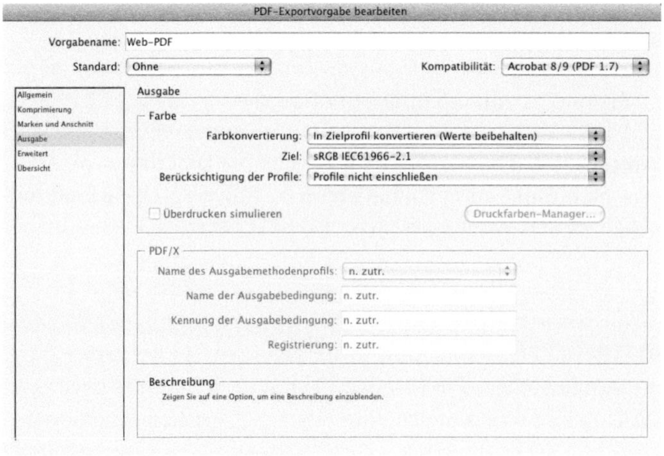

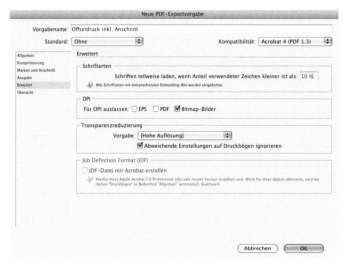

Abbildung 16.15: *Die Ausgabe für das Internet erfolgt mit einer Farbumwandlung in das Zielprofil sRGB.*

16.4.6 Erweitert

Die Transparenzreduzierung und die JDF-Einstellungen treffen Sie in der Rubrik **Erweitert** im Exportdialog. Während wir die **Transparenzreduzierung** in dem Kapitel „Ausgabevorschau" ausführlich beschrieben haben, bestimmen Sie für andere Anwendungen die Auswahl **Hohe Auflösung** oder **Mittlere Auflösung**.

> **JDF: Job Definition Format**
> Das Job Definition Format spielt dann eine Rolle, wenn Sie Ihre Auftragsdaten bereits in der Layoutphase elektronisch erfasst und mit der PDF-Datei für einen entsprechend automatisierten Daten-Workflow exportieren wollen. Verwenden Sie oder Ihre Druckerei kein solches System, lassen Sie die Option deaktiviert.

Abbildung 16.16: *JDF-Daten erfordern die Weiterverarbeitung durch Acrobat 7 oder 8.*

> **Hintergrund: Magazinproduktion mit JDF**
>
> Das Standardformat JDF wird bereits in Druckereien zur Kontrolle und automatischen Steuerung von Druckjobs verwendet und es können Informationen zum Kunden sowie zu Auflage, Papiersorte, Bindung und anderen Verarbeitungsschritten gespeichert werden. Beispiel: Ein Magazin wird im Offsetdruck mit einem Innenteil und einem Umschlag vollständig vierfarbig gedruckt. Die Papiersorten sind unterschiedlich, somit auch die Zielfarbräume. Der Umschlag bekommt eine zusätzliche Schmuckfarbe. Umschlag und Innenteil werden geklammert und beschnitten.
>
> Die Daten für diesen Druckjob bestehen aus mindestens zwei PDF-Dateien. Sollen nun die PDF-Dateien ausbelichtet und gedruckt werden, so beschreibt die JDF-Datei, was damit jeweils passieren soll. Alle beschriebenen Verarbeitungsschritte werden von einem Serversystem aus der JDF ausgelesen und die Dateien werden in entsprechende Ordner abgelegt. Ein RIP bekommt aus der JDF-Datei Anweisungen u.a. für die Farbauszüge, Druckbogenmontage, Rasterweite und das Farbmanagement. Somit kann ein automatischer Druckprozess mit Hilfe einer kleinen JDF-Datei gesteuert werden.

> **JDF im Internet**
>
> Mehr Informationen zum Thema JDF finden Sie unter der Adresse der CIP4-Organisation, einem Zusammenschluss von Herstellern, die den JDF-Standard entwickeln und in ihren Produkten einsetzen: http://www.cip4.org.

16.4.7   Sicherheit

Schützen Sie Ihre PDF-Daten, wenn Sie Dateien zur Korrektur schicken oder Preislisten, Vertragswerke und andere sensible Dokumente im Internet zum Download zur Verfügung stellen wollen. Der Klassiker für diesen Fall ist der *Geschäftsbericht*, der über den Kunden an ein Wirtschaftsprüfungsunternehmen zur Freigabe weitergeschickt werden soll.

> **! Keine Sicherheit für PDFs im Offsetdruck**
>
> Die Verarbeitung von PDF-Dateien im Druckprozess erlauben keinerlei Verschlüsselung – woher soll das Ausschießprogramm auch das Passwort kennen?

So können Sie ein **Dokumentkennwort** festlegen, um das unerlaubte Öffnen Ihres PDF-Dokumentes zu verhindern. Ferner haben Sie die Möglichkeit, ein vom Benutzerkennwort abweichendes **Hauptkennwort** zu vergeben, um die *Nutzungsmöglichkeiten* in der PDF-Datei einzuschränken. Diese Option ist besonders sinnvoll: Versenden Sie eine PDF-Datei zur Korrektur an Ihren Kunden, und nutzen Sie nur ein **Berechtigungskennwort**. Ohne zulässige Änderungen kann Ihr Kunde die PDF einfach *öffnen und drucken*, nicht jedoch Informationen mit Acrobat-Werkzeugen verändern.

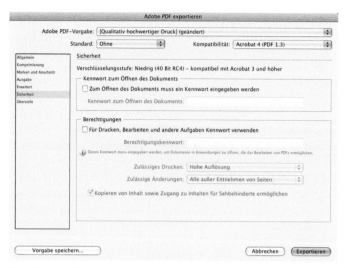

Abbildung 16.17: *Sicherheitsoptionen sind für Druck-PDFs ungeeignet. Entsprechend den Möglichkeiten der Acrobat-5-kompatiblen Verschlüsselung ab PDF 1.4 lässt sich der Zugriff der exportierten PDF-Datei beschränken.*

Bei der Vergabe der Kennwörter sollten wir darauf achten, dass die Kennwörter aus mindestens *acht Zeichen* und keinem bekannten Wort bestehen. Der Grad der Verschlüsselung – z.B. **128 Bit** – richtet sich übrigens nach der Kompatibilität. Erst ab **Acrobat 5 (PDF 1.4)** ist die höhere Verschlüsselung möglich.

> **Verschlüsselung in Acrobat**
> Alternativ zur Verschlüsselung aus InDesign können Sie später die PDF-Datei natürlich auch in Acrobat öffnen und nachträglich digitale Unterschriften oder Passwörter hinzufügen und somit die Datei vor unerlaubtem Zugriff absichern.

16.5   PDF/X-Standards

Entgegen früherer Publikationen erlauben Sie mir eine persönliche Stellungnahme zu den Standards, die unter der Dachmarke „PDF/X" veröffentlicht wurden und weiterentwickelt werden.

Formate und Standards müssen sich im Alltag bewähren. Dabei stellt sich heraus, ob ein Standard zu frei oder zu eng definiert wurde, damit Workflows für eine Vielzahl von Druckjobs vorbereitet werden können. Aus der Erfahrung der letzten Jahre hat sich gezeigt, dass die Standards **PDF/X-3** und **X-1a** keine optimale Wahl für die Ausgabe von PDFs für die Ausbelichtung sind.

Die kritischen Punkte liegen darin, dass der Standard zwar viele Dinge einschränkt, jedoch auch viele Fehlerquellen ignoriert und es der Druckerei überlässt, diese Probleme zu lösen – sofern diese die Probleme erkennt. Dabei spielt auch die Vorgabe durch die Druckerei eine große Rolle: Nicht alle Druckereien und deren Kunden verarbeiten den Standard! Der versprochene *Qualitätsstempel,* den das Format PDF/X darstellen sollte, stellt sich als untauglich heraus. Daher erläutern wir diesen Standard nicht, sondern empfehlen die *Vorgaben in diesem Kapitel*, die wir Ihnen aus Praxiserfahrungen zusammengestellt haben.

16.5.1 Die weitere Entwicklung

Es wird noch viele X-Standards geben. Damit technologische Entwicklungen und ISO-Standards möglichst einhergehen, werden neue Standards für neue Technologien benötigt, wie auch am Beispiel X-4 zu sehen ist. In diesem Standard werden unter anderem Transparenzen und Ebenen in einer PDF-Datei erlaubt, um mehr Flexibilität in der Verarbeitung zu gewinnen. Für die Ausgabe einer solchen Datei bedeutet dies auch, dass RIPs ein PDF-1.4-Format verarbeiten können müssen, um die Transparenzen auszulesen und beim Rastern zu verflachen. Die PDF Print-Engine ist ein solcher RIP.

16.5.2 PDF-Datei über den Acrobat Distiller erstellen

Die altbekannte Alternative zum direkten Export, nämlich ein PDF über den **PostScript**-Druckdialog *auszugeben und anschließend mit dem Distiller umzuwandeln*, haben wir in diesem Buch bewusst nicht erläutert. Die in der Praxis eingesetzten RIPs bei den Druckereien erlauben inzwischen ohne Weiteres die Verwendung von PDF-Dateien direkt aus InDesign. Da der Export mit der aktuellen InDesign-Fassung besonders komfortabel geworden ist, gibt es für die Herstellung eines PDF über den Distiller keinen Grund mehr. Die Zukunft gehört dem direkt erzeugten **PDF-Format**.

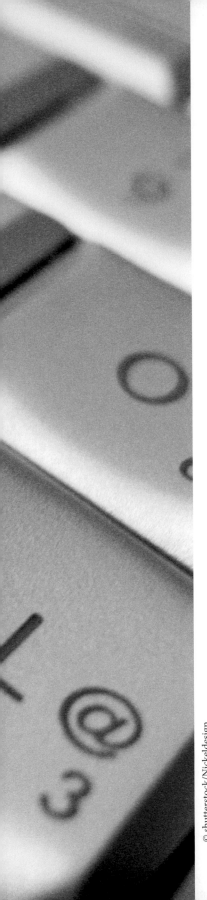

17 Sonstiges

Neben der Gestaltung und der Ausgabe von InDesign-Dateien kommt es gelegentlich zu Problemen beim Öffnen, Kopieren oder Drucken. Hierzu erklären wir Ihnen im Kapitel Troubleshooting, wie Sie zu einer Lösung finden. Plug-ins von Drittanbietern ergänzen den Funktionsumfang von InDesign um wertvolle Werkzeuge für tägliche oder spezielle Aufgaben. Eine Auswahl dieser nützlichen Helfer stellen wir Ihnen im Kapitel Plug-ins vor.

17.1 Troubleshooting: Dokumente reinigen

Verschiedene Wege sind möglich, ein InDesign-Dokument von Fehlern und „Datenschmutz" zu befreien, falls bei der Arbeit unerklärliche Problem auftreten. Zunächst sollten Sie gezielt nach dem Übeltäter suchen und mit einfachen Reinigungswerkzeugen bekämpfen. Wenn diese nicht helfen, bleibt nur noch die „Waschmaschine": das InDesign-Austauschformat für ältere InDesign-Versionen. Als Super-Weichspüler sorgt das neue Format IDML für erhöhte Reinheit!

17.1.1 Für ältere Versionen abwärtskompatibel speichern

Die häufigste Frage bei Problemen mit InDesign lautet: „Wie speichere ich mein Layout abwärtskompatibel?" Die Antwort von Adobe fällt äußerst dünn aus: „Exportieren Sie die Datei als InDesign-Markup (*.idml)." Das bedeutet, dass Sie Ihr Layout nur für InDesign CS4 exportieren. Frühere Versionen von InDesign können mit diesem Format nicht bedient werden.

> ⚠ **Wo ist das InDesign-Austauschformat geblieben?**
> Für das abwärtskompatible Speichern aus InDesign gab es bis zu CS4 das InDesign-Austauschformat. Dieses Format wurde nun zugunsten des IDML-Formates beerdigt.

IDML – InDesign Markup Language

Anstelle des Austauschformates *.inx versteht sich InDesign seit der Version CS4 auf das IDML-Format – ein XML-Dateiformat, das die Seiten und alle darauf befindlichen Objekte, die verwendeten Fonts und verknüpften Bilder als XML-Code speichert.

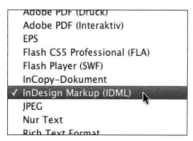

Abbildung 17.1: *Das Format InDesign-Markup (IDML) dient als Austausch- und Rekonstruktionsformat.*

Rufen Sie das Menü **Datei/Exportieren…** auf und wählen Sie als Format das **InDesign-Markup (IDML)** aus. Sobald Sie diese Datei speichern, schreibt InDesign XML-Code.

Vergleichbar zum alten InDesign-Austauschformat können Sie auch diese IDML-Datei wieder in InDesign CS4 oder in CS5 öffnen. Daraufhin „rekonstruiert" InDesign eine neue Layoutdatei, die anschließend mit dem Dateinamen „*Unbenannt-1.indd*" dargestellt wird.

Wenden Sie diese Funktion auch dann an, wenn Sie Fehler im Dokument entdecken, die sich mit den herkömmlichen Methoden wie *Speichern als neues Dokument* oder *Kopieren aller Seiten in ein neues Dokument* nicht mehr bereinigen lassen. Das Austauschformat mit dem Kürzel ***.inx** ist ein XML-basiertes Dateiformat, dass nur diejenigen grafischen Attribute speichert, die momentan in der Datei vergeben sind. Dadurch werden „Erinnerungen" auf Schriften oder platzierte Grafiken entfernt. Nach einem Öffnen dieses Austauschformates können Sie zum Beweis auch einmal die Dateichronik anschauen, in der sich nun kein Hinweis mehr auf frühere Speichervorgänge oder Konvertierungen finden lassen.

> ### Dateigrößen von INDD zu IDML
> Vergleichen Sie einmal die Dateigröße einer normalen Layoutdatei (*.indd) mit einer exportierten Markup-Datei (*.idml), so fällt auf, dass das IDML nur einen Bruchteil der Dateigröße benötigt und oft nur wenige Kilobyte groß ist. Warum benötigt dann InDesign mindestens 2 MB pro Datei? Die Antwort ist einfach: In der InDesign-Datei werden zwei Farbprofile eingebettet, der RGB- und der CMYK-Arbeitsfarbraum, damit das Layout auf einem anderen Computer identisch reproduziert werden kann. Allein diese beiden Profile können zusammen fast 2 MB ausmachen. Eine IDML protokolliert hingegen nur die verwendeten Profile, Fonts und verknüpften Grafiken. Zudem kann eine IDML nicht in InDesign editiert werden; sie muss stets als INDD konvertiert werden.

> ### Hoffnung für zukünftige Versionen
> Wird Adobe einmal eine nächste Version von InDesign veröffentlichen, so könnte das IDML-Format es erstmals erlauben, aus InDesign CS6 direkt nach CS4 zu speichern, was bei INX aufgrund der unterschiedlichen technischen Basis nicht oder nur „inoffiziell" möglich war. Dies ist jedoch reine Spekulation und könnte auch einer Marketing-Entscheidung von Adobe zum Opfer fallen, damit ältere Versionen möglichst nicht allzu lang weiter genutzt werden. Wir werden sehen.

Kompatibilität der Funktionen

Achten Sie darauf, welche Funktionen Sie von InDesign **CS5** angewendet haben und wie diese Funktionen in **CS4** umgesetzt werden können. Beispielsweise erlauben beide Fassungen die Verwendung von *Querverweisen* oder *Bedingtem Text*. Andere Funktionen wie die neuen *Eckenoptionen* oder die *Spaltenspanne* in Textrahmen können dagegen *nicht abwärtskompatibel* gespeichert werden. Die Eckeneffekte werden auf einen Effekt zusammengestrichen und die *Spaltenspanne* verschwindet. Die Anzahl von Funktionen, die entweder komplett unterstützt, teilweise übernommen oder gar nicht dargestellt werden, sprengt leider den Rahmen dieses Buches. Daher testen Sie mit beiden Fassungen, ob Ihre aktuelle Layoutdatei in einer älteren InDesign-Version auch 1:1 umgesetzt wird.

> ### PDFs der unterschiedlichen Versionen mit Acrobat vergleichen
> Die einfachste Form, die Ergebnisse der InDesign-Versionen zu vergleichen, besteht darin, exportierte PDF-Dateien durch Acrobat vergleichen zu lassen. Exportieren Sie aus InDesign CS5 und CS4 jeweils eine PDF mit identischen Einstellungen. Öffnen Sie beide PDFs mit Acrobat und öffnen Sie dort das Menü „Dokument/Dokument vergleichen…". Anschließend wählen Sie beide Dateien aus und lassen Acrobat die Dokumente analysieren. Das Ergebnis wird wiederum als PDF mit interaktiven Vergleichen und Kommentaren ausgegeben.

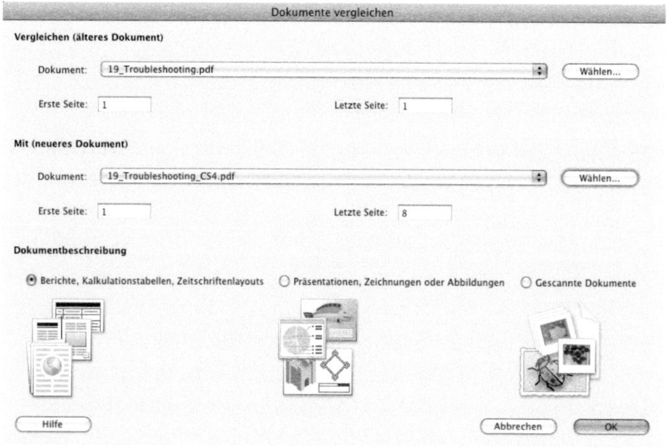

Abbildung 17.2: *Acrobat erleichtert das Vergleichen von Dateien.*

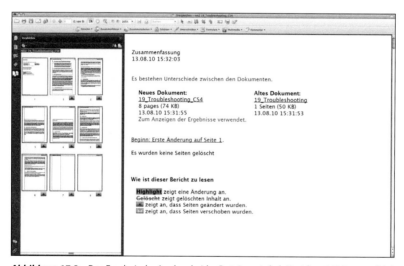

Abbildung 17.3: *Das Ergebnis der Analyse beider Dateien wird als Bericht mit Seitenvergleichen gespeichert.*

17.1.2 Die Dateichronik

Eine InDesign-Datei merkt sich, was mit ihr „gemacht" wurde. Die Datei registriert in einem internen Protokoll, wann sie zuerst angelegt, geändert und zuletzt gespeichert wurde. Darüber hinaus werden auch die Plattformen und Systeme vermerkt – z.B. *OS X 10.4.10* oder *Windows XP Service Pack 2*. Aber InDesign kann noch mehr: Zwischenzeitliche Abstürze des Dokumentes oder des Programmes werden genauso protokolliert wie die Konvertierung aus anderen Formaten wie QuarkXPress oder PageMaker.

Mit einem Klick können Sie sich dieses Protokoll anschauen. Auf dem Mac: Halten Sie die $\boxed{\mathcal{H}}$-Taste gedrückt und klicken Sie in das Menü **InDesign/Über InDesign**. Auf dem PC: Halten Sie die $\boxed{\text{Strg}}$-Taste gedrückt und klicken Sie in das Menü **Hilfe/Über InDesign**.

Abbildung 17.4: *Dateiinformationen zu Komponenten und Chronik*

Abbildung 17.5: *Das Protokoll der Dateichronik gibt Aufschluss über den Zustand einer fehlerhaften Datei.*

Es erscheint ein Fenster, in dem reine Entwicklerinformationen unter **Anwendungsinformationen** und **Zusatzmodule** aufgeführt sind. Unten links sehen Sie jedoch das Fenster der **Dokumenten-chronik**: Hier steht die Übersicht, was mit Ihrer InDesign-Datei bereits passiert ist.

Sollten im Umgang mit Ihrer Datei Fehler in der Ausgabe oder im Speichern auftauchen, kann der Grund in einer *Konvertierung* oder *Wiederherstellung* liegen, die entweder unvollständig oder fehlerhaft durchgeführt wurde. Mit dieser Übersicht können Sie diese Punkte prüfen und ggf. anschließend die Datei als IDML exportieren.

Ressourcen neu schreiben

Manchmal geht es aber auch ein wenig einfacher. Speichern Sie Ihr Layoutdokument einfach unter einem *neuen Namen* ab. Hierbei werden *Ressourcen* neu geschrieben. Alternativ können Sie die Layoutdatei durch die Verpacken-Funktion an einem neuen Speicherort sammeln. Alle platzierten Dateien und die genutzten Schriften werden dabei neu kopiert. Somit bekommen Sie auch wieder eine bessere Übersicht, wenn Sie zuvor die platzierten Dateien an vielen verschiedenen Speicherorten abgelegt haben sollten.

Schriften ersetzen, Schriftenschnipsel löschen

Die Fehler können sich so äußern, dass InDesign behauptet, Sie nutzten Schriften in Ihrem Dokument, die nicht aktiv sind. Dabei kann es sich um Überreste einer vorherigen Formatierung handeln; eventuell ist im ganzen Dokument *ein einziges Leerzeichen* oder ein *nicht druckendes Absatzzeichen* eines anderen Fonts verwendet worden. Mit Hilfe der Funktion **Schriftart suchen** können Sie diesem Störenfried zu Leibe rücken.

Rufen Sie die Funktion im Layoutdokument im Menü **Schrift/Schriftart suchen…** auf und klicken Sie auf den Button **Mehr Informationen**. Wählen Sie aus den Schriftarten die problematische Schrift aus und ersetzen Sie sie durch eine im Dokument genutzte oder auf dem Rechner verfügbare Schrift. Klicken Sie zunächst auf **Suche starten**, um die Fehlerstelle im Layout anzuzeigen. Erst danach können Sie die Stelle ersetzen.

Der alternative Weg, um den Fehler zu beseitigen und nicht einfach durch einen Font zu ersetzen: Suchen Sie den Rahmen, indem Sie wie oben beschrieben zunächst die Schrift in der Fontliste anklicken und die Suche starten. Wenn Sie nun einen *leeren* Textrahmen finden, so wählen Sie ihn an und rufen aus dem Menü **Objekt** die Option **Inhalt/Nicht zugewiesen** auf. Somit wird der Rahmen wieder zu einem „normalen" Rahmen, ohne Schriftzuweisung.

> **Preflight konfigurieren**
Eine Vielzahl an möglichen Fehlern gleich von Anfang an aufzuspüren, dabei hilft Ihnen die Funktion „Preflight", die wir Ihnen im gleichnamigen Kapitel vorstellen. Richten Sie sich in Preflight ein eigenes Profil ein und lassen Sie InDesign dauerhaft das Layout überwachen.

Schmuckfarben löschen

Wenn Sie häufig **EPS**-, **PDF**-, **DCS**- **INDD**- oder **PSD**-Dokumente mit **Schmuckfarben** platzieren, werden die Farben als Sonderfarben in der Farbfelder-Palette abgelegt. Solange diese Dateien verknüpft sind, können diese Sonderfarben nicht gelöscht werden.

Wenn Sie eine solche platzierte Datei aus dem Layout entfernen, sollte auch die Schmuckfarbe verschwinden. Ist dies nicht der Fall, kann das zwei Gründe haben: Entweder wird die Farbe noch von einem Grafikobjekt genutzt oder InDesign hat „vergessen", die Farbe zu löschen. In der Ausgabe kann es dann zur Irritation kommen, wenn Ihnen die Druckerei mehr Schmuckfarben ausbelichtet, als Sie eigentlich haben wollten.

Den ersten Fall können Sie ermitteln, wenn Sie in der **Farbfelder**-Palette im Palettenmenü die Funktion **Alle nicht verwendeten auswählen** anklicken. Danach werden diese Farbfelder in der Palette angezeigt. Klicken Sie auf den **Papierkorb** der Palette oder rufen Sie im Palettenmenü die Option **Farbfeld löschen** auf.

Wird daraufhin die Farbe immer noch angezeigt oder befand sie sich nicht unter den ausgewählten, müssen Sie mit gröberem Besen kehren. Nutzen Sie das Austauschformat, um die Datei grundlegend zu reinigen.

Ungenutzte Grafiken

Wenn Sie eine platzierte Grafik löschen, verschwindet die Verknüpfung. Wenn Sie allerdings einen Rahmen mit dieser Grafik vom Druckbogen auf die Montagefläche schieben, ist die Grafik nicht mehr sichtbar, spielt im Druck keine Rolle, wird aber beispielsweise verpackt und an einen Dienstleister weitergegeben, wenn Sie Ihre Daten offen ausliefern.

Ob sich eine Grafik neben einer Seite auf der Montagefläche ausruht und Ihre Layoutdaten nur unnötig aufbläht, stellen Sie fest, indem Sie die **Verknüpfungen**-Palette mit ⌘+⇧+D aufrufen. In der Liste der Dateien müsste eine solche Grafik mit einem **MF** gekennzeichnet sein. Lassen Sie sich diese Datei einfach anzeigen, indem Sie gegebenenfalls in die **Normaldarstellung W** wechseln, um auch den Bereich neben der Druckfläche zu sehen, und danach auf den zweiten Button am Fuß der Palette **Gehe zur Verknüpfung…** klicken. Solange auch nur ein Millimeter noch druckrelevant ist, erscheint immer die Seitenzahl hinter der verknüpften Grafik. Ein **MF** sagt aus, dass die Datei grafisch überhaupt keine Rolle spielt. Sie können sie also löschen.

Ausgeblendete Grafiken

Etwas anders verhält es sich, wenn Sie Grafiken auf Ebenen platzieren, diese jedoch für den aktuellen Zustand des Layouts nicht benötigen und ausblenden. Diese Daten könnten für den Druck noch eine Rolle spielen und somit würde InDesign diese Dateien auch mit verpacken. Wenn Sie eine PDF-Datei im Format 1.5, 1.6 oder 1.7 mit Ebenen exportieren, werden aus InDesign-Ebenen im Handumdrehen PDF-Ebenen. Auch ausgeblendete Ebenen können in das PDF exportiert werden. Auch hier kann sich eine Grafik unbemerkt ausruhen und die Dateigröße unnötig aufblähen.

Leider gibt es keinen Hinweis darauf, ob sich eine verknüpfte Datei auf einer inaktiven Ebene befindet. Daher wird Ihnen nichts anderes übrig bleiben, als nach ausgeblendeten Ebenen in der gleichnamigen Palette zu suchen und jede Seite zu überprüfen. Schneller geht es natürlich, wenn Sie die nicht verwendeten Ebenen komplett löschen. InDesign wird Ihnen dann einen Hinweis ausgeben, sollten sich noch Objekte auf diesen Ebenen befinden.

Fehlerhafte Rahmen und Objekt entdecken: seitenweise kopieren

Eine gute Methode, fehlerhafte Rahmen und Objekte zu entdecken, falls es nicht möglich ist, ein Dokument zu drucken oder zu exportieren, ist das seitenweise Kopieren in ein neues Dokument. Dazu legen Sie ein vollständiges neues Dokument mit derselben Seitengröße wie Ihr fehlerhaftes Layout an. Nun wechseln Sie wieder auf das alte Dokument. Rufen Sie im Menü **Fenster/Anordnen/ Nebeneinander** auf. InDesign stellt nun beide Dokumente gleich groß dar. Öffnen Sie die Seitenpalette und ziehen Sie die einzelnen Mustervorlagen oder Seiten (inklusive der Mustervorlagen) in das neue Dokument.

Wenn Sie nun Stück für Stück die neue Datei auf diese Weise aufbauen, exportieren Sie zwischendurch die gewünschte Datei. Dadurch ermitteln Sie, ab welcher Seite ein fehlerhaftes Objekt im Layout den Druck- oder Exportabbruch verursacht hat. Dabei können Ihnen unter Umständen die Textverkettungen verloren gehen. Die Position bleibt aber gesichert. Über Kopieren und Einfügen mit dem Befehl **Bearbeiten/An Originalposition einfügen…** erhalten Sie den Rahmen im neuen Dokument an derselben Stelle wie im alten Layout.

> **Textverkettungen unterbrechen**
> Zwei JavaScripte sorgen dafür, dass Sie vor dem Herauskopieren von Seiten den Textumbruch nicht ändern müssen. Schauen Sie sich bitte das Kapitel „Skripte" mit der Beschreibung zu BreakFrame.jsx und SplitStory.jsx an.

17.2 Plug-ins für Kataloge und Anderes

Für viele Anwendungen reicht der Funktionsumfang von InDesign nicht aus und muss um Plug-ins oder komplette datenbankgestützte Workflow-Lösungen ergänzt werden. Wir stellen Ihnen einige Spezialwerkzeuge vor und nennen Ihnen die Adressen von Herstellern und Anwenderforen im Internet.

17.2.1 Plug-ins für die dynamische Katalogproduktion

InDesign eignet sich auch für die Produktion von Katalogen, deren Inhalte aus einer Datenbank ausgelesen werden und automatisch in die Layoutdatei einfließen. Besonders der XML-Import bildet hier die optimale Schnittstelle, wie wir Ihnen im Kapitel „XML" zeigen.

Dazu wird in InDesign zunächst eine Vorlagendatei – ein sogenanntes *Template* – erstellt, in dem alle Layoutrahmen angelegt und Platzhaltertexte mit Absatzformaten definiert werden.

Danach muss eine Übergabe der Datensätze aus der Datenbank an die Layoutrahmen erfolgen. Um nun die Inhalte wie ein PDF oder eine Textdatei in InDesign zu platzieren, kann ein Skript (Visual Basic, Apple- oder JavaScript) die Übergabe definieren. Alternativ dazu können Sie mit Hilfe von Plug-ins die Datenübergabe einfacher organisieren. Gleich mehrere Plug-ins treten an, die beste Anbindung von Datenbanken an InDesign zu gewährleisten.

> **! InDesign CS3, CS4 oder CS5?**
> Bis zur Drucklegung dieses Buches sind noch nicht alle Plug-ins der Drittanbieter für die aktuelle Fassung angekündigt worden. Achten Sie bei der Auswahl der Plug-ins auch auf die unterstützte InDesign-Version oder fragen Sie bei den Herstellern direkt nach der Unterstützung für InDesign CS5.

EasyCatalog

Mittels ODBC-Schnittstelle können aus SQL-Datenbanken die Inhalte ausgelesen und in das InDesign-Template platziert werden. Nach der Zuweisung eines Datenbankfeldes über eine eigene InDesign-Palette zu einem Textrahmen wird der Inhalt im Layout dargestellt und per XML-Tag eingeklammert. Als Vorlagen für die Gestaltung der Layouts dienen InDesign-Bibliotheken, zudem ermöglicht EasyCatalog das Verknüpfen von Tabellenzellen mit Datenbankfeldern. Alle Inhalte können dynamisch aktualisiert werden.

Name	EasyCatalog
Hersteller	65bit Software Ltd., Birmingham, UK
Versionen	InDesign CS2, CS3, CS4, CS5
Website	www.65bit.com/products/easycatalog

Inforvision ModeS CatalogSuite

Ein weiteres dieser Datenbank-Plug-ins ist **ModeS** von **Inforvision**, es arbeitet wie EasyCatalog mit allen Datenbanken, die SQL-fähig sind und mittels ODBC-Treiber angesteuert werden können. Über die automatische Befüllung entsteht ein Groblayout, das nun in InDesign verfeinert werden kann. Aufgrund der Flexibilität von ModeS kann praktisch jede Datenbank mit InDesign CS verbunden werden. Die Anlage von Templates für die spätere Befüllung erfolgt mit einfach zu lernenden Werkzeugen, so dass mehrere Hundert Vorlagen für die Kombinationsmöglichkeiten im Layout angelegt werden können. Zusätzliche Skripte sind für die Datenübergabe nicht nötig.

Name	ModeS CatalogBuilder und DataConnector
Hersteller	Inforvision GmbH, Nordheim
Versionen	InDesign CS3, CS4, CS5
Website	www.inforvision.de

Pagino 6

Das Plug-in **Pagino** des Herstellers **pagino publishing** zeichnet sich besonders durch die Unterstützung von Pivot-Tabellen aus Excel aus. Darüber hinaus kann eine vorgegebene Abfolge von Layout-Templates zu einer Strecke zusammengefasst und aus einer Datenbank befüllt werden. Auch hier ist keine weitere Programmierarbeit notwendig; die Vorlagen können adäquat zur Layoutarbeit erstellt werden.

Name	Pagino 6
Hersteller	pagino publishing e.K., Sindelfingen
Versionen	InDesign CS3, CS4
Website	www.pagino.de

Smart Catalog

Als dritter Kandidat wartet **Smart Catalog** von **Woodwing** auf die Befüllung von Layouts mit Datenbankinhalten. Smart Catalog ist modular aufgebaut: Während die Light-Version die Grundvoraussetzung zur Datenbankanbindung mitbringt, erweitern die Module den Funktionsumfang für die verschiedenen Bedürfnisse: Das ODBC-Modul verbindet SQL-fähige Datenbanken mit InDesign. Das XML-Modul ermöglicht die Integration von XML-Dateien zusammen mit den Katalogen im Layout, das Robot-Modul automatisiert den Aktualisierungsprozess zwischen Layout und Datenbank, so dass Sie jederzeit mit dem aktuellen Datenbankinhalt arbeiten. Zuletzt bietet das Layoutmodul die Möglichkeit, fertige Layoutabschnitte als Bibliotheksobjekt abzulegen und anzuwenden. Somit entfällt die Vorgabe einer gesamten Layoutseite. Es steht eine stattliche Anzahl unterstützter Sprachen zur Verfügung, daher eignet sich Smart Catalog auch für die internationale Produktion. Auf der Website erhalten Sie den Download zu einer 30-Tage-Demo.

Name	Smart Catalog
Hersteller	WoodWing Software BV, Zaandam, NL
Versionen	InDesign CS3, CS4, CS5
Website	www.woodwing.com/de/Smart_Catalog

Codeware Xactuell

Für SQL-Datenbanken wurde **Xactuell** konzipiert, Inhalte für das InDesign-Layout bereitzustellen. Besonders die Aktualisierung nach erfolgter Verbindung von Datenbank und Layout unter Einbeziehung der InDesign-Funktionen wie *Querverweisen* etc. sowie der Bezug zwischen Datensatz und platzierter Position im Layout soll eine große Stärke von Xactuell sein.

Name	Xactuell 5
Hersteller	Codeware GmbH, Stuttgart
Versionen	keine Angabe
Website	www.codeware.de

17.2.2 Weitere sinnvolle Plug-ins

Arbeiten mit Stilen: Woodwing Smart Styles

Alle Layoutobjekte, die Sie in InDesign angelegt haben, können Sie mit diesem Plug-in als eine Art Objektformat in einer speziellen Bibliothek abspeichern, inklusive Transparenzen, Schattenwürfen oder weichen Kanten. Ebenso lassen sich *Tabellenstile* anlegen, um verknüpfte Excel-Tabellen schnell zu aktualisieren. Dabei behält **Smart Styles** nicht nur die Zuweisung von Zellen- und Tabellenformaten bei, sondern auch die Proportionen der Tabelle – die Spaltenbreiten und Zeilenhöhen!

Smart Styles unterstützt in der aktuellen Ausgabe auch die Anwendung von verschachtelten Formaten, die ebenfalls in einer Bibliothek abgelegt und per Drag&Drop auf einen Textrahmen angewendet werden können. Das Plug-in bedient sich dabei der intelligenten Objektarchitektur im Layout und überträgt – vererbt – die Zusammenstellung von grafischen Eigenschaften als Attribute auf ein anderes Objekt.

Name	Smart Styles
Hersteller	WoodWing Software BV, Zaandam, NL
Versionen	InDesign CS3, CS4, CS5
Website	www.woodwing.com/de/Smart_Catalog

Indexerstellung mit Sonar Bookends

Die Plug-ins des Herstellers **Virginia Systems** gehen über den Funktionsumfang der Indexerstellung von InDesign hinaus: **InXref** ist ein Querverweis auf andere InDesign-Seiten oder Dokumente innerhalb eines InDesign-Buches. **InSeq** ist für technische Dokumentationen gedacht und erstellt hierarchische Nummerierungen von Absätzen oder Tabellen. **InFnote** ist eine Fuß- und Endnotenverwaltung. **InDex** ermöglichen die Indexerstellung über eine vorgegebene Liste von Wörtern oder Eigennamen. Wird ein Begriff im Text in den Index abgelegt, untersucht **Sonar Bookends** automatisch das gesamte Layoutdokument und verknüpft alle Treffer mit dem Index. Auch die Erkennung über die typografische Formatierung ist möglich.

Name	Sonar Bookends
Hersteller	Virginia Systems, Midlothian, VA (USA)
Versionen	InDesign CS3, CS4, CS5
Website	www.virginiasystems.com

Protokoll-Palette auch für InDesign: DTP-Tools History

Das Plug-in ergänzt InDesign um eine **Protokoll**-Palette und zeichnet alle Arbeitsschritte auf. Zwischenstände lassen sich als Version speichern.

Name	History
Hersteller	DTP-Tools Ltd., Prag, CZ.
Versionen	InDesign CS3, CS4, CS5
Website	www.dtptools.com

Formeln mit InMath

Mathematischer Formelsatz im Layoutprogramm auf Basis von OpenType-Fonts: Mit **InMath** entfällt das Platzieren von PDF-Dateien oder Bildern für mathematische Formeln. Es schließt die Lücke für alle professionellen Anwenderinnen und Anwender, die in *wissenschaftlichen* Instituten und *Forschungseinrichtungen* arbeiten.

Name	InMath
Hersteller	i.t.i.p. - intelligent tools for intelligent publishing GmbH, Nürtingen
Versionen	InDesign CS3, CS4
Website	www.itip-gmbh.eu

Barcodes mit Cacidi Extreme BarCodes

Mit **BarCodes** werden dynamisch aus der Zahlenfolge – je nach Standard – EAN-Codes generiert und können als Vektorobjekte ausgegeben werden.

Name	BarCodes
Hersteller	Cacidi Systems Aps., Herlev, DK
Versionen	InDesign CS3, CS4, CS5
Website	www.cacidi.com

Stichwortverzeichnis

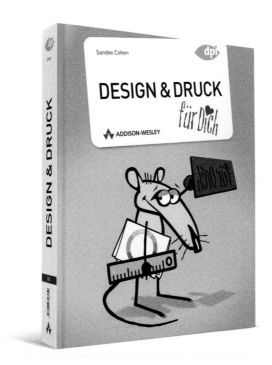

THE SIGN OF EXCELLENCE

Vergessen Sie trockene Theorie, dieses Buch ist Praxis pur! Es geht in die Tiefe und zeigt Ihnen genau, was Sie tun müssen. Logische Schritt-für-Schritt-Anleitungen führen Ihnen die Techniken vor, die führende Fotografen und Grafiker verwenden, um zu korrigieren, editieren, schärfen, retuschieren und präsentieren. Und Sie erfahren nicht nur wie, sondern auch wann und warum Sie bestimmte Settings einsetzen. Diese Neuauflage präsentiert Ihnen nicht nur die gesamte Bandbreite der neuen Layout- und Bildbeispiele, sondern auch alle Neuheiten von Photoshop CS5 speziell für Digitalfotografen. Auf der beiliegenden DVD befindet sich das Original-Bildmaterial der Workshops zum Ausprobieren.

Scott Kelby
ISBN 978-3-8273-2970-7
39.80 EUR [D]

www.addison-wesley.de